物流业发展高层论坛成功举办

2013年2月13日下午，“‘自贸试验区背景下的中国物流产业转型升级之道’暨《上海物流年鉴》创办三周年”高层论坛，在长宁区图书馆报告厅成功举办。

本次论坛由上海现代服务业联合会、上海市物流协会（学会）、浦东现代物流行业协会、上海物流企业家协会、上海市政府发展研究中心、上海市流通经济研究所、长宁区工商联、上海海事大学、上海中侨高等职业学院、同盛集团、万家物流有限公司和上海物流年鉴编辑部等单位联合举办，邀请出席会议的嘉宾，有来自江浙沪三地的物流业和相关行业的企业、社会团体、科研院所和市发展改革委、经信委、商务委、统计局等政府部门、以及长宁区政协、区工商联的代表和领导同志。论坛上，上海现代服务业联合会会长周禹鹏、上海市物流协会常务副会长韩志雄、上海海事大学校长黄有方和市政府发展研究中心主任周振华等领导同志先后致辞和作主旨讲话，他们高度评价《上海物流年鉴》创办三周年来的工作，并从多种角度就物流业发展议题作了精辟的论述。

在论坛研讨发言中，来自物流业各界的多位嘉宾围绕中国（上海）自由贸易试验区建立与地区物流业发展专题进行了深入探讨和对话，分别就国内外自由贸易区的运作特点、物流业借助自贸试验区平台的发展契机、物流业与制造业的联动发展、供应链拓展提升物流业的发展水平等议题展开了热烈的讨论，旨在推动地区物流业进一步紧密对接地区经济和产业的“创新驱动、转型发展”。论坛的各个议题受到与会嘉宾的热烈反响，原定两个半小时的会议因此延长了半个多小时。

（张志坚 文 / 摄影）

论坛会场

上海现代服务业联合会会长、上海物流年鉴编委会主任周禹鹏致辞

论坛会场

论坛嘉宾席一角

周禹鹏和周振华在论坛嘉宾席上

市发展改革委经贸处处长殷飞

来宾在休息室

原上海市发展研究中心主任、年鉴编委会副主任周振华在论坛上发言

会场一角

会场一角

会场一角

论坛主持人主持会议

上海海事大学校长黄有方在论坛上发言

上海市物流协会副会长韩志雄发言

会场一角

会场一角

会场一角

论坛主持人主持会议

论坛嘉宾互动发言

物流人即兴表演

特别节目插演主持

浦东现代物流行业协会秘书长陶惠民互动发言

上海万家物流有限公司掌门人范立军互动发言

论坛互动发言

论坛互动发言

年鉴编辑部主任白焕耀在论坛上发言

论坛互动发言

2014 年 5 月 6 日在常州市召开的长三角物流联动发展年度论坛主席台（张志坚摄影）

长三角物流联动发展年度论坛会场（张志坚摄影）

2014 年 3 月中旬在上海市流通经济所召开的编辑部工作会议留影

年鉴编辑部五位执行编辑合影

上海物流年鉴 2014

Shanghai Logistics Yearbook 2014

《上海物流年鉴》编辑部 编

世界图书出版公司

上海 · 西安 · 北京 · 广州

图书在版编目 (CIP) 数据

上海物流年鉴 2014 / 《上海物流年鉴》编辑部编 .
—上海 : 上海世界图书出版公司， 2015. 3
ISBN 978-7-5100-9223-7

Ⅰ. ①上… Ⅱ. ①上… Ⅲ. ①物流－上海市－2014－年鉴 Ⅳ. ①F259.275.1-54

中国版本图书馆 CIP 数据核字 (2015) 第 023770 号

上海物流年鉴 2014
《上海物流年鉴》编辑部 编

上海世界图书出版公司出版发行
上海市广中路 88 号
邮政编码 200083
上海出版印刷有限公司印刷
如发现印装质量问题，请与印刷厂联系
各地新华书店经销

开本：787×1092 1/16 印张：32.25 插页 16 字数：760 000
2015 年 3 月第 1 版 2015 年 3 月第 1 次印刷
ISBN 978-7-5100-9223-7/F•68
定价：399.00 元
http://www.wpcsh.com
http://www.wpcsh.com.cn

《上海物流年鉴》编纂委员会

地址：上海市浦东滨江大道 2525 弄 5 号 A 栋（上海现代服务业联合会办公楼内）

邮政编码：200120　**电话：**50151866（总机）　**传真：**50151827　50151857

E-mail: shsf.china@163.com

《上海物流年鉴》编辑部

主　　任 白焕耀

编辑人员（按姓氏笔画排序）

于　成　马　峰　马晓敏　尹军波　王晓艳　孙　旭　朱天恩
朱泽榕　汤　琳　何　勇　吴保峰　张庆彪　张志坚　杨卓群
陈文彬　陈　奕　周琴芳　范立军　徐家明　殷　飞　袁得志
郭笑捷　陶惠民　蒋永祥　裴志康　戴桂麟

执行编辑（按姓氏笔画排序）

白焕耀　孙　旭　张志坚　徐家明　陶惠民

地址：上海市北海路8号福申大厦10楼（上海现代服务业联合会办公区内）

邮政编码：200001　**电话/传真：**23292200　2292213　23292238

E-mail：shlogyearbook@126.com

新浪博客：http://blog.sina.com.cn/u/2748023544

编纂说明

《上海物流年鉴2014》是自2011年开始编辑出版的本市第四本物流行业年鉴，是一本记录和反映上海市物流业发展的年度综合信息的大型行业工具书。

在《上海物流年鉴2013》的基础上，本年度年鉴继续进行调整和补充。全书仍为十一个篇章，但部分主题和内容范围作了一些微调，依次分别为综合报告、物流业政策法规建设、物流基础领域和基础设施、区域和园区物流、口岸物流（自贸区物流）、制造业物流、商贸和其他物流、物流装备-标准-技术和信息化、物流衍生专业服务、物流业发展研究和创新实践、附录等十一篇，其中，第四篇区域和园区物流由苏浙沪两省一市扩大到苏浙皖沪三省一市，第五篇口岸物流新增了包含自贸区物流的内容。本年鉴各项内容主要收录时限为2013年全年，部分收录内容延至2014年10月，附录中的物流业发展大事记紧接上一年年鉴的记录时间而延续，从2013年9月起至2014年10月。

各篇章执行编辑的分工为：白焕耀分工第四篇的部分；孙旭分工第六、第八篇；徐家明分工第七篇；陶惠民提供了2013年自贸试验区发展统计公报和浦东新区物流业发展报告文字材料；张志坚分工第一、第二、第三、第五、第九、第十、第十一篇的全篇和第四篇的部分，并承担了年鉴的编辑工作计划、目录大纲的编制组织实施，以及总稿的汇总编辑和编审，彩色插页图片稿摄影、撰文和设计编辑等工作。

需要向读者说明的是，本年鉴编辑部自2014年8月起已整体迁移到上海现代服务业联合会，行政隶属关系也转到上海现代服务业促进中心。

本年鉴组稿和编辑期间，得到市发展改革委、市商务委、市经信委、市交通委暨市交通港航发展研究中心、市政府发展研究中心暨市流通经济研究所、市统计局、市工商局、上海海关、上海市邮政管理局、中国（上海）自由贸易试验区管委会、上海市物流协会、上海浦东现代物流行业协会等单位的热情支持，在此谨表示衷心感谢。

《上海物流年鉴》编辑部

2014 年 11 月 21 日

目　录

第一篇　综合报告

第二篇　物流业政策与法规建设

第三篇 物流基础领域和基础设施

第四篇 区域和园区物流

第五篇 口岸物流（自贸区物流）

第六篇 制造业物流

第七篇 商贸和其他物流

第八篇 物流装备－标准－技术和信息化

第九篇 物流衍生专业服务

第十篇 物流业发展研究和创新实践

第十一篇 附录

第一篇 综合报告

1.1 政府部门报告

1.1.1 上海市商务委员会：2013年上海物流业发展报告

2013年，上海发挥政策效应，通过财政部、商务部开展的国家现代服务综合试点等，鼓励企业集成应用信息技术，建设创新性、示范性、引领性物流项目，降低物流成本、提升运营效率；现代物流对经济社会发展的贡献度不断提升，对城市转型、产业融合、民生服务的促进作用也愈发显现。2013年，上海货运总量9.15亿吨，港口货物吞吐量7.76亿吨，集装箱吞吐量3361.68万TEU（标箱）。

（一）围绕口岸物流，提升通关效能与便利

上海口岸每年货物贸易进出口约占全国的四分之一，高效便捷的口岸物流既是现代物流发展的内在需求，也是上海国际竞争力与服务“长三角”、服务全国的重要体现。一是通关效能，自2005年起，上海便在集成贸易、通关、物流、支付等功能的“大通关”平台基础上，升级建设“上海电子口岸平台”，进一步丰富通关物流服务应用。目前，平台已覆盖上海口岸全部海港、空港的进出口物流及通关业务，以及保税加工、保税物流等全部海关特殊监管区域的物流及通关业务，通关全程全部实现无纸化和电子化，通关时间由原来的“天”缩短到“小时”，再由“小时”缩短到“秒”，服务企业超过10万家，年均处理单证230余万份。二是信息共享，借助信息化技术应用，平台订舱、集装箱管理、船舶定位、船舶装卸与进出口动态等业务已拓展至“长三角”、长江流域以及沿海主要港口和口岸，通过实施“车联网”、“船联网”等联合运输体系，为监管单位和企业提供便利化的物流服务，可降低进出口企业物流成本20%至30%，上海口岸的枢纽与集疏运功能也借此得到新的提升。三是标准输出，除上海外，平台特殊区域监管与物流服务信息化系统经中央监管部门批准，已在武汉、新疆、长春、银川、曹妃甸等地应用；同时该平台还是全国唯一的关税电子支付平台，覆盖全国全部42个海关关区，2013年平台支付交易额1.14万亿元，占关税支付总额67%。四是业务创新，依托自贸试验区建设，平台积极探索和实施跨境电子商务试点，创新优化保税仓储、海关监管与纳税、检验检疫监管等环节服务，确保跨境电子商务物流安全通行。

（二）围绕产业物流，促进产业升级与城市转型

上海正在形成以服务经济为主的产业结构。物流业是一个复合性很强的产业，与制造业、商贸业等密不可分。随着近年来上海制造业逐步转型升级，物流业正呈现出一种与制造业紧密融合的态势，跟着“走”、跟着“变”。比如，钢铁、化工等传统重化工业逐渐向上海市外转移，与之配套的专业性、行业性物流也开始在全国布局，跟着“走出去”，华冶钢铁、天原化工物流便是其中的佼佼者，通过建设服务全国的物流加工配送中心，业务经营规模大幅提高；在装备制造领域，上海电气借助供应链等技术，对制造流程进行再造，物流方案也随之进行改变、优化，企业经营成本大大降低。而更明显的一个趋势是，通过供应链的集成与嵌入，产业链上下游之间实现跨行业端到端的信息对接，下游末端需求直接反应于上游生产环节。与前者相比，这已不再是简单的物流外包或第三方物流，而是行业间“无缝服务”。比如，宝钢集团“上海钢铁交易中心”将钢材在线交易与物流服务相结合，为国内 90% 的汽车制造商提供可视化的汽车用钢管控服务，每卖出一辆整车，便有相应的用钢消耗与库存显示与预警，从而实现汽车制造“低库存、高协同、快响应”的管理，企业生产进度编制由“月”改为“周”，备料库存量减少三分之二。上汽安吉汽车物流依托自身市场优势，建立起覆盖全国的 8 个中心枢纽、12 个一般枢纽、15 个生产基地的汽车供应链物流网络平台，整车物流业务占全国的三分之一；在公司平台控制室里，每一批汽车从原材料采购，到生产制造、产品销售，再到在途运输、客户验收等均实现可视化跟踪管理，从源头上有效支持了汽车产业链各环节业务整合与协同。同时，物流与商业、贸易的融合也更加深入。国药集团“赛飞”智慧供应链物流服务平台覆盖全国 6 个物流枢纽、40 个省级物流中心、60 个地市级配送中心、225 个县级配送站，与国内医药供应商、分销商、终端（医院、药店等）医药流通平台实现联网，从而减少 20% 的医药流通库存，提高 20% 的订单效率，主要盈利模式也将由“进销差价”逐步转向物流等“增值服务”。

（三）围绕城市共同配送，服务和保障民生

上海是一座特大型消费城市。特别是近年来城市人口不断扩大，商务成本日益高企，道路、土地等资源要素更趋紧张，与老百姓衣食住行密切相关的城市配送物流，始终面临通行难、停车难、资源集约节约利用率不高等难点。为此，上海聚焦快速消费品、食品、药品等领域，构建“高效、便捷、绿色、安全”的城市共同配送体系。解决网购配送难题，凸显取（送）货便利。农工商超市整合连锁商业配送中心、连锁网点、车辆和人员，通过系统集成，搭建城市共同配送“网订店取（送货）”平台，使 3000 多家农工商超市和便利店开通网购配送自提或送货业务；2013 年 6 月起与天猫商城合作，消费者可在天猫商城购物后选择自提商品服务，待商品到达门店，再凭平台短信，告知取货密码，5 天内可到相应网点取货，现每日业务稳定在 5000 单左右，在实现便捷的同时也给予消费者多样化的取（送）货选择。配送全程可追溯，保障城市运行安全。都市菜园上游与市内外二十万亩种植基地对接，

下游与800多家超市、标准化菜场、社区直供点对接，实现年35万吨蔬菜的集中配送与可追溯；上海医药冷链监管信息平台与全市29家医院实现应用数据对接，每年配送一类疫苗300万支，支持全市超过65%的区县接种点，有效保障了用药安全。共用社会资源，促进绿色环保。借助上海城市公共配送服务平台，合理规划和使用城市道路资源，以配送龙头企业为基础，对现有货源市场和配送服务资源进行整合，增强城市配送运力和网点资源的集成和有效利用，避免同行恶意竞争及“低价低质”。搭建托盘社会化共用平台，在松江、徐汇、宝山、嘉定等四个区建立托盘营运中心，实现托盘集中管理、统一购置、市场化租赁和就近取送，提高物流运作效率近5倍，平均节约托盘使用成本18%。

（四）围绕区域物流，推动“长三角”地区一体化

“长三角”地区产业关联性高、物流联动性强，加快“长三角”发展也是国家重大战略。召开2013长三角地区现代物流联动发展大会。5月6日，来自苏浙沪物流牵头部门、行业协会、物流企业和高校研究机构的代表300余人参加了会议。会议以“聚焦最后一公里”为主题，共同探讨破解城市配送物流的难题，苏宁云商集团、阿里巴巴集团和上海1号店等全国著名电子商务企业代表在会上分别就电子商务的最新发展、电子商务对物流配送的依存度、创新物流运作模式支持电子商务发展、惠及社会经济和居民生活等作了主旨演讲，带来了电子商务企业的新思考、新观点、新运作。来自苏浙沪的冷链、快消品等物流配送企业、超市卖场、商务楼物业、城市交警管理部门、高校物流管理的教授专家等20余名代表围绕主题，从诊断与沟通、剖析与思考、对策与探索三个方面进行了交流。开展市场共建，上海陆上货运交易中心（“56135”平台），针对国内存在的物流资源大量“空置、闲置、空放、分散”现象，积极探索以互联网为载体，以物流服务为核心，通过在线撮合、竞价、担保等交易服务方式，解决物流信息不对称和社会物流成本高的问题；目前平台每天发布100多万条服务信息，集聚10万多家物流企业，其中80%以上是外省市企业，有效实现了“长三角”和长江流域乃至全国的物流企业区域联动，平台上企业物流平均成本降到8%以下。服务小微企业，探索搭建“物流汇”公共服务平台，将国内4万多家中小微物流企业“聚沙成塔”，为平台会员企业提供物流软件、油品采购、资金结算等47项服务，切实帮助中小微物流企业实现管理创新、成本降低、能级提升；2013年，平台累计降低中小微物流企业运营成本2727.3万元。推动协同管理，建设诚信联盟，对区域内的物流企业进行诚信资质互认；落实安全联控，对区域内的危险品运输车辆，进行无间断GPS定位与监控；制订共同标准，对区域内药品配送流程建立统一标准等；“长三角”物流品牌的竞争力和辐射力进一步增强。

1.1.2 上海市发展和改革委员会：推进物流业发展 2013 年工作要点和 2014 年工作打算

一、2013 年工作要点

1. 推进本市农产品流通体系建设

根据杨雄市长指示精神，牵头会同市有关部门，梳理分析本市农产品批发零售市场建设情况，形成《关于上海农产品批发零售市场体系建设基本情况和有关建议的报告》，提出构建中心批一区域批一标准化菜场三级流通网络体系，加快金市农批市场资源整合，完善农批市场法规等措施建议。市政府召开专题会议研究，相关意见建议得到市领导同意，并由相关部门分工落实。

2. 加快本市农产品冷链物流发展

贯彻落实国家发展改革委《农产品冷链物流发展规划》，在前期课题研究成果的基础上，牵头会同有关部门，起草编制《关于本市加快农产品冷链物流发展的指导意见》。

3. 推进建立本市物流业运行监测和统计核算制度

贯彻国办发[2011]38 号、国发[2012]39 号、国办发[2013]5 号等文件要求，会同市统计局和上海市物流协会，委托上海物流研究院完成《上海物流业运行监测和统计核算研究》课题，并以课题为基础，加快建立《上海市物流业运行监测和统计核算制度》。

4. 推进物流基础设施规划建设

根据市领导要求，按职能积极做好西北综合货运枢纽建谩推进工作，梳理国家和本市支持货运场站枢纽建设的有关支持政策，认真听取企业意见建议，推动西北综合货运枢纽打造成为现代化“公路港”物流枢纽。

5. 推进跨境贸易电子商务试点工作

按市领导要求，会同市商务委、海关、外管、检验检疫，财政、税务等部门以及有关试点企业建立跨境贸易电子商务工作联合推进机制，启动跨境贸易电子商务平台建设。完成一般进口模式与行邮税电子支付的功能开发，并上线测试；涵盖一般进口模式、一般出口模式和保税进口模式实施方案获相关部委批准．在此基础上，协调各职能部门，研究跨境贸易电子商务商品进出境环节的检验检疫、退税等政策，全面深化试点工作。

6. 争取中央资金支持重点项目建设

完成 2013 年度物流业调整和振兴专项中央投资地方切块项目、以及 2014 年度物流业调整振兴、农产品冷链、农产品批发市场项目的计划衔接与申报工作。同时，按国家与本市相关规定，会同市经信委启动了 2009 年、2010 年涉及地方技改专项配套资金项目的竣工验收工作。

二、2014 年工作打算

1. 会同市有关部门，编制完成《关于加快本市农产品冷链物流发展的指导意见》，并发布实施。

2. 继续推进建立本市社会物流运行监督和统计核算制度，形成制度方案，并会同市统计局、上海市物流协会等组织实施。

3. 开展物流业“十三五”规划前期研究，为“十三五”规划编制打下基础。

4. 贯彻国家发展改革委《全国物流园区发展规划》要求，推进上海物流业空间布局优化调整，配合做好西北综合物流园区功能调整，推进西北综合货运枢纽建设，加快西南综合物流园区重点项目落地。

5. 推动跨境电子商务发展，加强跨部门协调，深化落实市级层面工作推进机制，完善本市推动跨境电子商务的相关工作方案。优化跨境电子商务一般进口、保税进口模式，打通一般出口模式实施路径，实现政府各监管部门协同有效管理。

6. 加强中央预算资金支持物流项目的选择和管理，引导物流业项目与规划和标准的衔接，推动物流业转型发展。

1.1.3 上海市经济和信息化委员会：上海生产性服务业发展情况报告

一、2013 年上海生产性服务业推进情况

1. 大力推进生产性服务业统计工作

会同市统计局开展生产性服务业统计口径和统计制度方法研究，按照 2011 版国民经济行业分类界定生产性服务业全口径和重点领域行业分类标准，并下发到各区县统计局用以指导开展第三次经济普查的生产性服务业统计调查。会同市统计局建立了生产性服务业专项统计调查制度，指导各区县经委（商务委）、主管集团对生产性服务业总集成总承包等 10 大重点领域1342户样本企业开展季度统计调查，建立了较为完整的生产性服务业行业统计体系和市区联手、部门合作的工作机制。经测算，2013 年，生产性服务业 10 大重点领域共实现营业收入超 1.6 万亿元，同比增长 20%，保持良好的发展态势。另外，我们还与市统计局商定形成了生产性服务业全口径增加值和重点领域统计数据的季度发布机制；会同市税务部门开展生产性服务业重点领域和重点行业对全市和第三产业税收贡献度分析；开展生产性服务业运行分析与发展评价研究，进一步加强生产性服务业重点领域和重点行业发展趋势预测和运行分析，探索研究对生产性服务业新兴业态和业务模式开展统计调查的路径和方法，综合评价生产性服务业在产业转型发展中的地位和作用。

2. 进一步推动总集成总承包工作

目前我们已完成总集成总承包专项引导资金项目指南编制、处室初审、专家评审和处室会审工作，争取年内完成项目公示及资金拨付。2013 年合计申报项目数 99 个，项目总金额 166.4 亿元，申请专项资金总额 1.7 亿元，拟安排专项资金 2000 万元。加强项目动态管理，跟踪历年支持项目的实施进度，组织开展已完工项目的专项资金审计和验收工作。开展总集成总承包重点业态调研，了解掌握企业在剥离重组和开展总集成总承包业务中的瓶颈问题和需求。按照国家和上海产业发展政策和生产性服务业发展重点，着手修改《上海市总集成总承包工程专项引导资金管理办法》，从支持制造业和服务业联动融合发展、鼓励专业化分工和社会化协作的角度，扩大专项资金的支持额度和支持范围，形成《上海市生产性服务业发展

引导资金管理办法》（初稿）。

3. 深化实施电子商务“双推”工程

组织完成2013年“双推”平台的申报和评审工作，召开2013年上海电子商务“双推”工程启动发布会暨电子商务与产业融合创新发展论坛，正式启动2013年度“双推”工程实施，在不到两个月的短短时间里，“双推”补贴资金基本用完。根据第三方监测机构的监测审核数据显示，12家“双推”平台企业总计新发展本市中小企业客户达3136家，这在一定程度上反映出了上海电子商务服务市场需求的活跃程度。截止目前，四年来获得“双推”支持的本市中小企业累计已达1.4万家。着手探索与外省市经信部门合作推动本市“双推”平台与外省市相关传统企业服务对接。目前已与甘肃省经信委合作，探索本市相关电子商务平台企业与甘肃省消费类产业龙头企业的对接工作。有关“双推”补贴资金的落实，我处已将2013年度“双推”资金计划拨付情况报送信息化推进处，拟纳入第二批信息化发展专项一并落实报批与资金拨付工作。同时，着手研究制定2014年“双推”工程实施方案。

4. 持续推进生产性服务业功能区建设

会同市发改委、规土局、环保局开展年度生产性服务业功能区复审的有关工作，指导第三方机构组织专家评审，组织上海生产性服务业促进会编写复审报告，目前复审工作已基本完成。推动生产性服务业功能区认定工作，积极推进生产性服务业功能区有关申报工作，配合相关部门落实“研发总部类用地”政策，重点推进规划产业区块外工业用地转型生产性服务业发展功能区，支持区县加快发展生产性服务业功能区。推动建立上海生产性服务业功能区联盟，组织功能区申报现代服务业综合试点项目。围绕外环“金腰带”建设和功能区公共服务能力提升，组织开展功能区总体布局和功能定位、功能区公共信息服务平台等专项课题调研。

5. 深入开展相关课题的专项调研

会同相关部门开展了《关于加快推进研发、销售“两头在沪”企业发展的对策研究》、《闵行区生产性服务业发展现状与对策研究》等相关课题研究。深化工信部“生产性服务业对工业转型升级的促进作用及发展路径研究”课题研究，在前期总结上海发展经验基础上，按照工信部软件司要求，拟订对部分省市的调研提纲，准备相关材料，编写课题报告的有关内容。

6. 继续跟踪“营改增”工作，放大“营改增”效应

密切跟踪全国范围内“营改增”试点推开情况和新领域推进情况，深入调研分析试点对企业税负和产业链重构的影响。与市财税部门加强协作，发现、协调“营改增”试点对部分企业、部分行业带来的发展难题，优化完善试点过渡性财政政策安排，加快推动鼓励专业化分工的相关财政扶持政策出台，不断放大“营改增”效应。

二、推进生产性服务业发展的工作思路

1. 深化开展生产性服务业专项统计调查

在完善现行生产性服务业专项统计调查季报基础上，会同市统计局等部门继续推进以下工作，为相关政策制定提供依据。形成生产性服务业专项统计调查定报和年报发布机制。结合第三次经济普查，衔接年定报和普查数据，优化完善生产性服务业统计调查体系，反映产业转型升级成效；进一步扩大生产性服务业专项统计调查内

容。按照2011版国民经济行业分类，会同市税务部门开展生产性服务业重点领域和重点行业对第三产业和全市财税收入贡献研究；进一步加强生产性服务业重点领域和重点行业发展趋势预测和运行分析，探索研究对生产性服务业新兴业态和业务模式开展统计调查的路径和方法。

2. 进一步加强对生产性服务业重点发展领域和新兴行业的资金支持

按照国家和上海产业发展政策和生产性服务业发展重点，修改《上海市总集成总承包工程专项引导资金管理办法》，从支持制造业和服务业联动融合发展、鼓励专业化分工和社会化协作的角度，扩大专项资金的支持额度和支持范围，制定发布《上海市生产性服务业发展引导资金管理办法》，支持带动性强、辐射度广的生产性服务业重点领域重点项目建设，支持生产性服务业功能区提升运营管理水平吸引产业集聚发展，支持制造业加快分离生产性服务业形成专业化服务市场，推动生产性服务业专业化、社会化、规模化、高端化发展。

3. 深化推动电子商务“双推”工程

为进一步放大政策实施效应，积极鼓励“双推”平台在做强本市市场的同时加快发展全国服务市场，进一步发挥上海电子商务服务对长三角乃至全国的辐射效应，考虑针对“双推”平台企业的不同发展阶段，将“双推”工程支持政策分为两个层次，在已有工作基础上启动新一轮政策试点：一是针对新兴的，本地市场发展潜力仍较大的起步成长性电子商务平台企业，仍然沿用已有的三三制“双推”补贴支持政策，推动其加速成长、快速推向市场；二是针对本地市场发展已相对成熟或是当前重点致力于全国市场发展的本市优秀电子商务平台企业（企业总部必须是落户上海），积极鼓励其通过市场化方式加快发展全国市场，并根据其在“双推”工程实施期间新增外地企业客户数量，探索给予平台企业一定比例的资金补贴，试点鼓励平台企业走出去的引导性政策突破。

4. 实施制造业和物流业两业联动供应链管理提升引导工程

支持骨干物流、快递企业以现代物流技术及信息技术的创新应用、供应链管理协同平台开发，及信息化支撑的业务模式创新等重点信息化项目建设；以大型制造企业、骨干物流企业为重点，推动现代物流与供应链管理领域的交流研讨与知识更新，触动两业联动领域以供应链管理为重点的电子商务应用的新一轮优化与提升。

5. 进一步完善生产性服务业功能区建设

围绕外环“金腰带”、新城和产业基地建设，根据功能区总体布局和功能定位要求，在尊重基层和区县首创精神的同时，将自发申请和规划引导相结合，按照城市转型要求发展生产性服务业功能区。加快推进研发总部类用地政策的实施，支持区县加快发展生产性服务业功能区。加强对功能区两年一次的复审，根据复审结果，推进功能区找出差距，切实改进和突破。依托生产性服务业促进会和功能区联盟，强化功能区基础管理，以信息化手段提高功能区管理水平，整合各类资源，加强产业联动，推进功能区吸引“两头在沪”的生产性服务业企业集聚。

6. 推动“两头在沪”企业发展

通过专项资金等方式重点支持“两头在沪”企业发展，支持更多地引入企业总部；研究对“两头在沪”制造业企业剥离重组生产性服务业业务中产生的有关资产转移变更引起的税负增加部分给予适当补助，对企业研究开发费用在享受税前扣除的基础上给予适当支持，对整合服务业产业链、提供社会化服务的“两头在沪”企业根据营收增长按比例给予支持。同时支持“两头在沪”企业领军人才培训，支持建设为“两头在沪”企业提供服务支撑的公共服务平台。

7. 推动企业业务流程再造工作

在研究“营改增”政策对生产性服务业企业专业化、社会化发展有力促进作用的同时，进一步研究电子商务企业“营改增”情况，研究相关企业在税制改革基础上的业务流程再造，推动生产性服务业企业模式创新、管理创新。

8. 继续跟踪、关注“营改增”政策的深化和实施情况

跟踪“营改增”试点的实施情况，特别是在全国范围内的推开情况和政策深化及在新领域的推进情况，加强调研，及时发现“营改增”试点对部分企业、部分行业带来的新情况、新问题，及时总结经验，加强与有关部门协调，抓住机遇，促进“营改增”效应的积极释放。

1.1.4 上海市邮政管理局：上海快递业发展报告

一、2013 年上海快递行业发展概况

2013 年，在国家邮政局和上海市委、市政府的坚强领导下，上海市快递业争做服务国家邮政管理的桥头堡、服务上海转型发展的推力器、服务行业创新驱动的孵化站，紧紧围绕建设与小康社会相适应的现代邮政业目标，围绕上海“四个中心”建设目标，全面贯彻落实党的十八大精神和 2013 年全国邮政工作会议精神，快递业发展取得了显著成绩。

上海快递业保持高速发展态势。全市快递业务发展势头迅猛，业务量完成 9.5 亿件，同比增长 58.6%，占全国快递业务量的 10.3%；业务收入完成 257.6 亿元，同比增长 40.9%，占全国快递业务收入的 17.9%。双“十一”高峰期间，全市经受住了快递日揽件量突破 700 万件（较 2012 年同比翻了一番）的严峻考验，确保了全网运行不瘫痪、重要节点不爆仓、安全生产零事故。

上海快递业对地方经济贡献逐年提升。全市快递业收入占 GDP 比从 2010 年的 0.51% 稳步增长到了 1.19%，占第三产业增加值比重从 0.88% 稳步增长到了 1.92%。详见下表：

表 1.1.4-1 2013 年上海市快递业务收入占 GDP 和占第三产业比重

年　份	快递业务收入占 GDP 比	快递业务收入 占第三产业增加值比重
2010 年	0.51%	0.88%
2011 年	0.63%	1.09%
2012 年	0.91%	1.50%
2013 年	1.19%	1.92%

上海快递业占全国比重也不断提高。2011 年本市快递业收入占全国的比重为 16.4%，2012 年提高至 17.3%，2013 年达到 17.9%。

上海快递业引进资本力度加大。2013 年中通快递引入红杉基金、金石基金 5 亿元，发力信息化建设；力鼎资本、鹏康投资、凤凰资本以 2 亿元入股全峰快递；阿里巴巴的马云、联想集团的柳传志等中国商业领军人物纷纷涉足快递投资。

上海快递业正在加快国际化。圆通已开通韩国、新加坡、东南亚、中欧、欧美等快递专线；申通快递启动了立足亚洲、拓展美洲、欧洲的国际化发展战略，在日本建成了物流枢纽中心，投资成立了“美国申通”；韵达、中通等公司也正在拓展国际业务。

二、2013 年上海邮政管理局对上海快递业的管理扶持工作

快递业发展环境得到新优化。承接部市合作，促成国家邮政局与上海市人民政府签署了《关于加快推进上海快递总部经济建设与发展的合作协议》，主动向上海市政府分管市长和相关政府职能部门专报推进《部市合作协议》的设想和建议，与相关部门、单位沟通联系，筹建上海市促进邮政业发展联席会议。强化政法研究，配合国家局编写《长三角地区快递业务发展报告》，开展“营改增”调研、试点测算工作。做实规划统计，完成了邮政业发展“十二五”规划中期评估工作，开展“十三五”规划的调研工作。建立统计数据发布制度和定期经济运行分析制度，组织全市统计检查，联合市统计局开展上海市邮政行业投入产出调查。指导完成近 600 个快递服务营业场所规范化建设。会同市建交委出台《上海市快递企业申请小型货运机动车牌照额度、货运机动车通行证额度资质认定评估行业管理办法》，为快递企业争取了 3990 个小型货运机动车牌照额度，协调促成快递企业与上汽集团签署城市快递机动车合作意向协议。培育产业大军，成功申报上海邮政行业高技能人才培养基地，组织开展了全市邮政行业人才情况调查并形成分析报告。组织快递业务员初、中、高级职业技能鉴定 30 场，7087 名快递员参加鉴定，5315 名快递员取得合格证书，合格率为 74.97%。打造品牌资讯，成立上海市邮政管理局资讯中心，建立两级信息员队伍，搭建“4+2+2”的媒体平台，编发 4 期《解放日报》“两新星空”快递专版，积极开展政府营销。

快递业管理方略形成新体系。对全市快递业工作开展“回头看”和“向前看”，进行系统性的考察调研，分析了上海快递业发展存在的反差性问题和发展趋势，形成了《上海市邮政业情况报告》。谋定管理方略，提了“一体两翼”、“三大使命”、“四个先行”、“五条主线”的工作思路。“一体两翼”指打造上海快递业“东西展翅、中部开发”的发展格局。“三大使命”指邮政管理部门肩负起“促进行业发展、营造市场环境、保障民生底线”的责任。“四个先行”指努力把上海市邮政业建设成为转型升级的先行示范、奉献社会的先行表率、双轮驱动的先行探索、走向世界的先行舰队。“五条主线”指到 2020 年的主要工作路线，即：国务院作出的设立中国（上海）自由贸易试验区的决定，《马凯副总理对国家邮政局工作报告的重要批示》，国家邮政局与上海市人民政府签订的《关于加快推进上海快递总部经济建设

与发展合作协议》，《上海市实施〈中华人民共和国邮政法〉办法》，上海市政府办公厅下发的《关于促进本市快递业健康发展的若干意见》。把贯彻落实好“五条主线”作为重中之重，报请国家邮政局批准形成了《2013 - 2020年上海市邮政业贯彻落实“五条主线”目标任务（试行）》，排定了100个工作项目，成立了“五条主线”推进办公室，制定了考核办法，实行台账式督查和挂图式督战，全力予以推进。邀请并促成上海市副市长蒋卓庆率领市政府相关部门负责人到上海市邮政管理局调研，蒋市长充分肯定上海市邮政管理局抓住“五条主线”这样一个基本和重要的框架，符合国家邮政局和上海市政府要求，希望上海市邮政管理局从社会管理的高度统筹把握邮政行业的发展，组织对事关邮政业发展全局、事关社会管理的重大问题进行关联性、对策性、系统性研究。

强化快递市场监管，规范市场秩序，许可、备案快递企业341家，审核了1095家快递企业提交的年度报告。对549家企业开展执法检查，查处违法违规经营企业131家。笃实安全监管，做好“两会”期间邮路安保工作，配合市禁毒办做好快递实名制的相关调研，加大寄递渠道反恐、“扫黄打非”等工作力度，查堵查缴非法出版物。切实做好寄递服务信息安全监管，开展安全生产大检查，全面实施快件收寄加盖验视章管理。及时妥善处理媒体曝光的圆通速递信息泄露事件，并向市领导做专题汇报。

周密应对高峰，成立了以局长为指挥长的上海市“双十一”快递业务旺季服务和安全保障工作指挥中心，设立了前线指挥所，与重点快递企业签订了旺季服务和安全保障工作责任书，实行24小时值班制，密切关注总部全网运行情况，做到“不瘫痪”“不曝光”“不爆仓”。

省级以下邮政监管体制构建新格局。突出建章立制，印发《上海市邮政管理局行政执法手册》和《关于上海市邮政监管派出机构业务工作的指导意见》，制定完善实施财务、资产、宣传、会议、车辆、信息等一系列内部管理制度，强调流程化、规范化、制度化，夯实管理基础。加强培训交流，举办公务员初任和任职及执法证培训班，分别组织上海市和国家局邮政行政执法证培训和考试，先后安排9名管理局青年干部到市局交流轮岗，安排3名管理局处级干部到市局机关挂职或任职。加强基础建设，在市局统筹安排下，落实机构到位、干部到位、设备到位，完成局房装修、车辆安排、机房建设、信息系统建设等工作。各管理局紧紧围绕邮政业改革发展大局，主动向当地党委政府汇报工作，加强与有关部门的沟通协作，争取支持。同时深入企业调研，摸清底数，按照板块管理的原则，建立企业台账、法条台账和工作任务台账。各局注重“常态工作抓盲点、对接工作抓看点、创新工作抓亮点”，开创工作新局面：浦东局强化分类管理，构建“国有领先、民营突破、外资示范”的发展格局；黄浦局对快递企业通过事故警示、法规培训、责任约束，拉紧安全弦；青浦局积极贯彻落实国家邮政局和上海市人民政府的部市合作协议，加快青浦快递行业转型发展示范区建设；松江局加强信息舆情管理，做好综合研判；宝山局率先建立企业QQ群，完善快递企业沟通联系工作机制；奉贤局自主研发“邮政快递信息服务系统”。

三、2014 年快递业工作要点

（一）着力营造法律政策环境

一是营造法治功能。构建符合特大城市特点的邮政业监管新模式，深化“公开、公平、公正”的监管格局。推进落实法治邮政评价指标体系与依法行政纲要，完善依法行政考核制度。争取出台《上海市邮政、快递企业基础管理工作导向标准》。试行违法违规企业负责人强制培训制度。二是营造政策集成。研究落实国务院《关于政府向社会力量购买服务的指导意见》，做好政府购买公共服务中的快递服务工作。研究《上海市加快发展现代服务业实施纲要》、《关于上海加快发展现代服务业的若干政策意见》、《上海产业发展重点支持目标》、《上海市服务业发展引导资金使用和管理试行办法》等一系列政策措施，提出融入和运用的办法。研究上海财政扶持服务业发展、高技能人才培养基地建设、总部经济提升、平台经济培育、消费和外贸结构优化、“走出去”战略实施、“营改增”试点企业等各类政策，集成上海邮政业财政扶持政策。开辟中国（上海）自由贸易试验区与快递总部经济发展论坛，力争将其纳入《中国（上海）自由贸易试验区总体方案》和市相关法规政策文本。协调出台快递营业场所规范化建设政策指导文件。将快递业信息化建设及新技术应用纳入智慧城市建设范畴。编制《上海市促进邮政业科学发展政策集成》和《上海市邮政管理局执法手册》。三是营造规划牵引。提出《五条主线下的上海邮政业四性契合、四维空间与四大战役实施方案》，提出《上海市邮政业服务上海“四个中心”和自贸区建设的意见》，编制上海市邮政业“十三五”发展规划、土地利用规划及其他专项规划，将快递服务纳入上海国际航运中心建设规划和综合交通运输体系规划，确保邮政、快递服务融入上海市基本公共服务体系规划。四是营造协作机制。推进建立上海快递总部经济建设与发展合作会商机制。筹备成立快递企业总部经济研发服务组织。研究跨境网购寄递服务政策，建立跨部门联合工作机制。参与建设城市共同配送体系。五是营造研判预警。与市统计部门建立联系协调机制，强化总部经济运行监测和趋势研判，研发《上海市邮政、快递企业生命体征监测指标与服务安全评价指数》并加以预警。做好快递“最后一公里”、长三角快递服务发展、上海自贸区邮政业发展等课题的研究。六是营造执法监督。协调上海市人大开展执法监督。联合有关部门印发《关于建立上海市邮政法律法规行政执法协调机制的意见》。推进执法评议考核制度和执法责任制，加强执法监督及信息化建设。

（二）着力推进快递服务转型升级

引导上海快递总部型经济发展，促进上海快递业的“二次腾飞”。一是服务快递总部，制定《上海市邮政管理局关于服务上海快递总部企业管理创新、转型升级、增效提质、开放融入的指导意见》，促进总部企业在体制、能级、要素、转型、营商、网运、人才、创新、研发和劳资等方面加强改革创新，在科学、法治、创新、协调、品质、高精、融合、开放、和谐与安全等方面加快发展，做好文件报送、信息交流、会议到位、要情快报、应急支援、工作对接、管理规范、案件查处、安全运行、责任追究等方面工作，从行业、战略、转型、制度、金融、投资、贸易、人才、科技、监管等方面融入自贸区。二要推进战略发展。谋定国家快递业向外、向西、向下基地建设，支持快递总部企业走下去、走进去、走出去、走上去。建立对外投资合作服务联盟，加快培育本土跨国企业，引导本地企业通过海外并购获取战略资源、先进技术、跨境网络和国际品牌，增强竞争力和影响力。三是坚持扶优做强，支持引导重点快递企业转型升级，提升科技含量和运营能级水平，推动功能整合和服务延伸，与电子商务、制造业等上下游产业协同发展，延伸产业链，凸显产业集群效应。四是提升服务品质，印发《上海市邮政、快递服务“进政区、进园区、进商区、进校区、进小区、进景区、进郊区”的指导意见》，提供多层次、多样化和个性化的产品体系。五是是推进人才工程。健全市场化的人才引进机制，进入失业青年就业启航计划和未就业高校毕业生就业促进规划，指导企业“筑巢引凤”、“校企合作”，用好新型服务业扶持政策，在新增非公就业等工作中取得新进展。联合市教育行政管理等部门下发关于加强邮政业人才培养工作的通知。继续做好初、中、高级快递业务员职业技能鉴定考试工作。推进快递业务员业务师、高级业务师项目申报、题库开发及考试鉴定工作。

(三)着力做实市场监管工作

一是做实快递收寄验视。制定落实《上海市邮政业安全收寄“一岗双责”暂行规定》、《关于做好本市化工、医药类等产品定点收寄验视工作的通知》，对高风险重点企业、重点环节、重点产品加大监督检查的力度。二是做实分类施治。建立分类分级监管模式，完善“三位一体”市场监管体系，通过建立健全企业基础信息、企业安全生产和运营信息，实现“企业立户”，实施动态监控和分类管理。要求市快递协会动员指导总部在沪企业开展等级评定工作。三是做实联动执法。制定实施《上海市快递市场综合治理方案》，会同有关部门联合执法。全面落实行政执法程序规定和行政处罚裁量基准制度。构建事中事后监管的基本制度，建立部门监管信息共享机制。建立执法例会制度，指导各局依法行政。开展执法文书案卷评比工作。推动实施快件“上机上车”工程，协调推进快递企业车辆通行证落实及车辆购置工作，与市建交委等部门形成沟通协调机制，落实“扣车放件”政策。规范非机动车从事快件收投管理，协调解决快递“最后一公里”投递问题。四是做实日常监管。加强快递旺季服务和安全保障工作。探索简化快递企业分支机构注册登记手续。依法做好经营快递业务许可证的受理、变更和快递企业年度报告工作。开展县以上党政军单位公文寄递规范专项执法。五是做实行风整治。推进网格化管理、大联动和“12305”、“12315”、“12345”市局服务热线整合互动，构建全方位的问题发现和处置机制。统一设计投诉牌模板，在各企业网点张贴投申诉提示牌，每季度在报刊媒体刊发邮政业申诉公告，所有邮政、快递收派人员一律实行挂牌服务。开展快递服务运行评估和用户满意度测评，定期公布，建立快递准时率通报机制。探索建立快递企业申诉预警机制，关注申诉率高的企业，重点研究申诉热点问题，加强与地方消保委的协调沟通，做好邮政行业政风行风网上测评工作。

(四)着力加强服务安全监管

一是构建工作体系。建设服务安全追溯体系，严格落实企业主体责任、政府部门监管责任和基层属地管理责任，完善基层监管网络，推进服务安全责任强制保险制度试点。二是强化应急处置。制定《上海市邮政管理局邮政业服务安全事件防范应对规程》、《上海市邮政业服务安全事故报告和调查处罚办法》，健全应急体系，不断完善应急保障措施。三是推进“行刑衔接”。推动由市委政法委牵头组织公、检、法等制定《关于加强邮政业服务安全行政执法与刑事司法衔接融合工作若干问题的意见》，建立“行刑衔接”联席会议制度、情况通报制度、区域联动办案制度、涉刑案件产品检验检测和鉴定评估制度，明确案件移送标准流程。四是落实舆情应对和信息发布制度，会同市新闻办制定《关于进一步健全完善邮政业服务安全信息发布与舆论引导工作机制的意见》，加大服务安全信息公开力度，充分利用3.15消费者权益日、9月质量月、法制宣传日和世界邮政日，与媒体合作广泛开展宣传活动，大力普及服务安全知识。五是加强服务安全培训，对企业负责人、服务安全管理人员和主要从业人员开展法律法规标准及专业知识培训，编纂邮政业服务、安全培训大纲，加强培训考核。切实保障用户信息安全，建设邮政业安全监管信息系统。六是建立信用管理体系，印发《关于本市邮政业服务安全信用体系建设的若干意见》，会同相关部门建立和完善邮政业市场主体量化分级管理和公示制度，建立服务安全信用档案，进入公共信用信息服务平台。建立和完善服务、安全“黑名单”制度，在政务网开设“曝光台”和“服务安全严重违法失信名单”栏目。

1.1.5 上海海关：2013年上海海关监管情况报告

为推动上海现代物流业发展，支持国际航运中心建设，上海海关认真总结近年来的工作经验，2013年不断健全工作机制和方法，积极采取了一系列务实有效的举措。

一、加强实际监管，夯实物流监控基础

（一）运输工具监管效能显著提升

一是加强对进出境运输工具监管。积极研究加强我关进出境运输工具实际监管措施，有效落实我关空运和铁路运输工具两级管理模式以及海运运输工具三级管理模式，进一步加大对进出境运输工具实际监管力度，通过视频监控等科技手段加强对进出境货物监装监卸力度，努力提高监装监卸比例。配合绿篱专项行动，运输工具登临检查数量有明显提高，比例提高近1个百分点。加大与海事部门的合作，落实海事与海关合作备忘录，成功接入海事AIS系统，及时掌握船舶到港离港时间、航行轨迹等信息，船舶监管效能显著提高。

二是加强对境内承运海关监管货物运输工具监管。作为一项行政审批和窗口服务事项，我关严格按照法定程序办理相关业务。一是突出重点，加大对高风险承运企业的审查及复核力度；二是大力宣传，加大海关对外政策宣讲和舆论监控力度；三是强化审查，加大规范管理和防控监管风险力度；四是加强合作，加大与兄弟海关沟通协作和监管衔接力度。2013年，我关共受理注册的承运海关监管货物运输企业共 575 家，车辆 8540 辆；通过年审的企业 552 家，车辆 8440 辆，经年审备案有效的驾驶员共计 9365 人。

（二）继续开展监管场所规范化管理工作

一是注重监管场所管理规章制度建设。根据《中华人民共和国海关监管场所管理办法》有关规定，抓紧完成起草《上海海关货运类监管场所注册登记管理规范（草案）》，明确监管场所注册登记流程以及我关部门职责，为我关监管场所管理制度化和规范化提供保障。

二是完成监管场所清理整顿摸底调查。通过全面排摸，对监管场所闭路电视监控系统设备配备情况、配置标准、操作规范、监控重点、保密管理和资料保存等方面开展逐项检查，及时掌握关区闭路电视监控系统现状，确保监管设备运行正常。

三是促进洋山进口分拨监管场所发展。加强洋山海关设立分拨仓库可行性和必要性研究，加强指导，加快洋山分拨仓库海关监管场所建设步伐。2013 年 7 月，洋山同景进口分拨仓库正式通过我关监管场所验收，成为洋山地区第一家分拨仓库。

（三）积极稳妥推进新舱单管理系统扩大切换工作

根据《监管司、科技司关于进一步扩大水运进境舱单管理系统、水运运输工具管理系统试点切换范围的通知》（监管函〔2013〕182 号）要求及我关新舱单系统切换工作总体部署，一是迅速组织动员，全力保证系统切换。认真研究制定切换方案，成立领导小组和推进工作组，制定任务分解表，明确责任主体和完成任务时限。二是认真做好测试，全面掌握系统运用。组织开展系统集中测试以及编写完善舱单系统任务书工作，广泛征求各方意见。三是积极协作配合，完成系统配套改造。多次会同技术部门就海关放行信息联网建设工作进行研究部署和落实，完成对物流监控平台等外挂系统升级改造。四是做好政策宣讲，营造良好推进环境。分别召集舱单传输主体、监管场所经营人以及理货部门等单位讲解新舱单系统海关政策，开展舱单电子数据传输培训会，听取企业意见和建议。密切联系上海市口岸办、上海港务集团等单位，寻求协助、支持。

二、深化业务改革，不断提升监管效能

（一）做好转关和区域通关改革

一是加强与兄弟海关联系。2013 年 6 月，我关同新成立的济南海关建立了区域通关合作机制，标志我关区域通关改革在全国实现全覆盖。密切协作配合，通过建立联络员机制、开展定期走访交流等形式，加强与兄弟海关的联系沟通。2013 年 1 ～ 12 月，我关共办理以我关为口岸地海关的转关运输货物 212.86 万批，货重 4315.51 万吨。

二是全面深化区域通关改革。研究制定我关操作规范，2013 年 11 月 1 日起，实施 AA 类企业属地申报、属地验放模式，将“属地申报、口岸验放”通关模式适用范围扩大至一年内无违法记录的 B 类生产型出口企业。调整规范企业申请受理和审批程序，积极做好对外宣传工作，扩大改革辐射面。2013 年 1 ～ 12 月，我关共办理区域通关进出口业务 13.16 万票，货值 301.08 亿美元。可在上海各海空运口岸适用“属地申报、口岸验放”通关模式的本地及外地企业近 3 万家。

（二）探索实施“口岸分流、属地查验”模式

为减轻口岸查验压力、提高属地服务地方经济作用与地位、优化人力资源配置，研究制定《“属地直通、分流查验”通关监管方案》。2013年5月，我关正式启动“口岸分流、属地查验”通关监管试点工作，在奉贤、金山、青浦和南汇等区域海关开展试点工作。试点工作开展以来，令更多的守法企业享受到改革带来的便利，充分发挥属地海关监管积极性，提高了查验作业效能。在总结前期试点工作经验的基础上，为进一步体现改革规模效应，自2013年12月1日起，该模式属地海关试点范围扩大至我关各相关现场单位。

（三）积极推进洋山海关所辖南港码头项目建设

围绕把洋山南港码头建成“效率快速、查验高效、通关便捷的现代化海关监管示范点”工作目标，加快做好南港码头开放及监管场所设立相关工作。研究下发《上海海关关于做好南港码头海关通关监管有关工作的通知》。2013年7月，南港码头通过我关监管场所验收。8月7日，由国家口岸办牵头，公安部、交通运输部、海关总署、质检总局联合组成的国家联合验收组对南港码头对外开放进行验收，一致同意通过验收。8月28日，我关为南港码头首批出口货物提供通关便利，货重29.58吨、价值336.55万美元。

（四）积极支持中国（上海）自由贸易试验区建设

为全面有效地推进试验区建设，加强和规范海关对试验区的监管，按照中央和海关总署要求，我关积极投入自由贸易试验区建设。一是主动参与自由贸易试验区海关监管方案的研究，围绕“一线放开、二线安全高效管住”要求的试验区海关监管模式，结合现行海关法律法规和监管实际，对自贸区物流监控业务提出建设性和针对性的意见和建议，取得实效。二是加强与外界沟通交流，听取各方意见。多次派员参加自由贸易试验区专题工作会议，加强同上海港务集团联系，与港务集团就自贸区建设相关工作开展研讨。

三、扩大口岸辐射，服务地方经济发展

（一）继续落实和研究扩大启运港退税政策试点工作

启运港退税政策自2012年8月1日起在上海洋山保税港区试点以来，运行平稳，引起《人民日报》等媒体关注。2013年1～12月，我关共办结启运港退税货物转关核销手续4305票，涉及货物1.2万TEU，同时我关密切与启运地海关联系，加强政策对外宣传力度，加强和上海市建交委、财政局、税务局等政府部门的沟通，跟踪实施情况，及时进行评估，强化监管合力。及时评估和总结试点情况，了解试点企业以及其他企业需求和意见，积极配合市政府有关部门研究扩大启运港政策试点的相关事项，促进上海国际航运中心建设。经过不懈努力，目前上海市国航办已经通过上海市政府就扩大方案上报财政部、海关总署和国税总局，我关将密切关注此事发展。

（二）巩固传统业务，研究扩大物流便捷模式试点方案

继续实施“陆改水”作业模式试点，促进洋山保税港区“水水中转”业务发展，2013年1～12月，该业务模式共受理出口货物 16949批，共计货值12.92亿美元。

结合上海国际航运中心建设，通过整合自贸试验区和外高桥港区的政策优势和区位优势，研究建立自贸试验区与外高桥港区更紧密的联动发展机制，制定区港联动水水转运监管通关模式实施方案。针对宝山钢铁股份有限公司向我关申请在出口货物开展“宝洋联动”（陆改水）业务相关事宜进行研究，制定通关监管方案。

（三）密切联系配合，促进区域经济协调发展

积极参与长三角区域大通关、川渝沪大通关、上海与中部六省口岸大通关等口岸合作平台建设，深化和落实沪宁便捷转关模式。积极做好跨直属关区开展海关特殊监管区域间保税货物结转试点工作。保持与上海港务集团的合作关系，召开了关港工作例会，深化与企业在业务改革和文化建设方面的合作，不断提升口岸文明服务水平。

（四）做好口岸服务，支持上海地方经济发展

为促进地方经济发展，保障民生工程开展，在上海市口岸办牵头组织下，对上港集团罗泾煤炭公司新增码头开展了验收工作并同意对外开通启用，先后同意外高桥发电厂、吴泾发电厂、洋山滚装船码头、华润大东船厂等多家家企业在未开放码头按照海关要求延长临时接靠国际航行船舶事宜请求。继续优化国际转运业务，2013 年 1 ～ 12 月，我关共监管国际转运货 175.10 万 TEU，货运量 2027.76 万吨，涉及进出境船舶 20374 艘次。

1.2 协会报告和讲话

1.2.1 中国物流与采购联合会会长何黎明：2013 年我国物流业发展回顾与 2014 年展望

2013 年，我国物流业出现了趋稳向好、转型升级的新局面。2014 年，我们要抓住全面深化改革的新机遇，稳中求进、改革创新，全面打造中国物流“升级版”。

一、2013 年我国物流业发展回顾

过去的一年，我国国民经济运行稳中有进，稳中向好，物流业发展的需求基础持续巩固。习近平总书记等新一代领导集体重视物流业发展，物流业的产业地位进一步提升。全行业抓住机遇，稳中求变，呈现出一系列新的特点。

（一）总体运行趋稳向好，细分市场深度调整

我国物流业运行总体仍处于平稳增长区间。2013 年，中国物流业景气指数（LPI）全年保持在 50% 以上。预计全年社会物流总额接近 200 万亿元，同比增长 9.5% 左右；物流业增加值预计可达 3.9 万亿元，同比增长 8% 左右，两项指标增速均比上年略有放缓，仍快于同期 GDP 增速；社会物流总费用与 GDP 的比率将保持在 18% 左右，社会物流成本较高的局面依然没有改变。

细分市场分化明显。受内需扩大特别是网上购物需求带动，快递、快运、配送等物流市场保持高速增长。全国规模以上快递企业业务量累计完成 91.9 亿件，同

比增长 61.6%。从细分产品看，快速消费品、食品、医药、家电、电子、汽车等与居民消费相关的物流市场保持较高增长。农村物流、社区物流趋于活跃，冷链物流宅配市场受到关注。由于国际需求不振，国内经济增速放缓，我国航运、航空货运市场依然低迷，多家大型企业出现亏损。由于需求疲软和产能过剩，钢铁、煤炭等与生产资料相关的物流市场持续低迷，行业陷入深度调整。在大宗货物运输需求下降的情况下，铁路部门积极推行货运组织改革，下半年货运量持续增长，全年货物发送量与上年持平。

（二）多业联动继续深化，跨界竞合渐成趋势

物流业与制造业、流通业和金融业等多业联动进一步深化。中远物流、中邮物流、广东嘉诚物流、厦门嘉晟供应链公司、安得物流等，分别为天津空客、中国重汽、松下电器、美的电器等制造企业提供全程供应链服务，物流企业与制造企业走向深度融合。太原钢运推进生产物流领域技术创新，一批拥有自主知识产权的专利技术投入应用。商贸业物流平台开放，物流业融入商贸物流网络。京东商城、苏宁易购、易迅网等电商企业开放自建物流平台，吸引社会物流企业。顺丰速运在武汉中百超市、南京苏果便利店推出寄件及快件自提业务，实现网络无缝对接。金融业在多业联动中发挥重要作用。长久集团积极探索汽车物流金融业务模式，全面启动金融物流业务。2012 年“钢贸危机”以后，生产资料金融物流业务整体规模有所收缩，市场向有实力、讲诚信的企业集中。中物华商发起成立“中国物流金融平台”，统一业务流程，共享监管信息，意在促进金融物流诚信体系建设。

跨界竞合开始加速。电商企业自建物流体系，物流企业拓展网上业务。京东商城在北京、上海、广州等地建立物流基地，提升自身物流能力。苏宁打造“物流云”体系，物流配送网点加快全国布局。顺丰优选试水电子商务，扩展常温商品配送城市。德邦物流、佳吉快运等零担快运企业利用网点资源优势，进军快递市场。南航、东航等航空运输企业推出快递快运产品。各类企业跨界竞合，促进了资源整合和产业融合。

（三）平台整合初见成效，物流网络下沉发展

平台整合效应显现。在公路货运领域，传化公路港加紧连锁复制，卡行天下网络平台集合了 1000 多家小微物流企业，林安物流整合社会车辆资源 150 万辆。这些各具特色的公路货运物流平台，有效提升了集约化、标准化和信息化水平。在电子商务领域，阿里巴巴牵头成立“菜鸟网络”，对未来电商物流生态将产生重要影响。在国际运输领域，中外运推出了国内首个跨境航空物流电商平台和海运电子商务平台，整合分散的国际运输资源。在家电物流领域，海尔日日顺物流建立了家电和大件商品“送装一体化”的社会化服务平台，通过物流网、配送网、服务网、信息网“四网融合”，实现了直配乡镇无盲区。在大宗商品流通领域，淮矿现代物流推出平台 + 基地供应链管理模式，为钢铁企业开设品牌专场，整体交易能力突破 1000 万吨。

物流网络向广度和深度拓展。航空运输企业加大中西部地区国际航线开辟力度，满足日益增长的进出口贸易需求。申通快递对川渝地区产品全面提速，90 个

城市实现次日达。德邦物流直营网点达到4300多家，中西部网点数增幅较大。远成集团建设遂宁中国西部现代物流港，打造辐射西南地区运输市场的大型现代化物流园区。受城镇化发展和终端客户需求影响，物流网络加快向二三线市场，居民社区和农村乡镇下沉。

（四）各类资本投向物流，兼并重组热潮涌动

资本市场看好物流业发展潜力。2013年多家产业基金投资快递、公路快运、冷链物流、化工物流、物流地产等领域。中信产业基金收购天地华宇，钟鼎创投投资卡行天下，红杉资本完成对安能物流多轮投资，公路快运市场新型组织方式获得资金支持。多家资本注资全峰快递，联想控股收购全日通等快递企业，长期独资经营的顺丰速运首次引入战略性投资。普洛斯、中储、宝湾等专业物流地产企业加大投资力度，扩大仓储管理面积。一些钢铁、煤炭、房地产企业投资转向，开始在物流基础设施建设领域寻求机会。

兼并重组应对市场变革。武钢集团重组旗下物流业务，包含过去的物流公司和港务板块，成立武钢集团物流公司。阿里巴巴投资海尔日日顺物流，实现“天网”与“地网”融合。重庆百货收购重庆庆荣物流，缓解商超仓储不足。新杰物流收购上海强生便捷货运，进入城市配送领域。圆通速递等快递企业推进加盟模式向直营模式转变，治理机制和组织结构优化升级。一批领先的物流企业积极筹备上市，也有一批不适应市场变化的企业被淘汰出局。

（五）区域物流结盟发展，国际物流面临机遇

区域物流一体化推进。长三角区域跨关区、跨检区通关模式不断创新，形成了多方共同参与的区域大通关协作机制。泛珠三角各方在公路、铁路、航运等领域加快合作，多条高速公路省际通道和铁路干线等有望在近两年打通。广西七市推进区域经济一体化发展，共同签署《七市物流合作框架协议》，讨论《南北钦防玉崇百区域一体化发展规划》。以甩挂运输试点为依托，多个区域出现物流合作联盟。中部地区七省重点物流企业成立的跨省“中中物流联盟”，试行企业间无障碍挂车互换。

国际物流迎来新机遇。国务院正式批准设立上海自由贸易试验区，为物流企业参与国际竞争提供了新的平台。进出口贸易更加活跃，必将带动物流量的有效集聚，对国际航运、国际货代、港口、机场等多个物流相关产业产生直接推动作用，有望促进国际供应链格局的调整转移。随着我国跨境电子商务快速起步，物流企业国际化扩张加速。顺丰速运成功申请国际快递业务牌照，多家快递企业获得代理国际快递业务资质，物流企业“走出去”步伐加快。党的十八届三中全会提出，加快同周边国家和区域基础设施互联互通建设，推进丝绸之路经济带、海上丝绸之路建设，为国际物流提供了新的空间。

（六）信息化加大投入，技术装备加快升级

“物流电商”快速发展。大型企业加大物流信息化投入，大数据、云计算、物联网、移动互联、智慧物流等新技术扩大应用。“双十一”期间，成立不久的“菜鸟网络”，通过大数据平台引导商家和快递企业协同作战，共享和分析海量物流数据，有效提升了物流效率。易流科技依托车联网技术，开发“运力池”模式，整合

运力资源。交通运输部在“八省一市”试行推广北斗车载定位终端，普及位置服务应用。交通运输物流公共信息平台提出总体架构，计划打造构建覆盖全国、辐射国际的物流信息基础交换网络和门户网站。

技术改造和装备升级提速。为应对成本不断上涨局面，满足客户日益增长的服务需求，物流企业纷纷加大技术改造和装备升级力度。干线运输企业开始关注全成本管理，运输车辆向高端化转型，努力提升品牌质量、可靠性、节能性和安全性。城市配送企业更加关注配送效率，运输车辆向专业化、标准化、信息化方向发展。新型叉车、货架、分拣输送设备、自动化立体仓库等现代化物流装备需求快速上升。托盘租赁共用循环使用系统，受到企业和政府有关部门关注。

（七）基础工作稳步推进，行业服务能力进一步增强

近年来，中国物流与采购联合会、中国物流学会在政府有关部门领导下，围绕行业需要，依靠企业支持，致力于标准、统计、人才培养、理论研究等行业基础性工作，提升了行业服务能力。

A级物流企业评估工作进度加快。依据《物流企业分类与评估指标》国家标准，中物联自2005年开始组织开展A级物流企业综合评估工作，2013年共审定通过两批、683家。截至目前，我国已有A级物流企业2414家，其中，5A级企业149家。

物流企业信用评价有新的进展。2013年，中物联开展了两批物流企业信用评价工作，共评出79家A级信用企业。到目前，A级信用企业累计已有308家。

物流标准化工作有序推进。由全国物流标准化技术委员会提出，国家标准委批准发布《物流园区服务规范及评估指标》等八项物流国家标准。根据《全国物流标准专项规划》以及物流行业急需制定的标准项目，新申报国家标准3项，行业标准12项。在制的国家标准共计61项，行业标准24项。

统计信息工作公信力提高。中国物流业景气指数（LPI）正式发布，预测分析我国物流业运行形势又添新指标。采购经理指数（PMI）的权威性和影响力稳步提升，月度物流信息发布制度进一步完善，成为政府决策、企业经营的重要依据。

教育培训工作规模扩大。全国已有473所本科院校、1100多所高职高专院校开设了物流专业。物流师职业资格培训与认证工作自2003年11月开展以来，已有30多万人参加了认证培训，20多万人取得高级物流师、物流师、助理物流师和采购师资格证书。

学术理论政策研究取得新成果。2013年，中国物流与采购联合会完成了《我国物流业中长期发展战略研究》等10多项国家有关部门委托的重大研究课题。中国物流学会组织参评论文950篇、课题247个，一批研究成果被政府部门或企业采纳。

（八）交通运输管理体制改革，物流政策环境改善

交通运输管理体制改革。2013年3月，《国务院机构改革和职能转变方案》正式发布，实行铁路政企分开。原铁道部拟定铁路发展规划和政策的行政职责划入交通运输部，组建中国铁路总公司，承担原铁道部的企业职责。目前，我国已经实现由交通运输部统筹规划铁路、公路、水路、民航发展，推进综合交通运输体系建设，将有利于形成真正意义上的大交通格局。

各部门积极推动物流业发展。国务院提出深化流通体制改革加快流通产业发展重点工作部门分工方案，推进铁路投融资体制改革，取消一批行政事业性收费和行政审批项目。国家发改委出台《全国物流园区发展规划》，发布《促进综合交通枢纽发展的指导意见》。财政部和国家税务总局将铁路运输和邮政业纳入营业税改征增值税试点，继续落实土地使用税减半征收政策。交通运输部发布《国家公路网规划》，出台《关于交通运输推进物流业健康发展的指导意见》，支持甩挂运输和物流园区发展，加强快递市场和城市配送管理，促进航运业转型升级。商务部发布《关于促进仓储业转型升级的指导意见》，推进重点商贸功能区建设，在现代服务业综合试点工作中启动实施城市共同配送试点。工业和信息化部提出《关于推进物流信息化工作的指导意见》，开展信息化和工业化深度融合专项行动。海关总署继续推进大通关建设，创新监管服务模式。

总体来看，2013 年我国物流业顺应转变发展方式的要求，坚持以质量和效益为中心，充分发挥市场主体活力，加快效率提升、创新驱动，释放改革红利，实现了平稳健康发展。但是我们也要看到，我国物流业运行还存在较大下行压力，社会物流成本依然较高，物流运作方式粗放，物流服务附加价值低，区域和城乡物流发展不平衡、人才短缺日益严重、技术应用水平薄弱、行业诚信缺失和资源环境负担较重等问题亟待解决，促进物流业发展的各项政策措施有待落实。

二、2014 年我国物流业发展展望

2014 年是贯彻落实党的十八届三中全会精神、全面深化改革的第一年。纵观国内外形势，我国物流业发展面临新的机遇和挑战。

从国际看，世界经济总体延续缓慢复苏态势。外需市场有所改善，与外需相关的物流领域有望逐步好转。全球价值链和供应链调整加快，对我国制造企业、物流企业抢占国际供应链中高端环节提出更高要求。多边经贸合作趋势明显，物流业必将成为构建开放型经济新体制的重点领域。

从国内看，我国经济正处于从高速增长阶段向中高速增长转换的关键时期，物流成本过高仍然是制约国民经济转型发展的重要因素。降低物流成本、提高物流效率、创新物流模式是推动物流业转型升级的必由之路，也是转变经济发展方式的重要手段。

从要素条件看，我国赖以高速增长的成本驱动模式难以持续。能源供求失衡、价格上涨趋势明显；农村可转移剩余劳动力不断减少，以及对劳动者合法权益保护，人力成本不断提高；更加严格的土地政策，物流业“用地难、地价贵”问题难以缓解；环境污染形势严峻，资源环境成本不容忽视。总体来看，物流业要素成本全面提高，传统的成本和价格竞争难以为继。

面对新的形势，我们要认真贯彻党的十八届三中全会精神，以市场为导向，以改革开放为动力，以质量和效益为中心，寻找转型升级的突破口，培育产业核心竞争力，全面打造中国物流“升级版”。

一是以联动融合为突破口，推动产业物流转型升级。制造业、商贸业和农业等产业物流是物流业发展的需求基础，物流业是产业转型升级的重要支撑。与产业物流联动融合，整体优化产业物流系统，不仅是推动产业转型升级的需要，也是物流业生存发展的必然途径。物流企业要紧密

围绕产业物流需求，主动融入产业物流供应链。通过流程优化、效率提升和模式创新，发挥协同效应，增强一体化服务能力，建立产业联动新型战略合作关系，不断开拓发展的新天地。

二是以配送体系建设为突破口，做大做强民生物流。随着人民收入水平提高，消费市场启动，特别是电子商务爆发式增长，对物流配送提出了新的要求。物流业要根据市场需求，打通物流“微循环”，做好“最后一公里”，更好地开拓城市社区和农村乡镇物流市场，注重商贸物流服务创新，满足更具个性化的服务需求。有关部门应在配送网点建设、配送车辆进城和信息系统配套等方面创造宽松环境。

三是以平台整合为突破口，完善物流网络布局。要按照《全国物流园区发展规划》等总体布局要求，统筹规划物流园区等各类物流基础设施建设。对纳入规划的物流基础设施，要有严格的用途管制。既要保障规划落地，又要避免借物流名义圈占土地。要积极推动多式联运发展，发挥综合运输整体效能。对于现有公路、铁路、港口等公共性基础设施和生产资料、生活资料等专业物流设施，要鼓励平台开放、渠道下沉、互联互通、整合利用。要推动信息平台和实体平台融会贯通，线上与线下相结合，鼓励各类平台创新运营模式，提高网络的渗透力和辐射力。

四是以信息化为突破口，推动物流业创新发展。大数据、云计算、互联网、移动互联、智慧物流等新的信息技术，给物流业带来重大变革和新的挑战。我们应以互联网思维改造传统物流企业，加快企业物流信息系统建设。发挥核心物流企业整合能力，打通物流信息链，实现全程透明可视化管理。支持有实际需求、具备可持续发展前景的物流信息平台发展，推进全社会物流信息资源的开发利用，实现物流信息与公共服务信息的有效对接。鼓励区域间和行业内的物流平台信息共享，促进物流信息互联互通。结合军事物流和民用物流的优势和特点，探索物流信息化军民共建互促机制。

五是以落实现有政策为突破口，进一步营造物流业发展的政策环境。2009 年国务院《物流业调整和振兴规划》发布以来，国务院办公厅出台“物流国九条”，各地方、各部门相继推出一系列促进物流业发展的政策措施。有的已经收到实效，多数有待落实。当前，物流企业主要的政策诉求依然是：第一，减轻税费负担，为物流企业真正“减负”；第二、支持物流用地，促进物流项目“落地”；第三、创造便捷交通环境，缓解“通行难、收费高”；第四、改革投融资体制，解决“融资难、成本高”；第五、简化审批手续，方便物流企业开设网点，允许集团型企业统一使用资质、统一纳税，支持物流企业“做大做强”。物流业是支撑国民经济发展的基础性、战略性产业，需要政府进一步转变职能，加强统筹协调，积极营造物流业健康发展的政策环境。

在新的形势下，我国物流业还面临着法制建设、诚信体系建设、标准规范、环境保护、社会责任等一系列重大问题，需要加强引导。中国物流与采购联合会作为行业社团组织，将积极探索新时期行业协会组织方式和运作模式改革，更好地团结广大会员企业，发挥好桥梁纽带、行业自律、服务引领作用，为全面深化改革，打造中国物流“升级版”做出新的贡献。

1.2.2 中国物流与采购联合会副会长贺登才：我国物流业发展的趋势、规划和政策

2014 年 10 月 21 日

当前趋势：结构调整

今天，我重点讲讲当前我国物流业发展的一个基本趋势，那就是总量增速趋缓，结构调整加快。主要体现在以下三个方面。

第一个趋势，从品种结构来讲，是“黑冷、白热”；总的运行情况，是“量增、利跌”。黑冷、白热，我要解释一下这是借助我们铁路部门一个行话，“黑货”是指钢铁、水泥、玻璃等大宗工业生产资料产品。产能在过剩，销售下降，当然物流量也在萎缩。那么我们所说的“白货”就是生活消费品，在扩大内需政策指导之下，仍然保持了一定程度的增长，我看今年上半年咱们的社会商品零售总额增加的幅度还保持了两位数。那么，物流企业总的运行情况是量增、利跌。我们最近也做了一些调研。许多物流企业运作的物流量并没有减少，但是利润空间在进一步压缩。

第二个趋势叫做平台整合，跨界融合。咱们国家总体来讲物流行业规模小而散。比如我们全国的营运的载重汽车有 1400 多万辆，但运营主体却达 780 多万家，每家拥有的车辆还不到 2 辆。我们的卡车司机接近 3000 万人，养活着 1 亿多人口。针对这么一个情况，就出现了平台整合的一个趋势。比如广东的林安，浙江的传化，出现了大量公路港型的整合平台。同时又出现了一些通过信息化的手段，标准化的方式来整合这些小、散、弱、差的情况。比如大家熟悉的卡行天下，在这一两年的发展也是很快的。那么在这个过程当中又出现了叫跨界融合。做快递的进入到干线运输，做零担的进入到快递行业；做物流的做电商，电商也在做物流。那么最典型的也是刚刚上市的像阿里巴巴这样的跨界，它和各种各样的企业在进行跨界，在进行融合。

第三个趋势是资本介入、洗牌加速。大家看刚才讲的阿里巴巴，讲到的京东，讲到的许许多多的物流企业在进行上市，在进行融资。国内外各种类型的企业在进行一些合作，各类社会资本看好物流业发展前景，还有好多的风险投资正在加快进入我们的物流行业。

由于资本的介入，那么就改变了传统的运作模式。我们传统的思维是这样的，亏本的买卖是不做的。现在出现了大量的亏本买卖，甚至于投资方告诉你每个月必须亏到多少，亏不到还不行。为什么？因为资本介入以后出现了新的经营模式，就是说“羊毛可以出在狗身上”。就是为什么说好多的免费的模式，不仅仅我们物流合作，在 IT 行业显示的更明显。这个也不要钱，那个也不要钱，但最终总得把这个钱收回来。

当然，羊毛可以不出在羊身上，但是你得告诉我出在狗身上，狗在哪里。出在猪身上也行，猪在哪？所以你所有的经营模式，你得告诉我最终是谁来买单的，但是由于资本的介入，由于游戏方式的改变，

所以我们好多传统的企业按照传统的思维一夜之间就垮掉了，也不知道怎么垮的。所以我特别提醒在座各位，一定要研究资本介入以后出现的新的经营模式，它对行业发展的影响以及可能出现的风险。

中长期规划：亮点诸多

国务院于2009年3月10日发布了《物流业调整和振兴规划》，它的规划期是2009到2011年，那么现在到期了，要有规划来接续。从2011年7月起，《物流业发展中长期规划》这项工作连续做了三年。再一个背景就是我们物流业本身快速发展的需要，物流业产业地位提升的标志，同时又是中央新一代领导集体关心、重视、支持物流业发展的一个体现。大家看到李克强总理在过年的时候，对咱们快递员工去慰问；咱们习近平总书记到了山东的临沂，讲“你们的事业大有可为”。这个重视的程度是空前的，所以也带动各个地方，包括我们黔南州对这个工作的重视。2013年6月11日，国务院总理李克强主持召开国务院常务会议讨论通过了《物流业发展中长期规划（2014-2020年）》。

我个人的看法，这个规划有诸多亮点。第一个亮点，在于进一步提升了物流业的产业地位。咱们这个物流产业过去不叫产业，是一种组织的方式，或是管理的手段，是经济运行的基础，贯穿于各个产业。到了2006年，国家的“十一五”规划纲要，才把它作为一个产业，单列一节“大力发展现代物流业”。但这一次又给它进一步的，明确的定位，提出了6个字，就是说物流业是支撑国民经济发展的“基础性、战略性”产业。什么是基础性呢？物流业同供电、供暖、供水、供气，城市客运系统一样具有基础性。

国民经济的基础性，也是城市运行的一个基本功能。那么汪洋副总理曾经讲到，他说“一个城市可以没有工业、没有农业，但是不能没有物流业。”那么它的战略性呢？从军事的角度上来说，那物流是它的核心战斗力。从国民经济来说，那么它是一个国家综合实力的重要体现。咱们的一产、二产、三产，没有一个产业不需要咱们物流业的支撑。所以这一次把物流业定位为“基础性、战略性”，这是一个很高的定位，非常的有利于我们物流业的发展。也是中央新一代领导集体对物流业一个新的认识，也给我们争取相关政策提供了强大的理论工具。

第二个亮点是三个发展重点。一个要着力降低物流运行成本。大家知道我们国家的物流成本和国外发达国家相比大概高出一倍左右。究竟高在哪里？有我们发展阶段的问题、产业布局的问题，但也有运作当中的问题，有基础设施衔接的问题，也有体制政策的问题，所以提出来要着力降低物流业运行成本。第二个要着力提升物流企业的规模化、集约化水平。当然这种提升不是用行政的手段来提升，而是通过市场化的方法，通过信息化的手段。第三着力完善物流基础设施建设，别看我们现在有多少多少高速公路，多少多少高速铁路，多少多少港口码头，但是我们的衔接设施差，多式联运比例低。这是咱们这次规划提出来三个发展重点。

当然我们在实际工作当中，也特别的推荐或者认同三组观点，这次这些观点也都写进了规划。第一个就是对它的产业定位，对物流产业定位就是基础性、战略性。第二个对物流企业的定位，我们讲社会化、专业化。规划当中“主要任务”的第一条，就提出了大力提升物流社会化、专业化水平。这就要求打破条块分割，提高社会化、专业化服务水平。第三个对运行模式的定位是一体化、网络化。就是整合物流各个功能，实现一体化运作，要网络化的经营。大的物流企业都是由众多网点构成，比如咱们的顺丰速运就有9000多个网点，30万职工。《物流业发展中长期规划》把一体化运作、网络化经营能力进一步提升，作为发展目标之一。

这个规划的第三个亮点在于提出了12项重点工程，这12项重点工程都是国家下一步支持的重点。

政策问题：多、高、难、重

对于物流行业存在的政策问题，最突出的我说四个字：多、高、难、重。

什么多？审批多。我就举几个例子，叫快递三审，行车四证，企业过五关，快递怎么三审呢？你要设个网点，都得要从地区的局，省局，还有国家局，一搞好几个月，甚至开一个收派点，也要过好几关。行车要四证，任何车辆都有行驶证，还得要个运营证。司机有驾驶证，还得要有个从业资格证。企业，就办一个企业要多少个公章，这些例子也很多，所以说审批多。高，什么高呢？收费高，咱们的高速公路收费，据我们的调查，大概路桥费占运输成本20%左右。超限运输，走一米桥要按照一公里路来收，甚至出现了十几倍的惩罚性收费。还有好多的搭车收费，借机收费，转圈收费，明收改暗收。难，行路难，咱们国家治理三乱十几年，前几天我们看到的《焦点访谈》的结果是什么？所有的大车白天不走，在那等着，晚上以后通过人给带路。2011年的时候央视二套做了《聚焦中国物流顽症》，可能当时会有所缓解，现在各地反映的情况这个问题没有得到根本的解决。还有咱们的配送车辆进城，通行、停靠、装卸、作业，就“三难两多”。咱们的大件运输就更不用说了，收费高，行路难。重，税收负担重，我讲两个基本的现象：一个是我们物流企业税赋的增长幅度要大大快于利润增长的幅度；第二个现象我们物流行业的平均税负水平，要大大高于各个行业的宏观水平。特别是营改增后，各地反映普遍增加税，就运输型企业增加了85%～120%。

所以说“多、高、难、重”，“审批多、收费高、行路难、税收重”，这是我们当前遇到的政策问题。为什么会出现这样的问题？就是我们物流的运行模式在不断的改变，在创新，出现了一体化运作、网络化经运这么一个基本模式，但是我们的政策并没有朝着这个方向来走。

我们现在正在通过各方面积极努力解决一些问题，当然有一些问题陆续会有一些解决，比如汽车加装尾板的问题，比如快递企业这些问题正在解决，但是解决起来还是需要一个过程，特别需要我们大家一起，尤其是我们地方的行业协会，我们一起来做这项工作。使我们物流企业的生存环境逐步达到“少、低、易、轻”。也就是说，能够给我们的物流企业松绑放权，减轻负担，轻装前进。

地方优势：辩证思考

来到黔南州，就咱们物流业发展的思路，我提点我不成熟的想法。

第一，区位优势不等于经济优势。咱们各位领导，以及我看许多材料讲到了我们都匀，我们的黔南州，我们的区位优势，我们的交通优势，以至于我们的资源优势。那么我要从另一个角度对这三个优势做一个辩证的思考。区位优势怎么看？黔南是要说区位优势，那就很有区位优势，你要细细的分析，我们也不完全是区位优势。还要从不同角度来考量，从物流需求覆盖辐射的角度来考虑。

第二个说这个资源，是有资源优势，资源优势一定能成为商品优势吗？我在新疆看到好多好的果蔬产品，因为物流条件的限制，新疆的好多鲜活产品还不能转化为商品，那我举个最简单的例子，比如说咱们的都匀毛尖，是毛泽东主席亲自命名，肯定是有资源优势的。但是现在看来，还没有变成商品优势，为什么？我们缺乏一种营销，缺乏一种品牌，当然也缺乏物流。就是怎么样让我们的资源优势变成商品优势，不能简单的说我有资源，我就是资源优势，一定要变成商品优势。

还有一个是大家都津津乐道的叫交通优势，确实这几年我们交通有很大发展，但是你看看现在从高速公路来说，我没有做过明确的统计，我们基本的判断全国地市以上城市都有高速公路，而且不止一条。高速铁路马上各个省会城市都有了，都有高速铁路，高速公路，就看你在什么位置，你怎么用它。

那么对我们当地的老百姓呢？河北有个地方，他说“我们这条公路在我们这里是一堵墙，不能看作是一条路”。他种地的时候过去从这边很容易过去，现在要绕道，走好远，钻个涵洞才能过去。所以我们简单说一定有了铁路、有了公路就是你的优势吗？就看你怎么用，所以我结合其他地方的情况，给大家提一些逆向思维或者辩证思维，就是说如何看待我们的区位优势、交通优势、资源优势。确实要做一些全方位的辩证的思考，不能盲目讲这些优势。

物流体系：五层架构

什么是现代物流服务体系？我个人的看法，那就是如果把它看作是一座建筑的话，它由五层架构组成：

首先第一层叫需求基础。这个需求来自三个方面：一个就是城市居民的消费需求。不管你老的、小的、男的、女的，你一年吃穿住用，这个东西总得运过来，运过来它总得有个地方停留。比如说贵阳一个人一年他的用量究竟多大，那么其中这些用量哪些是需要放到物流园区的？那么我一下就知道贵阳需要多大的物流园区。第二个产业物流需求。包括农业，也包括各个产业门类，它的原材料进来，产品出去，需要物流条件。第三块就是货物转运需求，货物转运不是每个地方都有的，深圳有货物转运需求，青岛有货物转运，宁波、大连有货物转运，我们都匀究竟有多少货物转运需求？尽管我们是一带一路的节点城市，有多少要通过我们这来中转呢？要做一个分析。

其次是供给主体，就是说你这么多需求谁来满足它。是本地企业和外地企业，是专业性的企业，还是综合性的企业，它们的服务程度怎么样，它们的费用水平怎么样，它们的物流速度怎么样？所以供给的问题，或者说比如说我们有多少市场，市场现在运行情况怎么样？都要进行系统的分析。

第三是设施设备，比如我们如何利用铁路，如何在黔南州这个地方充分的利用我们的水运、铁路、空运，这种多种运输方式的结合做一些多式联运。当然在此基础上就是设施的问题。我们刚刚到日本去，我看到了一个他们叫写字楼物流，我们可以把它叫做楼宇物流。为什么东京这么大的城市基本上是不堵车的，街道比我们窄多了，而且街上的货运车辆是比比皆是，为什么？因为一个楼宇经济，他的大楼下面是个配送中心，所有的车辆你送到这里，赶紧卸了就得走。有一家配送中心统一运作。有 600 多家商户，商户前面是店面，后面都有一个物流的通道。那么会把这个配送中心，再用那种笼车一家一家的送过去，顾客也看不到送货的人。街上送货的车，你只要说是 4 吨以下，高度 3 米以内的车全部可以走。比如说这一群楼当中有 10 个楼群，那好了，我就做一个配送中心，中间，下边地道都通了，这一个就把周边这些都解决了。

第四是信息系统，我们说信息系统是现代物流的灵魂。咱们老一点的同志知道，咱们这个供销社总是说“月底盘点，停业一天”。现在超市里头商品极大丰富，我们还没有看到哪一个超市因为盘点它要停业或者什么，就是后面有个强大的信息系统。你买了东西，你拿到单子只是知道你需要付多少钱了，但是后台已经知道这边缺什么东西了，那么它就会把货补回来，所以这是一个简单的例子了。

菜鸟网络，为什么现在他们能做到这么快？他知道什么时间段，在什么地方，哪种货卖的最快。那么他就提前把这个货备到附近了，为什么像京东商城这样敢承诺两小时送到家，所以你说他那个东西还在五环、六环之外，那肯定不行。通过大数据，通过信息化知道这些东西了。再一个信息化的进一步开发，可以产生一些撮合交易。我们在上海看到一家公司，你要买一种商品了，你点进去，“哗”，一百家厂子出来；那我用价格优先，“哗”丢下 20 家了，服务优先又剩 10 家了。所以在这其中，我要离我最近的就这 3 家，就是价格最低的，服务是最好的，又离你最近的，你选哪家吧，你和他之间谈就行了，撮合交易。再发展下去，还能形成价格机制。就是通过信息化能开发好多你想像不到的东西。经济欠发达地区，完全可以通过信息化的手段后来居上。

第五个是政策环境，我们讲这个说咱们“南有义乌，北有临沂”，你说它有资源优势、交通优势，还是有区位优势？之所以能成为一个全国，乃至于世界的一个物流中心，我看他们的政策优势起了很大的作用，就是来到这个地方，一定是政策的洼地，利润的高地，所以政策环境是相关的。

建议我们黔南州认真做好需求分析，整合提升供给主体，优化布局设施设备，重视信息系统建设，营造良好的政策环境。把这五个方面的工作做好了，形成良性互动，一定能够开创物流业发展的新局面。

（此文是贺登才在“中国·贵州首届现代物流高峰论坛暨商贸物流博览会”的讲话，由现代物流报记者根据记录整理，原刊载在《现代物流报》）

【“新常态”下物流业的机遇与挑战】

中国经济新闻网编者按：当前，我国正处于经济增长速度换挡期、结构调整阵痛期和前期刺激政策消化期“三期叠加”的特殊阶段，经济发展进入新的阶段。“新常态”下，我国物流业将面临怎样的发展机遇与挑战？中国经济时报记者日前就此采访了业界人士和相关专家学者。

中国物流与采购联合会会长何黎明指出，物流业作为重要的生产性服务业近年来受到国家和有关部门的高度重视，其在国民经济中的产业地位稳步提升。但是，受我国经济进入“新常态”的影响，物流业也正在进入“新常态”的发展阶段。

对此，国务院发展研究中心市场经济研究所所长、研究员任兴洲在“2014第二届中国空港物流发展大会暨城市物流园区投融资论坛”上表示，受国际国内经济发展形势放缓的影响，我国物流业运行增长速度也有所趋缓，经济增幅放缓成为物流业发展的重要挑战。但是，随着《物流业调整和振兴规划》、《物流业发展中长期规划》等纲领性文件的出台，以及社会需求量的增大，物流业也迎来了发展新机遇。在挑战与机遇并存的背景下，物流企业只有创新与变革，才能获得可持续发展。

“新常态”下的五个发展特征

据任兴洲介绍，2013年社会物流总额同比增长9.5%，增幅比上年回落0.3个百分点。全国物流业增加值3.9万亿元，同比增长8.5%，增幅比上年回落0.7个百分点；交通运输物流业增加值同比增长7.2%，增幅比上年回落1.5个百分点，物流企业效益不容乐观，投资增速持续回落。这表明，曾经一枝独秀的物流业在我国经济下行的压力下也面临着诸多挑战。

在任兴洲看来，物流业面临的挑战主要表现在以下三个方面：一是物流市场总体需求不足。物流企业货运量增幅、货运周转量、配送量增幅均回落。物流企业主营业务利润额同比下降。特别是运输型企业下降更为明显，物流需求的降低，加剧了物流行业的激烈竞争。

二是经营成本显著上升，经营压力增大，企业利润普遍有所下降。土地、燃油等各项物流要素普遍短缺，成本持续攀升，而物流服务价格上升空间有限。企业的经营成本增加，路桥费、管理费等各项费用也有不同程度的增加。企业对相关的设备维护、改造也增加了资金需求。

三是物流企业筹资不畅，制约发展。挤占企业的流动资金，导致企业资金经营成本增大。多数企业在高成本、低收益、微利润的状态下运行，缺乏发展后劲。

何黎明分析认为，在“新常态”下我国物流业呈现出五个发展新特征：一是行业进入温和增长阶段。物流业结束了过去10多年20%以上的高速增长，增长速度逐步放缓到9%左右。预计未来一段时期，社会物流总额和物流业增加值增速将维持温和增长。在温和增长阶段，长期掩盖在高速增长下的一系列问题开始浮现，倒逼行业加快转型升级。

二是资源要素进入高成本时代。物流用地依然紧缺。2013年，全国工矿仓储用地21万公顷，仅增长3.2%，低于国有建设用地供应增长幅度。据中国物流与采购联合抽样调查显示，北京、上海、广州等一线城市物流地价普遍超过80万元/亩。燃油价格高位运行，2013年汽油价格比2009年上涨了三分之一左右。

企业劳动力成本年均上涨幅度在20%左右，企业“员工荒”现象较为普遍。同时，环保成本逐步显现。2013年，国务院发布“史上最严厉”的《大气污染防治行动计划》，多地出台车辆限行政策，并有逐步扩散趋势，极大地影响了城市货运车辆通行。资源要素成本持续走高，依靠资源投入、规模扩张的粗放式增长方式难以为继。

三是内需成为增长主要动力。近年来，与内需相关的社会物流需求保持高速增长态势。今年一季度，快递企业业务量累计完成26亿件，同比增长51.9%，未来一段时期仍将保持50%以上的增长速度。随着电子商务的快速发展，电商物流迎来重要发展机遇。2013年，网络购物交易额占社会消费品零售总额的7.8%，比上年提高1.6个百分点。今年一季度，电子商务市场交易规模达2.57万亿元，同比增长15%。其中，网络购物市场交易规模超过4500亿元，同比增长27.6%；移动购物市场超过640亿元，同比增长140.8%。

四是整合与创新助推转型升级。物流业的核心价值就在于整合，这也是现代物流业区别于传统运输、仓储行业的主要特征。当前，创新驱动已经成为我国物流业的重要支撑，领先物流企业通过技术创新、管理创新、模式创新、集成创新、制度创新，打造战略竞争新优势。如顺丰速运、海尔日日顺等物流企业都在创新发展和服务模式。此外，大数据、云计算、物联网等新的信息技术，给物流业带来了重大变革和新的挑战。专业化、一体化、个性化的物流模式创新，引领企业抢占产业竞争制高点。

五是物流基础网络初步成型。根据“十二五”综合交通运输体系规划，到2015年，我国综合交通总里程将达到490万公里。2013年末，我国公路总里程达435.6万公里，已经接近“十二五”期末450万公里的目标。铁路营业里程达到10.3万公里，与“十二五”的目标还有一定差距。今年以来，国家提出深化铁路投融资体制改革、加快铁路建设，推出了8000亿元的投资计划，铁路建设正在进入集中释放期。未来一段时期，我国交通运输基础设施建设将基本完成，运输结构逐步均衡，为多种运输方式协调发展创造了良好条件。经过20多年的发展，我国物流园区有效推动产业集聚，引导物流节点布局，取得了很大的进展。去年出台的《全国物流园区发展规划》，确定了29个一级物流园区布局城市和70个二级布局城市，为物流园区加快网络化发展制定了基本蓝图。

挑战与机遇并存

何黎明说，当前，我国物流业正处于转型升级的关键时期，物流业“新常态”为物流和供应链发展提出了艰巨的挑战，也提供了战略机遇。总体来看，我国物流业仍处于景气周期。2014年5月份中国物流业业务总量指数为55.2%，显示物流活动较为活跃，呈高位趋稳态势。预计后期指数将有所回落，但仍保持在较高水平，物流业有望保持平稳运行的基本走势。

任兴洲则从多个方面分析了物流业发展的战略机遇。她认为，首先是产业地位进一步受到重视，政策利好得到进一步释放。2009 年，国务院发布我国第一个物流业发展专项规划《物流业调整和振兴规划》；之后又下发了《国务院办公厅关于促进物流业健康发展政策措施的意见》，提出了推动物流业发展的 9 项政策措施。特别是前不久国务院常务会议通过的《物流业发展中长期规划》为产业发展绘制了蓝图。

其次是我国经济总量持续扩大的带动，以及结构调整、产业转移等为物流业的发展创造了条件。此外，多年来我国物流业自身发展奠定的基础，以及物流技术进步和管理理念、模式的创新，也为行业发展带来了机遇。

任兴洲还对物流业的发展、创新与变革趋势作了一些判断：物流业将进一步在交通、市场准入、发展模式、组织方式、市场拓展空间等方面进行创新与变革。

据任兴洲分析，在发展模式方面，随着经济增速趋缓和要素成本提高，迫使物流企业提高现代化水平，减轻对增速的依赖。从成本驱动、速度优先向创新驱动、效益优先的集约化增长方式推进；从价格战的经营方式向高效率、精益化现代服务模式转变。

组织方式变革也将进一步推进。经济全球化时代，经济竞争已经进入供应链竞争阶段。物流企业必须更加关注最终客户需求，更加注重整个产业链的相互联系和作用，通过供应链管理创造竞争优势。

任兴洲说，改革将促使产业格局进一步加快调整。集合公路、铁路、水运、空运四大运输方式的大交通部的建立，使多种交通运输方式更加协调统一，推动了市场化大交通格局的形成。这将对全社会物流成本降低产生重大影响，大大拓展物流业的发展空间。

物流企业也必将面临分化过程。一些企业更专注于做更有特色、更专业的服务，比如农产品物流；也有企业会更侧重于提供各种物流衍生的金融、仓储管理等供应链管理服务。物流园区的功能将得到进一步发挥。

（来源：中国经济新闻网－中国经济时报 2014 年 7 月 18 日）

1.2.3 上海浦东现代物流行业协会：2013 年浦东新区物流业发展报告

2013 年，在国内外需求等多种因素作用下，浦东新区的物流业发展平稳，全年实现物流业增加值 1350 亿元，增长 10.2%，增幅较上半年略有提高，且略高于全区 GDP 水平，仍保持两位数以上快速增长势头。

一、物流业发展背景简析

2013 年，世界经济仍处于低速增长的周期。据国际货币基金组织统计，全球经济增长率仅为 2.9%，低于 2012 年的 3.2%，其中发达经济体增长率为 1.2%，新兴及发展中经济体的增长率为 4.5%，外需市场表现疲软，全球物流业发展面临很大压力。反观国内，得益于我国庞大的内需市场，全年物流业总体运行趋稳向好，中国物流业景气指数（LPI）全年保持在

50%以上，物流总额接近200万亿元，同比增长9.5%左右，高于GDP增速。细分市场深度调整，需求基础持续巩固，物流业的产业地位进一步提升，发展呈现出一系列诸如“多业联动、跨界竞合”等新特点。

而从与物流业发展息息相关的外贸行业和航运产业观察可知，新区物流业的发展背景较为复杂。

从对外贸易发展看，受国内大宗商品需求波动、产业转型以及国际贸易保护主义抬头影响，新区外贸进出口呈现“前低后高”的震荡企稳走势。全年实现外贸进出口2496亿美元，增长4.0%，高于全市3.9个百分点，占全市比重进一步提升，从2012年的54.9%提高到56.5%。

从航运产业发展看，航运产业增加值季度之间的变化呈现与经济发展相同的走势，产业增加值增长速度较上年继续有所回落，全年实现增加值414亿元，增长8.1%，增幅比上年回落2.1个百分点，低于GDP增长速度1.6个百分点。

二、物流业发展基本情况

1.贸易活跃促物流业继续稳定增长

2013年新区商业发展良好，批发零售行业业务增长明显，全年实现商品销售额16409亿元，增长27.1%。在消费市场高速增长的拉动下，新区物流业也保持稳定增长。据初步测算，2013年新区物流业实现增加值1350亿元，增长10.2%，增幅较上年有所降低，但快于新区GDP增长速度0.5个百分点。物流业增加值占新区GDP比重为20.9，比上年提高0.3个百分点。其中，批发占物流业比重进一步提升，占比较上年提高0.6个百分点，对物流业的发展影响很大（图1.2.3-1）。

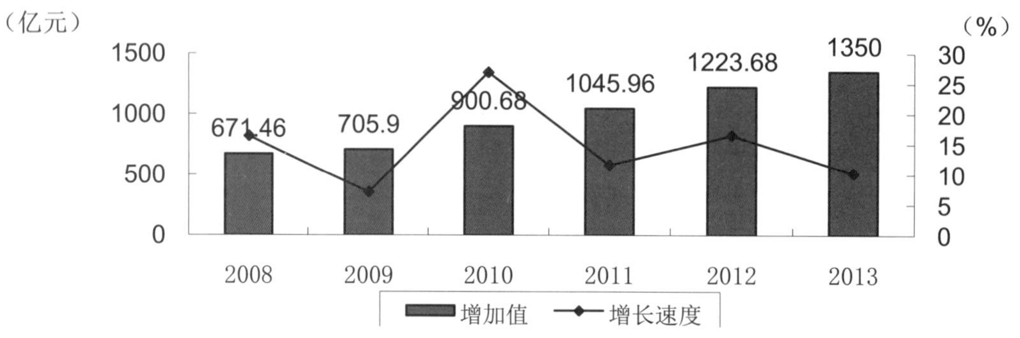

图1.2.3-1 2008 ~ 2012年浦东新区物流业增加值

从2013年物流业五大行业发展看，交通运输业实现增加值168亿元，增长5%，增幅比上年继续回升1.8个百分点，占物流业的比重为12.4%，比上年降低0.7个百分点；批发业实现增加值1179亿元，增长11%，增幅比上年有所下降，占物流业的比重为87.3%，比上年提高0.6个百分点；邮购及电子销售业实现增加值3亿元，增长最快，达到28.3%，但比重仅占物流业的0.2%；物流房地产实现增加值0.39亿元，延续上年增长趋势，增长速度达到15%；物流服务业则继续萎缩（表1.2.3-1）。

表 1.2.3-1 2013 年浦东新区物流业增加值

行业	增加值（亿元）	比重（%）	同比（%）
合计	1350	100	10.2
交通运输仓储邮政业	168.03	12.4	5
批发业	1179.23	87.3	11
邮购及电子销售	2.58	0.2	28.3
物流房地产业	0.39	0.0	14.1
物流服务业	…	…	…

2. 港口吞吐量增速小幅回升，国际功能性航运机构继续集聚。2013 年，港口货物吞吐量 28697 万吨，增长 5.4%，集装箱吞吐量 3059 万标箱，增长 3.6%，增速分别比上年回升 2 和 1.1 个百分点。国际中转集拼从洋山保税港区拓展到外高桥保税物流园区和浦东机场综合保税区，洋山港水水中转、国际集装箱中转所占比例稳步提高，达到 49.8% 和 11.1%，分别增长 8.2% 和 32.2%。国际机场货邮吞吐量 291 万吨，下降 0.8%，降幅比上年收窄 3.6 个百分点。

2013 年 2 月份，波罗的海国际航运公会上海中心在浦东正式成立。随后，一批国际知名航运机构相继落户浦东，如世界唯一的全球性航运交易所——波罗的海交易所、国际保赔保险巨头——美国保赔协会、国际海事教师联合会等。新区第一家内资航运经纪公司沛君航运经纪（上海）有限公司也于年内正式注册成立。从长远看，功能性航运机构的集聚，将有利于浦东物流业产业功能的进一步完善，从而，一方面有助于进一步吸引进能级更好、规模更大的企业或项目（业务）进驻；另一方面，也是本土物流企业得到更多的、更专业的服务，有助于其尽快提升自身管理水平和产业能级，参与国际竞争。

三、物流业发展特点简析

1. 企业数量结构保持稳定，私营和外资仍为主力

尽管物流业增加值保持高速发展，但就企业数结构而言，仍保持相对稳定。从规模以上数据可知，仅批发业的企业数占比比上年略有减少。考虑到其增加值的高速增长，可见企业进一步集聚的动向较为明显。从五大行业企业数量占比看，尽管批发类企业占比略有减少，但在企业总量中的比重维持在 7 成以上，达 72.9%，比上年减少 0.6 个百分点；交通运输类企业占比为 26.8%，比上年增加 0.6 个百分点。其余细分行业企业数占比基本维持上年水平（表 1.2.3-2）。

表 1.2.3-2 规模以上物流企业单位数结构

行业	比重（%）	比 2012 年增减（百分点）
合　计	100.0	---
交通运输仓储邮政业	26.8	0.6
批发业	72.9	-0.6
邮购及电子销售	0.2	0.1
物流房地产业	0.1	基本持平
物流服务业	0.1	基本持平

同时，据第三次经济普查（以下简称“三普”）和第二次经济普查（以下简称“二普”）的资料（包含规模以下企业数）对比，2013 年新区共有各类物流业企业 11533 家，较 2008 年减少 582 家，变动幅度较之前五年大幅减少。从细分行业看，批发业的产业集聚过程也十分明显，企业数虽然从 2013 年的 9347 家增加到 10811 家，但规模以上企业数却比 2008 年减少了 377 家，为 1119 家。随着新区物流产业环境日臻成熟，五年间大量低端的交通运输企业在物流产业发展的进程中被淘汰，交通运输业企业数从 2008 年的 1558 家减少到了 611 家。凭借新模式、新业态经济的蓬勃发展，新区电子商务土壤的愈发肥沃，邮购及电子销售行业成为五年间企业数量增长最快的行业，企业数从 36 家迅速增加至 97 家。而物流房地产、物流服务业的企业数量增长相对较为平稳（表 1.2.3-3）。

表 1.2.3-3 “二普”和“三普”新区物流业企业单位数变动情况

行业	单位数：家			比重（%）		
	2013 年全年	2008 年全年	比 2008 年全年增减 / 家	2013 年全年	2008 年全年	比 2008 年全年增减 / 百分点
合　计	11533	10951	582	100.0	100.0	0.0
交通运输仓储邮政业	611	1558	-947	5.3	14.2	-8.9
批发业	10811	9347	1464	93.7	85.4	8.4
邮购及电子销售	97	36	61	0.8	0.3	0.5
物流房地产业	6	3	3	0.1	0.0	0.0
物流服务业	8	7	1	0.1	0.1	0.0

从企业登记注册类型看，新区物流企业仍以私营和外商投资企业为主，分别占物流业企业总数的 39.5% 和 39.2%，合计占比近八成。从企业注册类型的变化情况看，物流企业向私营企业和以股份制为主的其他类企业集聚，私营占物流企业数量的 39.5%，比上年提高 0.7 个百分点，是物流企业中最集中的领域；以股份制为主的其他类企业占 18.2%，比上年提高 1.9 个百分点；国有和集体企业数的占比均有不同程度的下降（表 1.2.3-4）。

表 1.2.3-4 按登记注册类型分，新区物流业企业分组结构

登记注册类型	比重 （% ）	比 2012 年增减 （百分点）
合　计	100.0	0.0
国有	2.9	-2.1
集体	0.3	-0.7
私营	39.5	0.7
外商及台港澳	39.2	0.1
其他	18.2	1.9

2. 产业区域集聚明显，陆家嘴物流产业布局已显规模

经过多年的发展，新区物流业已初步形成了一定的地区集群，尤以陆家嘴地区（包含潍坊、洋泾、花木和塘桥）和外高桥保税区企业集聚最为明显。资料显示，2013 年，陆家嘴地区和外高桥保税区中物流业企业实现营业收入占比超过 5 成，且营收在各街镇中均排名靠前。其中，外高桥保税区凭借港口优势，多吸引交通运输类企业集聚；以陆家嘴街道、潍坊街道、和洋泾街道等构成的陆家嘴金融区则依托自身强大的金融背景和专业服务业优势，吸引了众多批发贸易类企业（表 1.2.3-5）。

表 1.2.3-5 重点街镇物流业分布表（按营收分，前 7 位）

区域	营业收入 （亿元 ）	比重 （%）
浦东新区	19338	100
陆家嘴街道	3355	17.3
外高桥保税区	2364	12.2
潍坊街道	2346	12.1
金桥镇	1504	7.8
洋泾街道	1052	5.4
花木街道	705	3.6
塘桥街道	550	2.8

3. 资产规模普遍扩大，国有和集体资本规模继续缩小

延续2012年的回暖势头，2013年物流业各细分行业资产规模普遍扩大，年末资产总计为8600亿元，增长19.5%。其中，各细分行业资本规模也普遍看涨，批发业资产总计为6558亿元，增长24.5%，成为对总体资产规模影响最大的一个细分行业；邮购及电子销售业继续上年增长势头，全年资产规模增长达30.5%；而交通运输仓储邮政资产停止了前几年的萎缩趋势，全年资产规模扩大5.6%；物流房地产行业资产小幅下降，全年规模缩小0.9%(表1.2.3-6)。

表1.2.3-6 2013年浦东物流业企业资产规模情况

分类	资产总计（亿元）	增长（%）
合　计	8600	19.5
按行业分		
交通运输仓储邮政业	1991	5.6
批发业	6558	24.5
邮购及电子销售	37	30.5
物流房地产业	14	-0.9
物流服务业	…	…
按登记注册类型分		
国有	570	-29.9
集体	2	-93.4
私营	1280	26.7
外商及港澳台	4039	33.6
其他	2708	16.6

从企业登记注册类型看，外企和私营企业增资扩产意愿强烈，资产规模较2012年大幅扩大，2013年其资产总计分别为4039亿元和1280亿元，增长33.6%和26.7%。而以国有和集体为代表的公有制经济的资产规模则大幅缩小，2013年末，国有和集体企业资产分别下降29.9%和93.4%；而以股份制为主的其他类型企业资产规模萎缩停止，2013年其资产总计2708，增长16.6%（图1.2.3-2）。

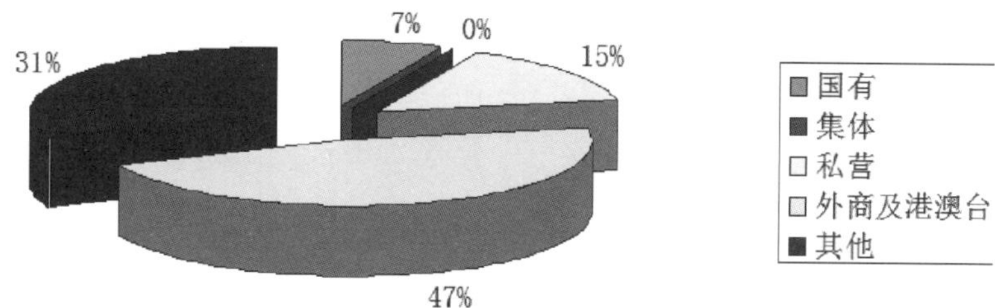

图 1.2.3-2 按登记注册类型分，浦东新区资产规模分组

4. 消费市场继续支撑物流业营业收入保持两位数增长

尽管没有2012年诸如大企业成立等一次性因素影响，但得益于新区商业稳定的发展，物流业营业收入仍保持两位数增长。2013年物流业实现营业收入19338亿元，增长11.3%，较上年下降8.5个百分点。其中，批发业18211亿元，占物流企业营业收入的93.9%；增长速度达到11.5%；以上海益实多（1号店）电子商务有限公司为主的邮购及电子销售行业扩展速度有所放缓，但增速依然强劲，营业收入达到74亿元，增长速度达到28.3%。物流房地产行业营业收入达到3亿元，增长15%。交通运输仓储邮政业继续稳定增长，营业收入小幅增长5.6%，比上年略有下降（表1.2.3-7）。

表 1.2.3-7 2013 年浦东物流业企业营业收入情况

行业	营业收入 （亿元 ）	增长（%）
合 计	19338	11.3
按行业分	19338	
交通运输仓储邮政业	1050	5.6
批发业	18211	11.5
邮购及电子销售	74	28.3
物流房地产业	3	15.0
物流服务业	0	0.0
按登记注册类型分	19338	
国有	1312	-32.8
集体	6	-53.5
私营	3398	55.4
外商及港澳台	10199	3.6
其他	4423	30.8

从企业登记注册类型看，外资企业增速有所放缓，而私营和其他增长加速，成为2013年拉动新区物流业增长的最主要因素。2013年，私营企业和以股份制

企业为主的其他经济类型企业实现营业收入分别为 3398 亿元和 4423 亿元，二者之和接近物流企业营业收入的一半，增长分别为 55.4% 和 30.8%；国有和集体企业营业收入则继续下降，下降幅度为 32.8% 和 53.5%；而体量最大的外资企业增速则有所放缓，全年实现营收 10199 亿元，实现营收 3.6%（图 1.2.3-3）。

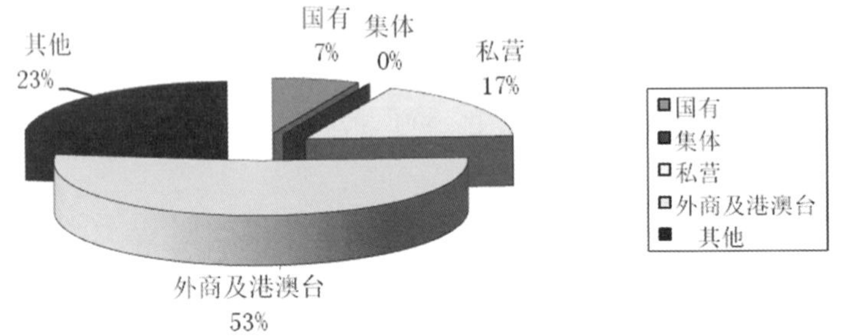

图 1.2.3-3 按登记注册类型分，新区物流业营收分组

5. 经营效益有所回升，批发业成为主要推动力

受 2012 年基数较低影响，2013 年新区物流业经营效益大幅增长，回升走势明显，全年实现利润总额 483 亿元，增长 25.7%。其中，最大的贡献者为批发业，其全年利润总额为 452 亿元，占比 93.6%，增长 37.9%；交通运输仓储邮政业实现利润总额 46 亿元，下降 27.9%；邮购及电子销售行业继续亏损，而且亏损程度再次扩大，已由 2011 年的亏损 2.7 亿元扩大至 2013 年的 14 亿元（表 1.2.3-8）。

表 1.2.3-8 2013 年浦东物流业经营效益情况

分类	利润 （亿元 ）	增长 （%）
合 计	483	25.7
按行业分		
交通运输仓储邮政业	46	-27.9
批发业	452	37.9
邮购及电子销售	-14	--
物流房地产业	0	150.0
物流服务业	0	-132.1
按登记注册类型分		
国有	-14	-212.0
集体	0	-96.8
私营	18	595.0
外商及港澳台	425	29.0
其他	54	40.3

从企业登记注册类型看，非公经济盈利较强。2013 年，外商及港澳台企业实现营业利润 425 亿元，增长 29%；私营企业实现利润 18 亿元，增长 5 倍；以股份制企业为主的其他企业实现利润为 54 亿元，增长 40.3%；与之相比，以国有和集体为主的公有制经济营业利润下降明显，降幅接近或超过 100%（图 1.2.3-4）。

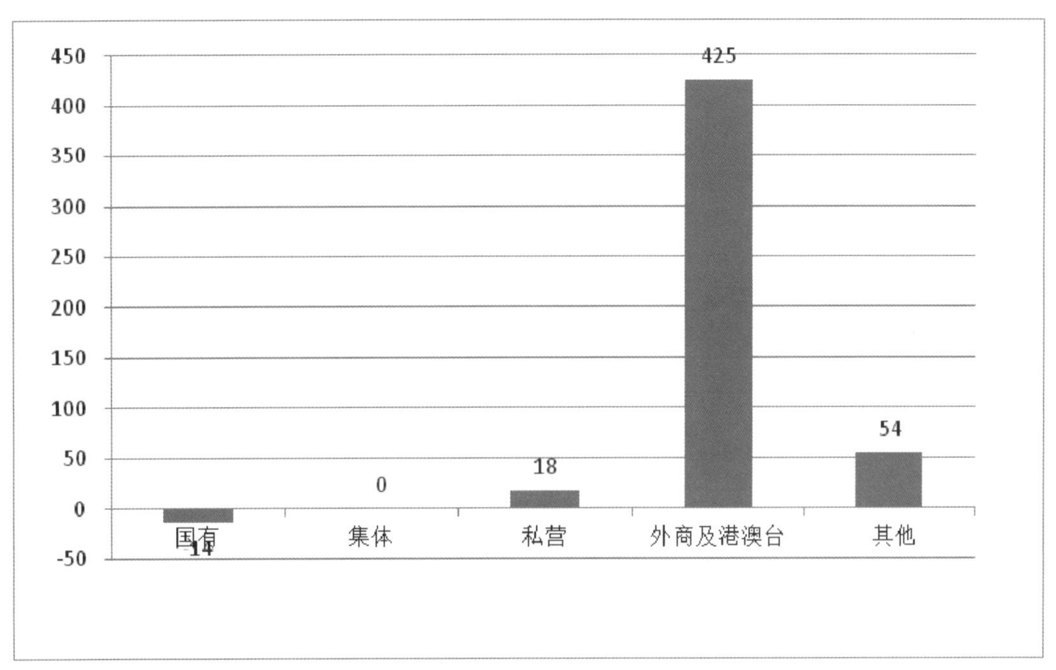

图 1.2.3-4 按登记注册类型分，新区物流业利润分组

6、企业就业人数略有减少，公有经济规模缩减明显

2013 年，新区物流企业共吸纳就业 24.7 万人，比上年略微减少 2.5%。其中，以批发业和邮购及电子销售就业人数规模下降明显，分别下降 5% 和 56.8%。交通运输业依然保持稳定发展，全年增长 5.5%

从登记注册类型看，以国有和集体为代表的公有制经济从业人员规模扩大明显，全年就业规模分别缩小 41.4% 和 86.2%。相比之下，以私营、外商及港澳台资以及其他为主体的非公有制经济就业规模发展平稳，其中私营企业全年就业规模缩小 2.7%，而外商及港澳台和以股份制为主企业就业规模则分别扩大 2.5% 和 23.7%（表 1.2.3-9，图 1.2.3-5）。

表 1.2.3-9 2012 年浦东物流业企业从业人员情况

分类	从业人员 （人）	增长 （%）
合 计	246648	-2.5
按行业分		
交通运输仓储邮政业	82835	5.5
批发业	161950	-5.0
邮购及电子销售	1647	-56.8
物流房地产业	212	0.0
物流服务业	4	0.0
按登记注册类型分		
国有	22857	-41.4
集体	353	-86.2
私营	46448	-2.7
外商及港澳台	131382	2.5
其他	43961	23.7

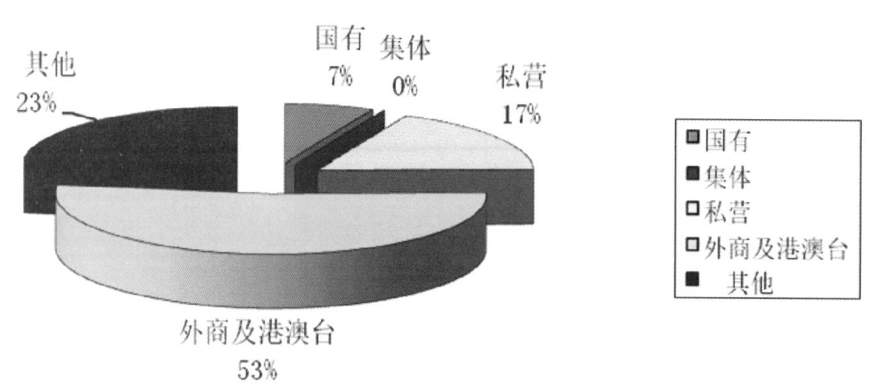

图 1.2.3-5 按登记注册类型分，新区物流业就业分组

三、促进物流业发展的若干建议

经过数年培育和建设，浦东新区物流业已初步建成总量庞大且内涵丰富的产业。同时，借上海建设国际航运中心和设立自由贸易园区的契机，新区物流业或将在深度和广度上有很大的发展空间。而另一方面，从物流业发展的绩效看，新区物流业尚处于发展初级阶段，仍存在着产业抗风险能力不强、经营效益不稳定、人力资源配置缺乏和物流业服务产业能级有待提高等一系列需要进一步解决的问题和困境。为此，我们认为应在以下几个方面继续努力，进一步提高新区物流业发展质量和规模。

1. 继续深化完善制度设计，扩大自贸区改革红利

分析数据可知，自贸区是新区物流业发展的主战场之一，自贸区内物流业的发展在一定程度上影响着新区物流业的发展。近年来，在自贸区内，有关部门相继出台了启运港退税试点、国际中转集拼业务试点和期货保税交割等一系列政策措施及政策产品，这类制度设计均在一定层面解决了当前物流业发展所遇到的问题。随着上海自贸区的建设，我们应利用自贸区的制度设计平台，勇于创新，敢于探索，利用自贸区的改革红利，继续深化和完善自贸区的制度设计，本着平等竞争的原则，争取在自贸区内进一步放宽物流业等产业的开放领域，让更多的企业在这一轮改革进程中物流享受自贸区的制度红利，从而强化自贸区物流业的发展壮大。

2. 继续引导金融业支持，缓解物流企业资金压力

近年来，由于全球物流行业的持续不景气，传统金融机构与物流企业，尤其是航运企业的金融合作也日趋谨慎。虽然如中海和中远等拥有国字号背景的远洋运输企业仍可以获得银行等传统金融机构的支持，但不少民营或外资企业从传统金融机构融资的难度则相当大。由于得不到传统金融业的支持，为了解决营运资金，不少民营航运企业转投融资租赁等成本更高的融资模式，再加之人力、能源等其他要素的价格上涨，企业逐步步入营运压力大幅上升的“经营困局”。为此，我们建议有关部门积极调研，搭建企业和金融机构的对接平台，引导金融企业，尤其是新兴金融业研发适合物流业的金融服务产品，在产业寒冬期，缓解物流业企业的资金压力。

3. 继续扩大贸易便利化政策设计，促进商贸业进一步提升

经过数年努力，相关部门的贸易便利化建设已有显著成效。在海关特殊监管区域内，一批诸如“先进区后报关”、“区内自行运输制度”、“加工贸易工单式核销制度”、“保税展示交易制度”、“境内外维修制度”、“期货保税交割制度”和“融资租赁制度”等贸易便利化措施已逐渐为相关物流商贸企业带来“福利”。下一步，为进一步为新区物流业中最重要的物流商贸业发展助力，我们建议有关部门应继续努力并逐步在政策创新和适用范围上，扩大贸易便利化的政策设计，推动包含总部经济、跨境电子商务和文化贸易等一系列功能在内的物流商贸业的发展。

4. 继续优化营商环境，促进物流业服务业发展

当前，新区物流业的发展仍处于初级阶段，而物流服务业的发展更是新区物流业的短板。尽管经过多年努力，新区物流服务业引进已初见成效，但与上海建设服务型航运物流中心的目标仍有一段距离。为了进一步促进物流服务业的发展，我们认为有关部门应该继续加大优化营商环境的力度，在充分借鉴国际航运中心建设经验的基础上，引入国际先进的物流服务企业，提升物流服务水平；同时，积极引导本地企业转变自身发展方式，通过产业进一步细分，强化本地物流服务业的建设，丰富新区物流服务业内涵。

5. 继续加强物流人力资源建设，打造物流业产业人才高地

人力资源是产业发展的重要要素，也是新区物流业发展的重要要素。由于上海物流业建设的起步较晚，高端人才和基

础人才的教育培养体系仍有一定的发展空间。为此，我们认为应该深入开展与上海海事大学的战略合作，利用上海高级国际航运学院开办契机，进一步促进浦东海事人才的培养、航运资源集聚以及政产学研用协同创新平台的形成；积极开展航运金融、保险、管理等领域的高水平教育与培训，积极举办各类航运系列沙龙、培训、研讨会等专业化航运活动，加大学术交流力度。同时，落实中央和市“千人计划”和新区“百人计划”，引进高层次海外航运人才，建设开放型、服务型的高端航运人才培养基地。另一方面，整合物流业基础教育资源，积极丰富航运物流的中职教育，让更多的有志于从事物流业基础工作的人得以借此获得相关知识，加入新区物流产业中，打造与新区航运物流中心建设相适应的人才高地。

6. 提升物流企业规模化、集约化水平，有序推进物流业现代化建设

从总体看，浦东物流业尚处于起步发展阶段，还没有步入转型升级的新阶段。物流企业规模较小，先进技术难以推广，物流标准化难以执行，从而导致物流成本高、竞争能力差，全区物流业虽有发展，但速度不快。建议新区相关部门或考虑设法引进几家具有相当规模的大型物流企业，或从已有物流企业中选择一些条件较好的加以支持培育，鼓励物流企业通过参股控股、兼并重组等方式做大做强，争取能有一批规模较大、技术水平较高、现代化程度较高、主营业务明确、竞争力较强，在行业中有较大影响的物流企业，在这些骨干企业的带领下，推动浦东物流业的现代化建设，提高物流业的一体化、网络化水平，形成各类物流企业共同发展的良好态势，从整体上提高浦东物流业的发展水平。

7. 鼓励物流企业更新装备、实施物流标准化

浦东物流企业中不少规模小、设备旧、能耗高，尚处于小作坊生产阶段，这样的物流企业很难适应当前社会经济的发展形势，如不思进取、维持原状，将在不久的将来被淘汰或被兼并。对于这种企业当中相对较好的一部分，政府有关部门应当加以适当关注与扶持，要鼓励其更新设备，通过更新设备，提高自身营运能力，增加企业收入，为进一步采取新技术、购置新装备提供条件，形成企业发展的良性循环。在企业装备逐渐现代化的基础上，政府相关部门、行业协会应当适时推广物流标准化体系，加强物流标准的培训宣传和推广使用，使浦东物流业早日适应国家标准化体系，争取在物流业现代化发展进程中发挥一定的引领作用。

1.3 2013年上海物流业主要统计指标一览

【2005–2013年上海物流业发展主要统计指标变化一览】

表1.3–1 2005–2013年上海物流业增加值变化一览

指标	2005	2006	2007	2008	2009	2010	2011	2012	2013
物流业增加值/亿元	1175.6	1339	1573	1760	1694	2037	2242.7	2428.3	2614.02
年增长/%	19.3	13.9	17.5	11.9	-3.8	20.2	10.1	10.6	6.6
占全市生产总值比重/%	12.9	13	13.1	12.5	11.3	12.1	11.7	12.1	12.1
占全市第三产业比重/%	25.6	25.7	25.3	22.4	19	21.2	20.1	19.9	19.4
数据来源：《上海市现代物流业发展“十一五”规划》、《上海市现代物流业发展“十二五”规划》，历年《上海统计年鉴》、《上海市国民经济和社会发展统计公报》，2011、2012、2013年相关统计数据由上海市发展和改革委员会提供。									

表1.3–2 2005–2013年上海物流业货物运输部分统计指标一览

指标	2005	2006	2007	2008	2009	2010	2011	2012	2013
货物运输量/亿吨	6.9	7.3	7.8	8.4	7.7	8.1	9.3	9.44	9.15
港口货物吞吐量/亿吨	4.4	5.4	5.6	5.8	5.9	6.5	7.3	7.36	7.76
集装箱吞吐量/万标准箱	1808	2172	2615	2800	2500	2907	3174	3253	3361.7
航空货邮吞吐量/万吨	221.6	253	290	305	298	370	353.9	336.8	335
数据来源：《上海市现代物流业发展“十一五”规划》、《上海市现代物流业发展“十二五”规划》，2011、2012、2013年相关数据摘自《2012上海经济年鉴》、《2013上海经济年鉴》和《2014上海经济年鉴》。									

【《2013年上海市国民经济和社会发展统计公报》交通、邮政部分】

交通、邮电和旅游（节选）

全年实现交通运输、仓储和邮政业增加值935.06亿元，比上年增长1%。

全年现代航运服务业实现营业收入6321.85亿元，比上年增长2.9%。

全年各种运输方式完成货物运输量91535.07万吨，比上年下降3%（见表9）。

表9 2013年货物运输量及其增长速度

指　标	单　位	绝对值	比上年增长（%）
货物运输量	万吨	91535.07	-3.0
铁　路	万吨	694.09	-15.9
水　运	万吨	46697.00	-7.2
公　路	万吨	43809.00	2.1
机　场	万吨	334.98	-0.5

全年上海港口货物吞吐量达到77574.57万吨，比上年增长5.5%；集装箱吞吐量3361.68万国际标准箱，增长3.3%。集装箱水水中转比例为45.4%，比上年提高2.6个百分点；国际中转比例为7%，提高1.5个百分点。上海浦东、虹桥两大国际机场全年共起降航班61.51万架次，增长3.1%；全年完成邮政业务总量258.7亿元，比上年增长35.5%。

（来源：《2013年上海市国民经济和社会发展统计公报》）

【2013年苏浙沪两省一市物流业主要统计数据比较一览】

表1.3-3 2013年苏浙沪两省一市物流业主要统计数据比较一览

指　标	上海市	江苏省	浙江省
物流业增加值（亿元）	2614.02	3900	3630
年增长（%）	6.6	9	7.8
占全（省）市生产总值比重（%）	12.1	6.6	9.7
占第三产业生产总值比重（%）	19.4	14.8	20.9
货物运输量（万吨）	91535.07	251690	195700
年增长（%）	-3.0	8.8	2.4
其中铁路（万吨）	694.09	6806.2	4000
年增长/（%）	-15.9	-5.8	4.9
水运（万吨）	46697.00	63648.0	75300
年增长/（%）	-7.2	8.3	2.0
公路（万吨）	43809.00	168613.	116400
年增长/（%）	2.1	9.7	2.6
机场（万吨）	334.98	6.7	50.4
年增长/（%）	-0.5	-0.3	10
管道（万吨）	-	12617	-
年增长/（%）	-	7.6	-
货物周转量（亿吨公里）	-	9504.7	9867
年增长（%）	-	12.2	7.4
其中铁路（亿吨公里）	-	373.2	270
年增长（%）	-	-4.7	-7.1
水运（亿吨公里）	-	6857.7	8028
年增长/（%）	-	13.3	9.0
公路（亿吨公里）	-	1653.5	1569
年增长（%）	-	13.8	2.8
民航（亿吨公里）	-	1.0	-
年增长/（%）	-	5.1	-
管道/亿吨公里	-	619.3	-
年增长/%	-	7.4	-

数据来源：2013年苏浙沪两省一市国民经济和社会发展统计公报、物流业发展报告等。

第二篇 物流业政策与法规建设

2.1 概述

中国物流和采购联合会副会长贺登才：
2013年我国物流业政策环境回顾与2014年展望

2013年，我国物流业实现了趋稳向好、稳中有进的良好局面。中央新一代领导集体重视物流业发展，各方面体制机制改革稳步推进，政策环境持续改善。物流业在国民经济中的基础性、战略性地位进一步提升，对物流业持续健康发展将产生重要影响。

一、2013年我国物流业政策环境回顾

2013年，党中央、国务院重视物流业发展。习近平总书记、李克强总理相继考察物流企业，张高丽副总理、汪洋副总理先后对物流业发展作出重要批示和讲话。我国物流业在管理体制、投融资体制、财税体制、行政管理体制、开放型经济新体制等方面进行了一系列调整和改革。

（一）管理体制改革稳步推进

1.铁路管理体制实现了政企分开

2013年3月，《国务院机构改革和职能转变方案》正式发布，铁道部撤销，职能一分为三。组建中国铁路总公司，承担原铁道部的企业职责；原铁道部拟定铁路发展规划和政策的行政职责划入交通运输部；组建国家铁路局，承担原铁道部的安全生产监管等其他行政职责。交通运输领域大部门制改革正式启动，由交通运输部统筹规划铁路、公路、水路、民航以及邮政行业发展的综合交通管理体制初步形成。这将有利于推动各种运输方式从分散、独立管理向一体化、集约化发展，建立和完善适应社会经济发展的综合交通运输体系。

2.铁路货运组织改革开始启动

2013年4月，中国铁路总公司下发《关于进一步推进货运组织改革的意见》（铁总运〔2013〕5号），决定自6月15日开始实施货运组织改革。这是铁路货运向现代物流转型的重大战略，通过落实简化受理、随到随办、规范收费、热情服务的承诺，取得了阶段性成果。2013年下半年，铁路货运扭转了上半年货运量持续下滑的局面，全年货物发送量回稳增长。

3.流通体制改革继续深化

2012年8月，国务院印发《关于深化流通体制改革加快流通产业发展的意见》（国发〔2012〕39号），支持物流业发展作为深化流通体制改革的重要任务。2013年1月，国务院办公厅印发《降

低流通费用提高流通效率综合工作方案》（国办发〔2013〕5号），确定10项措施降低流通费用。在物流方面提出了推进收费公路清理、规范交通执法和保障物流配送等相关要求。5月30日，国务院办公厅印发《深化流通体制改革加快流通产业发展重点工作部门分工方案》（国办发〔2013〕69号），包括15部分、38项具体工作，细化落实到15家部委和单位。其中，涉及物流业的内容主要是：大力发展第三方物流，促进企业内部物流社会化，大力推广并优化供应链管理，支持流通企业建设现代物流中心，积极发展统一配送等。

（二）财税体制改革影响深远

1.“营改增”试点全面铺开

2013年4月，国务院决定自8月1日起，将“营改增”试点在全国范围内推开。12月4日，国务院常务会议决定自2014年1月1日起铁路运输和邮政业纳入“营改增”试点范围。财政部、国家税务总局先后下发《关于在全国开展交通运输业和部分现代服务业营业税改征增值税试点税收政策的通知》（财税〔2013〕37号）、《关于将铁路运输和邮政业纳入营业税改征增值税试点的通知》（财税〔2013〕106号），对试点政策进行了调整、修订和完善。

“营改增”是我国财税体制改革的重大举措，国家税制得到简化和规范，中小规模纳税人税收负担得到减轻，重复纳税问题得到解决。但是，对于物流业特别是交通运输业，企业税负出现大幅增加，税率不统一问题仍然没有得到有效解决。经中国物流与采购联合会多次调查，试点以来，大型物流企业公路运输业务部分的实际税负增加幅度普遍在120%～150%之间，不符合试点政策中“改革试点行业总体税负不增加或略有下降”的指导思想。2011年，国务院办公厅出台的“物流国九条”明确指出：“要结合增值税改革试点，尽快研究解决仓储、配送和货运代理等环节与运输环节营业税税率不统一的问题。”而这一要求并未体现在“营改增”试点中。物流业务各环节税率不统一，割裂了相关业务之间的内在联系，不符合物流业整合社会资源、一体化运作的需要。

2.国际货代业受到严重影响

财税〔2013〕37号文取消了国际货代业差额纳税政策，由于国际航运业享受零税率或免税政策，因此国际货代业没有进项税抵扣，要按照包括国际运费在内的全额收入缴纳销项税，导致国际货代业税负大幅增加。中国物流与采购联合会代表行业积极反映政策诉求，提出对国际货代业增值税应采取免税政策。国家有关部门在新出台的财税〔2013〕106号文中吸收了行业提出的政策建议，明确国际货物运输代理服务享受免征增值税政策。但是，106号文出台后，在地方解释和实务操作中，国际货代免税政策并没有得到有效落实。尽管2014年1月，财政部门对106号文中国际货代业免税政策进行了解读，但这一问题仍然没有解决。导致企业在业务报价、开具发票、会计处理、系统调整等方面无所适从，严重影响正常业务开展。

3.土地使用税减半征收政策继续落实

2012年起，国家出台土地使用税减半征收政策，受到行业普遍欢迎。两年来，我国大部分地区执行了该项政策。但是，也有部分地区对物流企业认定和政策执行人为设限，对于专业建造并出租仓储设施的企业，部分地区不予认定为物流企业，还有的地区调整了土地级别，提高了土地使用税征收标准，政策减负效应有所削弱。

（三）行政管理体制改革继续深化

1. 清理和规范行政事业性收费

2013年6月25日，财政部、国家发改委发出《关于公布取消和免征一批行政事业性收费的通知》（财综〔2013〕67号），决定自2013年8月1日起，取消和免征33项行政事业性收费。与物流相关的行政事业性收费主要有，交通运输部门取消船舶证明签证费、船舶申请安全检查复查费、海事调解费等。商务部门取消装船证费，贸促会取消ATA单证册收费等。10月16日，财政部、国家发改委发出《关于公布取消314项行政事业性收费的通知》（财综〔2013〕98号），决定自2013年11月1日起，取消314项各省、自治区、直辖市设立的行政事业性收费。进一步清理和规范行政事业性收费，有助于进一步减轻企业和社会负担，规范政府收入分配秩序，促进依法行政。

2. 取消和下放行政审批项目

2013年5月，国务院下发《国务院关于取消和下放一批行政审批项目等事项的决定》（国发〔2013〕19号），决定取消和下放一批行政审批项目等事项，共计117项。11月，国务院下发《国务院关于取消和下放一批行政审批项目的决定》（国发〔2013〕44号），再取消和下放68项行政审批项目。2014年1月，国务院再次出台国发〔2014〕5号文，取消和下放64项行政审批项目和18个子项。其中，与物流相关的主要行政审批主要有：国际船舶运输经营者之间兼并、收购审核、国际船舶代理业务审批、从事内河船舶船员服务业务审批、企业自备车辆参加铁路运输审批、外商投资道路运输业立项审批、引航员注册审批、营业税差额纳税试点物流企业确认、出入境快件运营企业从事报检业务注册登记、核材料国内运输免检通行许可、省际普通货物水路运输许可等等。国务院要求，除公开事项外，各部门不得擅自新设行政审批事项。向审批事项的“负面清单”管理方向迈进，逐步做到审批清单之外的事项，均由市场主体依法自行决定。

（四）投融资体制改革陆续深化

1. 铁路投融资体制改革再次启动

2013年5月6日，国务院常务会议在研究部署2013年深化经济体制改革重点工作时，明确提出形成铁路投融资体制改革方案。8月，国务院下发《关于改革铁路投融资体制加快推进铁路建设的意见》（国发〔2013〕33号），从推进铁路投融资体制改革、完善铁路运价机制、建立铁路公益性政策性运输补贴、加大力度盘活铁路用地资源、强化企业经营提高资产收益水平、加快项目前期工作形成铁路建设合力等六方面提出具体要求。此次改革首次提出了铁路建设增量部分向地方和社会开放。同时，提出研究设立铁路发展基金，以中央财政性资金为引导，吸引社会法人投入，有助于形成铁路建设新的融资平台。但是，受铁路系统原有组织结构和运营方式的影响，铁路投融资改革仍面临重大考验。

2. 投资项目政府核准范围继续缩小

2013年12月2日，国务院下发《国务院关于发布政府核准的投资项目目录（2013年版本）》。共取消、下放和转移49项核准权限。其中，取消核准改为备案19项、下放地方政府核准20项、转由国务院行业管理部门核准10项。经初步测算，目录修订后，需报中央管理层面核准的项目数量将减少约60%。在交通基础设施领域，取消了对企业投资扩建民用机场项目的核准，下放了城市快速轨道交通项目、邮政项目和部分铁路、公路、桥梁、隧道、集装箱专用码头、煤炭矿石油气专用泊位等项目的核准权限，更加强调和突出发展建设规划等的指导和约束作用。在外商投资和境外投资领域，由一律实行核准制改为区别不同情况实行核准制或者备案制。对外商投资项目，按照准入前国民待遇和负面清单的管理模式。对境外投资项目，除涉及敏感国家和地区、敏感行业的项目和中方投资10亿美元及以上的项目外，对其他项目实行备案管理。

（五）上海自贸试验区挂牌成立

2013年8月22日，国务院正式批准设立中国（上海）自由贸易试验区。9月29日，上海自贸区正式挂牌成立。上海自贸区的总体目标是加快转变政府职能，积极推进服务业扩大开放和外商投资管理体制改革，为我国扩大开放和深化改革探索新思路和新途径。对于物流领域，上海自贸区建设具有多重意义。一是港航物流管理效率有望提升。高效、便捷、通畅的港航物流管理体系是上海自贸区实现与国际接轨、加快国际航运中心建设的重要保障，这对政府管理方式改革创新提出了新的要求。二是国际航运服务迎来发展机遇。各项优惠政策和便利措施有望出台，航运服务的开放力度继续加大，有利于促进国际航运企业的集聚发展和水平提升。三是国际物流格局加快调整。上海自贸区的建立将利用良好的金融、贸易、物流、通关等政策优势，成为国际贸易和物流企业进入中国的重要窗口，也将成为国内贸易和物流企业加快“走出去”的重要通道，从而带动我国国际商贸和物流业转型升级。

（六）物流相关规划陆续出台

1.《国家公路网规划》出台

2013年6月30日，国家发改委、交通运输部发布《国家公路网规划（2013～2030年）》。这是我国首个集高速公路和普通公路于一体的国家中长期公路网布局规划。国家公路网规划的目标是：形成“布局合理、功能完善、覆盖广泛、安全可靠”的国家干线公路网络，实现首都辐射省会、省际多路连通，地市高速通达、县县国道覆盖。未来，国家级干线公路将形成由“普通国道＋国家高速公路”两个层次共同组成的路网格局，总规模约40万公里。《规划》强调，要加强公路与其他运输方式的协调、衔接，统筹考虑主要通道的运输能力配置，注重发挥综合运输组合效率和整体优势。

2.国家发改委等12部门联合发布《全国物流园区发展规划》

2013年9月30日，国家发改委等12部门联合发布《关于印发全国物流园区发展规划的通知》（发改经贸〔2013〕1949号）。这是我国物流园区方面的第一个专项规划，提出了物流园区发展方向。《规划》强调物流园区的公共性和基础性，提出了物流园区的服务对象和发展方向；确定了99个城市为物流园区布局城市，提出了八项主要任务和八项保障措施。特别提出要开展国家级物流园区示范工程，由国家发改委等有关部门和行业协会组织国家级示范物流园区评定工作。《规划》提出了物流园区发展的蓝图愿景，关键在于落实。

3.《促进综合交通枢纽发展的指导意见》出台

2013年3月7日，国家发改委出台《促进综合交通枢纽发展的指导意见》（发改基础〔2013〕475号），要求加快转变交通运输发展方式，以一体化为主线，促进各种运输方式有效衔接，提高枢纽运营效率，实现便捷换乘、高效换装，为构建综合交通运输体系奠定坚实的基础。《意见》提出四项主要任务，要求统筹货运枢纽与产业园区、物流园区等的空间布局。按照货运“无缝化衔接”的要求，强化货运枢纽的集疏运功能，提高货物换装的便捷性、兼容性和安全性。《意见》还提出，“十二五”期间全国要基本建成42个全国性综合交通枢纽。

4. 交通运输部发布《关于交通运输推进物流业健康发展的指导意见》

2013年6月6日，交通运输部出台《关于交通运输推进物流业健康发展的指导意见》（交规划发〔2013〕349号），提出到2020年基本建成便捷高效、安全绿色的交通运输物流服务体系。《指导意见》是交通运输部推进物流业健康发展的系统性思路，基本覆盖了交通运输领域推进物流业发展的主要方面。重点是加强物流枢纽、运输通道、多式联运、物流信息化、运力结构调整、农村物流、城市配送、快递业务、零担快运、中小企业联盟等方面的政策研究和推动，鼓励先行先试、典型引领，加快培育龙头骨干企业。

（七）行业管理工作出台新措施

1. 多部门支持城市配送管理工作

2013年2月6日，交通运输部等七部门联合下发《关于加强和改进城市配送管理工作的意见》（交运发〔2013〕138号），提出力争用5年左右的时间，基本建立起职能明确、运转高效、监管有力的城市配送管理体制和运行机制。《意见》提出了八大发展任务，除了解决行业反映比较多的城市配送车辆通行难、停靠难、装卸难等问题外，重点要解决城市配送规划落后、基础设施不足、市场管理无序、科技应用欠缺、体制机制不健全的问题。2014年1月20日，交通运输部、公安部、商务部联合下发《关于加强城市配送运输与车辆通行管理工作的通知》（交运发〔2014〕35号），提出了强化城市配送运力需求管理、加强城市配送车辆技术管理、规范发展城市货运出租汽车、优化城市配送车辆通行管理措施、完善城市配送车辆停靠管理措施等具体办法。

继2012年开展城市共同配送综合试点以后，2013年3月5日，商务部、财政部联合下发《关于组织申报城市共同配送试点的通知》（财办建〔2013〕21号），决定自2013年起在现代服务业综合试点工作中启动实施城市共同配送试点。申报城市须满足一定条件并具有一定工作基础。全国15个城市纳入共同配送试点。11月，商务部、财政部下发《关于加强城市共同配送试点管理的通知》（商办流通函〔2013〕838号），明确了试点重点支持领域及方向是公共服务平台建设、物流分拨中心、公共配送中心和末端配送网点三级配送网络体系、先进技术应用、标准化设备应用、配送模式创新等。

近年来，交通运输部、商务部等部门重视城市配送管理，出台促进城市配送工作发展的政策措施。但是，城市配送涉及部门多，协调难度大，需要建立健全城市配送管理工作的协同工作机制，加强多部门在城市配送发展战略规划、政策标准等领域的统筹协作，共同推进城市配送服务体系的建立完善。

2. 收费公路管理条例公开征求意见

2013 年 5 月 9 日，交通运输部组织起草的《收费公路管理条例（修正案征求意见稿）》公开征求意见。《征求意见稿》对 2004 年版《条例》提出了 23 条修改意见，对一些模糊和调整的内容进行了明确和修正，对出现的一些新情况、新问题进行了梳理和规定，提出了特许经营制度、信息公开制度、收费标准计算方法等。但是，其中一些条款的设置不尽合理，如延长收费年限的理由、收费期满后养护费用来源、统贷统还投融资模式与收费期限的矛盾等条款有待进一步调整，对于一些社会普遍关心的问题，如公路收费标准的制定和统一、公路收支和还贷情况等还有待进一步明确。

3. 物流信息化工作加快推进

国家推进物联网有序健康发展。2 月 5 日，国务院出台《关于推进物联网有序健康发展的指导意见》（国发〔2013〕7 号），明确了我国物联网发展的总体目标。针对"十二五"时期发展，提出到 2015 年，要实现物联网在经济社会重要领域的规模示范应用，突破一批核心技术，初步形成物联网产业体系，安全保障能力明显提高。并从发展环境、财税扶持、投融资、国际合作、人才队伍建设等 5 个方面提出了具体要求。《意见》提出要推动应用示范，促进经济发展。其中，要围绕生产制造、商贸流通、物流配送和经营管理流程，推动物联网技术的集成应用。

工信部推进物流信息化工作。2013 年 1 月 11 日，工业和信息化部出台《关于推进物流信息化工作的指导意见》（工信部信〔2013〕7 号），提出到"十二五"末期，初步建立起与国家现代物流体系相适应和协调发展的物流信息化体系，为信息化带动物流发展奠定基础。推动工作计划分两个阶段实施，主要采取试点示范引导。《意见》提出推进物流信息化工作的七项主要任务，分别从社会物流信息资源开放利用、物流政务和监管信息化、物流行业和企业信息化、企业物流信息化、物流信息化标准规范等七个方面提出了主要任务。

交通运输部推动物流公共信息平台建设。11 月，交通运输部在杭州举行全国交通运输物流公共信息平台建设推进会，正式出台《交通运输物流公共信息平台建设纲要》《交通运输物流公共信息平台国家级行业管理系统建设方案》和《交通运输物流公共信息平台区域交换节点建设指南》三个文件。对"公共平台"的基本定位、功能以及建设运营保障和具体实施方案都给出了明确的方向，并正式确定了"公共平台""1+32+nX"的总体布局。会议将物流园区、铁水联运、甩挂运输作为"公共平台"建设全国推进的突破口。当前，信息化正在全面渗透和融合到物流活动中，成为现代物流最重要的时代特征。目前，我国物流信息化在政府支持层面最突出的问题是，物流电子政务和监管信息难以获得，缺乏系统间、平台间、区域间的互联互通，物流公共信息资源不能得到有效利用等，亟待出台政策加以引导。

4. 快递市场监管进一步加强

2013 年 1 月 11 日，交通运输部公布了修订后的《快递市场管理办法》，并自 2013 年 3 月 1 日起施行。《办法》补充了管理主体，明确省级以下邮政管理机构对快递市场实施监督管理的职责；规定经营快递业务的企业不得超越许可的业务范围和地域范围开展经营活动；对开展快递加盟的双方资质、权利义务关系等内容进行了具体规范。同时，《办法》还明确禁止野蛮分拣、随意处理无着件等行为，并规定了相应的法律责任。新《办法》弥补了快递服务国标有标准无监管措施的短板，增加了更多细节性规定，对于维护快递市场信息安全和公共安全，促进市场健康发展具有积极作用。5 月 17 日，国家邮政局等六部门联合下发《关于切实做好寄递服务信息安全监管工作的通知》，针对屡禁不止的泄露消费者信息的行为，要求快递企业完善相关规章制度、加大科技投入，提高信息安全技术防范能力。

5. 电商物流受到重视

电子商务集成创新试点开展。5 月 24 日，工业和信息化部下发《关于开展电子商务集成创新试点工程工作的通知》（工信厅信函〔2013〕367 号）。试点工程包括五大试点方向：大企业电子商务和供应链信息化提升、行业电子商务平台服务创新、跨境电子商务、移动电子商务和产品信息追溯。在试点工程所涉及的多个领域中，均突出强调了电商物流的发展。通过对物流的发展和完善，促进电子商务企业的转型升级；同时，通过电子商务集成创新试点，也可以带动物流业的健康发展。

加强电子商务物流配送基础设施建设。2013 年 10 月 31 日，商务部印发《商务部关于促进电子商务应用的实施意见》（商电函〔2013〕911 号），提出十项重点任务。对于加强电子商务物流配送基础设施建设，《实施意见》提出，各地要按照国家加快流通产业发展的总体要求，规划本地区电子商务物流，推进城市物流配送仓储用地、配送车辆管理等方面的政策出台，推动构建与电子商务发展相适应的物流配送体系。开展电子商务城市共同配送服务试点，逐步建立完善适应电子商务发展需求的城市物流配送体系。

6. “两化融合”提出专项行动计划

2013 年 8 月 23 日，工业和信息化部下发《工业和信息化部关于印发信息化和工业化深度融合专项行动计划（2013 ～ 2018 年）的通知》（工信部信〔2013〕317 号）。《行动计划》要求积极开展八项行动，其中，电子商务和物流信息化集成创新行动目标是，深化重点行业电子商务应用，提高行业物流信息化和供应链协同水平，促进以第三方物流、电子商务平台为核心的新型生产性服务业发展壮大，创新业务协作流程和价值创造模式，提高产业链整体效率。行动内容包括提升重点行业电子商务和供应链协同能力、提升第三方物流服务能力等。

7. 国际货代业指导意见出台

2013 年 1 月 17 日，商务部提出《关于加快国际货运代理物流业健康发展的指导意见》，提出“十二五”期间，基本形成结构合理、业态多样、服务优质、竞争有序的国际货代物流市场。意见提出完善行业管理制度、引导行业“转方式、促转型”等八大主要任务，提出实施人才战略、健全工作机制、建立重点企业联系制度等保障措施。

8. 促进航运业转型升级

2013 年 8 月 27 日，交通运输部出台《交通运输部办公厅关于促进航运业转型升级健康发展的若干意见》（厅水字

〔2013〕230号），从五个方面制定了20条政策措施。通过减少存量、严控增量，化解运力过剩矛盾。但是，国家对航运业的战略性支持力度不够，缺乏创新的金融和财税政策支撑，与行业需要还有较大差距。同时，航运业发展也离不开良好的港航环境支持，需要航运、港口、交通、海关、质检等多部门协调配合，统筹制定协调运作的港航管理机制，加快推动与国际航运管理和服务体系接轨。

9. 危险品运输加强管理

2013年底，交通运输部发布《危险货物运输管理规定》（交通运输部令2013年第2号），自2013年7月1日起实施。原交通部有关管理规定废止。此次《道路危险货物运输管理规定》修订，是适应《危险化学品安全管理条例》调整的需要，也是适应我国道路危险货物运输行业快速发展的需要，涉及的条款多，调整的幅度大。主要体现在：重新定义了危货运输企业车辆数量、停车场地要求、设施设备的准入门槛，明确了危货车辆维修要求。对危险化学品生产、储存、使用、经营和运输等环节都增设了一些新的管理制度和内容，建立了专职安全管理人员、安全评价、道路运输从业人员专项考试、危险货物道路运输豁免、事故报告和举报等制度。

10. 区域通关业务改革全面推进

2013年11月底，海关总署发布《关于全面深化区域通关业务改革的公告》（2013年第58号），决定自11月1日起实施全面深化区域通关业务改革。改革主要包括三方面内容：拓展“属地申报、口岸验放”模式功能。对AA类企业的货物实行“属地申报、属地放行”方式。进一步扩大“属地申报、口岸验放”通关模式适用范围。企业可以诚信守法换取通关便利，得到手续简便、成本低廉、快速高效的通关便利，有利于营造健康、公正、公平的贸易环境和竞争环境。同时深化区域通关改革顺应了区域经济发展和产业梯度转移的要求，有利于建立区域海关分工协作、协同配合、整体联动的区域通关新格局，实现海关有效监管和企业便捷通关的“双赢”。

11. 绿色物流提到议事日程

2013年5月22日，交通运输部下发《加快推进绿色循环低碳交通运输发展指导意见》（交政法发〔2013〕323号）提出了“将生态文明建设融入交通运输发展的各方面和全过程”的理念，以“加快推进绿色循环低碳交通基础设施建设、节能环保运输装备应用、集约高效运输组织体系建设、科技创新与信息化建设、行业监管能力提升”为主要任务，以“试点示范和专项行动”为主要推进方式，实现交通运输绿色发展、循环发展、低碳发展，到2020年，基本建成绿色循环低碳交通运输体系。《指导意见》提出了五方面22条主要任务，对行业在2020年之前的节能减排与应对气候变化工作进行总体部署。

（八）物流业获得资金支持

1. 促进服务业发展专项资金

1月17日，财政部、商务部下发《关于印发中央财政促进服务业发展专项资金管理办法的通知》（财建〔2013〕4号）。《办法》明确，专项资金是指中央财政从公共财政预算资金中安排的专项用于支持商贸流通领域服务业项目建设和发展的资金。由财政部门会同商务主管部门管理。

《办法》规定，中央财政将专项资金切块下达到省，由各省自主确定专项资金支持重点。主要范围包括：民生商贸服务业项目，与生产流通直接相关的服务业项目，与节能减排、环境保护相关的服务业项目，与公共服务直接相关的项目，其他经财政部、商务部确认的商贸流通领域服务业项目。物流业纳入专项资金支持的重点领域。

2. 甩挂运输试点继续推进

2013 年，交通运输部开展了第三批甩挂运输试点申报工作，共确定 41 个试点项目。为规范国家公路甩挂运输试点项目验收与专项资金申请工作，交通运输部下发《关于印发国家公路甩挂运输试点项目验收与专项资金申请工作指南的通知》（厅运字〔2013〕144 号），对试点项目验收条件、程序和内容，以及专项资金申请提出了具体工作指导。

此外，国家发改委、财政部、交通运输部、工业和信息化部等部门还对农产品冷链物流、粮食物流、货运枢纽、电子商务物流、物联网、中小物流企业等物流项目予以资金支持。

二、2014 年中国物流业政策环境展望

2013 年，党的十八届三中全会通过的《中共中央关于全面深化改革若干重大问题的决定》是全面深化改革的纲领性文件。《决定》提出，全面深化改革的总目标是："完善和发展中国特色社会主义制度，推进国家治理体系和治理能力现代化"。《决定》认为："经济体制改革是全面深化改革的重点，核心问题是处理好政府与市场的关系，使市场在资源配置中起决定性作用和更好发挥政府作用"。可以预见，这也是物流业政策选择和管理体制改革的基本方向。

2014 年 3 月 5 日，在第十二届全国人民代表大会第二次会议上，国务院总理李克强作了《政府工作报告》，对十八届三中全会改革决定进行了积极回应，对 2014 年政府工作作了总体部署。结合我们了解到的政府有关部门工作动态，现对 2014 年物流业总体政策取向展望如下。

（一）行业管制趋于放松

李克强总理指出，向深化改革要动力。改革是最大的红利。今年《政府工作报告》提出要推动重点领域改革取得新突破，物流业行业管制有望稳步放松。一是行政审批有望进一步放宽。2014 年，我国要再取消和下放行政审批事项 200 项以上，物流业相关审批事项有望进一步取消。对于确需设置的行政审批事项，要建立权力清单制度，一律向社会公开。年初，国家发改委、财政部、交通运输部、商务部、工业和信息化部等部门陆续公布其全部行政审批项目目录。同时，对于非行政审批事项将开始全面清理。对于工商登记制度，将全面落实认缴登记制，由先证后照改为先照后证，由企业年检制度改为年报公示制度。二是投资体制改革有望进一步放开。对于投资审批制度，将取消或简化前置性审批，充分落实企业投资自主权。今年政府提出要制定非公有制企业进入特许经营领域具体办法。实施铁路投融资体制改革，在更多领域放开竞争性业务，为民间资本提供大显身手的舞台。三是税收制度有望进一步推进。今年，铁路运输和邮政业正式纳入"营改增"试点。下一步试点方向是进一步扩大行业范围，逐步将建筑、房地产业、金融和生活服务业等纳入改革序列。此外，消费税、资源税改革，房地产

税、环境保护税立法以及小微企业税收优惠等政策的陆续推进，对物流业也将产生重要影响。

（二）市场导向值得关注

《政府工作报告》中多项重点工作涉及物流业，对物流市场的导向作用明显。一是民生物流位置凸显。《政府工作报告》特别提到促进物流配送、快递业和网络购物发展。民生物流作为扩大内需的重要支撑，将受到政府普遍关注。二是城镇化孕育物流新商机。今后一个时期，要着重解决好现有“三个1亿人”问题，促进约1亿农业转移人口落户城镇，改造约1亿人居住的城镇棚户区和城中村，引导约1亿人在中西部地区就近城镇化。城镇化建设加快物流集聚，也离不开城市物流的合理规划和有效保障。三是区域物流布局趋于优化。要推进长三角地区经济一体化，深化泛珠三角区域经济合作，加强环渤海及京津冀地区协同发展。实施差别化经济政策，推动产业转移，发展跨区域大交通大流通，形成新的区域经济增长极，离不开区域物流和交通一体化协同发展。四是国际物流迎来新机遇。要抓紧规划建设丝绸之路经济带、21世纪海上丝绸之路，推进孟中印缅、中巴经济走廊建设，推出一批重大支撑项目，加快基础设施互联互通，为物流业“走出去”提供了新的渠道。五是产业升级逐步加快。要优先发展生产性服务业，推进服务业综合改革试点和示范建设。物流业一直是服务业试点示范的重要对象，物流业加快产业转型升级，有利于助推经济结构调整和服务业创新发展。

（三）行业监管走向规范

一是物流市场监管逐步加强。《政府工作报告》提出，要大力整顿和规范市场秩序，继续开展专项整治，严厉打击制售假冒伪劣行为。建立从生产加工到流通消费的全程监管机制、社会共治制度和可追溯体系，健全从中央到地方直至基层的食品药品安全监管体制。预计食品、药品、化学危险品等物流安全问题，公路运输安全、寄递服务信息安全和快递市场监管工作将会进一步加强。二是诚信体系建设加速。《政府工作报告》提出，要加快社会信用体系建设，推进政府信息共享，推动建立自然人、法人统一代码，对违背市场竞争原则和侵害消费者权益的企业建立黑名单制度，让失信者寸步难行，让守信者一路畅通。物流业诚信体系建设，将会成为新一年工作重点。三是绿色低碳物流力度加强。《政府工作报告》提出，我们要像对贫困宣战一样，坚决向污染宣战。明确要求，加大节能减排力度，控制能源消费总量，今年能源消耗强度要降低3.9%以上。物流业是对资源环境依赖较强的行业，面临着节能减排的“倒逼”机制。

（四）中长期规划、政策发力

2009年国务院颁布我国物流业第一个国家层面的物流业发展规划——《物流业调整和振兴规划》，目前已经到期。物流业作为国民经济的基础性、战略性产业，亟待加强后续规划的制定和实施。2012年以来国家发改委牵头组织编制的《物流业中长期发展规划》，有望2014年正式出台，将成为今后一个时期指导物流业发展的纲领性文件。2013年，各地方、各部门相继出台了一系列支持物流业发展的规划、政策、意见，预计2014年会有所动作。如综合交通运输体系建设、城市配送体系建设、电子商务物流、跨境电子商务、物流标准化和信息化、农村和农业物流、工业物流和供应链、社区物流服务、农产品冷链物流、粮食物流、托盘共用系统建设、自由贸易试验区物流、丝绸之路经济带及京津冀一体化物流等。为落实《全国物流园区发展规划》，国家级示范物流园区工程有望年内启动。

（五）行业管理体制改革任务艰巨

当前，我国政府序列中没有物流业专业主管部门，各部门按照各自职能对物流相关领域进行管理。尽管各部门做了大量工作，但由于涉及部门多、协调难度大，许多深层次矛盾和问题难以有效解决。特别是随着行业快速发展，经营模式创新，又出现了许多管理上的交叉和空白。如何进一步建立和发挥部门间统筹协调机制，形成统一开放、公平有序的现代物流市场体系，对于推进国家治理体系和治理能力现代化的要求提出了新的挑战。从长远看，应该在政府序列中设立专门的物流业管理部门，统筹协调全国物流管理工作。当前，应该强化部际联席会议的协调能力，为物流业深化管理体制改革做好准备。同时，也应按照党的十八届三中全会精神，推进政府向社会购买服务的改革，更好发挥社会组织在公共服务和社会治理中的作用。

（六）期盼已经出台的政策切实落实

《政府工作报告》提出，要向深化改革要动力。特别是要从群众最期盼的领域改起，从制约经济社会发展最突出的问题改起，从社会各界能够达成共识的环节改起，使市场在资源配置中起决定性作用和更好发挥政府作用。就物流业来看，群众最期盼、制约行业发展最突出、社会有共识的主要问题主要有：一是减轻税费负担，为物流企业“减负”；二是支持物流用地，促进项目“落地”；三是创造便捷交通，缓解“行路难”；四是改革投融资体制，解决“融资难”；五是方便开设网点，支持企业“做大做强”。这些问题的解决需要极大的决心和勇气，需要冲破利益固化的藩篱，需要破除现有制度的障碍，从而实现资源要素的优化配置，增强物流市场主体的活力，使物流业释放出巨大的改革红利。

同时，我们也要看到《政府工作报告》提出，专项转移支付项目要减少三分之一，今后还要进一步减少。对产能严重过剩行业，强化环保、能耗、技术等标准，清理各种优惠政策，消化一批存量，严控新上增量。预示着物流业专项资金支持政策，以及一些地方、部门曾经实行的优惠政策将会有所调整。我们要努力促进政策落实，并要用足用好政策；但也要克服“政策崇拜”，减少“政策依赖”，充分发挥市场在资源配置中的决定性作用。作为行业社团组织，中国物流与采购联合会将与政府有关部门和物流企业一道，为营造有利于物流业持续健康发展的政策环境而不懈努力。

2.2 国务院和国家部委政策文件

国务院关于印发物流业发展中长期规划（2014—2020年）的通知

国发〔2014〕42号

各省、自治区、直辖市人民政府，国务院各部委、各直属机构：

现将《物流业发展中长期规划（2014—2020年）》印发给你们，请认真贯彻执行。

国务院

2014年9月12日

物流业发展中长期规划（2014—2020年）

物流业是融合运输、仓储、货代、信息等产业的复合型服务业，是支撑国民经济发展的基础性、战略性产业。加快发展现代物流业，对于促进产业结构调整、转变发展方式、提高国民经济竞争力和建设生态文明具有重要意义。为促进物流业健康发展，根据党的十八大、十八届三中全会精神和《中华人民共和国国民经济和社会发展第十二个五年规划纲要》、《服务业发展“十二五”规划》等，制定本规划。规划期为2014—2020年。

一、发展现状与面临的形势

（一）发展现状

“十一五”特别是国务院印发《物流业调整和振兴规划》以来，我国物流业保持较快增长，服务能力显著提升，基础设施条件和政策环境明显改善，现代产业体系初步形成，物流业已成为国民经济的重要组成部分。

产业规模快速增长。全国社会物流总额2013年达到197.8万亿元，比2005年增长3.1倍，按可比价格计算，年均增长11.5%。物流业增加值2013年达到3.9万亿元，比2005年增长2.2倍，年均增长11.1%，物流业增加值占国内生产总值的比重由2005年的6.6%提高到2013年的6.8%，占服务业增加值的比重达到14.8%。物流业吸纳就业人数快速增加，从业人员从2005年的1780万人增长到2013年的2890万人，年均增长6.2%。

服务能力显著提升。物流企业资产重组和资源整合步伐进一步加快，形成了一批所有制多元化、服务网络化和管理现代化的物流企业。传统运输业、仓储业加速向现代物流业转型，制造业物流、商贸物流、电子商务物流和国际物流等领域专业化、社会化服务能力显著增强，服务水平不断提升，现代物流服务体系初步建立。

技术装备条件明显改善。信息技术广泛应用，大多数物流企业建立了管理信息系统，物流信息平台建设快速推进。物联网、云计算等现代信息技术开始应用，装卸搬运、分拣包装、加工配送等专用物流装备和智能标签、跟踪追溯、路径优化等技术迅速推广。

基础设施网络日趋完善。截至 2013 年底，全国铁路营业里程 10.3 万公里，其中高速铁路 1.1 万公里；全国公路总里程达到 435.6 万公里，其中高速公路 10.45 万公里；内河航道通航里程 12.59 万公里，其中三级及以上高等级航道 1.02 万公里；全国港口拥有万吨级及以上泊位 2001 个，其中沿海港口 1607 个、内河港口 394 个；全国民用运输机场 193 个。2012 年全国营业性库房面积约 13 亿平方米，各种类型的物流园区 754 个。

发展环境不断优化。“十二五”规划纲要明确提出“大力发展现代物流业”。国务院印发《物流业调整和振兴规划》，并制定出台了促进物流业健康发展的政策措施。有关部门和地方政府出台了一系列专项规划和配套措施。社会物流统计制度日趋完善，标准化工作有序推进，人才培养工作进一步加强，物流科技、学术理论研究及产学研合作不断深入。

总体上看，我国物流业已步入转型升级的新阶段。但是，物流业发展总体水平还不高，发展方式比较粗放。主要表现为：一是物流成本高、效率低。2013 年全社会物流总费用与国内生产总值的比率高达 18%，高于发达国家水平 1 倍左右，也显著高于巴西、印度等发展中国家的水平。二是条块分割严重，阻碍物流业发展的体制机制障碍仍未打破。企业自营物流比重高，物流企业规模小，先进技术难以推广，物流标准难以统一，迂回运输、资源浪费的问题突出。三是基础设施相对滞后，不能满足现代物流发展的要求。现代化仓储、多式联运转运等设施仍显不足，布局合理、功能完善的物流园区体系尚未建立，高效、顺畅、便捷的综合交通运输网络尚不健全，物流基础设施之间不衔接、不配套问题比较突出。四是政策法规体系还不够完善，市场秩序不够规范。已经出台的一些政策措施有待进一步落实，一些地方针对物流企业的乱收费、乱罚款问题突出。信用体系建设滞后，物流业从业人员整体素质有待进一步提升。

（二）面临的形势

当前，经济全球化趋势深入发展，网络信息技术革命带动新技术、新业态不断涌现，物流业发展面临的机遇与挑战并存。伴随全面深化改革，工业化、信息化、新型城镇化和农业现代化进程持续推进，产业结构调整和居民消费升级步伐不断加快，我国物流业发展空间越来越广阔。

物流需求快速增长。农业现代化对大宗农产品物流和鲜活农产品冷链物流的需求不断增长。新型工业化要求加快建立规模化、现代化的制造业物流服务体系。居民消费升级以及新型城镇化步伐加快，迫切需要建立更加完善、便捷、高效、安全的消费品物流配送体系。此外，电子商务、网络消费等新兴业态快速发展，快递物流等需求也将继续快速增长。

新技术、新管理不断出现。信息技术和供应链管理不断发展并在物流业得到广泛运用，为广大生产流通企业提供了越来越低成本、高效率、多样化、精益化的物流服务，推动制造业专注核心业务和商贸业优化内部分工，以新技术、新管理为核心的现代物流体系日益形成。随着城乡居民消费能力的增强和消费方式的逐步转变，全社会物流服务能力和效率持续提升，物流成本进一步降低、流通效率明显提高，物流业市场竞争加剧。

资源环境约束日益加强。随着社会物流规模的快速扩大、能源消耗和环境污染形势的加重、城市交通压力的加大，传统的物流运作模式已难以为继。按照建设生态文明的要求，必须加快运用先进运营管理理念，不断提高信息化、标准化和自动化水平，促进一体化运作和网络化经营，大力发展绿色物流，推动节能减排，切实降低能耗、减少排放、缓解交通压力。

国际竞争日趋激烈。随着国际产业转移步伐不断加快和服务贸易快速发展，全球采购、全球生产和全球销售的物流发展模式正在日益形成，迫切要求我国形成一批深入参与国际分工、具有国际竞争力的跨国物流企业，畅通与主要贸易伙伴、周边国家便捷高效的国际物流大通道，形成具有全球影响力的国际物流中心，以应对日益激烈的全球物流企业竞争。

二、总体要求

（一）指导思想

以邓小平理论、“三个代表”重要思想、科学发展观为指导，深入贯彻党的十八大和十八届二中、三中全会精神，全面落实党中央、国务院各项决策部署，按照加快转变发展方式、建设生态文明的要求，适应信息技术发展的新趋势，以提高物流效率、降低物流成本、减轻资源和环境压力为重点，以市场为导向，以改革开放为动力，以先进技术为支撑，积极营造有利于现代物流业发展的政策环境，着力建立和完善现代物流服务体系，加快提升物流业发展水平，促进产业结构调整和经济提质增效升级，增强国民经济竞争力，为全面建成小康社会提供物流服务保障。

（二）主要原则。

市场运作，政府引导。使市场在资源配置中起决定性作用和更好发挥政府作用，强化企业的市场主体地位，积极发挥政府在战略、规划、政策、标准等方面的引导作用。

优化结构，提升水平。加快传统物流业转型升级，建立和完善社会化、专业化的物流服务体系，大力发展第三方物流。形成一批具有较强竞争力的现代物流企业，扭转“小、散、弱”的发展格局，提升产业规模和发展水平。

创新驱动，协同发展。加快关键技术装备的研发应用，提升物流业信息化和智能化水平，创新运作管理模式，提高供应链管理和物流服务水平，形成物流业与制造业、商贸业、金融业协同发展的新优势。

节能减排，绿色环保。鼓励采用节能环保的技术、装备，提高物流运作的组织化、网络化水平，降低物流业的总体能耗和污染物排放水平。

完善标准，提高效率。推动物流业技术标准体系建设，加强一体化运作，实现物流作业各环节、各种物流设施设备以及物流信息的衔接配套，促进物流服务体系高效运转。

深化改革，整合资源。深化物流业管理体制改革，进一步简政放权，打破行业、部门和地区分割，反对垄断和不正当竞争，统筹城市和乡村、国际和国内物流体系建设，建立有利于资源整合和优化配置的体制机制。

（三）发展目标

到 2020 年，基本建立布局合理、技术先进、便捷高效、绿色环保、安全有序的现代物流服务体系。

物流的社会化、专业化水平进一步提升。物流业增加值年均增长8%左右，物流业增加值占国内生产总值的比重达到7.5%左右。第三方物流比重明显提高。新的物流装备、技术广泛应用。

物流企业竞争力显著增强。一体化运作、网络化经营能力进一步提高，信息化和供应链管理水平明显提升，形成一批具有国际竞争力的大型综合物流企业集团和物流服务品牌。

物流基础设施及运作方式衔接更加顺畅。物流园区网络体系布局更加合理，多式联运、甩挂运输、共同配送等现代物流运作方式保持较快发展，物流集聚发展的效益进一步显现。

物流整体运行效率显著提高。全社会物流总费用与国内生产总值的比率由2013年的18%下降到16%左右，物流业对国民经济的支撑和保障能力进一步增强。

三、发展重点

（一）着力降低物流成本

打破条块分割和地区封锁，减少行政干预，清理和废除妨碍全国统一市场和公平竞争的各种规定和做法，建立统一开放、竞争有序的全国物流服务市场。进一步优化通行环境，加强和规范收费公路管理，保障车辆便捷高效通行，积极采取有力措施，切实加大对公路乱收费、乱罚款的清理整顿力度，减少不必要的收费点，全面推进全国主要高速公路不停车收费系统建设。加快推进联通国内、国际主要经济区域的物流通道建设，大力发展多式联运，努力形成京沪、京广、欧亚大陆桥、中欧铁路大通道、长江黄金水道等若干条货畅其流、经济便捷的跨区域物流大通道。

（二）着力提升物流企业规模化、集约化水平

鼓励物流企业通过参股控股、兼并重组、协作联盟等方式做大做强，形成一批技术水平先进、主营业务突出、核心竞争力强的大型现代物流企业集团，通过规模化经营提高物流服务的一体化、网络化水平，形成大小物流企业共同发展的良好态势。鼓励运输、仓储等传统物流企业向上下游延伸服务，推进物流业与其他产业互动融合，协同发展。鼓励物流企业与制造企业深化战略合作，建立与新型工业化发展相适应的制造业物流服务体系，形成一批具有全球采购、全球配送能力的供应链服务商。鼓励商贸物流企业提高配送的规模化和协同化水平，加快电子商务物流发展，建立快速便捷的城乡配送物流体系。支持快递业整合资源，与民航、铁路、公路等运输行业联动发展，加快形成一批具有国际竞争力的大型快递企业，构建覆盖城乡的快递物流服务体系。支持航空货运企业兼并重组、做强做大，提高物流综合服务能力。充分发挥邮政的网络、信息和服务优势，深入推动邮政与电子商务企业的战略合作，发展电商小包等新型邮政业务。进一步完善邮政基础设施网络，鼓励各地邮政企业因地制宜地发展农村邮政物流服务，推动农资下乡和农产品进城。

（三）着力加强物流基础设施网络建设

推进综合交通运输体系建设，合理规划布局物流基础设施，完善综合运输通道和交通枢纽节点布局，构建便捷、高效的物流基础设施网络，促进多种运输方式顺畅衔接和高效中转，提升物流体系综合能力。优化航空货运网络布局，加快国内航空货运转运中心、连接国际重要航空货运

中心的大型货运枢纽建设。推进“港站一体化”，实现铁路货运站与港口码头无缝衔接。完善物流转运设施，提高货物换装的便捷性和兼容性。加快煤炭外运、“北粮南运”、粮食仓储等重要基础设施建设，解决突出的运输“卡脖子”问题。加强物流园区规划布局，进一步明确功能定位，整合和规范现有园区，节约、集约用地，提高资源利用效率和管理水平。在大中城市和制造业基地周边加强现代化配送中心规划，在城市社区和村镇布局建设共同配送末端网点，优化城市商业区和大型社区物流基础设施的布局建设，形成层级合理、规模适当、需求匹配的物流仓储配送网络。进一步完善应急物流基础设施，积极有效应对突发自然灾害、公共卫生事件以及重大安全事故。

四、主要任务

（一）大力提升物流社会化、专业化水平

鼓励制造企业分离外包物流业务，促进企业内部物流需求社会化。优化制造业、商贸业集聚区物流资源配置，构建中小微企业公共物流服务平台，提供社会化物流服务。着力发展第三方物流，引导传统仓储、运输、国际货代、快递等企业采用现代物流管理理念和技术装备，提高服务能力；支持从制造企业内部剥离出来的物流企业发挥专业化、精益化服务优势，积极为社会提供公共物流服务。鼓励物流企业功能整合和业务创新，不断提升专业化服务水平，积极发展定制化物流服务，满足日益增长的个性化物流需求。进一步优化物流组织模式，积极发展共同配送、统一配送，提高多式联运比重。

（二）进一步加强物流信息化建设

加强北斗导航、物联网、云计算、大数据、移动互联等先进信息技术在物流领域的应用。加快企业物流信息系统建设，发挥核心物流企业整合能力，打通物流信息链，实现物流信息全程可追踪。加快物流公共信息平台建设，积极推进全社会物流信息资源的开发利用，支持运输配载、跟踪追溯、库存监控等有实际需求、具备可持续发展前景的物流信息平台发展，鼓励各类平台创新运营服务模式。进一步推进交通运输物流公共信息平台发展，整合铁路、公路、水路、民航、邮政、海关、检验检疫等信息资源，促进物流信息与公共服务信息有效对接，鼓励区域间和行业内的物流平台信息共享，实现互联互通。

（三）推进物流技术装备现代化

加强物流核心技术和装备研发，推动关键技术装备产业化，鼓励物流企业采用先进适用技术和装备。加快食品冷链、医药、烟草、机械、汽车、干散货、危险化学品等专业物流装备的研发，提升物流装备的专业化水平。积极发展标准化、厢式化、专业化的公路货运车辆，逐步淘汰栏板式货车。推广铁路重载运输技术装备，积极发展铁路特种、专用货车以及高铁快件等运输技术装备，加强物流安全检测技术与装备的研发和推广应用。吸收引进国际先进物流技术，提高物流技术自主创新能力。

（四）加强物流标准化建设

加紧编制并组织实施物流标准中长期规划，完善物流标准体系。按照重点突出、结构合理、层次分明、科学适用、基本满足发展需要的要求，完善国家物流标准体系框架，加强通用基础类、公共类、服务类及专业类物流标准的制定工作，形成一批

对全国物流业发展和服务水平提升有重大促进作用的物流标准。注重物流标准与其他产业标准以及国际物流标准的衔接，科学划分推荐性和强制性物流标准，加大物流标准的实施力度，努力提升物流服务、物流枢纽、物流设施设备的标准化运作水平。调动企业在标准制修订工作中的积极性，推进重点物流企业参与专业领域物流技术标准和管理标准的制定和标准化试点工作。加强物流标准的培训宣传和推广应用。

（五）推进区域物流协调发展

落实国家区域发展整体战略和产业布局调整优化的要求，继续发挥全国性物流节点城市和区域性物流节点城市的辐射带动作用，推动区域物流协调发展。按照建设丝绸之路经济带、海上丝绸之路、长江经济带等重大战略规划要求，加快推进重点物流区域和联通国际国内的物流通道建设，重点打造面向中亚、南亚、西亚的战略物流枢纽及面向东盟的陆海联运、江海联运节点和重要航空港，建立省际和跨国合作机制，促进物流基础设施互联互通和信息资源共享。东部地区要适应居民消费加快升级、制造业转型、内外贸一体化的趋势，进一步提升商贸物流、制造业物流和国际物流的服务能力，探索国际国内物流一体化运作模式。按照推动京津冀协同发展、环渤海区域合作和发展等要求，加快商贸物流业一体化进程。中部地区要发挥承东启西、贯通南北的区位优势，加强与沿海、沿边地区合作，加快陆港、航空口岸建设，构建服务于产业转移、资源输送和南北区域合作的物流通道和枢纽。西部地区要结合推进丝绸之路经济带建设，打造物流通道，改善区域物流条件，积极发展具有特色优势的农产品、矿产品等大宗商品物流产业。东北地区要加快构建东北亚沿边物流带，形成面向俄罗斯、连接东北亚及欧洲的物流大通道，重点推进制造业物流和粮食等大宗资源型商品物流发展。物流节点城市是区域物流发展的重要枢纽，要根据产业特点、发展水平、设施状况、市场需求、功能定位等，加强物流基础设施的规划布局，改善产业发展环境。

（六）积极推动国际物流发展

加强枢纽港口、机场、铁路、公路等各类口岸物流基础设施建设。以重点开发开放试验区为先导，结合发展边境贸易，加强与周边国家和地区的跨境物流体系和走廊建设，加快物流基础设施互联互通，形成一批国际货运枢纽，增强进出口货物集散能力。加强境内外口岸、内陆与沿海、沿边口岸的战略合作，推动海关特殊监管区域、国际陆港、口岸等协调发展，提高国际物流便利化水平。建立口岸物流联检联动机制，进一步提高通关效率。积极构建服务于全球贸易和营销网络、跨境电子商务的物流支撑体系，为国内企业“走出去”和开展全球业务提供物流服务保障。支持优势物流企业加强联合，构建国际物流服务网络，打造具有国际竞争力的跨国物流企业。

（七）大力发展绿色物流

优化运输结构，合理配置各类运输方式，提高铁路和水路运输比重，促进节能减排。大力发展甩挂运输、共同配送、统一配送等先进的物流组织模式，提高储运工具的信息化水平，减少返空、迂回运输。鼓励采用低能耗、低排放运输工具和节能型绿色仓储设施，推广集装单元化技术。借鉴国际先进经验，完善能耗和排放监测、检测认证制度，加快建立绿色物流评估标准和认证体系。加强危险品水运管理，最大限度减少环境事故。鼓励包装重复使用和回收再利用，提高托盘等标准化器具和包装物的循环利用水平，构建低环境负荷的循环物流系统。大力发展回收物流，鼓励生产者、再生资源回收利用企业联合开展废旧产品回收。推广应用铁路散堆装货物运输抑尘技术。

五、重点工程

（一）多式联运工程

加快多式联运设施建设，构建能力匹配的集疏运通道，配备现代化的中转设施，建立多式联运信息平台。完善港口的铁路、公路集疏运设施，提升临港铁路场站和港站后方通道能力。推进铁路专用线建设，发挥铁路集装箱中心站作用，推进内陆城市和港口的集装箱场站建设。构建与铁路、机场和公路货运站能力匹配的公路集疏运网络系统。发展海铁联运、铁水联运、公铁联运、陆空联运，加快推进大宗散货水铁联运、集装箱多式联运，积极发展干支直达和江海直达等船舶运输组织方式，探索构建以半挂车为标准荷载单元的铁路驮背运输、水路滚装运输等多式联运体系。

（二）物流园区工程

在严格符合土地利用总体规划、城市总体规划的前提下，按照节约、集约用地的原则，在重要的物流节点城市加快整合与合理布局物流园区，推进物流园区水、电、路、通讯设施和多式联运设施建设，加快现代化立体仓库和信息平台建设，完善周边公路、铁路配套，推广使用甩挂运输等先进运输方式和智能化管理技术，完善物流园区管理体制，提升管理和服务水平。结合区位特点和物流需求，发展货运枢纽型、生产服务型、商贸服务型、口岸服务型和综合服务型物流园区，以及农产品、农资、钢铁、煤炭、汽车、医药、出版物、冷链、危险货物运输、快递等专业类物流园区，发挥物流园区的示范带动作用。

（三）农产品物流工程

加大粮食仓储设施建设和维修改造力度，满足粮食收储需要。引进先进粮食仓储设备和技术，切实改善粮食仓储条件。积极推进粮食现代物流设施建设，发展粮食储、运、装、卸“四散化”和多式联运，开通从东北入关的铁路散粮列车和散粮集装箱班列，加强粮食产区的收纳和发放设施、南方销区的铁路和港口散粮接卸设施建设，解决“北粮南运”运输“卡脖子”问题。推进棉花运输装卸机械化、仓储现代化、管理信息化，加强主要产销区的物流节点及铁路专用线建设，支持企业开展纺织配棉配送服务。加强“南糖北运”及产地的运输、仓储等物流设施建设。加强鲜活农产品冷链物流设施建设，支持“南菜北运”和大宗鲜活农产品产地预冷、初加工、冷藏保鲜、冷链运输等设施设备建设，形成重点品种农产品物流集散中心，提升批发市场等重要节点的冷链设施水平，完善冷链物流网络。

（四）制造业物流与供应链管理工程

支持建设与制造业企业紧密配套、有效衔接的仓储配送设施和物流信息平台，鼓励各类产业聚集区域和功能区配套建设公共外仓，引进第三方物流企业。鼓励传统运输、仓储企业向供应链上下游延伸服务，建设第三方供应链管理平台，为制造业企业提供供应链计划、采购物流、入厂物流、交付物流、回收物流、供应链金融以及信息追溯等集成服务。加快发展具有供应链设计、咨询管理能力的专业物流企业，着力提升面向制造业企业的供应链管理服务水平。

（五）资源型产品物流工程

依托煤炭、石油、铁矿石等重要产品的生产基地和市场，加快资源型产品物流集散中心和物流通道建设。推进晋陕蒙(西)宁甘、内蒙古东部、新疆等煤炭外运重点通道建设，重点建设环渤海等大型煤炭储配基地和重点煤炭物流节点。统筹油气进口运输通道和国内储运体系建设，加快跨区域、与周边国家和地区紧密连接的油气运输通道建设，加强油气码头建设，鼓励发展油船、液化天然气船，加强铁矿石等重要矿产品港口（口岸）物流设施建设。

（六）城乡物流配送工程

加快完善城乡配送网络体系，统筹规划、合理布局物流园区、配送中心、末端配送网点等三级配送节点，搭建城市配送公共服务平台，积极推进县、乡、村消费品和农资配送网络体系建设。进一步发挥邮政及供销合作社的网络和服务优势，加强农村邮政网点、村邮站、“三农”服务站等邮政终端设施建设，促进农村地区商品的双向流通。推进城市绿色货运配送体系建设，完善城市配送车辆标准和通行管控措施，鼓励节能环保车辆在城市配送中的推广应用。加快现代物流示范城市的配送体系发展，建设服务连锁经营企业和网络销售企业的跨区域配送中心。发展智能物流基础设施，支持农村、社区、学校的物流快递公共取送点建设。鼓励交通、邮政、商贸、供销、出版物销售等开展联盟合作，整合利用现有物流资源，进一步完善存储、转运、停靠、卸货等基础设施，加强服务网络建设，提高共同配送能力。

（七）电子商务物流工程

适应电子商务快速发展需求，编制全国电子商务物流发展规划，结合国家电子商务示范城市、示范基地、物流园区、商业设施等建设，整合配送资源，构建电子商务物流服务平台和配送网络。建成一批区域性仓储配送基地，吸引制造商、电商、快递和零担物流公司、第三方服务公司入驻，提高物流配送效率和专业化服务水平。探索利用高铁资源，发展高铁快件运输。结合推进跨境贸易电子商务试点，完善一批快递转运中心。

（八）物流标准化工程

重点推进物流技术、信息、服务、运输、货代、仓储、粮食等农产品及加工食品、医药、汽车、家电、电子商务、邮政（含快递）、冷链、应急等物流标准的制修订工作，积极着手开展钢铁、机械、煤炭、铁矿石、石油石化、建材、棉花等大宗产品物流标准的研究制订工作。支持仓储和转运设施、运输工具、停靠和卸货站点的标准化建设和改造，制定公路货运标准化电子货单，推广托盘、集装箱、集装袋等标准化设施设备，建立全国托盘共用体系，推进管理软件接口标准化，全面推广甩挂运输试点经验。开展物流服务认证试点工作，推进物流领域检验检测体系建设，支持物流企业开展质量、环境和职业健康安全管理体系认证。

（九）物流信息平台工程

整合现有物流信息服务平台资源，形成跨行业和区域的智能物流信息公共服务平台。加强综合运输信息、物流资源交易、电子口岸和大宗商品交易等平台建设，促进各类平台之间的互联互通和信息共享。鼓励龙头物流企业搭建面向中小物流企业的物流信息服务平台，促进货源、车源和物流服务等信息的高效匹配，有效降低货车空驶率。以统一物品编码体系为依托，建设衔接企业、消费者与政府部门的第三方公共服务平台，提供物流信息标准查询、对接服务。建设智能物流信息平台，形成集物流信息发布、在线交易、数据交换、跟踪追溯、智能分析等功能为一体的物流信息服务中心。加快推进国家交通运输物流公共信息平台建设，依托东北亚物流信息服务网络等已有平台，开展物流信息化国际合作。

（十）物流新技术开发应用工程

支持货物跟踪定位、无线射频识别、可视化技术、移动信息服务、智能交通和位置服务等关键技术攻关，研发推广高性能货物搬运设备和快速分拣技术，加强沿海和内河船型、商用车运输等重要运输技术的研发应用。完善物品编码体系，推动条码和智能标签等标识技术、自动识别技术以及电子数据交换技术的广泛应用。推广物流信息编码、物流信息采集、物流载体跟踪、自动化控制、管理决策支持、信息交换与共享等领域的物流信息技术。鼓励新一代移动通信、道路交通信息通讯系统、自动导引车辆、不停车收费系统以及托盘等集装单元化技术普及。推动北斗导航、物联网、云计算、大数据、移动互联等技术在产品可追溯、在线调度管理、全自动物流配送、智能配货等领域的应用。

（十一）再生资源回收物流工程

加快建立再生资源回收物流体系，重点推动包装物、废旧电器电子产品等生活废弃物和报废工程机械、农作物秸秆、消费品加工中产生的边角废料等有使用价值废弃物的回收物流发展。加大废弃物回收物流处理设施的投资力度，加快建设一批回收物流中心，提高回收物品的收集、分拣、加工、搬运、仓储、包装、维修等管理水平，实现废弃物的妥善处置、循环利用、无害环保。

（十二）应急物流工程

建立统一协调、反应迅捷、运行有序、高效可靠的应急物流体系，建设集满足多种应急需要为一体的物流中心，形成一批具有较强应急物流运作能力的骨干物流企业。加强应急仓储、中转、配送设施建设，提升应急物流设施设备的标准化和现代化水平，提高应急物流效率和应急保障能力。建立和完善应急物流信息系统，规范协调调度程序，优化信息流程、业务流程和管理流程，推进应急生产、流通、储备、运输环节的信息化建设和应急信息交换、数据共享。

六、保障措施

（一）深化改革开放

加快推进物流管理体制改革，完善各层级的物流政策综合协调机制，进一步发挥全国现代物流工作部际联席会议作用。按照简政放权、深化行政审批制度改革的要求，建立公平透明的市场准入标准，进一步放宽对物流企业资质的行政许可和审批条件，改进审批管理方式。落实物流企业设立非法人分支机构的相关政策，鼓励物流企业开展跨区域网络化经营。引导企业改革“大而全”、“小而全”的物流运作模式，制定支持企业分离外包物流业务和加快发展第三方物流的措施，充分整合利用社会物流资源，提高规模化水平。加强与主要贸易对象国及台港澳等地区的政策协调和物流合作，推动国内物流企业与国际先进物流企业合作交流，支持物流企业“走出去”。做好物流业外资并购安全审查工作，扩大商贸物流、电子商务领域的对外开放。

（二）完善法规制度

尽快从国民经济行业分类、产业统计、工商注册及税目设立等方面明确物流业类别，进一步明确物流业的产业地位。健全物流业法律法规体系，抓紧研究制修订物流业安全监管、交通运输管理和仓储管理等相关法律法规或部门规章，开展综合性法律的立法准备工作，在此基础上择机研究制订物流业促进方面的法律法规。

（三）规范市场秩序

加强对物流市场的监督管理，完善物流企业和从业人员信用记录，纳入国家统一的信用信息平台。增强企业诚信意识，建立跨地区、跨行业的联合惩戒机制，加大对失信行为的惩戒力度。加强物流信息安全管理，禁止泄露转卖客户信息。加强物流服务质量满意度监测，开展安全、诚信、优质服务创建活动。鼓励企业整合资源、加强协作，提高物流市场集中度和集约化运作水平，减少低水平无序竞争。加强对物流业市场竞争行为的监督检查，依法查处不正当竞争和垄断行为。

（四）加强安全监管

加强对物流企业的安全管理，督促物流企业切实履行安全主体责任，严格执行国家强制标准，保证运输装备产品的一致性。加强对物流车辆和设施设备的检验检测，确保车辆安全性符合国家规定、设施设备处于良好状态。禁止超载运输，规范超限运输。危险货物运输要强化企业经理人员安全管理职责和车辆动态监控。加大安全生产经费投入，及时排查整改安全隐患。加大物流业贯彻落实国家信息安全等级保护制度力度，按照国家信息安全等级保护管理规范和技术标准要求同步实施物流信息平台安全建设，提高网络安全保障能力。建立健全物流安全监管信息共享机制，物流信息平台及物流企业信息系统要按照统一技术标准建设共享信息的技术接口。道路、铁路、民航、航运、邮政部门要进一步规范货物收运、收寄流程，进一步落实货物安全检查责任，采取严格的货物安全检查措施并增加开箱检查频次，加大对瞒报货物品名行为的查处力度，严防普通货物中夹带违禁品和危险品。推广使用技术手段对集装箱和货运物品进行探测查验，提高对违禁品和危险品的发现能力。加大宣传教育力度，曝光违法违规托运和夹带违禁品、危险品的典型案件和查处结果，增强公众守法意识。

（五）完善扶持政策

加大土地等政策支持力度，着力降低物流成本。落实和完善支持物流业发展的用地政策，依法供应物流用地，积极支持利用工业企业旧厂房、仓库和存量土地资源建设物流设施或者提供物流服务，涉及原划拨土地使用权转让或者租赁的，应按规定办理土地有偿使用手续。认真落实物流业相关税收优惠政策。研究完善支持物流企业做强做大的扶持政策，培育一批网络化、规模化发展的大型物流企业。严格执行鲜活农产品运输“绿色通道”政策。研究配送车辆进入城区作业的相关政策，完善城市配送车辆通行管控措施。完善物流标准化工作体系，建立相关部门、行业组织和标准技术归口单位的协调沟通机制。

（六）拓宽投资融资渠道

多渠道增加对物流业的投入，鼓励民间资本进入物流领域。引导银行业金融机构加大对物流企业的信贷支持，针对物流企业特点推动金融产品创新，推动发展新型融资方式，为物流业发展提供更便利的融资服务。支持符合条件的物流企业通过发行公司债券、非金融企业债务融资工具、企业债券和上市等多种方式拓宽融资渠道。继续通过政府投资对物流业重点领域和薄弱环节予以支持。

（七）加强统计工作

提高物流业统计工作水平，明确物流业统计的基本概念，强化物流统计理论和方法研究，科学划分物流业统计的行业类别，完善物流业统计制度和评价指标体系，促进物流统计台账和会计核算科目建设，做好社会物流总额和社会物流成本等指标的调查统计工作，及时准确反映物流业的发展规模和运行效率；构建组织体系完善、调查方法科学、技术手段先进、队伍素质优良的现代物流统计体系，推动各省（区、市）全面开展物流统计工作，进一步提高物流统计数据质量和工作水平，为政府宏观管理和企业经营决策提供参考依据。

（八）强化理论研究和人才培养

加强物流领域理论研究，完善我国现代物流业理论体系，积极推进产学研用结合。着力完善物流学科体系和专业人才培养体系，以提高实践能力为重点，按照现代职业教育体系建设要求，探索形成高等学校、中等职业学校与有关部门、科研院所、行业协会和企业联合培养人才的新模式。完善在职人员培训体系，鼓励培养物流业高层次经营管理人才，积极开展职业培训，提高物流业从业人员业务素质。

（九）发挥行业协会作用

要更好地发挥行业协会的桥梁和纽带作用，做好调查研究、技术推广、标准制订和宣传推广、信息统计、咨询服务、人才培养、理论研究、国际合作等方面的工作。鼓励行业协会健全和完善各项行业基础性工作，积极推动行业规范自律和诚信体系建设，推动行业健康发展。

七、组织实施

各地区、各部门要充分认识促进物流业健康发展的重大意义，采取有力措施，确保各项政策落到实处、见到实效。地方各级人民政府要加强组织领导，完善协调机制，结合本地实际抓紧制定具体落实方案，及时将实施过程中出现的新情况、新问题报送发展改革委和交通运输部、商务部等有关部门。国务院各有关部门要加强沟通，密切配合，根据职责分工完善各项配套政策措施。发展改革委要加强统筹协调，会同有关部门研究制定促进物流业发展三年行动计划，明确工作安排及时间进度，并做好督促检查和跟踪分析，重大问题及时报告。

【解读国务院物流业发展中长期规划】

10月4日，国务院印发了《物流业发展中长期规划（2014－2020年）》。业内专家表示，这是中国物流业进入发展新阶段的重大利好消息。面对新的形势，我国物流业将以质量和效益为中心，寻找战略突破口，培育竞争新优势，全面打造中国物流“升级版”，以转型升级应对物流“新常态”。

《中长期规划》提出，到２０２０年基本建立现代物流服务体系，提升物流业标准化、信息化、智能化、集约化水平，提高经济整体运行效率和效益。

中国物流学会常务副会长戴定一说，物流业的核心价值就在于整合，这也是现代物流业区别与传统的运输、仓储行业的主要特征。当前，创新驱动已经成为我国物流业的重要支撑，领先物流企业通过技术创新、管理创新、模式创新、集成创新、制度创新，打造战略竞争新优势。

近年来，在公路货运市场，出现了传化公路港、林安物流、卡行天下等一批平台整合型企业。集中分散的货运资源，提升了市场的集约化水平。在电商物流领域，顺丰速运推出快递＋电商协同发展模式，加速与电商渗透融合，线上线下资源实现战略共享；海尔日日顺物流推出“送装一体化”服务模式，打造四网融合核心竞争力。

物流企业表示，大数据、云计算、物联网等新的信息技术，给物流业带来了重大变革和新的挑战。专业化、一体化、个性化的物流模式创新，引领企业抢占产业竞争制高点。

《中长期规划》提出了农产品物流、制造业物流与供应链管理、再生资源回收物流等１２项重点工程。

中国物流与采购联合会会长何黎明说，从物流业发展的关键环节和重点领域来看，多式联运工程、物流园区工程、大宗资源型产品物流工程、城乡物流配送工程、电子商务物流工程等被规划列入了重点工程。

“今年国务院常务会议再次提到要推进第三方物流与制造业联动发展，产业物流仍然是物流业最大的需求所在，也是未来物流升级潜力最大的领域。”何黎明表示，随着制造业产业升级、商贸业模式变革，物流业将进一步深化与产业物流的联动融合，通过流程优化、效率提升和模式创新，发挥协同效应，建立新型的产业联动战略合作关系，打造一体化竞争新优势。

随着电子商务的快速发展，电商物流迎来重要发展机遇。据中物联统计，今年一季度，电子商务市场交易规模达 2..57 万亿元，同比增长 15%。未来一段时期网络购物特别是移动购物仍将保持高速增长，对物流服务的规模和质量都提出了更高的要求。

中国物流与采购联合会副会长蔡进认为，未来电商发展首先是要对流通进行整合，实现商流与物流的统一。由此切实降低流通成本。其次是推动电商突破流通边界，从销售领域向生产领域和采购领域延伸，实现供应链一体化管理，推动工业和流通业，乃至金融业的有效融合。由此提高整个社会经济运行效率。

《中长期规划》聚焦了物流业的突出问题。业内专家表示，着力降低物流成本、推动物流企业规模化、改善物流基础设施，这些都是制约物流业发展最突出，对于物流业提质增效最有效的问题。这就抓住了制约物流业发展的“牛鼻子”，找到了推动产业政策的“突破口”，具有积极的政策指导意义。

一些物流企业表示，希望解决多年来困扰物流业发展的突出问题。加快物流管理体制改革，打破条块分割和地区封锁，加强市场监管，清理整顿乱收费、乱罚款等各种“雁过拔毛”行为，形成物畅其流、经济便捷的跨区域大通道。

据中物联统计，物流业结束了过去十多年20%以上的高速增长，增长速度逐步放缓到9%左右。今年一季度，社会物流总额47.8万亿元，可比增长8.6%，比去年同期回落0.8个百分点。物流业增加值3.9万亿元，同比增长8.5%，比去年同期回落0.7个百分点。

何黎明预计，未来一段时期，社会物流总额和物流业增加值增速将维持温和增长。“物流业进入温和增长阶段，长期掩盖在高速增长下的一系列问题开始浮现，倒逼行业加快转型升级。”何黎明说。

“这些问题的解决需要冲破利益固化的籓篱，需要破除现有制度的障碍，从而实现资源要素的优化配置，增强市场主体活力，使物流业释放出巨大的改革红利。”何黎明说。

（来源：新华社 2014年10月4日）

交通运输部办公厅关于促进航运业转型升级健康发展的若干意见

厅水字〔2013〕230号

各省、自治区、直辖市交通运输厅（委），天津、上海市交通运输和港口管理局，长江、珠江航务管理局，各直属海事局，中国船级社，中国船东协会，各中央航运企业集团：

我国是航运大国，航运业是国民经济、对外贸易、社会发展的重要支撑。受国内外经济增长放缓、运力严重过剩、企业运营成本增加等因素影响，当前航运市场供求严重失衡、持续低迷，这将对国民经济运行、社会稳定和安全生产造成不利影响。为贯彻落实《国务院关于印发船舶工业加快结构调整促进转型升级实施方案（2013–2015年）的通知》（国发〔2013〕29号）精神，按照稳增长、调结构、促发展的总体要求，积极应对当前航运业面临的严峻形势，经部务会审议通过，现就促进航运业转型升级健康发展提出以下意见。

一、淘汰老旧运输船舶，优化运力结构

（一）减少运力存量，优化船队结构。调整延续老旧运输船舶和单壳油轮提前报废更新的政策至2015年12月31日，鼓励老旧远洋、沿海运输船舶提前报废。积极推进内河船型标准化，引导内河老旧运输船舶加快淘汰和更新改造，2013-2015年期间中央财政、地方财政每年安排一定资金给予补贴。严格执行以船龄为标准的船舶强制报废制度，达到强制报废船龄的船舶按期退出航运市场。

（二）调控国内运力增量。鼓励建造满足国际新规范、新公约、新标准的节能安全环保船舶。引导沿海干散货船运力有序发展。严格控制中国籍国际航行船舶兼营国内运输。继续严控国内沿海和长江干线客运、危险品运输新增经营主体，按照总量控制、择优选择的原则，有序投放客运、危险品运输船舶运力。继续加强长江干线干散货船运力宏观调控。

（三）支持行业组织加强运力发展自律。支持中国船东协会加强行业协调，组织航运企业形成合力，共渡难关。对船东协会组织航运企业开展的封存现有运力等

措施，港航、海事等相关管理部门给予支持。

二、加强政策引导，促进航运业转型升级

（四）促进专业化、集约化经营。支持航运企业与货主企业加强合作，联合经营。规范货主投资国内航运业，优化社会资源合理配置，引导货主与航运企业订立长期合作协议，促进互补共赢。提高市场准入门槛，将国内沿海省际运输经营者最低运力规模标准由2000总吨提高到5000总吨，并相应提高内河运输经营者最低运力规模标准。支持航运企业兼并重组，整合业务资源。支持企业深化内部改革，加强体制机制创新，完善企业治理结构，提高抗风险能力。推进企业兼并重组，发展规模化、专业化企业，实施“走出去”战略。

（五）拓展新的经济增长点。培育、有序发展邮轮运输，允许中资方便旗邮轮沿海多点挂靠。发挥上海国际航运中心和自贸区、海南国际旅游岛的政策优势和海峡两岸经济区的对台优势，推动邮轮金融、船龄、收费等方面政策创新。支持企业拓展新的业务领域，依托集装箱铁水联运示范项目延伸业务范围。贯彻落实中国（上海）自由贸易试验区总体方案中相关航运政策，大力发展航运金融、保险、海事仲裁等现代航运服务业。

（六）推进海峡两岸航运发展。允许经批准两岸登记的干线班轮在华北至台湾航线上捎带两岸中转货。支持开辟两岸四地邮轮航线。现阶段，允许两岸资本并在两岸登记的企业经批准后试行包租外籍邮轮多航次从事两岸运输；允许外籍邮轮经批准在国际航线上可直接挂靠两岸港口，但不得作为两岸间旅客运输。

（七）推进安全绿色发展。加快推进液化天然气（LNG）在水运行业应用，有序推进LNG动力船舶试点改造，推进内河LNG动力船舶应用示范工程。落实水运节能减排方案，制定船舶能效规范。采取以奖代补方式，对符合条件的节能减排项目给予补助。健全安全规章制度，强化安全监管，提高安全应急能力。

三、加强市场监管，创造良好发展环境

（八）取消一批行政许可项目。落实取消国际船舶运输经营者之间兼并购审核、国际船舶代理业务审批、内河船舶船员服务业务审批、承担船舶油污损害民事责任保险的商业性保险机构和互助性保险机构的确定和船舶修造、水上拆解地点确定等行政许可。进一步研究提出取消一批行政许可项目。

（九）加强国内航运市场监管。落实《国内水路运输管理条例》，逐步健全国内水路运输企业和船舶诚信管理制度和经营资质预警及动态监管机制。建立国内集装箱班轮运输备案制度，对航线信息和运价信息实施备案。加大对国内航运市场经营行为的监管，打击扰乱市场秩序的不正当竞争行为，重点治理部分港口对内贸船舶的强制代理、强制收费行为。支持行业协会在主要航线采取防止恶性杀价竞争的自律措施，维护价格稳定。

加强海峡两岸航运市场监管；完善两岸集装箱运价备案制度，有效遏制“零运价”、“负运价”等不正当竞争行为；完善两岸船舶自动识别系统（AIS）综合查询和监管功能，加大对外籍船舶非法从事两岸海运的查处力度。

（十）加强国际航运市场监管。加强对国际航运班轮市场监管，自2014年1

月1日起对国际集装箱班轮运价备案采取精确报备模式，进一步规范国际集装箱班轮运输市场秩序，对涉嫌违反《国际海运条例》规定、可能对公平竞争造成损害的国际集装箱班轮联营行为，依法进行调查和处理。

（十一）加强安全监管。加强对超设计规范的大型干散货、集装箱和油品船舶靠泊管理。研究制定沿海港口码头靠泊管理办法。推进并规范航运企业安全生产标准化或航运公司安全管理体系建设工作，加强安全监管，不断提高企业安全管理水平。对外籍老旧运输船舶进出我国港口进一步加强港口国监督检查。

四、减轻企业负担，促进企业提高竞争力

（十二）规范行政事业性收费。做好船舶证明签证费、油污水化验费、海事调解费、浮油回收费、海岸电台无线电电报电话费、船舶申请安全检查复查费等行政事业性收费取消和免征的落实工作。进一步研究规范行政事业性收费。

（十三）清理规范不合理的相关服务收费。取消“三超”船舶、特种船舶进出沿海港口护航费、船舶进出长江护航费、LNG船舶护航费、集装箱开箱查验取样送检费、国际航行船舶驶离国内港口前船上污染物清理费、船舶供受油作业布设围油栏费、内贸运输煤炭物理性质检测费等5类7项收费。规范水路运输易流态化固体散装货物取样、制样、送检、监装等收费，将收费标准与装船货物重量脱钩，根据合理成本原则，确定收费标准。

（十四）进一步规范港口收费。研究提出港口经营性收费标准调整政策，完善港口价格管理机制。做好长江干线船舶引航收费标准下调20%的落实工作。各港口不得与外贸班轮公司签订协议，并收取装卸速遣费用。

（十五）规范船舶交易服务机构收费。将船舶交易服务费与船舶交易价格脱钩，改为按次定额收取服务费，并限定额度。对航运集团所属全资或控股子公司之间船舶资产划拨涉及所有权变更的船舶，以及对企业兼并重组涉及所有权变更的船舶，免于进场交易。

五、强化措施，提高服务质量和水平

（十六）加强信息引导服务。加强航运市场动态监测和水运经济运行分析，定期发布运力等市场信息。支持和指导行业中介组织发布有关运价指数、行业景气指数等信息。建立健全航运市场诚信制度，发布经营者诚信记录。

（十七）提升港口服务水平。通过码头改造等措施进一步挖掘现有基础设施潜力，加强港口集疏运体系建设。推进口岸便利化和信息化建设，提高口岸服务效率。

（十八）提高引航服务水平。组织实施“阳光引航”工作方案，实行阳光调度，合理配备拖轮，公布工作程序，建立引航不良记录名单制度。取消对中国籍海船进出太仓港强制引航要求，结合长江口深水航道工程上延，逐步取消海进江内贸船舶强制引航。

（十九）改进行政管理方式。转变行政管理方式，加强市场准入审批后的事后监管。完善水路运政信息管理系统，推行网上行政许可、备案和证书管理。简化管理程序，在现有缴存保证金、商业保险两种方式外，试点实施银行保函替代保证金的无船承运经营者责任担保制度。对于国际航行船舶上的中国籍船员实行通过一次

体检，同时颁发《国际旅行健康检查证明书》和《中华人民共和国海船船员健康证书》两种证书。

（二十）各级交通运输及港航管理部门、海事机构要切实抓好本意见的具体落实。各单位要明确责任部门和人员，确定工作目标和任务，加强检查监督。各级交通运输及港航管理部门、海事机构要进一步转变职能，强化服务，并结合本地区、本部门实际，积极研究出台促进航运业转型升级健康发展的政策和措施。

2013 年 9 月 2 日

交通运输部关于交通运输推进物流业健康发展的指导意见

交规划发 [2013]349 号

国家铁路局、中国民用航空局、国家邮政局，各省、自治区、直辖市、新疆生产建设兵团交通运输厅(局、委)，天津市市政公路管理局，天津市、上海市交通运输和港口管理局，部属各单位，部内各单位，部管各社团，有关交通运输企业：

为深入贯彻十八大精神，落实国务院关于调整、振兴和促进物流业健康发展的工作部署，加快转变交通运输发展方式，推动行业转型升级，充分发挥交通运输在物流业发展中的重要作用，推进我国物流业健康发展，现提出以下指导意见：

一、充分认识交通运输推进物流业健康发展的重要性和紧迫性

1. 加快发展物流业是经济社会转型发展的迫切要求。物流业是现代服务业的重要组成部分，对于调整经济结构、转变发展方式、增强国际竞争力具有重要作用。当前，世界经济深度转型调整，全球经济一体化和产业国际分工趋势日益明显，我国经济发展面临着进一步扩大内需、提高创新能力、促进发展方式转变的新机遇和新挑战。党的十八大把推动服务业特别是现代服务业发展壮大作为推进经济结构战略性调整的重要任务，对物流业的发展提出了更高的要求。近年来，国务院先后出台了一系列促进物流业发展的政策措施，有力推动了物流业的发展。但总体而言，我国物流业仍处在初级发展阶段，整体基础薄弱，运行效率不高，加快现代物流的发展，全面提升物流业发展水平，已成为我国经济社会发展面临的一项十分重要而又紧迫的战略任务。

2. 交通运输在推进物流业发展中具有基础和主体作用。交通运输是物流的基础环节和依托载体，是物流业最重要的组成部分。现代物流在很大程度上由传统交通运输业发展演进而来，而现代物流的发展又给传统交通运输业带来重大变革，并将逐步融合，走向一体化。目前，我国物流业仍处于以传统交通运输为基础的初级发展阶段，运输结构、运输组织、运输装备等发展水平深刻影响着物流业发展的总体水平。交通运输在推进物流业发展中具有十分重要的基础和主体作用，必须顺应时代发展要求，立足交通运输行业，主动作为，着力推进物流业的健康发展。

3. 推进物流业发展是实现交通运输

转型升级的战略选择。物流业的发展对传统交通运输业既是机遇也是挑战。当前，我国交通运输还存在许多矛盾和问题：基础设施网络衔接不畅，运输组织集约化程度不高，多式联运发展滞后，标准不统一，行业创新和可持续发展能力不强，对提升物流整体效率支撑不足。以现代物流发展需求为导向，着力解决发展中的突出问题和主要矛盾，是交通运输行业由传统向现代转型升级的必然选择，是发展现代交通运输业的重要切入点和主要着力点。适应现代物流发展需要，确立在现代物流体系中的地位和作用，推进物流业发展，进而实现自身的转型升级，是交通运输行业面临的非常现实而又紧迫的任务，是交通运输行业今后一个时期的重要战略选择。

二、总体要求

4. 指导思想。以邓小平理论、“三个代表”重要思想和科学发展观为指导，以加快转变交通运输发展方式为主线，以现代物流发展需求为导向，以改革创新为动力，以加快构建综合运输体系为战略重点，着力调整运输结构、优化运输组织、提升装备水平、整合物流资源，构建衔接顺畅的基础设施体系、互联互通的物流信息体系、公平规范的市场环境体系，充分发挥交通运输在推进物流业发展中的基础和主体作用，推动交通运输与现代物流的融合，加快交通运输业转型升级，提升物流服务品质，推进物流业健康发展。

5. 基本原则。市场为主、政府引导。充分发挥市场配置资源的基础性作用，强化企业的市场主体地位。发挥政府对市场的引导作用，健全法规政策和标准规范，营造良好发展环境。

统筹规划、稳步推进。统筹物流基础设施、运输服务体系和产业政策规划，强化顶层设计，突出重点，远近结合，做好政策储备。以典型试点示范为抓手，及时总结经验、推广应用。

因地制宜、创新驱动。根据不同领域、地域和企业特点，探索差别化发展路径和多样化发展模式。进一步深化改革，注重政策和体制机制创新，大力提高物流业的标准化、信息化水平，发挥科技引领作用，推动先进技术的应用，实现智能、集约、绿色、可持续发展。

立足行业、协同发展。充分发挥交通运输在推进物流业发展中的基础和主体作用，主动作为，开放包容，加强部门间、产业间、区域间协同联动，形成推进物流业发展的合力。

6. 发展目标。到2020年，基本建成便捷高效、安全绿色的交通运输物流服务体系，传统交通运输业转型升级取得明显突破，物流效率和服务水平显著提升，实现交通运输与现代物流的融合发展，基本适应我国经济社会发展的需求。具体体现在：

——运输结构不断优化，运行效率和质量显著提高。基本形成以综合运输大通道为骨干、以重点港站枢纽为节点、以各种运输线网为支撑、以城乡配送网络为基础的物流基础设施体系；运输结构进一步优化，多式联运、甩挂运输比重稳步提高，各种运输方式比较优势得以充分发挥。

——市场主体快速成长，组织化程度大幅提升。初步形成以若干全国性龙头骨干企业为引领、以区域性中小企业联盟为主体、以零散小微运输业户为补充、以货运中介为纽带的物流市场主体结构，物流组织的网络化、集约化程度大大提高。

——科技引领作用增强，标准化、信

息化水平明显提高。形成以标准化的车辆船舶为主体、标准化和专业化的设施设备为基础的现代化物流装备设施体系；信息化技术得到充分应用，基本实现企业信息、政务信息、港站信息、公共物流信息的互联互通。

——重点领域加快发展，专业服务能力明显增强。重点物资、城市配送、农村物流等重点领域物流服务水平显著提升；集装箱、大件、快递、冷链、危险品等专业物流服务能力明显增强；交通运输与现代物流融合的新兴业态成长迅速。

——市场秩序进一步规范，发展环境明显改善。建立分工明确、相互协调的交通运输物流管理体制，推动形成国家产业政策、行业部门政策、地方配套政策协调统一的政策体系，促进建立统一开放、竞争有序、公平诚信的市场体系。

三、主要任务

7. 加快完善交通基础设施。不断完善综合运输通道和网络。大力推进综合运输体系建设，着力改善交通基础设施薄弱环节，全面加快内河水运和重要通道的铁路、民航建设，加快国家公路网建设，提升通道和网络的综合运输能力。强化国际运输通道和口岸交通基础设施建设。

加快推进物流节点设施建设。加快推动铁路、公路、水路、民航站场枢纽等物流节点建设。研究提出支持物流节点建设的政策措施。制订和完善货运枢纽（物流园区）发展规划，强化规划实施和评估。研究制订货运枢纽（物流园区）建设、运营、管理及服务的标准规范和技术指南。加快传统货运站场转型升级，推动铁路集装箱中心站、“内陆无水港”、“公路港”、陆路口岸物流园区及邮政、快递作业枢纽建设。

优化并加强集疏运体系建设。开展集疏运体系建设示范工程。重点推进高等级公路与港口、铁路货运枢纽、大型机场、大型物流园区的衔接。积极促进铁路与主要港口及具备条件的综合物流园区的衔接。

8. 大力创新发展先进运输组织方式。积极推进多式联运发展。深入推进铁水联运、空陆联运，积极发展滚装运输、驮背运输和江海直达运输。加强多式联运设施设备技术标准、信息资源、服务规范、作业流程等方面的有效对接，加快培育多式联运承运人，推动货物运输的“无缝衔接”和“一单制”。加强煤炭、矿石、粮食等重点战略物资多式联运体系建设。

加快发展甩挂运输。深入推进甩挂运输试点工作，开展渤海湾、长江沿线等重点区域的滚装甩挂运输、公铁联运甩挂运输、跨区域网络化甩挂运输、甩挂运输联盟等示范工程。鼓励发展挂车租赁，制订挂车互换的有关制度和规范。加快完善甩挂运输相关法规政策和标准规范体系。

9. 有效提升运输装备技术水平。提升标准化水平。修订制约车船运输效率提升的技术标准。推动建立健全车型标准化工作协同机制，完善商品车运输、冷链、城市配送等专业运输车辆车型技术标准。进一步完善推荐车型制度及相关工作机制。大力推广集装技术和单元化装载技术。全面推进内河船型标准化。

提升专业化、清洁化水平。积极推进厢式、冷藏、散装、液罐等专用车型的推广应用，鼓励发展滚装等专用船舶。推动修订相关法规标准，大力发展标准化载货汽车。开展双挂汽车列车的应用技术研究。

促进轻量化车型及天然气等节能环保车船的应用，系统研究鼓励发展节能环保车型、船型的相关支持政策。

严格货运车辆和船舶的市场准入与退出。研究制订营运车船综合性技术标准，依法严把营运车船的市场准入，加快淘汰低效率、不合规、带有安全隐患的营运车船。研究推动《道路车辆外廓尺寸、轴荷及质量限值》(GB1589) 的修订工作，完善道路货运车辆结构和车型分类，健全各类半挂车、货运车辆附加装置等方面的技术标准和政策措施，推进货运车辆与托盘、装卸平台等物流设施装备的衔接与匹配。

10. 着力优化市场主体结构。培育龙头骨干企业。引导传统货运企业扩大经营规模和服务范围，拓展经营网络，对符合资质条件的大型运输企业在设立分支机构、增设经营网点等方面提供便利条件。鼓励具备一定条件的企业向综合物流服务商转型发展。支持港航企业延伸服务链，向全球或区域物流经营人转变。促进铁路货运企业向现代物流转型，支持国内民航运输企业拓展国际和国内民航快递等物流业务。引导邮政、快递企业做大做强，提升服务能力和水平。

鼓励中小企业联盟发展。鼓励中小企业通过联盟、联合、兼并等方式实现资源整合，扭转市场主体过散、过弱的局面，提高企业竞争力和市场抗风险能力。加强中小企业联盟有关制度、运营模式研究，对符合条件的中小企业联盟在站场设施建设、信息化建设、运输装备更新等方面给予政策支持。

规范货运中介经营行为。完善相关法律法规，强化对货运代理、无车承运人、无船承运人等的规范管理，充分发挥货运中介对物流资源的整合作用。推进货运中介向现代物流服务商转变。

11. 积极推进信息化建设。加快推进交通运输物流公共信息平台建设。发挥好交通运输物流公共信息平台的作用，制订平台建设纲要、实施方案和区域交换节点建设指南，出台平台标准化建设方案，进一步深化对平台建设、运营和管理模式的研究。完善平台基础交换网络，加快推进跨区域、跨行业平台之间的有效对接，实现铁路、公路、水路、民航信息的互联互通。深入推进东北亚物流信息服务网络 (NEAL-NET) 建设。依托平台开展物流园区信息联网工程建设。

推进行业信息系统建设。加快完善铁路、公路、水路、民航、邮政等行业信息系统，推进互联互通，增强一体化服务能力。制订行业物流信息采集、交换、服务等标准，强化与相关领域信息标准的对接。鼓励车联网、船联网技术的开发和推广应用，加快营运车辆联网联控系统建设。深化交通电子口岸、港口集装箱多式联运和内河航运综合信息服务等系统建设。

鼓励企业加快推进信息化建设。引导规模化企业利用先进信息技术，实现企业内部管理优化和服务升级。支持开发和推广通用物流软件，提高中小企业信息化水平。推动物流企业与供应链上下游企业间信息标准统一和系统对接，提高供应链一体化服务能力。

12. 加快推动重点领域物流发展。提升传统运输枢纽的物流服务能力。引导铁路和公路站场、港口、机场加快转型升级，支持由传统运输和装卸业务向现代物流服务功能延伸。依托港口、“内陆无水港”等口岸资源，着力提升国际物流服务能力。

鼓励铁路和公路站场、港口、机场与后方物流园区、产业园区等联动发展，提高物流服务配套能力。加强与海关、国检等口岸部门的沟通和协调，推动建立联合查验机制，促进一体化通关。

支持农村物流发展。充分发挥地方政府积极性，统筹交通、商务、供销、邮政等农村物流资源，加快完善县、乡、村三级农村物流服务体系。进一步落实国务院办公厅关于推动农村邮政物流发展的意见，大力发展农村邮政物流。加大对农村物流基础设施和信息网络建设的支持力度，积极培育农村物流市场主体。积极争取中央和地方财政对农村物流的支持。研究制订推进农村物流发展的指导意见。开展不同区域的农村物流试点示范，因地制宜探索农村物流差异化发展模式。

推进城市配送发展。贯彻落实《关于加强和改进城市配送管理工作的意见》。加大公用型城市配送节点建设扶持力度，完善城市配送基础设施网络。制订城市货物运输与车辆通行管理办法和城市配送企业运营服务规范，完善经营许可制度，健全运力投放和通行许可机制，优化车辆通行管控，规范企业经营行为。研究制订城市物流配送车辆技术标准，推动城市配送车辆向标准化、清洁化、专业化发展。开展城市配送试点工程，鼓励发展共同配送、统一配送、夜间配送等配送模式，探索城市配送的管理方式。

支持和规范快递业发展。制订实施快递与电子商务、制造业协同发展意见，促进信息沟通、标准对接和业务联动。进一步贯彻落实《快递市场管理办法》和《快递服务》国家标准，强化监督管理，规范服务行为。研究制订利用相关交通工具从事快件收投业务的技术规范，推动城市管理部门完善相关管理办法。

加强危险品运输监管。建立危险品运输信息化管理和业务管控系统，深入推进危险品运输跨区域联网联控，逐步实现危险品货运车辆和船舶的全程监管。研究支持危险品专业物流园区发展相关政策，重点支持具有公共服务属性的危险品专业物流园区发展。研究节假日危险品运输安全监管对策。

引导冷链运输健康发展。大力支持和培育冷链运输企业发展，研究制订冷藏保温车辆分类及技术要求、冷链运输服务规范、冷链运输温度记录与装备监控技术标准等，着力解决冷链运输断链问题，为实现全程温控管理创造条件。支持农产品冷链物流的发展，将经济适用的农产品温控设施建设与农村三级物流服务体系建设相结合。

规范大件运输管理。修订《超限运输车辆行驶公路管理规定》和《道路大型物件运输管理办法》，严格市场准入条件，统一运输过程中各环节、车辆、装备、服务等标准规范。加快出台大件运输跨省联合审批办法，统一审批标准，建立综合协调和互联互认机制，规范跨部门、跨省审批程序。推动解决大件运输特种车辆获取牌照及享受标准保险费率问题。进一步完善大件运输护送机制。研究调整大件运输收费标准，避免重复收费。在条件适宜的地区，适时开展大件运输示范通道建设。

13. 切实改善发展环境。健全相关法律法规。研究提出综合运输法规体系框架，尽快出台综合运输法规体系建设的实施意见，统筹和引导各种运输方式优势互补，协调发展。全面清理和修订阻碍企业做大做强的行政法规，消除区域分割和行政壁垒。加快推进《道路运输条例》及其配套规章的修订工作，强化对集装箱运输、零担快运、冷链运输、大件运输、城市配送等市场的规范。开展《道路运输法》等前期研究。修订出台《道路运输管理工作规范》。

进一步规范收费公路发展。研究修订《收费公路管理条例》，重点加强对收费标准和年限的调节机制、经营性收费公路的合理回报及建立低费率长期限收费机制可行性等的研究。

落实和完善物流业发展的相关政策。加快落实国务院促进物流业发展的工作部署和要求，积极协调相关部门解决物流业发展中面临的用地、融资、税收、保险、通关等问题，完善交通运输行业营业税改征增值税的有关政策，减轻运输企业税费负担。进一步完善“绿色通道”政策。开展货车不停车收费相关技术与政策研究，探索不停车收费技术在公路货运车辆中的应用。强化政策制定和实施中的沟通与协调，形成政策合力。

进一步规范执法行为。严格执行《交通行政执法行为规范》，重点解决有法不依、以罚代管、执法标准不统一等问题。建立健全全国执法联动机制，强化跨区域执法信息共享。创新监督手段，强化执法监督。

推进诚信体系建设。依据《征信业管理条例》和《“十二五”国家政务信息化工程建设规划》，加快交通运输诚信体系建设，着力推进与公安、工商、税务、金融等部门诚信系统的有效对接和信息共享，建立行业许可、市场信用、市场监测等体系，完善社会诚信管理制度。

四、保障措施

14. 加强组织领导。进一步完善部门协同机制，加强部门联动，协调解决物流业发展中面临的重点和难点问题。积极推动在各级政府层面建立交通运输推进物流业发展的组织体系，建立相应协调机制，加快形成多方协同推进的工作格局。

15. 完善统计体系。开展行业物流相关统计理论和方法研究等基础工作，完善货类、货量、货值、流向、运价和行业贡献等统计指标，着手建立健全相关统计调查制度和信息管理制度。注重对物流发展中出现的新问题、新情况、新趋势的跟踪研究，加强物流运行的监测、分析和评价。

16. 加大政策支持。进一步研究制订推进物流业发展的有关政策，重点加强物流枢纽、物流信息化、运力结构调整、农村物流、多式联运、零担快运、中小企业联盟等方面的政策研究，鼓励先行先试、典型引领。积极争取中央和地方财政支持，加强财政资金的引导和带动作用，鼓励和规范民间资本进入物流领域。

17. 注重人才培养。注重物流专业人才的培养，鼓励高等院校、科研院所加强物流专业学科及研发中心建设。支持校企合作，引导高校和科研机构与国内外著名企业联合建立物流综合培训和试验基地，多渠道培养复合型物流高端人才。加强从业人员素质教育，保障合法权益，稳定物流队伍。

18. 发挥协会作用。强化相关行业协会行业自律、协调和服务等职能，充分发挥在政策建议、规范市场行为、统计与信息发布、交流与合作、资质评定和人才培训、标准制修订等方面的积极作用，成为政府与企业联系的桥梁和纽带。

交通运输部 公安部 国家发展改革委 工业和信息化部 住房城乡建设部 商务部 国家邮政局《关于加强和改进城市配送管理工作的意见》

交运发〔2013〕138 号

各省、自治区、直辖市、新疆生产建设兵团交通运输厅（局、委）、公安厅（局）、发展改革委、工业和信息化主管部门、住房城乡建设厅（委）、商务主管部门、邮政管理局：

为深入贯彻落实《国务院办公厅关于促进物流业健康发展政策措施的意见》（国办发〔2011〕38 号），切实加强和改进城市配送管理工作，促进城市配送健康有序发展，现提出如下意见：

一、充分认识加强和改进城市配送管理工作的重要意义

（一）加强和改进城市配送管理工作是促进物流业健康发展的客观要求。城市配送是现代物流服务体系的重要组成部分。多年来，在城市人民政府及其有关部门的共同努力下，我国城市配送管理工作取得了初步成效。但从总体情况看，城市配送的管理能力和发展水平仍亟待提高，城市配送难以及配送车辆通行难、停靠难、装卸难等问题在一些城市特别是大中型城市表现突出，严重影响了城市配送效率，增加了物流成本，制约了现代物流业发展。各有关部门要切实加强和改进城市配送管理工作，有效解决城市配送发展中存在的矛盾和问题，促进物流业健康发展。

（二）加强和改进城市配送管理工作是保障和改善民生的重要内容。城市配送关系广大城市居民的生产生活需求，是重大的民生工程。随着我国城市化进程的不断加快，城市人口数量不断增长，小批量、多批次的配送需求日益旺盛。现代商业的繁荣和商业模式的变革，特别是电子商务、连锁经营等新型流通业态的发展，也使得多样化、个性化的配送需求不断增加。城市居民对配送时效性、便捷性的期待日益提高，配送企业和商贸企业对改善城市配送环境、提升城市配送效率的诉求愈加强烈。各有关部门要主动适应城市配送发展的新形势，切实履行职责，满足广大人民群众对城市配送管理工作的新要求。

（三）加强和改进城市配送管理工作是优化交通资源配置的有效举措。城市配送是城市经济运行的基础保障，关系城市功能的正常发挥。随着我国城市机动化的快速发展，城市机动车保有量急速增长，城市交通资源约束日益明显。提高城市配送管理水平，完善配送服务体系，统筹交通资源配置，对于提高城市配送车辆利用效率、优化城市交通资源配置、促进节能减排等具有重要的现实意义。各有关部门要把加强和改进城市配送管理工作作为优化城市交通资源配置的重要切入点，统筹解决城市配送发展中遇到的各类问题。

二、指导思想、基本原则和总体目标

（四）指导思想。深入贯彻落实科学

发展观，按照依法、高效、安全、环保的原则，以满足城市居民和经济社会发展需求为目的，以提高配送效率、降低物流成本为核心，理顺体制机制，落实管理职能，创新管理方式，优化配送模式，全面提升城市配送的公共服务能力、市场监管能力，着力解决城市配送车辆通行难、停靠难、装卸难等突出问题，探索构建服务规范、方便快捷、畅通高效、保障有力的城市配送体系，促进城市配送与城市经济社会发展相适应、相协调。

（五）基本原则。1. 多方联动，综合治理。在城市人民政府的统一领导下，加快完善城市配送管理体制机制，建立健全城市配送制度标准体系，明确各部门职责分工，加强部门间协调配合，综合运用法律、行政、经济等手段，创建城市配送管理工作新格局，推动城市配送规范、有序、高效发展。2. 客货并举，均衡发展。正确处理城市配送快速发展与城市交通压力加剧的现实矛盾，在满足人民群众出行需求的同时，统筹兼顾城市配送需要，优化城市交通资源配置，实现“人便于行、货畅其流”。3. 因地制宜，分类指导。结合城市规模、类型、产业结构和发展条件，根据不同配送货类、配送时段和配送区域的特点，科学规划城市配送发展目标，优化城市配送模式，制定适宜的交通管控措施，确保城市配送管理符合实际、适应需求。4. 依靠科技，创新管理。加大城市配送科技研发投入和先进技术推广应用力度，加快城市配送专业人才和管理队伍培养，创新城市配送管理方式方法，及时消除不适应城市配送发展的制度障碍，鼓励多种形式的探索实践，不断提升城市配送科技支撑能力和创新管理能力。

（六）总体目标。力争用5年左右的时间，基本建立起职能明确、运转高效、监管有力的城市配送管理体制和运行机制，形成城市配送管理法律法规、制度标准体系，城市配送规划引领作用得到发挥，城市配送基础设施明显改善，城市配送市场主体结构明显优化，城市配送车型得到广泛应用，城市配送车辆通行更加有序顺畅，城市配送运营效率明显提高，城市配送服务保障能力显著增强。

三、完善管理体制机制

（七）明确工作职责。充分发挥全国现代物流工作部际联席会议制度作用，加强部门协调，明确职责分工，结合工作实际加快完善相关法规标准、制定发展政策，推进城市配送管理法制化、制度化。地方各级发展改革、交通运输、公安、工业和信息化、城乡建设、商务、邮政管理等部门要在地方人民政府的统一领导下，进一步明确各部门在城市配送管理工作中的职责和任务分工。

（八）健全体制机制。健全地方人民政府领导、多部门参与的城市配送管理体制和工作机制；强化地方人民政府在城市配送管理工作中的主导作用，明确牵头管理部门或成立协调管理机构，建立城市配送管理工作会商制度，完善城市配送管理工作目标考核机制，科学研判城市配送发展形势和规律特点，定期研究解决城市配送发展中的突出问题，及时完善相关政策措施。

四、发挥规划引领作用

（九）编制发展规划。城市规划部门要会同发展改革、交通运输、公安、工业和信息化、城乡建设、商务、邮政管理等有关部门，组织制定城市配送发展规划。

规划内容应当包括：城市配送发展目标、通道与节点布局、运力投放规模与结构、运输组织、信息化建设、配送车辆通行管理措施以及城市配送基础设施用地保障等。城市配送节点布局应当考虑物流园区、物流中心、配送中心、分拨中心、快递营业网点、大型商业网点的货物接卸场地、大型货物装卸点和停车设施等。

（十）强化规划衔接。要将城市配送发展规划有关内容及时纳入城市总体规划，按照城市配送发展模式和需要，完善城市物流仓储用地、道路交通系统规划；做好城市配送发展规划与城市土地、商业、交通、物流、快递等相关规划的衔接，保障城市配送基础设施建设用地，满足城市配送发展要求。

五、提升基础设施保障能力

（十一）强化基础设施建设。城市发展改革、交通运输、规划建设、商务等部门要加大对城市配送通道、节点建设的支持力度，构建干支衔接、通行顺畅的城市配送通道网络，完善配送节点的功能和布局。加大公用型城市配送节点建设扶持力度，鼓励现有或规划货运枢纽站场升级转型，服务城市配送发展。有条件的城市应当依托中心城区以外便捷的交通条件，规划建设大型物流中心、配送中心、分拨中心，鼓励商贸流通企业和连锁超市利用第三方物流配送中心、分拨中心及运力资源，加快发展共同配送，从源头上减少中心城区货运车辆交通流量。

（十二）完善配送停车和装卸作业设施。城市商业区、居住区、生产区、高等院校和大型公共活动场地等城建项目，应在控制性详细规划中合理设置城市配送所需的停车和装卸场地，应完善大型商场、超市等设施配送停车场地的配建标准并强化对标准实施的监督；鼓励和引导企业将自用停车场、配送站点向社会开放。

（十三）开展城市配送交通影响评价。城市规划部门要会同交通运输、公安、商务等部门，建立完善城市配送交通影响评价标准和管理办法，明确城市配送交通影响评价的范围、内容、方式和审批程序，将城市配送交通影响评价作为新建、改(扩)建项目规划阶段的强制要求，对城市道路、商业区、居住区和大型公共活动场地等城建项目的规划、设计、施工以及竣工验收等环节全面施行城市配送交通影响评价，并适时提出整改措施和优化调整方案。

六、强化运输市场管理

（十四）加强车辆技术管理。要抓紧制定适用城市配送的车辆相关要求，积极引导企业推广使用符合标准的配送车型，推动城市配送车型向标准化、厢式化发展，加快开展城市配送车辆统一标识管理工作。邮政管理部门要研究制定非机动车从事快件收投业务的相关行业标准，城市邮政管理部门要会同交通运输等部门，研究出台非机动车从事快件收投业务的相关管理办法。

（十五）严格经营许可管理。城市交通运输管理、商务等有关部门要按照有关法律法规研究制定城市配送货物运输管理规定，改进城市配送经营管理方式，明确城市配送运输经营许可准入条件以及经营行为规范和法律责任；要会同公安、邮政管理等部门，定期开展城市配送需求量调查，科学确定并向社会公示城市配送运力投放标准、规模和投放计划，研究建立城市配送运力投放机制，探索实施城市配送服务质量招投标管理制度。

（十六）规范货运出租管理。城市交通运输管理部门要加强对城市货运出租企业的监督管理，研究制定城市货运出租汽车管理规定，规范货运出租汽车的服务质量和安全管理，禁止城市货运出租车经营权有偿使用和转让；要结合交通运输部开展的城市出租汽车服务管理信息系统试点工作，引导企业建立城市配送货运出租运营指挥调度系统，促进城市货运出租规模化、集约化发展。

（十七）健全诚信考核体系。城市交通运输、商务、邮政管理部门要建立完善城市配送企业和快递企业的质量信誉考核制度，科学制定评价内容、评价标准、评价方法和评价周期等，完善激励机制和市场退出机制，引导企业加强管理、优质服务、诚信经营、保障安全。

七、优化通行管控措施

（十八）加强配送车辆通行管理。城市公安交通管理部门要根据有关部门提供的城市中心区车辆流量、流向、流时、货品货类以及城市配送需求，合理确定城市配送车辆的通行区域和时段，根据需要为高峰时段通行的城市配送车辆发放通行许可，并提供通行便利；充分听取交通运输、商务、邮政管理等部门的意见，按照通行便利、保障急需和控制总量的原则，建立完善公开、公平、公正的配送车辆通行许可发放制度。

（十九）完善车辆停放管理措施。城市负责停车管理的部门要会同公安、规划建设、商务、邮政管理等部门在深入调查研究的基础上，完善城市配送车辆停靠限制措施，在部分一般车辆禁停的路段要在保障道路交通安全畅通的情况下给予城市配送车辆必要的停车便利；施划城市配送车辆专用临时停车位或临时停车港湾；完善标志标线及停车位设置，在大城市推广配送车辆分时停车、错时停车、分类停车，全面清理停车设施挪用、占用现象。

八、加大执法监督力度

（二十）清理不合理收费。城市发展改革（价格）、交通运输、商务等部门要按照各自职责分工对城市配送领域包装、搬运、装卸、仓储、运输等各环节乱收费行为进行清理整顿；规范和降低农产品批发市场、农贸市场的摊位费等相关收费，禁止零售商向供应商收取违反国家法律法规的费用，切实降低商品流通环节成本，稳定城市消费市场价格。

（二十一）加强价格监管。城市发展改革（价格）部门要会同交通运输、商务、邮政管理等部门加强对城市配送价格的动态监测，研究建立价格监测分析制度，适时公布城市配送平均运价，引导市场合理价格的形成；依照相关法律法规，严肃查处城市配送企业达成垄断协议、串通商定价格和以低运价抢夺货源、排挤竞争对手等违法行为，严厉打击城市配送企业价格欺诈、哄抬价格等不正当行为。

（二十二）严肃查处违法行为。城市公安交通管理部门要加强对城市配送车辆的交通管理，督导配送车辆按照规定的时段和路线通行，按照相关规定实施停车作业，减少对其他交通参与者的影响。城市交通运输管理部门要加强城市货物运输市场监管，进一步规范运输企业经营行为；会同公安交通管理部门依法严肃查处机动车非法改装、假牌假证、无证运输等严重违法行为，营造良好的车辆通行秩序和市场环境。

（二十三）落实交通安全主体责任。交通运输、公安交通管理等部门要加强物流企业监管，督促物流企业完善内部安全管理制度，加强驾驶人的教育、监督和管理，加强配送车辆的例检、例保和维护，切实落实物流企业交通安全主体责任。

九、加快科技推广应用

（二十四）鼓励发展先进的配送组织模式。鼓励和引导物流企业通过集中存储、统一库管、按需配送、计划运输的方式整合资源，降低物流成本，提升物流效率。商务、发展改革等有关部门要支持商贸流通企业发展共同配送。鼓励物流配送企业针对特定的商业聚集区和生活居住区制定专业的配送实施计划，提供个性化的配送服务，提高配送效率。城市交通较为拥堵的大型城市，城市有关部门应结合实际积极推进“分时段配送”、“夜间配送”，为有需求的商贸和物流企业提供便利。鼓励快递企业建设适应电子商务发展的快件配送体系，探索“仓储一体化”等新型配送模式，提升电子商务配送水平。

（二十五）推广应用先进的设施设备。各有关部门要积极引导企业开发使用先进技术，大力推进标准化仓库和专业仓库建设，推广标准化托盘、自动化搬运装卸工具、无线射频识别技术、配送路径优化技术和配送车辆动态导航技术等在城市配送中的应用。鼓励各地对用于城市配送且符合技术标准的新能源汽车实施车辆购置补贴等优惠扶持政策。

（二十六）加快配送信息平台建设。各有关部门要积极推进物流信息资源的共享，建设完善城市配送综合信息服务平台，引导城市配送企业与生产制造企业、商贸流通企业信息资源的整合，充分发挥信息平台在城市配送运力调整、交通引导、供给调节和市场服务等方面的作用。

十、加快组织落实

（二十七）加强组织领导。城市人民政府及其有关部门要高度重视城市配送管理工作，切实加强组织领导，充分发挥管理部门、行业协会、企业等多方的积极性和主动性，及时出台加强和改进本地配送管理工作的实施意见，建立政府统一领导、部门协调配合、企业广泛参与、公众支持认同的城市配送管理工作格局，形成各方面齐抓共管的合力。

（二十八）开展示范工程。在全国现代物流工作部际联席会议制度框架内，商务等有关部门要按照各自职责继续组织开展城市配送试点工作，选取典型城市开展示范工程，在体制机制、法规政策、基础设施、通行管控、运输组织、市场监管、信息技术、装备设备等方面先行先试，总结成功经验，逐步向全国推广。

（二十九）加快政策落实。在全国现代物流工作部际联席会议制度框架内，要加大对各地区、各部门有关城市配送管理工作的督导考核。各有关部门要根据本指导意见，结合工作实际，抓紧细化政策措施，研究制定促进城市配送发展的实施办法，加快推进，务求实效。国务院各有关部门和省级人民政府有关部门要按照职责分工，加强指导检查，健全考核评价和责任追究制度，确保各项政策的贯彻落实，为城市配送健康有序发展创建良好的体制机制和政策环境。

交通运输部（章）、公安部（章）、国家发展改革委（章）、工业和信息化部（章）、住房城乡建设部（章）、商务部（章）、国家邮政局（章）

2013 年 2 月 6 日

交通运输部：关于中国（上海）自由贸易试验区试行扩大国际船舶运输和国际船舶管理业务外商投资比例实施办法的公告

为贯彻落实《国务院关于印发中国（上海）自由贸易试验区总体方案的通知》（国发[2013]38号），在中国（上海）自由贸易试验区（下称“自贸区”）试点扩大国际船舶运输和国际船舶管理业务外商投资比例，保护投资者合法权益，现将试行实施办法公告如下：

一、经国务院交通运输主管部门批准，在自贸区设立的外商投资比例超过49%的中外合资、合作企业，及其拥有或实际经营的船舶，可经营进出中国港口的国际船舶运输业务。相关要求和办理程序，按照《中华人民共和国国际海运条例》和《中华人民共和国国际海运条例实施细则》有关规定执行。

二、经上海市交通运输主管部门批准，在自贸区设立的外商独资企业可以经营国际船舶管理业务。上海市交通运输主管部门参照《中华人民共和国国际海运条例》第九条、第十条和《中华人民共和国国际海运条例实施细则》第八条的相关规定办理审批程序，并将审批结果向国务院交通运输主管部门备案。

三、在自贸区设立的中外合资、合作国际船舶运输企业，其董事会主席和总经理可由中外合资、合作的双方协商确定。

四、在自贸区设立的中外合资、合作国际船舶运输企业，其拥有或光船租赁的船舶可以按照中国（上海）自贸区国际船舶登记制度进行船舶登记。

五、在自贸区设立中外合资、合作企业经营国际船舶运输业务，或设立外商独资企业经营国际船舶管理业务，本办法未作规定的，适用《中华人民共和国中外合资经营企业法》、《中华人民共和国中外合作经营企业法》、《中华人民共和国外资企业法》、《中华人民共和国国际海运条例》以及《中华人民共和国国际海运条例实施细则》的有关规定。

本办法自发布之日起施行。

中华人民共和国交通运输部（印）

2014年1月27日

交通运输部：快递市场管理办法

中华人民共和国交通运输部令 2013 年第 1 号

《快递市场管理办法》已于 2012 年 12 月 31 日经第 10 次部务会议通过，现予公布，自 2013 年 3 月 1 日起施行。

部长 杨传堂

2013 年 1 月 11 日

快递市场管理办法

第一章 总 则

第一条 为加强快递市场管理，维护国家安全和公共安全，保护用户合法权益，促进快递服务健康发展，依据《中华人民共和国邮政法》及有关法律、行政法规，制定本办法。

第二条 从事快递业务经营活动应当遵守本办法。

第三条 本办法所称快递，是指在承诺的时限内快速完成的寄递活动。寄递，是指将信件、包裹、印刷品等物品按照封装上的名址递送给特定个人或者单位的活动，包括收寄、分拣、运输、投递等环节。

第四条 经营快递业务的企业应当依法经营，诚实守信，公平竞争，为用户提供迅速、准确、安全、方便的快递服务。

第五条 公民的通信自由和通信秘密受法律保护。除因国家安全或者追查刑事犯罪的需要，由公安机关、国家安全机关或者检察机关依照法律规定的程序对通信进行检查外，任何组织或者个人不得以任何理由侵犯他人的通信自由和通信秘密。

第六条 国务院邮政管理部门负责对全国快递市场实施监督管理。

省、自治区、直辖市邮政管理机构负责对本行政区域的快递市场实施监督管理。

按照国务院规定设立的省级以下邮政管理机构负责对本辖区的快递市场实施监督管理。

第七条 国务院邮政管理部门和省、自治区、直辖市邮政管理机构以及省级以下邮政管理机构（以下统称邮政管理部门）对快递市场实施监督管理，应当遵循公开、公平、公正以及鼓励竞争、促进发展的原则，规范快递服务，满足经济社会发展的需要。

邮政管理部门应当加强快递市场安全监督管理，维护寄递安全与信息安全。

第八条 快递行业协会应当依照法律、行政法规及其章程规定，制定快递行业规范，加强行业自律，为企业提供信息、培训等方面的服务，促进快递行业的健康发展。

第二章 经营主体

第九条 国家对快递业务实行经营许

可制度。经营快递业务，应当依照《中华人民共和国邮政法》的规定，向邮政管理部门提出申请，取得快递业务经营许可；未经许可，任何单位和个人不得经营快递业务。

第十条　邮政管理部门根据企业的服务能力审核经营许可的业务范围和地域范围，对符合规定条件的，发放快递业务经营许可证，并注明经营许可的业务范围和地域范围。

经营快递业务的企业应当在经营许可范围内依法从事快递业务经营活动，不得超越经营许可业务范围和地域范围。

第十一条　任何单位和个人不得伪造、涂改、冒用、租借、倒卖和非法转让快递业务经营许可证。取得快递业务经营许可的企业不得以任何方式将快递业务委托给未取得快递业务经营许可的企业经营，不得以任何方式超越经营许可范围委托经营。

第十二条　取得快递业务经营许可的企业设立分公司、营业部等非法人分支机构，凭企业法人快递业务经营许可证（副本）及所附分支机构名录，到分支机构所在地工商行政管理部门办理注册登记。企业分支机构取得营业执照之日起二十日内到所在地邮政管理部门办理备案手续。

快递业务经营许可证（副本）载明的股权关系、注册资本、业务范围、地域范围发生变更的，或者增设、撤销分支机构的，应当报邮政管理部门办理变更手续，并持变更后的快递业务经营许可证办理工商变更登记。

第十三条　快递企业进行合并、分立的，应当在合并、分立协议签订之日起二十日内，向颁发快递业务经营许可证的邮政管理部门备案。

备案应当提交以下材料：

（一）快递业务经营许可证；

（二）合并、分立协议；

（三）上一年度快递业务经营许可年度报告书。

合并、分立后新设立的企业法人经营快递业务的，应当依法取得快递业务经营许可。合并、分立涉及外商投资企业的，应当遵守国家有关外商投资快递业务的相关规定。

第十四条　以加盟方式经营快递业务的，被加盟人与加盟人均应当取得快递业务经营许可，加盟不得超越被加盟人的经营许可范围。被加盟人与加盟人应当签订书面协议约定双方的权利义务，明确用户合法权益发生损害后的赔偿责任。参与加盟经营的企业，应当遵守共同的服务约定，使用统一的商标、商号、快递服务运单和收费标准，统一提供跟踪查询和用户投诉处理服务。

第十五条　经营快递业务的企业应当按照国务院邮政管理部门的规定，向颁发快递业务经营许可证的邮政管理部门提交年度报告书。

第三章　快递服务

第十六条　经营快递业务的企业应当按照快递服务标准，规范快递业务经营活动，保障服务质量，维护用户合法权益，并应当符合下列要求：

（一）填写快递运单前，企业应当提醒寄件人阅读快递运单的服务合同条款，并建议寄件人对贵重物品购买保价或者保险服务；

（二）企业分拣作业时，应当按照快件（邮件）的种类、时限分别处理、分区作业、规范操作，并及时录入处理信息，上传网络，不得野蛮分拣，严禁抛扔、踩踏或者以其他方式造成快件（邮件）损毁；

（三）企业应当在承诺的时限内完成快件（邮件）的投递；

（四）企业应当将快件（邮件）投递到约定的收件地址和收件人或者收件人指定的代收人。

第十七条　经营快递业务的企业投递快件（邮件），应当告知收件人当面验收。快件（邮件）外包装完好的，由收件人签字确认。投递的快件（邮件）注明为易碎品及外包装出现明显破损的，企业应当告知收件人先验收内件再签收。企业与寄件人另有约定的除外。

对于网络购物、代收货款以及与用户有特殊约定的其他快件（邮件），企业应当与寄件人在合同中明确投递验收的权利义务，并提供符合约定的验收服务，验收无异议后，由收件人签字确认。

第十八条　经营快递业务的企业应当在营业场所公示或者以其他方式向社会公布其服务种类、服务时限、服务价格、损失赔偿、投诉处理等服务承诺事项。服务承诺事项发生变更的，企业应当及时发布服务提示公告。

第十九条　经营快递业务的企业应当遵循公平原则，以书面合同确定企业与用户双方的权利和义务。

对免除或者限制企业责任及涉及快件（邮件）损失赔偿的条款，应当在快递运单上以醒目的方式列出，并予以特别说明。

第二十条　在快递服务过程中，快件（邮件）发生延误、丢失、损毁和内件不符的，经营快递业务的企业应当按照与用户的约定，依法予以赔偿。

企业与用户之间未对赔偿事项进行约定的，对于购买保价的快件（邮件），应当按照保价金额赔偿。对于未购买保价的快件（邮件），按照《中华人民共和国邮政法》、《中华人民共和国合同法》等相关法律规定赔偿。

第二十一条　经营快递业务的企业应当建立与用户沟通的渠道和制度，向用户提供业务咨询、查询等服务，并及时处理用户投诉。

经营快递业务的企业对邮政管理部门转办的用户申诉，应当及时妥善处理，并按照国务院邮政管理部门的规定给予答复。

第二十二条　经营快递业务的企业应当按照国家有关规定建立突发事件应急机制。发生重大服务阻断、暂停快递业务经营活动时，经营快递业务的企业应当按照有关规定在二十四小时内向邮政管理部门和其他有关部门报告，并向社会公告；以加盟方式开展快递业务经营的，被加盟人、加盟人应当分别向所在地邮政管理部门报告。

经营快递业务的企业在事故处理过程中，应当对所有与事故有关的资料进行记录和保存。相关资料和书面记录至少保存一年。

第二十三条　经营快递业务的企业应当妥善应对快递业务高峰期，做好业务量监测，加强服务网络统筹调度，及时向社会发布服务提示，认真处理用户投诉。

第二十四条　经营快递业务的企业对无法投递的快件（邮件），应当退回寄件人。

对无法投递又无法退回寄件人的快件（邮件），企业应当登记，并按照国务院邮政管理部门的规定和快递服务标准处理；其中无法投递又无法退回的进境国际快件（邮件），应当依照相关规定交由有关部门处理。

第二十五条 经营快递业务的企业在从事快递业务的同时，向用户提供代收货款服务的，应当建立有关安全管理制度，与寄件人的合同中应当对代收货款服务的权利义务进行约定。

提供代收货款服务，涉及金融管理规定的，应当接受相关部门的监督管理。

第二十六条 经营快递业务的企业应当按照国家关于快递业务员职业技能的规定，加强快递从业人员职业技能培训，组织符合条件的快递从业人员参加职业技能鉴定。

第二十七条 经营快递业务的企业不得实施下列行为：

（一）违反国家规定，收寄禁止寄递的物品，或者未按规定收寄限制寄递的物品；

（二）相互串通操纵市场价格，损害其他经营快递业务的企业或者用户的合法权益；

（三）冒用他人名称、商标标识和企业标识，扰乱市场经营秩序；

（四）违法扣留用户快件（邮件）；

（五）违法提供从事快递服务过程中知悉的用户信息；

（六）法律、法规禁止的其他行为。

第二十八条 快递从业人员不得实施下列行为：

（一）扣留、倒卖、盗窃快件（邮件）；

（二）违法提供从事快递服务过程中知悉的用户信息；

（三）法律、法规禁止的其他行为。

第四章 快递安全

第二十九条 任何组织和个人不得利用快递服务网络从事危害国家安全、社会公共利益或者他人合法权益的活动。下列物品禁止寄递：

（一）法律、行政法规禁止流通的物品；

（二）危害国家安全和社会政治稳定以及淫秽的出版物、宣传品、印刷品等；

（三）武器、弹药、麻醉药物、生化制品、传染性物品和爆炸性、易燃性、腐蚀性、放射性、毒性等危险物品；

（四）妨害公共卫生的物品；

（五）流通的各种货币；

（六）法律、行政法规和国家规定禁止寄递的其他物品。

第三十条 经营快递业务的企业应当遵守《中华人民共和国邮政法》、《邮政行业安全监督管理办法》等相关规定，建立并严格执行收寄验视制度，加强生产安全和应急管理。

第三十一条 经营快递业务的企业对不能确定安全性的可疑物品，应当要求用户出具相关部门的安全证明。用户不能出具安全证明的，不予收寄。

经营快递业务的企业收寄已出具安全证明的物品时，应当如实记录收寄物品的名称、规格、数量、重量、收寄时间、寄件人和收件人名址等内容。记录保存期限不少于一年。

第三十二条 经营快递业务的企业接受网络购物、电视购物和邮购等经营者委托提供快递服务的，应当遵守邮政管理部门的规定，与委托方签订安全保障协议，并向颁发快递业务经营许可证的邮政管理部门备案。

第三十三条 经营快递业务的企业设

置快件（邮件）处理场所，应当事先征询邮政管理门及有关部门意见，并按照国家有关规定预留相关工作场地，其设计和建设应当符合国家安全机关和海关依法履行职责的要求。

第五章　监督管理

第三十四条　国家鼓励和引导经营快递业务的企业采用先进技术，充分利用交通运输资源，促进规模化、品牌化、网络化经营。

第三十五条　邮政管理部门应当结合邮政行业安全监督管理的实际，指导和监督经营快递业务的企业落实安全责任制，依法对经营快递业务的企业实施安全监督检查，并依照相关规定对妨害或者可能妨害行业安全的经营快递业务的企业进行调查和处理。

邮政管理部门应当加强对突发事件的管理，督促经营快递业务的企业定期组织开展突发事件应急演练。

第三十六条　国务院邮政管理部门建立以公众满意度、时限准时率和用户申诉率为核心的快递服务质量评价体系，指导评定机构定期测试评估快递行业服务水平，评定服务质量等级，并向社会公告。

第三十七条　邮政管理部门应当依法及时处理用户对经营快递业务的企业提出的申诉，并自接到申诉之日起三十日内作出答复。

任何单位和个人有权向邮政管理部门举报违反本办法的行为。邮政管理部门接到举报后，应当依法及时处理。

第三十八条　邮政管理部门应当加强对经营快递业务的企业及其从业人员遵守本办法情况的监督检查。

邮政管理部门依法实施监督检查，可以采取下列措施：

（一）进入有关场所进行检查；

（二）查阅、复制有关文件、资料、凭证；

（三）约谈有关单位和人员；

（四）经邮政管理部门负责人批准，查封与违法活动有关的场所，扣押用于违法活动的运输工具以及相关物品，对信件以外的涉嫌夹带禁止寄递或者限制寄递物品的快件（邮件）开拆检查。

第三十九条　邮政管理部门工作人员应当严格按照法定程序进行监督检查。实施监督检查时，应当出示执法证件，并由两名或者两名以上工作人员共同进行。被检查单位及其有关人员应当予以配合，不得拒绝、阻碍，并对有关情况予以保密。

邮政管理部门工作人员对监督检查过程中知悉的被检查单位的技术秘密和业务秘密，应当保密。

第六章　法律责任

第四十条　经营快递业务的企业违反快递服务标准，严重损害用户利益，由邮政管理部门责令改正，处五千元以上三万元以下的罚款。

第四十一条　违反本办法第十条规定的，由邮政管理部门责令改正，处五千元以上三万元以下的罚款。

第四十二条　违反本办法第十一条第二款规定的，由邮政管理部门责令改正，处一万元以下的罚款；情节严重的，处一万元以上三万元以下的罚款。

第四十三条　违反本办法第十四条规定的，由邮政管理部门责令改正，处五千元以上三万元以下的罚款。

第四十四条　违反本办法第十六条第（二）项规定的，由邮政管理部门处一万元罚款；情节严重的，处一万元以上三万元以下的罚款。

第四十五条 违反本办法第十八条、第二十一条、第二十二条、第三十一条规定的，由邮政管理部门责令改正，处三千元以上三万元以下的罚款。

第四十六条 违反本办法第二十四条第二款规定，未按照国务院邮政管理部门规定处理无法投递又无法退回寄件人的快件的，由邮政管理部门对快递企业处三千元以上一万元以下的罚款；情节严重的，处一万元以上三万元以下的罚款。

第四十七条 违反本办法第二十七条第（一）项、第（五）项规定的，分别依照《中华人民共和国邮政法》第七十五条、第七十六条的规定予以处罚。

违反本办法第二十七条第（四）项规定的，由邮政管理部门责令改正，对快递企业处一万元以上三万元以下的罚款。

违反本办法第二十七条第（二）项、第（三）项规定的，由国家有关部门依法处理。

第四十八条 违反本办法第二十八条规定的，由邮政管理部门责令改正，依法没收违法所得，对直接责任人员处五千元以上一万元以下的罚款；构成犯罪的，依法追究刑事责任。

第四十九条 邮政管理部门工作人员违反本办法第三十七条第一款、第三十九条规定的，依法给予行政处分；构成犯罪的，依法追究刑事责任。

第五十条 拒绝、阻碍邮政管理部门及其工作人员依法履行监督检查职责的，依照《中华人民共和国邮政法》第七十七条的规定予以处罚。

第五十一条 公民、法人或者其他组织认为邮政管理部门的具体行政行为侵犯其合法权益的，可以依法向上一级邮政管理部门申请行政复议或者直接向人民法院起诉。

经营快递业务的企业逾期不履行邮政管理部门处罚决定的，由邮政管理部门依法申请人民法院强制执行。

第七章 附则

第五十二条 本办法自2013年3月1日起施行。交通运输部2008年7月12日发布的《快递市场管理办法》（交通运输部令2008第4号）同时废止。

交通运输部：《交通运输部关于加强危险品运输安全监督管理的若干意见》

各省、自治区、直辖市、新疆生产建设兵团交通运输厅(局、委)，中远、中海、招商局、中交建设、中外运长航集团，部属各单位：

近年来，危险品运输安全生产重特大事故时有发生，特别是山西“3•1”特别重大道路交通危化品燃爆事故、浙江杭州桐庐县境内化学品泄漏事故以及湖南“7•19”特别重大道路交通运输事故，引起了党中央国务院高度重视和社会广泛关注。为坚决遏制危险品运输安全生产事故的发生，现就加强危险品运输安全监督管理提出以下意见：

严格危险品运输市场准入

（一）严格企业准入管理。严格危险品运输资质许可，认真审核申请企业的安全生产和经营条件。一是2015年底前，暂停审批道路危险品运输企业。做好“挂而不管、以包代管、包而不管”安全责任不落实车辆的清理，实现道路危险品运输企业全部车辆公司化经营。二是2017年底前，暂停审批内河水路油品、化学品运输单船公司。三是严格新建、改建、扩建的港口危险品罐区（储罐）、库（堆）场、危险品码头和输送管线项目的安全设施设计审查和验收，凡未通过安全生产条件审查的，一律不得开工；未通过项目验收、取得危险品码头作业附证的，一律不得运营生产。落实工程质量安全终身责任制。四是危险品运输企业未取得安全生产标准化达标证书的，限期予以整改，并根据相关法律、法规规定对仍未达标的企业不得新增运力和扩大经营范围；水路危险品运输企业未按规定取得DOC证书的，不得从事运输经营。

（二）严格运输工具准入管理。一是严格道路危险品运输车辆准入前材料审核和年度审验，禁止不合格车辆准入。二是自2015年1月1日起，无紧急切断装置且无安全技术检验合格证明的液体危险品罐车，根据相关法律、法规规定不予通过年审，并注销其道路运输证。三是加强危险品运输船舶准入，严格船舶检验，未取得船舶检验证书的，不得从事运输经营。四是逐步淘汰“两横一纵两网十八线”的内河单壳散装液体危险品运输船舶，自2016年1月1日起，长江干线全面禁止单壳化学品船、600载重吨以上的单壳油船进入，危险品运输船舶船型标准化率达到70%。

（三）严格从业人员准入管理。一是严把道路水路危险品运输从业人员考试与证件发放关，严禁考试和发证过程中弄虚作假、徇私舞弊等行为，一经发现严肃处理。二是从事道路危险品运输的驾驶员、押运员，从事水路危险品运输的船员、装卸管理人员、申报人员、集装箱装箱检查员必须持相应的资格证上岗。三是按照有关规定建立和落实道路运输（危险品）经理人从业资格制度和专职安全管理人员制度。四是严格驾驶员从业资格管理，及时掌握驾驶员的违章、事故记录及诚信考核、继续教育等情况，对于记分周期内扣满12分的驾驶员，要根据相关法律、法规规定吊销其从业资格证件，三年内不予重新核发。

强化危险品运输安全监督管理

（四）加强危险品运输作业过程监督管理。一是严格危险货物车辆联网联控系统的接入管理，凡应接入而尚未接入的车辆、已装监控系统但不能正常使用的车辆以及故意损毁、屏蔽系统的，责令其整顿，未按要求进行整改的，按照《安全生产法》和《道路运输车辆动态监督管理办法》的相关规定予以从严处罚。二是港口危险品罐区（储罐）、库（堆）场、危险品码头应按相关规定配备消防、防雷电、防静电、防污染等相关设施设备，并做到监测监控全覆盖，安排专人实时监控。三是加强船舶载运危险品进出港口申报管理，加强对进入船舶交通管理中心控制水域的载运危险品船舶的跟踪监管。严格按照国家规定禁止通过内河封闭水域运输剧毒化学品以及国家规定禁止通过内河运输的其他危险品；除上述以外的内河水域，禁止运输国家规定禁止通过内河运输的剧毒化学品以及其他危险品。四是从事危险品运输的企业要严格执行相关法律法规，按照运输车船的核定载质量（重量）装载危险品，不得超载、谎报和瞒报。

（五）加强危险品运输督查检查。一是定期深入企业、深入基层、深入现场开展督查检查，重点检查企业安全生产主体责任和基层一线安全生产措施落实等情况。二是严格查处危险货物托运人未依法将危险货物委托具备危险货物运输资质的企业（车船）承运危险货物的行为。三是严格按照相关法律法规和交通运输安全生产约谈、重点监管名单、挂牌督办等相关规定，严厉查处违法违规从事危险品运输的企业、车船和从业人员，对未按约谈、挂牌督办要求整改的或纳入重点监管名单仍然违法违规运输的应依法依规严肃处理并从严追究责任。

（六）深化危险品运输安全专项整治行动。针对道路水路危险品运输、港口危险品罐区和油气输送管线等重点领域，开展危险品专项整治行动，建立健全隐患排查治理体系，对重大隐患实行挂牌督办，凡整改仍达不到要求的，根据相关法律、法规规定停产停业整顿。严厉打击危险品运输非法违规行为，重点打击无证经营、越范围经营、超速超载、疲劳驾驶、非法改装和非法夹带危险品运输等行为。

推进危险品运输安全生产风险管控

（七）开展危险品运输风险防控。一是建立安全生产风险管理制度，开展风险源辨识、评估，确定风险等级，制定具体控制措施。二是细化落实重大风险源安全管控责任制，建立风险源数据库，并按照有关规定做好重大风险源报备工作，实时掌握重大风险源变化情况，采取有针对性的管控措施，实现全过程控制。

（八）加强危险品运输事故应急处置。一是各级交通运输管理部门要完善道路水路危险品运输事故应急预案，纳入地方政府事故应急处置体系，建立应急联动机制，并按规定开展应急演练。二是危险品运输企业要编制具体的危险品运输事故应急预案和操作手册，并发放到相关车船和一线从业人员。三是加强应急救援能力建设，配备应急装备设施和物资，加强专兼职应急救援力量建设，有条件的应建立专业应急救援队伍。

加强从业人员培训和监管队伍建设

（九）强化从业人员教育培训。一是督促企业健全并落实安全教育培训制度，切实抓好从业人员岗前培训、在岗培训和继续教育。二是重点要强化危险品运输企业主要负责人、安全管理人员、驾驶员（船员）、装卸管理人员、押运人员等人员的教育培训。三是各级交通运输管理部门要严格执行考培分离制度，严把考试发证质量关，凡符合考试条件要求的可不通过培训直接考试。

（十）加强危险品运输安全监管队伍建设。一是各级交通运输管理部门、特别是负有港口危险品罐区监管职责的管理部门，要加强危险品运输安全监管队伍建设，配备具有专业知识的监管人员。二是部、省交通运输管理部门要建立危险品运输安全生产专家库，让专家参与技术咨询、督促检查和参谋决策等工作。

严肃危险品运输安全生产事故调查处理

（十一）加大事故查处力度。一是切实做好水上危险品运输安全生产事故调查处理工作，依法严格追究相关责任单位、责任人的责任。加强对事故调查处置情况的监督，确保事故调查处理从严、据实、及时结案。二是积极主动参与和协助公安、安监等部门做好危险品道路运输、港口储运和装卸作业等安全生产事故的调查处理工作。

（十二）加强事故的警示教育。一是按时上报危险品运输事故信息，及时发布事故警示通报。二是加强事故统计、分析，深度剖析典型事故案例，总结事故教训；举一反三，制定有效措施，防范类似事故再次发生。

建立危险品运输安全生产长效机制

（十三）加强危险品运输安全生产法规建设。一是认真梳理并进一步完善危险品运输安全生产法规制度，及时废止不必要的法规。二是各地交通运输管理部门和海事管理机构要结合当地的实际情况，加强与地方人大、政府及相关部门的沟通协调，加快危险品运输相关法规的制修订工作。

（十四）加强危险品运输安全生产技术和信息化应用。一是充分发挥全国道路危险品运输联网联控信息系统的管控作用，提高联网联控系统在过程管理、监管执法、信息共享等方面的应用水平。二是加快推进长江危险品运输、港口危险品码头和港口危险品罐区监测监控等信息系统建设和完善。三是加强物联网、车联网、船联网等关键技术在危险品运输安全监督管理工作中的应用，加大危险品运输防泄漏、应急处置等关键技术研发和应用力度，积极引导使用安全技术性能高的运输工具和设施装备。四是建设全国重点监管企业、车船、人员信息数据库；积极推进道路水路危险品运输重要信息与路网、通航信息以及相关重要监督管理信息跨区域、跨部门的共享。

（十五）加强区域和相关部门协作配合。加强与公安、安监、环保、海关、质检等相关部门和周边地区的沟通协作、密切配合，进一步建立健全协调联动工作机制和应急反应机制，特别要在当地政府统一领导下，加强对港口危险品罐区、库（堆）场和油气输送管线，道路危化品和烟花爆竹等易燃易爆物品以及剧毒和放射性物质运输等领域的联合执法，切实解决危险品运输安全生产方面存在的深层次问题。

2014 年 10 月 14 日

财政部：关于组织申报城市共同配送试点的通知

财办建〔2013〕21 号

各省、自治区、计划单列市及新疆生产建设兵团财政、商务主管部门：

按照《国务院关于深化流通体制改革 加快流通产业发展的意见》（国发〔2012〕39 号）、《国务院办公厅关于促进物流业健康发展政策措施的意见》（国办发〔2011〕38 号）等文件精神，为提高城市物流效率，降低物流成本，并缓解城市交通压力、促进节能减排，财政部、商务部决定自 2013 年起在现代服务业综合试点工作中启动实施城市共同配送试点。为确保试点工作取得实效，现组织试点申报工作，并将有关事项通知如下：

一、城市共同配送试点申报遵循公开、

公正、透明和自愿原则，申报城市须同时满足以下条件：

1、属于地级及地级以上城市；

2、市辖区平均人口在100万以上；

3、市辖区社会消费品零售总额在300亿元以上；

4、提交科学、系统的试点工作实施方案；

5、优先支持具有一定工作基础的城市，包括：已着手推进城市共同配送工作并取得一定成效、已出台城市共同配送规划、具有发展共同配送必须具备的基础设施条件等。

对已纳入现代服务业综合试点工作区域试点范围的城市，不再纳入城市共同配送试点范围。

二、省级财政、商务主管部门组织编报试点实施方案，并填报城市共同配送试点申报表，联合报送财政部、商务部。

试点实施方案可借鉴前期商务部印发的《全国城市配送发展指引》，结合当地实际编写，做到思路清晰、行文简洁、目标明确、措施有效。具体应包含以下内容：

1、城市基本情况；

2、城市配送现状；

3、现有工作基础；

4、试点工作目标和具体工作安排；

5、资金来源和政策保障措施。

三、财政部、商务部根据各地申报情况，经综合评估后择优选择试点城市，分年滚动支持。中央财政将对城市共同配送试点安排适当资金，并联合商务部按照现代服务业综合试点有关规定加强对城市共同配送试点管理。

四、2013年城市共同配送试点申报工作截至4月10日，财政部、商务部对逾期申报不予受理。以后年度如有必要，视情适当补充。对虚报、谎报有关材料或情况的，一经查实，一票否决，不纳入试点范围。

附表：城市共同配送试点申报表

联系人及联系方式：

财政部经济建设司：殷毅

电话：010-68552796；

传真：010-68552661，

邮箱：mof_syc@126.com

商务部流通发展司：任宏伟

电话：010-85093794；

传真：010-85093749，

邮箱：renhongwei@mofcom.gov.cn

表格下载邮箱：

peisong2013@sina.com，密码：ps2013

附件：城市共同配送试点申报表

财政部办公厅、商务部办公厅

2013年3月5日

附件下载：

2013年城市共同配送试点申报表.xls

工业和信息化部办公厅关于开展电子商务集成创新试点工程工作的通知

各省、自治区、直辖市及计划单列市、副省级省会城市、新疆生产建设兵团、黑龙江省农垦总局工业和信息化主管部门，有关行业协会、中央企业，有关单位：

为贯彻落实《电子商务“十二五”发展规划》（工信部规〔2011〕556号）、

《工业和信息化部关于推进物流信息化工作的指导意见》（工信部信〔2013〕7号）有关部署，工业和信息化部决定在全国范围内实施电子商务集成创新试点工程，并制定了《2013年电子商务集成创新试点工程项目指南》。现印发给你们，请根据项目指南的要求，组织做好项目申报工作。

附件：2013年电子商务集成创新试点工程项目指南

工业和信息化部办公厅

2013年5月24日

附件：2013年电子商务集成创新试点工程项目指南

附件1：电子商务集成创新试点工程项目推荐表

附件2：电子商务集成创新试点工程项目申报方案

2013年电子商务集成创新试点工程项目指南

为落实《电子商务“十二五”发展规划》和《工业和信息化部关于推进物流信息化工作的指导意见》，按照工业和信息化部2013年工作计划，决定实施电子商务集成创新试点工程。特制定本指南。

一、试点方向

（一）大企业电子商务和供应链信息化提升

在原材料、装备制造、消费品、电子信息、国防科技等重点工业领域，深化电子商务应用，提高大型企业的供应链管理水平。支持大型企业提高网上集中采购水平，建立具有行业知名度和影响力的采购平台，增强企业采购行动的协调性和竞争力。支持大型企业利用电子商务促进产品分销和售后服务水平提升。支持有影响力的主制造商，利用电子商务带动产业链上下游企业协同联动，增强整个供应链的管理和运作能力，缩短物流响应时间，提高物品可得率和资金周转率，降低平均库存水平和物流总成本，提高供应链的整体竞争能力。

支持大型企业电子商务与内部业务和管理信息系统的集成，推进企业间网上协同研发、设计和制造，增强产业链商务协同能力，缩短市场响应时间，提高从研发设计、采购供应、生产制造、分销配送、售后服务、再制造直至报废回收的产品全生命周期信息化管理水平。

推动大型商贸流通企业通过电子商务创新流通模式，提高流通效率，扩展流通渠道和市场空间，促进流通方式转变。

鼓励有条件的大型企业电子商务平台提高开放性，向行业电子商务平台转化。

（二）行业电子商务平台服务创新

支持工业、农业、服务业等领域细分行业电子商务平台创新服务和商业模式。

支持有条件的行业信息服务平台向电子商务交易服务延伸，为行业用户提供网络交易服务。

支持电子商务和物流服务集成创新。推进煤炭、钢铁、塑料、粮食等大宗商品电子交易与物流服务集成健康发展。推动物流、快递企业依托信息化提高社会化服务水平，增强对电子商务的支撑能力。

加强支付服务创新，促进电子商务与电子支付集成发展，为用户提供方便快捷的服务。引导电子商务企业与物流企业、信用机构、金融机构加强合作，探索供应链金融等服务创新。

支持细分行业的电子商务平台品牌化

发展，鼓励电子商务平台企业与相关企业加强合作，促进信息、交易、商务代理、物流、支付、信用、融资、担保、保险、检测、认证和技术支持等商务要素的集成和服务创新。

（三）跨境电子商务

鼓励有条件的大型企业“走出去”，面向全球资源市场，积极开展跨境电子商务，促进产品、服务质量提升和品牌建设，更紧密地融入全球产业体系。

支持面向跨境贸易的多语种电子商务平台建设、服务创新和应用推广。

支持电子商务企业面向全球各地，尤其是两岸三地、东盟、上合组织和东北亚等周边区域开展跨境合作，支持在边贸地区、产业集中度高的区域建设跨境电子商务平台。

支持电子商务企业与相关企业加强服务集成，为用户提供电子单证处理、报关、退税、结汇、保险和融资等“一站式”服务，提高国内企业对国际市场的响应能力。

（四）移动电子商务

推动移动电子商务应用从生活服务和公共服务领域向工农业生产和生产性服务业领域延伸。

加快推动移动支付、公交购票、公共事业缴费和超市购物等移动电子商务应用的示范和普及推广。

支持移动商务技术在工农业生产流通、企业管理、安全生产、环保监控、物流和旅游服务等方面的试点应用。

推动移动电子商务产业链和各应用领域的相关主体加强合作，加强商业模式和社会化协作机制的创新探索。

（五）产品信息追溯

支持生产、流通和物流企业加强产品信息追溯系统建设，采用多种信息技术手段，完善产品从采购、生产到分销、零售等各个环节的信息记录与交换，提高产品信息追溯管理能力。

面向食品、药品等事关广大人民群众健康和安全的重点产品，支持相关企业提高物流信息化和信息交换水平，增强从原辅料来源到产品流向等信息进行追溯和追踪的能力，提高对冷链产品的全程信息监测水平，提升质量安全管理水平。

面向民爆产品、危化品等关系公共安全的产品领域，支持相关企业提高产品生产、流通和使用的全程物流信息化水平和对生产、使用现场的实时监测能力，提高安全管理水平。

面向航空、机械、汽车、电子电器以及原材料、消费品等制造领域，支持企业提高对零部件、备品备件、成品等物品的追溯和追踪能力，提高生产制造效率和售后服务水平，提升市场竞争力。

支持有条件的中介组织和第三方机构建立产品信息追溯服务平台，为公众提供产品信息查询服务。

二、项目申报和选择条件

（一）项目申报条件。申报单位原则上为中华人民共和国境内注册的企业，已经建立现代企业制度，商业信誉良好，无违法违规行为。项目依托的经营性网站必须获得互联网信息服务增值电信业务经营许可证（ICP 许可证），非经营性网站必须在电信管理部门办理备案手续。申报的项目应为正在实施的项目，或是 2013 年可以正式开工建设的项目。鼓励企业、科研机构、软件企业、系统集成商等形成产学研合作团队联合承担项目。

（二）项目选择条件。项目符合《电

子商务“十二五”发展规划》和《工业和信息化部关于推进物流信息化工作的指导意见》确定的发展方向。项目具有实施基础和应用前景，在技术创新、应用创新、服务创新、商业模式创新、集成创新等方面已经取得明显成效，具有示范推广意义，或者具备较强的技术、商业可行性和创新性，预计在1—3年内可取得较明显的经济效益，具有一定的试验探索意义。项目实施倡导自主可控原则，以拥有民族自主品牌和自主知识产权的解决方案提供商为主要依托。申报方案的文本规范、内容完整、思路清晰、测算合理、论述严谨。

（三）试点项目原则上无资金支持。特别优秀的项目有可能转到两化深度融合专项资金予以支持。

三、申报程序和要求

（一）项目申报以推荐方式进行，由地方副省级以上工业和信息化主管部门、中央企业集团、全国性行业协会组织申报单位编制项目申报方案，并向工业和信息化部推荐。

（二）每个副省级以上工业和信息化主管部门推荐项目不多于8项（每个试点方向最多推荐2项）。每家中央企业集团推荐项目不多于3项。全国性行业协会可推荐本行业的代表性项目，每家协会推荐项目不多于5项。每个项目不得以多个渠道进行申报。

（三）请地方副省级以上工业和信息化主管部门、中央企业集团、全国性行业协会于2013年6月30日前将项目推荐表（见附件1）和推荐项目的申报方案（见附件2）纸质版（一式两份）报送到工业和信息化部（信息化推进司），电子版统一发送到指定电子邮箱（见联系人电子邮件）。

（四）项目申报单位在工业和信息化部门户网站（www.miit.gov.cn）下载项目申报方案格式的电子文档。

联系人：荆洁，杨志刚

电话：010—88686330　68208278

13466545509

传真：010—68208239

电子邮件：xinqingbingling@126.com

地址：北京市海淀区万寿路27号院

邮政编码：100846

附件：

1. 电子商务集成创新试点工程项目推荐表

2. 电子商务集成创新试点工程项目申报方案

交通运输部 公安部 商务部
关于加强城市配送运输与车辆通行管理工作的通知

各省、自治区、直辖市、新疆生产建设兵团交通运输厅（局、委）、公安厅（局）、商务主管部门：

为深入贯彻落实《国务院办公厅关于促进物流业健康发展政策措施的意见》（国办发〔2011〕38号）、《国务院办公厅关于印发降低流通费用提高流通效率综合工作方案的通知》（国办发〔2013〕5号）的有关要求，规范城市配送运输经营活动，改善城市配送车辆通行环境，缓解城市交通拥堵，促进物流业健康发展，现就加强城市配送运输与车辆通行管理工作的有关事项通知如下：

一、充分认识加强城市配送运输与车辆通行管理工作的重要意义

城市配送是保障和改善民生的重要领域，是发展现代物流的关键环节，是保障城市经济社会正常运行的基础支撑。近年来，随着我国经济社会的快速发展和城镇化、机动化进程的不断加快，城市配送在满足城市居民生产生活需求、维护城市功能正常运转、促进新兴服务产业发展等方面发挥了重要作用。但与此同时，城市配送车辆“进城难、停靠难、装卸难”等现象依然突出，城市配送管理工作机制不健全、车辆装备标准化程度不高、配送服务不规范、车辆通行管控措施不适应等问题还未得到有效解决，影响了城市配送效率、增加了物流成本，加剧了城市交通拥堵。

加强城市配送运输与车辆通行管理，是贯彻落实国务院关于物流业发展系列决策部署的重要体现，是深化交通运输部、公安部、商务部等部门《关于加强和改进城市配送管理工作的意见》（交运发〔2013〕138号）的有效举措，是提高城市道路资源利用效率、降低物流成本、促进节能减排的迫切要求。各地区特别是对配送车辆在通行时间、区域上采取限制和禁止通行措施的城市交通运输主管部门、公安机关交通管理部门、商务部门，要站在保障和改善民生、服务物流业发展的高度，从缓解城市交通拥堵、加强城市生态文明建设的角度出发，坚持“客货并举、便民高效、综合治理”的原则，采取有效措施，推动城市配送运输与车辆通行管理的制度化、规范化、科学化，为加快构建服务规范、方便快捷、畅通高效、保障有力的城市配送体系创造良好的发展环境。

二、强化城市配送运力需求管理

城市交通运输主管部门应当定期组织开展城市配送运输需求的调查工作，广泛听取配送企业、商贸流通企业、生产制造企业和商务等有关管理部门以及行业协会等各方面意见建议，归集、整理城市限行区域配送需求基本信息，强化城市配送运力需求管理；会同城市公安机关交通管理部门制定城市配送车辆运力调控计划，引导城市配送企业调整运力结构、配置运力资源。从事城市配送的企业，应当依法取得道路货物运输经营许可；对于从事城市配送运输经营的车辆，道路运输管理机构应当在其车辆管理档案中标注“城市配送”。城市公安机关交通管理部门应当将城市配送车辆运力调控计划，作为优化配送车辆通行管理措施的重要依据。

三、加强城市配送车辆技术管理

各级交通运输主管部门、公安机关交通管理部门要会同商务等有关部门进一步加强城市配送车辆车型及其安全、环保等方面的技术管理，推动城市配送车辆的标准化、专业化发展，有效解决客车载货、非法改装、“大吨小标”等问题。城市配送车辆应当符合《道路货物运输及站场管理规定》的相关要求和《城市物流配送汽车选型技术要求》（GB/T29912）的具体规定，采用封闭、厢式、罐式等装置，实行无裸露配送运输。从事冷藏保鲜运输

的城市配送专用车辆，还应当配备全程温控车载设备。从事危险货物运输的城市配送车辆，应当满足《道路危险货物运输管理规定》的有关技术要求。鼓励城市配送运输经营者使用出厂已装备起重尾板的车辆，提升配送车辆装卸效率。城市交通运输主管部门要会同公安机关交通管理部门制定城市配送车辆专用标识式样和管理规范。对于申请张贴、喷涂专用标识的，其车辆应当符合《城市物流配送汽车选型技术要求》等相关技术要求。

四、规范发展城市货运出租汽车

发展货运出租汽车的城市，城市交通运输主管部门要按照因地制宜、适度发展、总量控制的原则，研究制定货运出租汽车管理办法，明确货运出租的车型、数量、运价、经营范围、经营期限等，严禁货运出租车经营权有偿使用和转让；会同城市公安机关交通管理部门根据当地经济社会发展和配送市场需求，制定本地区货运出租运力投放计划；加快出台货运出租汽车运营服务规范，督促货运出租经营者健全运营管理和投诉受理制度，加强对从业人员道德教育和业务培训；引导企业建立城市配送货运出租运营指挥调度系统，促进城市货运出租规模化、集约化发展。

五、优化城市配送车辆通行管理措施

城市公安机关交通管理部门要综合考虑城市配送需要、城市道路交通状况等因素，科学确定并及时向社会发布限制、禁止城市配送车辆通行的区域和时段；加强对大型物流中心、公用型城市配送中心和分拨中心等配送基础设施周边道路的交通管理，科学施划和设置货运车辆通行的标志标线，优化城市配送运输通道网络。

对于配送车辆在行驶时间和区域方面采取限制和禁止通行措施的城市，城市公安机关交通管理部门应当会同交通运输主管部门，按照保证需求、便利通行、分类管理、适度调控的原则，结合城市配送运力调控计划，加快建立公开、公平、公正、择优的配送车辆通行调控机制，制定出台保障配送车辆通行便利的管理政策。在实施配送车辆通行管理中，对从事生活必需品配送的企业、从事鲜活农产品和冷藏保鲜产品配送的企业、使用新能源和清洁能源车辆从事配送业务的企业、开展共同（集中）配送的企业、服务质量信誉考核为AAA级的企业以及规模较大的网络型零担运输和快递企业、自有大型配送中心的运输企业，可优先考虑给予其通行便利。

六、完善城市配送车辆停靠管理措施

城市交通运输主管部门、公安机关交通管理部门和其他负责停车管理的部门要在深入调查研究的基础上，完善城市配送车辆停靠限制措施，明确城市配送车辆分时、错时和分类停车要求；科学施划城市配送车辆专用临时停车位或者设置临时停车港湾，完善停车位标志标线，制定相应的停车管理办法，防止停车设施被挪用、占用；在保障道路交通安全畅通的情况下制定相应措施，为确需在其他车辆禁停的路段临时停靠配送车辆提供便利。

七、提升城市配送运输服务水平

城市交通运输主管部门要会同有关部门引导城市配送运输企业加强与生产企业、商贸流通企业的合作，提高专业化服务水平；鼓励企业加快物流信息化管理技术、卫星定位技术以及标准化托盘、装卸辅助设备等先进技术和装备的应用；引导企业创新管理模式，积极发展先进运输组织方式，科学设计、合理优化配送线路，强化配送市场资源整合，提高城市配送运输服务能力和水平；指导、督促配送运输企业完善运营安全管理制度，落实安全生产主体责任，建立行车日志，加强配送车辆的例检和维护，开展从业人员安全教育培训，提高安全生产管理水平。

八、强化城市配送运输市场监督管理

城市交通运输主管部门要依法加强对城市配送运输市场的监督管理，按照《道路运输企业质量信誉考核办法（试行）》（交公路发〔2006〕294号）的要求，对城市配送运输企业的安全生产、经营行为、服务质量、管理水平等情况进行考核，并将考核结果及时抄告城市公安机关交通管理部门。城市公安机关交通管理部门要加强对城市配送车辆通行的监督管理，督促配送车辆按照规定的时段和路段行驶、按照规定停放车辆。加强与城市交通运输主管部门的协调配合，联合开展监督检查和集中整治行动，依法严格查处客车载货、非法改装、假牌假证、无证运输等严重违法行为。

九、健全城市配送运输与车辆通行管理工作机制

各级交通运输主管部门、公安机关交通管理部门、商务部门要按照职责分工，加强协调配合，建立健全城市配送运输与车辆管理工作协商、协调、协同工作机制，强化资源共享与执法联动，密切沟通联络，明确任务目标，落实政策措施，共同推动城市配送运输与车辆通行管理工作取得实效。省级各有关管理部门要加强对城市配送运输与车辆通行管理工作的业务指导与监督检查。城市各有关管理部门要根据本通知要求，在城市人民政府的统一领导下，结合各自实际，联合制定本地区城市配送运输与车辆通行管理办法或实施意见。

交通运输部

公安部

商务部

2014年1月20日

抄送：国家发展改革委、工业和信息化部、住房城乡建设部。

工业和信息化部关于推进物流信息化工作的指导意见

工信部信〔2013〕7号

各省、自治区、直辖市及计划单列市、副省级省会城市、新疆生产建设兵团工业和信息化主管部门：

为贯彻落实《国民经济和社会发展十二五规划纲要》、《国务院办公厅关于促进物流业健康发展政策措施的意见》（国办发〔2011〕38号）、《电子商务“十二五”发展规划》（工信部规〔2011〕556号）等，充分发挥信息化支撑和引领现代物流发展的重要作用，促进经济发展方式转变和产业结构优化升级，现提出以下意见。

一、深刻认识推进物流信息化工作的重要性和紧迫性

物流是贯穿经济发展和社会生活全局的重要活动。信息化正在全面渗透和融合到物流活动中，成为现代物流最重要的核心特征和时代特征。

推动物流信息化发展，对促进现代物流的科学发展和加快转变经济发展方式，具有重要意义。有利于加快物流运作和管理方式的转变，提高物流运作效率和产业链协同效率，促进供应链一体化进程；有利于解决物流领域信息沟通不畅、市场响应慢、专业水平低、规模效益差和成本高等问题，提高企业和产业国际竞争力；有利于实现资源的有效配置，提高节能减排水平、减轻资源和环境压力，促进绿色物流的发展；有利于支撑现代物流和电子商务等现代服务业的发展，促进产业结构的调整，加速新型工业化进程。

经过多年努力，我国物流信息化取得了重要进展，物流信息化应用范围不断扩大，应用水平不断提高，物流信息资源开发利用能力逐步增强，初步显现了一定的经济效益和社会效益，为进一步加快发展奠定了较好基础。工业物流信息化不断深化，供应链管理和协同水平逐步提升，智能化发展趋势日益明显；企业物流和物流企业的信息化应用蓬勃发展，物流信息化和电子商务集成发展成为新趋势；物流信息平台建设和运营模式不断创新，信息流对业务资源的调配能力不断提升；铁路、公路、水运、航空、邮政等重点行业基本实施了信息化管理，并在各自系统内部形成了有特色的信息服务体系；物流相关信息服务业和信息技术不断创新发展，应用范围不断扩大。

与此同时，我国物流信息化还存在着一些突出问题。一是重点物流行业的信息资源开发利用不足，信息采集和交换水平较低，不同运输方式、不同运输主体之间的信息交流不畅。二是物流企业和企业物流的信息化发展不平衡，尤其是大量小型企业物流信息化水平较低，难以满足专业化物流服务的需求。三是先进信息技术在物流行业的应用和推广水平较低，自主创新和产业支撑能力不强，物流设施设备的自动化、智能化程度和物品管理的信息化水平较低。四是物流信息标准制定和应用的整体水平亟待提高。

当前，经济全球化深入发展，新一轮信息技术变革正在兴起，国内工业化、信息化、城镇化、农业现代化日益深入发展，经济结构转型加快，为我国物流信息化发展带来了新的机遇和动力。各级工业和信息化主管部门要进一步提高认识、拓宽思路、务求实效，因地制宜地推进物流信息化发展。

二、指导思想和基本原则

（一）指导思想

坚持以邓小平理论、“三个代表”重要思想、科学发展观为指导，以国民经济和社会发展的重大需求为导向，以物流信息技术的有效应用为切入点，以物流信息资源的开发利用为主线，以体制机制创新为动力，以物流信息化标准体系和现代信息技术产业为支撑，以提高全社会的物流效率和效益为宗旨，发挥军民结合互促共建的积极作用，营造良好的政策环境，推动物流信息化普及与深化，促进现代物流健康发展。

（二）基本原则

——政府营造环境，市场配置资源。

发挥政府在物流信息化基础设施建设、技术创新应用、标准制定、规划投入和政策支持等方面的推动作用，提高行政监管和公共服务水平。以企业为主体，通过市场配置资源，形成物流信息化的持续发展能力。

——加强统筹规划，推进协同联动。统筹物流信息化协调发展，合理布局重大项目。强化跨部门、跨行业、跨地区的物流信息化协同工作机制。

——立足需求导向，注重应用实效。从需求出发，选准物流信息化工作的切入点，突出应用，急用先行，注重可操作性和实效性，避免盲目建设和铺张浪费。

——坚持以点带面，保证持续发展。面向物流信息化发展的全局，突出重点，突破难点，远近结合，开展试点示范，树立典型标杆，加快普及推广。总结经验教训，探索有效的推进模式，建立科学的评价体系，保障全面可持续发展。

——保障信息安全，提高开放效率。正确处理加快发展与保障安全、开放信息与保守秘密、开发利用与规范管理的关系，综合运用管理手段和技术手段，创建安全高效的物流信息资源开发利用环境。

三、发展目标

到“十二五”末期，初步建立起与国家现代物流体系相适应和协调发展的物流信息化体系，为信息化带动物流发展奠定基础。推进工作分两个阶段实施，第一阶段主要通过试点示范引导，初步探索建设物流信息化体系的有效途径；第二阶段在总结和推广前期经验的基础上，促进先进信息技术在物流领域广泛应用，使物流信息资源得到较为充分的开发利用，物流运作和管理水平得到明显提高，物流信息服务体系基本形成。

——电子政务系统中的物流信息资源开发利用水平得到显著提高，铁路、公路、水运、邮政、航空、海关、检验检疫、食品药品、烟草、安全监管、工商、税务、公安、商务等政府部门的物流信息服务和监管能力全面加强。

——铁路、公路、水运、航空和邮政等重点物流行业的电子单证得到广泛应用，基本实现物流信息协同，促进多种运输方式的联动。

——物流企业和企业物流的信息化水平显著提高，供应链管理水平大幅度提升，物流全程可视化服务能力明显提高，社会化服务能力显著增强。

——物流设施、设备的自动化、智能化和网络化水平大幅度提高，物品全生命周期管理得到较为普遍的应用。

——物流信息化标准体系基本形成，关键的基础性标准、重点行业应用标准和服务规范的制定和宣贯成效显著。

——涌现一批成功运营的物流信息平台，初步形成覆盖全国的物流信息联动网络；专业化物流信息服务业实现规模化发展。

——物流信息化军民互促共建成效显著，在应急物流等领域形成较为成熟的军民合作模式和典型示范。

——信息技术在物流活动中的创新应用水平和支撑保障能力明显提高。

——物流信息化的法律法规体系和安全体系基本健全。

四、主要任务

（一）提高全社会物流信息资源开发利用水平

推动相关政府部门、重点物流行业、

企业、军队等不断提高物流信息资源开发利用水平。运用行政机制、市场机制和公益机制，促进物流信息的科学采集、有效利用、深度开发、有序交换和安全管理。全面推进物流信息采集的标准化、电子化、自动化和智能化，确保信息及时、准确、完整。全面推进各主体加强物流信息资源的集成应用。推进相关联主体的物流信息资源开放互联，以价值链为依托，以标准为支撑，处理好安全与协同的关系，鼓励采取多种方式实现物流信息的互通交换，贯通信息链条，促进信息流、物流和资金流的联动和协同，提高物流的效率效益和服务水平。

（二）提高政府部门物流服务和监管的信息化水平

——推进铁路、公路、水运、邮政、航空、海关、检验检疫、食品药品、烟草、安全监管、工商、税务、公安、商务等部门电子政务系统中物流相关服务与监管职能的建设和完善。推动道路运输危险品监管平台和邮政业监管信息平台等公共信息平台建设，提高政府部门的物流服务和监管能力。开展危险化学品等重点领域物流的跨部门联动与监管信息化建设试点，有效实施流向跟踪、状态监控和来源追溯，规范危险品安全管理，提高对危险化学品等重点领域物流的联合监管能力。

——加快建设和完善全国统一的公路、航道、港口、营运车辆及船舶动态信息、运输业户、营业性驾驶员、船员、身份信息和危险化学品等基础数据库，按照公平、公正、公开的原则，规范信息资源的社会开放服务，提高社会化、市场化开发利用水平，促进诚信体系建设，为政府部门、企业和社会公众提供更好的决策支持和信息服务。

——促进系统间必要的互联互通。进一步完善电子口岸等跨部门物流监管和服务平台的建设，着力实现跨境、跨区域、跨行业、跨部门、跨企业的数据交换，提高协同服务和监管水平。

——提高政府部门应急信息处理和资源调度能力，促进重点生产、运输和流通行业与政府应急信息的互联互通，提高应急物流保障能力。

（三）提高物流行业和物流企业的信息化水平

——加快推动铁路、公路、水运、航空、邮政货运、管道运输等多种运输方式及仓储等企业物流信息系统、行业物流信息平台的建设。提升运输、仓储等基础设施及港口、机场、货运站场等交通枢纽的信息化水平，支撑物流基础设施的高效运行。

——推进跨行业物流信息的互联互通，支持跨行业综合物流信息平台发展，着力促进多式联运和国际物流发展。推进集装箱多式联运的可视化和智能化管理，促进铁路、公路、水运、航空等不同运输方式的连接，提高物品流动的定位、跟踪、过程控制等管理和服务水平。

——重点支持有实际需求、具备可持续发展前景的物流信息平台建设。推进全国各物流区域、节点城市、交通枢纽、物流园区和经济园区的物流信息平台建设，促进物流信息的跨区域开放、交换和有效利用。支持面向中小企业的社会化物流管理和信息服务平台发展。

——充分发挥核心物流企业对行业资源的整合能力，打通物流信息链，推进全程透明可视化管理，提高专业化物流服务水平。提升物品拣选、传送、识别和储存设备的自动化水平，提高各种交通运输工具和集装箱、托盘等集装单元化器具的智能化管理水平，优化供应链全程管理方式，缩短物流响应时间，提高物品可得率和资金周转率，降低平均库存水平和物流总成本，提高客户满意率和供应链的整体竞争能力。

（四）提高企业物流信息化和供应链管理水平

——在原材料、装备、消费品和电子等重点行业，选择若干有影响力的主制造商，利用信息化提升企业物流的作业和管理水平，提高企业物流的及时响应能力，促进精益生产和服务，并带动产业链上下游协同联动，提升供应链物流信息化发展水平，增强整个供应链的管理和运作能力。

——推动制造、商贸企业与物流企业信息互通、联动发展，增强企业专业化能力，提高物流社会化服务水平，提高生产、流通和物流企业的及时响应能力，提高产业链运作效率。

——推进煤炭、钢铁、粮食等行业电子商务与物流信息化集成健康发展，重点依托工农业商品集散市场，促进现代流通体系建设。开展网络零售与物流配送一体化服务建设试点，提高网络零售配送效率，改善消费者体验。

——推进自动识别、可视化等各类先进适用技术的应用，提升从研发设计、生产制造、采购供应、分销配送、售后服务、再制造直至报废回收的产品全生命周期管理水平。提升农产品、食品、药品等事关广大人民群众健康和安全的重点领域物流信息化水平，提高冷链物流信息管理和质量保证水平。

（五）加快物流信息化标准规范体系建设

——加快研究和制定物流信息技术、编码、安全、管理和服务标准。研究推广产品与服务分类代码、物流单元编码、托盘编码等物流信息分类编码标准，物流数据元、物流单证等物流信息基础标准，条码和射频识别（RFID）等物流信息采集标准，信息系统接口、信息交换规范等物流信息交换标准，物流业务流程等物流信息管理标准。

——研究推广条码、射频识别等技术在仓储、配送、集装箱和冷链等业务中的应用标准。推进汽车及零部件、食品、药品、纺织品、农资和农产品等重点行业物流信息化应用标准体系逐步完善。

——促进数据层、应用层和交换层等物流信息化标准的衔接，推动物流信息化标准体系建设。

——支持行业协会、重点龙头企业、物流信息服务企业、高等院校、科研机构参与物流信息标准的制定和宣贯工作。

（六）加快物流信息化军民结合体系建设

结合军事物流和民用物流的优势与特点，探索物流信息化军民共建互促机制。借鉴军事物流物品统一编码的成熟经验，促进整体物品编目体系建设和实施工作。提高物流信息共享水平，合理配置物流资源，探索军民结合的物流发展模式。推动联动机制建立，发挥军事物流的快速响应优势，提升社会应急物流的运行效率。通过共建互补，在物流信息采集、处理和利用以及物流监管领域有效提升技术和管理水平。

（七）推进物流相关信息服务业和信息技术创新与发展

——以应用带动技术创新和产业发展，通过政策和资金支持，带动信息服务企业、电子商务企业、电信运营企业、软硬件厂商和系统集成企业积极参与物流信息化建设。重点支持一批物流信息服务企业创业、创新和做大做强。支持以信息化带动供应链金融等服务创新。

——积极推进物联网、云计算等新技术在物流领域的应用。重点支持电子标识、自动识别、信息交换、智能交通、物流经营管理、移动信息服务、可视化服务和位置服务等先进适用技术的研发和应用。支持重点企业开展第三代移动通信（3G）、3S（GNSS、GIS、RS）、机器到机器（M2M）、RFID 等现代信息和通信技术在物流领域的创新与应用。大力支持 TD-SCDMA 等移动通信技术和北斗导航等全球导航技术在物流管理中的应用。支持利用软件即服务（SaaS）、平台即服务（PaaS）、云计算等技术，开展物流信息技术服务平台建设试点，提高物流信息化关键共性技术研发、推广和应用水平。在装备制造、食品、药品、危险化学品、烟草等具有高附加值或需重点监管的行业，开展物联网应用试点。支持智能交通系统（ITS）、物流基地综合管理系统、智能集装箱管理系统、物流信息管理系统（LMS）以及海关特殊监管区域信息化管理系统等的开发和应用。

——加强信息安全技术创新和应用，研究和实施物流信息安全管理办法，加强物流信息安全体系建设。

五、保障措施

（一）加强组织保障

在国家信息化领导小组的领导下，依托全国现代物流工作部际联席会议的协调机制，加强物流信息化推进工作的部门协同，研究协调物流信息化发展的有关重大问题和政策，落实和强化政府部门对物流信息化发展的宏观指导。在各司其职、各负其责的基础上，加强相关部门在政策规划制定、重大项目审理、标准规范制定等方面的协调配合，形成合力。各地要相应建立协调推进工作机制，充分发挥相关行业协会、龙头企业、相关信息企业、中介组织、高等院校和专家队伍等在推进物流信息化工作中的积极作用。

（二）建立健全相关政策法规

在贯彻落实现有政策的基础上，针对当前发展中出现的新情况和新问题，进一步研究制定促进物流信息化发展的有关政策。着力研究影响物流信息化发展的税收、收费、投融资、信用和监管等方面的政策问题。加强对物流信息化法律法规的研究，贯彻落实相关法律法规，为物流信息化发展创造良好的法制环境。

（三）加大资金投入力度

加强对物流信息化的投入，重点支持物流信息化应用试点示范、物流公共信息服务、标准规范制定与应用、关键共性技术开发、重大装备研制、重大政策研究、基础理论研究等工作，支持政务系统中物流信息资源的公益性开发利用，支持面向中小企业的物流信息化建设。倡导地方政府设立专项资金。注重发挥政策性金融机构的作用。鼓励和引导社会资金投入，支持以市场主导方式开展物流信息化建设工作，探索有利于物流信息化发展的长效投融资机制。

（四）加强物流信息化水平评价工作

依托科研机构、行业协会和中介组织，加强研究物流信息化水平评价指标体系，开展科学有效的持续性评价工作。建立和完善物流信息化评价机制，由点到面逐步扩大评价数据采集范围，逐步形成政府指导、企业自我评价和社会中介评价相结合的互动机制，增强物流信息化发展的内在动力，提升物流信息化发展水平。研究探索物流信息化发展指数。研究编制物流信息化发展年度报告。

（五）加强国际合作

鼓励企业加强国际交流与合作，借鉴国外物流信息化先进经验和管理办法，通过物流信息化提升国际竞争力。鼓励企业及相关机构积极参与物流信息化国际标准的制修订工作。加强国际物流的公共信息服务和信息安全管理，营造安全高效的国际物流发展环境。跟踪研究国际物流信息化发展动态，促进我国物流信息化整体水平的提高。

（六）加大宣传与人才培养力度

加大物流信息化宣传力度，提高全社会对物流信息化的认识水平和参与意识。加强物流信息化的理论研究和学术交流，发展多层次教育体系和继续教育体系，加强与国外物流信息化教育与培训机构的合作，采取多种形式，加快培养既懂物流业务、又懂信息化的融合型人才。落实和完善人才使用、交流、奖励等政策，健全人才培养机制，创造良好的人才队伍建设环境。

工业和信息化部

2013 年 1 月 7 日

交通运输部办公厅关于印发交通运输物流公共信息平台标准化建设方案（2013–2015 年）的通知

各省、自治区、直辖市、新疆生产建设兵团及计划单列市交通运输厅（局、委），天津市、上海市交通运输和港口管理局，部属有关单位，部内有关单位，有关交通运输企业，浙江国家交通物流公共信息平台管理中心：

按照《交通运输部关于交通运输推进物流业健康发展的指导意见》（交规划发[2013]349 号）的部署，为推动交通运输物流公共信息平台的标准化建设工作，加快推进物流信息采集、交换、服务标准的研究和制修订，提升交通运输物流公共信息平台标准化水平，促进跨部门、跨区域、跨行业物流信息的共享交换，提升行业物流公共信息平台建设效益，部编制了《交通运输物流公共信息平台标准化建设方案（2013–2015 年）》，现印发给你们，请认真贯彻实施。

如有意见和建议，可及时向部反馈。

联系人：交通运输部科技司 高翔

联系电话：（010）65292819

电子邮箱：gaoxiang@mot.gov.cn

交通运输部办公厅

2013 年 11 月 8 日

交通运输物流公共信息平台标准化建设方案（2013-2015 年）

一、前言

标准化是交通运输物流公共信息平台（以下简称“平台”）基础支撑，是实现跨区域、跨部门物流信息交换、保障各类应用系统互联以及提供高质量物流信息服务的关键所在。在交通运输部发布的《交通运输物流标准体系》和《交通运输信息化标准体系》均提出了平台标准的制修订任务。为进一步加快平台标准化建设步伐，按照《交通运输部关于交通运输推进物流业健康发展的指导意见》的要求，部组织编制了《交通运输物流公共信息平台标准化建设方案》，明确了平台标准化建设的基本原则、建设目标、主要任务、组织机构、工作机制和工作计划，用以指导 2013-2015 年平台标准化建设的有关工作。

二、基本原则

（一）统筹规划，有序推进

在统一的标准体系框架下，充分利用国家、行业、地方以及企业开展的物流信息标准化工作基础，科学合理地确定标准制修订计划，有步骤、有目的地推进平台标准化工作。

（二）加强组织，广泛参与

建立交通运输主管部门、物流服务需求方和提供方、物流信息技术服务商、物流信息平台运营商、科研单位以及有关标准化技术委员会之间协调配合、合作联动的工作机制，加强政府引导，鼓励多方参与，积极发挥市场和社会力量，共同推动平台标准化建设。

（三）需求导向，持续深化

以统一的基础数据交换标准为核心，立足跨部门、跨区域信息交换及应用系统互联需求，以各参与方业务和服务需求为导向，通过标准的试点应用效果反馈，深化标准研究和制订，不断补充与完善平台标准体系。

三、建设目标

构建科学合理、全面系统、层次清晰、分工明确的平台标准体系、标准维护与管理体系及标准测试体系，为实现高效、安全、可靠的跨部门、跨区域物流信息交换和应用系统互联提供统一规范和指导，有力支撑和保障平台的建设、开发、应用和运维。具体包括：

——发布《交通运输物流公共信息平台标准体系表》，为平台建设提供标准应用索引；

——制订一批平台基础标准、平台互联与交换标准、服务与应用规范；

——制定《交通运输物流公共信息平台标准维护与管理规范》，建成平台标准升级维护与管理系统；

——制定《交通运输物流公共信息平台标准符合性测试规范》，建成平台标准符合性测试系统；

——建立平台标准化工作机制，标准制修订能力加强，标准应用水平提高。

四、主要任务

（一）编制和完善平台标准体系表

平台标准体系表是为实现平台基础数

据交换和公共信息服务功能，各方应统一遵循的技术标准和工程技术规范的集合。

标准体系表包含国家和行业现有已发布的物流信息化标准以及计划研究和制修订的有关标准和规范，对整个平台的建设、开发、运行和维护起到重要的指导和规范作用。

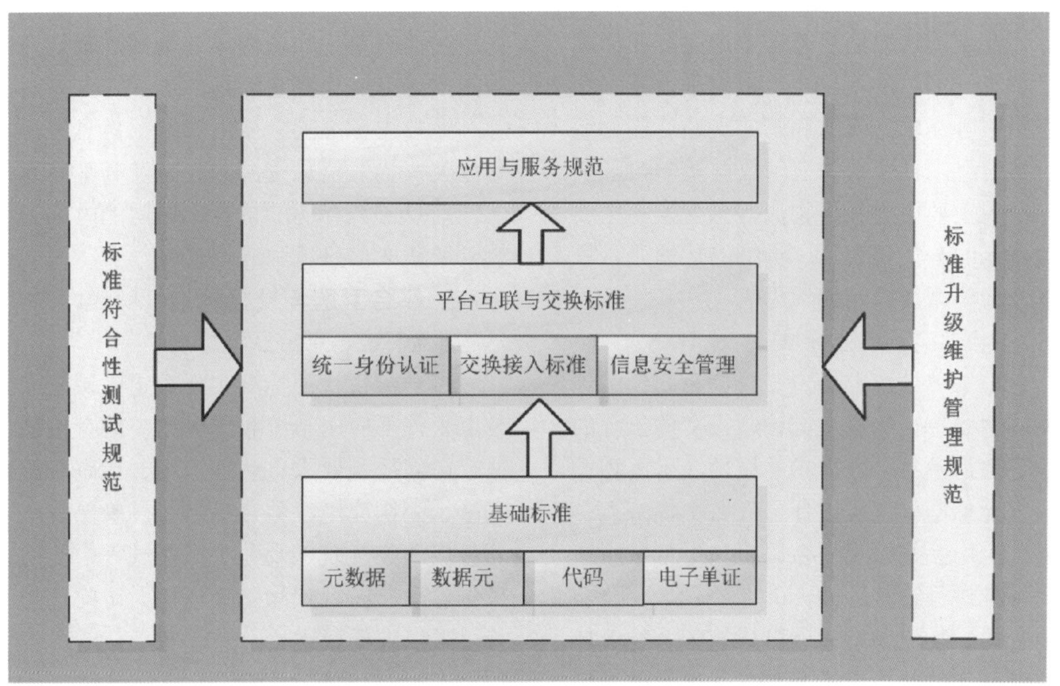

图 2.2-1 交通运输物流公共信息平台标准体系表逻辑框架图

平台标准体系表（如图 2.2-1）由以下几个部分组成：

1. 基础标准

是平台互联与交换标准和应用与服务规范的基础，主要包括：元数据、数据元、代码集和电子单证标准。

2. 平台互联与交换标准

是数据交换和应用平台各项服务的前提条件，为各省市的区域交换节点、外部应用系统以及平台用户接入平台提供统一接口技术规范，主要包括：统一身份认证标准、交换接入标准和安全管理标准。

3. 应用与服务规范

是区域交换节点与平台互联、外部应用系统以及平台用户在接入平台后使用各项功能、调用各类服务功能必须遵循的标准规范。

4. 标准升级维护管理规范

是平台标准的制修订和维护管理的流程和规则，规范平台用户、外部应用系统和区域交换节点等各方标准制修订需求管理，不断升级、维护与完善平台标准。

5. 标准符合性测试规范

是测试区域交换节点、各类应用系统和软件是否符合平台互联和接入标准的技术规程，可以根据该规范开发相应测试工具，开展标准符合性测试工作，帮助测试对象查找标准应用问题并加以改善，以利于顺利互联和接入。

（二）研究和制修订平台关键标准规范

1. 物流信息交换基础标准

（1）数据元（含代码集）

在交通运输信息基础数据元行业标准（JT/T 697）的基础上，根据平台互联和应用服务需求，研究和制定交通运输物流公共信息平台涉及的应用数据元（含代码）标准。主要内容包括物流信息交换中主要数据元的分类和表示、详细的数据元目录以及代码型数据元的代码值。

（2）电子单证标准

电子单证标准规定平台信息交换中涉及的主要单证的报文结构，报文体包含的业务数据及每个数据项的属性（引用相关数据元标准），可以保证区域交换节点、外部应用系统以及平台用户与平台按照统一标准进行物流运输、仓储、货代、船代、船公司、物流场站（园区）等各个物流环节和节点的数据交换和共享。电子单证标准主要包括：

——道路运输电子单证标准：规定普通运输托运单、普通运输派车单、危险品运输路单等电子单证的报文属性和报文结构；

——物流场站（园区）电子单证标准：规定车辆IC卡/电子标签信息、车辆进出信息、信用评价信息和货物流量流向统计信息等的报文属性和报文结构；

——仓储电子单证标准：规定入库通知单、入库明细单、出库通知单、出库明细单等的报文属性和报文结构；

——货代电子单证标准：规定托运单、订舱确认单等的报文属性和报文结构。

（3）元数据标准

交通运输物流公共信息平台在面对与区域交换节点互联和服务功能调用中，为了整合信息资源并提供有效检索和处理，需要对信息资源和服务功能进行管理，因而必须有相应的元数据标准对各种形态的数字化信息单元和资源集合提供规范、普遍的描述方法和检索工具。

元数据标准的主要内容包括信息资源的分类、描述信息资源的元素及其基本属性、信息资源存储的位置、访问的时间记录以及获取信息资源的方式等。

2. 平台互联与交换标准

（1）统一身份认证标准

统一身份认证标准主要规定区域交换节点、外部应用系统和平台用户的身份认证或访问控制要求、认证流程、代码分配方法、密钥应用、数字签名等，确保安全高效接入和互联以及业务操作过程中的防身份篡改、防抵赖和防止任何人访问超越其权限以外的数据。

（2）交换接入标准

针对两种平台信息交换方式，重点研究制定数据交换接口标准和服务功能调用接口标准：

——数据交换接口标准：数据交换是通过数据交换中心来实现平台与区域交换节点之间、外部应用系统和平台用户与平台之间电子单证或数据包的传输。数据交换接口标准描述分布式或异构应用系统通过数据交换中心进行信息交换的接口技术标准，包括数据交换的类别、数据类型定义、数据包格式等。

——服务功能调用接口标准：服务功能调用是在分布式的开放环境中，通过信息服务的索引与指向（参照元数据标准），建立服务提供方与服务需求方之间的联接，为服务需求方提供可用的服务资源信息。服务功能调用接口标准规范了服务功能调用过程、服务功能调用组件的基本形式、分类以及服务功能调用的实现。

（3）信息安全管理规范

根据平台信息安全管理的需要，为保护平台上的各种业务数据的隐私，保证数据的可用性、完整性和保密性，同时防止系统瘫痪、漏洞攻击等信息安全隐患，保障平台参与方的利益不受损害，按照国家及行业信息安全管理要求，参照国家及行业信息安全相关标准，编制平台信息安全管理规范，包括系统安全、数据安全、用户隐私等。

3. 应用与服务规范

应用与服务规范是在统一的平台互联与交换规范的基础上，针对数据交换和服务功能调用两种不同技术实现方式，面向具体应用层面，研究和制定相应标准规范，主要包括车货跟踪、集装箱跟踪、船舶跟踪、信用、物流资源、行业监管等应用服务。

（三）标准升级维护与管理

根据标准升级维护与管理的需要，开发和建设标准升级维护管理系统，实现平台标准的审核、发布、管理和维护过程的信息化和规范化，提高标准管理工作效率，同时提供平台标准浏览、查询、下载等功能；编制相应规范，包括标准升级维护流程、管理规定和要求、升级维护管理系统的使用指南等。

（四）标准符合性测试

平台具有开放性、公平性、公共性的特点，为保障各类区域交换节点、各类应用系统顺利与平台互联，需要对接入的平台、应用系统和软件进行符合性测试，检验其是否符合交通运输物流公共信息平台标准规范的要求，并为用户提供具体改进意见和措施，实现按照统一标准进行数据交换与服务功能调用。

标准符合性测试规范主要规定需接入交通运输物流公共信息平台的软件产品和信息系统应满足的标准符合度指标，同时还规定了符合性测试方法、测试流程、测试内容、测试用例、测试结果判定准则等。同时开发标准符合性测试系统，为检测、分析接入平台的软件产品和各类应用系统是否符合平台标准所规定的内容和相符合的程度，从而为用户的改进提出解决方案。

（五）标准宣贯培训和推广应用

1. 加强标准宣贯培训

制定平台标准培训计划，结合不同类型平台参与方的实际业务应用需求，通过宣贯会、培训会等形式，有计划、有步骤的开展平台标准体系表、具体标准及相关标准知识的宣贯和培训，使平台参与方及时了解、熟悉、掌握平台标准，提高参与平台建设开发和运维的相关业务、技术和管理人员应用标准的水平，充分发挥平台标准的规范和指导作用。

2. 开展标准试点应用与推广

结合平台标准研究与制订进度和成果发布情况，平台标准工作组统筹规划和组织协调，开展标准试点应用工作，验证平台标准在平台互联和数据交换中的可操作性、实用性，发现标准在实际应用中存在的问题，以利于修订和完善标准，保障标准在平台应用中发挥有效作用，促进对标准成果和试点应用经验的宣传与推广，实现技术研发、实际应用与标准研制的有机互动。

五、组织机构与工作机制

平台标准化建设以政产学研互动、共同参与的方式，组建交通运输物流公共信息平台标准工作组（见图 2.2-2），负责平台标准化的统筹规划、组织管理、联系协调，审定年度工作计划和标准申报立项项目，组织开展相关标准的宣贯培训和推广应用。

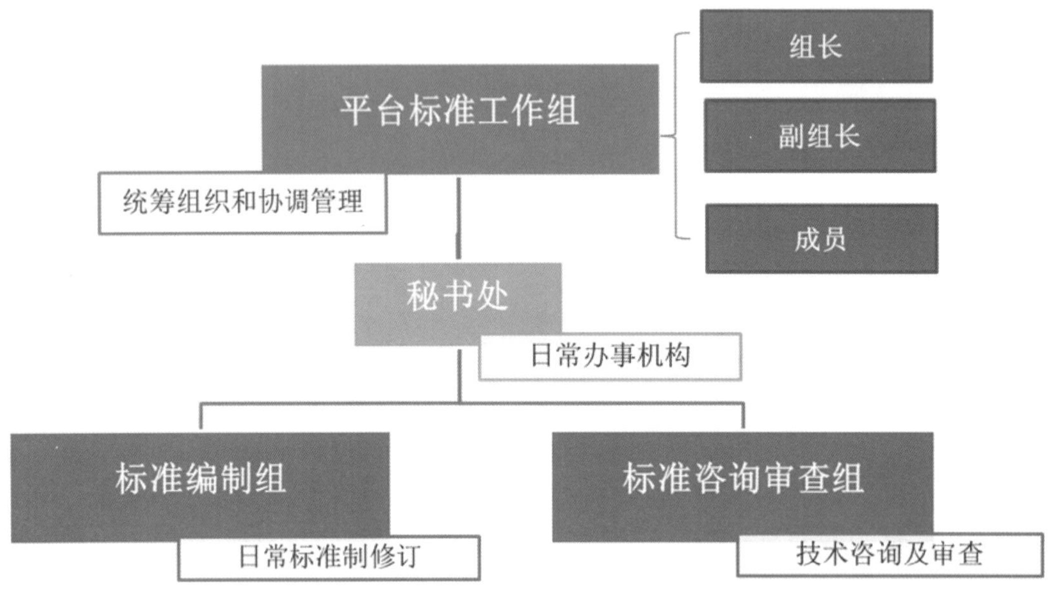

图 2.2-2 平台标准工作组组织架构图

平台标准工作组由交通运输部标准化管理部门、各省市交通运输主管部门、科研院所、大专院校、物流企业、软件开发商和相关标准化技术委员会等推荐的管理人员和技术专家组成（见附件 2）。

工作组成员应积极承担或参与标准的制修订及宣贯工作；根据业务需求，提出平台相关标准制修订建议；积极参与标准制定过程中的征求意见和技术咨询，及时反馈所在单位对标准征求意见稿的意见。

平台标准工作组设立秘书处负责日常办事工作，主要负责组织提出平台标准制修订年度工作计划和工作方案；组织平台标准体系表及具体标准的研究和制修订、内部审查和征求意见；负责相关标准的宣贯培训。

平台标准工作组秘书处设在浙江国家交通物流公共信息平台管理中心，并承担相应管理工作。根据工作需要，秘书处可组织成立相应标准的编制组和内部咨询审查组。

六、工作计划

2013—2015 年交通运输物流公共信息平台标准化工作计划及时间安排如表 2.2-1 所示：

表 2.2-1 平台标准化工作计划表

时间	序号	工作计划
2013 年 12 月底	1	召开平台标准工作组成立大会暨平台标准体系研讨会，讨论工作组章程、标准体系表
	2	完成数据元、道路运输等电子单证行业标准的征求意见、送审及报批
	3	组织行业标准及平台相关标准的宣贯培训
	4	初步建立标准升级维护体系，研究和制定平台标准升级维护和管理规范，开发相关系统
	5	研究和制定相关标准符合性测试规范
	6	组织研究和制定仓储、货代电子单证基础标准
	7	发布平台标准体系表
2014 年 6 月底	1	研究和编制平台信用应用服务规范，组织行业标准立项申报
	2	组织研究和制定车货跟踪、车辆卡、统一身份认证等平台标准
	3	研究标准升级维护与管理规范，完善平台标准升级维护与管理系统
	4	发布数据元、道路运输等电子单证行业标准
2014 年 12 月底	1	组织研究和编制元数据基础标准和船舶跟踪、集装箱跟踪等应用服务规范
	2	召开平台标准工作组全体会议，通报平台标准研究与制定情况，安排和部署后续的标准化工作。
	3	组织平台信用应用服务行业标准的征求意见、送审及报批
	4	完善平台标准符合性测试规范，建成平台标准符合性测试系统
	5	组织行业标准、平台相关标准及标准升级维护与管理系统的培训
2015 年 6 月底	1	组织研究和编制平台数据交换接口、服务功能调用接口标准
	2	组织研究和编制平台信息安全管理规范以及物流资源、行业监管等应用服务规范
	3	发布信用行业标准及一批平台标准
2015 年 12 月底	1	召开平台标准工作组全体会议，通报平台标准研究与制定情况，安排和部署后续的标准化工作
	2	发布平台数据交换接口、服务功能调用接口等平台标准规范
	3	组织行业标准及平台相关标准培训

附件 1

交通运输物流公共信息平台标准规范制修订任务清单

根据交通运输物流公共信息平台的接入互联、数据交换和应用服务需求，提出以下 20 项标准规范制修订任务计划，其中 4 项为行业标准，其他为平台标准或规范，见表 1。

表 2.2-2 平台标准制修订任务清单表

层次	序号	标准规范名称	标准类别	备注
基础标准	1	物流信息交换基础标准 数据元（含代码集）	行业标准	已立项
	2	物流信息交换基础标准 道路运输电子单证	行业标准	已立项
	3	物流信息交换基础标准 物流场站（园区）电子单证	行业标准	已立项
	4	物流信息交换基础标准 仓储电子单证	平台标准	
	5	物流信息交换基础标准 货代电子单证	平台标准	
	6	交通运输物流公共信息平台 信息资源元数据	平台标准	
平台互联与交换标准	7	交通运输物流公共信息平台数据交换接口通用技术要求	平台标准	
	8	交通运输物流公共信息平台服务功能调用接口技术要求	平台标准	
	9	交通运输物流公共信息平台 统一身份认证	平台标准	
	10	交通运输物流公共信息平台 安全管理规范	平台标准	
应用与服务规范	11	交通运输物流公共信息平台 车辆卡应用服务	平台标准	
	12	交通运输物流公共信息平台 车货跟踪应用服务	平台标准	
	13	交通运输物流公共信息平台 船舶跟踪应用服务	平台标准	
	14	交通运输物流公共信息平台 集装箱跟踪应用服务	平台标准	
	15	交通运输物流公共信息平台 信用应用服务	行业标准	
	16	交通运输物流公共信息平台 物流资源应用服务	平台标准	
	17	交通运输物流公共信息平台 行业监管应用服务	平台标准	
	18	交通运输物流公共信息平台 综合信息应用服务	平台标准	
标准升级维护与管理	19	交通运输物流公共信息平台标准升级维护与管理规范	平台规范	
标准符合性测试	20	交通运输物流公共信息平台标准符合性测试规范	平台规范	

注 1：本表可以根据平台建设实际进展、平台标准工作组研究工作实际情况进行调整和更新。

注 2：根据《关于交通运输物流公共信息共享平台试点工程可行性研究报告的批复》（交规划发［2011］669 号），部已在工程建设中安排资金用于专项支持平台标准研究和制修订工作，同时浙江国家交通物流公共信息平台管理中心配套若干资金用于支持平台标准化其他相关工作。

附件 2

表 2.2-3 交通运输物流公共信息平台标准工作组成员名单

序号	单位	参加人员	职务 / 职称	分工
1	交通运输部科技司	洪晓枫	副司长	组长
2	交通运输部公路科学研究院	易振国	副院长	常务副组长
3	浙江省道路运输管理局	赵　雁	局长	副组长
4	福建省交通运输厅	许　莹	副厅长	副组长
5	交通运输部公路科学研究院、浙江国家交通物流公共信息平台管理中心	顾敬岩	物流中心主任、平台管理中心副主任	秘书长
6	浙江国家交通物流公共信息平台管理中心	戴建锋	副主任	常务副秘书长
7	交通运输部公路科学研究院	唐　辉	院副总工程师	副秘书长
8	公安部科技信息化局	马晓东	副局长	成员
9	海关总署全国海关信息中心	杨　嵘	副主任	成员
10	国家质检总局信息中心	孙玉友	副主任	成员
11	铁道部经济规划研究院	洪　雁	处长	成员
12	中国物流与采购联合会	戴定一	副会长	成员
13	国家信息化专家咨询委员会	宁家骏	委员	成员
14	福建省交通运输厅	邱　淮	科技处处长 / 信息中心主任	成员
15	广东省交通运输厅	林本炎	科技处副处长	成员
16	广东省交通运输厅	李　静	科技处主任科员	成员
17	重庆市交通委员会科技处	郭良久	副处长	成员
18	河南省交通运输厅道路运输管理局科技处	杨　静	副处长	成员
19	江苏省交通运输厅	陶绪林	副调研员	成员
20	江苏省交通运输厅	陆　毅	副调研员	成员
21	云南省交通运输厅	刘　帅	运输管理处副主任科员	成员
22	云南省交通运输厅信息中心	马晓军	副主任	成员
23	甘肃省道路运输管理局	寇学聪	副局长	成员
24	甘肃省道路运输管理局	周建平	科技信息处副处长	成员
25	湖北省交通运输厅信息中心	郑茂林	副科长	成员
26	湖北省交通运输厅运管物流局	周　丹	物流产业处副主任科员	成员

序号	单位	参加人员	职务 / 职称	分工
27	山东省交通运输厅信息中心	刘耀文	研究员	成员
28	黑龙江省道路运输管理局	张静源	货运科科长	成员
29	黑龙江省道路运输管理局	胡大明	微机办主任	成员
30	内蒙古交通运输管理局	邢占文	主任	成员
31	内蒙古交通运输管理局	闫　旺	副主任	成员
32	上海市交通运输和港口管理局	汤水易	主任科员	成员
33	广西道路运输管理局	李铭辉	货运与物科副科长	成员
34	广西道路运输管理局	李道飞	科技信息科副科长	成员
35	海南省交通运输厅信息中心	马　宁	工程师	成员
36	海南省道路运输局	何　晖	信息技术科科长	成员
37	山东省交通物流公共信息平台运营中心	王　涛	高工	成员
38	宁夏交通信息监控中心	刘建波	工程师	成员
39	宁夏交通信息监控中心	郭　蓉	工程师	成员
40	湖南省联合运输办公室	欧阳建喜	高级经济师	成员
41	湖南省联合运输办公室	郁培昌	高级工程师	成员
42	交通运输部规划研究院	徐志远	副所长	成员
43	交通运输部规划研究院	韩　悦	主任	成员
44	交通运输部水运科学研究院	倪　鹏	物流中心副主任	成员
45	交通运输部科学研究院	田春青	高级工程师	成员
46	中国交通通信信息中心	李　晶	导航部主任	成员
47	中交水运规划设计院有限公司	唐　菁	高工	成员
48	中交水运规划设计院有限公司	张　庆	所长	成员
49	全国道路运输标准化技术委员会	蔡凤田	秘书长	成员
50	全国道路运输标准化技术委员会	张学利	研究员	成员
51	交通通信与导航标准化技术委员会	田士海	副所长	成员
52	全国智能交通系统标准化技术委员会	孙渝平	教授级高工	成员
53	上海市交通港航发展研究中心	华建春	教授级高工	成员
54	同济大学	田　宁	副教授	成员
55	上海海事大学	杨　斌	副教授	成员
56	北京交通大学	纪寿文	教授	成员

序号	单位	参加人员	职务／职称	分工
57	北京交通大学	刘志硕	副教授	成员
58	浙江大学	王新宇	副教授	成员
59	大连海事大学	李向文	副教授	成员
60	宁波航运交易所	吴峥峰	工程师	成员
61	上海航运交易所	傅 伟	经理	成员
62	上海航运交易所	张志宏	科长	成员
63	上海亿通国际股份有限公司	程永丽	经理	成员
64	江苏运联信息股份公司	王 平	总经理	成员
65	北京尊冠科技有限公司	边红丽	总工程师	成员
66	浙江省标准化研究院	施进	高工	成员
67	宁波市标准化研究院	吴建港	工程师	成员

国家发展改革委等十二部门关于印发全国物流园区发展规划的通知

发改经贸〔2013〕1949号

各省、自治区、直辖市发展改革委、国土资源主管部门、住房城乡建设厅（委）、交通运输厅（局、委）、商务主管部门、科技厅（委、局）、工业和信息化主管部门、铁路主管部门、民航地区管理局、邮政管理局、质量监督局，海关总署广东分署，天津、上海特派办，各直属海关：

根据《中华人民共和国国民经济和社会发展第十二个五年规划纲要》和《国务院办公厅关于印发促进物流业健康发展政策措施的意见》（国办发〔2011〕38号），国家发展改革委会同有关部门组织编制了《全国物流园区发展规划》（以下简称《规划》）。现将《规划》印发给你们，请结合本地区实际，切实加强对《规划》实施的组织工作，制定并完善政策措施，促进我国物流园区健康有序发展。

附件：全国物流园区发展规划

国家发展改革委、国土资源部、住房城乡建设部、交通运输部、商务部、
海关总署、科技部、工业和信息化部、铁路局、民航局、邮政局、国家标准委

2013年9月30日

全国物流园区发展规划

物流园区是物流业规模化和集约化发展的客观要求和必然产物，是为了实现物流运作的共同化，按照城市空间合理布局的要求，集中建设并由统一主体管理，为众多企业提供物流基础设施和公共服务的物流产业集聚区。物流园区作为重要的物流基础设施，具有功能集成、设施共享、用地节约的优势，促进物流园区健康有序发展，对于提高社会物流服务效率、促进产业结构调整、转变经济发展方式、提高国民经济竞争力具有重要意义。

根据《中华人民共和国国民经济和社会发展第十二个五年规划纲要》、《国务院办公厅关于印发促进物流业健康发展政策措施的意见》（国办发 [2011]38 号），为促进我国物流园区健康有序发展，特制定本规划。规划期为 2013 ～ 2020 年。

一、发展形势

（一）现实基础。“十一五”期间，国家高度重视物流业发展，实施《物流业调整和振兴规划》，综合交通运输体系逐步完善，规模化物流需求快速增长，物流业区域布局进一步优化，为物流园区的健康发展奠定了基础。

1. 物流园区总量较快增长。“十一五”时期，我国物流规模不断扩大，社会物流总额和物流业增加值年均分别增长 21% 和 16.7%，物流业增加值占国内生产总值的比重由 2005 年的 6.6% 提高到 2010 年的 6.9%。为适应物流业快速发展趋势，各级地方政府积极推进物流园区规划和建设，全国物流园区数量稳步增长，物流业呈现集聚发展态势。据中国物流与采购联合会第三次全国物流园区调查，2012 年全国共有各类物流园区 754 个，其中已经运营的 348 个，在建和规划中的分别为 241 个和 165 个。

2. 物流园区类型不断丰富。各地因地制宜建设发展了不同类型的物流园区。在交通枢纽城市，具备多式联运条件、提供大宗货物转运的货运枢纽型物流园区不断涌现；面向大城市商圈和批发市场，提供仓储配送功能的商贸服务型物流园区蓬勃发展；毗邻工业园区，提供供应链一体化服务的生产服务型物流园区配套而建；在口岸城市，提供转运、保税等功能的口岸服务型物流园区快速发展；特大城市周边，出现了不少融合上述功能的综合服务型物流园区。总体上看，全国初步形成了定位准确、类型齐全的物流园区体系。

3. 物流园区功能日趋完善。园区基础设施建设不断加快，集疏运通道逐步完善，仓储、转运设施水平显著提高；信息平台建设稳步推进，园区信息化和智能化水平明显提升。园区通过不断完善各项功能，打造形成坚实的硬件基础和高效的软件平台，为园区入驻企业提供完善的公共服务，使物流企业能够专注从事物流业务，进一步提高物流效率和服务水平。

4. 物流园区集聚效应初步显现。园区利用设施优势集聚物流企业，减少了货物无效转运，优化了装卸和处理流程，提高了物流效率；利用信息平台匹配物流供需信息，提高了货物运输组织化程度，降低了车辆空驶率；通过整合分散的仓储物流设施，节约了土地资源，优化了城市空间布局；通过为园区周边生产制造、商贸等企业提供一体化物流服务，促进了区域经济转型升级。

（二）存在问题。从总体来看，我国

物流业发展水平还比较低，物流园区在规划、建设、运营、管理以及政策方面还存在一些问题。一是建设发展有待规范。由于缺乏统一规划和管理，一些地方脱离实际需求，盲目建设物流园区，片面追求占地面积和投资规模。另一方面，由于缺乏对物流园区内涵的认识，一些市场和物流企业也冠以物流园区的名称。二是设施能力有待提高。从已建成的园区看，多数物流园区水、电、路、网络、通信等基础设施建设滞后，集疏运通道不畅，路网配套能力较差，普遍缺少铁路和多式联运中转设施。另外，在一些重要物流节点，仍然缺少设施齐全、服务能力较强的物流园区。三是服务功能有待提升。多数物流园区虽然具备了运输、装卸、仓储配送和信息服务等功能，但与物流发展的市场需求相比，仍然存在着专业化程度不高、设施装备配套性差、综合服务能力不强、信息联通不畅等问题，多式联运和甩挂作业、冷链物流服务、信息管理、流程优化、一站式服务等功能亟待完善和提高。四是经营管理体制有待健全。有的物流园区缺乏政府的协调和推动，面临规划、用地、拆迁、建设等方面的困难；有的物流园区缺乏市场化的运作机制和盈利模式，园区服务和可持续发展能力不足。五是政策扶持体系有待完善。由于缺少针对物流园区发展的优惠政策和建设标准，物流园区普遍存在“落地难”、“用地贵”和基础设施投资不足的问题。

（三）发展要求。今后几年，是我国物流业发展的重要时期。科学规划、合理布局物流园区，充分发挥物流园区的集聚优势和基础平台作用，构建与区域经济、产业体系和居民消费水平相适应的物流服务体系，是促进物流业发展方式转变、带动其他产业结构调整以及建设资源节约型和环境友好型社会的必然选择。

1. 科学规划物流园区是提高物流服务效率的客观要求。加快转变经济发展方式给我国物流业发展提出了新的更高的要求，物流园区作为连接多种运输方式、集聚多种服务功能的基础设施和公共服务平台，已经成为提升物流运行质量与效率的关键环节。科学规划物流园区有利于发挥物流设施的集聚效应，在满足规模化物流需求的同时，提升物流效率，降低物流成本；有利于促进多式联运发展，发挥我国综合交通运输体系的整体效能；有利于促进社会物流的有效组织和

有序管理，优化布局和运作模式，更好地适应产业结构调整的需要，为其他产业优化升级提供必要支撑。

2. 科学规划物流园区是节约集约利用土地资源的迫切需要。科学规划一批具有较强公共服务能力的物流园区，一方面可以适度整合分散于各类运输场站、仓房、专用线、码头等物流设施及装卸、搬运等配套设施的用地，增加单位物流用地的物流承载量，提高土地利用率；另一方面能够有效促进专业化、社会化物流企业承接制造业和商贸业分离外包的物流需求，减少原有分散在各类企业内部的仓储设施用地。科学规划物流园区，已经成为当前促进物流业节约集约利用土地资源的重要途径。

3. 科学规划物流园区是推进节能减排和改善环境的重要举措。面对日趋严峻的资源和环境约束，物流业亟需加快节能减排步伐，增强可持续发展能力。科学规划物流园区，有利于优化仓储、配送、转

运等物流设施的空间布局，促进物流资源优势互补、共享共用，减少设施闲置，降低能耗；有利于提升物流服务的组织化水平，优化运输线路，降低车辆空驶率，缓解交通干线的通行压力和城市交通拥堵，减少排放，改善环境。

二、指导思想、基本原则和发展目标

（一）指导思想

以邓小平理论、“三个代表”重要思想和科学发展观为

指导，按照加快转变经济发展方式、促进产业结构调整的要求，以市场需求为导向，以促进物流要素聚集、提升物流运行效率和服务水平、节约集约利用土地资源为目标，以物流基础设施的整合和建设为重点，加强统筹规划和管理，加大规范和扶持力度，优化空间布局，完善经营管理体制和服务功能，促进我国物流园区健康有序发展，为经济社会发展提供物流服务保障。

（二）基本原则

——科学规划，合理布局。根据国家重点产业布局和区域发展战略，立足经济发展水平和实际物流需求，依托区位交通优势，符合城市总体规划和土地利用总体规划，注重与行业规划相衔接，科学规划、合理布局物流园区，避免盲目投资和重复建设。

——整合资源，集约发展。优先整合利用现有物流设施资源，充分发挥存量物流设施的功能。按照规模适度、用地节约的原则，制定物流园区规划、建设标准，合理确定物流园区规模，促进物流园区集约发展，吸引企业向园区集聚。

——完善功能，提升服务。促进物流园区设施建设配套衔接，完善物流园区的基本服务功能。注重运用现代物流和供应链管理理念，创新运营管理机制，拓展增值服务，提升物流园区的运作和服务水平。

——市场运作，政府监管。充分发挥市场机制的作用，

坚持投资主体多元化、经营管理企业化、运作方式市场化。积极发挥政府的规划、协调作用，规范物流园区建设管理制度，制定和完善支持物流园区发展的各项政策，推动物流园区有序建设、健康发展。

（三）发展目标

到2015年，基本建立物流园区建设及管理的有关制度，物流园区发展步入健康有序的轨道，全国物流园区规划布局得到优化，物流园区设施条件不断改善，服务能力明显增强，初步建成一批布局合理、运营规范、具有一定经济社会效益的示范园区。

到2020年，物流园区的集约化水平大幅提升，设施能力显著增强，多式联运得到广泛应用，管理水平和运营效率明显提高，资源集聚和辐射带动作用进一步增强，基本形成布局合理、规模适度、功能齐全、绿色高效的全国物流园区网络体系，对推动经济结构调整和转变经济发展方式发挥更加重要的作用。

三、物流园区总体布局

物流园区是提供物流综合服务的重要节点，也是重要的城市基础设施。全国物流园区总体布局的基本思路是：根据物流需求规模和区域发展战略等因素，确定物流园区布局城市；按照城乡规划、综合交通体系规划和产业发展规划等，合理确定城市物流园区建设数量、规划布局和用地规模；研究制定物流园区详细规划，因地制宜、合理确定物流园区的发展定位、功

能布局、建设分期、配套要求等。

（一）物流园区布局城市

确定物流园区布局城市，主要依据以下条件：一是物流需求规模，主要参考城市的国内生产总值、货运总量、工业总产值、社会消费品零售总额和进出口总额等经济指标的预测值。二是与物流业发展总体规划以及铁路、公路、水运、民航等相关交通运输规划相衔接。三是结合国家重点区域发展战略和产业布局规划，考虑相关城市的经济发展潜力、物流需求增长空间以及对周边地区的辐射带动作用。

根据上述条件，按照物流需求规模大小以及在国家战略和产业布局中的重要程度，本规划将物流园区布局城市分为三级，确定一级物流园区布局城市29个，二级物流园区布局城市70个（见专栏），三级物流园区布局城市具体由各省（区、市）参照以上条件，根据本省物流业发展规划具体确定，原则上应为地级城市。

专栏

一级物流园区布局城市（共29个）

北京、天津、唐山、呼和浩特、沈阳、大连、长春、哈尔滨、上海、南京、苏州、杭州、宁波、厦门、济南、青岛、郑州、合肥、武汉、长沙、广州、深圳、南宁、重庆、成都、昆明、西安、兰州、乌鲁木齐

二级物流园区布局城市（共70个）

石家庄、邯郸、秦皇岛、沧州、太原、大同、临汾、通辽、包头、鄂尔多斯、鞍山、营口、吉林、延边（珲春）、大庆、牡丹江、齐齐哈尔、无锡、徐州、南通、泰州、连云港、温州、金华（义乌）、舟山、嘉兴、湖州、安庆、阜阳、马鞍山、芜湖、福州、泉州、南昌、赣州、上饶、九江、烟台、潍坊、临沂、菏泽、日照、洛阳、南阳、安阳、许昌、宜昌、襄阳、岳阳、娄底、衡阳、佛山、东莞、湛江、柳州、钦州、玉林、贵港、海口、绵阳、达州、泸州、贵阳、拉萨、榆林、宝鸡、咸阳、西宁、银川、伊犁（霍尔果斯）

（二）物流园区选址要求

在布局城市选址建设物流园区，应遵循以下原则：一是与综合交通体系和运输网络相配套。依托主要港口、铁路物流中心、公路货运枢纽、枢纽机场及主要口岸，具有交通区位优势，便于发展多式联运。二是与相关规划和现有设施相衔接。符合土地利用总体规划、城市总体规划和区域发展总体规划，充分利用现有仓储、配送、转运等物流设施。三是突出功能定位。紧密结合产业布局和区位优势，突出专业服务特点，明确物流园区功能定位。

依据以上原则，物流园区布局城市可根据实际需要建设不同类型的物流园区：

——货运枢纽型物流园区。依托交通枢纽，具备两种（含）以上运输方式，能够实现多式联运，具有提供大批量货物转运的物流设施，为国际性或区域性货物中转服务。

——商贸服务型物流园区。依托城市大型商圈、批发市场、专业市场，能够为商贸企业提供运输、配送、仓储等物流服务以及商品展示、电子商务、融资保险等配套服务，满足一般商业和大宗商品贸易的物流需求。

——生产服务型物流园区。毗邻工业园区或特大型生产制造企业，能够为制造企业提供采购供应、库存管理、物料计划、准时配送、产能管理、协作加工、运输分拨、信息服务、分销贸易及金融保险等供

应链一体化服务，满足生产制造企业的物料供应与产品销售等物流需求。

——口岸服务型物流园区。依托口岸，能够为进出口货物提供报关、报检、仓储、国际采购、分销和配送、国际中转、国际转口贸易、商品展示等服务，满足国际贸易企业物流需求。

——综合服务型物流园区。具有两种（含）以上运输方式，能够实现多式联运和无缝衔接，至少能够提供货运枢纽、商贸服务、生产服务、口岸服务中的两种以上服务，满足城市和区域的规模物流需求。

四、主要任务

（一）推动物流园区资源整合。打破地区和行业界限，充分整合现有物流园区及物流基础设施，提高设施、土地等资源利用效率。一是整合需求不足和同质化竞争明显的物流园区。引导需求不足的园区转型，对于同质化竞争明显的园区，通过明确功能定位和分工，推动整合升级。二是整合依托交通枢纽建设的物流园区。加强枢纽规划之间的衔接，统筹铁路、公路、水运、民航等多种交通运输枢纽和周边的物流园区建设，大力发展多式联运，形成综合交通枢纽，促进多种运输方式之间的顺畅衔接和高效中转。三是整合分散的物流设施资源。发挥物流园区设施集约和统一管理的优势，引导分散、自用的各类工业和商业仓储配送资源向物流园区集聚，有效整合制造业分离外包的物流设施资源。大力推广共同配送、集中配送等先进配送组织模式，为第三方物流服务企业搭建基础平台。

（二）合理布局新建物流园区。物流园区布局城市应综合考虑本区域的物流需求规模及增长潜力，并结合现有物流园区布局情况及设施能力，合理规划本地区物流园区。现有设施能力不足的地区，应基于当地产业结构和区位条件及选址要求，布局新建规模适当、功能完善的物流园区，充分发挥园区的集聚效应和辐射带动作用，服务当地经济发展和产业转型升级。

（三）加强物流园区基础设施建设。优化物流园区所在地区控制性详细规划，加强物流园区详细规划编制工作，科学指导园区水、电、路、通信等设施建设，强化与城市道路、交通枢纽的衔接。大力推进园区铁水联运、公铁联运、公水联运、空地联运等多式联运设施建设，注重引入铁路专用线，完善物流园区的公路、铁路周边通道。提高仓储、中转设施建设水平，改造装卸搬运、调度指挥等配套设备，统一铁路、公路、水运、民航各种运输方式一体化运输相关基础设施和运输装备的标准。推广甩挂运输方式、集装技术和托盘化单元装载技术。推广使用自动识别、电子数据交换、可视化、货物跟踪、智能交通、物联网等先进技术的物流设施和装备。

（四）推动物流园区信息化建设。加强物流园区信息基础设施建设，整合物流园区现有信息资源，提升物流园区信息服务能力。研究制定统一的物流信息平台接口规范，建立物流园区的信息采集、交换和共享机制，促进入驻企业、园区管理和服务机构、相关政府部门之间信息互联互通和有序交换，创新园区管理和服务。

（五）完善物流园区服务功能。结合货运枢纽、生产服务、商贸服务、口岸服务和综合服务等不同类型物流园区的特点，有针对性地提升服务功能，为入驻企业提供专业化服务。鼓励园区在具备仓储、运输、配送、转运、货运代理、加工等基本物流服务以及物业、停车、维修、加油等配套服务的基础上，进一步提供工商、税务、报关、报检等政务服务和供应链设计、管理咨询、金融、保险、贸易会展、法律等商务服务功能。

（六）聚集和培育物流企业。充分发挥物流园区的设施优势和集聚效应，引导物流企业向园区集中，实现园区内企业的功能互补和资源共享，提高物流组织效率。优化园区服务环境，培育物流企业，打造以园区物流企业为龙头的产业链，提升物流企业的核心竞争力。支持运输企业向综合物流服务商和全球物流经营人转变。按照提升重点行业物流企业专业配套能力的要求，有针对性地发展专业类物流园区，为农产品、钢铁、汽车、医药、冷链、快递、危货等物流企业集聚发展创造有利条件。

（七）建立适应物流园区发展的规范和标准体系。按照适用性强、涵盖面广、与国际接轨的要求，建立和完善物流园区标准体系。修订《物流园区分类与基本要求》国家标准，制定《物流园区服务规范及评估指标》国家标准，进一步明确园区概念内涵，规范物流园区功能定位，防止盲目发展。按照既要保障物流园区发展，又要节约利用土地的原则，建立物流园区规划设计、建设和服务规范，明确园区内部各功能区建设标准和要求，促进物流园区规范化发展。

（八）完善物流园区经营管理体制。根据各地物流园区发展实际，借鉴国内外物流园区管理经验，建立完善政府规划协调、市场化运作的物流园区开发建设模式和经营管理体制。在政府规划指导下，成立物流园区管理机构，开展物流园区基础设施建设，并选择具有物流园区经营管理经验的企业参与管理运营。鼓励园区研究开发物流与商贸和金融协同发展等新型业态，创新物流园区发展模式。通过企业化运作，提高管理水平，形成良性发展机制，为园区物流企业提供优质服务，实现可持续发展。

五、保障措施

（一）做好综合协调。国家发展改革委、国土资源部、住房城乡建设部要会同交通运输部、商务部、海关总署、科技部、工业和信息化部、铁路局、民航局、邮政局、国家标准委等部门，加强对全国物流园区发展的指导和管理。各省级人民政府有关部门也要协调配合，统筹推进规划实施工作。

（二）加强规范管理。各地有关部门要加强对物流园区的规范和管理，提出本地区物流园区布局规划，严格控制园区数量和规模，防止盲目建设或以物流园区名义圈占土地。布局城市要按照城乡规划和相关行业规划，加强和加快现有物流设施的整合和清理，因地制宜合理新建物流园区，做到既符合城市和产业发展实际，满足物流发展需求，又防止出现重复建设。

（三）开展示范工程。各地要结合实际，选择一批发展条件好、带动作用大的园区，作为省级示范物流园区加以扶持推广，具体由各省有关部门研究制定管理办法并组织评定。在此基础上，开展国家级物流园区示范工程，由国家发展改革委、国土资源部、住房城乡建设部会同交通运输部、商务部、工业和信息化部、海关总署、科技部等有关部门和行业协会组织国家级示范物流园区评定工作。对于列入国家级示范的物流园区，有关部门可给予土地、资金等政策扶持。国家级物流园区示范工程的具体管理办法另行制定。

（四）完善配套设施。支持连接物流园区的铁路专用线、码头岸线和园区周边道路等交通配套设施建设和改造，进一步发挥物流园区的中转服务功能，提高运输服务水平。支持物流园区信息平台建设，鼓励企业建设立体仓库，提高园区物流设施信息化和智能化水平。

（五）落实用地政策。研究制定物流园区规划设计规范，科学指导物流园区规划建设。各地应及时将物流园区纳入所在城市的各类城市规划和土地利用总体规划，统筹规划和建设，涉及新增建设用地的，合理安排土地利用计划指标。对于示范物流园区新增建设用地，优先列入国家和地方建设用地供应计划。

（六）改善投融资环境。鼓励物流园区运营主体通过银行贷款、股票上市、发行债券、增资扩股、合资合作、吸引外资和民间投资等多种途径筹集建设资金，支持物流园区及入驻企业与金融机构联合打造物流金融服务平台，形成多渠道、多层次的投融资环境。各地要适当放宽对物流园区投资强度和税收强度的要求，鼓励物流企业入驻物流园区。对于国家级和省级示范物流园区，有关部门可根据项目情况予以投融资支持。

（七）优化通关环境。优化口岸通关作业流程，适应国际中转、国际采购、国际配送、国际转口贸易等业务的要求，研究适应口岸服务型物流园区发展的通关便利化政策，提高通关效率。

（八）发挥行业协会作用。物流及相关行业协会应认真履行行业服务、自律、协调和引导职能，及时向政府有关部门反映物流园区发展中存在的问题和企业诉求，积极配合相关部门做好物流园区相关标准制修订、建立实施统计制度、总结推广先进经验、引导推动科技创新等相关工作，促进物流园区健康有序发展。

商务部关于加快国际货运代理物流业健康发展的指导意见

为贯彻落实《国务院办公厅关于促进物流业健康发展政策措施的意见》（国办发[2011]38号）和《服务贸易发展“十二五”规划纲要》（商服贸发[2011]340号），推动国际货运代理物流业持续健康发展，现提出以下指导意见。

一、重要意义

国际货代物流业是我国现代物流产业的重要组成部分，也是生产性服务业和服务贸易的重要组成部分，涉及环节多，产业链条长，行业规模大。改革开放以来，国际货代业在服务对外经济贸易、吸引外资、扩大就业、发展现代物流业等方面发挥了积极作用。“十二五”时期是我国全面建设小康社会的关键时期，新形势下，必须从贯彻落实科学发展观的战略高度，准确把握国际货代物流业的内在规律和发展趋势，充分发挥国际货代物流业的应有作用，把其作为促进服务贸易发展的一项长期工作抓紧，抓好，抓出成效。

二、基本状况

改革开放以来，国际货代物流业发展迅速。截至2011年底，在商务主管部门备案的国际货代企业已达2.7万多家，从业人员超过200万人。行业经营范围日益拓展，新型业态不断涌现，从最初的收发货人代理到运输合同的当事人再发展到目前的第三方物流供应商，从改革开放前仅是外贸运输的一项专营性业务发展成为跨部门、跨行业、跨地区，承载货物流、信息流、资金流的综合服务业，涌现了一批在国内外市场具有较强竞争力的国际货代物流企业。但总体来看，我国国际货代物流业与发达国家相比，存在着规模较小、服务功能分散、经营模式相对落后、专业服务能力较弱等问题，与全球货物贸易运量第一大国的地位不相称，影响行业发展的机制体制方面的一些问题还有待解决。

三、指导思想

以邓小平理论、“三个代表”重要思想和科学发展观为指导，以科学发展观为主题，以加快转变经济发展方式为主线，深化货代物流业作为现代服务业和服务贸易的行业意识，通过着力完善体制机制，构建政策支撑体系，引导企业“走出去”参与国际合作和竞争，不断提升行业发展的质量和水平。

四、基本原则

坚持管理改革和制度创新。破解行业发展难题，不断完善管理体制和行业机制；坚持市场主导、政府引导，注重以企业为主体，发挥市场在行业资源配置中的基础性作用；坚持分类指导，实行有序竞争，明确各自发展方向，实现中小货代企业服务专业化、大中型货代企业货代物流化，真正做到“大”有实力，“小”有活力。

五、发展目标

“十二五”期间，国际货代物流业要在转变方式、提高质量的同时，实现规模以上企业营业额年均增长12%左右。通过并购重组、扶优选强，打造若干个主营业务突出、经营模式先进、海外网络健全、具有较强竞争力的大型国际物流企业。培育一批功能完善、设施完备、资源整合能力强的大中型物流商。推动形成一支品牌效应突出、业务优势明显的中小型专业货代商队伍。基本形成结构合理、业态多样、服务优质、竞争有序的国际货代物流市场。

六、主要任务

（一）完善行业管理制度。完善行业准入、备案委托、企业运行与退出机制、后续管理、提单责任保险等方面的规定。将企业备案工作委托给货代行业组织办理，充分发挥中国国际货运代理协会（以下简称货代协会）及地方货代行业组织的作用。

（二）引导行业“转方式，促转型”。对传统的中小货代企业，引导其从过多依靠代理人向独立运输服务商转变，细分市场和产品，走专业化经营之路，向专业、精细、特色、创新方向发展；对大中型货代物流企业，鼓励其加大资产设施投入，拓宽经营范围，完善优化网络布局，拓展国内外业务，强化人才培养，通过内部资源整合和外部并购重组，做大规模，做强主业，加快向现代物流企业转型。

（三）优化市场环境，关注中小企业发展。落实国务院有关扶持小微企业发展等各项政策，协商有关部门研究解决服务雷同、税负重、竞争力弱等问题的办法。

依托保税区、物流园区、商贸功能区等综合性公共服务平台，重点做好专业服务、培训人才、减负增效工作，实现信息共享、资源整合。

（四）鼓励企业“走出去”。研究制定完整系统的促进货代物流企业“走出去”的政策措施，支持企业扩大海外经营，加快网络建设，鼓励投资并购海外物流设施，引导相关企业整合资源，打造旗舰，跻身国际市场，参与国际竞争。

（五）创新经营模式，开拓新兴市场。鼓励企业参与服务外包、工程物流、保税物流、国际采购等国际物流服务及多式联运、物流金融等高端服务，提高行业利润率和市场竞争力。鼓励企业科技创新、开发新业态，支持企业引入经国际认证且成熟的运输服务方式，扶持企业在做好风险控制的前提下，开发潜力较大的非洲、中东、中亚、拉美、东盟、南太等发展中国家和新兴经济体市场。

（六）全面提升行业信息化水平。加强规划和引导，推动实体运营网络与无形信息网络的有机融合。鼓励行业信息技术的研发和集成创新，加快全球定位系统、地理信息系统、电子标签及物联网、云计算等高端信息技术的推广与应用。鼓励企业与供应商、信息服务商加强合作，加强信息安全保障。

（七）夯实行业发展基础。建立健全行业规范，制定行业标准，采取有效措施，加大宣传贯彻力度。研究在完善企业业务备案的基础上，进一步健全行业统计制度，建立国内外行业信息采集发布、运行平台。鼓励行业组织进行资信评级，建立诚信档案，推进行业信用体系建设。

（八）加强行业组织建设。按照《国务院办公厅关于加快推进行业协会商会改革和发展的若干意见》要求，建立健全各地货代行业组织，充分发挥行业组织的服务、协调、自律作用，以加快能力建设为核心，从拓宽服务范围、改进工作方式、提升人员素质、加大工作考核等方面，切实做好促进货代行业组织改革和发展的各项工作。

七、保障措施

（一）明确部门职能。商务主管部门是国际货代物流业的主管部门。要切实加强对国际货代物流业的组织领导，充实工作力量，创新工作思路，寓管理于服务之中，着力完善行业法规、规划及政策，加强宏观指导，逐步建立统一、开放、竞争、有序的行业市场。

（二）实施人才战略。鼓励通过在职学习、脱产深造、外部竞聘等多种形式，加强业务培训，提高从业人员素质；鼓励企业加强校企合作，参与中高级职业院校国际货代物流学科研发；探索建立国际货代师职业认证资格制度，努力造就一批业务精、素质高、懂理论的国际货代行业人才队伍。

（三）健全工作机制。在继续强化行业内定期协商机制的同时，加强与海关、质检、外汇管理、交通运输（含民航、邮政）、铁路、工商、税务、财政、工信、保监、银监等部门的沟通，探索多部门联合工作机制，协调解决行业发展中的重大问题。

（四）建立重点企业联系制度。商务主管部门指导货代行业组织，探索建立国际货代物流行业重点企业联系制度，就政策制订、行业转型升级、市场运行监测、重大项目实施等问题，加强沟通协调。

（五）加强理论研究。支持有关大专院校、专业研究咨询机构开展对国际货代物流理论和实务的创新研究，探讨开展行业产学研结合的思路和做法。

（六）增进国际交流。加强与全球货代物流组织的交流与合作，学习知名跨国物流商的经营理念和管理经验。鼓励行业组织和企业增进与其他相关国际组织、国家（地区）的业务交流和理论探讨。

各地商务主管部门和国际货代行业组织要根据本地区、本行业的具体情况，按照指导意见确定的目标、任务和相关原则，制定符合自身实际的发展规划及政策措施，建立切实可行的工作机制，明确职责，扎实推进各项工作，促进我国国际货代物流业快速健康发展。

2013 年 1 月 17 日

海关总署关于全面深化区域通关业务改革的公告

〔2013〕58 号

为贯彻落实国家区域发展战略和国务院促进贸易便利化推动进出口稳定发展的决策部署，进一步加大区域通关改革力度，优化海关作业流程，切实提高通关效率，促进区域通关一体化，海关总署决定全面深化区域通关业务改革。现将有关事项公告如下：

一、拓展“属地申报、口岸验放”通关模式

（一）自 2013 年 11 月 1 日起，实行“属地申报、属地放行”。

“属地申报、属地放行”是“属地申报、口岸验放”通关模式的一种方式，是指收发货人为AA类且报关企业为B类（含B类）以上企业（以下简称“AA类企业”）进出口货物时，可自主选择向属地海关申报，并在属地海关办理货物放行手续。

（二）对需查验的进出口货物、因海关规定或国家许可证件管理，须在货物实际进出境地海关（以下简称“口岸海关”）申报并办理验放手续的进出口货物、口岸海关未实现出口运抵报告和进口理货报告电子数据传输的进出口货物，不适用“属地申报、属地放行”方式。

“许可证件”不包括“入（出）境货物通关单”。

（三）对于AA类企业涉嫌走私、侵犯知识产权和违反海关监管规定（以下统称“违法”）并被海关立案调查的，自立案之日起，暂停其适用“属地申报、属地放行”方式的资格。

（四）已与海关联网的口岸海关监管场所，监管场所经营人凭口岸海关电子放行信息为企业办理提货手续；未与海关联网的口岸海关监管场所，监管场所经营人凭口岸海关签章的纸质单证为企业办理提货手续。

二、扩大“属地申报、口岸验放”通关模式适用范围

（一）自2013年11月1日起，B类生产型出口企业（以海关企业分类管理评定记录为准）且一年内无违法记录，适用“属地申报、口岸验放”进口通关模式。自2014年3月1日起，B类生产型企业（以海关企业分类管理评定记录为准）且一年内无违法记录，适用“属地申报、口岸验放”进出口通关模式。

（二）对因海关规定或国家许可证件管理，须在口岸海关申报并办理验放手续的进出口货物，不适用于“属地申报、口岸验放”通关模式。

“许可证件”不包括“入（出）境货物通关单”。

（三）本公告所称B类生产型企业，系指根据《中华人民共和国海关企业分类管理办法》（海关总署令第197号）有关规定，适用B类管理且经海关审核企业类型为生产型的企业。

三、明确适用“属地申报、口岸验放”通关模式企业职责义务

（一）凡企业拟采用“属地申报、口岸验放”通关模式的，需向所在地直属海关提出书面申请（详见附件1、附件2），直属海关根据海关对企业分类管理评定标准等对申请企业进行审核，并提出是否同意的书面答复意见（详见附件3）。

（二）凡适用“属地申报、口岸验放”（包括“属地申报、属地放行”方式）通关模式的企业，须与所在地直属海关签署关企合作备忘录（详见附件4）。

四、推行公路转关作业无纸化

公路转关作业无纸化是指海关运用信息化技术，改变海关验核企业递交纸质转关申报单／载货清单及随附单证办理公路转关手续的做法，对企业向海关申报的转关单电子数据／载货清单进行无纸审核、放行、核销的转关作业方式。

自2013年12月1日起，在应用安全智能锁、卡口前端设备、卫星定位装置等物联网设备以及卡口控制与联网信息系统的基础上，进出境运输方式为海运、空运、铁路、公路且境内运输方式为“公路运输”的进出口转关货物可实行公路转关作业无纸化。

五、扩大跨境快速通关模式适用范围

自2014年5月1日起，在启用公路舱单的基础上，将跨境快速通关改革范围扩大至广东省内各直属海关。

六、本公告内容自发布之日起实施。

特此公告。

附件：1.采用“属地申报、口岸验放”通关模式企业申请书

（http://www.customs.gov.cn/Portals/0/2013gg/13公告58号fj1.doc）

2.采用“属地申报、属地放行”方式企业申请书

（http://www.customs.gov.cn/Portals/0/2013gg/13公告58号fj2.doc）

3.中华人民共和国海关告知书

（http://www.customs.gov.cn/Portals/0/2013gg/13公告58号fj3.doc）

4.关于开展“属地申报、口岸验放”业务的合作备忘录

（http://www.customs.gov.cn/Portals/0/2013gg/13公告58号fj4.doc）

2013年10月29日

2.3 上海市政策文件

上海市交通运输和港口管理局关于进一步做好上海港危险货物港口作业申报工作的通知

沪交港〔2013〕50号

各有关单位：

最近，交通运输部下发了《关于严格落实港口危险货物报告工作的通知》（厅水便〔2012〕128号，以下简称《通知》）。针对当前全国个别港口部分企业从事危险货物作业时未按规定向港口行政管理部门报告，致使监管缺失、港口作业存在重大安全隐患的情况，《通知》要求相关港口企业和港口行政管理部门严格依法履行危险货物港口作业申报业务和监管职责，对未按规定进行申报的企业严格依法处理。为进一步加强上海港危险货物港口作业申报工作，现将有关事项通知如下：

一、进一步强化依法经营意识

《中华人民共和国港口法》明确，危险货物港口作业申报是港口安全管理的重要内容，是企业必须履行的法定义务。相关企业要进一步强化依法经营意识，认真做好危险货物港口作业申报工作。要切实加强企业内部管理，建立健全企业内部对港口作业申报的管理制度，规范工作程序和流程；同时开展自查自纠，对存在的漏报、缺报等问题立即整改。各相关企业要认真吸取“假冒《危险货物港口作业申报单》违规事件”教训，提高依法申报和风险防范意识，杜绝此类现象再次发生，并积极参与和协助港口行政管理部门调研和政策研究，不断完善港口危险货物作业申报管理。

二、进一步明确包装危险货物港口作业申报有关事项

（一）变更危险货物港口作业内容。各包装危险货物港口作业企业要严格按照危险货物港口作业资质上确定的作业方式、作业货种、作业量及作业场所进行作业。临时超量作业的，要及时向市交通港口局提出申请并获得批准后方可作业。申请时需如实填写《上海港口包装危险货物临时超作业量作业申请表》（见附件，自通知下发之日起实施）。变更其他作业内容的，要严格按照有关规定执行，未经批准不得擅自变更。

（二）进口包装危险货物港口作业申报。市交通港口局委托开发了进口包装危险货物港口作业网上申报系统并已上线测试。系统测试和试运行阶段各有关企业要积极配合，发现问题及时反馈，确保系统不断完善，适应行业监管和企业生产运行实际。上海港进口包装危险货物港口作业申报工作将于2013年下半年全面启动，各有关企业要严格按规定做好申报工作，监管部门对违法违规行为将依法严肃处理。

三、进一步加强监管和查处力度

各港口行政管理部门要切实加强法律

法规宣传培训，提高企业知法守法水平和港口安全责任意识。同时，进一步加强监督检查力度，对发现的违法违规问题依法严肃处理，必要时进行全港通报并报上级部门。

附件：上海港口包装危险货物临时超作业量作业申请表

二〇一三年一月二十九日

上海市物价局、上海市交通运输和港口管理局关于废止《上海港外贸进口集装箱疏运收费管理暂行规定》的通知

沪价管（2013）001 号

上海国际港务（集团）股份有限公司，各有关经营服务企业：

经研究，自 2013 年 3 月 1 日起废止《关于发布<上海港外贸进口集装箱疏运收费管理暂行规定>的通知》（沪价公[2003]021 号）。港口收费应严格按照交通运输部《港口收费规则（外贸部分）》的规定执行，请各有关单位做好明码标价和宣传解释工作。

上海市物价局

上海市交通运输和港口管理局

二〇一三年二月八日

上海市交通运输和港口管理局关于发布《上海港危险货物集装箱港内堆存作业管理规定（试行）》的通知

沪交港〔2013〕71 号

各有关单位：

上海港危险货物集装箱港内堆存作业管理规定（试行）》已经 2013 年 1 月 22 日第 1 次局长办公会议审议通过。现予发布，自 2013 年 3 月 1 日起施行。涉及《港口危险货物作业附证》的有关条款，在港口行政管理部门换发《港口危险货物作业附证》前，按《危险货物港口作业认可证》执行。

特此通知。

二〇一三年二月六日

上海港危险货物集装箱港内堆存作业管理规定（试行）

第一条　为加强上海港口危险货物管理，规范危险货物集装箱的港内堆存作业，保障港口生产安全有序，依据《危险化学品安全管理条例》、《上海港口条例》、《港口危险货物安全管理规定》等法规、规章，结合上海港口实际，制订本规定。

第二条　经常从事危险货物集装箱装卸作业的港口，应当建有存放危险货物集装箱的港内专用堆场。新建、改建和扩建危险货物集装箱码头和堆场应当按照规定办理安全条件审查和竣工验收手续。

第三条　危险货物集装箱港内专用堆场的堆存作业，应当严格按照《港口危险

货物作业附证》“作业品名”、“作业方式”、“作业区域范围”中所载明的作业品种、存放时间、存放数量等进行。如因特殊情况需要超品种、超数量存放的，应当报经港口行政管理部门重新核准。

第四条　危险货物集装箱进出堆场前，堆场管理人员应当对集装箱箱体四周进行检查，确认集装箱表面结构完好，危险货物标签、标记清晰可见，并与作业委托人做好交接工作。

第五条　危险货物集装箱进出堆场，堆场管理人员应当做好堆场作业信息记录。记录内容包括集装箱进出堆场时间、集装箱号、危险货物信息、集装箱堆存箱位等。堆场作业信息记录应当至少保存一年。

第六条　危险货物集装箱港内专用堆场应当严格划分各类危险货物的堆存区域，并按危险货物的性质和类别要求进行堆码。

易燃易爆危险货物集装箱最高允许堆码两层，其它危险货物集装箱最高允许堆码三层。堆场应当根据危险货物的不同性质做好有效隔离。

第七条　液化天然气罐式集装箱相互不得叠放，与其他非易燃易爆危险货物集装箱叠放时，应当放置在最上层。

装有《危险货物品名表》（GB12268）所列毒性物质中包装类别Ⅰ的危险货物集装箱，应当箱门对箱门，集中堆放。

第八条　危险货物集装箱在港内堆场存放时，每年高温季节应当按照安监、消防、港口等行政管理部门的相关要求，采取必要的降温防护等措施，以确保存放期间的安全。

第九条　《危险货物品名表》（GB12268）中的1.1项、1.2项、7类以及硝酸氨类物质的危险货物集装箱，应当实行直装直取，不得在港内堆场存放。不实行直装直取的1类、2类、3类、4类、5类、6.1项中的包装类别Ⅰ和Ⅱ、具有副危险性的8类、9类中的锂电池组，以及冷冻温控的危险货物集装箱，在港内堆场的存放时间不得超过72小时。其他品类的危险货物集装箱，在港内堆场的存放时间不得超过7日。

港内堆场的《港口危险货物作业附证》及附属文件对货物存放时限有特殊规定的，按核定时限执行。

第十条　水水中转的危险货物集装箱需要在港内堆场存放，超过本办法第九条所规定时限的，港口经营人应当按照港口行政管理部门所核定的堆存数量，在堆场内划定专门区域，并按相关标准落实安全监管措施。

第十一条　港口经营人应当在其经营场所公布危险货物集装箱的堆存时限。

第十二条　对收货人或者其代理人未能在规定时限内提离港区的危险货物集装箱，港口经营人可以进行转栈储存，将货物转入港外具有相应资质的危险货物集装箱专用库场。接收转栈集装箱的专用库场应当按规定落实安全监管措施。

第十三条　当危险货物集装箱未超过规定时限但超过港内堆场核定限量时，港口经营人必须将危险货物集装箱转出堆场，但应当就转运收费等内容与货主或者相关方进行协商约定，以保障货主的利益。

第十四条　本规定自2013年3月1日起施行，有效期至2015年2月28日止。

上海市商务委员会印发《关于上海加快推动平台经济发展的指导意见》的通知

各有关单位：

为推动本市平台经济发展，进一步完善现代市场体系，加快上海国际贸易中心建设，特制定《关于上海加快推动平台经济发展的指导意见》。现印发给你们，请遵照执行。

上海市商务委员会
2014年6月12日

关于上海加快推动平台经济发展的指导意见

平台经济是基于互联网、云计算等现代信息技术，以多元化需求为核心，全面整合产业链、融合价值链、提高市场配置资源效率的一种新型经济形态。大力发展平台经济，是上海建设国际贸易中心的重要内容，完善现代市场体系的重要举措，也是发展服务经济的重要载体。根据《上海建设国际贸易中心“十二五”规划》，结合本市平台经济发展实际，现提出如下意见：

一、充分认识发展平台经济的重要意义

“十二五”以来，本市抓住财政部和商务部开展现代服务业综合试点契机，培育了一批资源配置型平台企业，充分体现了市场的影响力、带动力以及创造更大价值的作用；推动了物流、金融、信息等配套服务体系建设，促进了商品、要素和服务市场融合发展。实践表明，平台经济具有高端化、服务化、融合化等特征，是产业融合发展和市场功能创新的新型经济形态。

（一）发展平台经济是上海加快对外开放的迫切需要。当前世界经济已进入全球化发展新时期，上海应紧紧围绕中国（上海）自由贸易试验区建设（以下简称“自贸试验区”），坚持先试先行，大力发展平台经济，推动国际贸易中心建设，进一步增强城市核心竞争力，为更好地参与丝绸之路经济带和海上丝绸之路建设奠定基础。

（二）发展平台经济是上海完善现代市场体系的内在要求。随着互联网、云计算、物联网等技术广泛应用，推动发展平台经济，能够促进传统市场从有形市场转为有形与无形相结合的市场，从单一功能拓展转为综合服务功能，从市域市场转为区域市场乃至全国市场，市场能级不断提升，为上海“四个中心”联动发展创造条件。

（三）发展平台经济是上海主动服务长三角、长江经济带和服务全国的重要举措。依托上海市场优势，加快发展平台经济，加快实现跨区域、跨行业资源整合，为长三角地区、长江经济带乃至全国提供高效、便捷的综合服务，推进区域经济发展一体化，为促进形成统一开放、竞争有序的现代市场体系提供保障。

二、指导思想、基本原则和发展目标

（一）指导思想

以全面促进上海国际贸易中心建设和服务经济发展为目标，抓住自贸试验区建

设契机，把握大数据时代机遇，充分发挥本市区位优势、市场优势，加快发展平台经济，推动大平台、大市场、大流通建设，增强统筹国际国内两个市场、两种资源的能力，努力建成与上海国际贸易中心战略定位相匹配的开放式、综合型、强辐射以及内外贸一体化的现代市场体系。

（二）基本原则

1. 坚持市场创新和管理改革相结合。发挥企业的平台建设主体作用，增强市场创新意识，提高企业自主创新能力；加快市场管理方式改革，探索突破制约平台经济发展的体制机制瓶颈。

2. 坚持重点突破和整体推进相结合。率先推进一批平台经济示范引领项目，加强政策聚焦，培育品牌，树立典型，力求重点突破；通过以点带面，推动各类市场创新发展，增强综合竞争力，提升市场话语权。

3. 坚持产业融合和内外连接相结合。充分发挥平台综合优势，连通国内外两个市场，有效配置全球资源，不断满足市场需求，进一步促进产业联动发展、融合发展、科学发展。

（三）发展目标

力争到“十二五”末，以大宗商品贸易、个人消费服务、农产品流通等市场转型为突破口，打造一批具有国际或区域影响力的平台型交易中心和市场，逐步形成“万商云集、万亿能级”的现代市场新格局，实现贸易倍增，提高上海国际贸易中心竞争力。

三、主要任务

（一）抓住自贸试验区契机，打造大宗商品现货国际交易平台。在自贸试验区内，聚焦国内进出口量大的能源产品、基本工业原料和大宗农产品等领域，探索搭建大宗商品现货国际交易平台，通过开展净价交易、保税交割，努力打造大宗商品现货市场“国际版”。

（二）聚焦重点领域，建设消费服务和农产品流通平台。聚焦汽车、黄金珠宝、服装服饰、家居建材、糖酒茶叶等消费品领域，大力发展线上线下结合的新型商业模式，打造集创意设计、科技研发、采购交易、展览展示、时尚消费、品牌发布等功能于一体的消费服务平台；聚焦农产品领域，建设高效率、低损耗，辐射全国、面向国际的农产品集散中心。

（三）强化产业融合，构建物流、金融、资讯专业服务平台。立足产业融合发展，在强化各类平台有效配置资源、满足社会需求的基础上，建设物流资源交易平台，健全物流服务功能，提供运输、仓储、加工、配送等服务，降低物流成本；建设金融服务平台，创新金融服务模式，提供供应链融资、贸易融资、仓单质押等服务，提高流通效率；建设资讯服务平台，强化大数据采集、开发、分析、利用，编制商品价格指数、物流指数等，开展信息咨询服务，增强平台的辐射力和影响力。

（四）加快职能转变，搭建商务领域公共服务平台。推进商务诚信平台建设，建立商务诚信档案，健全平台诚信征信和信用评价制度；启动中小商贸企业公共服务平台建设，增强人才、融资、法律服务功能；加快贸易便利化平台建设，提高口岸综合服务效率，营造公开、公正、公平的平台发展环境。

（五）加强示范引领，培育社会化、专业化平台企业。扶持有优势、有潜力的平台企业做大做强，支持其跨地区、跨行业、跨所有制整合资源；鼓励贸易商、制造企业内部贸易平台、资讯服务商等转型升级，拓展服务领域，成为具有总集成服务能力的平台；加快培育一批在国内外有一定影响力和示范性的平台企业。

四、保障措施

（一）建立平台经济联合推进机制。市商务主管部门会同有关部门，建立联合推进机制，加强部门协同，以制度创新为核心，制定促进本市平台经济发展若干措施。指导区县商务主管部门建立相应的工作机制，制定平台经济发展方案，加大引导和工作推进力度，推动平台经济健康有序发展。

（二）健全各类平台运营的规则和标准。深入开展平台经济调查研究，逐步完善平台企业市场准入、管理制度和服务标准；加强事中、事后监管，依托平台建立市场信用监管体系，规范平台日常运营，探索形成适应平台经济发展的管理模式，努力营造法治化营商环境。

（三）认定一批平台示范和培育项目。制定《上海平台经济示范企业（园区）认定标准》，建立市区两级平台经济项目滚动库，每年择优认定一批平台经济示范和培育项目，充分发挥导向作用，推动本市平台经济发展的理念创新、技术创新和业态创新。

（四）加强平台统计监测和行业组织建设。会同市统计局建立平台经济统计制度，动态监测平台运行情况，定期编制和发布本市平台经济发展报告，为政府决策提供参考，为行业发展提供服务。推动成立平台经济的相关行业组织，制订行规行约，加强行业自律，加大人才培养力度，为平台经济发展提供良好保障。

（五）加大平台经济发展政策扶持力度。用好国家及本市各项扶持政策，充分发挥自贸试验区和浦东综合配套改革试点优势，加大政策协调力度，推动平台整合产业链，延伸服务链，为各类平台做大做强创造条件。

第三篇 物流基础领域和基础设施

3.1 道路货运

2013 年，上海市道路货物运输经营企业 3.81 万户，拥有运输车辆 21.86 万辆（含牵引车头 4 万辆），车辆总吨位达到 194.4 万吨。其中，危险品运输经营性业户 271 家，危险品运输非经营性业户 23 家，危险货物运输车辆合计 6637 辆（含非经营性车辆 542 辆），危险品车辆吨位数 10.74 万吨；集装箱运营业户 1726 户，集装箱运营车辆 2.23 万辆（不含牵引车头），集装箱车辆总吨位和总箱量分别为 68.48 万吨、4.45 万 TEU。

【行业发展基础】

（一）经营业户

1. 行业总体情况

2013 年，上海市道路货物运输经营企业 38139 户，同比增长 1.8%。分车辆规模看，拥有 10 辆以下的经营企业据主导位置，其中 5 辆以下的经营企业 32019 户，5-9 辆的经营企业 2895 家，二者合计占道路货运总经营业户 91.54%；100 辆及以上的大型企业 182 家，占比 0.48%（见图 3.1-1、表 3.1-1）。

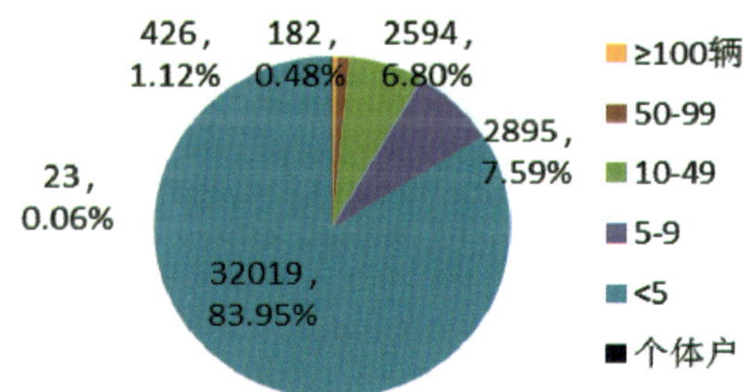

图 3.1-1 2013 年上海市道路货运企业按车辆规模分布

表 3.1-1 上海市道路货运经营企业 2013 年与 2012 年比较

年份	2013	2012	增减值	同比 %
道路货运经营企业	38139	37456	683	1.8
其中， 100 辆及以上	182	180	2	1.1
50-99 辆	426	433	-7	-1.6
10-49 辆	2594	2485	109	4.3

5-9 辆	2895	2863	32	1.1
5 辆以下	32019	31474	545	1.7
个体户	23	21	2	9.5

2. 分业态情况

（1）普通货运

2013 年，上海市经营普通货运的企业 36671 户，较上年增加 417 户，同比增长 1.2%。经营普通货运的企业数量最多，占比 96.2%。但从车辆规模看，10 辆以下的企业依然占据主导，比重为 93.7%；100 辆及以上的大企业较上年减少 2 户（见图 3.1-2）。

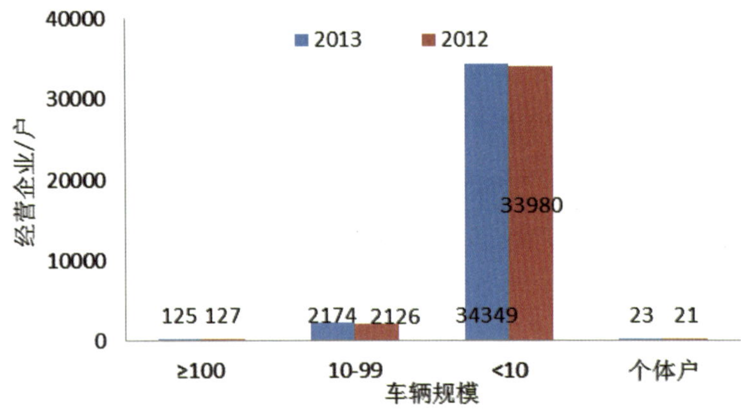

图 3.1-2 2013 年上海市普通货运行业按车辆规模分经营户数

（2）货物专用运输

近几年，货物运输向专业化发展趋势明显，从事货物专用运输的企业增长迅速。2013 年经营企业总数 3430 户，较上年增加 498 户，同比增长 17.0%。其中 100 辆及以上的大企业较上年增长 6 户，但是规模化的大型专用运输企业比重依然较低（见图 3.1-3）。

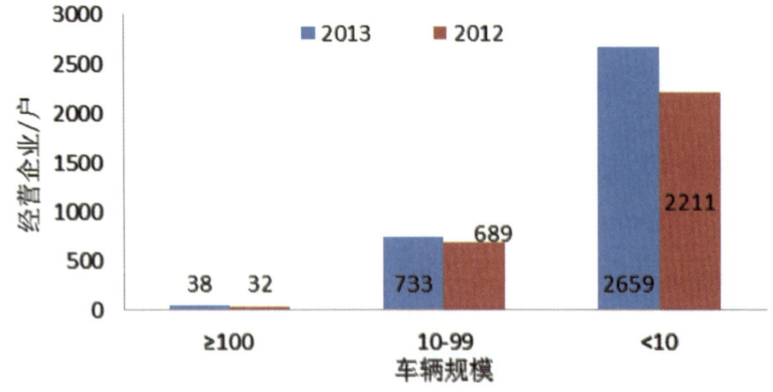

图 3.1-3 2013 年上海市货物专用运输行业按车辆规模分经营户数

其中，单列统计的道路集装箱运输经营企业 1726 户，较上年增加 247 户。分车辆规模看，9 辆及以下规模的小型企业 1234 户，较上年增加 234 户；10-99 辆规模的中型企业 460 户，较上年增加 9 户；100 辆及以上规模的大型企业 32 户，较上年增加 4 户（见图 3. 1-4）。

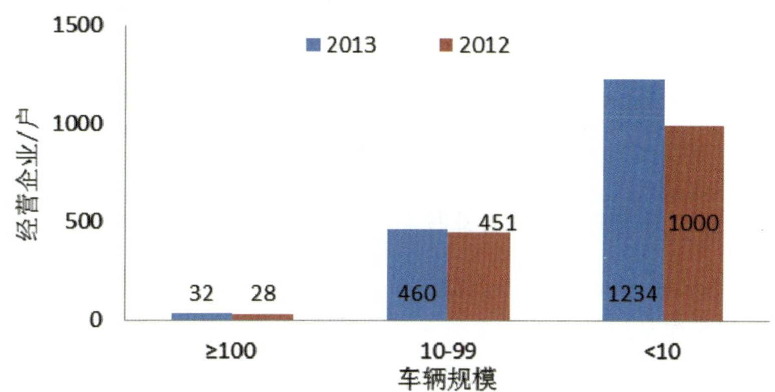

图 3.1-4 2013 年上海市道路集装箱运输行业按车辆规模分经营户数

（3）大型物件运输

大型物件运输经营企业 211 户，较上年增加 58 户，同比增长 37. 9%，连续 3 年保持快速增长。2013 年大件运输行业首次有 1 家车辆规模 100 辆以上大型企业出现（见图 3. 1-5）。

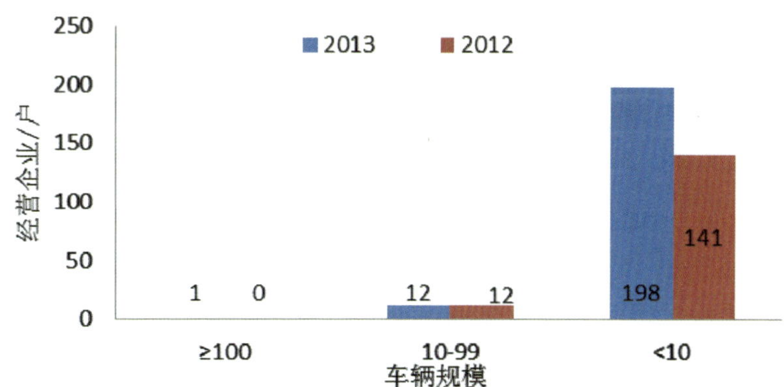

图 3.1-5 2013 年上海市大型物件运输行业按车辆规模分经营户数

（4）危险货物运输

2013 年，危险货物运输经营性企业 271 户（较上年增加 5 户），非经营性企业 23 户（与上年持平）。其中剧毒、放射、爆炸等三类高危企业 22 户（见图 3. 1-6）。

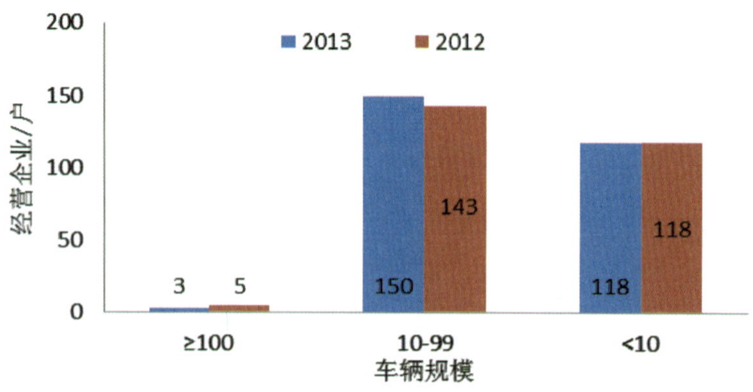

图 3.1-6 2013 年上海市危险货运行业按车辆规模分经营性业户数（不含非经营性）

分运输品类看，截止 2013 年 12 月底，全市从事 1 类 - 爆炸品运输 7 户、2 类 - 气体 236 户、3 类 - 易燃液体 262 户、4 类 - 易燃固体及易自燃物质 181 户、5 类 - 氧化性物质和有机过氧化物 149 户、6 类 - 毒性物质和感染性物质 148 户、7 类 - 放射性物质 6 户、8 类 - 腐蚀性物质 202 户、9 类 - 杂类危险物 129 户（见图 3.1-7、3.1-8）。

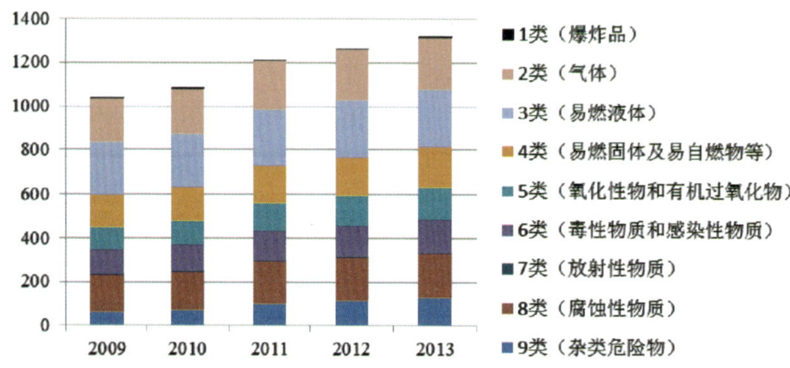

图 3.1-7 近 5 年上海市分品类危险品运输经营业户（含非经营性）

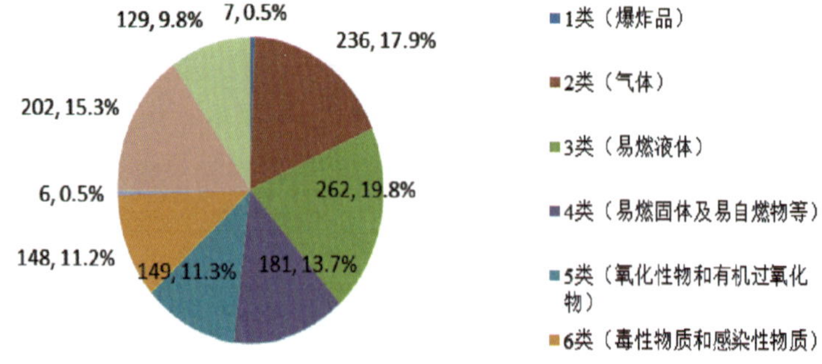

图 3.1-8 2013 年上海市分品类危险品运输经营业户比重（含非经营性）

（二）运输车辆

1. 行业总体情况

截至 2013 年 12 月底，上海市道路货物运输车辆 178622 辆，较上年增加 4141 辆。其中，大型、中型、小型车辆数量分别为 112177 辆、17429 辆、49016 辆，大型车辆持续增加，中型和小型车辆持续减少，运力结构快速向大型车辆发展。车辆吨位合计 1698934t，同比增长 6.2%，其中大型、中型、小型运输车辆吨位分别为 1543781t、71963t、83190t，同比分别增长 7.5%，减少 5.4% 和减少 4.8%（见表 3.1-2、图 3.1-9、3.1-10）。

表 3.1-2 上海市道路货物运输车辆 2013 年与 2012 年比较

年份	2013			2012			车辆数变化		吨位数变化	
	车辆数	吨位数	车均吨位（t/ 辆）	车辆数	吨位数	车均吨位（t/辆）	增减值	同比 %	增减值	同比 %
道路货物运输车辆	178622	1944079	10.9	174481	1698934	9.7	4141	2.4	245145	14.4
其中，大型	112177	1813835	16.2	94063	1543781	16.4	18114	19.3	270054	17.5
中型	17429	58060	3.3	21791	71963	3.3	-4362	-20.0	-13903	-19.3
小型	49016	72184	1.5	58627	83190	1.4	-9611	-16.4	-11006	-13.2

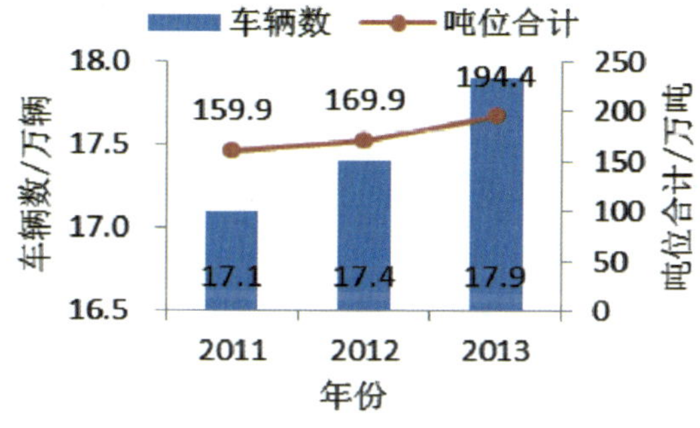

图 3.1-9 近 3 年上海市道路货物运输车辆规模

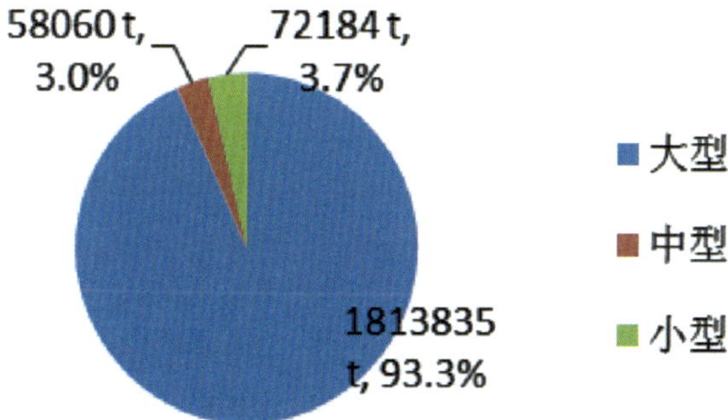

图 3.1-10 2013 年上海市道路货物运输车辆运力结构

2013年，上海市道路货物运输户均车辆4.68辆/户，较上年增长0.02辆/户。车均吨位为10.9吨/辆，同比增长12.4%。分车型看，大型、中型、小型车辆平均吨位分别为16.2t、3.3t、1.5t（见图3.1-11、3.1-12）。

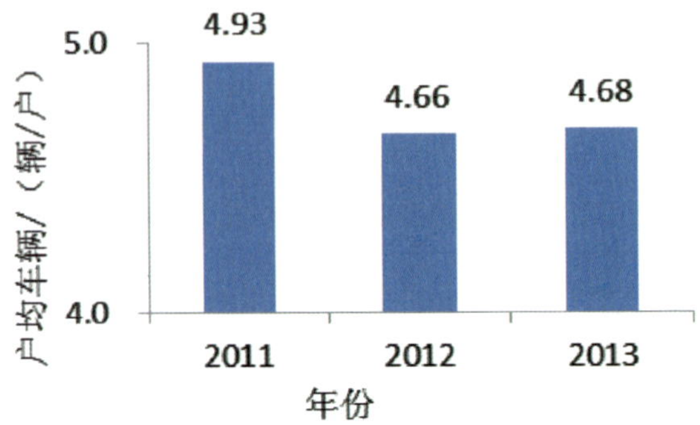

图3.1-11 近3年上海市道路货物运输户均车辆

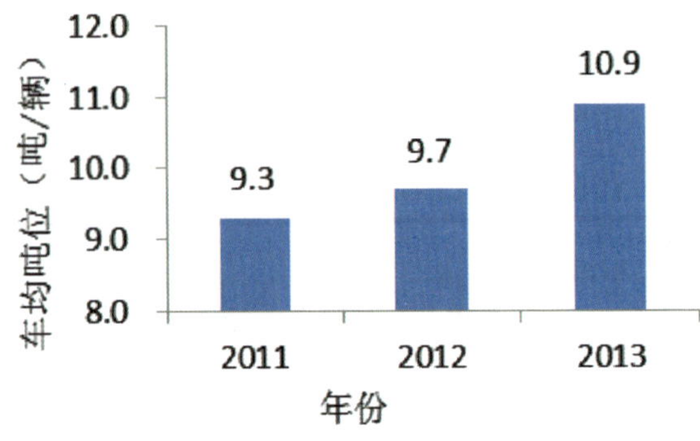

图3.1-12 近3年上海市道路货物运输车辆车均吨位

2、分业态情况

（1）冷链运输

截至2013年12月底，上海市道路冷藏保温车4220辆（较上年增加479辆），同比增长12.8%。其中，大型、中型、小型车辆数量分别为1185辆、1366辆、1699辆，分别较上年增加265辆，186辆和58辆。

车辆吨位合计16077t，同比增长22.5%，其中大型、中型、小型运输车辆吨位合计分别为8937t、4647t、2493t，同比分别增长32.8%，18.5%、0.8%。冷藏运输运力连续3年保持快速增长，车均吨位3.8t/辆，较上年增加0.3t/辆，同比增长8.6%。其中，大型车的车均吨位7.54t/辆；中型车的车均吨位3.40t/辆，小型车的车均吨位1.47t/辆（见表3.1-3、图3.1-13、3.1-14）。

表 3.1-3 主要年份上海道路冷链运输车辆构成

年份	合计		大型车辆（4t 以上）		中型车辆（2t 以上 4t 及以下）		小型车辆（2t 及以下）	
	数量 / 辆	吨位 /t	数量 / 辆	吨位 /t	数量 / 辆	吨位 /t	数量 / 辆	吨位 /t
2011	3153	10017	669	4602	959	3118	1525	2297
2012	3741	13128	920	6731	1180	3923	1641	2474
2013	4220	16077	1185	8937	1366	4647	1699	2493

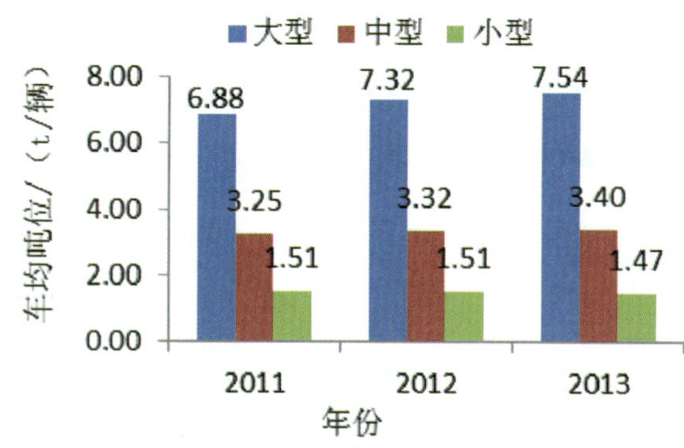

图 3.1-13 近 3 年上海市冷链运输分车型车均吨位

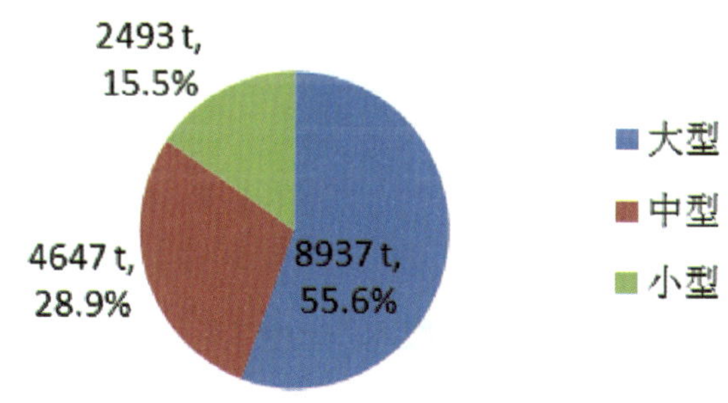

图 3.1-14 2013 年上海市冷链运输车辆运力结构

（2）集装箱运输

截至 2013 年 12 月底，上海市道路集装箱运输车辆 22615 辆，较上年增加 3095 辆，同比增长 15.9%。车辆吨位合计 691327t，同比增长 16.6%；集装箱箱量 45056TEU，同比增长 16.1%。换算户均车辆 13 辆，与去年持平（见图 3.1-15、3.1-16）。

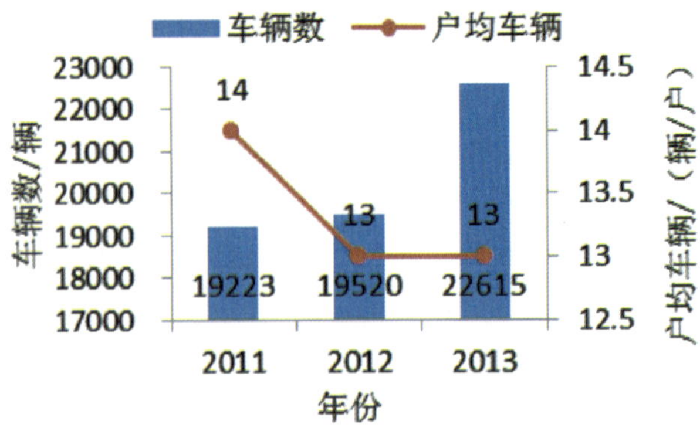

图 3.1-16 近 3 年上海市道路集装箱运输车辆运力规模

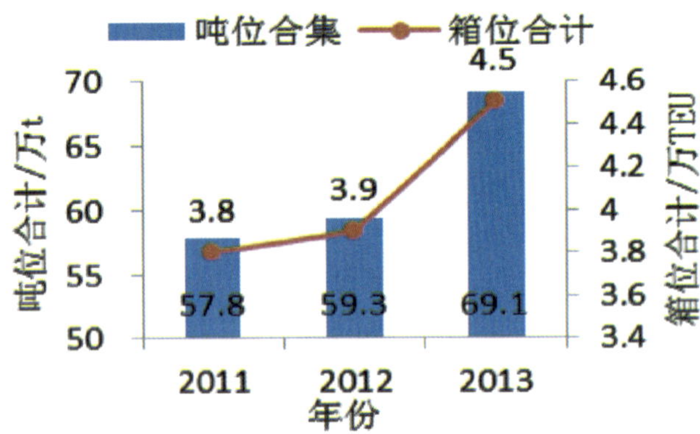

图 3.1-15 近 3 年上海市道路集装箱运输户均车辆

（3）大型物件运输

截至 2013 年 12 月底，大型物件运输车辆 598 辆，较上年增加 43 辆，同比增长 7.7%。车辆吨位合计 18830t，同比增长 5.7%，车均吨位 31.5t/ 辆（见图 3.1-17、3.1-18）。

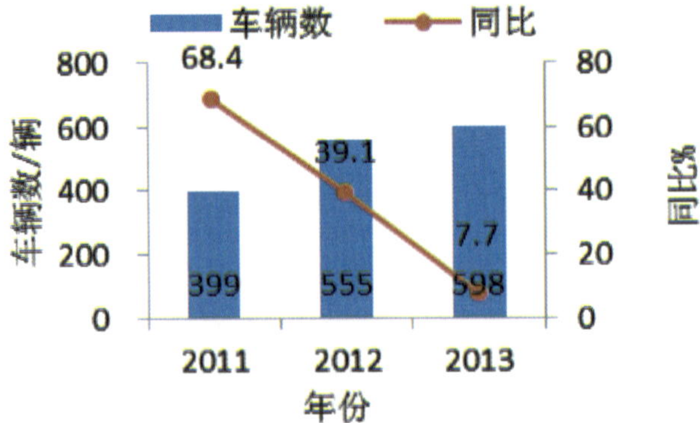

图 3.1-17 近 3 年上海市大型物件运输车辆规模

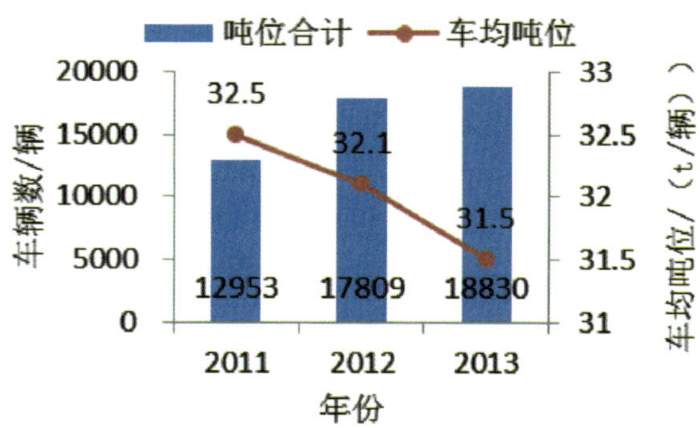

图 3.1-18 近 3 年上海市大型物件运输车均吨位

（4）危险货物运输

截至 2013 年 12 月底，危险货运车辆 6637 辆（较上年增加 618 辆），同比增长 10.3%。其中经营性车辆 6095 辆（较上年增加 474 辆），同比增长 8.4%；非经营性 542 辆（较上年增加 144 辆），同比增长 36.2%。分户均车数看，2013 年经营性户均车辆 24 辆 / 户，较上年增加 3 辆 / 户；非经营性户均车辆 24 辆 / 户，较上年增加 7 辆 / 户，增长显著（见图 3.1-19、3.1-20）。

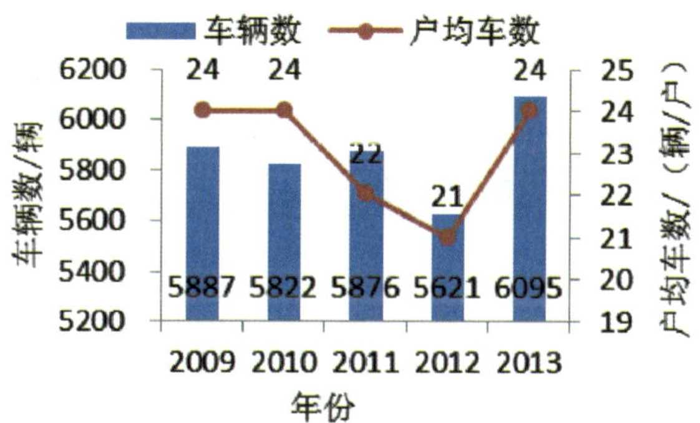

图 3.1-19 近 5 年上海市道路危运（经营性）车辆

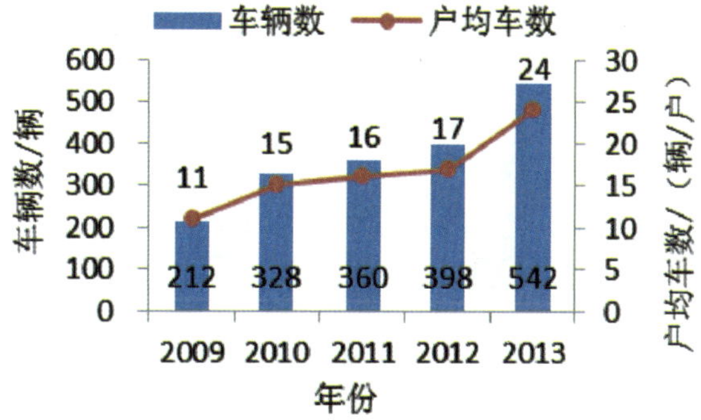

图 3.1-20 近 5 年上海市道路危运（非经营性）车辆

分吨位看，大型车辆（4t 以上）共 5319 辆，合计吨位 104677t，车均吨位 19.7t/ 辆；中型车辆（2t 以上 4t 及以下）共 515 辆，合计吨位 1645t，车均吨位 3.2t/ 辆；小型车辆（2t 及以下）共 803 辆，合计吨位 1076t，车均吨位 1.3t/ 辆（见表 3.1-4、图 3.1-21、3.1-22、3.1-23、3.1-24）。

表 3.1-4 近 3 年上海市道路危运车辆运力结构发展趋势

年份	大型车辆（≥ 4t）				中型车辆（2t-4t）				小型车辆（≤ 2t）			
	经营性		非经营性		经营性		非经营性		经营性		非经营性	
	数量（辆）	车均吨位（t）	数量（辆）	车均吨位（t）	数量（辆）	车均吨位（t）	数量（辆）	车均吨位（t）	数量（辆）	车均吨位（t）	数量（辆）	车均吨位（t）
2011	4199	19.5	300	21.6	719	3.2	33	3.2	958	1.4	27	1.7
2012	4157	19.5	338	21.8	613	3.2	29	3.2	851	1.4	31	1.5
2013	4909	19.6	410	21.0	476	3.2	39	3.3	710	1.4	93	0.9

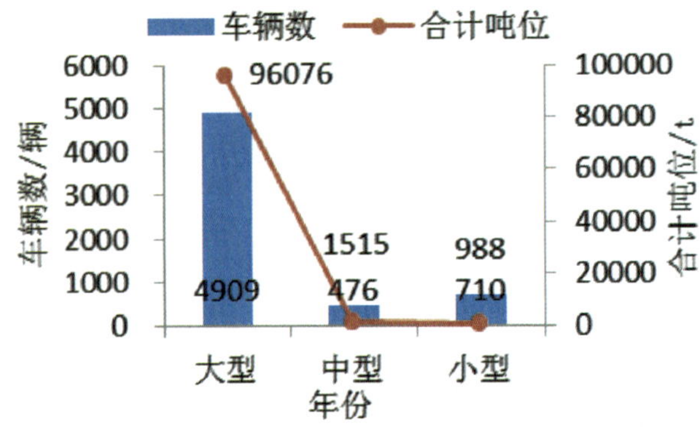

图 3.1-21 2013 年上海市道路危运经营性车辆结构

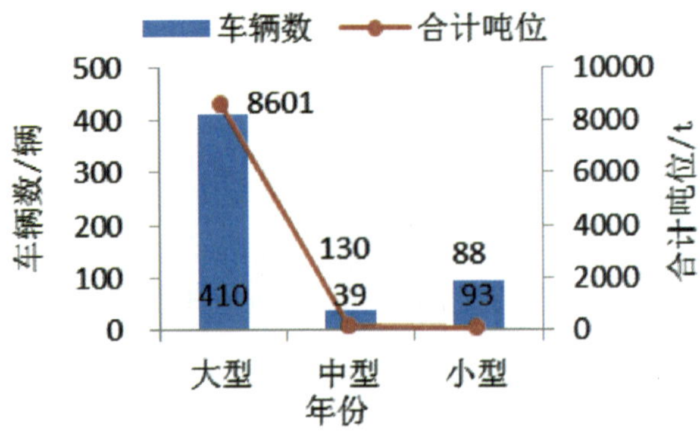

图 3.1-22 2013 年上海市道路危运非经营性车辆结构

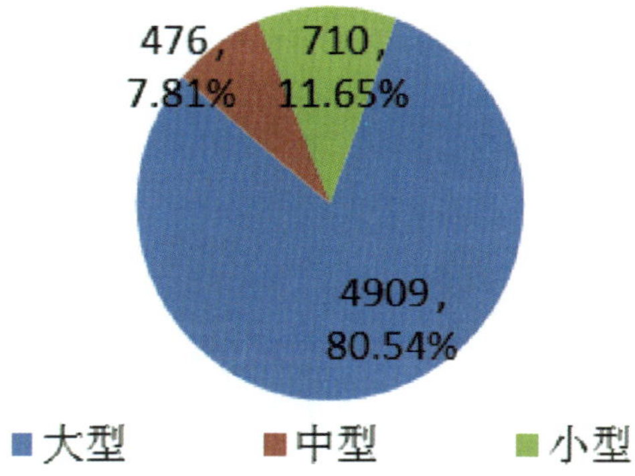

图 3.1-23 2013 年上海市道路危运经营性分车型比重

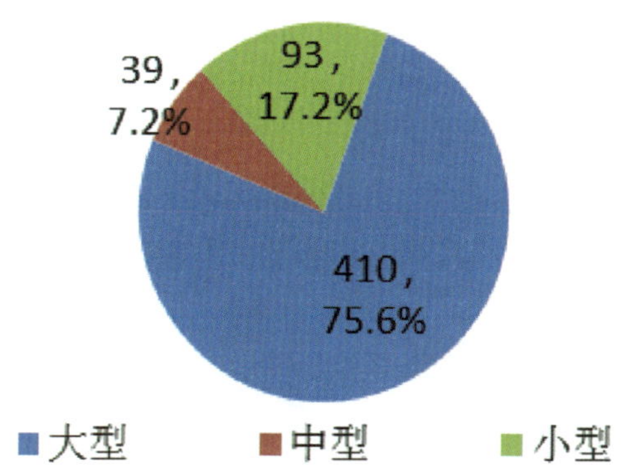

图 3.1-24 2013 年上海市道路危运非经营性分车型比重

（三）从业人员

截至 2013 年 12 月底，上海市道路货物运输从业人员 445587 人，较上年增加 9193 人，同比增长 2.1%。其中持证上岗 226593 人，同比增长 0.7%，占从业人员总数 50.9%。道路货物运输驾驶员 217498 人，较上年增加 9264 人，同比增长 4.4%，全部持证上岗，占从业人员总数 48.8%（见表 3.1-5、图 3.1-25）。

表 1-5 近 3 年上海市道路货运从业人员发展趋势

年份	从业人员总数	较上年 %	其中，驾驶员数	占比 %	较上年 %
2011	428207	5.0	204937	47.9	20.7
2012	436394	1.9	208234	47.7	1.6
2013	445587	2.1	217498	48.8	4.4

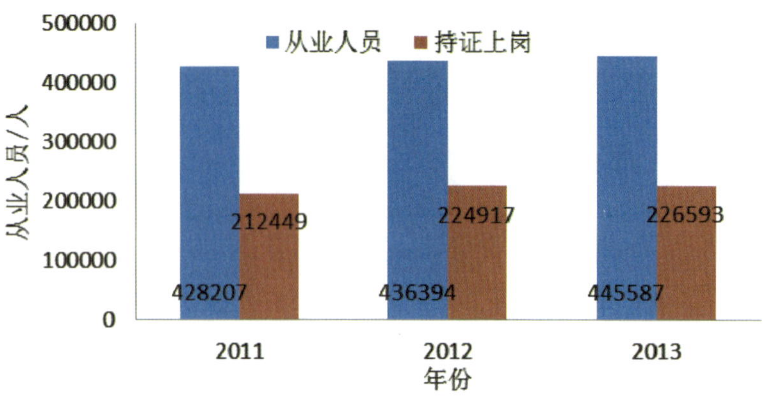

图 3.1-25 近 3 年上海市道路货物运输从业人员规模发展趋势

危险货物运输作为重点管控对象，要求驾驶员、押运员和装卸管理员全部持证上岗。2013 年持证上岗危险货物运输驾驶员 8594 人，押运员 8719 人，装卸管理员 376 人（见图 3.1-26、3.1-27）。

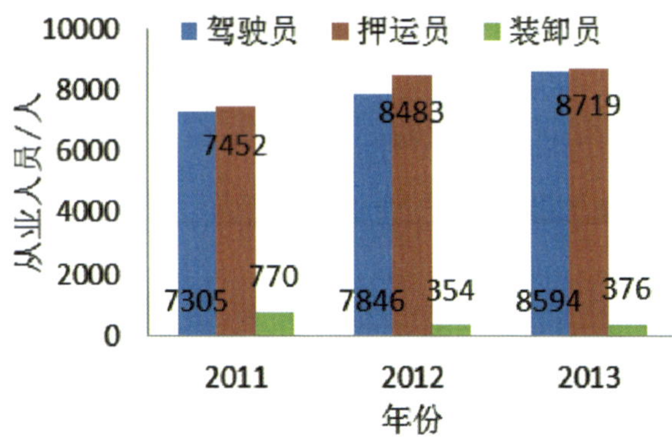

图 3.1-26 近 3 年上海市道路危运从业人员规模发展趋势

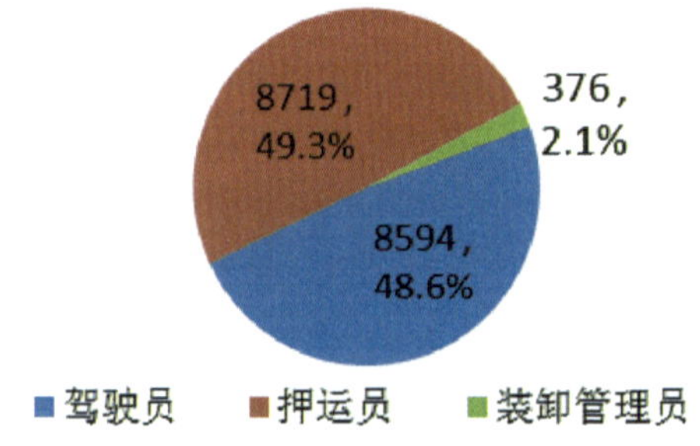

图 3.1-27 2013 年上海市道路危运从业人员结构

（四）货运站场及堆场

2013年，上海市道路货运站场106个，较上年增加10个，同比增长10.4%。

【行业运行状况】

（一）货运总量小幅增长

2013年，上海市道路货物运输量43809万吨，较上年增长898万吨，同比增长2.1%，增速有所回升。其中运输集装箱1718.3万TEU，较上年减少56.4万TEU，同比下降3.2%（见图3.1-28、3.1-29）。

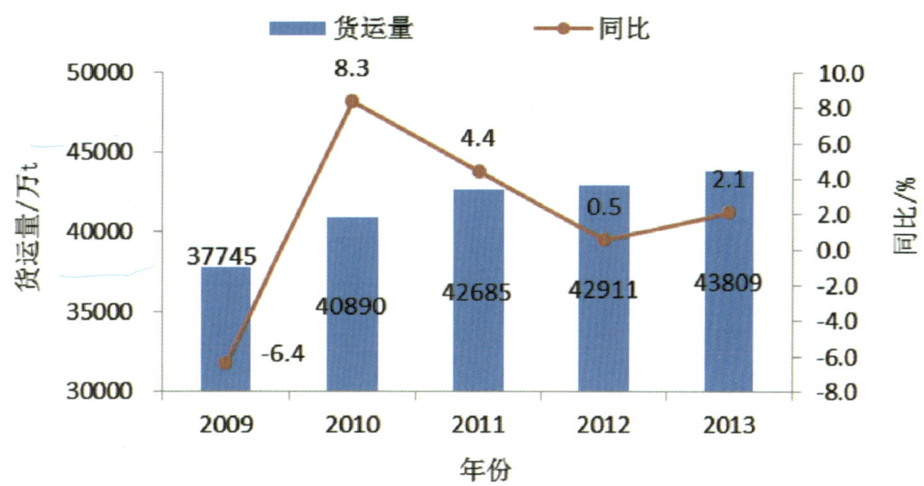

图3.1-28 近5年上海市道路货物运输量趋势

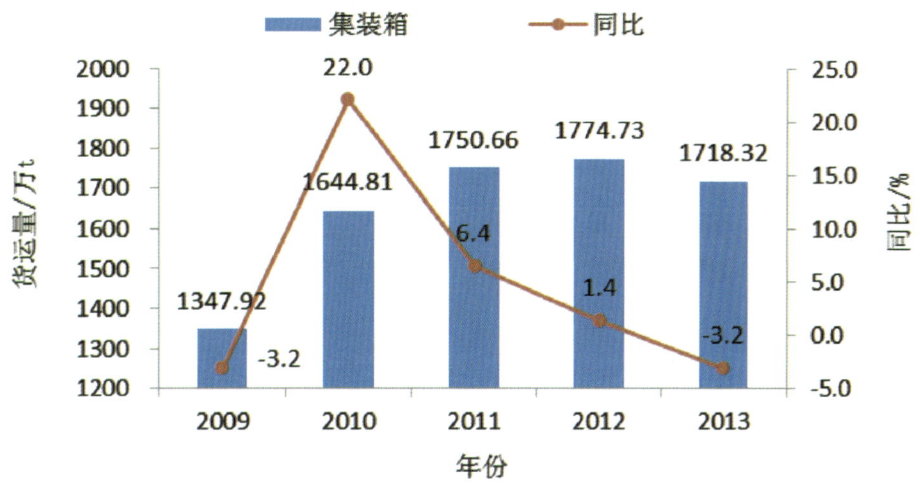

图3.1-29 近5年上海市道路货物运输集装箱量趋势

（二）道路集装箱港口集疏运情况

1、港区 RF 卡注册情况

截至 2013 年 12 月底，在册 RF 卡的单位共 1496 家，RF 卡共发放 23413 张。其中上海占 72.89%，河南占 21.66%，山东占 2.78%，其他省市占 2.67%（见表 3.1-6）。

表 3.1-6 2013 年港区 RF 卡注册企业和车辆情况

序号	省份	单位数	车辆数比例	比重 %
1	上海	1071	17066	72.89%
2	浙江	20	257	1.10%
3	江苏	31	272	1.16%
4	河南	217	5071	21.66%
5	山东	104	651	2.78%
6	安徽	13	88	0.38%
7	北京	1	8	0.03%
合计		1496	23413	100.0%

2、车辆进港次数

2013 年 1-10 月，道路集装箱运输车辆总进港次数 4155888 次。从月均变化趋势可以看出，受春节因素影响，2 月份进港次数最低，春节结束后的首个 3 月进港次数最高（见图 3.1-30）。

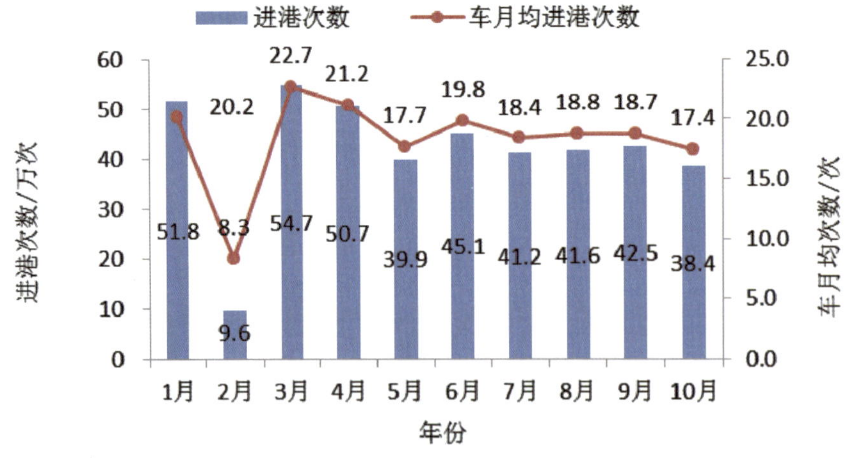

图 3.1-30 2013 年 1-10 月进港次数月变化趋势

说明：因交海公司进港统计系统更新，2013 年 11 月、12 月进港数据不完整，故不予分析。

分车籍所在地看，超过 3 次以上的进港车辆数量排序，依次为上海、河南、山东、江苏、浙江和安徽。上海籍车辆和外地籍车辆之比约为3:1（见图 3.1-31、3.1-32）。

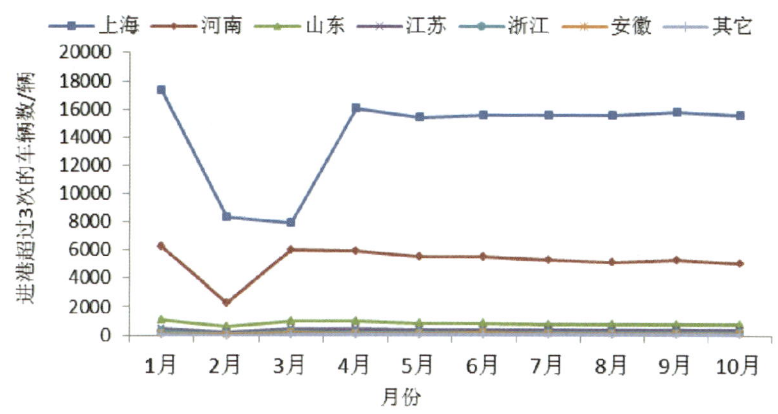

图 3.1-31 2013 年 1-10 月按车辆所在地分的进港超过 3 次的车辆数

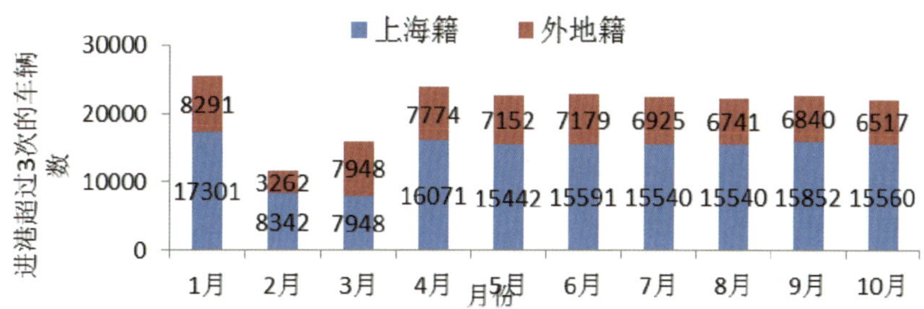

图 3.1-32 本市与外省市 2013 年 1-10 月进港超过 3 次的车辆数比较

3、车辆行驶里程

2013 年，道路集装箱运输车辆日均行驶里程较上年继续小幅降低，全年波动中在 2 月和 10 月呈现明显波谷现象（见图 3.1-33）。

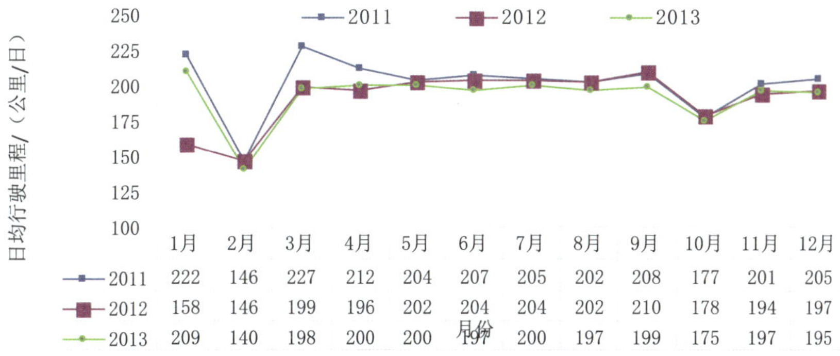

	1月	2月	3月	4月	5月	6月	7月	8月	9月	10月	11月	12月
2011	222	146	227	212	204	207	205	202	208	177	201	205
2012	158	146	199	196	202	204	204	202	210	178	194	197
2013	209	140	198	200	200	197	200	197	199	175	197	195

图 3.1-33 近 3 年上海市道路集装箱运输车辆日均行驶里程月变化趋势

（来源：上海市交通港航发展研究中心）

3.2 水路货运

【港口集疏运体系】

上海港集装箱和散杂货码头分布于近27公里的岸线上。集装箱码头主要分布于洋山、外高桥和吴淞港区；散杂货码头主要分布于罗泾、吴淞和龙吴港区。各港区通过水上和陆上集装箱穿梭驳运服务连为一体。

2013年市交通港口局认真完成上海“两会”建议、提案办理工作，着重就代表、委员提出的完善港口集疏运体系的建议进行调研和办理。深入分析了洋山深水港与外高桥港区间“穿梭巴士”的运营现状和效益情况，为推动“洋山—外高桥”两港联动、推进集装箱水水中转等决策提供参考意见。进一步支持上港集团深化长江战略，保证支线船的泊位和班期，以优化干支衔接和中转衔接。当年上海港集装箱水水中转的比率提前达到45%。此外，配合市国航办研究了扩大启运港退税试点的准备工作，为下阶段水水中转再上台阶奠定了基础。

2013年，通过全面监测、合理养护、精细化管理，使东海大桥设施设备综合完好率达到98%以上。加强与中国（上海）自由贸易试验区管委会及有关单位的衔接，对东海大桥海港大道卡口收费系统进行了改造；对小洋山部分市政道路和芦潮港辅助区部分道路及相关设施进行了整修。全年东海大桥车辆通行545万辆(次)，日平均通行1.49万辆（次）；其中，集卡462万辆，占比84.73%。

在内河水运发展上，建立了航道建设协调推进机制，每月相关单位共同召开项目推进会，掌握项目实施情况，及时沟通项目推进中遇到的问题，确保项目重大节点和问题及时上报。2013年底，赵家沟航道整治工程船闸基本完成，大芦线航道整治一期工程（临港新城段）航道土方工程、护岸、防汛通道基本完成。杭申线航道整治工程的航道部分已完成。

2013年，为推动长三角内河集装箱运输联动发展，上海多次同江苏、浙江等地区港航管理部门沟通协调相关事宜，于7月组织召开联席机制筹备会，会议形成了《长三角内河集装箱运输发展联席会议章程（草案）》和《关于促进长三角内河集装箱运输联动发展倡议书（草案）》。10月底由上海牵头在沪召开了“长三角内河集装箱运输发展联席会议第一次会议”，会议对长三角内河集装箱运输发展中存在的问题和诉求及运输过程中港口、口岸和通航效率等问题进行了讨论，通过了两个草案，标志着内河集装箱运输协调机制正式建立。

【港口主业】

1. 港口货物装卸

（1）全港货物吞吐量

2013年，上海港全港完成货物吞吐量7.76亿吨，同比增长5.5%，增速较去年同期增加了4.4个百分点，创全港年货物吞吐量历史新高，低于全国3个百分点。海港货物吞吐量累计完成68273.4万吨，同比增长7.1%，增速提高5个百分点，占全港货物吞吐量88%，比上年提升1.3个百分点。内河港码头、海港公用码头、海港货主码头分别完成9301.2、54190.8、14082.7万吨，分别占总量12%、69.9%、18.1 %。内河港码头和海港货主码头货物吞吐量同比分别为下降5.3%、增长1.7%。海港公用码头货物吞吐量同比增长8.9%，拉动了全港货物吞吐量增长。

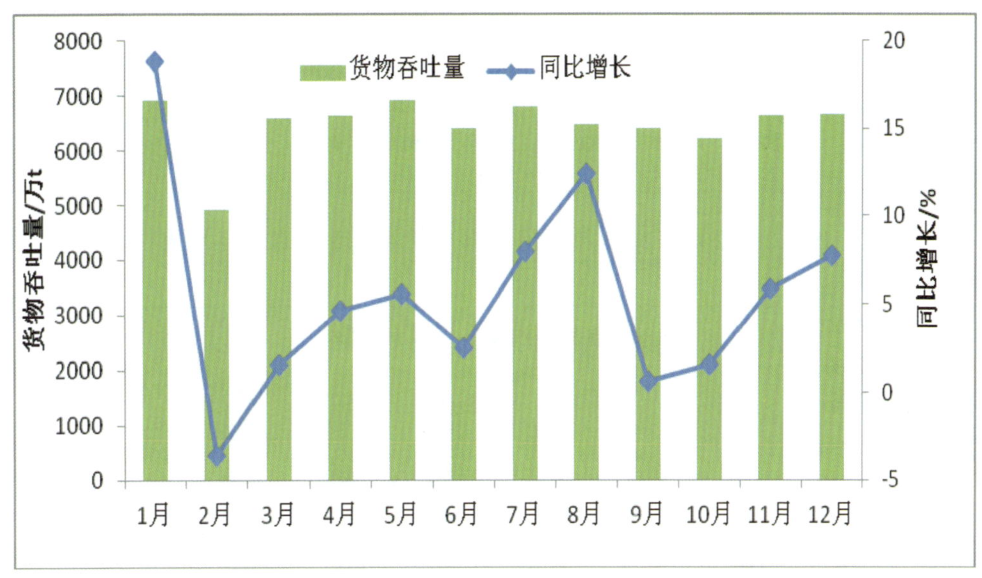

图 3.2-6 2013 年上海全港月度货物吞吐量及同比增长

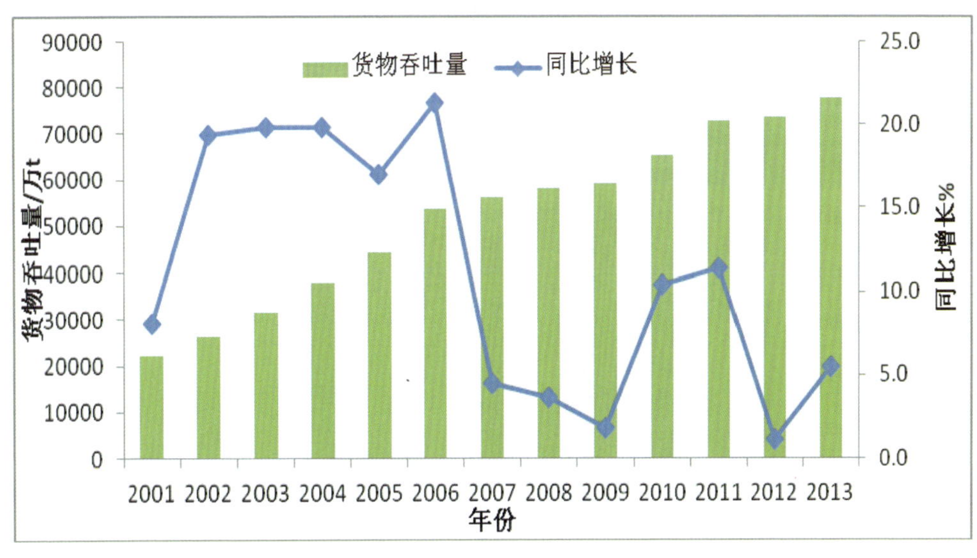

图 3.2-7 2001-2013 年上海全港货物吞吐量及同比增长

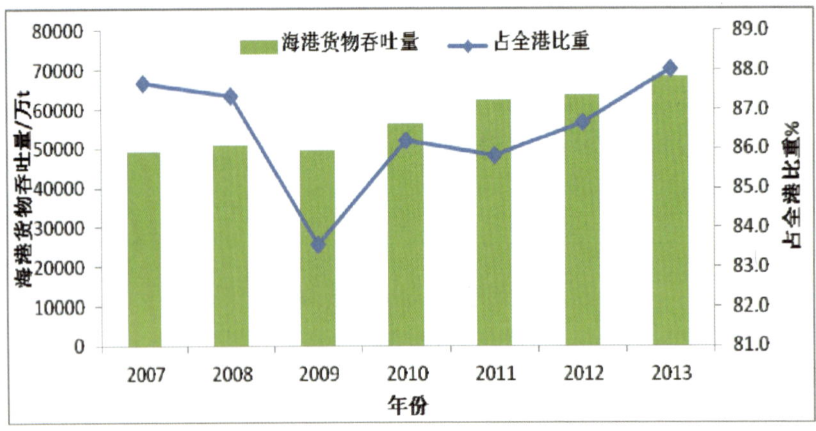

图 3.2-8 2007-2013 年上海海港货物吞吐量及占全港比重

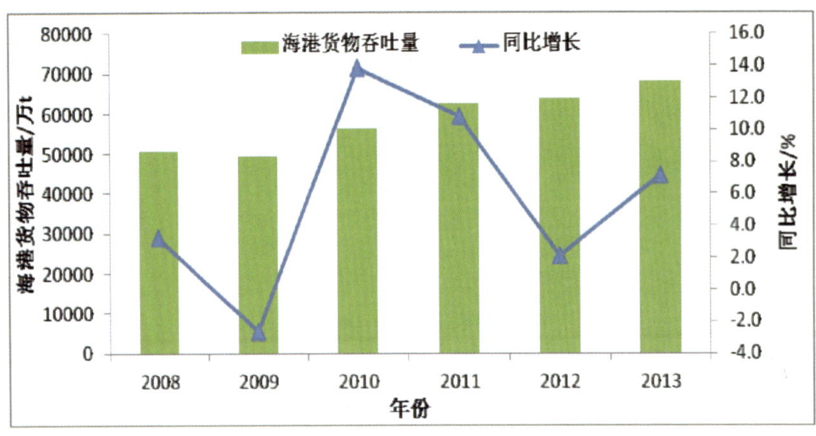

图 3.2-9 2008-2013 年上海海港货物吞吐量及同比增长

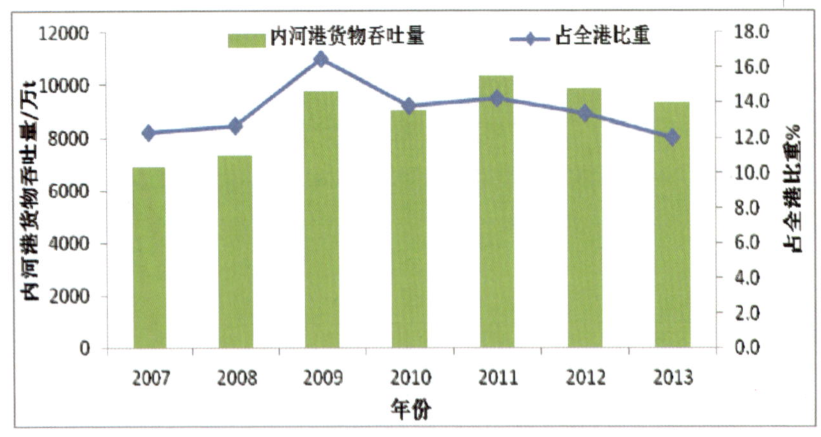

图 3.2-10 2007-2013 年上海内河港货物吞吐量及占全港比重

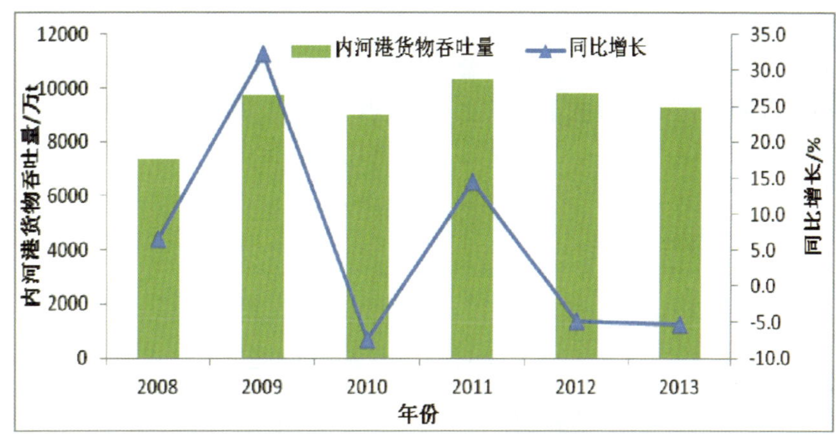

图 3.2-11 2008-2013 年上海内河港货物吞吐量及同比增长

2013 年，全港进出港货物均呈现增长态势。上海港全港进港货物吞吐量 46977.9 万吨，同比增长 4%；出港货物吞吐量 30596.6 万吨，同比增长 7.7%。其中，海港进港货物吞吐量达 39013.3 万吨，同比增长 6.6%；出港货物吞吐量完成 29259.5 万吨，同比增长 7.8%。海港货主码头进港完成货物吞吐量 12064.5 万吨，同比增长 4.3%，出港完成 2017.5 万吨，同比增长 4.3%，进港约是出港的 6 倍，海港公用码头货物吞吐量进港完成 26948.8 万吨，同比增长 7.7%，出港完成 27242 万吨，同比增长 8.1%。内河港货物吞吐量进港完成 7981.1 万吨，同比下降 6.7%，出港完成 1337.2 万吨，同比增长 6%。

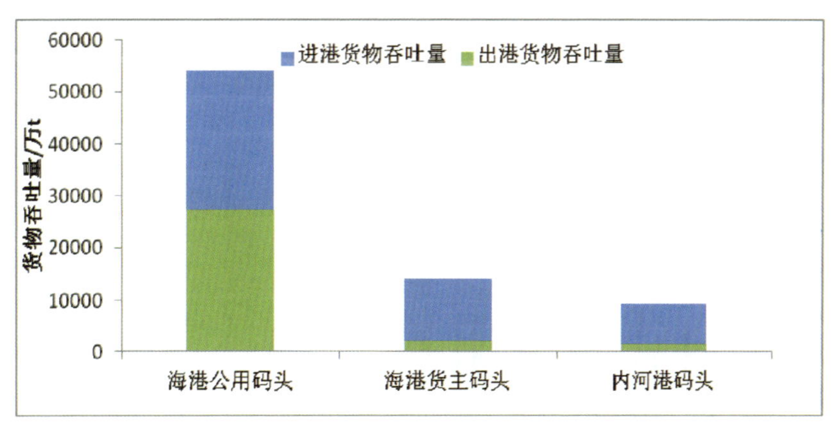

图 3.2-12 2013 年上海港进出港货物吞吐量

2013 年上海港外贸货物吞吐量增速略有下降，累计完成 37705.6 万吨，同比增长 5.2%，增速较去年回落 0.9 个百分点，低于全国 4 个百分点，占全港货物吞吐量的 48.6%，较上年降低 0.1 个百分点。其中，外贸出口完成 16384 万吨，同比增长 3%；

外贸进口完成21321.5万吨，同比增长7%，占外贸货物吞吐量的56.5%，外贸进口增速高于出口，说明外贸货物吞吐量增长主要受外贸进口拉动，这与第二、第三季度外贸大宗散货的大量进口密切相关。内贸货物吞吐量增速出现逆转，2013年累计完成内贸货物吞吐量39869万吨，同比增长5.7%，其中进港内贸25656.4万吨，同比增长1.7%，出港内贸14212.7万吨，同比增长13.7%，内贸增长主要得益于内需的拉动。

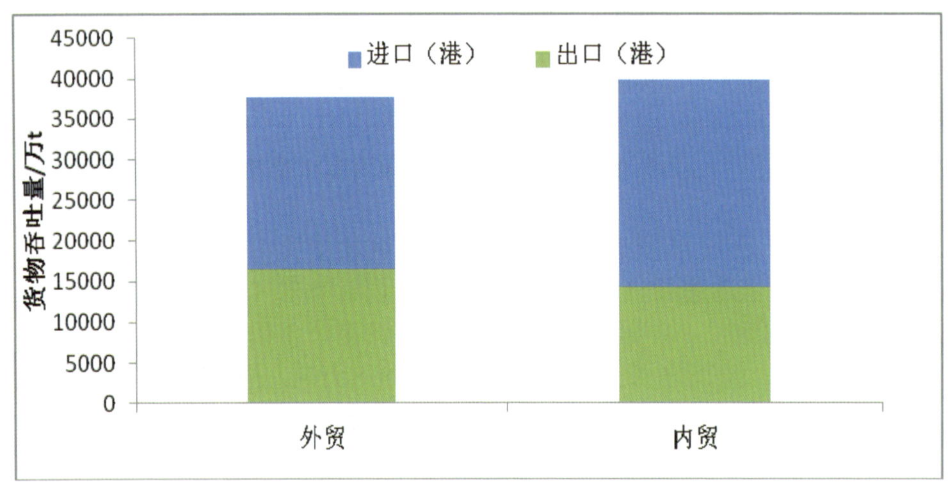

图 3.2-13 2013 年上海港内外贸进出口货物吞吐量

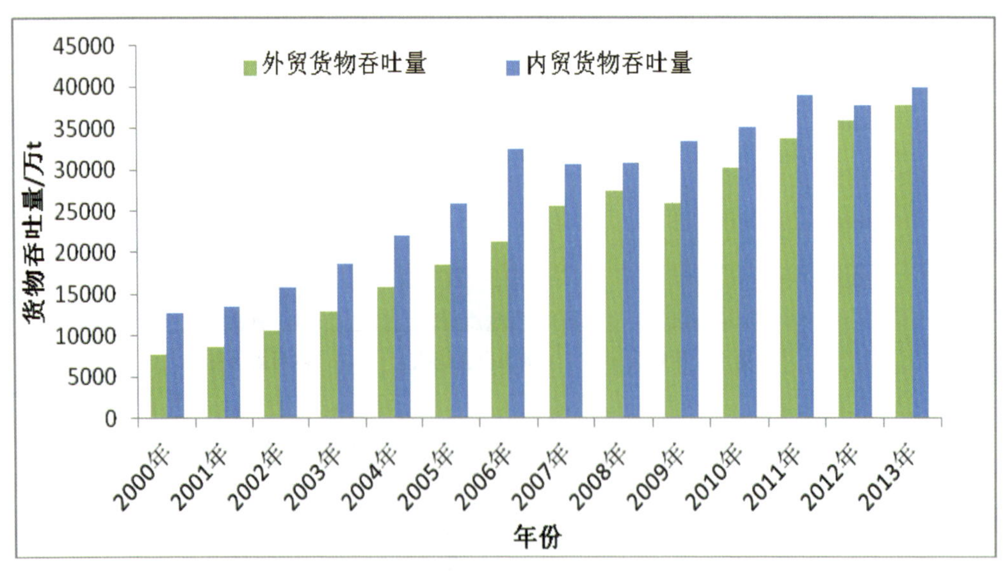

图 3.2-14 2000-2013 年上海港内外贸货物吞吐量

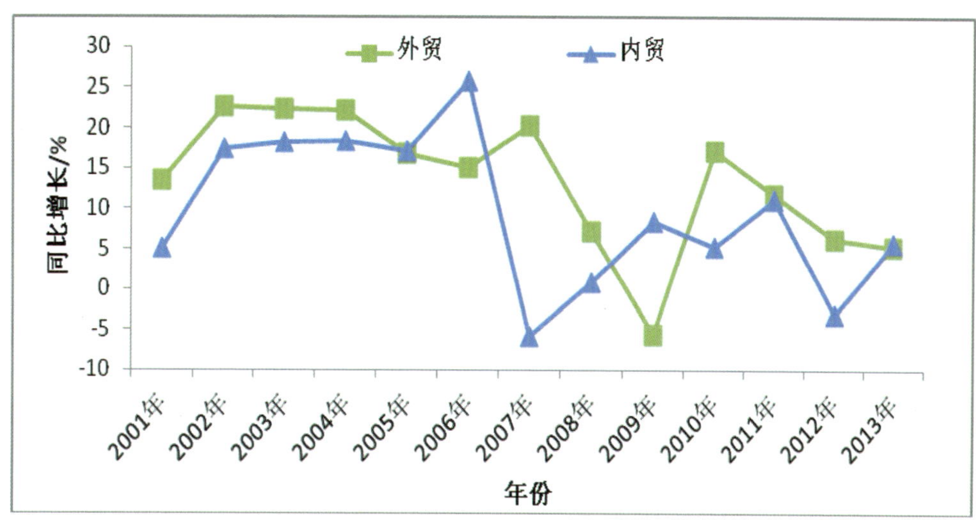

图 3.2-15 2001-2013 年上海港内外贸进出口货物吞吐量同比增长

（2）全港分货类吞吐量

2013 上半年，受国内经济增速趋缓、结构调整等影响，煤炭需求萎缩，市场供应较为宽松，由于国外煤炭价格持续下滑，进口煤数量快速增长，进一步压制国内煤炭价格，造成内贸煤炭市场疲软。下半年，随着国家稳增长政策的效应逐步体现，经济复苏有所加速，需求回升，同时冬季供热用煤量增加，电力企业补充库存等原因，煤炭市场有所好转。2013 年上海港完成煤炭及制品 12142.0 万吨，同比增长 9.9%，成为拉动全港货物吞吐量增长的重要动力。其中外贸煤炭完成 1564.2 万吨，同比增长 23.9%，增速迅猛，但增速较 2012 年明显回落。内贸完成 10577.8 万吨，同比增长 8.1%，受到一定抑制。整体来看，全年煤炭运输形势呈两头高中间低的变化趋势。

2013 年，随着经济企稳向好，钢材下游产业生产好转，连带钢厂对铁矿石的需求增加，全国铁矿石进口量进一步增长，但月度波动较大。此外，在结构调整和节能减排的压力下，铁矿石和钢材库存表现为逐渐消化的过程。上海港全年累计完成金属矿石吞吐量 10519.4 万吨，同比增长 12%，增速较 2012 年提高 1.7 个百分点，铁矿石吞吐量再创新高。完成钢铁吞吐量 1240.2 万吨，同比增长 3.3%，增幅逐季度下降。全年完成 5205.4 万吨，同比增长 7.3%。

2013 年，上海港矿建材料、水泥吞吐量分别完成 6564.5 万吨、1007.7 万吨，同比分别为下降 9.7% 和增长 6.1%。

受航运市场低迷影响，石油、天然气及制品的需求受到抑制，2013 年累计完成 2653.5 万吨，同比下降 1.4%。但外贸石油天然气则有明显增幅，同比增长 20.6%。体现出本市能源进口品种的改变，由以往石油类货物为主向以天然气为主的转变。同时另外一方面，传统的炼油企业出现了从以往的水路运输为主逐渐向管道运输为主的转变。

2013 年，内河港主要货种煤炭及制品、钢铁、矿建材料和水泥吞吐量分别完成 1018.6 万吨、993.2 万吨、5743.9 万吨、852.1 万吨，同比分别增长 23.3%、增长 2.7%、下降 10.6%、增长 12.6%，分别占内河港货物吞吐量 11%、10.7%、61.8%、9.2%，占全港该货种比重的 8.4%、19.1%、87.5%、84.6%。

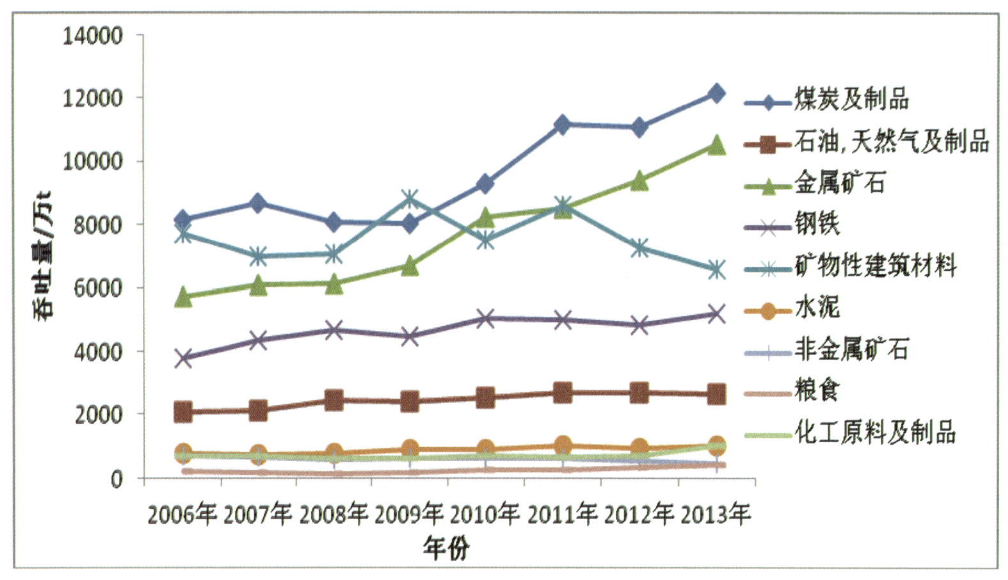

图 3.2-16 2006-2013 年上海全港主要货类吞吐量趋势

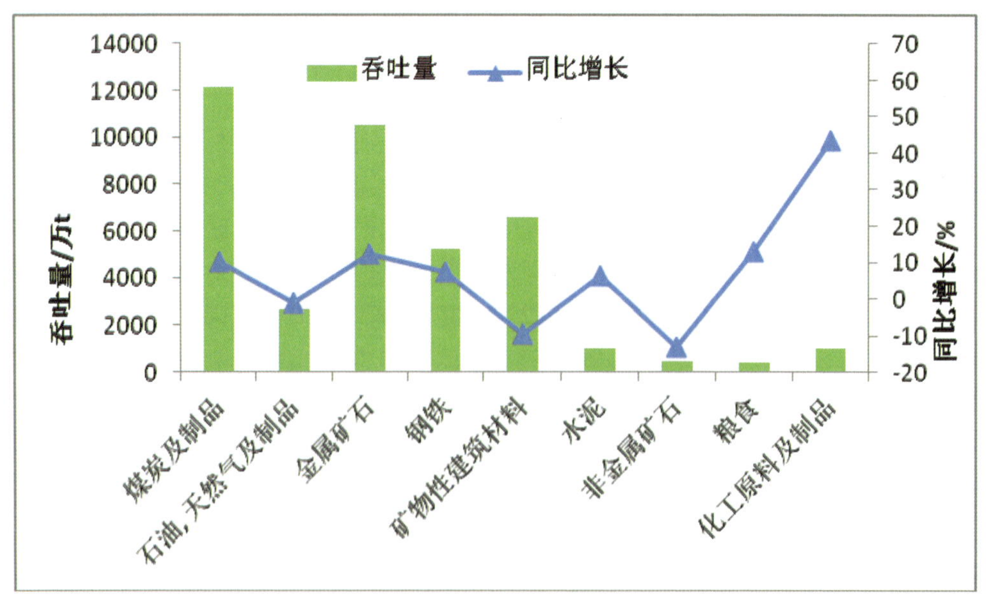

图 3.2-17 2013 年上海全港主要货类吞吐量及同比增长

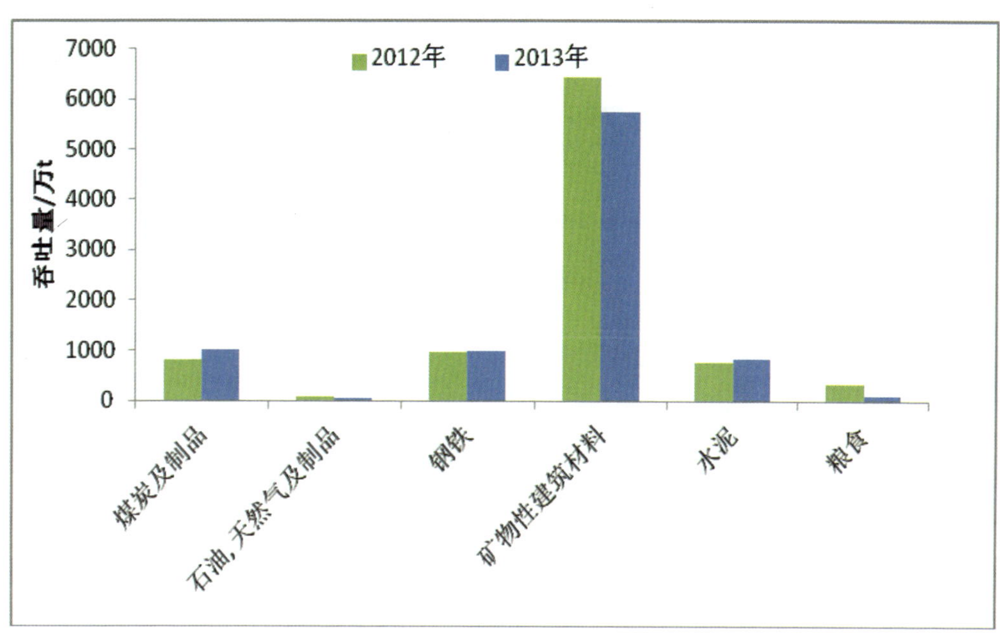

图 3.2-18 2012 和 2013 年上海内河港主要货类吞吐量对比

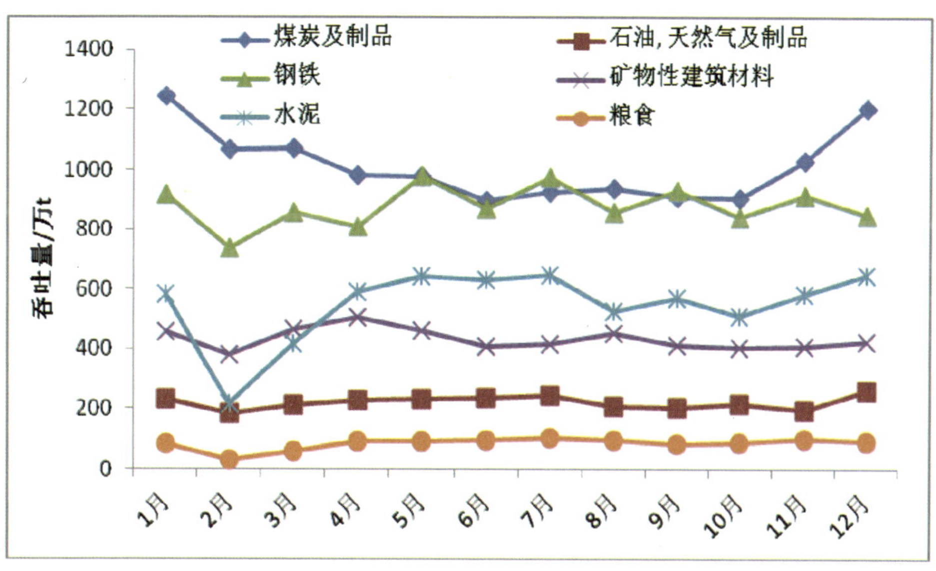

图 3.2-19 2013 年上海全港分月份主要货类吞吐量趋势

2013 年上海港完成滚装汽车 147.3 万标准辆，创 2009 年海通码头运营以来新高，汽车滚装业务保持全国领先优势，同比增长 8.4%，增速比去年回落 6.8 个百分点。

（3）危险品货物吞吐量

2013 年，上海港完成危险品货物吞吐量 4382.9 万吨，同比增长 2.3%，其中货主码头完成 3018.5 万吨，同比增长 5.2%，集团公司完成 1364.4 万吨，同比下降 3.5%。

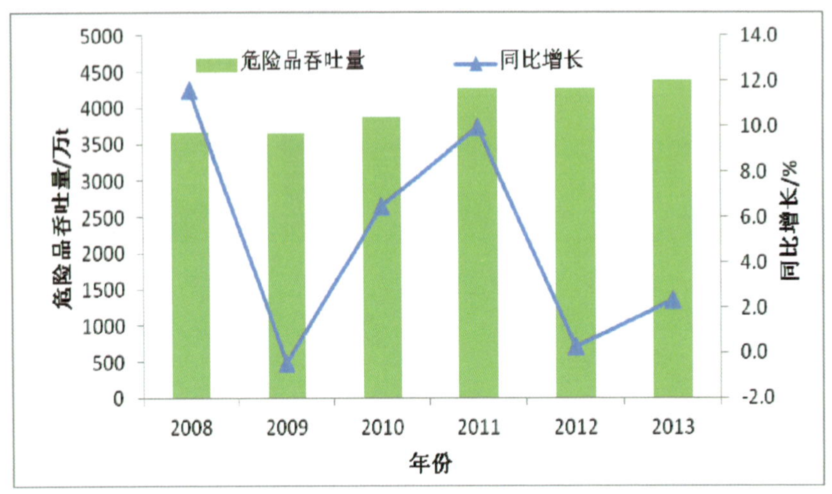

图 3.2-20 2008-2013 年海港危险品吞吐量及其同比增长

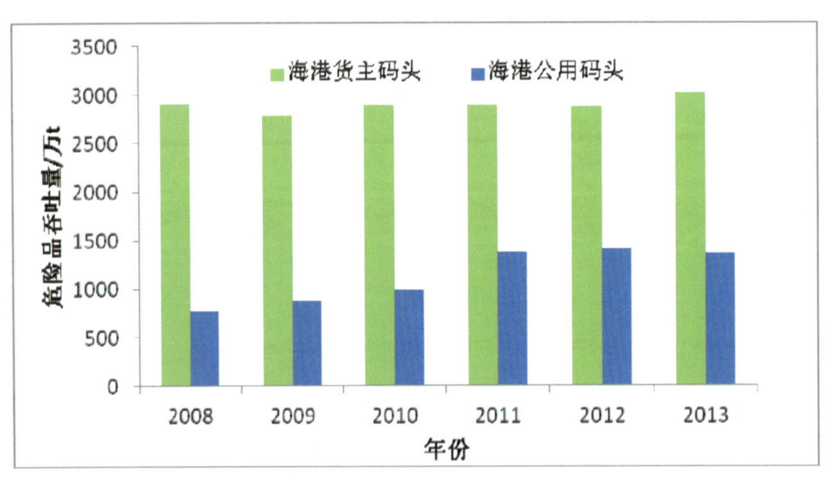

图 3.2-21 2008-2013 年海港危险品吞吐量构成

至 2013 年底，上海市共有内河危险货物港口企业 51 户，其中 10 户已暂停营业，全年完成 4 户企业的歇业手续。共完成内河危险品吞吐量 176.3 万吨，同比下降 0.7%，说明内河危险品的运输仍在严格管理中，但四季度运输量增长较大。

（4）港口集装箱装卸

目前上海港与世界上 200 多个国家和地区的 500 多个港口有着贸易往来，截至 2013 年底，每月有集装箱航班 3148 班，其中：远洋线 544 班，近洋线 612 班。

2013 年上海港完成集装箱吞吐量

3361.7 万 TEU，创历年同期新高，同比增长 3.3%，增速较去年提升 0.8 个百分点，已连续四年保持世界第一。新加坡位居第二，完成集装箱吞吐量 3257.9 万 TEU，落后 103.8 万 TEU，同比增长 3%，比上海低 0.3 个百分点。深圳港完成 2327.8 万 TEU，超过香港港跃居世界第三，同比增长 1.5%；香港港口完成 2232 万 TEU，同比下降 3.4%，退居第四；釜山港和宁波－舟山港分别完成 1767.4 万 TEU、1735.1 万 TEU，同比分别增长 3.7% 和 7.3%。

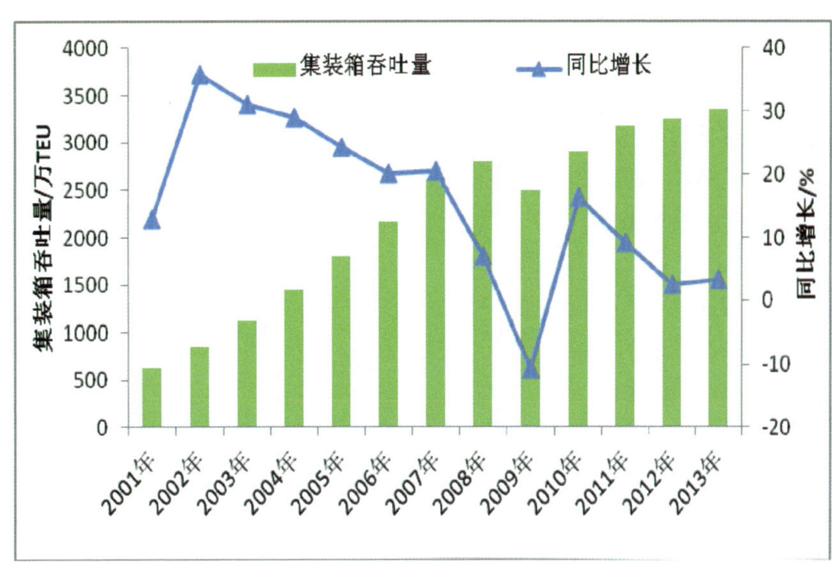

图 3.2-22 2001-2013 年上海港集装箱吞吐量及同比增长

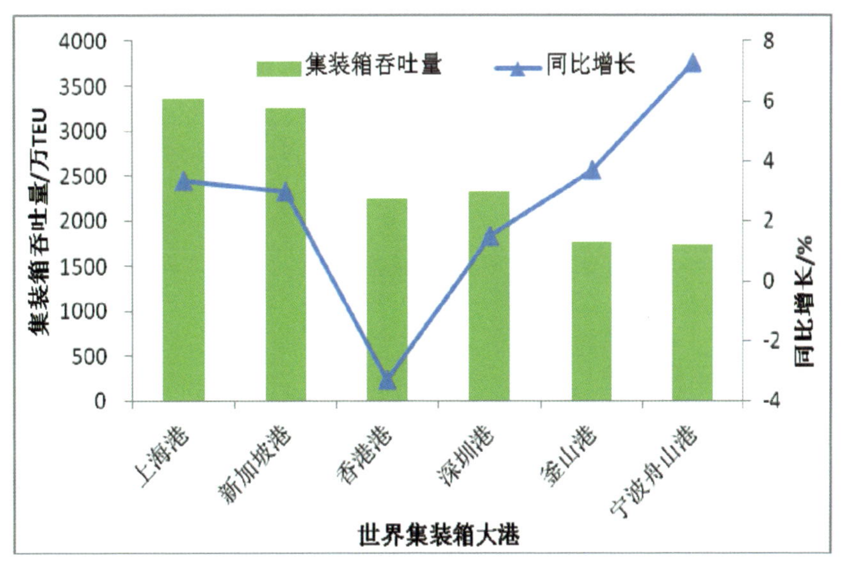

图 3.2-23 2013 年世界主要集装箱大港集装箱吞吐量及增幅对比图

洋山港区2013年累计完成1436.5万TEU，同比增长1.5%，增速较2012年回落了6.5个百分点，占全港比重42.7%，较上年降低0.8个百分点，从月度比重来看，数值趋于稳定。洋山港集装箱吞吐量总体上保持了增长，但增速明显放缓，全年有五个月同比出现下降，主要原因是受到全球经济形势的限制，全港集装箱运输需求增长不大。

2013年累计水水中转量为1527.3万TEU，同比增长9.6%，增速较上年提高2.8个百分点，水水中转比重为45.4%，较上年提升2.6个百分点。尤其国际中转业务和内河转运取得大幅增长。其中国际中转业务完成236万标准箱，同比增长32.1%，占总吞吐量的比例达到7.0%；长江支线完成429.5万标准箱，同比增长10.8%；内河完成22.5万标准箱，同比增长92.2%。洋山港区集装箱吞吐量水水中转比重为49.8%，较去年同期提高3.1个百分点，比全港高4.4个百分点。

分进出港来看，2013年上海港集装箱进港完成1652.2万TEU，占全港集装箱吞吐量的49.1%，同比增长2.9%；出港完成1709.5万TEU，占全港集装箱吞吐量的50.9%，同比增长3.7%。分空重箱来看，全年上海港集装箱重箱吞吐量累计完成2537.3万TEU，同比增长5.2%，占全港集装箱吞吐量比重75.5%，较上年提升1.3个百分点，空箱累计为824.4万TEU，同比下降1.9%。重空箱比例由2012年的2.87:1提升为3.08:1，显示运输结构在不断优化，运输组织水平进一步提高。分航线来看，全年国际航线累计完成2442.2万TEU，同比增长2.2%，内支线完成441.4万TEU，同比增长3.5%；内贸线完成478.1万TEU，同比增长9.4%。国际航线、内支线、内贸线集装箱吞吐量分别占比72.6%、13.1%、14.2%。

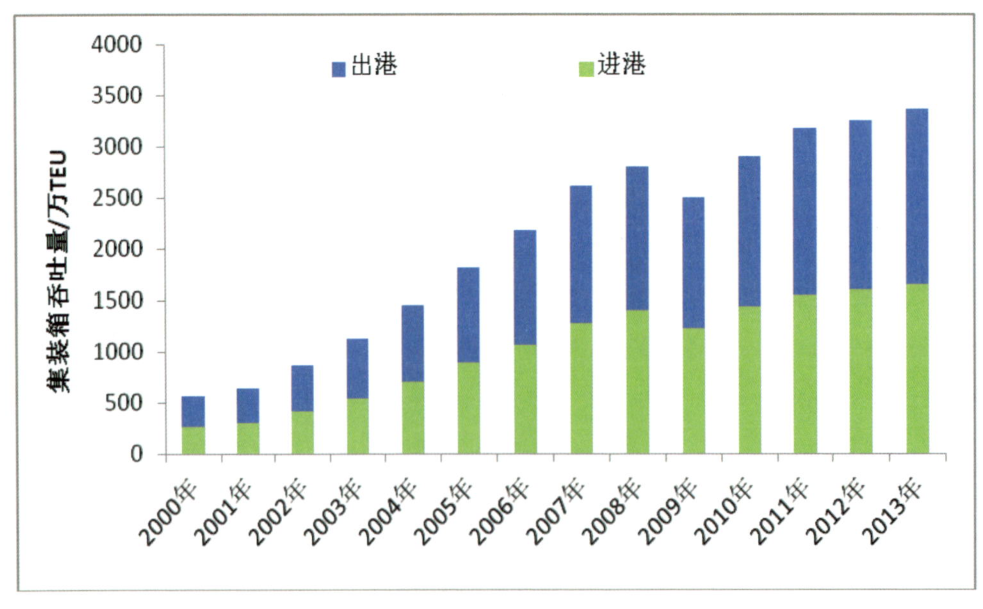

图3.2-24 2000-2013年上海港全港分进出港集装箱吞吐量

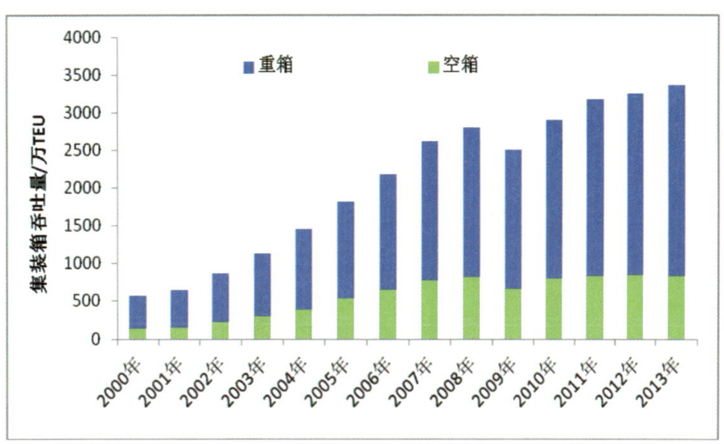

图 3.2-25 2000—2013 年上海港全港分空重箱集装箱吞吐量

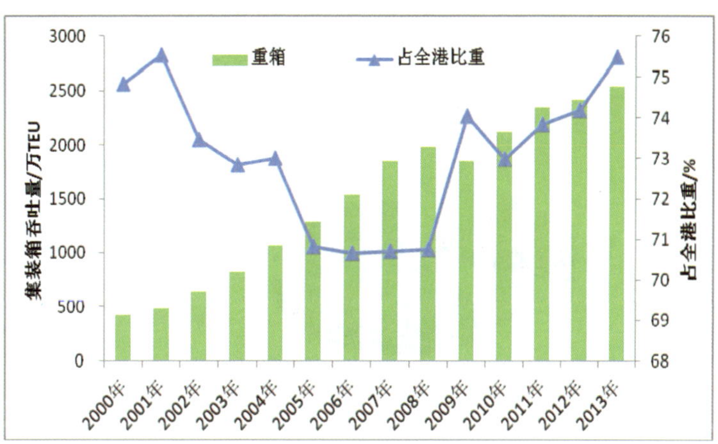

图 3.2-26 2000—2012 年上海港全港重箱箱量及其占全港比重

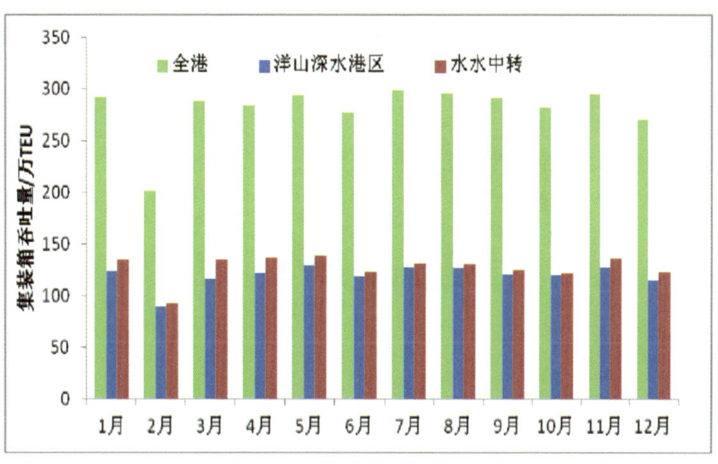

图 3.2-27 2013 年上海港全港分月份集装箱吞吐量

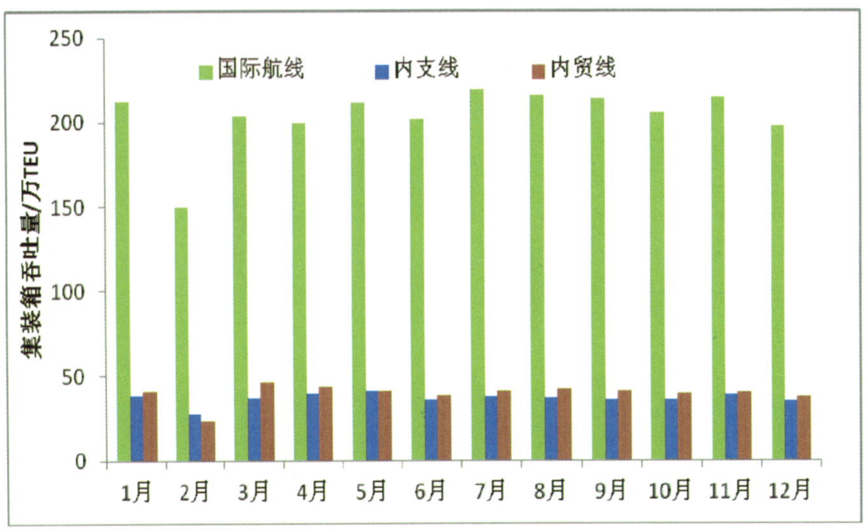

图 3.2-28 2013 年上海港全港分月份分航线集装箱吞吐量

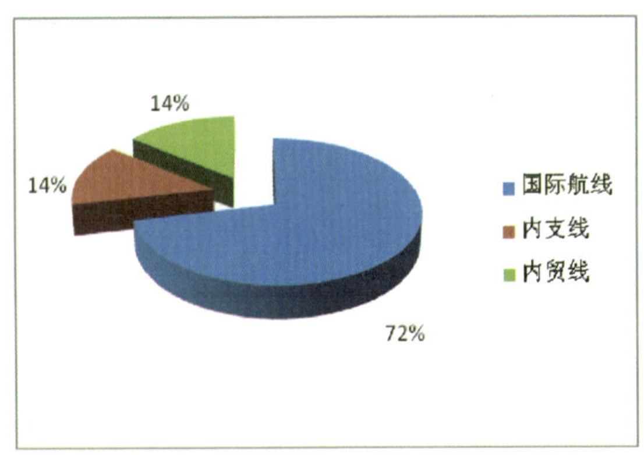

图 3.2-29 2013 年上海港进港集装箱分航线占比

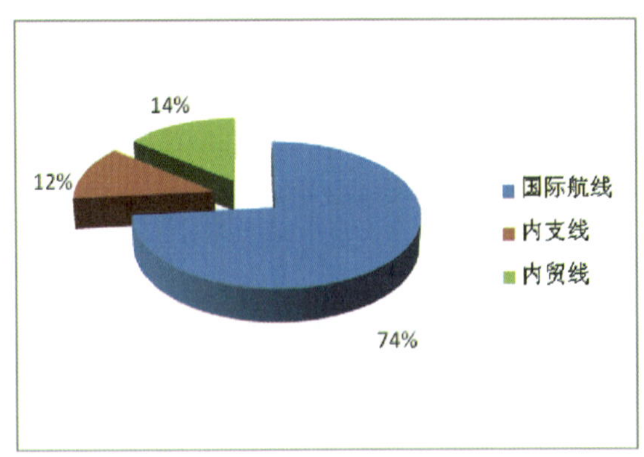

图 3.2-30 2013 年上海港出港集装箱分航线占比

（上海市交通港航发展研究中心）

3.3 航空货运

【概况】

2013年，在全球经济运行疲弱和国内经济形势异常复杂的不利形势下，上海机场航班起降架次、旅客吞吐量持续增长，货邮吞吐量止住了近三年的下滑态势。机场安全运行态势持续平稳，实现了第十四个安全年，两场的硬件保障能力和服务保障软实力持续提升，航空枢纽建设不断推进。全年航班起降突破60万架次，旅客吞吐量突破8000万人次，上海成为全球第7个年旅客吞吐量突破8000万人次的城市。浦东机场货邮吞吐量连续第六年保持全球机场第三。

表3.3-1 2013年上海机场三大运输生产指标表

项目	单位	数值	同比增长（%）
航班起降	万架次	61.51	3.09
旅客吞吐量	万人次	8279	5.18
货邮吞吐量	万吨	336.36	-0.13
国际口岸	万吨	220.96	-0.75
地区货邮	万吨	38.44	1.18
国际和地区货量比重	%	77	-
浦东机场有货运航空公司	家	33	-
纯货运航空公司	家	22	-
货量中由外航承运的比重	%	50	-
内航外线运量比重	%	25.5	-
国内和地区航线运量比重	%	24.5	-
纯货机的通航点	个	82	-
国际通航点	个	68	-
国内通航点	个	14	-

（《2014上海经济年鉴》）

【货运枢纽转型发展实质启动】

上海机场集团全面推进货运枢纽转型发展重点工作落实，年内完成《浦东机场货运可持续发展研究》和《推进上海国际航空货运枢纽建设政策研究报告》；成立了上海空港物流协会，举办了第十届中国航空货运峰会，聚焦上海自贸区建设带来的机遇和挑战，共同探讨中国航空货运可持续发展之路；争取联检单位支持，试点DHL转运中心国际快件集拼中转。DHL、UPS和FedEx三大物流集成商在浦东机场的快件运输量分别实现了9.1%、1%和10.2%的同比增长，国际快件中转业务量同比增长58%。

（《2014上海经济年鉴》）

【上海试点航空快件国际中转集拼业务】

空运服务业是上海自贸区的重点行业之一。上海 2013 年 12 月已正式启动“航空快件国际中转集拼业务试点”，DHL 北亚枢纽成为全国首家获海关总署批准开展该项试点的企业。

中转集拼试点后，进出口货物毋须再像以往辗转在日本、新加坡等地进行中转集拼，可大幅降低内地总体航空物流成本，未来浦东机场还可吸引更多航空公司及快件集成商。事实上，国际中转集拼能力正是支撑自贸区成为驱动地区乃至国家发展的新动力。韩国仁川机场和仁川经济自由区、阿联酋迪拜国际机场和机场自由贸易园等，都是由海港和空港组成高效物流网络，从而发展为成熟自贸区的著名例子。

对于航空物流来说，进出口货物的辗转中转是其成本高企的重要原因之一。而中转集拼业务的突出亮点便在于可减少运营成本，节省航线资源，减少设备与人员投入，这应是上海自贸区试点航空快件国际中转集拼业务的现实意义所在。不过，上海试点航空快件国际中转集拼业务的更大意义在于，可以为整个物流行业发展带来一定的启示。因为不只是航空物流，纵观整个物流行业，都存在着交通运输环节众多、辗转往返、不断做无用功的共性问题。如果行业内能够充分认识中转集拼业务的重要性和实质性，举一反三，不断开拓创新类似业务，以整合资源、减少环节、降低成本、提高效益为根本目的改善服务，相信会大大降低全物流行业的运营成本，减少企业的经营负担，进而推动物流行业的健康和可持续发展。

（来源：现代物流报）

【试水“快递 + 电商 + 贸易”东航转型物流服务集成商】

在航空货运市场持续低迷之时，国内各大航企均在苦寻出路。2013 年 12 月 11 日，东航物流公司租用美国南方航空包机从智利运送的首批水果抵达上海，这也标志着东航物流由传统货运承运人向现代物流服务集成商迈出重要一步。2013 年 8 月，重组旗下货运和物流板块拓展“天地合一”后，东航又启动了名为“东航产地直达网”的电商平台，至此“快递 + 电商 + 贸易”的东航物流转型道路逐渐清晰。该航班是中国内地首个洲际水果包机，开辟了南美各国农渔产品直达中国的通道。以往，东航做物流主要依靠的是自己的货运公司以及客舱腹舱带货，但现在为了更符合市场的要求，东航物流今后将通过自有航空运力或采购外航运力等方式整合各方运力资源，完成向物流服务集成商的转型。

值得关注的是，以生鲜为主要品类的东航产地直达网，强调“从产地到餐桌”的直供模式，是东航借电商撬动物流业务需求的一步棋。目前，产地直供是生鲜电商主打的营销牌之一，包括天猫、1 号店、顺丰优选和中粮我买网在内的电商企业均上线了海外直采生鲜商品，这让东航产地直达网面临不小挑战。

（来源：北京商报）

3.4 铁路货运

【概况】

上海铁路下辖徐州、合肥、南京、杭州 4 个铁路办事处，有沪宁、沪杭、上海浦东、上海金山等 27 个合资铁路公司，运输业务辐射全国各地。2013 年，上海铁路局旅客发送量继续位居全国第一位，货物发送量位居全国铁路第四位。

表 3.4-1 2013 年上海铁路局货运主要指标一览

项目	单位	数值	同比增长（%）
营业总里程	公里	8567.1	9.8
运营车站	个	613	
办理货运业务的车站	个	176	
日均图定开行货物列车	对	1226	
其中：货车	对	1216	
快速、特快货物班列	对	10	
发送货物	万吨	23039	-4.2
上海市境内发送货物	万吨	694	-15.9
多元化经营总收入	亿元	1056.44	10.1
其中运输业总收入	亿元	678.32	15.8

（《2014 上海经济年鉴》）

【实施货运组织改革】

2013 年 6 月 15 日，上海铁路局正式实施货运组织改革，通过经营模式、服务方式和生产组织的全面变革，加快铁路货运走向市场。一是设立专门的营销服务机构，全局成立上海等 9 个货运中心，作为“前店”直接面向市场与客户，变“坐商”为“行商”，加强货运营销与服务。二是改进铁路货运服务方式，推出 12306 网站办理、12306 电话办理、货运站电话办理、货运营业场所办理、铁路营销人员上门服务等五种方式，简化办理手续，敞开受理业务，并对所有收费实行一口报价、一张货票、一次性收取，做到公开透明、规范收费。三是改革运输组织方式，将过去依靠计划组织运输的模式，改为依据“前店”受理的实货需求组织运输，做到随到随办、随到随运。全面推行货运组织客车化模式，先后增开上海北郊至合肥快速货物班列、上海芦潮港和杨浦至蚌埠集装箱班列等一批货运新产品，为客户提供经济快捷的运输服务。

（《2014 上海经济年鉴》）

【铁路货运推出全程物流服务】

为加快铁路货运转型发展，上海铁路局变铁路货运“站到站”为“门到门”，统筹利用铁路运输运力、价格、设备、设施、土地、人力、信息等资源要素，实现铁路货运两端的功能延伸。一是加强接取送达网络建设，与139家社会企业合作，优化短途运输车辆的资源配置，整合自有短途运输汽车120辆与社会车辆2546辆，基本构建覆盖全局的接取送达网络。二是加大硬件投入，开通运营吴淞货场至港口连接线、杭州北新货场等一批货运能力设施，启动货场扩能改造，更新门吊、叉车等各类装卸机械，提升货运服务能力。三是全面展开社会货运营业网点建设，在货运市场、物流园区、物流集散地设立无轨站营业网点，延伸“门到门”服务触角。同时，推进货运全流程电子商务，建立全程物流服务信息平台，提供客户全程、实时、准确的信息。

（《2014 上海经济年鉴》）

【上海铁路局首开“长三角货物快运列车”】

上海铁路局从2014年10月9日起首开“长三角货物快运列车”，“敞开收货”办理长三角地区零散货物的快运业务，构建散货运输“绿色通道”，以满足长三角地区不断增长的货运需求，为长三角地区率先发展、一体化发展和城镇化建设提供强劲的运力支撑。

适应市场需求，客车化模式开行货物快运列车

针对长三角地区货物运输需求，上海铁路局结合区域内零散货物批次多、单批运量小、流向集中，对物流的时效、价格和服务要求相对较高的实际，策划并推出“长三角货物快运”2对4列环形列车和10对20列摘挂列车。

“长三角货物快运”环形列车由专门的货物快运列车承担，列车等级为快速货物班列，采取“五固定”的方式，即固定车次、固定编组、固定时间、固定路线、固定停站，以南京西站为支点，每天开行南环、北环双向循环快运列车2对4列，服务范围覆盖长三角地区200个行政区县，运行时速最高120公里，运行时间南环约42小时，北环约36小时。

这次开行的“长三角货物快运列车”紧贴市场需求，其特点是定时定点、安全可靠、价格实惠、方便快捷、全天候运行，可提供“门到门”、“门到站”、“站到站”、“站到门”等多种运输方式供客户灵活选择。货物可实现隔日达，即客户当天托运的货物，含托运日第三天交付客户。铁路部门还可根据与客户商定时间要求，在满足基本时限的基础上按指定时间送达，同时可提供门到门接取送达、运费周期性结算、货物实时跟踪查询、送达信息反馈、运输票据快递、货物运到签单返回、运费到付和预约配送等延伸服务。在有条件的车站，铁路将在站台对货物实行“直装直卸”，使运货犹如旅客上下车一样便捷。

扩大服务范围，运行线路覆盖长三角

此次推出的“长三角货物快运”环形列车以南京西站为中心点，分南环、北环两条线路双向循环开行，把长三角地区200个行政区县用两条运行线相串联，共2对4列。

为方便货主办理“长三角货物快运列车”业务，上海铁路局承诺全天候服务市场客户，敞开收货、便捷受理、安全送达，

客户可通过快运业务办理站、公布的营业电话、铁路人员上门、12306 网站“我要发货”、12306 客服电话、上海铁路局官方微博微信平台及 12306 网站常客户自助服务等 7 种渠道，实现快捷、轻松办理零散货物快运业务。

目前上海铁路局在沪浙苏皖三省一市的“长三角货物快运列车”业务办理站达到 248 个。另外，上海铁路局在长三角设立了 224 个无轨站及社会营业网点，受理点总数达到 472 个，基本覆盖了长三角各区县。

为最大限度做好便民利民服务，上海铁路局还专门组建了“长三角货物快运列车”客户代表队伍，实行统一管理，建立大客户信息库，向客户提供快运列车业务办理范围、内容、价格及货物追踪等服务，并可根据客户需求为客户制定经济合理的物流解决方案。

开行“长三角货物快运列车”，充分反映了铁路部门经营和服务理念的转变。过去，铁路货运只办理大宗和整车运输业务，小件零散货物只能“望路兴叹”。现在，铁路部门把目光瞄准了最有潜力的零散物流市场，“量身定做”设计推出“长三角货物快运列车”，为零散货物和小批量货物提供综合物流服务。铁路部门称，今后将对只有几吨哪怕几十公斤的货物也“来者不拒”，以满足长三角地区中小企业灵活分散的物流需求，为物流企业提供安全便捷的绿色物流通道。

（来源：中国物流和采购联合会网）

【铁路货运价格每吨公里上调 1.5 分】

国家发改委 2014 年 2 月下发了《关于调整铁路货物运价有关问题的通知》，决定自 2014 年 2 月 15 日起，调整铁路货物运价，对全路实行统一运价的营业线货物运价进行调整，货物平均运价水平每吨公里提高 1.5 分，铁路货物运价由政府定价改为政府指导价。

中国铁路总公司（简称中铁总）的官方数据显示，2012 年国家铁路货运发送量 32 亿吨，国家铁路货物周转量 2.69 万亿吨公里。按照这个数据来概算，此次提价或将为中国铁路总公司增加收入 400 亿元（未除相关税费）。

铁路改革的方向是市场化，而铁路运价市场化是其中的重要内容。中信证券研究报告指出，目前铁路体系银行借款和债券等有息负债超过 2 万亿元，年利息支出超过 1000 亿元，中铁总盈利压力将会继续加大，需要包括价格机制变革在内的多重改革来盘活铁路资产。铁路运价预期将分步理顺价格水平，并建立铁路货运价格随公路货运价格变化的动态调整机制，市场预期为 1：3 的价格关系。

针对此次提价方案，中铁总希望能一次性提高 25%，即 0.025 元每吨公里；而发改委考虑到提价的敏感性和市场的承受程度，决定分两次提价。以此分析，铁路货运价格仍有向上调整的空间。

除了国家铁路普通运价外，我国铁路运价还包括特定线路运价，如大秦线。此次运价改革将大秦线等特定运价与国铁统一运价并轨。大秦铁路拥有全国甚至全球最优质的铁路货运资产，大秦线和朔黄线年煤炭运量超过 6 亿吨，大秦铁路显著受益。大秦铁路发布公告称，公司主要货物运输品类煤炭适用 4 号运价，其运价水平基价 1 由 13.80 元 / 吨上调至 15.50 元 /

吨，基价 2 由 0.0753 元 / 吨公里上调至 0.089 元 / 吨公里。公司管内大秦、京原、丰沙大三线与其他铁路跨线煤炭运输按国铁统一运价执行。大秦、京原、丰沙大三线本线煤炭运输运价率每吨公里提高 1.5 分。根据上述货物运价调整政策，按照 2013 年公司业务量及核算口径初步测算，营业收入预计增加约 43 亿元。

而铁龙物流、广深铁路均发布公告称，由于与铁路货运价格直接相关的铁路货运业务运距较短，本次铁路货运价格调整对公司盈利没有重大影响。

3.5 仓储业

2014 中国仓储业发展报告（摘要）

根据商务部的统一部署，由商务部流通业发展司和中国仓储协会共同研究编制的《中国仓储行业发展报告（2014）》（以下简称《报告》）于 2014 年 9 月 16 日首次公开发布。

《报告》以 2004、2008 年两次全国经济普查数据与国家统计局历年统计数据为基础，以全国商务系统选定的仓储业典型调查企业 2012 与 2013 年统计调查数据为基本依据、结合各地商务主管部门提供的仓储业发展情况与重点企业调研情况，全面分析了 2013 年仓储业发展的总体情况、运营特点与存在的主要问题，并对 2014 年及未来一个时期仓储业发展趋势进行了预测和展望。

据《报告》显示，自商务部 2012 年 12 月印发《关于促进仓储业转型升级的指导意见》（以下简称《指导意见》）以来，各地商务部门不同程度地加强了仓储业管理与指导，仓储业的产业规模继续扩大，行业运行平稳。到 2013 年底，全国仓储企业 2.44 万家，比同期增加 7%；从业人员 71 万人，同比增长 8.4%；行业资产总额 1.7 万亿元，同比增长 11.8%。全国营业性通用仓库面积 8.6 亿平方米，比上年增长 23%，其中，立体仓库在 2 亿平米左右，约占 23.2%；全国冷库总容积为 8345 万立方米（静态储存能力约 2113.89 万吨），同比增长 9.68%。2013 年，仓储业的固定资产投资额为 4200.7 亿元，同比增长了 34.6%，主营业务收入约 4804.8 亿元，同比增长 9.1%，纳税总额约 312.6 亿元，同比增长 7.6%，净资产收益率为 4.5%，较上年提高 0.65 个百分点。

2013 年仓储业发展呈现五大特点：

一、仓储业转型升级取得初步成果。仓储企业围绕提高单位仓库面积收入，完善服务功能、转变经营方式，努力向各种类型配送中心发展；仓储企业通过资源重组、优势互补，延伸服务链条，努力向网络化与一体化服务发展；为贯彻落实商务部《指导意见》精神，树立标杆企业并发挥其引导与示范作用，中国仓储协会组织评定出北京东方信捷物流有限公司等 13 家转型升级示范企业，苏州鼎虎科技有限公司等 13 家仓储设备技术应用优秀推进企业。

二、各类专业仓储业继续快速、创新发展。在低温仓储方面，农产品批发市场配套的冷库建设与低温配送中心、商超的低温配送中心保持快速发展态势，电商+低温宅配”的冷链模式以及一些大型连锁餐饮企业陆续建设的低温配送中心成为新热点；在电子商务仓储方面，电商企业一方面加快“自建”物流设施，一方面宣布“对外开放”仓储资源，网仓等新兴仓储企业凭借其技术和理念近年来保持了每年数倍的增长，顺丰、韵达等快递企业纷纷跨界经营仓储，传统物流企业也在尝试介入和开拓电商仓储服务；在医药仓储方面，新版《药品经营质量管理规范》发布，对医药仓储物流提出更高要求，据不完全统计，2013 年全国投资建设的各种规模的医药物流中心超过 100 座，与此同时，中药材仓储中的突出问题受到政府部门重视，商务部市场秩序司委托中国仓储协会与中国医药协会共同完成《中药材现代物流体系建设研究报告》，并编制了《中药材仓库技术要求》与《中药材仓储管理规范》2 项行业标准。

三、新兴仓储经营业态呈现不同发展态势。仓库租赁业（仓储地产）继续保持高速增长，各类物流园区与仓储地产企业是仓库租赁业的主体。全国 9 家大中型仓储地产企业到 2013 年末运营仓库面积合计 1536 万平方米，同比增长 18.7%，约占全国营业性仓库总面积的 1.7%，约占立体仓库总量的 7.6%，其中，普洛斯的运营仓达到 950 万平方米。担保存货管理（金融仓储）发展速度放缓，规范化发展成为业界关注焦点，受“上海钢贸案”和“青岛有色案”的负面影响，相关金融机构与各类仓储企业不同程度地调整了发展策略，相关政府部门与行业组织也正在陆续研究出台相关对策。自助仓储，逐步在一线城市得到发展，据不完全统计，全国目前已有近 20 家自助仓储企业，上海好易仓是自助仓储业的“老大”，现已有 8 间门店。

四、仓储业标准化工作取得新进展。到目前为止，我国仓储业有各类标准 51 项。中国仓储协会组织起草的行标《仓储作业规范》、《网络零售仓储作业规范》、国标《仓单要素与格式规范》、《仓储绩效指标体系》已于 2013 年颁布实施。中国仓储协会组织起草的 2 项行标《中药材仓库技术规范》、《中药材仓储管理规范》、国标《担保存货第三方管理规范》已报批。经中国仓储协会评定的 3 星级以上仓库达到 260 多家、仓储服务金牌企业达到近百家，通过认证的仓储经理与仓储管理员达到近万人。

五、仓储机械化与信息化水平有所提高。以货架、托盘、叉车为代表的仓储装备和仓储管理信息系统在大中型仓储企业的应用状况良好，据测算，全国仓储业机械化作业率 37% 以上，仓储管理信息化达到 50% 以上。同时，条形码、智能标签、无线射频识别等自动识别、标识技术、可视化及货物跟踪系统、自动或快速分拣技术，在一些大型企业与医药、烟草、电子、电商等专业仓储企业应用比例有所提高。

仓储企业发展仍然存在一些问题与不足

一些企业对经济发展趋势与新的市场需求认识不透、缺乏转型升级的紧迫性，技术改造的速度缓慢、制约了提高物流效率与降低物流成本的效果，企业的管理与服务水平亟待提高，与此同时，国家对仓储业发展的相关政策有待进一步落实，仓储业法律法规不完善的问题直接影响到行业管理的水平，市场秩序有待规范。

仓储业的发展面临三个方面的市场环境

一、随着国务院《物流业中长期发展规划》的发布，将从整体上改善我国仓储业发展的政策环境，国家有关部门在未来三年内将围绕仓储业法规建设、仓储建设用地、绿色仓储、减轻企业税负、加强仓储标准化与行业监管等方面陆续研究出台相关具体政策。

二、我国经济发展方式的转变为仓储业创新发展提供机遇，生产制造企业供应链整合与延伸，生产制造服务化的趋势，连锁商业与电子商务的快速发展，线上线下交易的物流整合，需要并激发仓储企业更新经营理念、转变经营方式、调整商品库存管理模式、不断重新优化业务管理流程。

三、激烈的市场竞争环境也必将成为仓储业创新发展的动力，越来越多新的投资人的进入，既说明了我国仓储业发展的机会，也反衬出现有仓储企业的差距与不足，激烈的市场竞争局面有利于仓储业的整体发展，也将促使传统仓储企业充分发挥自身优势、转型升级与创新发展。

仓储业将会呈现以下六大发展趋势：

一、服务功能不断完善，向仓配一体化发展。仓储企业通过与工商企业、零售企业与连锁商超企业、电子商务企业、农产品批发市场、生产资料批发市场等不同需求方供应链的有机融合，向各类配送中心发展。

二、资源整合速度加快，向仓储经营网络化发展。面对工商企业供应链的一体化物流需求，仓储企业与货运、快递、货代企业之间以及各类仓储企业之间将会加快推进资源整合、兼并重组、连锁经营与经营联盟。有条件的仓储企业将会依托自身优势，以城市共同配送为基础，通过转变经营方式与资源整合，发展区域配送网络甚至全国范围内的仓储配送网络。

三、市场进一步细分，向仓储专业化发展。面对工商企业供应链的不断优化与创新，有条件的仓储企业必将改变同质化经营策略，转向各类专业仓储。低温仓储、危化品仓储、电商仓储、物资仓储、医药及中药材仓储的管理与服务将更加专业和精细。

四、新兴业态逐步成熟，向规模化发展。仓库租赁企业将会更加贴近现代物流需求，仓库设施的建设将向网络化与定制化方向发展，仓库开发方式将会更加灵活。私人自助仓储将会逐步进入快速发展期，更多投资人将会进入这个领域，现有自助仓储企业将会不断扩建经营网点，并逐步走进大型高端社区。处于阵痛期的金融仓储业将随着三年左右的调整与规范期后在探索中前进仍将保持稳定发展态势。

五、行业标准广泛实施，向仓储管理规范化发展。随着国家有关部门加强物流标准化工作力度，特别是市场竞争的加剧，标准化必将成为引领仓储业转型升级和现代化建设的主要力量，仓储企业经营管理必将向规范化发展。

六、技术改造加快推进，绿色环保成为新趋势。机械化、自动化与信息化成为仓储业转型升级的重要内容。在国家政策推动与企业自身降低成本的内在驱动下，绿色环保的仓库建筑材料、节能减排的仓储设备、仓库屋顶光伏发电、冷库节能技术等将会逐步在仓储行业得到应用。

【京东首个“亚洲一号”在沪运营】

2014年10月20日，京东(JD.com)宣布，其位于上海的首个“亚洲一号”现代化物流中心（一期）在双11大促前夕投入使用，此举标志着京东物流战略中又一重点举措落地。

京东位于上梅的“亚洲一号”现代化物流中心是当今中国最大、最先进的电商物流中心之一，一期于2014年6月完成设备安装调试后开始试运营。该物流中心位于上海嘉定，共分两期，规划的建筑面积为20万平方米，其中投入运行的一期定位为中件商品仓库，总建筑面积约为10万平方米，分为4个区域——立体库区、多层阁楼拣货区、生产作业区和出货分拣区。

其中，“立体库区”库高24米，借助自动存取系统(AS/RS系统)，实现自动化高密度的储存和高速拣货；“多层阁楼拣货区”实现了自动补货、快速拣货、多重复核手段、多层阁楼自动输送能力；“生产作业区”采用京东自主开发的任务分配系统和自动化的输送设备，实现了每一个生产工位任务分配的自动化和合理化，保证每一个生产岗位的满负荷运转，避免任务分配不均的情况；“出货分拣区”采用了自动化的输送系统和代表目前全球最高水平的分拣系统，分拣处理能力达16000件/时，分拣准确率高达99.99%，解决了原先人工分拣效率差和分拣准确率低的问题，

京东上海“亚洲一号”的仓库管理系统、仓库控制系统、分拣和配送系统等整个信息系统均由京东自主开发，拥有自主知识产权，所有从国外进口的世界先进的自动化设备均由京东进行总集成。高度自动化的上海“亚洲一号”的投入运行，为日后将投入使用的广州“亚洲一号”、沈阳“亚洲一号”和武汉“亚洲一号”等奠定了基础。此外，京东在北京、成都、西安等多地的“亚洲一号”项目也在规划和建设筹备当中。

京东集团创始人兼首席执行官刘强东表示，“亚洲一号”上海现代化物流中心投入运营后，随着产能的释放，预计将不断提升京东华东区的运营效率；同时，我们计划在不久的将来可以开放给第三方卖家使用，让卖家通过使用京东的物流系统，改善其用户体验。”

业内分析，“亚洲一号”现代化物流中心在双11大促前夕正式投入运营，也将提高京东在双11大促期间的订单处理能力。

（来源 2014年10月21日《东方早报》）

【亚洲第一的大型自动化物流配送中心华东一号基地在上海松江建成启用】

2014年10月，由杜隆（上海）实业发展有限公司投资，目前亚洲日订单处理能力最强的自动化物流配送中心——SKU360华东一号基地将在上海松江正式启用，据介绍，该项目一期工程建成投用后，每日的订单处理能力为20万单，每日单一商品处理量可达120万件，二期工程完工后，每日订单处理量将跃升至80万单。近年来，随着电子商务迅速崛起，相关企业的业务量呈现几何级数增长，后端供应链瓶颈问题逐渐凸显。该自动化物流配送中心将为电子商务企业和传统商超零售企业提供高效的第三方仓储和物流服务。

近几年，中国电子商务行业发展迅猛，2013年中国电子商务市场交易规模9.9万亿元，连续4年同比增长超过20%以上，如此快速增长的市场背后却暴露了很多问题，尤其在物流配送环节，比如，物流公司暴力分拣，越来越短的交货时间对供应链造成的压力和挑战。而仓储，作为内部物流的重要组成部分，在提高物流效率，以及降低供应链成本方面，起到了关键作用。

落地上海松江的SKU360自动物流配送中心系统，是由杜隆（上海）实业发展有限公引进核心技术、并自主集成的先进仓储设备系统，杜隆集团下属的上海威吾德信息科技有限公司还自行开发了其中具有自主产权的设备控制和软件服务平台。SKU360核心设备及技术来自的德国胜斐迩公司（SSI Schaefer），这是一家以研发和制造高品质的工业仓储物流设备及自动化物流管理系统闻名的老牌公司，其产品和服务在全球处于领先地位。

SKU360自动物流配送中心系统，围绕“高效率、高精准度、集约化和信息化”目标，以应对商业模式革新和城市化进程对现代配送中心要求研发设计，由高架立体仓库、高速分拣系统、输送带系统、自动码盘机器人、软件平台支持等单元部分组成。

采用SKU360自动物流配送中心系统的全自动化仓库，能提升仓储的自动化水平，大幅度提高仓储的单位面积土地利用率和单位面积吞吐量，提高配送准确率和安全作业程度，有效减少仓储配备工作人员数量，降低工作人员劳动强度和能耗，同时还可实现仓储物流配送的数据实时跟踪和追溯。相对于传统或半自动化的仓储系统，具有非常高的比较优势。

作为SKU360项目的总承包商，胜斐迩为该自动化物流配送中心提供世界先进的自动化仓储设备及系统解决方案，如胜斐迩旋转系统（SCS），A字型分拣机。

根据投资方的要求，胜斐迩为其设计安装了24个模组的胜斐迩旋转系统用于存储和拣选物动量较快的中小型货物，共计约38000个周转箱货位。胜斐迩旋转系统在“货到人”的原则下，利用最小的空间进行高速订单拣选，拣选频率高达1000次/时，存储密度高于50%，模块化的系统设计理念使得其能完成高效率、高效益的灵活订单拣选。

针对规整的小件货物，A字型分拣机把不同种类的货品集中在一起，进行自动化订单拣选。这种分拣方式大幅度提高了吞吐量，减少了人工操作，降低差错率。A字型分拣机的优势在于峰值时的高吞吐量；高效率替代费时的人工拣选；即使在最大荷载，也保证拣选的高质量和可靠性。

此外，物流配送中心内还配备了约14万个货位的自动化立体库，可满足对大宗托盘货物的仓储和存取。

对接业务增长快，仓库面积空间需求大，后续仓库物资管理及配送服务达不到销售诉求等新问题，SKU360具备了最先进的仓库拣选设备及专业运营管理人员，整个仓库设计比传统堆垛式仓库的仓库利用率提高60%以上，租用形式灵活多样，多用多租，少用少租，不浪费存储成本。SKU360还具备专业的B2B及B2C仓库作业人员及多样化的自动拣选设备，能整体满足商家的不同作业需求。

该自动化物流配送中心将为电子商务企业提供高效的第三方仓储和物流服务，

货物品类涵盖服装、鞋类、化妆品和电子产品等。

SKU360 项目总面积达 9 万平方米，单订单履行时间 2 小时，与传统配送中心相比，最大程度地实现了存储、拣选、交叉识别、分拣、配单、填充、包装、贴标、派单等一系列环节的自动化处理，单位占地存储能力和单位占地吞吐能力分别为传统配送中心的 5 和 15 倍，而单位订单处理所需的人力仅为传统仓储的 20%，原先因人工操作导致的差错率也因自动化技术的引入接近于零。

该项目拥有 10 万立方米实时有效动态容量，50 万种 SKU（库存量单位）的管理能力，使订单处理能力大大提高，订单处理能力达到亚洲第一、世界前三。一期工程建成投用后，每日的订单处理能力为 20 万单，每日单一商品处理量可达 120 万件，二期工程完工后，每日订单处理量将跃升至 80 万单。

作为仓储系统供应商，胜斐迩为客户提供一站式解决方案，包括前期设计规划、数据分析、设备提供和售后服务。使用的自动化设备包括自动化立体库（ASRS），堆垛机，胜斐迩旋转系统，拣选工作站，A 字型分拣机，分拣设备和 WCS 系统。在规划、设计并实现高效率的内部物流系统方面，胜斐迩在业界是顶尖的专家。目前胜斐迩设计的 SKU360 项目已经被国家评定为自动化仓储设施的标杆，相关管理部门和行业机构正依据该项目的实施经验和技术指标制定行业标准。

作为 SKU360 项目的集成商、投资方和建设方的杜隆集团属下的上海威吾德科技信息有限公司成立于 2012 年，公司云集行业顶尖人才，是国内与覆盖电商物流软件自动化领域和全球排名第一第二的公司（德国 schaefer 和日本 daifuku）的成功战略合作伙伴。上海松江 SKU360 建设项目投产后，将成为中国第三方物流配送中心树立全新的标准，目前已有多家大中型电商与该公司达成了合作意愿。致力于为电商，零售企业提供终极的物流服务体验，公司研发了物流仓库货物分拣信息控制系统，自动拣货，环形输送分配包装货物的检查，仓库 led 照明智能控制，空料箱处理，月台自动分配收货，物流发货分拣输送系统等，为电商客户优化整体供应商链流程。

（来源：上海现代服务业促进中心）

3.6 管理和设施

【行业管理（道路运输）】

（一）管理新政策

1. 国家层面

（1）颁布关于改进提升交通运输服务的若干指导意见

2013 年 8 月 31 日，交通运输部颁布《关于改进提升交通运输服务的若干指导意见》。意见按照“以人为本，民生为先；突出重点，注重实效；统筹兼顾，增进公平；创新驱动，转型发展”为原则，提出用五年左右的时间，通过推进 6 个方面 28 条为民服务措施的实施，使交通运输的服务范围进一步扩大，服务能力进一步增强，服务水平进一步提升，服务内容更加丰富，服务形式更加多样，服务流程更加规范，人民群众满意度和认可度进一步提高，更好地服务经济社会发展和人民群众安全便捷出行，具体体现在运输服务更安全可靠、公众出行更便捷畅通、运输发展更经济高效、发展方式更绿色低碳。

意见涉及道路货物运输行业的重点任务有：一是完善城市配送和农村物流服务体系，制定城市货物运输与车辆通行管理政策，推广城市配送车辆统一标识和标准，研究制定农村物流发展的指导意见，构建城市配送和农村物流网络，基本满足城市配送和农村物流服务需求。二是建立货运价格与成本监测机制。通过发布道路货运平均合理成本、价格指数，指导货运经营者实行运价与成品油价格联动，促进形成合理运价，带动货运经营者从低价恶性竞争向追求高品质服务转变。三是大力发展集装箱运输和甩挂运输，全面提高交通运输质量和效率。四是引导传统货运企业拓展经营网络，向综合物流服务商转型，加强中小物流企业联盟发展政策研究，鼓励中小物流企业联盟发展，推进货运中介向现代物流服务商转变。

（2）颁布关于加强和改进城市配送管理工作的意见

2013 年 2 月 6 日，交通运输部、公安部、国家发展改革委、工业和信息化部、住房城乡建设部、商务部和国家邮政局联合颁布了《关于加强和改进城市配送管理工作的意见》。意见明确加强和改进城市配送管理工作应以深入贯彻落实科学发展观，按照依法、高效、安全、环保为原则，以满足城市居民和经济社会发展需求为目的，以提高配送效率、降低物流成本为核心，通过理顺体制机制，落实管理职能，创新管理方式，优化配送模式，全面提升城市配送的公共服务能力、市场监管能力，着力解决城市配送车辆通行难、停靠难、装卸难等突出问题，探索构建服务规范、方便快捷、畅通高效、保障有力的城市配送体系，促进城市配送与城市经济社会发展相适应、相协调。要求各地区、各部门根据意见中有关完善管理体制机制、发挥规划引领作用、提升基础设施保障能力、强化运输市场管理、优化通行管控措施、加大执法监督力度、加快科技推广应用、加快组织落实等八方面要求，结合工作实际，细化政策措施，研究制定促进城市配送发展的实施办法，加快推进，务求实效。

（3）道路危险货物运输管理规定

2013 年 1 月 23 日，交通运输部颁布《道路危险货物运输管理规定》（交通运输部令 2013 年第 2 号），并自 2013 年 7 月 1 日起施行。该规范主要从道路危险货物运输许可、专用车辆和设备管理、道路危险货物运输、监督检查、提法律责任等方面规定了道路危险货物运输活动应当遵守的规定，其目的是规范道路危险货物运输市场秩序，保障人民生命财产权安全，保护环境，维护道路危险货物运输各方当事人的合法权益。该规范的出台进一步完善了道路危险货物运输的服务规范和安全管理制度，为加快推进市场诚信体系建设、维护行业安全稳定运行提供了基础支撑。

（4）交通运输部发布《道路运输车辆卫星定位系统北斗兼容车载终端技术规范》等两项技术规范

为进一步推进北斗卫星导航系统在交通运输行业的应用，2013 年 1 月 23 日交通运输部发布并实施了《道路运输车辆卫星定位系统北斗兼容车载终端技术规范》和《道路运输车辆卫星定位系统北斗兼容车载终端通讯协议技术规范》。

2. 地方层面

（1）小型货运车辆额度投放使用管理规定（试行）

2013 年 8 月 15 日，原市交通港口局颁布的《小型货运车辆额度投放使用管理规定（试行）》开始施行。该规定明确了本市小型货运车辆额度实施年度投放总量控制的管理措施，用以解决本市快递、城市配送等行业小型车辆号牌额度问题，获取的车辆额度用于在本市中心区域行驶。而为了鼓励城市配送物流专业化、集约化、信息化、网络化经营，促进本市城市配送物流市场发展，额度投放重点支持商业配送、冷链物流、快递运输、洗涤配送、医药配送、危运配送（放射性、液化气、氧气瓶等）、保安押运等专业配送重点物流企业。规定所指小型货运车辆是指《机动车类型术语和定义》（GA802-2008）中规定的车长小于 6 米且总质量小于 4.5 吨的载货汽车。

（2）开展本市重点道路货运物流企业认定评选工作

2013 年 7 月 25 日，原市交通港口局发布《关于开展本市重点道路货运物流企业认定评选工作的通知》（沪交货〔2013〕486 号），通过开展本市重点道路货运物流企业认定评选工作，及时掌握行业发展状况、发展经验和发展需求，优化完善行业管理政策措施；鼓励和促进本市道路货运物流企业专业化、集约化、信息化、网络化发展，重点引导支持本市从事商业配送、冷链物流、快件运输、医药配送、危运配送等专业道路货运物流企业发展；进一步鼓励企业树立品牌意识，提升企业核心竞争力；通过加强道路货运物流企业间的交流与合作，促进本市道路货运行业健康发展。

（3）颁布关于规范 RF 卡的公告

为保障港区安全生产，净化道路集装箱运输市场，防止非法营运车辆和人员进港作业，2013 年，原市交通港口局陆续出台了《关于规范 RF 卡的公告》、《关于规范临时 RF 卡办理的通告》、《关于进一步规范临时 RF 卡办理的通告》等政策，对道路集装箱运输车辆在长期 RF 卡和临时 RF 卡申请、信息登记和进港次数等方面作了明确要求。

（4）关于加强本市大型物件道路运

输安全管理

为保障大型物件道路运输行业安全生产，保护承托运双方的合法权益，进一步促进大型物件道路运输行业的健康持续发展，2013 年 2 月，原市交通港口局、原市建设交通委、市公安局市经济信息化委联合发布了《关于加强本市大型物件道路运输安全管理的通告》。意见对大型物件运输安全管理的要求，一是获取资质后准许经营。二是车辆应安装卫星定位装置，并建立监控台账和管理制度。三是企业因配备专业安全管理和技术人员。四是运输前应制定运输组织方案。五是托运人应严格审查承运人运输组织方案与经营资质。六是本市大型物件运输审查实施路政、公安和交通行政联合审查。七是交通行政、路政、交警、城管执法部门对大型物件运输实施联动执法。

（5）上海市交通运输驾驶员信用评价实施细则

2013 年 1 月 31 日，原市交通港口局颁布《上海市交通运输驾驶员信用评价实施细则》，并自 2013 年 4 月 1 日起正式施行。细则要求在本市从事交通运输经营活动的道路运输驾驶员、出租汽车驾驶员、机动车驾驶培训教练员等人员实施信用评价，信用评价是对交通运输驾驶员在交通运输活动中的安全生产、遵守法规和服务质量等情况进行的综合评价。道路货物运输行业适用该规则。

（6）上海市城市快递汽车技术规范（试行）

2013 年 1 月 21 日，原市交通港口局发布《上海市城市快递汽车营运技术规范（试行）》，规定了适合在本市中心区域运营的快递车辆技术条件应采用轻型封闭式货车——载货部位的车体结构为封闭厢体且与驾驶室 / 舱联成一体的轻型货运汽车，并指导明确车辆具体技术条件，从而规范本市城市快递汽车使用，促进行业健康稳定发展。

（二）日常监督管理

1. 道路集装箱运输行业做好稳定工作

（1）通过政策推动集卡行业健康发展

为强化集卡行业监管，做好行业稳定工作，推动行业健康发展，研究制定了《关于促进上海市道路集装箱运输健康持续发展的指导意见》、《道路集装箱运输营运车辆技术规范》、《道路集装箱运输企业营运技术规范》等规章。

（2）建立道路集装箱运输行业管理网络平台

2014 年 4 月 26 日，横向道边、纵向到底的上海市道路集装箱运输行业管理网络体系正式建立，集装箱行业纳入了网络管理的新模式。管理网络以企业注册地为主，经营地为辅的原则分为 8 个大组、63 个组（各组下细分为 2 ～ 3 个小组）。

（3）开展道路集装箱运输成本和价格监测

2013 年 6 月起，交通运输部在全国四省一市开展道路运输成本和价格监测工作，上海市作为试点城市首次在道路集装箱运输行业开展成本和价格监测。围绕解决本市道路集装箱经营者最关心、反映最强烈的突出问题—供需失衡、竞争无序、价格扭曲，选取上海至周边省市（江苏、浙江、安徽）中较热门的 26 条跨省运输线路，开展定期运输成本和价格监测。

（4）研究应用集卡司机身份识别卡

为提升集卡行业智能化管理水平，在原有集卡车辆 RF 卡基础上，研究向集卡司机发放身份识别卡的方案，通过采取在道口同时验证双卡——RF卡和司机识别卡，只有在双卡相互匹配的情况下方能打印出港区吊机作业小票，从而实现进港车辆、人员信息化监管与集卡生产作业相捆绑的联动管理模式。

（5）开展集卡“黄标车”淘汰清理

按照2014年底前完成集卡黄标车清理，2016年底前对在用国III集卡实施7年以上车辆提前更新，2020年底前上海和外省市备案集卡全部达到国IV标准的系列节能减排措施，集卡行业开展黄标车淘汰清理工作。截至2013年10月底，上海集卡整车共21734辆，黄标车比例从年度52%降低至46%。

2. 普通货运行业大力发展甩挂运输

2013年组织参加第三批甩挂运输试点申报企业的推荐工作，取消所有挂车保险和二级维护、综合性能检测，大力发展甩挂运输。同时，结合长三角运输一体化，优化运输组织，从上海实际出发支持区域甩挂运输联盟和挂车租赁业务开展。

3. 道路危险货物运输行业强化安全管理

（1）完成《道路危险货物运输管理规定》准备和实施工作

按照新颁布的《道路危险货物运输管理规定》，修改原有运政系统中道路危险货物运输企业许可事项及车辆审核的办事规则，制定各类表单表式，形成了新的办事指南。

（2）开展道路为先货物运输安全大检查

2013年6月至9月开展道路危险货物运输安全大检查。检查期间，共出动450人次，上门检查道路危险货物运输企业204户次，危险货物运输专用车流量390辆（含挂车）。

（3）加快推进道路危险货物运输电子路单报备系统

为提升行业管理智能化水平，通过信息化控制和数据采集等信息化手段，加强对道路危险货物运输企业、专用车辆和从业人员的数据管控、信息采集和分析，建立了道路危险货物运输电子路单报备系统。通过该系统提高运输企业业务调派的规范运作，便于掌握运营动态信息。该系统于11月上线试运行，2014年拟进一步推广至“高危”运输企业使用。

（4）建立道路危险货物运输承运人责任险分级投保机制

为强化道路危险货物运输安全监管，建立道路危险货物运输承运人责任险分级、分档投保机制，对违法行为多，违章比例高，险兆事故率高，企业质量信誉考核、安全评估及安全标准化不达标的企业和车辆，采取较高级别和档次的投保“年保费”，以增加其违法后成本，降低未知风险。

4. 冷藏运输行业积极探索动态车辆检测

现有冷藏运输车辆按D、E、F分类的技术标准，在实际检测过程中存在难度。随着本市冷藏运输车辆迅猛发展，冷藏运输车辆技术标准成为限制行业发展的关键问题。因此，市运输管理处与道路运输协会冷藏专业委员会积极探索采取技术手段，实现对冷藏运输车辆的实时动态监控与检测，并对这一情况进行跟踪，待技术成熟后拟在行业推广使用。

【行业管理（港航行业）】

内河航运集疏运体系得到进一步优

化。推动内河集装箱运输“弃陆走水”，组织召开长三角内河集装箱运输发展联席会议筹备会和第一次会议，建立健全长三角内河集装箱运输发展合作联席会议机制。继续深化推进长江干线船型标准化老旧船舶拆解工作，核准39艘老旧船舶拆解，35艘已拆解完毕。开展完善港口集疏运体系研究。集装箱水水中转比例达到45%。

港航运行总体健康平稳。2013年，受宏观经济形势影响，水路运输需求受到抑制，本市全水路货运量完成46697万吨，同比下降7.2%；水路周转量完成17497.3亿吨公里，同比下降12.8%。其中，远洋、沿海、内河货运量分别完成15255万吨、28758万吨、2684万吨，同比分别下降12.8%、4.6%、增长0.8%。航运市场运力供需矛盾依然突出，航运企业经营形势依然严峻。2013年班轮公司继续在盈亏平衡线附近挣扎，集装箱运输市场延续2012年四季度的弱势行情，运价持续低位徘徊，旺季特征不如往年显著，上海出口集装箱运价指数近年首次出现年内两次较大振荡，全年平均值为1077点，同比下跌14.0%。国际干散货BDI指数在年初创下近年来的新低后，运价在第三季度初开始逐步回升。沿海散货运输市场先抑后扬，全年平均值为1125点，同比上升2.5%。秦皇岛至上海煤炭航线市场表现明显好于上年。

理货　2013年，上海外轮理货公司完成理货吨36380万吨，同比增长4.8%，集装箱理箱量3233.4万TEU，同比增长3.8%。2013年，中联理货有限公司上海分公司生产完成集装箱船332艘次，理箱量计21.6万TEU；件杂货船进出口215艘次，完成理货吨92.8万吨；装拆箱理货完成69.6万TEU.。

港航服务质量提升　为降低港口物流成本，市交通港口局会同市物价局就上海港外贸进口集装箱的疏运行为进行调研，并自3月1日起正式取消外贸进口集装箱疏运费，降低港口物流成本。为确保疏运费取消后港内堆场的正常作业，研究制订了系列配套措施，包括协调上港集团适度提高港内堆存费、允许危险货物转栈储存、发布《危险货物集装箱港内堆存作业管理规定》等，实现了平稳过渡。同时，配合市物价局开展了港口收费大检查，进一步提出了清理进出口环节港口费收的建议。

【班轮公司联盟化带来新的挑战】

由马士基、地中海航运、达飞三大班轮巨头组成的P3联盟对我国港口航运业的影响和挑战值得关注：一是单箱成本优势明显：通过“合并相同航线、大船替小船”的联盟经营策略，P3联盟不但能够发挥大型船舶的规模效应，航线装载率也会得到进一步提升，从而取得其他船公司无法匹敌的低成本优势，侵蚀原本属于其他船公司的市场份额。二是航线服务将更为完善：通过整合，三家成员公司挂靠直达港口的航次密度会大幅增加，各驳运港口和内陆点的服务内容和种类将更为完善，港口作业效率也会得到有效提高。P3联盟如此高的航次密集度以及如此完备的全球服务网点是没有其他任何一家船公司可与之抗衡的。三是对供应商的议价能力增强：P3联盟在欧美等主要航线上运力份额占绝对的优势，在欧洲航线上更是具有垄断地位，因此，在与港口、拖车、铁路、代理等公司的费率谈判中将更具主动权，会获得更为优惠的费率，这又将反过来影响它在班轮运输市场的竞争力。目前有市场方面的反馈信息，P3 联盟已与港口方面就各项收费进行谈判，初步希望是降低 30% 至 40% 的港口费用，这将非常不利于其他船公司以及港口等相关行业的健康发展。四是市场掌控能力更强：由于 P3 联盟单箱运输成本低，可以通过加快船速的方式，达到挤兑其他竞争者的目的。

【洋山保税港区年内正式建立国际中转集拼中心，建立大宗商品保税现货价格】

洋山保税港区国际中转集拼业务自去年年底启动试点以来，已经能做到 2 天至 5 天内完成拼箱、装箱和启运流程，该速度已与新加坡、香港等港口比肩，而随着中转货物的增加，拆箱、拼箱的时间和资金成本有望进一步下降。

2014 年 3 月 20 日，中国首个大宗商品领域的保税现货价格“洋山价格”在上海发布，首期产品“洋山铜溢价”同时推出。“洋山价格”的推出，可以弥补国内有色金属企业在进行国际贸易时，只能参照伦敦金属交易所价格，而缺少国内保税现货参考价格的不足，为进口铜精矿的价格谈判提供一种新的选择。此举将有助于洋山从单纯海运大港逐步进化为资源配置中心和定价中心，适应上海国际贸易中心、国际航运中心引领全球资源配置的建设目标。

洋山保税港区正不断加快推进和拓展融资租赁、期货保税交割、国际中转集拼、仓单质押、离岸账户、保税船舶登记、争夺大宗商品定价权等创新业务，全面启动多种国际贸易物流增值服务，国内外企业已经把洋山保税港区作为枢纽港，拓展国际业务，建立国际中转集拼中心。

【国际航运中心建设推进】

保障国际航运中心建设，提升港口运行效率。降低港口物流成本，清理进出口环节港口费收，并自 3 月 1 日起正式取消外贸进口集装箱疏运费，降低港口物流成本。大力推进水水中转，研究完善港口集疏运体系。2013 年，上海港集装箱水水中转的比率提前达到 45%。此外，研究了扩大启运港退税试点的准备工作，为下阶段水水中转再上台阶奠定基础。贯彻国务院新修订的《危险化学品安全管理条例》，全面落实《港口危险货物安全管理规定》。组织相关人员培训，修订了危险货物港口作业办事指南，完成了《港口危险货物作业附证》换发工作。正式启动“上海港船载危险货物集装箱突发事件应急处置”专项研究，推进进口包装危险货物和出口危险货物的港口作业网上申报系统试运行，进一步加强安全监管。

【港航行业相关政策、法律法规】

完成落实新旧法规衔接，做好危险货物的安全监管。贯彻国务院新修订的《危险化学品安全管理条例》，全面落实《港口危险货物安全管理规定》。在全行业开展宣传贯彻；修订了危险货物港口作业办事指南；完成了《港口危险货物作业附证》换发工作。

完成《上海港危险货物集装箱港内堆存作业管理规定（试行）》的法律审核工作，并经市法制办备案审查通过；市航务处研究制定并实施《上海市内河危险货物港口企业质量信誉考核办法（试行）》，对危险货物港口企业开展质量信誉考核。

【船舶运输装备】

截至 2013 年末，上海市注册的营运性国际船舶 380 艘，2200 万载重吨，占水路运输船舶总运力的 66.6%（见图 3.6-1）。营运性国内运输船舶总数 1421 艘，总运力 1102 万载重吨 /59736 客位，其中沿海船舶 513 艘，1057 万载重吨 /49 客位；内河船舶 908 艘，45 万载重吨 /59687 客位。沿海运输、内河船舶分别较 2012 年末减少 36 艘，18 艘，随着内河老旧船舶加速淘汰，内河船舶数量延续逐年下降态势。沿海、内河运输船舶净载重量同比分别减少 2.4%、10.6%（见表 3.6-1），沿海、内河运输船舶平均净载重量分别为 20604 t 、496 t，同比分别增长 4.5%、下降 8.8%。

2013 年本市船舶运力结构得到明显优化。本市注册的营运性国内船舶同比减少 3.9%，但船舶载重吨同比增加 30.5%，船舶大型化趋势十分明显（见图 3.6-2）。万吨级以上船舶 233 艘，占沿海运力规模 45.4%，同比上升 3.5%；千吨级以上船舶 126 艘，占内河运力规模 13.9%，与去年基本持平。鼓励水运业运力向特种化发展，集装箱船 / 多用途船 112 艘，占总运力规模 7.9%；危险品船 367 艘，占总运力规模 25.8%；汽车滚装船 14 艘，占总运力规模 1%。本市注册的航运企业平均运力规模达 41764 载重吨，同比增长 30%。本市核准 39 艘老旧船舶拆解，总计 9822 总吨 /10833 载重吨；其中 35 艘已拆解完毕，总计 9243 总吨 /9998 载重吨。

截至 2013 年末，中国海运（集团）总公司运力规模达到 545 艘、3484 万载重吨，集装箱箱位数 61 万 TEU；新增运力 54 艘、468 万载重吨。单船载重吨 6.2 万吨，同比上升 0.07 万吨；船队平均船龄 8.7 年，同比下降 0.97 年，船队大型化、现代化趋势日益显著。

截至 2013 年末，中远集运总船队规模 188 艘，合 87.8 万标准箱位，同比增长 16%，其中实际控制船队（扣除出租船舶）173 艘，合 78.6 万标准箱位，同比增长 8.6%，中远集运运力规模在世界班轮公司中居第五位。截至 2013 年底，公司持有船舶订单 4 艘，合 5.34 万标准箱位。中远集运 2013 年底挂靠上海港的投船数量为 108 艘，同比增长 42%；投船运力 58.4 万 TEU，同比增长 62.6%。

表 3.6-1 2006-2013 年上海远洋、沿海、内河运输船舶运力情况

年份	内河运输船舶		沿海运输船舶		远洋运输船舶	
	艘数（艘）	净载重吨（吨）	艘数（艘）	净载重吨（吨）	艘数（艘）	净载重吨（吨）
2006	1568	313286	369	3606641	336	12376436
2007	1575	310658	390	4541212	382	15588267
2008	1156	290278	415	4839583	355	15035306
2009	1111	484655	449	7029896	351	16429633
2010	1046	524940	506	9700350	382	19342532
2011	984	515983	543	10601709	387	22624014
2012	926	503124	549	10828846	364	20146756
2013	908	450000	513	10570000	380	22000000

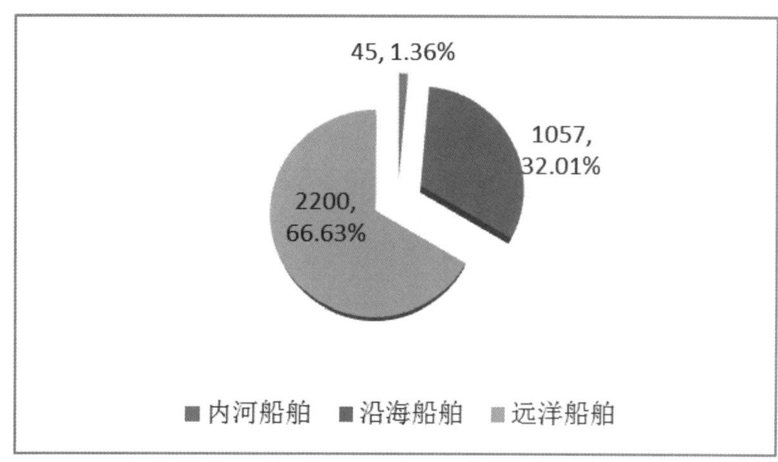

图 3.6-1 截至 2013 年末上海水上运输船舶运力结构（单位：万 t）

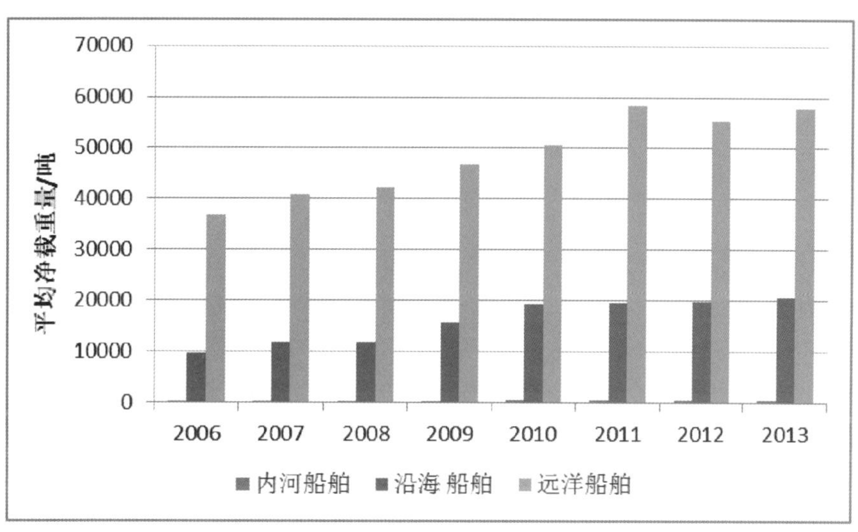

图 3.6-2 2006-2013 年上海远洋、沿海、内河运输船舶平均净载重量（t/ 艘）趋势图

【航运行业经营业户规模】

2013 年，上海国际航运中心航运要素集聚能力继续增强，航运资源配置能力继续提升，本市国际、国内航运及辅助企业2199家，规模继续增加，同比增长6.3%，且国际航运企业及辅助企业数量增速略高于国内水路运输企业及辅助业数量增速。截至 2013 年年底，本市共有国际船舶运输企业 71 家（见表 3.6-2），较上年增加 6 家；国际船舶代理企业 142 家，与上年持平；国际船舶管理企业 88 家，较上年增加 9 家；无船承运人 1172 家，较上年增加 76 家；外商独资船务公司 42 家，与上年持平；国际航运经纪公司 19 家，新增 2 家；船舶交易服务机构 1 家。拥有国国内水路运输企业 264 家（见表 3.6-3），与上年持平，其中，沿海运输 140 家，较上年增加 4 家，内河运输 124 家，较上

年减少3家；水路运输国内货客代理企业361家，较上年增加50家，国内船舶管理企业39家，较上年增加5家。

表 3.6-2 2013 年上海国际海上运输及其辅助业一览表

企业类型	2011年末总数（户）	2012年末总数(户)	2013年末总数（户）
国际船舶运输	62	65	71
国际船舶代理	136	142	142
国际船舶管理	80	79	88
无船承运	1009	1096	1172

表 3.6-3 2013 年上海国内水路运输及其辅助业一览表

企业类型	2010年末总数（户）	2011年末总数（户）	2012年末总数（户）	2013年末总数（户）
国内水路运输	255	264	263	264
其中：沿海	127	132	136	140
内河	128	132	127	124
国内水路运输辅助业	370	325	345	400

【航运行业运行状况分析】

（一）航运主业

1. 船舶货运

2013年，受国内外复杂经济形势和国际航运市场持续低迷影响，上海水路运输需求受到抑制，水路货运量由2012年小幅增长逆转为保持平稳降低，变化速度较2012年明显下降，一、二季度保持平稳，三、四季度出现上升。

全年全社会水路货运量完成46697万吨，同比下降7.2%，比去年同期减少9个百分点，水路货运量在综合运输体系中的比重为51.0%，较去年减少2.3个百分点，但是水路货运规模和增速均高于其他运输方式；完成水路货物周转量17497.3亿吨公里，同比下降12.8%。总体来看，水路运输在综合运输体系比重有所降低，但其在综合运输体系中的仍占有重要地位，对本市、长三角区域、长江流域乃至全国经济具有重要保障作用。

（1）远洋货运

2013年以来，运输需求远不及预期，新增运力速度创近几年来峰值，集装箱运输市场延续2012年四季度的弱势行情，运价持续低位徘徊，旺季特征不如往年显著，虽然在班轮公司缩减运力投放的共同努力下全年运价一度震荡走高，但回调速度却明显快于往年，且多数时间位于船公司成本线以下。上海出口集装箱运价指数近年首次出现年内两次较大振荡，截止12月27日达到1113点，较年初下跌3.0%，全年平均值为1077点，同比下跌14.0%。2013年班轮公司继续在盈亏平衡线附近挣扎，行业整体亏损程度比2012年有所减小，但亏损面依然较大，多年盈利的OOCL在年中时也出现亏损。

国际干散货运输市场震荡回升：国际干散货BDI指数在年初创下近年来的新低后，上半年持续在700点至1000点之间低位震荡，但由于运价已严重低于船东成本价格，加上下半年市场对于国家宏观刺激政策的预期，贸易商加紧进口铁矿石，运价在第三季度初开始逐步回升，一举突破1000点整数位，并创下年内的新高。截止2013年12月24日，BDI指数报收于2277点，较年初上涨226.2%，今年以来的平均值为1205点，同比上涨31.0%。

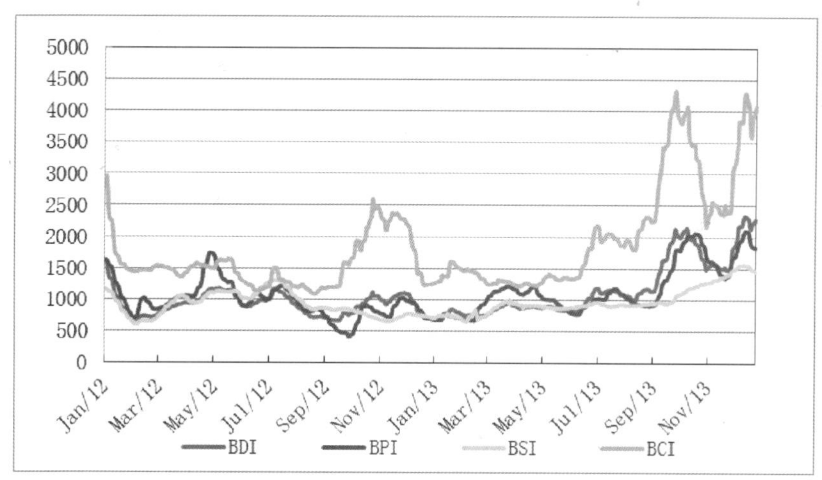

图 3.6-9 2012年1月-2013年12月BDI指数走势图

受外部需求放缓的影响，中国进出口贸易额增速同比快速下滑，远洋货运需求增长远不及预期。2013全年累计完成远洋货运量15255万吨，同比下降12.8%，占水路货运量比重为32.7%，较2012年降低2.1个百分点（见图3.6-10），显示远洋运输在水路运输中的重要地位有所降低；累计完成远洋货物周转量13562.3亿吨公里，同比下降15.7%。从月度数据来看，自8月份形势开始好转，连续出现同比增长的现象，11月的远洋货物周转量数据达到2012年6月以来的最高值，或可看作市场好转的信号（见图3.6-11）。

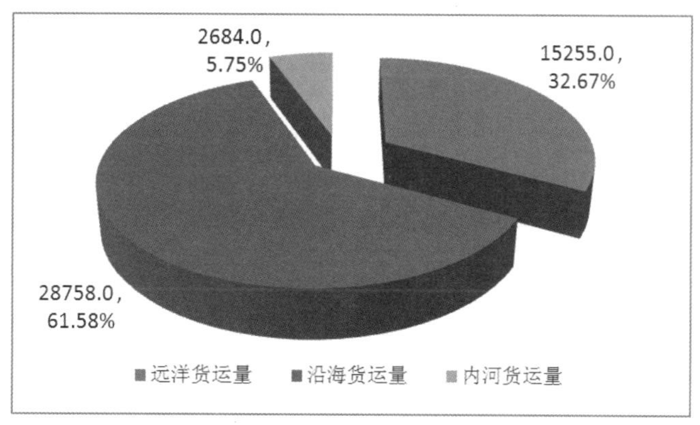

图 3.6-10 2013年上海远洋、沿海、内河货运量及占比

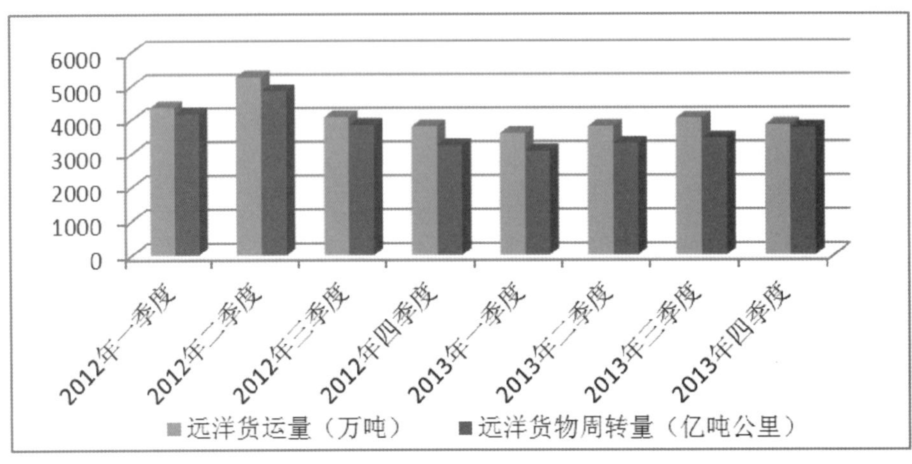

图 3.6-11 2012 ~ 2013 年上海远洋货运量、周转量季度统计图

2013 年，由于世界主要经济体需求不振，行业内总体运力持续扩张，航运市场供需矛盾十分突出，主流航线运价难以取得实质性恢复，继续维持低位震荡。中国出口集装箱运价综合指数平均值为 1081.8 点，较 2012 年平均值下跌 7.6%，航运企业仍然面临异常严峻的经营形势，多数航运企业亏损经营，全球 20 大班轮公司中只有 6 家盈利，其中，马士基航运 2013 盈利 15 亿美元，较 2012 年的 4.61 亿美元大增。

中海集运全年实现营业收入 343.4 亿元，同比增长 2.7%；税前盈利 1.52 亿元，权益持有人应占亏损 26.5 亿元；完成重箱量 819.1 万 TEU，同比增长 2.0%；2013 年平均运费为每 TEU 人民币 3709 元，较 2012 年同比减少约 7.6%，其中：外贸航线平均运费为每 TEU 人民币 5172 元，同比减少约 13.5%，主要是由于 2013 年度国际航运市场需求不振，受供需失衡加剧影响，主流航线整体运价水平较 2012 年偏低。内贸航线平均单箱收入达到每 TEU 人民币 1766 元，较 2012 年的每 TEU 人民币 1657 元增长了 6.6%，主要是由于本集团优化内贸航线网络布局，增加国内陆岸物流运输等延伸服务所致，因此，中国国内航线运输货量虽下降，但收入同比出现上升。

2013 年，中远集运完成重箱量 870.2 万 TEU，同比增长 8.5%；在上海港作业量进一步提高，达到 319.3 万 TEU，同比增长 6.1%，份额达 9.9%，其中国际航线箱量达 205 万 TEU，同比增长 6.7%。在上海港国际中转作业量达 19 万 TEU，同比大幅增长 79.2%，进一步巩固和提升了公司在上海港的中转地位。全年中远集运实现营业收入为 425.35 亿元，实现营业利润 -10.9 亿元，实现归属于母公司所有者的净利润 -14.26 亿元（见表 3.6-6）。

表 3.6-6 2013 年典型班轮公司经营业绩情况

企业	净利润
中海集运	-26.5 亿元
中远集运	-14.26 亿元
马士基航运	15.1 亿美元
达飞轮船	4.08 亿美元
东方海外	0.47 亿美元

为应对低迷航运市场，提高盈利空间，航运企业在积极争取政策支持的同时，主动采取措施自救，取得一定成效，主要采取的策略如下：

航运企业继续寻求降本增效的措施。一是通过完善燃油、港口使费、保险费等产品和服务的集中采购制度，减轻成本压力；二是进一步完善燃油附加费定价模式，加强对滞期费等的催收管理，积极增收；三是减速航行，部分集装箱船施行超低负荷运营，以降低燃油成本；四是加快船舶节油技术更新，推进节能减排新技术应用，减少单位里程燃油消耗；五是部分船公司采取裁员措施，降低人工成本；六是不少船公司通过发行公司债拓宽融资渠道。

强化联盟合作，调整运力投放。一是班轮公司大幅削减运力，减少运力投放，实施运价恢复计划来稳定经营利润；二是优化网络布局与航线合作，班轮公司航线调整较频繁，船舶共享、相互共舱、结盟增多，以舱位互换联营航线等合作方式提高舱位利用率；三是行业广泛采用指数挂钩合同的势头快速上升，不少班轮公司探索采用这种新定价方式签订合同。

加强市场营销，深化大客户合作战略。船公司继续加强市场开拓，深化巩固与大客户的合作关系，进一步加强和扩大与货主企业的合作，稳定货源，平抑市场和运价波动带来的经营风险，同时提升差异化服务水平，努力为客户降低成本。

航运企业加快结构调整和转型发展。一是进行船队结构调整：根据市场的供需变化情况不断调整船队结构，同时结合新的细分市场需求动态，适时发展 LNG 船、汽车船等非传统领域的船队；二是进行船型结构调整：加快处置高能耗、高成本以及市场竞争优势不明显的老旧船，顺应船舶大型化、低碳化的航运市场发展趋势，研究开发节能环保性能好、经济型与适应性强的新船型；三是进行产业结构调整，适度向航运上下游产业链拓展，发展延伸服务，打造电子商务平台，增强企业价值链竞争优势，增强企业经营的平稳性和可持续发展能力；四是进行投资重点转移，不少航运企业将投资重点转向核心业务。

（2）沿海货运

2013 年沿海散货运输市场先抑后扬，前 7 个月沿海干散货运价持续回落。8 月份以后，受南方特别是长三角地区的极端酷热天气的影响，用电需求迅速攀升，电厂拉煤积极性有所提振，运价快速反弹；接着受国际干散货市场提振以及北方恶劣天气的影响，沿海煤炭运价迅速攀上近年来高位。截至 2013 年 12 月 27 日，沿海干散货运价综合指数报收于 1357 点，较年初上涨 28.7%，全年平均值为 1125 点，同比上升 2.5%；秦皇岛至上海煤炭航线的全年日平均运价为 42.5 元 / 吨，同比上升 9.4%，市场表现明显好于上年。

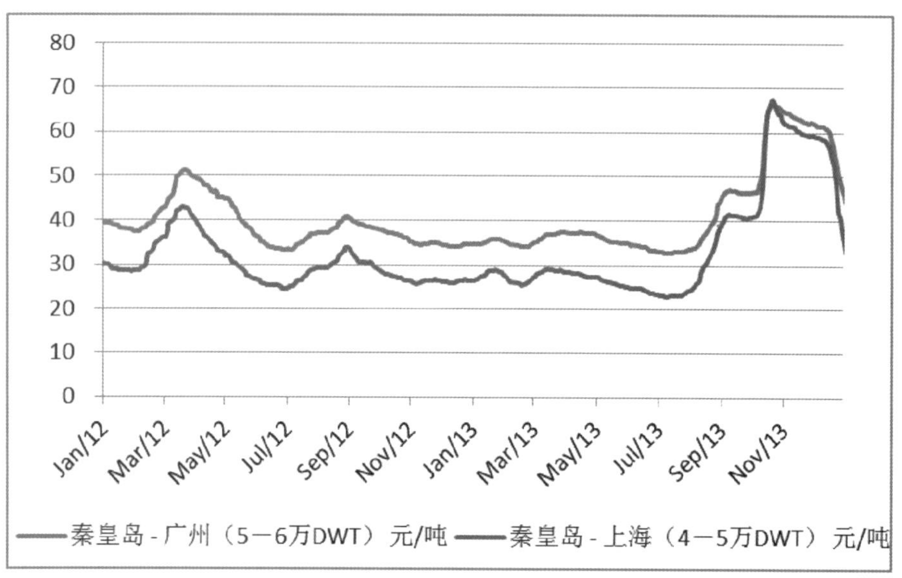

图 3.6-12 2012 年 1 月 ~ 2013 年 12 月秦皇岛 - 上海沿海煤炭运价走势图

2013 全年累计完成沿海货运量 28758 万吨，同比下降 4.6%；累计完成沿海货物周转量 3885.8 亿吨公里，同比下降 1.2%。（见图 3.6-13）。

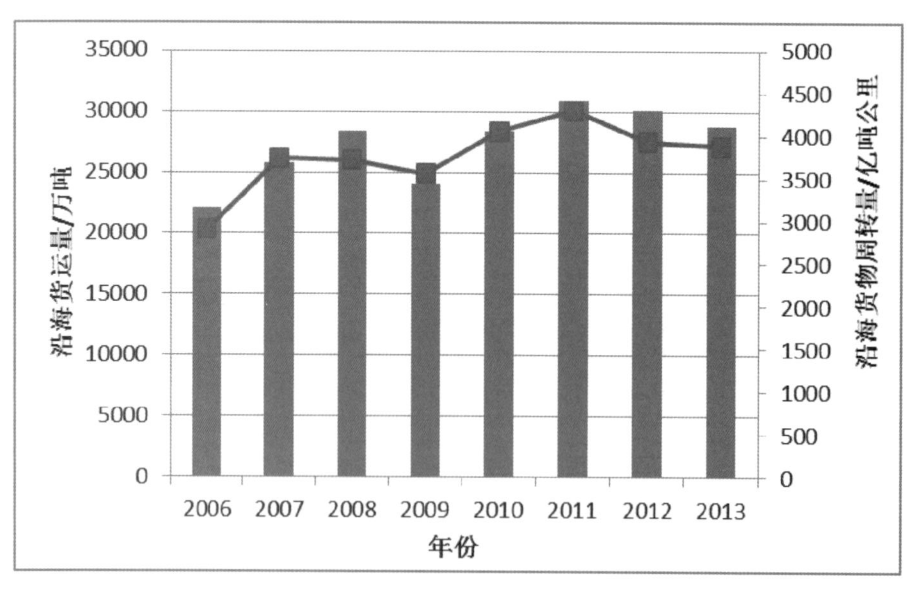

图 3.6-13 2006 ~ 2013 年上海沿海货运量、周转量趋势图

（3）内河货运

受基础设施投资建设放缓和房地产市场调控等因素影响，矿建材料、水泥和钢铁等内河主要货种需求放缓，内河水运缺乏增长动能，2013年累计完成内河货运量2684万吨，同比增长0.8%，基本与上年持平，增速较上年下降8个百分点；累计完成货物周转量49.2亿吨公里，同比增长0.5%。

2013年上海内河进出港签证船舶量达到64.9万艘次，同比下降9.7%，总吨19986.3万t，同比下降7.5%，平均总吨位为308万吨，平均载重量为440万吨。其中危险品船13358艘次，同比下降5.4%。进出港船舶仍以三等船舶和四等船舶为主，分别为27.6万艘次和33.6万艘次，分别占内河签证船舶量的42.5%、51.7%（见表3.6-7），同比分别增长3.3%和下降17.5%，说明内河船舶大型化趋势日益明显。

表3.6-7 2013年上海内河进出港签证船舶量

		数 量（艘）			功 率（千瓦）	总 吨（吨位）	总载重里（t）
		合计	客船	危险品船			
总计		648742	17	13358	110658319	199863398	285983507
进港船舶	小 计	324457	9	6689	55354424	99976055	143056160
	一等船舶	6546	0	0	8747441	26107935	42682267
	二等船舶	7640	3	23	3082464.6	6750205	11006922
	三等船舶	138046	2	2374	24277665	42919359	60230730
	四等船舶	167791	1	4239	19040697	24027889	28941992
	五等船舶	4434	3	53	206156.35	170667	194249
出港船舶	小 计	324285	8	6669	55303895	99887343	142927347
	一等船舶	6536	0	0	8736511	26073019	42619136
	二等船舶	7621	2	23	3075117.2	6733204	10983450
	三等船舶	137954	2	2366	24259060	42888133	60191070
	四等船舶	167750	1	4228	19026934	24022679	28939988
	五等船舶	4424	3	52	206273.51	170308	193703

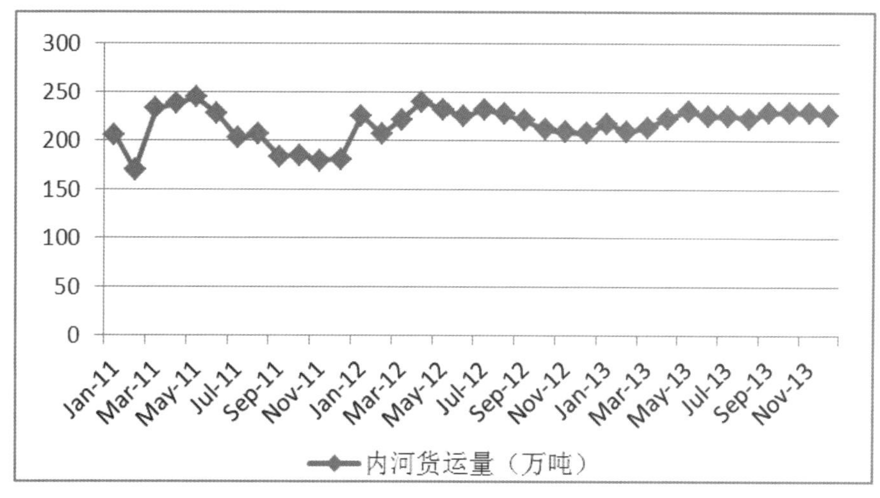

图3.6-14 2011年1月-2013年12月上海内河货运量趋势图

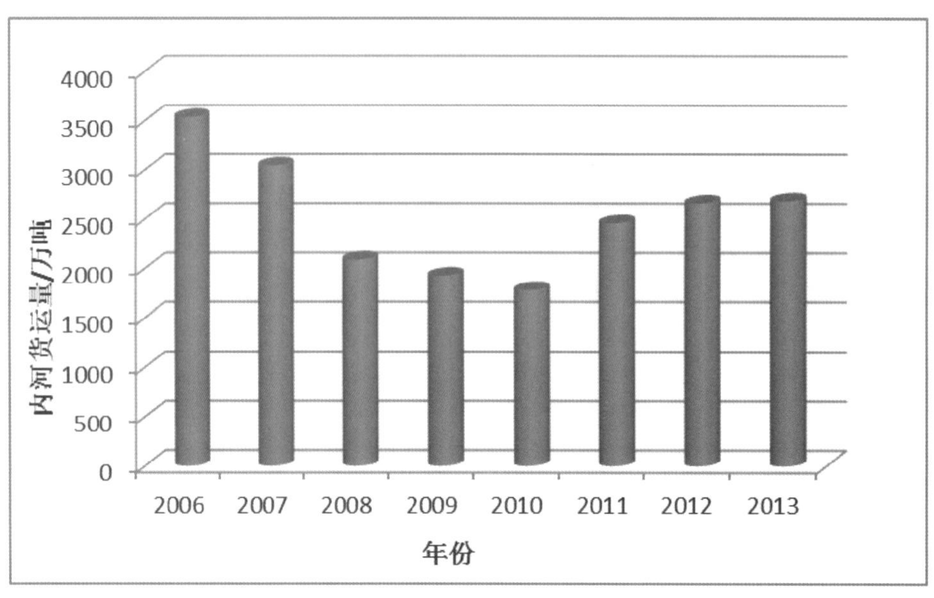

图 3.6-15 2016-2013 年上海内河货运量趋势图

2013 年，上海国际港务（集团）股份有限公司大力推动上海周边地区内河支线港口开发，同时加强与其业务推介和合作，畅通内河运输业务条线，稳定浙北、皖南及环太湖内河腹地货源。上海内河集装箱业务呈强劲增长态势，连续两年翻倍增长，成为集疏运体系增长最快的部分，全年上海内河集装箱运量为 22.5 万 TEU，同比增长 92.2%。尽管上海内河集装箱运量增速较快，但总体规模相对海港集装箱吞吐量而言体力仍较小，内河中转比重还不足 1%，与上海国际航运中心建设中现代航运集疏运体系和水上高速公路的要求还有较大差距。随着内河集装箱运输通道建成、配套设施完善、箱源拓展、干支港口衔接优化和市场培育步伐加快，内河将是优化现代航运集疏运体系、缓解本市道路交通压力的重中之重，内河优势和运能将有较大释放空间，内河集装箱运输未来可期。

（上海市交通港航发展研究中心）

【中国外运开启“物流电商”新时代】

继 2013 年 7 月 30 日成功推出国内首个跨境物流电商平台后，中国外运又打造了集运价交易、在线订舱、动态查询、业内资讯等功能为一体的海运电子商务平台 -- 海运订舱网 www.sinotransbooking.com，并于 10 月 31 日在上海召开了以“创•变”为主题的海运电子商务平台推介会，正式开启了“物流电商”的新时代。

简单快捷，如网购商品一样购买物流服务

中国外运打造的海运电商平台，实际上是将“物流”作为一项标准化的基础服务产品，与电子商务结合，面向众多分散的客户，为物流服务的供给方和需求方搭建了在线交易的平台，并为物流服务的需求方提供多种物流服务选择及一站式服务所需的各项功能。用户能够像购买商品一样购买海运物流服务，随时查看产品运价、完成在线下单、结算支付，查看货物运输情况和单据流转情况。中国外运的海运电子商务平台，将不仅改变长期以来海运行业供方和需方的交易模式，还会带来海运成本的降低、效率的提升、服务水平的提高，提高行业集中度和标准化水平，促使海运物流行业从原先的价格竞争、规模竞争升级到向服务竞争、体验竞争和整合能力的竞争。

创新模式 集聚资源 打造一站式服务

中国外运的信息化建设一直走在行业前沿，是业内率先推进电子订舱建设和海运业务标准化流程的领军企业。作为海运订舱平台模式最早的探索者和实践者，中国外运海运订舱平台的标准化作业模式在过去十年取得了巨大成功，其旗下专门从事订舱平台业务的中国外运华东有限公司海运分公司在上海口岸的出口箱量在几年间由之前的20多万标准箱迅速增加到目前的60多万标准箱。海运订舱平台成为了上海口岸规模最大、覆盖面最广和市场影响力最强的实体公共订舱平台。此次建设海运电子商务平台，显然不是平地起高楼的概念性规划，正是中国外运深耕平台业务十余年的“惊艳一跃”，是根基扎实的传统海运业务与现代电子商务融合互生的一次“亲密接触”。

中国外运的“海运订舱网”最显著的特点是所公布运价的真实性、可操作性，以及运价交易与在线订舱的无缝衔接：依托中国外运华东有限公司海运分公司专业的线下操作团队，客户在网站上完成运价交易后即可进入实际的海运订舱操作流程，更接“地气”。此外，中国外运以品牌优势介入操作和结算，从而为供需双方提供交易保障和信心支持，也是该网站从众多的行业信息类网站中脱颖而出的核心要素。

一键在手 随时随地 物流信息尽在掌握

海运业务具有需求端的碎片化和供给端的动态特征，众多的小单客户在采购渠道、信息服务上的需求与承运人和订舱代理提供的现有服务之间存在供需不对称。中国外运进行了大量的市场分析，与客户、船公司进行电子订舱、系统对接等方面的需求调研之后，瞄准其中商机，对公司现有IT资源进行整合和重构，精准定位，推出了真正以客户需求为导向的智能化平台服务。全新上线的“海运订舱网”实现了以信息为中心的现代物流运作方式，它将复杂的业务操作流程通过程序编辑实现了可视化，将分散的信息集中于网站各大业务板块供客户按需选择，将客户被动等待转化为主动推送业务操作信息。

通过“海运订舱网”，客户不必再通过电话、传真等传统方式四处询价、比价，更不会因为信息不透明而经历一票业务的层层转包，花了冤枉钱增价却不增值，服务难以获得提升，只要在线轻松比价，就可以择优选择分供方；客户如想获得船公司航线、价格、出运日期等信息，只需要轻点鼠标通过在线查询的方式了解单证流、信息流和货物流的进展；选定航线，轻松下单订舱，有任何问题都有在线客服一一解答；随后各个业务环节的操作确认，都可以通过短信订制等方式实现。及时推送的各类信息服务让客户真正感受到一键在手、信息尽在掌握的便利。

创新变革 与客户共同赢在未来

“海运订舱网”上线三个月以来，受到了业内同行、客户、船公司的高度关注，每天的点击量超过5000人次。签约大客户通过电商平台享受着“信息查询、订舱、货物跟踪”等一站式物流服务；大量的中小客户正在逐渐尝试通过该平台获得更为优惠和透明的价格；海运电商平台实现了与航线舱位卖家的平台对接，与航运公共信息服务数据平台的信息对接，实现了海运订舱业务的在线化和可视化。

物流电商平台改变了多层次分销的商业模式，有助于提升海运物流行业的运作规范化；通过平台的信息推送服务，有效降低了物流操作人员的操作环节和工作量；通过发挥电商平台价格信息的规模效应，吸引更多的中小型客户成为“海运订舱网”的忠实用户，持续提升中国外运的海运货代业务规模和市场占有率。

未来，中国外运海运电子商务平台还将会不断丰富和完善自身业务，陆续推出信用支付、信用评级、金融中介服务，利用与物流业务伴生的较可观的现金流，为客户提供更多金融物流服务。

电子商务建设是当前的时代所趋，也是物流企业积极应对外部市场环境、提升服务内涵、突破发展瓶颈的内在需求。在互联网时代，电子商务为物流企业提供了技术条件和市场环境，为物流功能集成和物流企业实现规模化经营创造了有利的条件。中国外运牢牢把握市场脉搏，顺势而为，将电子商务建设上升为企业发展战略，积极借助移动、互联网的新机会快速发力探索改革、创新、发展之路，用创新的理念、先进的技术、实用的模式打造成的中国外运海运电子商务平台，将为企业的发展注入新的生命力，让中国外运成为赢在信息时代的现代物流企业，也让物流电商从此告别有价无市的“理念”阶段，进入集团企业大牌领军、夯实发展的新时代。

第四篇 区域和园区物流

4.1 长三角地区苏浙皖沪三省一市物流

2013 年江苏省物流业发展报告[1]

2013 年以来，江苏省紧紧围绕主题主线，按照稳中求进、开拓创新、扎实开局的要求，全省物流业发展进一步创新举措，强化投资，优化环境，总体上保持稳中有进、稳中向好的态势。

一、2013 年物流业发展情况

（一）物流规模增长平稳。2013 年，全省货物运输量 23.9 亿吨，同比增长 8.9%；货运周转量 8883.5 亿吨公里，同比增长 12.5%，其中公路货运量 16.9 亿吨，同比增长 9.7%；公路货物周转量 1653.5 亿吨公里，同比增长 13.8%。全省规模以上港口货物吞吐量 18.5 亿吨，同比增长 8.3%，其中外贸货物吞吐量 3.5 亿吨，同比增长 11.1%，集装箱吞吐量 1640 万标箱，同比增长 2.7%。据初步测算，全省 2013 年社会物流总额 18.7 万亿元左右，同比增长 11% 左右，增速预计比去年回落 2.6 个百分点。全省物流业增加值预计 3900 亿元，同比增长 9% 左右；社会物流总费用与 GDP 的比率预计为 15.4% 左右，基本与上年持平。

（二）投资拉动作用增强。2013 年，全省公铁水空交通基础设施建设完成投资 720.9 亿元，同比增长 6.4%。其中：南京 -12.5 米深水航道一期工程完成投资 23.3 亿元；连云港港 30 万吨级航道一期工程全部完工并竣工验收，连云港港区 25 万吨级航道正式开通使用。重点物流项目带动作用进一步增强。 截止 2013 年底，“十二五”确定的省重点物流项目竣工验收 19 个，完成投资 140 亿元，其余 104 个重点物流项目，目前已经全部开工建设，完成投资额 719 亿元，占“十二五”总投资的 41.81%。“十二五”以来，全省新批 5000 万以上物流项目 222 个，总投资 1289 亿元，其中 2013 年新批 5000 万元以上物流项目 61 个，总投资 571 亿元。徐州双楼港物流园区、张家港玖隆钢铁物流园、无锡空港物流园等一批投资大、带动性强的物流项目正在加快推进。

（三）电商快递蓬勃兴起。据支付宝平台统计，江苏网民网上支付额占全国的 8.1%，列全国第五。到 2013 年底，江苏电子商务销售额突破千亿。我省的苏宁易购、买卖宝、中国制造网、红豆商城、5R 网、宏图三胞、同程网等七家电商列入商务部 2013 ～ 2014 电子商务示范企业。电子商务的快速发展倒逼物流配送体系的加快建设。苏宁云商正在加快广州、南京、北京、

[1] 来源：江苏省发改委《2013 年江苏省物流业发展情况及 2014 年展望分析》

成都等四个全国性仓储中心和干线枢纽的建设，菜鸟、京东、1号店、唯品会等一批电商物流企业也加快在我省进行物流布局。快递业务高速发展。据统计，2013年我省规模以上快递服务企业业务量累计达到98415.5万件，同比增长54.1%，快递收入累计143亿元，同比增长38.3%。电商与物流业正在快速融合发展。如苏宁云商等12家公司正在申请快递业务经营许可已进入审核公示阶段，苏南硕放、常州、南通等机场也纷纷开通全货机快递航线，常州、淮安、盐城等地加快电商物流园区的规划布局，一批以电子商务交易服务为龙头，基础设施、物流配送、网络支付、电子商务软件、安全和信用认证等相配套的电商快递物流园区正在崛起。

（四）冷链物流快速发展。2013年，全省规模以上企业拥有冷库总容量达到326万吨，其中高低温冷藏库容量达到256万吨，低温冷冻库容量达到70万吨；拥有配送车辆1785辆。雨润集团、天环集团、清江集团等一批大型企业目前在建和拟建的高低温冷藏库容量150万吨，低温冷冻库容量140万吨。全省规模以上冷链物流加工及配送企业达70家，交易额上亿元的农副产品市场及销售企业达到91家。冷链物流技术推广和应用越来越受到重视，冷链溯源与全程监控等技术逐渐成熟，真空预冷、多温层控制、RFID及传感技术、GPS、GIS、WMS等物流技术开始得到运用。以冷链物流为基础，南京农副产品物流园的“E鲜美”及凌家塘的“万家鲜”等一批城市农副产品生鲜直供平台正在加快发展。

（五）创新驱动活力增强。充分依托物联网和新一代信息技术，公共信息平台建设取得新进展。镇江惠龙港国际钢铁物流以信用、物流量和客户为支撑，协同电信、保险、银行三大运营商，探索打造物流与信息流相汇聚、人车物相匹配的大宗商品集中配送电子商务平台，以标准化为支撑，通过实时用信、交割库监管、平台对银行风险兜底担保等创新举措，突破了大宗商品交易的瓶颈，试运营情况良好。中外运高新物流（苏州）有限公司创建的中国第一配载网、常州物流易呼通交易平台等也在整合资源、提升效率、降低成本上做出积极而有成效的探索。全省交通物流公共信息平台、冷链物流配载平台等一批公共平台也正在抓紧建设。供应链金融取得新突破。淮安民贸物流有限公司通过创新“融通仓”“贸易＋金融”等物流供应方式，去年为近200户企业融资4.5亿，成为中小企业物流与融资的有力助手。苏汽国际物流集团探索商流、信息流、物流、资金流“四流合一”服务，全年供应链金融业务总额达3亿元。江苏华商为解决新电商格局下商贸企业、供应商、连锁超市的新型商贸流通以及消费者的购物需求，在原先B2B城市配送的基础上建立虚实连锁O2O新电商服务平台，最大限度提高了商品流转效率。

（六）物流体系更加完善。南京、苏州等市探索物流业发展新模式，以实现物流资源利用的社会化、物流资源信息共享、提高重点商品共同配送率为出发点，加快构建以重点商贸物流园区、公共配送中心和末端共同配送点等物流节点为支撑的城市物流配送网络体系。物流园区逐步成为全省物流业重要结点和产业集聚地。列入省“十二五”物流业发展规划的30个重点物流园区项目，计划投资1126亿元，到2013年底累计完成投资472亿元，目前，在全省已初步形成了一批布局较为合理、功能较为完善、辐射带动作用较强的物流园区。依托综合保税区的独特优势，2013年，全省海关特殊监管区域物流货物624.3亿美元，同比增长7.7%，其中出口物流货物291.8亿美元，同比增长18%，进口货物332.5亿美元，与去年持平。张家港保税港区汽车整车进口口岸作为我省以及长江内河港唯一的汽车整车进口口岸，2013年2月正式运营以来，到2013年底已完成整车进出口14393辆。

二、物流业发展存在的问题

（一）政策环境有待进一步完善。国家《关于促进物流业健康发展政策措施的意见》出台以后，物流业发展的政策环境有了很大改善。但减轻物流企业税收负担、对物流业的土地政策支持、物流车辆便利通行等政策的推进力度还显不够，仍有一些问题困扰着物流企业的发展。如近期出台的国际货代服务免税政策，由于没有统一明确的政策解释，加上对行业情况和运作模式不够了解，各地税务机关在实务操作中存在较大偏差，国际货代免税政策在我省很多地方没有得到有效落实。

（二）冷链物流市场竞争无序。冷链物流的规范化、标准化、一体化以及冷链市场的准入等问题也急需引起重视。冷链物流各环节缺乏统一标准，运输环节温控手段落后，缺乏有效监控，城市配送“断链”，各环节之间缺乏协调运作。南京、苏州等地由于冷链行业缺乏协同，冷链市场价格战已经拉开序幕。尤其是冷库的建设缺乏统一标准，一些违规建设的小冷库，温度要求不达标、制冷操作不规范，低价竞争现象较为普遍。特别是黑龙江氨泄露事件发生以后，其安全隐患令人担忧。

（三）要素资源瓶颈制约明显。物流企业多属于轻资产企业，取得抵押贷款较难，资金不足制约了物流业的快速发展；另一方面，风险资本、制造业资本开始大量进入物流行业，发展物流园区和仓储基地，有些地区存在“炒地皮”、抬高土地价格等非真实性物流投资现象，对已有物流企业造成较大冲击。我省有一批列入规划的“十二五”重点物流项目因缺少土地、资金等要素保障，未能按计划实施或进展缓慢。

（四）物流企业效益下滑。全球经济复苏迟缓，企业订单减少，电子信息生产企业产能不断向内陆扩散，2013年飞力达、得尔达等公司的电子产品物流量均有较大幅度的下降。加上人力成本、管理成本持续上升，高速公路通行费及路政罚款、油价等居高不下等等，物流企业效益普遍下降。据苏州市测算，物流企业经济效益在2012年平均下滑20%左右的基础上，2013年继续下滑20%以上。

三、2014年物流业发展展望

2014年，国际经济将延续复苏态势，英国、美国、欧元区以及日本等国经济均呈现增长态势；国内经济将保持平稳运行，上海自由贸易区的设立，将促进金融、物流、信息、港口为主的现代服务体系融合发展。随着物流业各项鼓励政策的加快落实，民间资本投资物流领域的热度将继续升温。另一方面，宏观经济运行不确定因素依然较多，物流业发展仍将面临着劳动力成本上涨、税负偏重、以及钢铁、水泥等行业产能过剩和发展低迷的制约。2014年，预计我省社会物流总额有望突破20万亿元左右，同比增长9%，物流业增加值将超过 4100 亿元左右，社会物流总费用占 GDP 的比率将在 15.3% 左右。

2014 年，发展改革系统物流工作将重点围绕以下几方面：一是强化创新驱动。加快推进供应链管理、物流金融、城市共同配送以及与电商发展相配套的快速配送体系建设，加快形成政策橇动、资源推动、部门联动的推进物流业加快创新发展的体制机制。发挥中央投资的引导作用，加大对物流业模式创新项目的支持，尤其是一些基础设施投资少但在创新发展上有带动作用的公共平台建设、线上线下融合发展、供应链金融等项目。加快推动城市公共货运、共同配送等新型物流组织方式，推进电商、快递、物流资源共享、集聚集约发展。二是强化规划引导。全面总结我省“十二五”物流业发展情况，着手研究“十三五”江苏物流业发展的总体思路、框架和发展重点。完成全省冷链物流规划编制工作。会同省有关部门推进全省物流园区发展规划的加快实施，对列入规划的省重点物流园区和省重点物流项目，会同省有关部门优先给予土地、资金等政策扶持。研究制定省级物流园区认定管理办法和综合考核评价体系，适时开展省级物流园区的认定考核工作。三是强化项目支撑。充分发挥“全省重点物流项目信息管理平台”作用，做好行政审批制度改革后全省重点物流项目监督管理和推进工作。加快推进省重大物流项目建设进度，加强对“十二五”重点物流项目及 5000 万以上投资项目的跟踪和支持。将重点物流项目管理平台延伸到区、县发展改革委，实现重点项目的即批即报和信息共享。四是强化环境优化。继续贯彻落实国务院《关于促进物流业健康发展政策措施的意见》和省政府苏政办发（2011）171 号《关于促进全省物流业健康发展的若干政策措施》，把促进物流业发展的各项政策真正落到实处。

2013 年南京市物流业工作总结

南京市发展和改革委员会

2013 年，按照市委、市政府的年度工作部署，在省发改委的指导下，我们紧紧围绕建设南京长江航运物流中心和打造中国航运（空）与综合枢纽名城的目标任务，加快推进重点物流园区和项目的建设步伐，大力引进国内外知名物流企业，努力优化物流业发展政策环境，全市物流业实现较快增长，但明年面临的发展形势依然十分严峻。

一、物流业主要指标完成情况

预计全年完成物流业增加值 556 亿元，同比增长 15% 左右，物流业增加值约占生产总值比重为 6.9% 左右；交通运输、仓储和邮政业完成固定资产投资 320 亿元，同比增长 40%，占全社会固定资产投资总额的 7% 左右。

预计全年完成货运周转量 5250 亿吨，同比增长 13.5%；港口货物吞吐量 2.1 亿吨，同比增长 9.4%；港口集装箱吞吐量 265 万标箱，同比增长 15.2%；客运周转量 464 亿人公里，同比增长 12%；城市地铁客运量 43000 万人次，同比增长

12.1%；邮政业务收入11亿元，同比增长12.8%；电信业务收入116亿元，同比增长9%。

总体来说，今年我市物流业运行的主要特点是：各级政府和部门抓紧落实支持物流业发展的政策，物流业投资增长迅猛；国内物流市场规模大，物流需求较稳定；国际贸易需求锐减，导致了外贸物流需求不足和运力过剩，影响了外贸物流；结构调整加快，国内经济运行增速回落，物流成本上升，企业效益下滑。

二、物流主要工作情况

1. 完善提升《南京长江航运物流中心规划》

由我委会同市交通局牵头，共同委托交通运输部水运科学研究院开展《南京长江航运物流中心规划》深化研究工作，经过多次调研、论证、征求多方面意见和修改完善，2013年7月1日在北京通过专家评审，11月20日获得市政府批复。该规划是指导南京长江航运物流中心建设的重要依据，由市发改委和市交通运输局组织实施，并积极协调各相关部门、区、开发区（园区）加快推进建设。规划明确南京长江航运物流中心是带动中西部地区发展的重要引擎、沿江产业经济转型升级的集聚平台、长江流域航运物流服务的综合枢纽、长江航运物流科学发展的创新高地。将立足南京，面向亚太，辐射中西部，服务长江流域，建设航运物流要素聚集、航运物流服务完善、航运物流市场繁荣、江海转运功能突出、辐射带动效应显著、具有国际资源配置能力的长江航运物流中心，在长江流域的供应链物流和产业组织中发挥核心作用。

2. 加快推进中国航运（空）与综合枢纽名城的规划建设步伐

根据市委、市政府的部署安排，由我委牵头负责中国航运（空）与综合枢纽名城规划建设工作。我们充分发挥综合枢纽名城办的指导、协调和督查职责，认真贯彻落实市委、市政府《关于加快建设中国航运（空）与综合枢纽名城的意见》和相关会议精神，制定并下发《2013年推进中国航运（空）与综合枢纽名城建设工作要点》，多次组织召开工作会议和开展调研督查活动，确保金融城和三个枢纽经济区的规划建设工作落到实处。7月7日，市委、市政府举行了南京海港、空港枢纽经济区管委会挂牌仪式。各牵头责任部门在编制完成专项规划编制工作的基础上，加快推进港口基础设施、市政配套设施和集疏运系统建设，实现公铁水空等运输方式的均衡协调和无缝衔接，优化完善生产、生活配套设施，全面提升园区功能品质，努力打造全国领先的枢纽经济示范区。

3. 积极推进重点物流园区建设

我委高度重视物流园区建设工作，不断完善园区规划，强化基础设施建设，认真做好项目招商引资。根据我市制定的“一场两带四区十节点”物流发展空间布局，重点推进了龙潭综合物流园、空港物流园、江北化工物流园、滨江钢铁物流园和七坝物流园等9家重点物流园区。龙潭综合物流园专项规划已完成编制工作，正办理相关报审报批工作。4月28日，总投资100亿元的8个重大现代物流业项目在龙潭综合物流园集中开工，集中开工的项目包括普洛斯综合物流基地、维龙物流中心、太古冷链物流、四方源综合物流、中电熊猫“液晶谷”生产配套供应中心、安宏基现代物流中心、联迅综合物流中心、省棉麻集团现代物流基地。空港物流园（溧水片区）正抓紧编制专项规划，规划占地7700多亩，总投资70亿元，建设以航空、公路为辐射载体的现代航空物流基地，目前已有金唯度、普洛斯、嘉民等30多家各类物流企业陆续落户，形成了一定的集聚规模和产业竞争力。预计至12月底，9家物流园区共引进4300家物流企业或经营户入区经营，就业人员达到6万人。预计全年完成营业收入650亿元，实现税收近8亿元，完成投资80亿元。

4. 全力推进重大物流项目建设步伐

今年列入全市307个服务业重大项目中的物流业项目有30个，其中开工项目15个，年度计划投资45.8亿元。我委通过服务业重大项目库，及时掌握各个项目进展情况和存在的问题，加大协调力度和推进力度，确保项目达到进度要求。其中南京长江国际航运服务中心一期项目占地2.3万平方米，建筑22万平方米，总投资33亿元，主要用于驻区航运企业搬迁置换，打造南京航运服务业集聚发展载体，截至11月底，永宁街地块已完成911根工程桩、574根支护桩、211根立柱桩，完成投资6.86亿元；中国移动华东大区物流中心项目，占地面积259亩，分二期实施，建设现代化的仓储及配送中心，建筑面积达4万平方米，截至11月底，累计完成投资1.98亿元，一期工程基本结束，准备投入试运营；嘉民南京溧水仓储服务业功能基地占地191亩，规划新建仓储设施等，总投资6亿元，目前一期工程一幢厂房主体在建，完成投资2.8亿元。

与其同时，认真做好我市新批5000万元以上物流项目的统计汇总工作、及时跟踪掌握列入省物流业“十二五”发展规划和年度投资计划的重点物流项目的进展情况，并上报省发改委。

5. 积极开展“营改增”试点对我市物流企业影响的调研工作

2013年3月上旬，我委会同南京物流行业协会就“营改增”试点对我市物流企业的影响进行了专题调研。我们共选择了25家物流企业进行调研，涵盖了运输型、仓储型和综合服务型物流企业，均为一般纳税人。25家物流企业各自对2012年10月至2013年1月累计上缴的增值税总额进行了统计，同时对未实施“营改增”试点同期应缴纳的营业税总额进行了测算，并对税负增减原因具体分析。调查结果显示，25家物流企业都认为“营改增”对企业的发展经营产生了较大影响，其中2家物流企业税负减少，占调查企业总数的8%；23家物流企业税负增加，占调查企业总数的92%，税负增长幅度普遍在80%左右。而后，由我委牵头，组织市商务局、交通局和财政局等有关部门赴苏州市、杭州市和厦门进行了专题学习调研，借鉴兄弟城市的经验教训。在以上调研的基础上，我们撰写了专题调研报告并上报市政府。

6. 认真做好经贸领域中央投资项目的组织申报工作

按照国家、省发展改革委的通知要求，我们组织各区和相关开发区开展2014年经贸领域中央预算内投资项目的申报工作。按照布局合理、扶优扶强的原则，我们推荐了符合规划要求、建设条件成熟、辐射带动作用强的14个备选项目，有5个项目通过省发改委组织的专家评审会，在全省位居第一。

7. 顺利完成我市农产品冷链物流发展情况的调研工作

按照省发改委的工作布置，我们在前期调研的基础上，摸清了我市农产品冷链物流发展现状和存在问题，提出了今后我市农产品冷链物流发展的主要思路，并上报省发改委。

三、物流业发展存在的主要问题

1. 物流企业运行成本不断上升，“营改增”后物流企业税负增加

企业运营成本大幅度攀升，随着人员工资、办公经费和土地使用税上涨，尤其是营改增实施后，物流企业盈利空间越来越小。

2. 物流用地资源稀缺，土地供应量严重不足

随着城市扩容改造，原有物流用地不断“被拆迁”，而新增物流用地难以保障。对于开发区来讲，物流项目占地大，投入产出少，利税贡献与工业项目贡献差距较大，没有招商热情和积极性，对开发区而言更热衷于工业项目（占地小税收高），即使招商同意引入，后期物流项目办理工地手续时由于投资强度要求也受到制约，土地点供指标获得难度很大，影响项目建设进程。

3. 综合交通运输体系的建设相对滞后

公、水、铁综合交通运输体系建设多年来没有统筹，公、水、铁的规划和统筹在各个不同的行业主管部门，造成之间无法同步协调，网络上各节点之间不同或者不顺畅，对于物流通道的设计不科学，也会出现造成多通道设计的资源浪费。

4. 全市物流公共信息平台尚未建成，物流信息化水平有待提高

企业间、和政府部门间信息不畅，无法实现信息交换，特别是横向政府体系和纵向政府体系间的协调，如一关三检部门信息在集装箱和外贸货物上一直无法实现数据交换，造成信息化断层，使得港口EDI信息化建设严重滞后，推进难度加大，制约了集装箱中转效率的提高。

5. 物流业扶持政策落实不到位

南京市近十来年来尚未制定出台促进物流业发展的政策意见，也没有设立专项扶持资金。

2013年苏州市物流业工作总结

苏州市发展和改革委员会

2013年，苏州市认真贯彻江苏省委、省政府的决策部署，沉着应对外需持续不振、制造业内迁、商贸业增速放缓等不利局面，坚持“稳中求进，量质并举”的发展方针，全面落实各项鼓励政策，创新物流工作举措，大力发展物流业新兴业态，促进了全市物流业的持续健康平稳发展。

（一）物流总量保持增长。进一步落实制造业分离发展现代物流业的各项政策，加强物流发展载体建设，鼓励发展第三方物流和城乡共同配送，全市物流业总规模保持平稳增长。1～11月，全市全社会货运量达17119.2万吨，比上年同期增长6.6%；全社会货运周转量1656408万吨公里，增长6.4%。初步预计，2013年全市全社会货运量达1.89亿吨左右，比2012年增长6.8%。全社会货运周转量181.5亿吨公里，增长6.5%。全市社会物

流总额达4.8万亿元左右，比上年增长2.9%；社会物流总费用1990亿元左右，比上年增长8.7%。全市物流业增加值将超过450亿元，比上年增长10%左右。

（二）保税物流继续领跑。充分依托全市开放型经济优势，完善保税物流政策功能，搭建物流服务、商贸服务和信息化平台，发展壮大海关特殊监管区业务规模，全市保税物流发展继续保持国内领先水平。1～11月，全市保税区进出境仓储或转口货物总值547.1亿美元，增长18.2%，其中，出口253.1亿美元，增长32.5%，进口294亿美元，增长8.1%。昆山综合保税区完成进出口总值523.8亿美元，同比增长7%，进出口总量及增速居全市综保区第一；苏州工业园区综保区完成进出口总值214.2亿美元，下降2.6%；张家港保税港区完成进出口总值79.4亿美元，下降7.9%；苏州高新区综合保税区完成进出口总值108.8亿美元，下降8.7%。 2013年5月，太仓港综合保税区获得国务院批准，预计2014年一季度正式封关运作。

（三）港口物流逆势奋进。今年以来，苏州港努力克服外贸进出口货物普遍下滑的不利形势，积极开拓内贸货源，经受了国内外经济持续低迷的严峻考验，保持了平稳发展态势。1-11月，苏州港货物吞吐量、集装箱运量分别完成4.19亿吨、489.1万标准箱，同比分别增长9.88%、13.59%；其中太仓港区货物吞吐量、集装箱运量分别完成1.19亿吨、302.1万标准箱，同比分别增长17.12%、15.24%。张家港港区货物吞吐量、集装箱运量分别完成2.34亿吨、153.1万标箱，分别增长5.65%、12.75%。张家港保税港区汽车整车进口口岸2013年2月通过国家五部委联合验收，成为江苏省及长江内河港唯一的整车进口口岸。常熟港区货物吞吐量、集装箱运量分别完成6548万吨、33.8万标箱，分别增长13.34%、3.86%。

（四）重点项目进展良好。全市列入省“十二五”物流发展规划的9个项目进展较好。苏州物流中心现代物流公共信息平台、吴江综合永鼎物流园、昆山（千灯）普罗斯物流项目均已竣工运营。张家港玖隆钢铁物流一期工程1、2、3号库投运，露天堆场项目竣工，商务区主楼施工至四层，剪切加工库打桩完成，保税库一库、二库基础开始施工。张家港正大富通连锁汽配服务中心在省内外建立了六大配送中心，在配送中心的辐射范围内建立300家分拨（连锁门店）中心，公司累计建成仓储面积5.3万平方米，南京供应链中心一期建设项目已经完成、二期供应链项目即将完工，汽配物流信息化项目竣工。昆山众品冷链物流项目一期工程一座冷库及配套设施已完工，二期工程正在规划设计。吴江新地现代物流项目基础完工、钢构库房施工中。苏州越海全球物流项目一期、二期已投入运营，三期工程开工建设。张家港保税区进口整车物流园规划获得省发改委批复。汽车口岸码头、堆场、运营公司、航线、检测站、上牌点等软硬件配套设施到位。总投资26亿元的12个项目即将开工，54家汽车经销商办理注册手续，规划区域内农户拆迁协议签订已完成98%、企业拆迁协议签订已完成81%。

（五）新型业态发展看好。依托区位优势，积极引导电子商务与现代物流发展的密切结合，近年来在苏州工业园区、苏州高新区、望亭物流园、花桥开发区、淀山湖镇、千灯镇等成功引进建设了一批电商物流和快货配送项目，卓越亚马逊、唯品会、中粮我买网、神州数码供应链等项目已经成为苏州物流业的新增长点。中粮我买网苏州工业园区分拨中心预计完成销售额3亿元，昆山淀山湖唯品会预计2013年完成销售额可达40亿元。苏汽国际物流集团积极探索发展供应链金融业务，提供物流各个环节“四流合一”服务，预计全年供应链金融业务总额可达3亿元。中外运高新物流（苏州）有限公司与苏汽国际物流集团合资创建了中国第一配载网，为中小企业物流企业和制造业提供极在线运输信息交换展示的大型物流信息配货平台，从货源的寻找、车辆的追踪管理、运输交易、运营维护、数据交换等方面将原本各自独立的“信息孤岛”推向了互通互联，让原本散杂的物流市场变得更透明更安全。苏州传化物流基地开业三年来，公路港平台已入驻物流企业539家，发布货运信息2000余条/日，建设运营近300条辐射全国的零担快运专线，实现了物流服务、物流载体和物流需求三大资源的高效集聚，预计2013年基地营业总额可达22亿元，上缴税收近1亿元。

（六）发展环境不断改善。贯彻落实国务院、江苏省政府、苏州市政府关于促进物流业健康发展的各项政策措施，稳步推进《国家物流园区发展规划》、《江苏省“十二五”物流业发展规划》、《苏州市“十二五”物流业发展规划》的实施工作，配合编制《江苏省物流园区发展规划》、《江苏省农产品冷链物流发展规划》，强化对物流业的发展导向，优先发展农产品物流业，不断完善物流业土地使用政策，促进物流车辆便利通行。稳步推进交通运输业、物流辅助服务行业“营业税改征增值税”试点工作，落实过渡时期财政扶持政策，加快推进物流小规模纳税人转一般纳税人工作，促进物流企业税负合理化。组建苏州市快递行业协会，充分发挥物流商会、物流协会、快递行业协会的作用，加强会员的交流和信息沟通，组织会员外出学习考察、洽谈项目，举办银企对接、物流商贸对接洽谈，建立城际物流专线联盟，建设物流专业学生业见习基地，全力推进物流业转型提升、科学发展。

2013年浙江省物流业发展报告[2]

一、总体情况

（一）《浙江省“十二五”物流业发展规划》实施顺利

2013年是《规划》实施的中期评估年，浙江省发改委牵头开展了《规划》实施情况的评估工作，全面总结了《规划》实施两年多来全省物流业发展情况，梳理了列入《规划》的20个重点物流园区、90个重大物流项目和100家重点物流企业的建设推进和扶持培育情况。

《规划》实施两年多来，全省物流业主要指标完成良好，总量快速扩大，物流业增加值与《规划》提出的2015年达到4500亿元的目标相比，基本实现时间过半，任务过半。物流业空间布局进一步优化，物流枢纽和物流节点建设取得成效。

[2] 来源：浙江省发改委《2013年浙江省物流业监测报告》

港口物流、专业市场和产业集群、城乡配送和快递物流的发展已经成为构建我省现代物流产业体系的主要支柱。

（二）物流业运行稳定向好

2013年浙江省物流业运行趋稳向好，紧紧围绕干好“一三五”、实现“四翻番”，牢牢把握效率提升、创新驱动的基调，为完成稳增长、调结构、促改革、惠民生等目标任务贡献了积极力量。

2013年，面对复杂的外部条件，物流业总体表现稳定。全省社会物流总额、物流业增加值均保持平稳增长，物流业增加值占GDP比重与去年持平。全省社会物流总额为11.98万亿元，可比增长9%；物流业增加值为3630亿元，可比增长7.8%，占全省GDP比重9.7%，占三产比重20.9%。

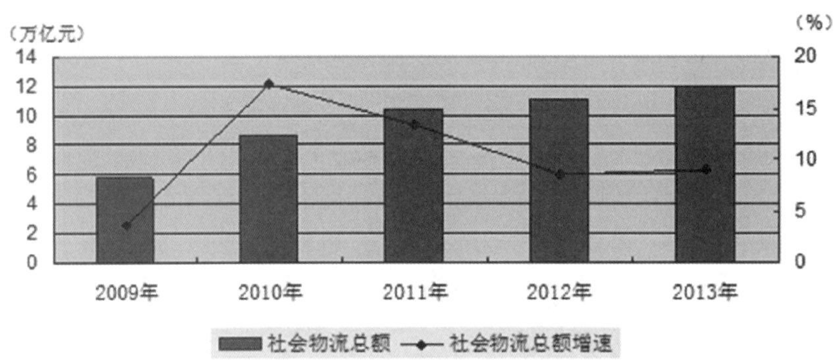

图 4.1-1 2009 ~ 2013 年社会物流总额及增长变化情况

表 4.1-1 2013 年物流行业货物运输量构成及增长情况

分　类	货运量（亿吨）	比上年增（%）	货运周转量（亿吨公里）	比上年增长（%）
全省合计	19.57	2.4	9867	7.4
公路运输	11.64	2.6	1569	2.8
水路运输	7.53	2.0	8028	9.0
铁路运输	0.4	4.9	270	-7.1
航空运输	50.4	10.0		

注：航空运输货运量为货邮吞吐量。

二、发展亮点

（一）快递物流异军突起

电子商务和网络购物的发展带动了快递行业的高速增长。目前，我省快递服务业务量位居全国第二，业务收入列全国第三，全省有7个地市快递业务量已进入全国前50位城市。2013年全省规模以上快递企业业务量累计完成14.2亿件，增长73.1%，业务收入累计完成近180亿元，增长50.1%。其中同城业务收入累计完成

19.6亿元，增长70.8%；异地业务收入累计完成115亿元，增长41.4%；国际及港澳台业务收入累计完成31.6亿元，增长40.2%。

（二）物流信息化有序推进

全省物流信息化工作进一步推进，国际交通物流公共信息平台浙江区域节点建设初步取得成效。推动了18家商贸制造业企业与物流企业的数据交换，整合了10个物流信息运营商打造物流增值服务平台，实现了23个园区、3个港口和1个机场的节点信息共享。以传化“公路港”和四方物流为代表的企业自建信息平台探索形成了有效的发展模式，得到行业和社会的认可，成功经验逐步推广。物流业信息化与工业化高层次深度融合，成为工业转型发展的有力支撑。

（三）标准建设再上台阶

2013年，我省新增主导制定《仓单要素与格式规范》国家标准一项，新增了物流园区管理标准化试点、超市商品供应链服务标准化试点等2个省级试点项目。截止目前，我省共主导制定物流国家标准9项，主导制定地方标准2项，开展国际级试点项目3个，省级试点项目19个。这些标准的推广和试点项目的实施，推动了物流责任保险、物流信用评价、物流信息安全等领域的规范化和制度化建设，推进了物流园区和企业建立健全了物流标准体系，促进了物流产业的发展。

（四）税制改革推动行业规范

由于交通运输业和仓储业纳入营业税改增值税范围，2013年全省交通运输、仓储和邮政等物流领域实现税收52.36亿元。分行业看，邮政业税收达到4.29亿元，增长25.44%，呈现出较好的发展势头；交通运输业、仓储业分别实现税收44.04亿元和4.02亿元，减收57.45%、0.5%，入库营业税分别为7.27亿元和0.54亿元，减收85.97%、67.27%。2013年我省交通运输服务增值税规模为18.66亿元，其中3768户一般纳税人纳税16.08亿元，47137户小规模纳税人纳税2.58亿元。虽然交通运输、融资租赁等部分行业反映税负增加，但按照缴纳营业税还原折算后，67%的一般纳税人共减税6.67亿元。总体来看，在增值税制度框架下，部分物流企业通过购置固定资产，可以抵扣进项税，有利于降低成本，规范经营，激励企业扩大对服务业的需求，“营改增”结构性减税的政策效果逐步显现。

（五）物流园区建设稳步推进

截至2013年底，全省以“集中建设、统一主体管理和提供公共服务”为要素，且已落地推进建设的物流园区为63个，规划面积合计约21.25万亩，开发面积合计约6.42万亩。《规划》重点推进建设的20个物流园区建设顺利，集聚和带动引领的作用充分体现。杭州空港物流园区、宁波梅山保税港区物流园区、长兴综合物流园区、义乌物流园区等10个园区部分重点项目建成并投入运营。20个重点物流园区累计完成投资267亿元，增长10.8%；实现税收9.07亿元，增长37.8%，营业收入241.4亿元，增长40.8%。

（六）物流项目推动创新发展

列入《规划》的90个重点建设项目总体实施情况良好，截至目前，累计完成投资228亿元，建成项目14个，项目开工率达80%。依托这些重点物流项目，全省物流业态创新氛围浓厚，涌现出一批特色创新性业态。杭州依托发达的电子商务产业，快递物流发展取得新突破，并进一步成为发展跨境电商物流的龙头；宁波重点围绕智慧城市建设目标，推进智慧物流项目；嘉兴、舟山等市依托已有的港口、铁路和公路货站，大力发展绿色低碳物流和多式联运工程；湖州、丽水等市以提高生活质量为目的，大力发展冷链物流和农村物流工程。

（七）物流企业发展壮大

按照国家发展改革委等五部委办公厅《关于推广“公路港”物流经验的通知》要求，省政府办公厅下发了在我省推广相关成功经验的通知，省发改委牵头开展了建立行业标准的研究，帮助企业做大做强。另一方面，充分发挥A级物流企业综合评估的激励作用。截止中国物流与采购联合会在2014年初发布的第十七批A级物流企业名单，我省共有A级以上物流企业400家，实现11个地市全覆盖，占全国总数15.8%，位列全国各省第一。A级物流企业评选已成为推动我省物流企业行业自律，促进行业发展，具有相当公信力、影响力和品牌效应的一项公共服务。

表4.1-2 浙江省全国A级物流企业分布情况

地区	数量	地区	数量
全省	400	绍兴	21
杭州	62	金华	72
宁波	135	衢州	3
温州	14	舟山	6
嘉兴	26	台州	21

三、有关建议

总体来看，2013年我省物流业顺应转变发展方式的要求，坚持以质量和效益为中心，充分激发市场主体活力，加快效率提升、创新驱动，实现了平稳发展。但是，全省物流业运行仍然面临着较大的下行压力，社会物流运行成本依然较高，物流运作方式仍比较粗放，重点物流项目建设进度有待加快，行业诚信体系有待完善，资源环境矛盾亟待解决，促进物流业发展的各项政策措施尚待落实。为顺利实现我省物流业“十二五”规划确定的各项目标和任务，结合《规划》中期评估的情况，对促进全省物流业健康发展，提出以下建议：

（一）抓资源整合，推动物流科学发展。按照《全国物流园区发展规划》的总体布局要求，整合各类物流园区和物流基础设施，加强引导杭州、宁波等一级物流园区布局城市的园区规划建设，推进温州、湖州、嘉兴、金华（义乌）、舟山等二级物流园区布局城市的园区整合。整合现有公路、铁路、港口等公共性基础设施，鼓励平台开放、渠道下沉、互联互通。

（二）抓重大项目，推动物流转型发展。重点推进列入《规划》的90个物流项目，做好衔接服务，加快前期工作进度，确保按时完成《规划》提出的目标和建设任务。加快制造业、商贸企业分离外包物流业务，支持第三方物流企业发展。

（三）抓信息建设，推动物流创新发

展。鼓励物流信息区域共享，发挥核心物流企业的整合能力，推广传化“公路港”等成功模式，打通物流信息链，促进物流信息的科学采集、深度开发、有序交换和安全管理，支持具有实际需求、具备可持续发展前景的物流信息平台发展，推进全社会物流信息资源的开发利用。

（四）抓融合互动，推动物流联动发展。大力支持为制造企业提供原材料采购、仓储、配送等服务的第三方物流项目，支持城市配送工程、农村物流工程、农村农业生产资料、日用消费品配送中心等项目，推动物流业助推制造业、现代农业发展联动发展。

（五）抓企业培育，推动物流持续发展。发挥先进企业的龙头示范作用，做好《浙江省十二五物流业发展规划》中确定的100家重点物流企业的扶持培育工作。继续指导做好物流企业综合评价工作，使我省A级物流企业数量继续在全国保持领先地位。

（六）抓政策落实，推动物流业良性发展。强化服务意识，减少审批环节，缩短审批时间，做好政策宣传和辅导工作。推动发展新型融资方式，探索地方建设债券的发行利用潜力，为物流业发展提供更便利的融资服务，解决企业“融资难、成本高”的问题。重视人才培养。以行业协会为载体和平台，构建产、学、研相结合，社会、企业、院校互动的交流模式，加快培养专业物流人才。

金华物流业发展现状及发展建议研究

浙江省统计局

物流业作为支撑国民经济的基础性和综合性产业，其发展越来越得到社会的广泛关注，是国家重点规划振兴的十大产业之一。发展物流业，是改善投资环境、优化资源配置、提高经济运行质量和效益，促进产业结构调整、转变经济发展方式，促进经济又好又快发展的重要举措。《浙江省“十二五”物流业发展规划》把金华－义乌定位为浙江省四大物流枢纽之一。金华市加快发展物流业，打造长三角重要的区域性物流枢纽城市，对增强城市集聚辐射功能和综合竞争力具有重要意义。

本课题结合地区实际情况，全面分析金华市物流业发展现状、发展优势以及存在的问题，并对推进金华市物流业发展提出建议对策。

一、物流业的涵义及行业范围

（一）物流业的涵义

物流业是一个新兴复合型产业，不能仅仅等同于运输业和仓储业。我国国家质量技术监督局发布的《中华人民共和国国家标准物流术语》将物流解释为：“物品从供应地向接收地的实体流动过程。根据实际需要，将运输、储存、装卸、搬运、包装、流通加工、配送、信息处理等基本功能实施有机结合。”物流业是产品从起点到终点具有完整的供应链，能为用户提供多功能、一体化的综合性服务行业。

（二）物流业涉及的行业范围

前，国家尚未对物流业有一个明确的

行业界定，根据浙江省发改委等7个部门印发的《关于印发浙江省物流业统计实施方案的通知》内容，浙江省物流业包括的行业范围如下表：

表 4.1-3：物流业涉及的行业范围

行业名称	行业代码	行业名称	行业代码
铁路货物运输	5320	通用航空服务	5620
货运火车站	5332	其他航空运输辅助活动	5639
其他铁路运输辅助活动	5339	管道运输业	5700
道路货物运输	5430	装卸搬运	5810
其他道路运输辅助活动	5449	货物运输代理服务	5821
远洋货物运输	5521	仓储业	5900
沿海货物运输	5522	邮政基本服务	6010
内河货物运输	5523	快递服务	6020
货运港口	5532	批发业	5100
其他水上运输辅助活动	5539	*零售业（配送、流通加工、包装业务）	5200
航空货物运输	5612	包装服务	7293

注：带*行业仅括号内业务。

二、金华市物流业发展现状

近年来，受益于商贸业的快速发展，金华市物流需求不断扩大、物流产业逐步成长，物流总量初具规模，形成了物流产业与制造业良性互动的局面。据初步测算，2011年金华市物流业增加值232.55亿元，比2010年增长10.5%。占GDP的比重为9.5%，占比与浙江省水平基本持平，低于舟山、宁波、绍兴等地市，好于温州、丽水、衢州等地市，居浙江省中等水平，金华市物流业发展呈现以下几个特点：

1. 基础设施逐步完善。在各级政府的高度重视下，物流基础设施建设成效显著，金华市四通八达的交通运输网络已基本形成。从公路基础设施看，截至2011年底，金华市境内等级公路总里程11599公里，等级公路总里程仅次于杭州和丽水市，居浙江省第三位。等级公路密度106公里/百平方公里。其中，高速公路通车总里程310公里，拥有杭金衢金丽温涌金等5条高速公路。从铁路基础设施看，沪昆、金温、金千三条铁路在金华市区交会，正线里程达225.7公里，铁路通车里程居浙江省前茅，已初步形成一个区域性铁路枢纽。从水路设施看，航道总里程198.6公里，通航里程97.1公里，其中兰溪港成为浙江省六大重点内河港口这一。从航空基础设施看，拥有一座4C级的义乌机场，已开通航线10多条。初步形成了公路、铁路、水运和航空运输组成的物流运输基础设施体系。

2. 运输能力明显增强。截至2012年6月末，金华市共有营业性货运车辆90925辆，货运车辆逐步向重型化、特种专用化、普通厢式化发展，车载总吨位达16.46万吨，货运车辆数和吨位分居浙江省第一位和第五位。上半年，金华市公路运输完成货运量 6238 万吨，增长 4.2%，货运量和增幅均仅次于杭州和宁波，居浙江省第 3 位。公路货物周转量 83.43 亿吨公里，增长 7.0%，总量仅次于杭州和宁波居浙江省第 3 位，增幅居第 6 位。

3. 物流企业快速增加。近几年来，金华市物流企业成长迅速，数量快速增加，规模不断扩大，并逐步向规模化、集约化、专业化发展。2011 年末，金华市物流业法人企业达 1.25 万家，其中物流运输法人企业 820 家，分别比 2008 年增长 128.8% 和 41.6%；法人企业从业人员超十万人，达 10.12 万人，其中物流运输法人企业从业人员 1.77 万人，分别比 2008 年增长 128.8% 和 41.6%。涌现出了广深物流、诚毅国际物流、顺丰速运、中宇物流等一批具有龙头地位或示范性的企业。越来越多的物流企业从原来提供单一的运输仓储服务向提供全方位、多层次、一体化服务转变，从简单的承揽物流业务向根据客户需要开发专业物流服务转变。

4. 园区建设步子加快。物流园区是物流作业集中区。目前，已建或在建的物流园区、物流中心和货运站有多个，金华市各类重点物流园区项目已建面积 4055 亩，在建面积 4057 亩。金华国际物流园区、中宇物流基地、义乌国际物流园区、义乌铁路物流基地、永康金属材料物流中心、兰溪港及后方物流集聚区等物流园区功能逐步完善，其中金华国际物流园区、义乌物流园区进入浙江省 12 家交通重点扶持物流基地；浙八味特产市场、义乌国际物流中心、义乌国际商贸城成为浙江省服务业集聚示范区。一个较为完善的现代物流基地体系正在形成。

三、金华市发展物流业的有利条件

当前，金华市已经进入经济发展的重要时期，无论从宏观政策环境来看，还是自身基础条件来看，拥有发展物流产业的独特优势。

1. 宏观政策优势。近年来，国家和省都已陆续出台了一系列物流发展政策，2009 年，国务院颁布了《物流业调整和振兴规划》，把物流业列入“十大调整和振兴产业”。去年又提出了推动物流业发展的 8 项政策措施。浙江省政府也先后出台了《关于进一步加快发展现代物流业的若干意见》和《浙江省“十二五”物流业发展规划》，并把金华 - 义乌定位为浙江省四大物流枢纽之一。随着金华市现代服务业发展综合配套改革试点全面推进以及义乌国际贸易综合改革战略的实施，金华市物流业必将迎来更好更快发展契机。

2. 交通区位独特。金华市位于浙江省中部、长三角南翼地带，自古以来为交通要道和兵家必争之地，水陆空立体交通优势明显，有“水通南国三千里，气压江城十四州”及“陆路郑隘，水上通衢”之说。杭金衢金丽温涌金等高速公路、沪昆、金温、金千等铁路交集，是交通部确立的中国陆路交通主枢纽之一，是浙江省政府规划的浙江中西部中心城市。目前金华市已基本实现半小时交通圈覆盖市域范围，随着杭长高铁的建设，将进一步拉近与上海、杭州等长三角核心区的时空距离。独一无二的区位交通优势和多层次的交通网络，为加快金华市面向长三角乃至华东、华南地区的物流发展创造了独特的优越条件。

3. 市场地位突出。截至 2011 年底，金华市共有商品交易市场 444 个，市场成交总额达 1726.14 亿元，其中年成交额超亿元的市场有54个，总成交额为1565亿元，成交额仅次于杭州、宁波、绍兴居浙江省第四位，拥有享誉国内外的义乌－中国小商品城、永康－中国五金城，市场优势地位突出。如义乌－中国小商品城被誉为“小商品海洋，购物者天堂”。在市场的带动下，不但形成以市场为核心的许多产业集群，而且也引吸了大量的外地商品，已成为全国甚至全球小商品的重要集散地。拥有沃尔玛、世纪联华、国美电器、银泰百货、福泰隆等极具影响力的大型超市、连锁商场。市场规模的不断扩大、交易额的不断攀升为物流运输业的发展提供了强大的需要保障。

4. 产业基础扎实。金华市制造业比较发达，形成了独具特色的产业集群，纺织服装、汽摩配件、医药化工、五金机械、塑料制品、水泥建材、工艺品等产业在国内具有较大的影响力。2011年主营业务收入2000万元以上的工业企业达到2968家，上市公司总数达到18家，在中小板上市的企业数量在全国地级市中位前列，尤其是2011年当年上市6家。2011年规模以上产值超百亿的产业集群达到13个。制造业发达为物流业的发展提供了强有力的支撑。

5. 电子商务发达。以互联网为基础的电子商务的发展促进了商品实物流通的快速扩张，作为电子商务重要形式之一的网上购物已经被越来越多的人接受和参与，电子商务送货的功能由物流企业承担，因而在物流方面的需求大大增加，推动了快递业的蓬勃兴起。近年来，金华市在有形市场蓬勃发展的同时，电子商务产业发展突飞猛进，先后荣获“中国电子商务创业示范城市”和全国“电子商务十大创新创业城市”称号，在淘宝网公布的全国网店卖家“十大城市”中位列第六；金华市有一定影响力的电子商务行业网站200多家，居全国首位，网店4万多家。电子商务的快速发展不仅提升了物流业的地位，而且对物流业的配套设施提出了更高规模和更高层次的要求。

四、当前金华市物流业发展存在的主要问题

近年来，金华市物流业虽然得到了较快发展，但总体上看，与发达地区的物流发展水平相比还有差距，其差距主要体现在物流运输业方面。2011年，金华市交通运输业增加值占GDP的比重仅为2.5%，居浙江省末位，比浙江省平均水平低1.2个百分点。金华市物流运输业明显滞后于物流商贸业，发展的总体水平不高，存在的制约因素较多，主要表现在以下几个方面：

1. 物流基础设施相对落后。虽然金华市已经形成了公、水、铁、空四位一体的立体交通网络，但物流必需的交通网络还不够完善。路网方面，与周边的发达城市相比，公路设施配套仍比较滞后。2011年，金华市每百平方公里高速公路里程数为2.8公里，低于浙江省水平，仅高于温州、舟山和丽水，比最高的嘉兴市低6.1公里。铁路方面，虽然开通了动车，但货运的作用未能充分发挥。航空方面，义乌机场航班少、机型小、运载能力弱，水运更是薄弱。另外，车辆结构不合理。金华市货运车辆以小吨位为主，2吨以下的普通货车占货车总数的91.9%，平均吨位仅为1.6吨，远低于浙江省平均4.8吨的水平。货运配载市场及货运部基础设施建设依然投入不足，原有的多数货运场站功能

单一，站场专业设备老化，自动化信息化程度低，仓储、运输、配送各环节仍以手工作业为主，无法满足物流业的需求。现代化的集装箱运输和专业运输发展缓慢等问题普遍存在。物流园区、物流技术装备等能力也有待加强。

2. 物流企业竞争力不强。目前，金华市的物流企业还基本处于传统物流的经营阶段，“低、小、散”现象普遍，以一车一户为经营单位居多。2011 年金华市公路货物运输户数为 5.3 万户，其中个体户有 4 万多户，占 75.5%，市场竞争力差，服务功能单一。以传统的装卸、储存、转运、运输等服务居多，现代的配送、拆装箱、包装、流通加工等增值服务不足，国际集装箱物流服务更是匮缺。运作方式上尚处于粗放经营阶段，大部分物流企业是近几年由传统运输、仓储企业发展而来，效率较低，服务项目有限，专业化物流供给能力不足。尚缺乏具有综合物流管理和综合运输管理能力的现代物流企业，缺少能有效带动整体水平提高的核心企业。

3. 物流信息化水平较低。虽然金华市已基本建成以电信网和广电网为主体，规模、容量、技术等指标居国内先进水平的信息基础设施。但作为现代物流发展标志的物流信息系统，在物流企业和生产企业供应链管理中的应用尚未普遍推广。金华市还没有统一的物流信息平台，如运输物流方面体现出在货源的组织和车辆调度上手段落后，不能为客户提供查询、跟踪等服务，空驶和超载两级分化，专业化运输分工不细，高质量运输服务不能满足企业需要。

4. 企业自营物流比较普遍。在物流需求方面，相当多企业仍保留着大而全或小而全的经营组织方式，从原材料采购到产品销售过程中的一系列物流活动，主要依靠企业内部组织的自我服务完成，大量潜在的物流需求还不能转化为有效的市场需求。2011 年金华市拥有货运车辆的企业达 1.26 万户，但是登记为物流运输企业的仅 800 多户。这种以自我服务为主的物流活动模式在一定程度上影响到物流企业的创新动力和专业化服务能力的提升。

5. 物流园区缺少统一的规划。从金华市来看，虽然金华市对物流主要节点布局、功能定位和建设规模进行过规划，但在具体操作中，不少物流园区建设与城市规划、交通规划、土地利用规划脱节。现在许多地方政府都把建设物流园区作为发展当地经济的一个重要内容进行规划，而不是从本地区的产业、市场和交通条件出发，盲目上马，重复建设，这在一定程度上造成了各类物流园区在功能定位上存在交叉、相互关系模糊不清，缺乏必要的统筹、协调、整合，难以发挥物流集约化运作的效益。

6. 现代物流专业人才短缺。现有物流企业大多是从传统物流企业经过新的管理理念输入发展起来的，物流从业人员主要是原有的从事运输、仓储等的员工，物流业务素质不高，尤其缺少高层次的物流管理和经营人才。同时，物流专业教育和培训机制尚未形成，企业从事物流工作的人员大多未经过正规培训，缺乏现代物流人才支撑，亟待培养与引进。

五、促进金华市物流业发展的几点建议

“十二五”期间是金华加快转变经济发展方式、推动跨越发展的关键时期，要正视差距，发挥优势，以百姓富裕、浙中

崛起为目标，促进金华市物流业的不断发展。

（一）政府主导，合理统筹规划物流布局

政府要对物流业进行统筹规划，加快基础设施的配套建设，属于基础性的物流设施要列为政府项目，以政府投资为主，同时吸引一部分社会资金入股，只有这样物流业才会朝着政府规划的目标发展。物流园区选址和布局要从金华地区的大局出发，结合“一基地二中心四沿带”的产业布局，尽量靠近港口、机场、铁路及公路干线出入口处，最好有两种以上运输方式相衔接。同时物流园区选址布局要切合当地的产业特色，靠近大型工业、商业企业集中地，规划和建设一批具有特色的现代物流企业，形成具有高时效性的货运通道网络，提供快速、多样化服务的现代物流配送体系。

（二）政策扶持，加快物流企业转型升级

行业发展水平最终表现在企业的发展状况和盈利水平上，没有企业的良好发展也就没有整个行业的健康发展。因此，政府要解决好影响当前物流企业发展的土地、税收、收费、融资和交通管理等方面的问题，制定形式多样的税收优惠政策，加大对物流业政策支持力度，清理不合理收费，为金华市物流业发展创造良好的政策环境。鼓励现有运输、仓储、货代、联运、快递企业加快资源整合、功能整合和服务延伸，引导物流企业通过参股、控股、兼并、联合、合资、合作等多种形式进行资产重组，重点培育一批龙头企业，增强物流企业的业务能力和市场竞争力，加快向现代物流企业转型提升。

（三）因势利导，鼓励制造企业服务外包

在市场竞争日趋激烈和工业化高度发达的今天，工业企业只有依靠核心技术才能在竞争中取得一席之地，将资源集中在自己擅长的核心业务，把不擅长的物流功能外包给专业物流公司（第三方物流公司），是新的市场环境下一种战略性选择。因此，各级政府和有关部门要加大对发展物流服务外包的宣传力度，让社会了解发展第三方物流的重要性，通过更新理念，形成共识，引导企业尽可能把物流业务外包给第三方物流公司，降低自营物流的运输成本。

（四）依托优势，大力发展物流集散中心

金华物流业发展正处于从传统物流向现代物流转换阶段，具有独特的区位、市场、人文等优势，但如果优势不能充分发挥，抢先利用，优势也会转化为弱势。要充分利用交通区位、专业市场发达等优势，依托中国小商品城、中国科技五金城等全球性专业市场的优势，建设服务全球小商品一级批零环节的分拨分销物流服务平台，开展面向国内乃至全球的小商品国际商贸物流服务；抓住义乌国际贸易综合配套改革试点上升为国家战略这一机遇，大力发展物流仓储服务，建设一批大中型商贸物流集散基地，完善配送枢纽和物流服务体系，把金华市建成连接浙江东部沿海地区和内陆腹地、立足浙江区域、辐射浙皖赣闽区域的全球商品分拨分销物流集散中心。

（五）强化保障，完善物流人才培养机制

教育、人力资源主管部门及有关部门

应加强监督各项物流产业人才培养培训工作意见的落实，加强物流学科专业、人才培养和实践基地建设，建立产学研合作培养物流人才的机制，培养物流业发展急需的高级专门人才。发展物流人才服务业，加大人才中介机构建设投入，制定物流培训计划，实现物流培训的组织化、常态化，提高物流专业人员素质和水平。

（2013 年 1 月）

【浙江省交通运输厅召开推进交通物流健康发展电视电话会议】

为贯彻落实交通运输部推进物流业健康发展电视电话会议和《关于推进交通运输推进物流业健康发展的指导意见》精神，省交通运输厅于 2013 年 8 月 15 日上午 9 点召开了推进交通物流业健康发展电视电话会议。

会议在省交通运输厅设主会场，各市和县（市、区）设分会场。在主会场参加会议的有：厅机关副处以上干部；省公路局、机场管理局领导班子成员；省港航局、运管局领导班子成员及处室负责人；其他厅管厅属单位主要负责人；国家 物流信息平台和省交科院负责人；省交通物流协会负责人。主会场邀请省邮政管理局领导参加会议，交通运输部道路运输司李刚司长也应邀到会并作了重要讲话。

会议由王德宝副厅长主持。王厅长宣读了王建满顾问为会议召开所作的批示，充分肯定了前五年交通物流发展所取得的成绩，并对下阶段推进交通物流业健康发展提出明确要求。会议首先请宁波市交通运输委主任劳可军、义乌市物流办主任黄旭光、传化公路港物流发展有限公司总经理徐虎祥、浙江陆通物流有限公司董事长刘慧仓、舟山大宗商品交易中心管委会副主任陈如长和浙江省邮政速递物流有限公司副总经理蔡明辉六位代表，分别代表市、县交通行业主管部门和物流企业作了典型交流发言。

会议第二议程是领导讲话。交通运输部道路运输司李刚司长首先讲话。李刚司长在讲话中认为浙江在部召开“交通运输推进物流业健康发展电视电话会议”之后不久，就组织召开全省性会议，传达部会议精神，研究部署下一阶段的工作，体现了浙江省交通运输部门抓落实的良好作风，体现了浙江省对推动交通物流业健康发展工作的重视。李司长认为浙江省作为全国交通物流业发展的先行示范区，不管是在工作理念、工作举措还是工作成效方面，浙江交通物流业发展都走在全国前列，为推进交通物流业发展创造、积累了很多好的经验。近几年对浙江交通物流业发展有这么几点感受，就是：起步早、站得高、思路明、实践深、经验好。同时也对交通运输推进物流业健康发展，谈了几点意见：一是要深刻把握杨传堂部长的讲话精神。把杨部长的讲话精神和部党组的要求理解好、贯彻好、执行好。二是要认真贯彻部里出台的指导意见。希望把部里的指导意见和浙江的行动计划切实贯彻执行好。三是要切实开展好部里的试点示范项目。要做好国家交通物流公共信息平台建设。要加快推进综合运输通道、网络及物流节点设施建设。要做好甩挂运输的试点示范项目。要做好道路货物运输运价监测试点工作。要进一步推进城市配送发展。四是要进一步探索推进物流业健康发展的新路子。要在物流园区的建设、运营管理、中小物流企业联盟发展、物流信息标准体系建设等方面，充分发挥科研机构和社会中介组织的作用，发挥企业的主体作用，不断探索出好的经验和做法，为各兄弟省市以及全国物流业的发展提供借鉴。

省交通运输厅党组书记、厅长郭剑彪作了主题报告。郭厅长在讲话中回顾了部电视电话会议中，杨传堂部长对浙江交通物流业发展经验的肯定，和省委夏宝龙书记、王建满顾问对交通物流工作的指示。结合当前的形势，我讲了三方面内容：一是新起点上要有新作为，推进交通物流业健康发展信心不能动摇。我省按照“坚决抓、坚定抓、坚持抓”的要求，坚持以现代物流理念改造传统运输业，以现代信息技术提升运输物流业，经过近五年努力，在六个方面取得了有效突破。有五点经验值得下一步工作中进行总结和推广。这五年是全省各级交通运输主管部门思想不断统一的过程，是对现代物流理念认识不断深化的过程，是交通运输业推动现代物流业发展实践不断深入的过程。实践证明，交通运输部门可以在推进物流业发展中发挥主体作用。所以，在新的起点上，全省交通系统必须进一步增强信心、决心和恒心，在新一轮推进交通物流健康发展中有所作为。二是新形势下要有新认识，推进交通物流业健康发展理念不能动摇。推进交通物流业健康发展是改造提升传统运输业的有效途径，是部省领导提升交通现代化水平的更高要求，是实施四大国家战略的必然需求，我省要充分把握三方面新形势，抓住有利时机，认真贯彻落实交通运输部电视电话会议精神，坚定不移推进交通物流业上新台阶。三是新征程中要有新办法，推进交通物流业健康发展措施不能动摇。我们要全面把握现代物流业发展规律，把握推动交通物流业健康发展的工作理念，坚持政府主导、企业主体。坚持政府主导，坚持务实创新、加大力度，加大创新力度，坚持整合资源、提升效能，兼顾各种运输方式的综合发展。坚持顺势而为，坚持改革创新，把交通大物流建设工作不断推向深入。为此要找准交通物流业健康发展的工作重点，推动现代物流从抓重点向抓体系、从抓项目向抓网络、从抓规模向抓质量的整体提升转变。郭厅长特别强调，这次会后还将下发《全省交通大物流建设三年（2013～2015）行动计划》，对重点任务进行进一步细化，并分解落实责任。重点是要“建设一大平台，实施六大举措、推进六大体系”：要推动国家交通运输物流公共信息平台建设。要发展多式联运，推进综合物流服务体系建设；要引导物流基地联盟运营，推进物流基地网络体系建设；要推动行业集聚整合发展，推进物流企业合作体系建设；要加快物流信息联网，推进物流信息服务体系建设；要实施农村物流发展举措，推进城乡物流一体化体系建设；要重视人才培养，推进物流智力支撑体系建设。

最后王德宝副厅长作了会议总结，指出李司长“起步早、站得高、思路明、实践深、经验好”的评价是对浙江在发展交通物流方面探索的经验和工作基础的高度肯定，李司长对未来工作的意见也为我们作好下一阶段的工作指明了方向，要落实好、贯彻好。当前，我省大物流建设正处在转型发展和快速发展的关键时期，郭厅长的讲话，对于指导我省大物流建设具有十分重要的意义。各地各单位一定要认真学习，深刻领会，准确把握，全面贯彻落实，共同推进我省大物流建设再上新台阶，为促进我省经济社会发展作出更大贡献。

（来源：96520浙江省道路运输公众信息服务网 2013年8月17日）

【安徽省物流业转型升级步伐正加快】

2014年4月27日，安徽省物流与采购联合会三届三次理事会在合肥召开。数据显示，2013年安徽全省社会物流总额继续保持稳健增长，达到6.54万亿，同比增长9%；物流业增加值980亿元，同比增长13.9%，安徽省物流业在呈现良好发展态势的同时，转型升级的步伐也在加快。

会上，中国物流与采购联合会副会长贺登才致辞，安徽省物流与采购联合会会长许家贵做了《安徽省物流与采购联合会三届三次理事会工作报告》。许家贵表示，2013年，安徽物流业抓住机遇，稳中求变，产业规模不断扩大、交通基础设施日益完善、市场主体快速发展、园区建设初见成效、发展环境逐步优化。全省A级物流企业数量达到70家，安得物流、淮矿物流等10家企业被商务部确定为全国第一批重点物流企业；全省已建成各类物流园区近70个，在建的近100个，全省43个现代服务业集聚区中物流园区数量占比近四成；合肥被确定为国家一级物流园区布局城市，安庆、阜阳、马鞍山、芜湖被确定为国家二级物流园区布局城市。 在服务物流业发展过程中，安徽省物流与采购联合会在创新服务方式、行业调查研究、宣贯物流标准、行业宣传交流等方面进行加强拓展并取得较好成效，与中国民生银行合作成立的城市商业合作社累计为中小微物流企业融资近8000万元，与省发改委、省政府发展研究中心、安徽大学联合编写的《安徽物流（2011-2012）》出版面世，承办的安徽物流公共信息平台正日益成为我省物流行业信息交流、业务撮合的综合性服务平台，成为我省物流行业唯一一家通过国家评定的“4A级社会组织”。

许家贵表示，2014年，从国内看，中央把推动服务业大发展作为产业优化升级的战略重点，物流业已成为支撑国民经济发展的基础性、战略性产业；从国际看，世界经济总体延续缓慢复苏态势，物流业将成为构建开放型经济新体制的支撑性产业。

面对机遇，安徽省物流与采购联合会将继续坚持“联系政府、服务企业、行业自律，推动我省物流业加快崛起”的宗旨，充分发挥政府、行业、企业间的桥梁纽带作用，以贴近市场为导向，以强化服务为重点，以联系政府为依托，以争创“5A级社会组织”为目标，进一步夯实行业基础，切实加强行业研究，切实深化会员服务，并在政策制定、项目申报、行业自律等方面为政府部门当好参谋和助手。

会上，成立了安徽省A级物流企业投资联盟，该联盟将致力于加强投资合作与业务合作，是我省优质物流企业首次倡导成立的省际联盟。大会举行了“现代物流与政策支持”主题论坛，省发改委、省商务厅、省运管局等行业主管部门领导分别结合自身领域从政策支持角度作了主题演讲，合肥华南城负责人、酒仙网负责人从物流创新角度作了主题演讲。

（来源：中安在线--《安徽商报》）

【2013 年安徽省快递送件超亿件，发展仍面临桎梏】

安徽省快递协会通报了快递业运营情况，2013 年安徽省快递企业业务量累计达到 1.38 亿件，首次突破 1 亿件大关，但是快递发展面临的桎梏仍较严峻。

据省邮政管理局市场监管处鲍黎霞介绍，我省快递业务总量及业务收入同比增幅远高于本地区 GDP 和第三产业的同比增幅，说明我省去年电子商务发展进入了一个新阶段。不过，对于快递业的前景，省内一些民营快递企业负责人却不敢奢望。一些老总表示，目前民营快递的发展环境还有许多桎梏，困扰着未来的发展。

（来源：安徽物流公共信息平台 2014-03-13）

【《安徽省 2013 年国民经济和社会发展统计公报》（摘录）】

七、交通和邮电部分（摘录）

全年旅客运输量 24.5 亿人，货物运输量 35.7 亿吨，比上年分别增长 15.4% 和 15.6%；旅客运输周转量 2118.5 亿人公里，货物运输周转量 11136.5 亿吨公里，分别增长 14.2% 和 14.1%。全年港口货物吞吐量 4 亿吨，增长 9.8%，其中外贸货物吞吐量 331.5 万吨，增长 21.8%。

全年新增高速公路 311 公里、一级公路 783 公里、铁路营业里程 271 公里。到 2013 年末，全省高速公路达 3521 公里、一级公路达 2280 公里、铁路营业里程达 3443 公里。

全年邮电业务总量 466.2 亿元，比上年增长 10.8%。其中，电信业务总量 408.7 亿元，增长 9.9%；邮政业务总量 57.5 亿元，增长 25.4%。

（来源：安徽省统计局官方网站）

表 4.1-4 2013 年全省各种运输方式完成货物运输量及其增长速度

指　标	单 位	绝对数	比上年增长 %
货物运输量	亿　吨	35.7	15.6
其中：铁路	亿　吨	1.2	-5.3
公路	亿　吨	30.0	15.7
水运	亿　吨	4.5	22.2
货物运输周转量	亿吨公里	11136.5	14.1
其中：铁路	亿吨公里	864.4	-6.7
公路	亿吨公里	8433.0	16.1
水运	亿吨公里	1838.7	17.1

【安徽物流行业低碳化发展路径分析】

一、安徽物流业低碳化发展的现状

安徽作为中部省份，物流发展不仅与发达国家有差距，在国内与沿海发达省份相比也比较滞后。物流行业的经营理念、管理水平、物流行业的基础设施等都处于总体落后的状态，发达国家物流成本占 GDP 的比例通常 10% 左右，而安徽省却达到了 21%，尽管安徽物流业已经开始迅速发展，出现了国有、民营、外资都有，大中小型企业全面发展的良好局面，但是物流行业运行效率不高，物流服务集约化程度偏低的总体状况并非发生根本变化。

物流技术落后，物流设施简陋，缺乏低碳物流的发展土壤和社会氛围，低碳物流在很多企业仍然只是停留在字面上和理念中，而没有落实到实际的生产运营中。相比先进国家的低碳物流，差距明显。美国对于低碳物流非常重视，联邦和州等各级政府不断通过经济政策和法律法规进行正确的引导，从而确立了低碳高效的物流行业发展方向。

二、安徽省物流业低碳化发展路径是必然选择

安徽省的区域经济在过去三个五年计划中得到了突飞猛进的发展，各项经济指标正在加速提高，在全国的排名也逐渐由中下向中上进步。随着融入泛长三角战略的逐步推进和皖江城市带承接产业转移示范区建设纳入国家发展战略，安徽以工业为主导的发展战略正在凸显其不足之处，一个明显的表现就是空气污染日渐严重。合肥、芜湖、马鞍山等城市空气质量优良的比例正在迅速下降，2013 年合肥市空气质量优良天数占全年的比例为 49.9%。空气质量的下降正在越来越明显抵消经济发展的质量。安徽省第十一届人民代表大会上，省长王三运明确指出，要把转变发展方式与低碳经济有机结合起来，大力推进高碳产业低碳化和低碳技术的推广应用。低碳物流是一种高能效、低能耗、低污染为特征的物流行业发展方式，物流业是中央政府应对气候变化工作总体部署中确定的以低碳为主要特征的三大产业体系之一，建立完善高效的物流体系对于应对气候变化、实现碳减排目标具有重要的意义。

三、物流基础设施实现低碳化

发展低碳物流，实现物流产业低碳化，首先要加快物流基础设施建设，完善综合物流运输网络，快速提升全省路网的技术等级和路面等级。要在物流基础设施建设项目的全过程中全面贯彻实施低碳化的建设理念，从建设项目的原材料、设计规划、施工运营和后期养护等各个环节进行有效节能减排技术改造和升级。

在新建的高速公路、隧道涵洞和城市道路沿线尽可能按照节能高效的 LED 灯或者配以适当比例的太阳能路灯。在高速公路建设中全面推广低碳理念和实践，应用温拌沥青等低能耗材料，应用废旧路面、废旧轮胎、大宗固废等废弃物，优化施工组织方案和施工工艺，淘汰高排放、高能耗的施工设施。大力开展机场、码头和车站的节能减排改造，取缔违建小码头，减少岸基污染源。

四、物流技术装备实现低碳化

发展低碳物流，实现物流产业低碳化，其次要大力推广和应用低碳型的物流技术装备，从多方面推广应用高效清洁能源和技术，提高货物运输的能源利用效率。物流低碳技术通过不同途径都能得以实现，比如使用低滚动阻力轮胎，推广涡轮增压发动机等。如果政府能对于物流企业或者车辆生产厂家予以政策性的扶持，就可以实现物流发展中碳排放的减少。因为应该鼓励全面推行汽油车的国四排放标准，并以财政或税收政策作为实际支撑。大力倡导燃料电池、混合动力和纯电动车等新能源车辆的使用。积极推行环保低碳绿色的出租车和公共交通系统。物流技术装备低碳化不仅体现在物流系统最初设计的低碳化，在物流装备的操作、货物的装卸、机器的保养和日常维护等方面都存在着巨大的改进空间。

五、加强物流信息化建设，倡导智能化物流

发展低碳物流，实现物流产业低碳化，还应该大力发展物流系统的智能化，在这个过程中，信息服务系统的建设、物流信息电子平台是建设重点。以交通信息电子平台为支撑，通过物流服务热线、物流网站、物流运营指南、交通电台、手机和车载导航等终端，为物流系统的各种不同法人或自然人提供个性化的出行方式、换乘方案、出入口径。同时，建设物流信息智能综合平台也可以为物流管理机构提供日常道路交通、公共交通、客货流监控和道路综合治理提供有效软件基础。

大力倡导智能物流，利用现有科技，在营运车辆、各种路面和驾驶者之间建立某种智能化的高效联系通道。借助这种高效智能的联系通道，营运车辆在路面实现安全快速行驶，降低对于驾驶者的个人状态的依赖，从而使包括车辆在内的物流设备调整到最佳的状态，最终实现物流效率提高，减少碳排放这个目标。

六、大力发展现代物流，提高物流系统运行效率

多式联运通常是指两种或以上的物流装备相互衔接，实现转运，从而共同完成的物流运输过程。发展低碳物流、实现物流产业低碳化，需要积极推进多式联运的发展，加快发展滚装运输、道路甩挂运输等高效运输方式；积极发挥合肥陆路运输交通枢纽的优势，挖掘芜湖、安庆等城市的长江黄金运输水道的功能；形成合肥、芜湖、马鞍山、铜陵等皖江城市带的物流基地和货物集散地功能。大力推进电子口岸建设，发展物联网，高效整合物流系统供应链场站、代理、运输、报关、贸易、仓储等各个节点的信息资源，推动安徽物流向着专业化、功能化、一体化的“大物流”方向发展。

（来源：环球信息导报 2014 年 10 月 22 日）

4.2 园区物流

深水港物流园区

（一）成为长三角现代物流联动发展桥头堡

洋山保税港区运作近两年来的实践表明：特殊的区位和政策优势日益显现；保税港区创新的监管模式、工作流程日趋成熟；公路运输、海铁联运、水水中转服务功能优势辐射长三角和全国的作用更加突出。

日前由苏浙沪三地共同制定的推进长三角地区现代物流联动发展机制，进一步明确了洋山保税港区的物流发展定位。联动机制的八大措施其中包括，建设长三角地区现代物流公共信息平台，实现区域内海港、陆港、空港物流信息以及物流园区、重点商品交易市场物流信息的联网共享，建立统一的货运交易中心等。通关方面，长三角地区将形成联网申报、核查和作业的协作机制，对信誉好的企业实施“属地申报、口岸验放”的区域通关模式，简化区域内转关运输监管。

洋山保税港区将充分利用这一联动发展契机，进一步发挥独特的功能优势，大力推进对人流、物流、信息流的充分共享。构筑国际中转、配送、采购、转口贸易和出口加工的物流枢纽，着力提升国际中转水平，建设具有保税港区功能优势的港口综合型物流园区，并同长三角各地加强物流诚信体系、物流安全管理联动和现代物流人才建设，把保税港区打造成为长三角地区现代物流联动发展的桥头堡。

（二）日益成为长江经济带的战略枢纽

“打造世界级产业集群，培育具有国际竞争力的城市群，使长江经济带成为充分体现国家综合经济实力、积极参与国际竞争与合作的内河经济带。”2014 年 9 月，国务院抛出了一份在全球商品交易及物流链中极具战略意义的规划——《国务院关于依托黄金水道推动长江经济带发展的指导意见》（国发〔2014〕39 号）。

而对于作为长江出海口的上海显然将是整个长江经济带最大的受益者，吞吐量已经世界第一的洋山深水港将因此变成连通整个东亚、东南亚、南亚以及欧洲的重要战略交通枢纽，其地位甚至有可能会超过新加坡。

深水港物流区则覆盖长江经济带包括上海、江苏、浙江、安徽、江西、湖北、湖南、重庆、四川、云南、贵州等 11 省市，面积约 205 万平方公里，人口和生产总值均超过全国的 40%。因此仅仅整个长江经济带，提升上海港物流中转的功能就不可小觑。随着目前长江现有的航运功能和周边快速铁路网和国家高速公路的开通，深水港物流区成为长江经济带的战略枢纽，发挥着重要作用。

（三）上海自贸区设立为洋山深水港迎来机遇期

随着上海自贸区的设立，上海自贸区范围涵盖上海市外高桥保税区、外高桥保税物流园区、洋山保税港区和上海浦东机场综合保税区等 4 个海关特殊监管区域，包括了外高桥港、洋山港、浦东空港等三个枢纽港，总面积为 28.78 平方公里。洋山深水港区作为自贸区有巨大扩张潜力的唯一深水港区，发展前景更具确定性，同时会给洋山港物流园区带来巨大发展机遇，给物流园区的物流企业带来重大机遇。

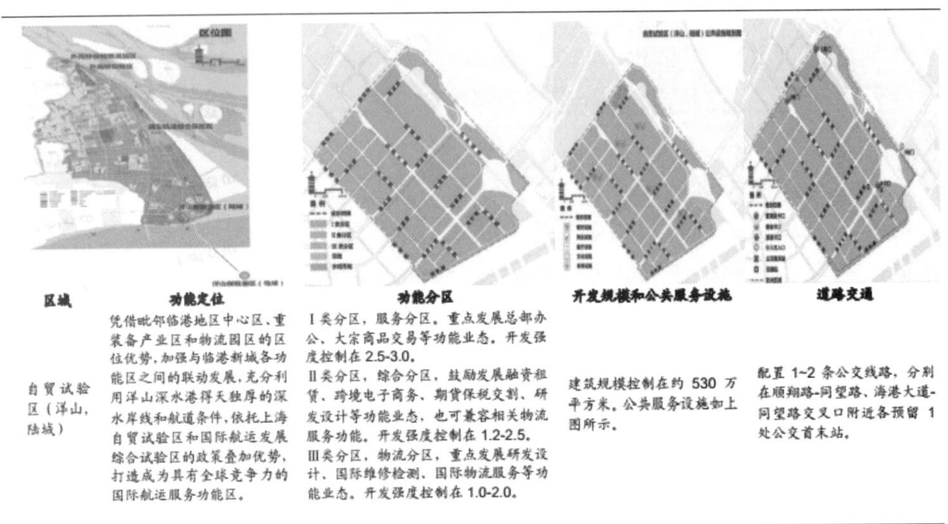

区域	功能定位	功能分区	开发规模和公共服务设施	道路交通
自贸试验区（洋山，陆域）	凭借毗邻临港地区中心区、重装备产业区和物流园区的区位优势，加强与临港新城各功能区之间的联动发展，充分利用洋山深水港得天独厚的深水岸线和航道条件，依托上海自贸试验区和国际航运发展综合试验区的政策叠加优势，打造成为具有全球竞争力的国际航运服务功能区。	I 类分区，服务分区。重点发展总部办公、大宗商品交易等功能业态。开发强度控制在 2.5-3.0。 II 类分区，综合分区，鼓励发展融资租赁、跨境电子商务、期货保税交割、研发设计等功能业态，也可兼容相关物流服务功能。开发强度控制在 1.2-2.5。 III 类分区，物流分区，重点发展研发设计、国际维修检测、国际物流服务等功能业态。开发强度控制在 1.0-2.0。	建筑规模控制在约 530 万平方米。公共服务设施如上图所示。	配置 1~2 条公交线路，分别在顺翔路-同望路、海港大道-同望路交叉口附近各预留 1 处公交首末站。

在 2014 年 9 月 18 日，《中国（上海）自由贸易试验区控制性详细规划（草案）》中对洋山片区的功能定位是，凭借毗邻临港地区中心区、重装备产业区和物流园区的区位优势，加强与临港新城各功能区之间的联动发展，充分利用洋山深水港得天独厚的深水岸线和航道条件，依托上海自贸试验区和国际航运发展综合试验区的政策叠加优势，打造成为具有全球竞争力的国际航运服务功能区。

外高桥物流园区

（一）物流园区从“O”字形变为“U”字形 上海外高桥物流中心将建设国际中转集拼平台

上海外高桥保税物流园区是全国第一家实施“区港联动”的特殊监管区，成立十年来，物流园区年进出区货值已突破 1000 亿美元，外贸进出口突破 200 亿美元，占全国 9 个保税物流园区经济指标的 60% 以上。区内物流企业为自贸区制造商、贸易商和分销商提供的物流服务，实现了年工商税收 200 多亿元。

上海自贸区成立后，综合监管改革等方面不断有创新突破，保税物流中心的“先进区，后报关”、开展中转集拼业务和平台建设等做法得到上层的肯定。

外高桥物流区正在建设国际中转集拼服务平台、大宗商品交易交割服务平台和国际商品分销中心服务平台。过去物流园区只能整箱中转，现在开展了分拣、集拼、保税堆存等增值服务，同时将进一步推进延迟转运、进口分拨、跨国配送多国多地区的拼箱业务，设计航港区一体化的流程再造。大宗商品交易交割平台则将开展农产品、有色金属、生物柴油、再生原材料交易交割业务，指数发布、仓单签发、商业保理等金融衍生服务与物流的整合。

上海自贸区成立后，实现区港一体化运作的外高桥保税物流园区从物理围网的“O”字形向信息联网的“U”字形开放。过去保税区时代，一线二线全部封关，物流园区是一个全封闭区域，我们称之为‘O’字形。自贸区时代，一线二线打开一个缺口，我们通过信息联网管理缺口，就能实现一线二线快速联通，加快在无税状态下的货物流通，实现了‘U’字形。

（二）获得2014年度优秀物流园区

2014年8月10日，在由中国物流与采购联合会、中国物流学会、山西省大同市人民政府主办的″2014全国物流园区工作年会上，上海外高桥物流园区被授予″2014年度优秀物流园区″称号。此次评选是为配合″国家级示范物流园区″创建工作促进行业对标和管理提升，积极探索企业长足发展机制，并对物流行业发展做出突出贡献的园区进行表彰。

这次，全国优秀物流园区50强中上海外高桥保税物流园区各项指标名列前茅，作为中国（上海）自由贸易试验区（物流园区）开发建设、经营管理的主体，我司在加快保税物流园区功能拓展、项目引进、流程再造中具备先进的商业模式和独特的运营模式，在行业内具有典型意义。尤其在技术、市场、管理等方面具备很强的创新性，对保税物流业的发展有着显著的示范作用。

浦东空港物流园区

2014年9月，上海机场旅客吞吐量为437.74万人次，同比增长6.11%；货邮吞吐量27.64万吨，同比增长9.12%，上海机场已成为亚洲重要的枢纽港，随着自贸区的设立，浦东空港功能设定为国际航空服务和现代商贸功能区，为空港物流园区带来更大的机遇。

（一）电商带动物流园区需求

物流园区毗邻浦东国际机场，2006年前，物流园区主要依靠进出口贸易量拉动，而如今主要依赖于内需，尤其是近年来电商的兴起。

在电商行业的迅猛发展拉动下，浦东空港物流园区承载的是国际货物品牌的进出，随着电商带动的快递业务量的增多，拉动效应越来越明显，包括电商、第三方物流公司带动物流园区需求。

（二）自贸区定位为国际航空服务和现代商贸功能区

《中国（上海）自由贸易试验区控制性详细规划（草案）》对于浦东机场片区功能定位是，充分依托浦东国际机场的亚太航空枢纽地位，发挥客流、商流、物流密集的独特优势，考虑与周边国际旅游度假区、商飞基地等区域的联动发展，在强化国际航空服务功能的同时，拓展高端商务、贸易等功能，打造成为具有全球竞争力和吸引力的国际航空服务和现代商贸功能区。

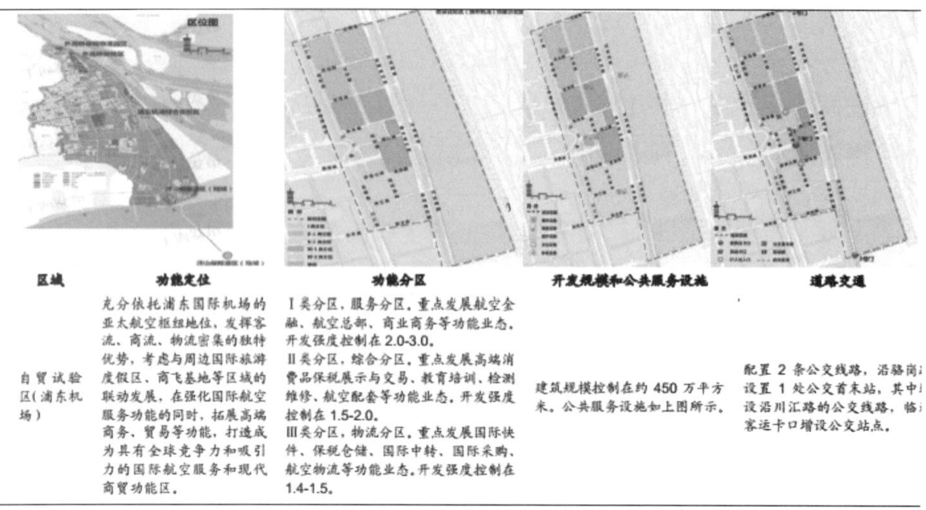

区域	功能定位	功能分区	开发规模和公共服务设施	道路交通
自贸试验区(浦东机场)	充分依托浦东国际机场的亚太航空枢纽地位，发挥客流、商流、物流密集的独特优势，考虑与周边国际旅游度假区、商飞基地等区域的联动发展，在强化国际航空服务功能的同时，拓展高端商务、贸易等功能，打造成为具有全球竞争力和吸引力的国际航空服务和现代商贸功能区。	Ⅰ类分区，服务分区。重点发展航空金融、航空总部、商业商务等功能业态。开发强度控制在2.0-3.0。 Ⅱ类分区，综合分区。重点发展高端消费品保税展示与交易、教育培训、检测维修、航空配套等功能业态。开发强度控制在1.5-2.0。 Ⅲ类分区，物流分区。重点发展国际快件、保税仓储、国际中转、国际采购、航空物流等功能业态。开发强度控制在1.4-1.5。	建筑规模控制在约450万平方米。公共服务设施如上图所示。	配置2条公交线路，沿骆尚 设置1处公交首末站，其中 设沿川汇路的公交线路，临 客运卡口增设公交站点。

西北综合物流园区

(一)西北物流园区转型升级

上海西北物流园区保税中心位于中环线、外环线，沪宁高速和和沪嘉高速之间，毗邻204、312国道以及铁路上海西站，是普陀区报请国务院批准的17个全国保税物流中心项目之一。

但是随着外高桥港、洋山港、浦东空港纳入自贸区，位于西北区域物流园区如何借力自贸区改革机制、推进产业结构调整为其发展重点。

上海西北物流园区保税区拥有距离市中心近、交通便捷的优势，但这样的优势并没有得到足够发挥。同时，保税区目前仅有单一的仓储和物流功能，企业业态相对低端，导致尽管近几年进出口货值以及关税大幅增长，“落地”税收却不多，保税中心的发展能级始终在低位徘徊。同时保税中心运营合作架构中存在权责不对应、利益失衡问题，这是导致保税中心迟迟无法推动产业升级的主因。

2010年，西北保税中心与外高桥保税物流园区共同签署战略合作协议，区区联动，以期互惠互赢。早期的确有利于园区的起步，但普陀投资方一直缺乏保税中心的招商权、经营管理权和运营权，无法推进园区进一步发展，而外高桥方面引进的多为低端化的仓储物流型企业，缺乏升级的动力和意愿，实际上阻碍了保税中心的整体转型。

未来，西北物流园区将启动转变保税中心运作模式，走“业态高端、功能独特”的大都市中心城区保税中心发展道路。发挥保税功能和区位交通优势，联动周边地区发展，在入驻企业类型、业态升级、功能拓展、运营模式等方面进行全面升级。

目前，外高桥和普陀区合作开发期即将结束，未来西北物流园区会加快保税中心的资产重组，构建新型对外合作模式，争取园区开发更大自主权，探索构建国有资本、集体资本、民营资本共同发展的运作机制。在引进高质量商贸企业方面，建议对接上海自贸区，开展跨境商贸试点和汽车平行进口业务试点，大力吸引跨国商贸企业总部及功能性机构入驻。

（二）西北物流园区能级提升

2010年以来，西北物流园区引进的家乐福、普洛斯、施耐德、上海医药等37个物流项目已建成运营，承载了70%的市内商场、超市配送业务，已经形成了城市配送物流和医药物流的产业特色。物流业高端化发展稳步推进，合作成立了"同济大学中国物流研究和培训中心"，苏宁电器物流基地、神舟数码物流供应链总部等一批优质项目正在推进当中，促使普陀区现代物流业向着规范化、有序化、标志化、集约化方向发展。

上海市的物流园区简介

按《上海市现代物流业发展"十二五"规划》所明确的：上海将重点规划布局五大物流园区，即深水港物流园区、外高桥（保税）物流园区、浦东空港物流园区、西北综合物流园区和西南综合物流园区；四个重点制造业专业物流基地，即国际汽车城物流基地、化学工业区物流基地、临港装备制造业物流基地、钢铁及冶金产品物流基地；一个城市配送物流带。[3]

上海深水港物流园区

深水港物流园区包括：洋山深水港港区、东海大桥以及相关的港口物流园区。洋山港区依托大小洋山岛链形成南、北港区。可建成深水泊位30多个，园区集装箱总吞吐能力达1300万TEU。洋山深水港物流园区位于临港新城西侧，东临A2，距离洋山深水港区大约32km，距郊区环线10km，距离市区55km，距浦东机场30km，通过多层次公路网与郊区环线。园区规划面积13.8平方公里，而且预留8平方公里做为备用发展地，将发展成为东北亚国际物流的枢纽中心。洋山深水港物流园区具有仓储、运输、加工、保税、

临港工业、贸易、分拨和国际商贸等功能，是提供物流服务和国际贸易的中心。

上海外高桥（保税）物流园区

上海外高桥（保税）物流园区紧靠上海外高桥集装箱三期码头，开发面积总共1.03平方公里；总投资为28亿元人民币，包括现代化的仓库、集装箱转运、商务中心、政府监管以及先进的软硬件配套设施。具备国际中转、国际采购、国际配送和国际转口贸易四大功能。据上海海关统计，2007年上海外高桥保税区进出口货物为34.36万票，货物价值为383.73亿美元，货运量为231.2万吨。

上海外高桥保税区物流园区凭借独特的区位优势，依托海港、航空港和信息港，利用优惠政策，通过区（保税区）、港（海港、航空港）、镇（高桥镇、机场镇）联动，大量集聚物流企业，重点发展第三方物流，形成了合理的物流产业布局，将成为世界经济供应链中具有强大竞争力的物流园区之一。

上海浦东空港物流园区

浦东空港物流园区是上海市重点培育和发展的大型化、综合性现代物流园区之一，规划面积为16.8平方公里，含物流

[3] 参见《上海物流年鉴：2012》p25。

仓储、公共服务等完善设施，主要功能定位为国际中转、分拨配送、采购、转口贸易，以及其他相关增值加工业务，是具有类似航空快递特色的物流园区。该物流园区依托浦东国际机场，利用航空运输的优势，具备综合服务功能。浦东空港保税物流园区对于增强城市功能辐射能量、加速上海航空物流产业的发展以及更好地服务全国有重要的战略意义。

上海西北综合物流园区

西北物流园区位于江桥镇，是由上海市经委、嘉定区江桥镇人民政府共同组建的上海四大物流园区之一，园区主要以产品的采购和一级分销为核心，以现代物流为支撑，集展示、货运采购、配送、转运、储存、加工、商贸、信息等功能为一体的现代化物流园区，是提供公路、铁路、水路及航空等全方位的内陆口岸与加工辐射性的第三方公共综合物流枢纽园区。江桥物流园区位置处于204、312国道和沪宁高速公路的汇集处，是上海通往长江三角洲地区的重要通道。

上海西南综合物流园区

列入上海“十二五”规划筹建的西南综合物流园区，集聚了松江、闵行等区位于上海市西南区域的物流集散地，立足该区域雄厚的第二产业优势和良好的区位优势，将进一步优化物流业发展布局，推进物流服务的社会化和专业化，采用先进技术改造传统仓储、运输设施项目，鼓励物流企业管理创新、优化流程、集成功能、提供高端物流服务，支持物流企业国内外合作，培育物流集成商和总部型物流企业，发挥物流产业的区域辐射能力和综合服务功能。同时，将密切关注物联网技术在物流业的应用和相关产品在电子信息领域的生产。西南综合物流园区，是一个既可以连接市中心地段也可以连接通向外省的交通要道，是华中，华北，华南地区向上海方面进入的必经之路，具有公路运输，铁路运输，航空运输和海上运输多处联运的比较优势。

上海国际汽车城物流基地

上海国际汽车城毗邻江浙两省位于长江三角洲的核心地带，总体规划由德国公司承担设计，规划占地总面积100平方公里， 这里聚集了76家高新技术企业、15个公共研发平台、65家技术中心型企业和12个总部型企业。该物流园区主要以汽车及零部件仓储、配送、运输、包装、加工为主要服务内容。依托连接园区的多条高速公路，保证了上海汽车制造业的发展壮大。

上海化学工业区物流基地

上海化学工业区物流基地位于上海西南部上海化学工业区的北侧、A4高速和沪杭公路之间，距离市区大约60公里。园区严格按照上海化学工业区建设和生产的特殊要求，突出为化工原料、化工产品的配送和储运提供安全可靠的物流服务，以打造专业可靠的化工产品及危险品物流园区。

上海临港装备制造业物流基地

临港装备制造业物流基地处于上海浦东新区芦潮港地区，是一个依靠临港装备制造业基地，为重型装备产业、汽车整车和关键零部件、船用关键配套装备、物流装备及轨道交通装备等产业集群提供装备物流及相关服务的物流基地。

上海钢铁及冶金产品物流基地

钢铁产业带动了宝山区钢铁延伸加工业、物流业及第三产业的快速发展。宝山区现有规模以上企业926家，其中，以钢铁为主要原材料的生产企业数478家，占规模以上企业数的51.62%，其中，钢铁延伸加工业的亿元企业数量占总数45%以上，产值规模占50%以上。物流业及第三产业形成聚集，宝山区域内有道路货物运输企业3095户，拥有各类运输车辆18393辆，总吨位14.8万吨。上海6000多家钢铁服务企业中，有约2500家聚集在宝山区。分布在区内的大型钢材仓库有40多家，钢铁板材仓储量占上海市板材仓储总量的70%～80%。拥有12家规模较大的钢材票据和现货交易市场，上千家钢铁贸易企业，注册在宝山区的钢铁电子交易公司就有10家。据统计，中国五分之一的钢材交易量在上海，而上海交易量中的七成在宝山，年交易额超过1000亿元。所以极大的带动了物流产业的发展。

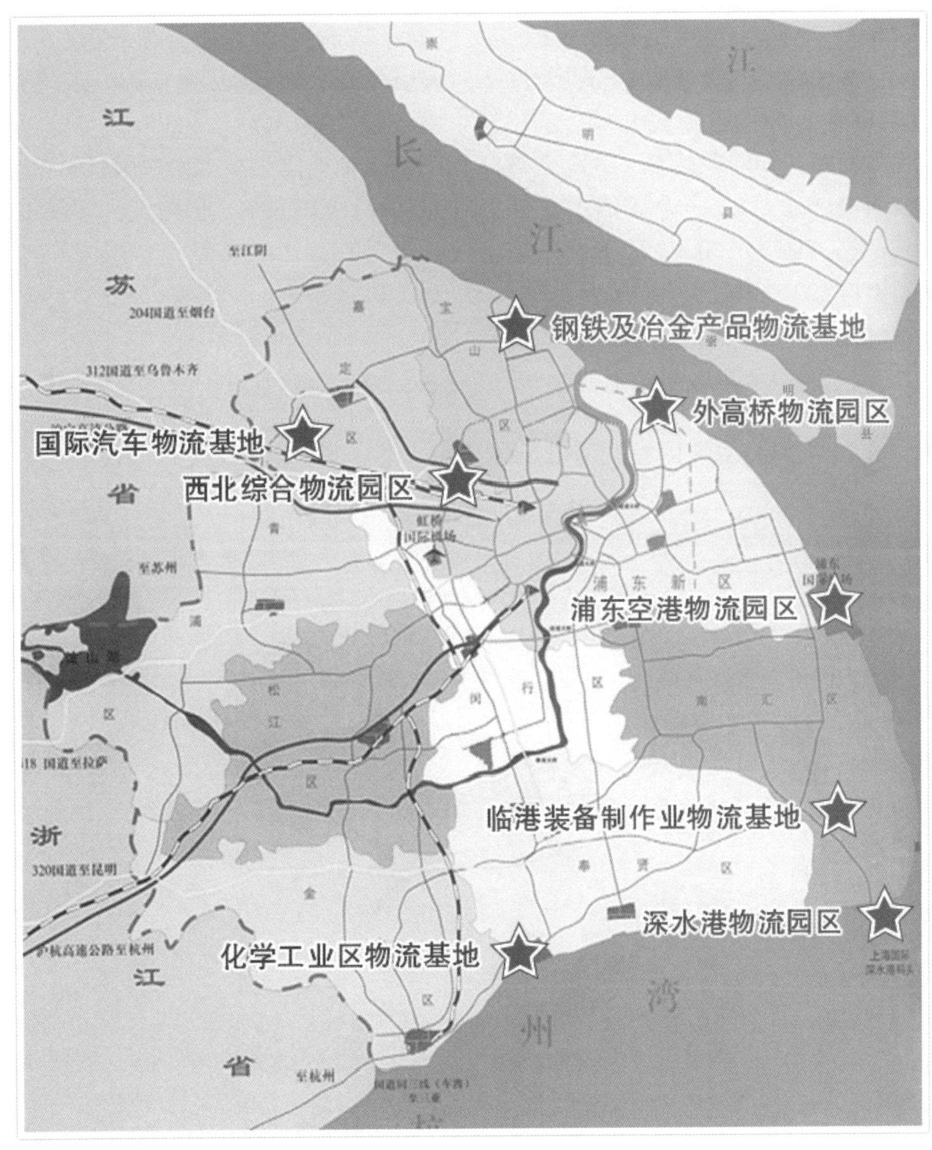

第五篇 口岸物流（自贸区物流）

5.1 概况

2013 年，上海国际贸易中心建设加快推进，贸易投资能级继续提升。《上海市推进国际贸易中心建设条例》正式施行，跨境贸易电子商务试点率先开展。2013 年，上海关区进出口总额达 8121.37 亿美元，比上年增长 1.4%，占全国的比重为 19.5%。其中，进口 3130.08 亿美元，增长 0.9%；出口 4991.29 亿美元，增长 1.6%。

全年上海市进出口总额 4413.98 亿美元，比上年增长 1.1%。其中，进口 2371.54 亿美元，增长 3.1%；出口 2042.44 亿美元，下降 1.2%（见表 5.1-1）。按市场分，对欧盟进口 553.92 亿美元，增长 8.4%；出口 362.63 亿美元，下降 7.4%；对美国进口 227.34 亿美元，增长 13.6%；出口 506.5 亿美元，增长 1%；对日本进口 301.7 亿美元，下降 6.7%；出口 249.09 亿美元，下降 0.2%（见表 5.1-2）。

表 5.1-1 2013 年上海市进出口总额及其增长速度

指 标	绝对值（亿美元）	比上年增长（%）
上海市进出口总额	4413.98	1.1
上海市进口总额	2371.54	3.1
# 国有企业	412.02	-9.6
外商投资企业	1518.81	0.4
私营企业	350.93	16.8
# 一般贸易	1199.30	14.0
加工贸易	348.27	-6.4
# 机电产品	1283.36	-1.0
# 高新技术产品	792.40	-3.9
上海市出口总额	2042.44	-1.2
# 国有企业	296.98	-8.6
外商投资企业	1367.75	-1.4
私营企业	361.31	6.4
# 一般贸易	817.25	3.5
加工贸易	943.80	-7.0
# 机电产品	1433.95	-1.4
# 高新技术产品	887.13	-2.2

表 5.1-2 2013 年上海对主要国家和地区进、出口总额及其增长速度

国家和地区	出口额（亿美元）	比上年增长（%）	进口额（亿美元）	比上年增长（%）
美国	506.50	1.0	227.34	13.6
欧盟	362.63	-7.4	553.92	8.4
日本	249.09	-0.2	301.70	-6.7
东盟	214.02	2.3	325.24	-9.9
中国香港	167.70	5.0	7.24	-15.2
中东	75.49	3.3	43.98	5.7
韩国	62.12	-10.6	176.90	1.0
中国台湾	57.91	1.6	162.25	11.7
俄罗斯	29.90	-8.4	15.91	-20.6

国际航运中心建设扎实推进，航运服务功能持续提升。2013 年，启运港退税、期货保税仓单质押融资等试点顺利推进，浦东国际机场货邮中转集拼试点启动实施。2013 年，上海港口货物吞吐量达到 7.76 亿吨，比上年增长 5.5%；集装箱吞吐量 3361.68 万国际标准箱，继续保持全球第一。货物运输结构优化，集装箱水水中转比例为 45.4%，比上年提高 2.6 个百分点；国际中转比例为 7%，提高 1.5 个百分点。

5.2 外高桥保税物流园区物流

外高桥保税物流园区运作能力不断提升

上海外高桥保税物流园区是作为外高桥保税区功能的延伸，于 2003 年 12 月由国务院批准设立（国办函[2003]81 号），规划面积 1.03 平方公里，目前已封关运作面积 1.03 平方公里。四至范围是：东至外高桥港区三期码头，南至外环线绿化带，西至浦东北一路，北至东方储罐、海运局油库南侧围墙。

上海外高桥保税物流园区是我国首个实施“区港联动”试点的区域。2013 年保税物流园区紧抓自贸试验区挂牌契机，积极推进新一轮的结构优化调整，不断完善区内投资环境与物流通关环境，园区运作能力持续提升。

1、园区开发建设进入成熟阶段

上海外高桥保税物流园区整体开发面积 12 平方公里，封关面积 1.03 平方公里，可经营性土地 77 万平方米，其中已开发土地 57 万平方米。园区基础设施建设完成，建设道路总长度 9 公里，隔离围网总长 6 公里，拥有 14 万平方米集装箱转运区、三座卡口和查验场地等配套设施。目前，园区一期、二期仓库均已建成并投入使用，其中一期单层仓库 10 万平方米租赁

率 100%，二期双层仓库 28 万平方米租赁率超过 85%；1 万平方米商务中心大楼租赁率也已超过 90%。物流园区的土地集约化利用水平和物流运作效率进一岁提升。

截至 2013 年底，保税物流园区累计已完成固定资产投资额 30 亿元。

2、投资企业经营收入有所回落

受到部分企业经营业务调整的影响，保税物流园区投资企业经营收入有所回落。据统计，2013 年保税物流园区 30 家正式开展经营活动的独立法人企业合计完成经营收入 47.25 亿元，比上年减少 29.0%，主要是上海日锦升国际贸易有限公司和上海国能物流有限公司分别完成收入 19.81 亿元和 16.92 亿元，分别比上年减少 48% 和 16%，合计占物流园区企业经营收入 77.7%；园区企业共缴纳税务部门税收 0.96 亿元，比上年增长 38.9%，其中“物流中心”、“世天威物流”和“凡宜和仓储”3 家企业税收均超过 1500 万元，合计税收 0.66 万元，占物流园区企业税收 68.2%。园区共有 22 家企业直接开展进出口业务，比上年增加 1 家，合计完成进出口额 48.17 亿美元，比上年减少 34.0%，占全国保税物流园区进出口额 31.4%。包括“世天威物流”、“物流中心”、“东方嘉盛”、“盟通”在内的 8 家企业进出口额超过 1 亿美元。其中以铜制品及镍制品进出口为主的世天威物流（上海外高桥保税物流园区）有限公司完成进出口额 22.84 亿美元，比上年减少 47.8%. 占保税物流园区进出口额 47.4%。

3、加快转型升级步伐

物流园区作为自贸试验区四个组成部分之一，2013 年迎来了一轮前所未有的机遇。

一是发挥功能优势，实行针对性招商显成效。11 月 8 日，顺利与大连再生资源交易所签订战略合作协议，大连再生资源交易所是园区在大宗商品交易平台的实体性项目，项目预计总投资超过 5000 万美元。根据战略合作内容，大连再生资源交易所将在物流园区内设立三个专业平台机构：分别是大连再生资源交易所（上海）交易中心、配合再生资源交易所业务运作的融资租赁平台和期货保险平台。

二是合理配置资源，加大开发力度。重新梳理规划各项现有资源，调整招商策略，适时启动查验点扩建、K1 有色金属项目先期调研工作，进一步优化园区资源效率；协调办理调度楼、商务中心的前期手续，解决产证办理方面所存在矛盾，就 K15 地块主动与高桥镇政府进行了沟通。

三是研读宣讲新政策。根据自贸试验区总体方案的有关要求，召集物流园区 24 家物流及贸易公司，举办海关监管办法学习讨论会，探讨物流操作新思路、新方法。

截至 2013 年底，保税物流园区已引进国际物流、国际配送、国际采购各类专业项目 100 余个，其中独立法人单位 45 家，吸引投资总额 6.95 亿美元，其中合同外资 2.99 亿美元。

4、优化服务提升营运能力

不断深化管理工作，创新思维，提升营运能力。

一是提升服务促增长。由于受国际金属市场影响，有色金属业务波动较大，园区通过优质服务提升品牌形象，顺利引进 GKE 客户，下半年园区金属业务量明显提升；主动走访、重点调研区内集装箱运输、大件设备作业需求，有针对性地提高了园区物流服务质量，使得运输代理业务量明显增长。

二是信息系统全覆盖。运用“全过程、全岗位、全覆盖”的一体化业务系统，实现“阳光运营”的同时规范了各项操作，加大作业监管的同时提高运作效率，确保了物流服务板块运营能力总体向上的发展态势。

三是积极应对，提高查验效率。优化园区规划，扩大园区查验点；优化查验点车辆进出路线，规范查验流程、加强现场管理，缓解车辆拥堵问题，进一步提高查验效率。

据统计，2013 年保税物流园区完成进出境备案（指“一线”：保税物流园区与境外之间）货量 65.84 万吨，货值 207.99 亿美元，比上年减少 15.8%；保税物流园区完成视同进出口（指“二线”：保税物流园区与国内一般区域之间）货量 186.21 万吨，比上年增长 14。2%，货值 333.54 亿美元，比上年增长 0.4%。全年保税物流园区完咸海关部门税收 108.7 亿元，比上年增长 7.8%，占保税区海关部门税收 19.7%。

（来源：《2013 中国（上海）自由贸易试验区经济发展统计公报》）

外高桥保税区航运物流服务收入保持一定规模

航运物流产业是外高桥保税区主导产业之一。2013 年保税区进一步完善航运物流配套环境的软硬件建设，努力促进贸易便利化水平和联动发展水平不断提升，尽管受到周边区域物流业务分流以及部分第三方物流企业业务转移的不利影响，航运物流服务收入小幅回落，但仍保持一定规模。据统计，2013 年保税区完成航运物流服务收入 195.92 亿元，比上年减少 3.1%。

1、航运服务产业占绝对比重

（1）2013 年保税区航运服务产业完成收入 185.02 亿元，比上年减少 5.2%，占保税区航运物流服务收入 94.4%。①主要是包括专业货物运输代理、航运机械设备租赁等业务在内的航运专业服务业完成收入135.15亿元，比上年减少2.7%。其中，全球国际货运代理（中国）有限公司收入 79.32 亿元，占保税区航运专业服务业收入 58.7%。②包括仓储业务在内的港口经营与管理业完成收入 46.81 亿元，比上年减少 11.4%。⑨包括培训、航运机械设备检测服务等业务在内的航运教育与科技业完成收入 3.06 亿元，比上年减 8.2%，主要是上海东方飞行培训有限公司 2.68 亿元，占航运教育与科技业收入 87.4%。

（2）2013 年保税医港口内陆运输业完成收入 6.03 亿元，比上年增长 91.3%，占保税区航运物流服务收入 3.1%。主要是“熙可送物流”和“华运通仓储”分别完成收入 2.01 亿元和 1.74 亿元，两者合计占港口内陆运输业收入 62.4%。

（3）2013 年保税区航运基础产业完成收入 4.87 亿元，比上年增长 21 .7%，由 4 家航运设备制造与维修企业所完成，其中耐克森（中国）线缆有限公司 4.40 亿元，占航运基础产业收入 90.2%。

2、货物进出区量保持较大规模

外高桥保税区不断提升物流运作的效率，也加快了货物周转速度，但由于部分第三方物流企业服务对象的业务西移以及金属产品进出口额的下滑，导保税区货物进出区与上年相比有所下滑，但规模仍然较大。据统计，2013年末保税区投资企业拥有货物运输营运车辆637辆；年末区内仓库面积153.33万平方米，实际使用面积占64.3%。据统计，全年保税区完成进出境备案（指“一线”：外高桥保税区与境外之间）货值588.31亿美元，比上年减少1.9%；视同进出口（指“二线”：外高桥保税区与国内一般区域之间）货值473.13亿美元，比上年减少6.2%。

3、保税物流业务略有回落

保税区通过不断提升航运物流功能，进一步强化与一般贸易、加工贸易的融合联动发展，但由于受到部分企业物流业务的转移所导致的电子产品进出口额的下滑以及金属产品进出口额的波动影响，保税物流业务略有回落。据统计，2013年保税区物流货物进出口额完成714。61亿美元，比上年减少7.9%，占保税区进出口额72.2%，其中物流货物进口额557.67亿美元，比上年减少11.6%，占保税区进口额74.3%；物流货物出口额156.94亿美元．比上年增长8.3%，占保税区出口额65.8%。此外，2013年保税区物流货物进出口额占全市保税物流业务76%，占全国保税区保税物流业务34%。

表5.2-1 2013年外高桥保税区航运物流服务收入完成情况

单位：亿元

产业类别	营业收入	增长（%）	比重（%）
航运物流服务收入合计	195.92	-3.1	100.0
其中：航运基础产业	4.87	21.7	2.5
其中：航运设备制造与维修	4.87	21.7	2.5
其中：港口运输业	6.03	91.3	3.1
其中：水上运输	-	-	-
港口内陆运输	6.03	91.3	3.1
其中：航运服务产业	185.02	-5.2	94.4
其中：航运专业服务	135.15	-2.7	69.0
航运教育与科技	3.06	-8.2	1.6
港口经营与管理	46.81	-11.4	23.9

（来源：《2013中国（上海）自由贸易试验区经济发展统计公报》）

5.3 自贸区管理

【创新海关监管助推上海自贸区建设，访上海海关党组书记李书玉】

随着上海自由贸易试验区建设大幕的拉开，329 岁“高龄”的上海海关也迎来了“二次创业”。记者专访了上海海关党组书记李书玉，请他谈谈上海海关如何创新监管服务制度，助推上海自贸试验区建设，为上海的贸易中心建设添砖加瓦。

问：过去，“把好国门”是首要任务，现在海关所承担的职责和要面对的挑战是否更为艰巨？

答：随着我国“入世”后对外开放度的不断扩大，以及经济和社会的快速转型升级，海关所承担职能的内涵已比过去丰富许多，除了进出境监管、征税、打私、统计这四大“传统职能”外，海关在保护知识产权、协助解决国际贸易争端、实施贸易救济和贸易保障、参与反恐和防止核扩散等非传统领域的职责任务正在不断加重。

上海海关是全国最大的口岸海关，履行好历史交付的使命义不容辞，但新形势下的挑战和压力也是确实存在的。目前，上海口岸的年进出口货值和税收流量一直占全国 1/4 左右，各项主要业务指标均居全国海关前列，但上海海关现有人员总数为 3554 人，几乎以占全国海关 6% 的人员承担了全国约 25% 的监管业务量。此外，地处经济发展中心和改革开放前沿，上海海关长期承担着改革创新“试验田”和先行者的角色，各项工作政治敏感性强，前瞻性、创新性要求也很高。

问：上海海关如何全面深化改革、推动自贸试验区建设？

答：从自贸试验区筹建及挂牌成立以来，上海海关按照中央、海关总署和上海市的决策部署，大胆闯、大胆试、自主改，举全关之力打好制度创新攻坚战，初步形成了一批有分量、有突破、效能好的改革成果。按照总署将所有改革项目形成制度设计以便于复制推广的要求，上半年上海海关已对外公布实施了 14 项监管创新项目，加上近期推出的“新五条”，已经推出的自贸试验区改革举措达到了 19 项。

创新绝非“走形式”，上海海关的“19 条”无一例外地坚持改革要与国际投资贸易通行规则相匹配的原则，这些举措能够推出，都是充分学习和借鉴了美国、荷兰、日本、新加坡等国在审单、征税、企业管理、“单一窗口”等方面的经验，并结合了上海自贸试验区的实际情况，考量了市场未来的需求导向。“先进区、后报关”“批次进出、集中申报”“集中汇总纳税”等举措甚至比欧洲一些传统贸易强国的意识还超前。

下半年，上海海关还将围绕“自动审放、重点复核”“自主报税、海关稽核”“账册一次备案”“信息联网共享”等重点方向，按“成熟一项，推广一项”的原则，再推出一批改革创新的制度安排；在推进跨境贸易电子商务服务试点、保税展示交易、维修检测、期货保税交割、融资租赁等服务贸易发展方面积极探索先行先试。此外，上海海关还将力争把已经推出的“19

条”复制推广到上海关区具备条件的所有企业。

问：改革的最终目的是为了释放红利，上海海关“19条”的设计是否考虑到了这点？“实战”效果如何？

答：除了“与国际投资贸易通行规则相匹配”和“可复制、可推广”，上海海关推进自贸试验区改革还有一项基本原则，就是始终坚持以企业需求为导向。

统计显示，自贸试验区挂牌以来，海关改革举措红利初显，今年前4个月，自贸试验区共办理“先进区、后报关”业务1109起，货值2.6亿美元；办理“自行运输”业务57起，货值1004万美元。区内一些企业反映，改革后货物通关时间平均缩短2至3天，节省了约一成的物流成本。改革举措明显释放了市场活力，今年1月至4月，自贸试验区海关新注册企业数同比增加11.6倍，海关已注册企业总数达8357家；贸易规模稳步增长，自贸试验区海关进出口值405.2亿美元，同比增长14.5%。此外，区域功能不断拓展，推动总部经济、跨境电子商务、全球维修、融资租赁、文化贸易等10个领域约350家企业拓展了功能，涉及进出口货值超百亿美元。

今年6月30日起，自贸试验区海关监管信息化系统（一期）在外高桥保税区上线试运行，新系统在优化原有功能的基础上，增加了“先入区、后报关”、“工单式核销”、“保税期货交割”、“智能化卡口管理”、“跨境贸易电子商务保税进口”和联网监管等海关监管服务创新业务模块，实现了与卡口管理、海关H2010业务管理、特殊区域信息化等系统的互联互通，与备案、报关、核销等各类数据的共享共用。上海海关领导赴自贸试验区现场办公近30次，各相关业务职能部门赴相关企业调研100余次，广泛征求了区内企业对新系统切换的意见建议，切实满足企业需求。目前新系统试运行总体平稳，企业参与热情高，社会反响较好。

问：在推进自贸试验区海关改革过程中，机关党建工作如何发挥围绕中心、服务改革的职能优势？

答：海关的任何一项改革创新，都离不开党组织的坚强领导，我们充分发挥机关党建围绕中心、服务改革的职能优势，做到“五个贯穿始终”：一是把凝聚改革共识贯穿始终，以学习习近平总书记系列重要讲话为重点，深入抓好党的十八届三中全会精神的学习研讨、宣传阐释和贯彻落实。

二是把强化组织保障贯穿始终，目前我关共有各级党组织183个，在职党员2532名，占干部职工总数的72%。我们先后在16个隶属海关建立了党组织，充分发挥“一个支部、一个堡垒”，“一个党员、一面旗帜的作用”。我关党组织还切实履行机关党建责任制，168个基层党组织100%做到由行政“一把手”担任书记，并配备政治过硬、善管理、懂党建的副职及专兼职党务干部协助抓党建。

三是把改进作风贯穿始终，巩固第一批教育实践活动成果，针对窗口行业和执法单位特点，按照“三严三实”要求开展好第二批活动，锲而不舍地抓好“四风”问题查摆和整治。

四是把强化典型激励贯穿始终，结合改革年工作安排，通过评比表彰、先进事迹报告、宣传引导等形式，激励更多关员争创一流业绩。

五是把加强人文关怀贯穿始终，教育引导关员立稳理想信念之根、找准职业发展之路、提高抵御风险之能。同时大力推进“文化暖心工程”，通过人文关怀为海关改革建设提供坚强的思想保证。

（来源：解放日报 2014年7月27日）

【上海海关正式验收洋山保税港区扩区封关工程】

2014年2月13日，受国家海关总署委托，上海海关和上海市政府相关部门组成的联合验收小组，对洋山保税港区扩区封关工程进行了实地检查和正式验收，市政府副秘书长、自贸试验区管委会党组书记、常务副主任戴海波出席验收会议。

通过评议，洋山保税港区扩区的基础设施、监管设施以及相关配套设施符合《海关特殊监管区域基础和监管设施验收标准》，洋山保税港区扩区工程顺利通过正式验收。验收完成后，戴海波同志做了重要讲话，热烈祝贺洋山保税港区通过正式验收，并对扩区后洋山保税港区的开发建设提出了新的要求和希望。

此次验收的顺利通过标志着洋山保税港区二期6.02平方公里也纳入海关监管区域暨洋山保税港区规划面积14.16平方公里已全部封关运作。

【上海口岸海关部门新推5项自贸区改革举措】

上海口岸海关部门近期将推广实施5项自贸区改革举措，其中4项制度从2014年7月1日起实施，分别是“企业注册登记改革”、“推进海关‘经认证的经营者’互认”、“企业协调员试点”、“企业信用信息公开”，另一项“自律管理”也已形成制度，即将在公告后实施。

7月1日起实施的4项制度都是企业管理方面的。值得一提的是，“企业注册登记改革”制度明确，A类以上报关企业及双重身份企业可以直接在全国各海关申报，不再受地域限制，这意味着自贸区内的高资信报关企业直接领到了“全国粮票”。“企业注册登记改革”制度还规定，海关企业注册登记纳入自贸区企业准入“单一窗口”，这是海关主动融入地方商事审批制度改革，在全国范围内首次实现“企业准入单一窗口”办事模式。

目前自贸区内AA类企业有120家，“推进海关‘经认证的经营者’互认”制度使得这些企业可以同时享受国内及货物出口国海关的最高等级通关便利措施，等于拥有了一张“全球通贵宾卡”。

企业协调员制度原本是面向AA类高资信企业的优惠服务措施，此次改革将在自贸区范围内拓展至B类以上有实际需求的企业，企业可以通过线上汇总提交疑难问题，海关协调员专人督办有关事项，为企业提供“点对点”的服务。

实施企业信用信息公开制度，可以在拓宽海关信息公开范畴的同时，通过对社会公开自贸区内企业相关信用信息，利用社会监督进一步强化“事中、事后监督”，形成他律倒逼自律的氛围，促进全社会诚信体系的建设进程。

除了上述4项制度外，上海海关还将在自贸试验区内推出一项“自律管理”制度，由区内企业自主或者委托中介机构对进出口行为开展自律管理。这是海关首次出台专门针对企业自律的相关规定，可以强化企业主体责任意识，引导企业诚信经营，进一步提高海关整体监管效能。目前制度已经形成，近期将对外公告并正式实施。

（来源：上海市口岸办门户网）

【上海自贸区研究扩大启运港退税试点范围】

2014 年 1 月 21 日，上海市十四届人大二次会议同时举行六场专题审议，在“聚焦制度创新，积极有序推进中国（上海）自由贸易试验区建设”专题审议会中，自贸试验区管委会常务副主任戴海波通报了自贸区建设有关情况。

据戴海波介绍，中国上海自由贸易试验区在航运中心建设方面，一是拓展国际中转集拼业务功能，DHL 北亚枢纽在浦东机场启动了航空快件国际中转集拼业务，洋山和外高桥保税物流园区中转集拼功能也进一步深化推进；二是深化启运港退税和沿海捎带政策，研究扩大启运港退税试点范围，推动中资方面及船舶开展沿海捎带业务；三是研究国际船舶登记制度，在市建交会牵头下，会同相关部门加强与交通部的协调对接，积极研究国际船舶登记试点工作。

（来源：东方网）

【交通运输部、上海市政府助推上海国际航运中心升级】

2013 年 9 月 30 日，为推进上海国际航运中心建设，交通运输部与上海市人民政府日前联合发布《关于落实〈中国（上海）自由贸易试验区总体方案〉加快推进上海国际航运中心建设的实施意见》（简称《意见》），为《总体方案》中提出的航运领域扩大开放、改革创新措施提供了“落地”支撑。从五方面着手，探索创新具有国际竞争力的航运发展制度和模式，有力支撑上海国际航运中心升级发展。具体举措如下：

■扩大开放水平允许外商在中国（上海）自由贸易试验区以超过 49% 的投资比例设立中外合资经营企业或中外合作经营企业经营国际船舶运输业务；允许船舶登记主体的外商出资比例突破 50% 的限制；外商可在中国（上海）自由贸易试验区投资设立独资企业经营国际船舶管理业务；利用自由贸易试验区在金融、贸易等领域的开放政策，着力发展航运金融、保险、交易、咨询、海事仲裁、港口物流等现代航运服务业。

■创新航运政策积极发挥海港、空港的联动作用，探索形成具有国际竞争力的航运发展制度和运作模式；推动中转集拼业务发展，允许中资航运公司利用自有或控股拥有的非五星旗国际航行船舶，先行先试外贸进出口集装箱在国内开放港口与上海港之间（以上海港为中转港）的沿海捎带业务；发挥上海区域优势，利用中资“方便旗”船税收优惠政策，促进符合条件的船舶在上海落户登记，简化国际船舶运输经营许可程序；支持扩大启运港退税政策试点范围，发挥长江黄金水道作用，增强上海港辐射能力。其中，针对“沿海捎带”这一开放政策，交通运输部同步发布了《关于在上海试行中资非五星旗国际航行船舶沿海捎带的公告》，对相关备案手续及流程做出了详细说明。

■拓展中心功能加快发展航运运价指数衍生品交易业务，支持上海开展运价指数的编制和发布工作；支持建立市场导向和政府推动相结合的航运发展股权基金，支持航运发展股权基金与有关拆船资金、特许航运经营权等政策结合使用，重点用于运力结构调整、所有权与经营权分离、航运企业规模化和专业化发展等领域；支持上海加快航运人才、教育、科研发展，建设高端航运人才培养基地，打造具有国际影响力的航运咨询机构。

■提升服务水平积极发展航运金融、国际船舶运输、国际船舶管理、国际航运经纪、国际船舶租赁、国际船员管理等产业；支持鼓励发展邮轮产业经济，筹建邮轮发展基金，支持上海邮轮母港建设，鼓励在上海成立中外合资邮轮公司拓展邮轮业务；提升上海国际航运中心在国际航运规则和标准制定、市场规制、信息咨询服务等领域的能力和水平，鼓励吸引国内外航运组织、相关协会、服务机构和平台落户上海。

■加强基础建设加快铁路、内河集装箱运输基础设施前期工作和建设，优化码头功能配置，加强长江口深水航道疏浚土综合利用；推进综合运输体系建设，提升港口水水中转比例，鼓励江海直达船舶推广应用；加快推进安全绿色航运发展，构建平安海区，促进内河 LNG 燃料动力船舶推广应用；完善国际海运市场监管机制，进一步发挥船东、港口等在行业自律方面的作用。

（来源：东方网）

【上海明确 2014 年重点工作安排自贸区建设居首位】

2014 年 2 月 10 日举行的一季度上海市政府工作会议上，上海市政府 2014 年重点工作安排揭晓，其中，上海自贸区建设被列为各项工作之首。2014 年上海市政府重点工作包括 21 个重要方面，内容除了自贸区建设，还包括推进上海国际金融、航运、贸易中心的建设，深化国资国企改革、加强生态环境建设、全面推进智慧城市建设等各个方面。 会议明确，2014 年上海将大力培育发展战略性新兴产业，促进传统制造业转型升级，加快淘汰落后产能；同时将深化国资国企改革方面，支持非公有制经济健康发展，积极发展混合所有制经济。有关区域发展方面，会议明确，2014 年上海将落实张江示范区发展规划纲要，深化科技体制机制改革，激发全社会创新活力；同时还将深化浦东综合配套改革试点，力争在重点领域和关键环节进一步取得新突破。

（来源：中国证券网）

【中国海关总署副署长：自贸区致上海港业务量增长】

中国海关总署副署长孙毅彪 2014 年 1 月 8 日在此间举行的中国（上海）自由贸易试验区与物流论坛上表示，自贸园区的设立使上海港业务量迅速发展，导致对人力资源等监管带来挑战。

孙毅彪表示，自由贸易试验区突破原有海关特殊监管区的功能，在政府职能转变、制度创新、机制体制创新等方面探索和积累经验，可能对中美、中韩自贸区谈判积累经验。

孙毅彪指出，自由贸易试验区的建设促进贸易便利化，提升中国贸易和物流发展水平，也对有效的物流和供应链服务提出更高的要求。上海港业务量迅速发展，导致对人力资源等监管带来挑战，企业对通关便利化的强烈需求，也要求安全有效的监管。

对于自贸区物流的改革思路，孙毅彪说，采用“先入区，后报关”的方案，转关模式变为通过计算机系统实现料件转接，为企业带来方便和利润。这一改革方案要求机构人员重组，科技装备更新和信息化系统升级等，以达到统一监控，集约管理，实现安全有效监管。

本次论坛由上海市社会科学界联合会、上海交通大学主办，中国（上海）自由贸易试验区管理委员会副主任李兆杰，上海电子口岸联席会议办公室主任刘亚东，上海交通大学安泰经济与管理学院院长周林等都在论坛作主旨发言，另有企事业单位代表和海内外学者数百人与会。

（来源：中国网）

【自贸区7大涉税新政公布，将先行推广电子发票】

2014年2月6日，上海自贸区税务分局挂牌成立，同步推出7项创新的涉税新政，包括在自贸区电子商务平台企业中先行推广电子发票等。

企业如果拥有一般纳税人资格，就能获得增值税专用发票，享受相应政策优惠。而要获得该纳税人资格，通常需要经过一定的审核。比如，办理时限通常需要20日。不过，今后新企业在自贸区内申请这一资格，根据自贸区税收新政，符合条件的企业可取消前置核查。

12366上海税务热线的工作人员告诉记者，取消前置核查的举措，目前仅在自贸区推广。昨天，上海自贸区税务分局成立，推出了7项创新制度举措，聚焦提升审批质效、优化纳税服务。本市税务部门借此开始探索在涉税审批、税收征管、纳税服务等方面尽早形成可复制、可推广的新制度。

税务部门提出，将在自贸区电子商务平台企业中先行推广电子发票，节省电子商务交易时间，减少企业运营成本。据介绍，自贸试验区税务分局已推出增值税专用发票已报税证明单开具、红字增值税专用发票通知单开具、发票核定管理、个人所得税完税证明网上预约受理、电子申报撤销等5个网上办税项目，实现了申请提出、材料提交、进度查询、结果通知书打印的全程网上办理。

【自贸区海关将探索“一窗式审批”】

中国（上海）自由贸易试验区成立3个多月，海关的制度创新不断深入。市人大代表、上海海关关长李书玉在接受记者专访时表示，上海海关去年在自贸区内试点了多项监管创新，收效显著。“大信息、大数据是下一步自贸区发展的必需条件，海关要利用相关技术，积极探索各部门共享的信息化平台建设。在此基础上，海关将探索单一窗口建设，让企业一次申报满足所有相关部门的管理需求。”

李书玉用“五化五方面”来概括海关去年起在自贸区的监管创新。所谓“五化”，即法制化、信息化、智能化、便利化、安全化。以此为原则，自贸区海关探索了简政放权、模式创新、流程再造、智能管控及资源整合共五方面的工作。

李书玉介绍，自贸区海关精简了审批事项，由原先的10个方面涉及38次审批，精简为5个方面涉及14次审批。此外，自贸区海关让渡管理事权，拿出五个方面的事项，让社会共管、企业自管、行业协管。原先由上海海关管理的事项，也有一部分下放到基层海关管理，减少了审批的层级。

针对海关的通关、加工贸易管理及卡口的备案、放行等，自贸区海关推行了最大限度的无纸化作业。过去一票一报、一票一税的税收管理方式，在自贸区海关趋于集约化，改为按月集中申报，一次性缴纳税款，大大节省了企业成本，提升了效率。李书玉表示，在物流流转模式上，自贸区海关探索“先入区、后报关”，试点范围由自贸区挂牌之初的6家企业拓展到如今的47家，今后还将继续扩大规模。在自贸区内企业货物区与区之间的流转，由海关监管车辆运输变为企业自行运输的改革，也收效良好。

李书玉说，自贸区海关还借助流程简化和科技应用，将原先从备案到核销的39个环节精简到32个，其中20个实现了计算机作业，“这意味着，现在企业能够感受到的环节仅12个，货物进出、核销所耗的时间和成本大幅降低了。”自贸区海关的卡口也经历了智能化改造。在改造之前，货物进关需要司机两上两下，盖四个章签四次字，如今简化成了“零上零下不盖章签字”。原先，货物入区的时间要2到3天；现在，包括港口提货、车辆运输、进入海关，耗时不过2小时左右，真正通过卡口的时间只要30秒。

在李书玉看来，海关总署要求进行自贸区海关的试验，核心是要试验政府管理模式和制度的创新。2013年探索的经验，今后会在适当的时机向自贸区外推广。

展望今年，李书玉表示，利用大数据技术探索各部门共享的信息化平台，是重要工作之一。此外，在美国、日本及欧盟国家，国际贸易中的单一窗口建设已广泛实行。企业通过一次性申报，就能解决与贸易相关的所有部门的需求。今年，海关也希望和检验检疫、税务、口岸等部门联合推动此项工作。

去年12月，跨境电子商务平台“跨境通”上线。李书玉表示，在跨境电子商务方面，下一步要扩大商品的品种，支持电子口岸平台建设，增强商品的展示功能。此外，也要加强跨境电子商务的管理，确保安全规范地运行。

（来源：文汇报）

【自贸区试点新型海关监管模式，企业物流成本降低10%】

截至2013年10月上旬，上海海关已确定了6家区内企业试点“先入区、后报关”模式，待运作成熟后逐步复制、推广。

据报道，近日，捷开依（上海）物流有限公司的集装箱货运车辆从外高桥港区驶出，抵达自贸试验区海关卡口。在缓缓驶入专用“快速验放车道”时，货车司机不再像往常一样下车办理通行手续，而是坐在驾驶室里掏出一张提货通知单，将单证上的条形码对准车道上新装的扫描器，只听“嘀”的一声，左前方电子屏显示出红色的“放行”字样，卡口栏杆自动抬起，货车入区后顺畅驶向公司仓库。这是一票从韩国蔚山进口的电解铜，货值359万美元，货重499吨。前一天下午，物流公司接到客户指令：货物即将到港，于是公司通过自贸试验区海关监管信息化系统向海关发送了提货申请，不到10分钟就收到系统自动生成的回执。凭借提货通知单回执，企业在货物到达港口、尚未办结海关手续前，就可以直接从港区提箱装货、先行运货进区入库。

这就是上海海关在自贸试验区试点实施“先入区、后报关”新型海关监管模式后的首票试点货物。经海关批准，试验区内试点企业可先凭进口舱单信息将货物提运入区，再在规定时限内（自运输工具进境14日内）向海关办理进境备案清单申报手续。和过去传统的“先报关、后入区”的“串联式”通关模式相比，新模式允许企业把提货入区作业与申报备案手续“并联”进行。

“‘一线放开’并不意味着放松海关监管，我们是在‘安全有效管住’前提下的‘放开’。试验区的建设促使海关不断朝信息化、智能化、集约化的新型监管模式迈进。”上海海关加贸处副处长邱海滢说。

目前，上海海关已确定了6家区内企业试点“先入区、后报关”模式，待运作成熟后逐步复制、推广。

捷开依（上海）物流有限公司副总经理张耀婷表示：“由于大宗商品市场价格波动较大，对货物的流转入库时间要求很高。海关在试验区试点‘先入区、后报关’模式，为仓储物流企业解决这一难题提供了有力支撑。据测算，新模式下企业货物入区通关时间可缩短两至三天，物流成本平均减少10%。”

（来源：东方网）

5.4 自贸区物流综合信息

【引领中国新一轮经济改革，上海自贸区摸索中提速】

上海自贸区作为2013年中国经济关键词的含金量。作为中国大陆设立的第一个自由贸易区，“以开放促改革促发展”的试验田，这片不到30平方公里的土地聚焦了国内外的目光，一举一动皆成文章。

不要政策要改革 打造制度创新高地

有关上海自贸区，有一个流传很广的细节：国务院总理李克强今年初在上海调研时，曾反复追问上海市长杨雄，上海是不是要改革？杨雄态度坚决地回答：“我们没要政策，我们要改革。”

也正是在这次调研期间，李克强提出，鼓励支持上海研究试点先行建立一个自由贸易园区试验区，进一步扩大开放，推动完善开放型经济体制机制。

改革意味着不可能“皆大欢喜”，意味着不仅需要浅犁更需深耕。有媒体刊文指出，若将中国经济体制改革视为一盘大棋，自贸区建设无疑是这盘棋的“棋眼”。

自2013年3月李克强总理表态之后，5月，浦东自由贸易区试点方案上报中央；8月，国务院正式批准设立中国（上海）自由贸易试验区；9月27日，上海自贸区总体方案正式公布；29日上海自贸区挂牌。

据知情人士透露，在最初设计上海自贸区这个学术论证和政府层面论证的时候是“两条腿”走路，既谈到了制度创新，也希望能够从中央获得一些政策的优惠。但是到了国务院层面之后，高层领导最后拍板就只强调制度层次，就不能够再走老路，不能够使上海自贸区成为一个优惠政策的洼地，而是应该把它变成制度创新的高地来实施。

然而，很多商人似乎等不及弄懂自贸区到底是什么，他们对自贸区的浓厚兴趣迅速转换为注册的火爆。据报道，三个月间，企业的注册预约号码一度被“黄牛”

炒到三四百元，直到新规出台，才大为收敛。不少注册者甚至没有想好注册了公司之后要做什么，“总觉得是个机会”。

上截至2013年11月底，工商部门已办结新设企业1733家，其中外资新设企业58家，内资1675家。内资注册资本近400亿元，平均每家注册资本超过2300万元。新设企业中，贸易类和服务类分别占比66%和26%。

“想靠优惠政策来获得发展的时代已经一去不复返了。”中国（上海）自由贸易试验区总体方案的设计参与者、上海市政府参事室主任王新奎提醒企业，上海自贸区并非像以前那样的“给一些优惠政策的特殊监管区域”，也不是一个金融特区，而是“试验符合国际标准的投资准入体制的地方”。如果一味只想着要特殊优惠，要特殊政策，不打破固有思维框架，很难抓住自贸区真正的机遇获得发展。

金融、投资强势突围 先行先试建改革范本

2013年12月初，央行发布支持上海自贸区的30条指导意见，涉及金融改革和创新的多个领域，包括创新有利于风险管理的账户体系、探索投融资汇兑便利化、扩大人民币跨境使用、稳步推进利率市场化以及深化外汇管理改革等，其一以贯之的核心思想仍是“开放”，“将话语权归还市场”。

“本次尺度最大的政策，是允许试验区内个人在区内获得的收入可向境外进行包括证券投资在内的各种投资，这意味着区内个人可不再受到QDII限制而自行进行。”兴业银行首席经济学家鲁政委表示。

国家行政学院决策咨询部研究员陈炳才认为，央行公布的30条指导意见为上海自贸区勾勒了未来金融改革的愿景，体现了大胆改革的精神。不过，这只是一个指导意见，而不是实施操作细则，不少政策的落实需要具体操作政策的出台。在合适时机上海的思路将会被推广和复制。

“可复制、可推广”是上海自贸区被提及最多的重要使命。9月底，中国首份负面清单在上海自贸区揭开面纱。负面清单，相当于投资领域的“黑名单”，列明了企业不能投资的领域和产业，可以有效规避正面清单所带来的政府权力寻租空间。以 “负面清单”为核心的投资管理模式创新正是自贸区制度创新的最大亮点之一。

对于这份清单，舆论在肯定之余也颇有微词，现行的2013版清单过长、“限制款多”的质疑不断。

目前，上海市正就自贸区2014版“负面清单”征求各方意见。上海市副市长、上海自贸区管委会主任艾宝俊表示：“负面清单还有改进空间。2013版负面清单参照我国的国民经济分类，下一步可考虑借鉴国际经验，完善分类方法。同时，现有清单内的190项管理措施也有缩短的可能。”

值得注意的是，在2013年11月召开的中共十八届三中全会明确提出：“实行统一的市场准入制度，在制定负面清单基础上，各类市场主体可依法平等进入清单之外领域。探索对外商投资实行准入前国民待遇加负面清单的管理模式。”

“十八届三中全会通过的《决定》中，有七个方面十多处具体改革要求与自贸区建设密切相关，这表明自贸区是一项国家战略。”艾宝俊说，今年上海自贸区提出了98项改革措施，包括制度创新、服务业开放、功能拓展和制度保障等内容。上海将以“可复制、可推广”为目标，着力推进改革试验，努力完成好中央交给上海的重要任务。

“中国（上海）自由贸易试验区的建设正是中国为适应经济全球化和全球经济重构的新趋势所采取的‘以开放促改革’的重大举措。其目标是可复制的、先行先试的改革试验区。”王新奎进一步指出，具体而言，试验区的目标重点在于三方面，一是扩大服务部门的对外开放，为中国适应全球创新链和产业链提供窗口和前进基地；二是以国际高标准为标准，改革外商投资准入管理体制，进而为国家整体投资管理体制的改革提供可供复制的经验；三是探索改善营商环境和提高投资和贸易的便利化程度。

八个区域力争“下一个” 审核未设时间表

2014年将是上海自贸区的突破之年。谁会是“下一个”，一直是外界关心的话题。有报道指出，随着三中全会决定，全国改革将陆续起步，而且不排除还要再放开一批自由贸易实验园区，形成大范围的改革开放趋势。

12月13日，青岛市人民政府新闻办公室官方微博发布消息称，山东省政府已向国务院呈报了《关于试点建设青岛贸易自由港区的请示》。青岛自贸区拟定以前往保税港区为贸易便利化改革试点区域，争取自贸区相关政策。

此前，天津滨海新区东疆港自由贸易园区一直被认为最有希望成为“下一个”，“积极建设自由贸易实验区”被列入天津滨海新区2014年重点工作。广东粤港澳自贸区、厦门对台自由贸易园区、浙江舟山新区自贸区也都跃跃欲试，定位各有不同。厦门注重对台贸易、广东打出粤港澳合作牌、舟山新区则强调其海洋经济特色。

据瞭望智库的消息显示，截至11月中旬，各地已在商务部备案的自贸区由10月份的6个增至8个，分别是天津东疆、浙江舟山、福建平潭、山东青岛、河北曹妃甸、重庆两江新区、辽宁大连，以及广东南沙、前海和横琴。

有报道称，第二批自贸区会签审核将于年底启动，明年五六月份有望正式落地。对此，商务部研究院院长霍建国表示，按照“成熟一个推动一个”的原则，要进一步放开一些自贸区，但是目前应该还没有具体的时间表，关键是看条件是否成熟。

【东航快递成功入驻上海自贸区】

2013年11月6日，东航物流公司旗下的上海东航快递有限公司正式从中国（上海）自由贸易试验区工商局领取到全新的竖版《企业营业执照》，这标志着东航集团首家物流入驻企业正式完成备案手续，可开始享受自贸区优惠政策，开展相应业务。

2013年，为摆脱货运困境、改善传统航空货运被代理、被定价的被动局面，东航快递创造性地提出了“快递+电商+贸易”的转型发展思路。该模式核心目标为将东航快递打造为航空主业的直客，延伸产业链条，提升盈利水平。其运作模式为：通过全球贸易采购，将大量具有比较优势的国外优质商品引入国内销售，为国际回程航班增加直客货源，充分利用闲置运力；借助“东航产地直达”电商平台，对部分以 B2B 贸易方式进口的商品进行 B2C 销售，提高贸易的利润率；同时，为自主快递部门提供基础货源；自主快递配送网络则在电商和贸易提供的基础货源支撑下，加快构建派送网络，在为电商提供优质服务的同时，完成未来进一步承揽直接运输需求的网络构建。这一互相促进、互为带动的全产业链运作模式，运行顺畅、情况良好、发展前景广阔，受到了政府主管部门和行业的高度关注，也为未来自贸区的跨境电子商务运作提前探索出了一条可供借鉴的新路子。

（来源：东方航空报）

【浦东机场 4 号跑道将专供货机，自贸区促上海强化航空货运】

在 2013 年 11 月前举行的中国航空货运高峰会议上，上海机场集团董事长李德润表示，上海自贸区的建设将进一步增强浦东机场的国际货运枢纽功能，而作为国际性货运枢纽机场重要考量指标中的国际中转集拼业务将作为浦东机场未来的重点努力方向。

随着 2013 年 9 月 30 日上海自贸区正式启动，将对贸易量带来极大的提升，也将给近两年受经济影响表现低迷的航空货运带来新的发展机遇，迫使机场集团未来必须强化航空货运枢纽建设。

据悉，上海浦东国际机场（简称“浦东机场”）的第 4 跑道工程已经完工，将于 2014 年投入运营，专供货运航班，而第 5 跑道的前期工程也已正式开工，主要用于国产大飞机的试飞以及部分用于货运。

浦东机场四、五跑道专用货运及大飞机

“目前，浦东机场四跑道工程已经完工，明年即将投运，我们将积极争取为货运航班增量提供新增时刻”，李德润日前表示，“浦东机场四五跑道间规划了约 1.47 平方公里的货运处理功能区，有较为充足的土地资源用于货站、空空中转集拼中心、空地分拨集散中心等货运功能区建设。”

预计于 2014 年投入运行的浦东机场第 4 跑道将专门用于货运，而当初规划主要提供国产大飞机的试飞跑道 ---- 第 5 跑道，其前期 3350m 道路等工程正式开工。这也意味着，上海浦东机场将成为内地首个拥有 5 个跑道的机场。

“自贸区将促进贸易，这本身就需要靠下游企业来推动，需要依靠海运、陆路运输，以及航空货运，因此自贸区对整个物流行业的发展无疑是个利好”，某交运行业分析人士昨日对记者表示，“未来，无论是从海运、空运、快递还是仓储等方面的业务量都会增加。”

作为上海自贸区中 4 个组成部分中的重要的一块，浦东机场综合保税区 3.59 平方公里中有 1.81 平方公里浦东机场西货运区被纳入到自贸区之中。

业界认为，在全球范围内，以航空枢纽为支撑的自由贸易区已成为驱动城市乃至地区和国家发展的新动力，如韩国的仁川机场和仁川经济自由区、阿联酋的迪拜国际机场与机场自由贸易园区以及香港、新加坡等地，均是依托当地的空港和海港，基于便捷高效的物流网络基础上，发展成为成功的自由贸易区。

（来源：《每经网》）

【上海机场谋货运转型，重视国际中转集拼能力】

在面对全球经济形势低迷影响而造成

的货邮运输量下滑的背景之下，机场集团表示，看到了机场快件国际转运业务却呈现跨越式增长，而这也促动了基础机场未来将强化国际中转集拼的能力。

“国际中转集拼的能力，是对一个国际性货运枢纽机场的一个重要的考量指标”，李德润指出，“未来，上海机场集团将从机场设施改扩建、软件服务能级提升、区域功能完善三方面着手实施与自贸区的对接。”

“三大国际转运中心和国内主要货运航空公司均有意向开设国际中转集拼业务”，上海机场集团总裁景逸鸣表示，随着贸易便利化的深入，以及新消费模式的转变，浦东机场国际中转集拼业务试点的创新突破，有利于航空公司和相关运营方通过集拼的方式，进一步降低成本，从而降低总体的物流成本，增强中国制造企业的竞争力，同时也会带动浦东机场国际货运中转航班的增长，增强浦东机场国际货运枢纽功能，并实现港区联动。

事实上，据《每日经济新闻》记者了解到，目前 UPS 和 DHL 两大国际快递巨头都已经在浦东机场落户，建设启用了国际性的转运中心，另一家国际快递巨头联邦快递的国际转运中心也在建设之中。

“就在今天，DHL 在浦东机场正式开展快件的国际中转集拼业务”，李德润在日前的会议中就透露称，“今后，我们将在口岸联检单位的大力支持下，简化空空和空地中转货物的口岸监管流程，推进区港合作，在自贸区的政策平台上力争实现与国际先进接轨的分拨集拼模式。”

【上海港紧盯自贸区航运改革】

中国（上海）自由贸易试验区提出要提升国际航运服务能级，“世界第一大港”的改革新举措令世人关注，也让许多企业跃跃欲试。中国（上海）自由贸易试验区提出要提升国际航运服务能级，“世界第一大港”的改革新举措令世人关注，也让许多企业跃跃欲试。

新业务在积极筹备，上海港的新功能也有望继续完善。2012 年底，两只集装箱在上海完成了从拆箱到重组货物的全过程，上海港首次实现了对国际集装箱货物的二次集拼和中转运输。不要小看这样的拆拆装装，这其实是中国港口多年的“隐痛”。目前，亚洲地区国际航运中转主要集中在新加坡、韩国釜山等传统集装箱枢纽港富，我国内地港口在国际中转方面竞争力较弱。如新加坡港国际中转箱量比重达到 85%，而上海港国际中转箱量数仍不到总箱量的 10%。

此次中国（上海）自贸试验区总体方案明确提出，要推动中转集拼业务发展，探索形成具有国际竞争力的航运发展制度和运作模式，刚刚起步的中转集拼业务有望提速。目股前，自贸试验区管委会已提出加快洋山岛域国际中转集拼中心的规划建设，尽快实现无纸报关、散货上岛等功能，力争早日实现国际中转集拼业务的规模化运作。

国内航运市场纷纷寻找商机，国际航运机构也不甘落后。就在自贸试验区挂牌的当天，浦东新区航运办就接待了一批马士基（中国）有限公司的客人。这吧家全球最大的船舶运输服务公司，对自贸试验区开放航运服务领域，放宽中外合资、中外合作国际船舶运输企业的外资股比限制，非常感兴趣。当得知外商可以独资设立国际船舶管理企业，客人们惊喜地表示：

“幸福来得太突然了！”他们要尽快向总部报告，争取将拟成立的马士基船舶管理公司尽快落户自贸试验区。

（来源：《解放日报》）

【上海海事大学成立中国自贸区供应链研究院】

为推进自贸区重大问题的深入研究，满足政府、企业和社会对自贸区决策咨询的迫切需求，中国物流与采购联合会副会长单位——上海海事大学于2013年10月成立中国自贸区供应链研究院。该研究院将在与自贸区供应链相关的航运、物流、金融、法律等领域开展研究咨询、政产学研合作、境外合作、高端教育培训、情报发布等工作。

从全球自贸区发展趋势来看，自贸区与供应链的有机结合，对提升自贸区产业链建设水平作用明显。作为学科基地及行业背景与自贸区相关开放和发展领域关联度极高的高校，上海海事大学筹建该研究院，将有利于上海自贸区可持续发展，为对接高标准的国际投资与贸易协议提供策略、路径和智力支持；将有利于推进上海自贸区与国际供应链中心和产业链的一体化发展；将有利于打造自贸区供应链高端人才集聚高地与交流平台，构建与自贸区融为一体的新型社会园区。

上海海事大学将充分利用其区位、学科、行业等优势，广泛联合供应链领域相关的科研院所、企业、政府机构及国际力量，采用高端化、国际化、开放型的协同创新组织运行模式，努力把该研究院建成智库国际化建设的样板、人才队伍协同化的平台、机制体制创新的实验区，以促进学校人才培养、科学研究和社会服务能力的同步提升。

【上海自贸区大流量将为物流业带来大机遇】

“中国（上海）自由贸易区首席经济学家论坛”2013年9月24日在上海召开，专家认为，上海自贸区内金融、贸易、航运物流、航运金融、建筑地产等五个方面存在新机遇，其中，最大的机会在金融市场，具体涉及融资、理财、交易三方面。

金融　自贸区最大的机会在金融市场，金融市场的机会有很多方面，一是融资，二是理财，三是交易，这三块在自贸区都将得到发展机遇。

理财是自贸区内的一大投资计划，而且自贸区内理财要帮助中国人真正意义上去分享海外投资收益。“中国有40万亿居民储蓄存款，50万亿的企业储蓄存款，8～10万亿的理财产品，而QDII却只有几千亿人民币，市场上寻求海外分散投资的需求非常大。”目前新加坡、香港的很多外资投行财富管理部门、私人银行部门正为许多中国大陆客户提供境外理财服务，对此，监管部门一定程度上是掩耳盗铃。“我们说是管了，其实根本没管住，把机会拱手让给了海外的这些机构，为什么我们不在自贸区把这件事干大。”

证券公司和资产管理公司在自贸区内的发展前景尤其广阔。“在亚太地区来讲，上海自贸区能不能引领与其他金融中心的竞争，关键就看它的活跃程度和流量。而从这个角度来讲，证券公司、资管公司可以起到更好的作用。”

针对商业银行在自贸区金融市场的机遇，银行的机遇更广。包括人民币可兑换、境外人民币业务、离岸业务等新的领域将给银行带来新的利润增长，此外，传统业务、与资产管理相关的包括理财产品在内的业务，也会迎来利好。银行中间业务也会有更大的增长空间。“银行的特点是可以提供内外沟通的平台，国内企业到海外去投资，或者海外的管理公司到境内来投资，商业银行都可以为他们提供资汇结算的系统，提供这方面的服务。”针对银行在自贸区内最主要的离岸业务，由于与国际市场完全接轨，自贸区离岸业务的创新空间很大甚至可以说是无止境的，而这块系统越发达，将来银行提供的服务将会越便利，水平越高。

贸易 自贸区的改革将涉及到贸易规则如何更好地和国际规则接轨，使得贸易更加便利化，带动上海和长三角地区的出口加工等方面的业务发展。

负面清单减少了很多不必要的管制，降低了企业的交易成本。不过，自贸区对企业来说是炼钢炉，自贸区企业届时可能要面对一个门槛更高的国际标准。“企业家无法靠政府权力庇护，只能激发自我创新的企业家精神，这是中国企业要在自贸区取得成功的唯一一条路。”

航运物流 自贸区将涉及到包括港口、物流等行业的发展，会对区域内的产业集聚形成推动，对物流货物的转运、航运的服务周转、加快航运体系的完善、仓储等方面，都会带来推动。上海自贸区的大流量给物流业带来了大机遇，包括港口、航空公司在内的交通运输类机构将大有作为。

航运金融 若自贸区内航运金融业务采用国际通行的航运金融的规则来进行管理，则航运金融会很好地发展起来。中国的航运业很大，但是航运金融业务做得很少，因为我们没有这个条件。不仅是产品技术服务能力不够，很重要的是各方面的政策制约了我们的金融业做航运金融业务。金融业在这方面受到了多方的限制。“

建筑地产 建筑和地产方面，物业的增值、地产、基础设施建设等都会有空间。公布了自贸区以后，很多相关地产的股票都涨了。现在大家已经在把握这个机会了。

【上海自贸区对服务金融物流带动大】

上海自贸区方案获批以来，对自贸区影响的关注持续不断。有消息称上海自贸区方案本周内可能出台，自贸区月底挂牌的可能性大。有评论强调，要让企业成为自贸区建设的主体。专家认为，上海自贸区建设对从事服务贸易的企业和金融机构的影响较大，港口航运和物流企业也会直接受益；由于实行“负面清单”管理和国民待遇，自贸区对外资企业很有吸引力；自贸区对区内和周边基建和房地产拉动会比较明显，不过近期火热的概念股走势将会出现分化。

服务贸易企业、航运物流业受益大，与制造企业关系较小

过去十年，我国的商品贸易获得了很大的发展，但服务贸易相对滞后。业内人士称，上海自由贸易区的建设是以发展服务贸易为主，今后的产业结构调整，应当是以服务贸易为主。

“虽然较自由贸易区，但现在的贸易不仅仅包括制造业产品贸易，也包括很多服务贸易。”上海自贸区建设，服务贸易企业受益最大、最直接。具体比如，为贸易服务的咨询、法律、会计和融资租赁等行业的企业。上海政府在这方面的考虑比

较多，可能会最先允许这些企业进入自贸区内。

“自贸区的主要目标是探索经济改革，为全国深化改革开放积累经验，启发思路。对容易与国际接轨的服务业和金融业会有比较大的吸引力，而不是解决贸易进出口问题。”不过他认为，自贸区对商品生产加工企业的作用不大。因为自贸区内的面积只有28平方公里，客观上没有太大空间进行产品生产加工和进出口。而且商品贸易在其他地区已经非常方便，不一定要跑到自贸区内进行。

“上海自贸区面积不是很大，它进行了功能整合，但是具有放大和辐射这些功能的意义。”对外经济贸易大学中国WTO研究院院长张汉林则对中新网财经频道表示，自贸区对港口航运、物流行业的企业有比较直接的影响。自贸区进行进出口贸易需要强大物流，并对周边地区和港口服务有很大的辐射功能和带动作用。

金融业机遇大外资行表现积极 对外企进入吸引大

另一个收益较大的会是金融行业。这性行业需要与国际接轨。对于金融机构包括银行、证券、保险等机构会先行先试。在自贸区挂牌后，政府可能会比较早允许它们进入或者设立分支机构。

自贸区会采取国民待遇做法，对于外资行直接在中国区外还有限制的做法，会在自贸区内比较宽松，比如在自贸区设立外资独资的金融机构和证券保险公司。

上海自贸区建设，相对来说金融业肯定是受益比较大的行业。整个金融业包括银行业会有很多的机遇，比如贸易金融，包括航运金融，包括投资银行，包括人民币的国际业务、跨境业务等方面都会有很多的机会。

据媒体报道，当前不少银行机构已经开始考虑在自贸区内申请设立分支机构，多家外资银行正积极与政府相关部门协商入驻中国（上海）自由贸易实验区的门槛。而汇丰和渣打两家银行有望成为第一批在上海自贸区提供广泛银行业务的外国银行。

上海自贸区不仅对外资金融机构有诱惑力，对外资企业也会有很大的吸引。奚君羊看来，光是通过港口贸易和交易，对外资企业的吸引力不是很大，因为现在香港在这方面已经很方便。

自贸区的政策对外资企业进入肯定会有好处，由于审批程序简化和减少限制，外资企业进入更加容易。

据悉，自贸区内实行“负面清单”管理，在名单之外，“法无禁止即可为”。相比现行的投资审批制度，这种“放权”将大大提高企业的投资自由度。此外，国务院已提请全国人大常委会审议在自贸区暂停涉及外商独资，外商合资和中外合作、包括文物相关的四个法律，暂停期限为三年。

带动周边基建和房产明显，概念股将逐渐分化

自贸区建设需要很多的物流、仓储、办公和港口建设，对于基础建设企业和房地产有较大的带动作用。据中国证券报报道，上海自贸区基建方面存在千亿规模的市场。

自贸区需要建设大量的基础设施和各种各样经济活动的平台，其中外高桥区就提出要建五个经济平台，这些建设项目对带动基建相关行业有明显的作用。

要拉动国内整个产业的发展的话，自贸区内活动在量上不充分，但是对周边地区、上海和长三角的带动很明显。而且除了拉动自贸区内房地产外，对区外和周边

地区也会起到拉动作用。

上海自贸区方案获批之后，自贸区概念股涨势凶猛，金融、物流贸易、地产、旅游等类股票连续走出涨停行情。甚至出现概念股“炒地图”，重庆、青岛、海南、广东等地的自贸区概念股也有较大涨幅。奚君羊表示，对自贸区概念股要区分看待，有些公司能够从自贸区得到直接和实际的利益，有些公司得到间接和辅助性的利益，有些可能就没有什么直接关系，完全是炒概念。

未来自贸区概念股会出现分化，能够从自贸区得到实际利益的企业还会有较好的行情。“比如自贸区建设能够对其业务产生明显影响的企业，还会有新一轮的行情，有些企业虽然在浦东但是业务上没什么关系，可能上升空间就不大。”也有私募人士和券商分析，自贸区概念只是阶段性的热点；目前上海自贸区概念股涨幅已经比较大，盲目追高有风险。

【上海自贸区挂牌以来，催热保税物流仓储市场】

2013 年 10 月 16 日，仲量联行发布的“2013 年第三季度上海房地产市场回顾”显示，上海自贸区挂牌以来，相关的保税物流仓储市场已重获关注，开始升温。

仲量联行的该份报告称，上海保税仓储市场已沉寂多年，但自贸区的设立为其带来新的市场机会，业主已提高租金预期。三季度，保税仓储租金环比上涨 1.8%，至每平方米每天人民币 1.08 元，这是近两年来最显著的增幅。

在 9 月底上海自贸区挂牌前后，这里的工业资产愈发受到投资者的青睐。业内认为，特别是基于市场对物流仓储面积的强劲需求，位于自贸区内的资产价格有望上涨。

北京建设先行收购了原本由 CBREGlobalInvestor 持有的上海凡宜和外高桥配送中心，而东方海外货柜航运公司则在凡宜和外高桥保税物流中心租赁了 7000 平方米的仓储面积。

仲量联行认为，这股投资热潮甚至已蔓延至住宅投资市场，例如莱蒙国际出资 16.9 亿元从摩根大通一基金手中收购了位于浦东的莎玛世纪公园公寓。

仲量联行中国工业部总监司徒艺表示：“对保税仓储项目的兴趣，大多来自那些预期最终用户会有新增需求的第三方物流供应商。”

不过，也有专家指出，由于上海自贸区尚处于起步阶段，要确定三季度的租金上涨究竟是昙花一现或是保税租赁市场回暖的先兆，还为时尚早。

【上海自贸区规划五大产业导向】

2013 年 12 月，上海自贸试验区正在制定新的产业规划和形态规划，加快传统产业转型升级，深化在功能创新拓展、产业转型升级、资源要素配置等方面的试点，形成与上海“四个中心”建设的联动机制。

上海自贸试验区正在制定新的产业规划和形态规划，以国际贸易、金融服务、航运服务、专业服务和高端制造五大产业为导向，进一步提升区内服务业比重，加快传统产业转型升级，深化在功能创新拓展、产业转型升级、资源要素配置等方面的试点，形成与上海“四个中心”建设的联动机制。

近日，以“中国（上海）自由贸易试验区的设立与服务业开放”为主题的第九届制造服务外包国际论坛开幕，自贸区服务企业联盟在会上正式揭牌。市委常委、副市长、上海自贸区管委会主任艾宝俊，市人大常委会副主任郑惠强出席论坛。

上海自贸区将以功能拓展为重点，打造现代服务业的新高地。“自贸区建立后，根据总体方案，提出了扩大服务业和金融改革创新的要求，最近我们正积极调整园区的产业规划，明年年初会有一个成果向社会公布。”

在贸易中心建设方面，自贸试验区要成为上海贸易中心建设的重要平台。一是搭建贸易平台，包括建设面向国际、服务国内的大宗商品交易平台，做大做强保税展示交易平台，加快对外贸易文化基地建设，建立跨境电子商务服务平台。二是打造总部经济，推进亚太营运商计划，大力发展整合贸易、物流、结算功能、实体运作的亚太地区总部。同时，搭建境外投资管理平台，打造中国跨国公司的“走出去”基地。三是发展新型贸易，促进跨境维修、国际检测、信息服务、离岸服务外包等服务贸易、离岸贸易新型业态发展。

在金融中心建设方面，自贸试验区要成为上海金融中心建设的重要突破口。当前的推进重点，一是建设面向国际的多层次金融市场交易平台，支持国际能源交易中心尽快开展业务，推动中国外汇交易中心、金融期货交易所、上海黄金交易所、股交中心等金融服务平台在区内设立交易场所和开展产品交易，形成试验区多层次的金融市场体系。二是增强服务实体经济的能力。鼓励企业开展对外直接投资，支持境内股权投资企业开展境外投资，争取通过债权、股权、资产证券化等多种方式拓展企业融资渠道，促进投融资便利化。同时探索在扩大人民币跨境使用、推动外汇管理方式转变等方面先行先试。三是深化拓展融资租赁、期货保税交割等金融服务功能。四是探索对民营资本、民营银行的准入开放。

在航运中心建设方面，自贸试验区要成为上海航运中心建设的重要载体。一是推动上海国际枢纽港建设，探索国际中转和国际中转集拼业务发展，推动扩大启运港退税试点范围，促进上海港和浦东机场进一步提升中转比例，优化集疏运结构。二是发展航运服务业，培育航运金融、国际船舶运输、国际船舶管理、国际航运经纪等产业，推动落实国际船舶登记政策，吸引航运产业链高端环节和新型业态集聚。

同时，自贸试验区还要积极推动科技创新和战略性新兴产业发展，成为上海转型发展的重要支撑。在科技创新方面，依托自贸试验区进口研发设备、研发耗材免税政策，积极发展创新型研发中心和技术服务中心，开展产品设计、生产研发、技术创新等业务活动。在战略性新兴产业方面，通过探索经营总部加生产型分支机构的做法，并落实选择性纳税政策，实现高端制造企业的区内外联动，吸引一批战略性新兴产业项目落户发展。

（来源：《文汇报》）

【上海自贸区货物入境通关再提速】

自 2014 年 27 日零时起，检验检疫部门对中国（上海）自由贸易试验区入境的保税仓储、保税加工、保税展示等保税货物免予签发入境通关证明，自贸区货物通关再次提速。

自 27 日零时起，检验检疫部门对中国（上海）自由贸易试验区入境的保税仓储、保税加工、保税展示等保税货物免予签发入境通关证明，自贸区货物通关再次提速。

记者从上海出入境检验检疫局获悉，免予签发入境通关证明后，海关不再验核检验检疫入境通关证明。入境货物到港后，企业凭海运仓单或空运提单信息 24 小时全天候向检验检疫电子申报，检验检疫相关信息化系统即时电子审单、即时反馈电子监管指令。无须检疫的货物，企业可直接提运进区入库；必须检疫的货物，企业可第一时间提运进区，在区内接受检疫查验后入库储存。

据悉，“免签”政策为外贸企业带来三大变化：一是改变了以往企业需要向检验检疫办事窗口提交物理单证后才能签证放行的做法，申报、审核和放行采取电子方式，不再受 8 小时工作时间以及办公区域远近的限制；二是改变了以往入境进区货物必须先取得检验检疫通关证明才能报关的“串联”做法，企业可以在向检验检疫申报的同时向海关申报，新的“并联”模式整体上可以节省约 50% 办理通关手续的时间；三是相应的签证费用得以豁免。

（来源：《广州日报》）

【上海自贸区将给物流业带来“大礼”】

上海自贸区具体方案最终将落实到金融、贸易、航运等五大领域的开放政策，以及管理、税收、法规等五个方面创新。具体内容方面，曾参加过官方有关上海自贸区研讨会、座谈会的上海财经大学国际贸易系副主任、上海自由贸易区研究中心副主任陈波透露，上海自贸区的功能首先是实现商品的自由流通，加工贸易商品进口关税将免除；此外加工贸易企业的企业所得税也有望降低到 15% 以内。

在自贸区自由环境与优惠政策下，贸易量的增加毋庸置疑。随着贸易的增加，自贸区交通运输需求也会增大，因此港口运输、交通、物流将受益。的确，随着贸易限制的取消，以及关税的降低或取消，这些措施将直接降低商品流通成本，自贸区内外的物资流通速度将加快，越来越多的各国货物到自贸区进行集散周转，自贸区内企业的数量和种类将大幅增加，由此带来的整个贸易、物流量也会相应大幅增加。这对于物流业来说是一个契机。

自贸区内大宗商品可自由流转，因此在物流方面，上海自贸区可以承担大宗商品如矿产品的物流仓储，而之前必须借道新加坡、韩国和我国香港。如此看来，上海自贸区对于物流、仓储企业来说绝对是一块肥田，它们最终将从巨大的市场需求中获利。

自上海自贸区获批以来，开展跨境综合物流业务的华贸物流，经营港口的上港集团及上海机场的股价一路飙升。申银万国的研究报告显示，华贸物流 (603128) 将受益于货代、报关等业务效率的提高，静态测算若自贸区建成上港集团 (600018) 每年将新增 90 万 TEU 的国际中转箱源（相当于 2012 年箱量的 2.8%)，自贸区建设将有助于提升上海机场 (600009) 客源和货源，进而提升上海机场作为国际枢纽的价值。

自贸区贸易量的增加给物流企业带来

更多的业务，让企业获得更多的利润，除此之外，上海自贸区的设立还有助于提升物流企业的转型升级。功能多元化的自由贸易区需要多种货运业务，如保税物流、保税加工、仓储、商品展示等。在多元化的货运业务需求下，物流企业必须要改变单一的、粗放式的经营模式，开展各种增值服务是企业发展的方向。并且，自由贸易区的综合性功能也会引导物流企业向多元化的方向发展。

还需要提出的是，根据上海自贸区方案，将重点打造对外投资的服务促进体系，鼓励企业走出去，参与国际竞争，实现产业的转型升级。这对于物流企业来说也是不可多得的机会。

当然，自贸区的空间毕竟有限，进入自贸区的加工、贸易企业都会是实力超强的大型企业，而它们则需要高效的物流，这对物流企业来说也是一个挑战。

自贸区释放积极信号

申银万国发布的研究报告称，上海自贸区试点短期内主要受益的区域还是集中在自贸区内部，以外高桥地区为核心扩展至洋山港临港新城与机场保税区；随后将辐射至全上海乃至长三角地区的经济区域。伴随着新的试点区域得到逐步扩大，开放促改革的“制度红利”有望辐射至全国。

上海自贸区对物流仓储的影响也不会仅仅停留在自贸区内的物流企业，它将带动整个物流业的发展。随着自贸区的自由贸易、自由流通以及国家相关优惠政策的落实，进出口贸易会更加活跃，各项成本也会降低。自贸区高效的进出口贸易与国内贸易密切相关，进出口贸易的活跃势必带动国内贸易的流通，在这个过程中物流仓储企业也将获得更多的市场需求，从而推动整个行业的发展。

并且，仅仅一个28平方公里的上海自由贸易区并不是中国设立自由贸易区的最终目标，自由贸易区范围与数量将会逐渐扩大。据了解，就在上海自贸区即将启动之时，国家商务部“粤港澳自由贸易区”专题调研组前往深圳调研。并且，厦门、天津等地也在积极争取自由贸易区的试点。

随着自由贸易区的拓展，物流业将会获得越来越多的机会。

上海自贸区对物流业的影响不仅仅体现在业务上，自贸区对仓储物流的重视才是最重要的。上海自贸区涉及的不仅仅是加工、制造及贸易，对于物流、仓储等服务性质的产业也给予了一片天空。这说明国家已经深刻认识到物流仓储在商品流通中的重要作用，这对于物流业来说是一个积极信号。阻碍物流业发展的诸多制度障碍的解决也指日可待。

【上海自贸区启动，利好物流服务商吉达通】

上海自由贸易试验区日前正式挂牌成立，对上海、长三角地区乃至整个中国的经济影响深远。尤其是服务业、物流业、金融业等几大行业，无疑将迎来跃进式的发展新契机。“吉达通”是上海神东船务有限公司于近年成立的电子商务平台，全国首家提供一站式的进出口物流服务。吉达通发展的规划和实践，正瞄准了物流行业的发展契机和广阔前景。

据了解，上海海关在自贸区内试点实施了“先入区、后报关”的新型海关监管模式，大大缩短了货物通关时间，更重要的是降低了企业物流成本，物流成本平均减少 10%。

业内人士表示，上海自贸区的建设，将有力提升中国在国际大宗商品市场和国际航运市场上的地位，并为上海与香港两地港口进行航运中心互动提供良好的制度与政策环境。

资本市场十分看好自贸区对物流行业的利好作用，上海物流概念股因此一再拉升，普遍呈现大幅上涨的态势。华贸物流等多只股票出现大涨，甚至涨停。

上海将因自贸区成为更大的国际物流集散地，拉动国内现代化物流服务的整体市场需求。作为物流服务方案提供商，吉达通的业务市场也将进一步得到扩展，享受此次变革带来的红利。

吉达通为外贸企业提供专业的在线订舱、运价查询、提单下载、在线结算、全程跟踪等进出口物流服务，并在此基础上，延伸至包括拖车、仓储、保险、物流金融等在内的一站式服务。

并且，吉达通在国内首家采用了电子商务化的创新模式，将在线服务与线下实体物流操作紧密结合。外贸企业可以在网站直接下单，代替了传统低效的人工服务，进一步降低时间、人力、资金等成本，特别迎合了广大中小外贸企业的需求。吉达通的这种模式，也无疑顺应了互联网浪潮和外贸电商化的趋势，在大环境的利好下有了更强的竞争力。

通过吉达通受益的不仅仅是外贸企业，还包括船公司等物流服务供应商。作为免费的开放平台，吉达通为物流服务供应商，提供标准化的运价信息接入系统，将信息整合后提供给广大外贸企业。自贸区的建立，将聚集更多的物流企业，吉达通将帮助物流服务的供需双方更高效的对接。

其母公司神东是扎根上海 14 年的老牌船运公司，拥有丰富的行业经验与市场渠道资源整合能力，为吉达通得以在迅速发展的同时，提供专业可靠的服务，奠定了基础。吉达通的业务以海运为基础，拥有众多优势航线资源，如航线覆盖美国全境。

吉达通的最终愿景不仅局限于海运，而是提供从国内卖家到国外买家之间的全程“门到门”国际物流服务，成为现代化物流整体解决方案提供商的典范。上海自贸区为整个物流行业带来的福祉，也将为吉达通实现这一高度添砖加瓦。

【上海自贸区完成首单飞机融资租赁业务】

据交通银行旗下交银金融租赁有限责任公司介绍，该公司通过中国（上海）自贸试验区项目公司成功操作 1 架波音 737 飞机，以融资租赁方式出租给扬子江快运航空有限公司运营。

据交通银行旗下交银金融租赁有限责任公司介绍，该公司通过中国（上海）自贸试验区项目公司成功操作 1 架波音 737 飞机，以融资租赁方式出租给扬子江快运航空有限公司运营。

交银租赁是目前唯一一家获准在上海自贸区筹建子公司的金融租赁公司。在自贸区成立一个月之际，交银租赁成功操作自贸区第一单飞机融资租赁业务。交银租赁还计划，至年底前在上海自贸区实现飞机、船舶租赁业务全覆盖。

“同时，交银租赁还已与中国国际航空公司签订意向，将通过上海自贸区为国航引进 2 架波音 777 飞机，成为上海自贸区首单飞机经营租赁项目。”交银租赁董事长陈敏表示。

此外，据透露，交银租赁正在与国际知名航运公司洽谈租赁项目，有望于11月签约，实现上海自贸区首单船舶租赁项目。

（来源：新华网）

【上海自贸区争夺中转货源国际中转业务将试点】

中国自由贸易试验区拟在本月试点国际中转集拼监管，为上海打造国际航运中心迈出关键的一步。据中港网消息，上海自贸区管委会日前透露，目前海关已完成国际中转集拼监管方案的制定，拟于2014年7月初正式试点，现已在外高桥保税物流园区和洋山保税港区，分别选定一家试点企业，即将开展创新业务的试运作。

国际中转集拼业务，历来是各大港的“兵家必争之地”。所谓国际中转集拼，是指境外货物经过近洋、远洋国际航线运至上海港，与内地通过沿海、沿江内支线船舶转关至上海港的出口货物，在海关特殊监管区域内，拆箱进行分拣和包装，并根据不同目的港或不同客户，与上海本地货源一起重新装箱后，再运送出境的一种港口物流业务。

据海关介绍，上海自贸区的国际中转集拼监管方案，是在海关“先入区、后报关”政策的基础上，“通过简化进出境备案申报项目，实施账册管理，依托区内仓储企业，货物分类申报，拆拼箱集中监管的方式”，解决国际中转集拼货物进入试验区保税仓库，拼装集装后转运离境的作业要求和监管流程。

上海自贸区这次启动的国际中转集拼业务创新，第一阶段主要是在简化一线进境备案规范要素的基础上开展，拓展洋山保税港区试点由陆域到岛域，以提高效率、节约国际中转集拼业务的成本。第二阶段则会考虑采取仓单申报的模式，进一步与国际接轨。

公开资料显示，2006年上海港“水水中转”业务的比率在32%，2013年这一比率达到46%，而洋山港区是51%左右。所谓水水中转，在上海洋山深水港的一种做法，是国外货物从水路运来后在洋山卸货，通过长江水道运至国内的江阴、重庆等地；另一大类是沿海捎带，即天津、大连港的货物经洋山再带到韩国釜山等国外码头。但在国际中转方面，上海港明显是个软肋。国际中转集拼是衡量一个国际枢纽港的重要指标。这一业务现主要在新加坡、韩国釜山和香港等港口进行，这些港的国际中转集拼业务占比都超过50%，新加坡占比甚至超过80%，而上海港目前国际航线中转集拼业务所占比率却不足10%。上海港以往在争夺国际货源中有明显不足，如果能在中转集拼业务上有所突破，将会吸引更多企业来上海中转，货源和主要航线增加指日可待。

上海自贸区管委会经济发展局局长王彬对媒体表示，过去外高桥保税物流园区的试点主要是“水水中转”业务，洋山保税港区有国际中转集拼业务，但业务范围很有限，且由于操作上的限制，还没法规模化运作。

据上海自贸区管委会通报，从自贸区挂牌至2014年6月底，区内累计新设企业10445家，新设外资企业1245家，其中中国香港492家、美国113家、中国台湾110家占前三位。今年1-6月，自贸区完成经营总收入 7400 亿元，同比增长 11.2%，其中商品销售额 6350 亿元，增长 11.3%，航运物流服务收入 535 亿元，增长 19.0%。截至 5 月底，跨境人民币境外借款发生 45 笔，共 101 亿元；参与跨境双向人民币资金池试点企业 17 家，资金池收支额 78 亿元。

上海市交通港口局的数据显示，2013 年上海港集装箱吞吐量世界第一，共完成货物吞吐量 7.76 亿吨，同比增长 5.5%，集装箱吞吐量完成 3361.7 万标准箱（TEU），同比增长 3.3%。

（来源：上海商报）

【物流企业入驻上海自贸区谋求发展】

前不久，国务院公布了已于近日获批的《中国（上海）自由贸易实验区总体方案》。根据《方案》，上海自贸区选择在金融服务、航运服务、商贸服务、专业服务、文化服务及社会服务领域扩大开放。其中，金融与航运是重点。

上海自贸区挂牌的同时，还公布了首批入驻自贸区的 25 家企业名单，这 25 家公司中哪些具有物流背景？让我们来了解一下：（注：括号内为投资方）

1. 上海亚太国际贸易有限公司（中铁物资、中信证券、上海乾阳投资管理）

上海亚太国际贸易有限公司由中铁物资、中信证券以及上海乾洋投资管理公司联合投资创办。作为投资方之一的中铁物资集团有限公司总部设在北京，2003 年改制以来，从“贸易 + 物流”逐步发展了“物流贸易、加工制造、国际业务、资本运营、集采代理、电子商务”六大业务。

2. 上海中盐国际物流有限公司（中国盐业）

上海中盐国际物流有限公司由中国盐业总公司投资设立。中国盐业总公司创立于 1950 年，现为国务院国资委监管的国有大型企业。主要承担两大任务：一是做强做优，实现国有资产保值增值；二是承担全国食盐专营的生产经营任务，确保全国合格碘盐供应。

3. 世天威（中国）投资有限公司（荷兰世天威）

世天威集团是荷兰物流业的龙头企业，始创于 1847 年 12 月，总部位于荷兰的港口城市鹿特丹。1895 年，世天威创建了 HANDELSVEEM B.V. 以提供仓储服务，而后业务逐渐拓展到装卸和其他服务领域。目前，世天威在中国的主要业务是提供危化品和有色金属方面的物流服务。

4. 上海运力集装箱服务有限公司（汇锝利投资管理有限公司、宏世国际贸易有限公司）

由汇锝利投资管理有限公司和宏世国际贸易有限公司联合投资的上海运力集装箱服务有限公司，未来业务主要是做航运服务的平台。投资方之一上海汇锝利投资管理有限公司成立于 2011 年 5 月，坐落于虹口北外滩航运和金融服务聚集区，是国内唯一一家同时拥有人民币 FFA 业务和航运运价衍生品交易经纪资格的单位。

上海自贸区主要实现商品的自由流通、免除加工贸易商品进口关税和降低加工贸易企业的企业所得税等三大功能。从上述四家公司的投资方来看，目前，首批进驻上海自贸区的物流企业仍以跨国公司和国资背景为主。

专家分析，上海自贸区的设立有助于提升物流企业的转型升级。功能多元化的自由贸易区需要多种货运业务，如保税物流、保税加工、仓储、商品展示等。在多元化的货运业务需求下，物流企业必须要改变单一的、粗放式的经营模式，开展各种增值服务是企业发展的方向。并且，自由贸易区的综合性功能也将会引导物流企业向多元化的方向发展。

（来源：中国大物流网）

【自贸区企业尝鲜先入区后报关，物流成本降低 10%】

中午 12 点，捷开依（上海）物流有限公司的集装箱货运车辆从外高桥港区驶出，抵达自贸试验区海关卡口。在缓缓驶入专用“快速验放车道”时，货车司机不再像往常一样下车办理通行手续，而是坐在驾驶室里掏出一张提货通知单，将单证上的条形码对准车道上新装的扫描器，只听“嘀”的一声，左前方电子屏显示出红色的“放行”字样，卡口栏杆自动抬起，货车入区后顺畅驶向公司仓库。

这是一票从韩国蔚山进口的电解铜，货值359万美元，货重499吨。前一天下午，物流公司接到客户指令：货物即将到港，于是公司通过自贸试验区海关监管信息化系统向海关发送了提货申请，不到 10 分钟就收到系统自动生成的回执。凭借提货通知单回执，企业在货物到达港口、尚未办结海关手续前，就可以直接从港区提箱装货、先行运货进区入库。

这就是上海海关在自贸试验区试点实施“先入区、后报关”新型海关监管模式后的首票试点货物。经海关批准，试验区内试点企业可先凭进口舱单信息将货物提运入区，再在规定时限内（自运输工具进境 14 日内）向海关办理进境备案清单申报手续。和过去传统的“先报关、后入区”的“串联式”通关模式相比，新模式允许企业把提货入区作业与申报备案手续“并联”进行。

“‘一线放开’并不意味着放松海关监管，我们是在‘安全有效管住’前提下的‘放开’。试验区的建设促使海关不断朝信息化、智能化、集约化的新型监管模式迈进。”上海海关加贸处副处长邱海滢说。

目前，上海海关已确定了 6 家区内企业试点“先入区、后报关”模式，待运作成熟后逐步复制、推广。

捷开依（上海）物流有限公司副总经理张耀婷表示：“由于大宗商品市场价格波动较大，对货物的流转入库时间要求很高。海关在试验区试点‘先入区、后报关’模式，为仓储物流企业解决这一难题提供了有力支撑。据测算，新模式下企业货物入区通关时间可缩短两至三天，物流成本平均减少 10%。”

（来源：东方网）

【上港集团向“市场化、专业化和国际化”迈进】

呼应上海自贸区和长江经济带两大国家战略，上港集团深化国资国企改革，朝着“市场化、专业化和国际化”的方向迈进。

在参加由新华社上海分社、上海市国资委党委共同主办，上海农商银行全程支持的“谈改革、讲创新、话党建——对话上海国企领导”全媒体大型访谈活动时，陈戌源表示，作为港口业第一家整体上市、且由上海国资委直接持股的企业，正是在国资国企改革的带动下，上海港才能连续四年位列世界第一集装箱大港。

最新发布的公告显示，为了探索发展混合所有制经济、建立完善公司与员工的利益共享机制，上港集团正在研究制定员工持股计划的重大事项。“之前已经召开大会征求员工意见，多数员工愿意持有公司股票，显示了对公司发展的信心。”陈戌源告诉记者。

除了员工持股计划外，上港集团还在考虑优化股权结构的可能。目前，地方国资和央企合计持有上港集团近９０％的股份。“在优化股权结构的同时，进一步完善法人治理结构，以更加符合市场化的导向。” 陈戌源说。

改革的目的，是为了发展。在专业化这条道路上，上港集团持续加码。陈戌源介绍，上海港年内将建立网上集中受理和调度平台，客户要发货，一个电话就能搞定。在建设长江经济带的过程中，这个模式将推广到长江沿线的港口，以降低航运物流成本。

此外，借助上海自贸区的东风，上港集团还谋求推进港口物流与贸易的联动。“比如自贸区的跨境电商备受关注，但跨境电商不是在境外淘货这么简单，它需要专业的仓储配送服务，这是上海港可以发力的地方。”在专业化的同时，上港集团亦探索多元化的发展。目前，上港集团７０％的收入来自港口装卸主业，３０％来自于港口物流、港口服务等相关业务。根据规划，未来上港集团６０％的收入来自于港口主业及相关业务，２０％来自于多元化经营，剩余２０％来自于国际化投资。

在国际化方面，中国港口企业尚处于起步阶段。２０１０年，上港集团参股比利时泽布吕赫码头公司，是为数不多的港口业境外投资案例之一。“今后五年，是上港集团国际化的关键五年。我们已经组建了专业的投资团队，同时考察好几个境外项目。上港集团不但要做世界第一大港，也要成为全球化的码头运营商。” 陈戌源说。

从目前情况看，国资国企改革对上海港发展的推动作用正在逐步显现。今年前三季度，上港集团实现营业收入２１４亿元、净利润约４７ 亿元，分别同比增长１．３５％和１８．０７％。未来，随着洋山深水港四期工程的建成投产、老港区向商务地产转型，上海港这个百年老码头将继续焕发新的活力。

（来源：中国港口集装箱网 2014 年 11 月 10 日 ）

【上海洋山深水港区一二期码头 2014 年上半年集装箱吞吐量同比增长 8.85%】

上海洋山深水港区一期、二期码头上半年集装箱吞吐量累计完成 400.08 万标准箱，同比增长 8.85%，创洋山港开港以来历史新高。

提高年度目标

上港集团旗下多个分公司发布了上半年数据，几大主要港区的运营比较乐观。上港集团上半年数据迟迟没有发布，但是全集团截至 5 月底，各项主要经济指标有新突破，因此，全集团上半年数据不会让人失望。

上海洋山深水港区一期、二期码头今年的生产目标是 790 万标准箱。记者昨天从负责经营管理上海洋山深水港区一期、二期码头的上海盛东国际集装箱码头有限公司获悉，今年上半年，该公司集装箱吞吐量累计完成400.08万标准箱，同比增长8.85%，创洋山港开港以来历史新高。其中，6月份完成集装箱吞吐量70.02万标准箱，同比增长11.11%。

以这种进度，洋山港一、二码头下半年只要完成390万标准箱，就能完成全年790万标准箱的计划。据悉，盛东国际集装箱码头有限公司已向上港集团承诺，将抓住集装箱吞吐量上升的势头，把全年集装箱吞吐量指标增加到800万标准箱。

负责经营外高桥港区的振东分公司，全年集装箱吞吐量目标是600万标准箱。6月份，该公司完成集装箱吞吐量56.2万标准箱，创该公司单月箱量历史新高。整个上半年，该公司完成集装箱吞吐量302万标准箱，同比增长4.3%，各项主要经济指标均"时间过半、完成任务过半"。

洋山深水港区二、四码头由上海冠东国际集装箱码头有限公司经营管理。该公司尚未发布6月份数据，但是5月份完成集装箱吞吐量63.07万标准箱，同比增长8.7%，年内第二次刷新月度箱量纪录。该公司曾预告，这"为实现双过半奠定了扎实的基础"。

揽活各有招数

宁波港集团6月30日宣布，上半年完成货物吞吐2.64亿吨，同比增长9.2%，完成集装箱吞吐930.1万标准箱，同比增长12.4%。

宁波港集团上半年与船公司、国际港口合作，参与国际海运物流体系的结构调整，巩固其作为国际深水枢纽港的地位，密集调整了50多条集装箱国际航线，增加了前往欧美等发达国家和新兴经济体国家的远航航线。

宁波港集团增强对腹地市场的拓展力度，在省内及周边省份建设了12个"无水港"，使之成为吸纳当地货源的"桥头堡"。宁波至江西海铁联运专列已实现"天天班"，宁波至新疆海铁联运专列则将港口腹地延伸至丝绸之路经济带。上半年，宁波港集团海铁联运箱量完成5.7万标准箱，同比增长15.5%。截至5月底，上海港集装箱吞吐量已经达到142.5万标准箱。上海港相比宁波港，也有提升吞吐量的招数。例如，洋山港区各公司与引航、海事局密切配合，大力推进驳船两档靠泊作业、航道双向通航作业、夜间套泊作业，加快干支线中转业务对接速度、减少船舶在港停靠时间。

（来源：上海商报2014年7月8日）

【上海金融机构对航运业授信额度实现大幅增长】

10月17日，《上海国际航运中心建设蓝皮书2014》在上海虹口举行首发仪式。蓝皮书披露，2013年，上海各主要银行业金融机构对上海航运产业的授信总额1984亿元人民币，同比上升30.6%；授信客户总计1200多户，同比增长23.4%。

从融资方式看，银行信贷和融资租赁是航运业主要融资方式，去年平稳增长，而经营租赁等其他融资方式则增长较快。具体而言，2013年，航运相关企业的贷款余额955亿元人民币，同比上升了7.1%；融资租赁余额183亿元人民币，同比上升5.6；经营租赁13.7亿元人民币，同比增长1.9倍；其他融资方式为206亿元人民币，同比增长49.1%。

从细分子行业看，航运业上游子行业的授信额度出现下降，而中下游子行业的授信额度则大幅增长。

值得注意的是，截至2013年底，上海自贸区内已设立8家单船融资租赁项目公司，船舶租赁金额共计9.4亿元。

据了解，蓝皮书由新华社上海分社、中国金融信息中心编著。

（来源：口岸物流网2014年10月22日）

第六篇 制造业物流

6.1 钢铁物流

我国钢铁物流仓储业六大发展方向分析

近日，商务部为贯彻落实2013年国务院召开的部分城市物流工作座谈会精神和今年6月份国务院常务会通过的《物流业发展中长期规划》，对促进商贸物流发展，降低物流成本，支撑国民经济稳步增长，提出了几点实施意见。商务部的实施意见明确要求加快生产资料物流转型升级，鼓励生产资料物流企业充分利用新技术和新的商业模式整合内外资源延长产业链，跨行业、跨领域融合发展增强信息、交易、加工、配送、融资、担保等一体化综合服务能力，由单纯的贸易商、物流商向供应链集成服务商转型，支持生产资料生产、流通企业在中心城市、交通枢纽、经济开发区和工业园区有序建设大宗生产资料物流基地和物流园区，促进产业适度集聚。同时，商务部的实施意见还明确要在财税、土地等方面的政策上加以扶持。

金模钢铁网首席政策研究员罗百辉认为，上述意见将为钢铁物流仓储业提供强大的发展动力和巨大的发展空间，有助于钢铁物流仓储业突破“瓶颈”，改变当前钢铁物流仓储业小、散、乱的现状，解决运作成本高、效率低等问题，提高其专业化、社会化、标准化程度，建立一体化、信息化、个性化服务和经营模式，最终形成具有较强经营潜力的新型钢铁物流产业链和一个较为成熟的钢铁仓储物流产业。

参考此次商务部的实施意见和《物流业发展中长期规划》，预计今后钢铁物流仓储业发展的六大方向：

一是改变“大而全”或“小而全”的运作模式，由传统的钢铁物流仓储业向大型、综合、现代化物流仓储业转变。钢铁物流仓储业要大力发展配送和加工业务，建成能够提供仓储、配送、流通加工、交易功能等多项物流服务功能的综合型物流园区。

二是钢铁仓储业的盈利模式将向多种增值服务、收入渠道多元化的方向发展。钢铁物流、仓储业除提供仓储、运输等基本物流服务项目外，还可以向广大客户提供一系列附加的创新服务和独特服务，包括流通加工、包装、信息处理、展览、咨询、培训等辅助性服务内容，拓展服务领域。

三是建立公开、公正、透明的第三方监管平台。钢贸物流行业发生的虚假仓单和重复质押的根本原因是供应链监管环节的缺失，即缺乏一个公正、公平、公开的第三方监管平台，以保证其和仓储信息系统、银行系统实现三方数据实时互动。

四是钢铁物流体系将与钢铁电商平台

互相促进。电商的价值最终要通过物流来完成，物流是电商的必要环节。同时，电商平台也要通过技术化手段来优化物流行业、降低物流成本、加快物流速度、改进物流服务，物流业的发展也离不开电商平台。

五是加强人才培养，逐步提高钢铁物流仓储的专业化水平。开展钢材仓储物流从业人员的资质培训工作，特别是注重实践性人才的培养，严格实行持证上岗制度，发挥相关教育培训机构的作用，利用高校教育资源，把各类专业仓储从业人员的培养纳入教育体系，推进钢铁仓储物流业向信息化、标准化、一体化的趋势发展。

六是提高标准化水平，打造现代物流企业。钢铁物流仓储业应加快商贸物流管理、技术和服务标准的推广，鼓励有关企业采用标准化的物流计量、货物分类、物品标识、物流装备设施、工具器具、信息系统和作业流程等。利用信息平台中的客户管理、管理报告、库存状态查询等方法，为客户提供可靠、高质量和便利的服务。

总的来看，钢铁物流仓储业的发展前景广阔。目前，我国钢铁物流业正处于转型的关键阶段，未来必然发展成集仓储、加工、快速配送和电子商务为一体的现代钢铁物流。

钢材市场向物流园区靠拢

各地按照“十二五”规划的要求，在现代物流产业上都有一定的投入。其中，钢铁物流产业随着我国钢铁工业的发展也得到了前所未有的发展，但同时也存在着一定的问题。

有的物流园区规划无序，不能满足众多企业的服务需求；有的物流园区未能充分利用现有交通网络功能和资源，在区域布局上存在着不平衡等等。

从目前我国钢材市场的实际情况看，其服务功能正借助国际现代物流企业的先进理念，在往信息化、物流金融化和产业化方面突破，众多功能正在向专业物流园区（即物流园区）靠拢。

在钢铁物流企业集中的地区，或在几种运输方式的衔接地正逐渐形成一个一个具有一定规模的拥有多种服务功能的物流企业的集结点。

钢材市场和物流园区有什么不同？那就是在产业链上所处的位置、规模和体制上有很大的区别。前者是专业性市场，并以钢贸企业为服务主体，是钢铁产业链上的流通环节，且多为民营企业，规模不大，幅射区域受到限制。

相比较而言，物流园区作为经济功能区，被列为所在地政府重点扶持的项目，规模较大，主要满足城市居民消费、就近生产、区域生产组织所需要的企业生产和经营活动。如果把钢厂兴办的物流园区定位在钢铁专业物流的话，其服务上体现了资源整合的优势，但本质上与钢材市场所具有的功能没有实质性差别。

钢材市场是众多市场中细分出来的一个市场，物流园区也是从众多园区中划分出来的，他们的管理是市场管理这棵大树上的枝叶，注重的是实务：根据市场各类环境因素，确立钢材市场定位，设置近期、中期、远期目标，组建一套符合实际运作的机制，带出一支执行力强的高素质管理团队，使钢材市场的运作能够产生维持市场持续、稳定发展的绩效。

在这一过程中，物流园区和钢材市场管理的主要职能，就是提高执行力。但是，两者在表现形式上还是有所差别。

首先，物流园区规划性强。钢铁物流园区虽然借鉴了日本发展物流团地和欧洲的货运村的先进理念和实际运作的经验，但更多的还是从我国特有的钢材市场发展起来的。

正因如此，原生态钢材市场在选址时，往往选择近市区交通方便的地方。后来出现了前店后库式市场，扩大了服务功能，选址要求也随之发生了变化，不一定要靠近市区，但一定要选择拥有或临近车站码头、交通便利的地方。

钢铁物流园区在选址上有很多要求，特别是结合地方政府区域定位、规划功能、规模效应等方面，都有充分考虑和策划，能起到助推当地经济发展的作用。

其次，钢铁物流园区的有序性强。经过精心策划、反复论证和组建的物流园区，其规划适合当地的经济发展大环境，布局合理有序，管理规范科学，不会造成重复建设之类的浪费。

钢材市场多为民营企业，大多缺少科学论证这一环。再则，由于规模小、投入少、上马快等原因，几乎少有有序性可言。在极大多数情况下，只要看到有利可图，就会有人圈一块地，搞一个钢材市场。结果短短几年里，仅上海一地就出现了60多家钢材市场，既有重复建设之嫌，又加剧了同行的市场竞争。

最后，物流园区的有效建设面积大。钢铁物流园区和钢材市场建设面积大小不同，而这往往会影响到区域辐射的能力。

但是，物流园区先天性的规划和有序性，能凭借合理布局这一优势，扩大有效辐射面积，进而实现规模效应降低物流成本。如上海深水港物流园区，规划面积达到13.8平方公里，并预留8平方公里为备用发展，成为东北亚国际物流枢纽中心，拥有仓储、运输、加工、贸易、保税、临港工业、分拨、增值和国际商贸等综合功能。与此相比，一般钢材市场面积简直就是小巫见大巫了。

【“中国物流云产业基地”正式启动】

2013年5月29日上午，以“云领未来、物流天下”为主题的“中国物流云产业基地”启动仪式在上海淳大万丽酒店隆重举行。意味着国内首个垂直行业的产业云计算基地正式落户上海浦东，对打造全球领先的大宗商品云计算基础环境，创新钢铁流通新模式，助力产业升级均将起到积极推动作用。

此次活动由中国物流与采购联合会与上海市浦东新区经济与信息化委员会联合指导，上海浦东物流云计算有限公司、威睿信息技术（中国）有限公司（VMWare）、西本新干线电子商务有限公司及新加坡标准商品交易所共同承办。中国物流与采购联合会会长何黎明、工信部信息化推进司副司长董宝青、上海市浦东新区经济与信息化委员会主任傅红岩、副主任张爱平，上海浦东物流云计算有限公司董事长虞钢和威睿信息技术（中国）有限公司大中华区总裁David Sung等领导出席活动。

近年来，我国大宗商品流通经济运行呈快速发展态势，其幅度明显高于同期GDP增幅。社会各方面对大宗商品流通发展越发关注和重视，我国许多地方政府和企业正在积极谋划升级发展。针对我国建设大宗商品流通服务体系所面临的问题，必须利用现代信息技术对各个环节进行功能整合，探索不同物流功能整合的有效形式。因此，开发和建设现代化的公共物流信息平台，是物流信息化的首要任务，而基于云计算的云物流将是一个很好的解决方法和途径。

针对这一话题，何黎明在作《云计算如何助力钢铁物流创新模式》演讲中提醒，应重点关注以下几方面：

一是以云计算构建透明环境，转变传统商业模式。依托云计算创建透明数据环境，实现资源、价格等信息的及时有效共享。彻底转变传统贸易商的价差盈利模式，转型成为客户提供交易服务、物流服务、增值服务，以服务获取利润，实现钢铁贸易企业向生产性服务企业的根本性转变。

二是以云计算汇聚数据流，支撑由传统流通向现代物流转变。钢铁流通企业要降低流通费用，提高流通能力，增加流通利润必须发展现代物流。云计算整合并打通贸易商、仓库、运输、工地、银行的全产业链，形成生产性服务业积聚、加速服务业细分，支撑传统流通向现代物流转变。

三是云计算优化大物流过程，促进产业链协同。依托移动互联等领先技术，信息技术在大物流过程中的每一个环节得以应用，每一个环节数据在云端汇聚，经过数据加工，成为每一个流通环节的指导性数据，优化产业链，提高生产效率。

四是以电商平台结合线上、线下平台，创新营销模式、定价模式、采购模式。线上现货直供，发展网络直销平台，集中采购、快速销售，借力电商平台提供物流配送、担保支付、金融服务等，与传统线下平台相互依托、优势互补，实现线上平台与线下平台的无缝对接。

众所周知，云计算是未来3~5年全球范围内最值得期待的技术革命，将对未来世界产业经济格局产生深远影响。对此，董宝青认为，在发达国家经济依然没有走出低迷态势和国内由两位数的增长降为一位数增长的今天，以互联网经济为代表的信息经济却保持了40%的增长率，显示出了强劲的增长动力和活力，而这些变化也将对各行各业产生深远的影响。

“以钢铁行业为例，尽管钢铁行业已经出现严重过剩的局面，但我们依然看到基于钢铁行业的电子商务平台取得了不错的成绩，为结构转型的提供了支持。”在董宝青看来，钢铁行业应该借助电子商务平台的力量，实现由制造型经济向服务型经济，由传统的产品经济向信息经济、服务经济的转型。

对此有着相同观点的张爱平介绍，继个人计算机变革、互联网变革之后，云计算被看作第三次IT浪潮，是中国战略性新兴产业的重要组成部分。全球云计算产业虽然处于发展初期，但未来发展空间十分广阔。2011年全球云计算服务规模约为900亿美元，未来几年年均增长率预计将超过20%，到2015年将达到1768亿美元。

这两年，上海浦东新区承接了面向互联网的大型云平台建设、基于云计算的电子支付和电子商务综合服务平台等国家、市级云计算应用示范项目建设，已初步形成贯穿硬件与设备制造、基础设施运营、基础设施即服务、平台即服务、软件即服务和数据即服务等领域较为完整的云计算产业和应用发展的格局。目前，云计算等新兴产业的发展，有效推进了新区经济转型发展，新区软件和信息服务业快速成长为区域经济支柱产业，2012年，浦东新区软件和信息服务业实现经营收入

1754.22 亿元，占上海市 51.1%，同比增长 11.55%。

会上，上海浦东物流云计算有限公司副总经理郑平介绍，中国物流云产业基地项目是由中国物流与采购联合会和上海市浦东新区经济与信息化委员会联合签约，上海浦东物流云计算有限公司牵头创立的中国惟一的物流产业云计算基地，更是一个覆盖大宗商品全产业链的服务基地。未来基地主要立足“制造在区域，物流在全球，交易、研发、数据在上海”的网络平台经济模式。依托先进云计算技术，以交易为线索，专注垂直行业，以积聚生产性服务业推动服务专业细分，力促服务、平台、标准三者融合，在大宗商品领域构建和谐的生态体系与生产性服务业基地。

启动仪式现场，上海浦东物流云计算有限公司还与威睿信息技术（中国）有限公司（VMWare）签订战略合作协议。未来双方将共同研发、共同建设、共同运营中国物流云产业基地项目，建设领先产业云计算基础环境，打造一个千亿级钢铁交易结算中心，若干个千亿级大宗商品交易结算中心，创新产业 IT 这一全新业态，形成网上总部经济集聚区雏形。同时，基地还将牵头研发制定中国首部钢铁物流标准，发布中国钢铁 PMI 指数、中国钢铁行业预警报告。通过 IT 高科技手段和行业标准建设的结合服务，最终实现“架构产业 IT 新经济”的理想。

相关资料显示，上海浦东物流云计算有限公司是上海浦东新区政府批文成立的大宗商品流通服务领域的研发、投资、咨询公司，是“中国物流云产业基地”的牵头创立与承建运营企业。公司研发专注技术标准和商业标准，标准化大宗商品领域的基础服务体系；以 IT 手段输出通用应用、定制化应用，用户按需即取其所需应用。投资主要以投资交易及交易关联为主，并合作流通，发展终端。咨询专注垂直行业，提供贸易、金融、物流、技术的一体化咨询解决方案。

【第七届中国钢铁物流合作论坛在上海召开】

为加快创新钢铁产业链变革，促进各方企业加强联动发展，由中国物流与采购联合会主办，中物联钢铁物流专业委员会、西本新干线电子商务有限公司承办的“第七届中国钢铁物流合作论坛暨 2014 年西本新干线会员大会”于 2013 年 1 月 11 日在上海召开。

2013 年，在全球尚未彻底摆脱金融危机冲击的情形下，中国钢铁、流通业出现了深层危机：钢铁产能严重过剩、下游需求萎缩、环保重压骤紧、钢企亏幅加大、信贷泡沫发酵，大批钢铁流通企业倒闭，全行业深陷严冬之中。

面对这一严峻形势，钢铁物流行业如何在变革中应对挑战、“破冰”前行；如何在困境中创新模式、突围发展，尽快走出这段艰难的亏损泥沼时期，成为关系行业企业生死存亡的重要话题。

本届论坛以“创新谋变、联动发展”为主题。届时，中国物流与采购联合会会长何黎明、上海市虹口区人民政府领导代表会分别为大会致辞。工信部信息化推进司副司长董宝青、中国物流与采购联合会副会长蔡进、中国外汇投资研究院院长谭雅玲、中物联钢铁物流专业委员会主任虞钢及嘉御基金董事长卫哲等将应邀出席会议，并分别作主题演讲。

主题演讲分别从十八届三中全会后国内宏观经济运行走势、钢铁市场变化趋势、金融创新模式、共谋企业间联动发展等角度展开，全面为钢铁物流行业企业发展带来参考。

论坛还重点开展了以“创新金融模式、保障金融安全、探路产业新经济”为主题的高峰对话，并特别邀请到来自法院、经侦、银行、保理公司及西本新干线客户等代表，共讨钢铁物流业如何借助政策东风“破冰”前行，改善当前行业金融环境；正确认识国内外经济形势，顺势谋变，加快结构调整和创新步伐。

来自全国各地相关组织机构、知名企业、媒体及研究专家代表等三百余人共同见证了本届论坛。在此次论坛上，来自政府、法院、银行、保理公司、钢铁企业、钢贸企业、物流企业、原料企业的经营者和业界专家、学者等三百余人，对钢铁物流业的现状、存在问题、发展趋势进行了深层次的交流，共同研讨打造钢铁物流“升级版”的路径。

与会者认为，刚刚过去的2013年，在全球尚未彻底摆脱金融危机冲击的情形下，中国钢铁流通业出现了深层危机：钢铁产能严重过剩、下游需求萎缩、环保重压骤紧、钢企亏幅加大、信贷泡沫发酵，大批钢铁流通企业倒闭，全行业深陷“严冬”之中。

中国物流与采购联合会副会长蔡进在《转型提升期钢铁物流的发展路径及趋势》专题报告中表示，当前钢铁物流业存在的问题主要体现为物流成本高，效率低。有调查显示，钢铁行业的物流成本占销售额的比重为11.1%，高于全行业平均水平2.5个百分点，也高于日本同行业5.6个百分点。

与钢铁企业近年来的规模化和集约化发展相比，钢铁流通领域的企业集中度低。目前我国有钢铁贸易商10多万家，钢材交易市场1000多家，而年经营钢材的实物量突破1000万吨的钢贸企业却凤毛麟角，年经营规模超过100亿元的钢材市场不超过100家。钢贸行业内提供仓储物流、加工配送、电子商务、金融信息服务的钢贸企业普遍不成规模，缺乏影响力。

钢贸商除了面临钢价波动带来的传统经营风险外，铁矿石、钢材产品的金融属性增强，定价方式趋于金融化，也加剧了钢贸行业的风险。钢铁产品的金融期货和电子盘对现货价格产生越来越大的影响。

当前，钢铁物流业面临着一系列的转变，业内人士表示，在这种情况下，钢铁物流业升级势在必行。

一是市场由“扩张期”向“后扩张期”转变。当前，我国经济已经进入“提质增效”的阶段。随着人口结构的变化，土地、能源和环境的约束加大，经济潜在增长率下降趋势正在形成，钢铁需求面临下行压力。同时，城镇化进程加快推进，工业化进程仍在持续，基础设施建设仍有较大的发展空间，钢铁市场发展仍面临较为稳定的需求基础。受这些因素交织影响，钢铁市场将由高速增长的“扩张期”过渡到平稳适度增长的“后扩张期”。

二是行业由“单一型”向“复合化”转变。钢铁流通连接生产和消费，由商品交易、仓储物流、加工配送、金融信息等多个子系统共同组成。在传统的钢铁流通业态中，各个子系统相互独立，流通环节内部的供应链体系尚未得到有效的构建。“钢铁商流与物流不统一”，“价值实现与使用价值实现不统一”，导致流通成本高，效率低，行业由“单一型”向“复合化”转变势在必行。江苏沙钢集团联合钢铁制造、流通等企业组建钢铁供应链物流园，就是促使相关子行业进行整合，实现“复合化”的典范。

三是企业由“散乱差”向“大强优”转变。在钢铁流通业转型升级的浪潮中，流通企业格局分化明显，市场集中度将进一步提高，国际、国内的弱肉强食现象不可避免，做大、做强、做优将成为钢贸企业发展的生命线，集约化、规模化、规范化、品牌化将成为未来领军企业的基本特征。

四是流通功能由“贸易商”向“供应商”转变。当前，我国绝大多数钢铁流通企业的业务仅仅局限于钢材的买卖，这些企业面临着严重的生存危机。在未来，能够将流通功能定位由“贸易商”转向“供应商”，能够提供从铁矿石等钢铁原料到钢铁最终产品的流通服务，形成钢铁行业服务产业链的钢贸企业才能实现可持续发展。尤其是要顺应生产方式，由“大规模批量化”向“多批次、小批量、精细化”转变，提供“快速、准时、准确”的流通服务。

五是经营模式由“虚实分离”向“虚实融合”转变。目前，在钢铁流通市场中，既有实体经营市场和门店，也有电子商务交易平台，还有专门提供供需信息的网络平台，但这些流通相关主体之间相互分离，“虚实分离”的特征很明显。在未来，电商平台实体化是大势所趋，纯粹的实体经营或电子商务都很难获得和保持持续的竞争力。

对于钢铁物流业面临的严峻形势，何黎明坚信，随着我国工业化的加快推进，未来10年我国钢铁产量将逐步达到峰值。钢铁产业竞争将逐步从生产环节向服务环节转移，制造业“服务化”和服务业“专业化”趋势将更加明显，钢铁产业与钢铁流通业的联动融合将更加普遍，这将给钢铁流通业发展带来重大机遇。钢铁物流作为钢铁流通的重要组成部分，还处于发展的初级阶段，具有巨大的发展潜力。李克强总理提出要打造中国经济“升级版”，我国钢铁物流也要顺应社会经济发展要求，打造钢铁物流“升级版”，为钢铁产业转型升级提供重要支撑。

会上，有关专家提出了打造钢铁物流“升级版”的“路径”：

第一，要转变经营模式。加快从传统的贸易商向流通商、物流商转型，改变“一买一卖”赚取差价的“坐商”经营模式，主动接近客户、主动开辟市场、主动提升服务，挖掘客户需求，提供差异化服务，为客户创造更多价值，打造高端服务品牌。这是赢得市场的重要手段，也是今后发展的生存之道。

第二，要推动产业融合。加快延伸产业链条，与上下游企业联动发展，建立“供应链”战略合作关系。深度嵌入产业链，与客户实现“捆绑式”发展，逐步由“竞争”走向“竞合”，形成“你中有我，我中有你”的利益共同体，提升整个供应链的竞争力。

第三，要坚持创新驱动。重点加强和完善流通加工、物流配送、代理采购、贸易结算、物流金融等物流增值服务，加快由传统物流向现代物流转变。近两年，虽然物流金融业务出现较大风险，但是随着监管体系的完善和管理制度的规范，物流金融创新对整个产业的带动作用还将进一步增强。这有利于增加物流服务效益，提升物流业在整个产业中的地位。

第四，要鼓励平台发展。当前，电子商务对社会经济的影响日益增强。要开发利用网上交易平台，克服现货市场的不足，推进商流、物流、资金流、信息流的集成运作，形成虚拟与实体网络“无缝对接”的电子商务运营模式，这是现货市场未来发展的重要路径选择。同时，要鼓励平台之间的互联互通，更好地发挥平台经济，建立健康有序的平台网络生态体系。

第五，要推进网络布局。随着市场进一步开放，客户对服务网络的广度和深度要求将不断提升。要顺应客户需要，逐步拓展物流网络，推进物流仓储和配送中心布局建设，推动连锁复制和兼并重组，形成区域性和全国性的物流服务网络体系。

工信部信息化推进司副司长董宝青在题为《钢铁业电子商务的发展趋势》的专题演讲中提出了钢铁物流业的十个发展方向：

第一，钢铁行业电商平台将从信息服务向交易服务转变，实现全程交易在线服务以及供应链金融服务和一系列衍生服务。

第二，要发展020模式，树立020和CPS理念，实现钢铁交易线上线下的融合，虚实结合。

第三，目前企业级电子商务功能尚不完善，行业级平台模式也在逐步发展中，企业级和行业级电子商务必然会在加速发展的过程中，走向交织融合。

第四，商务要素的集成创新是重点。平台竞争是全方位的，电商平台须要集成各种商务要素，构建钢铁交易平台商业“生态圈”，形成“生态圈”对“生态圈”的商业模式。

第五，必须要考虑到互联网的效应，建立互联网思维。钢铁电商平台需要互联网运作，通过网络效应，不断增加平台人气、流量，从而带来海量客户，并创造平台的品牌价值。

第六，物权的控制是关键。电子商务必须要把物流和交易、金融进行无缝衔接；只有掌握物权，才能避免仓单重复质押或空单质押的状况，避免风险事件的发生。

第七，强化在线互联网金融服务。第三方电子商务平台要通过对产品交易过程中产品物流的动态监管，以及对企业交易账号的监管实现对于贷款风险的控制，与银行进行合作，为交易企业提供贷款。

第八，目前的现货交易类型主要有挂牌、竞价、专场、采购招标、统购分销、融资交易等等。同时还有期货交易等等。未来，适合的钢铁电商平台交易类型将不断演变发展。

第九，在区域内外实现连锁布局。钢铁物流企业要实现全国连锁，跨区域连锁，甚至发展到全球，成为跨国企业。

第十，更好地利用新技术。用云计算、大数据、移动互联网、空间信息等诸多新的IT技术助力钢铁物流的发展。流通业、制造业、服务业、金融业已经开始走向融合，要用“四业融合”理念去研究钢铁物流业的发展。

6.2 汽车物流

2013年汽车物流行业发展回顾与2014年展望

一、2013年汽车物流行业发展回顾

（一）市场规模中速增长

汽车产销是汽车物流行业的服务主体，其市场规模及变化情况直接影响着汽车物流行业的发展变化。据中国汽车工业协会统计，2013年，汽车产销2211.68万辆和2198.41万辆，同比增长14.76%和13.87%。其中轿车销量完成1200.97万辆，比上年增长11.8%，SUV销量完成298.88万辆，比上年增长49.4%；商用车分车型完成情况看，客车产销分别完成56.31万辆和55.89万辆，比上年分别增长11.2%和10.2%；货车产销分别完成346.85万辆和349.63万辆，比上年分别增长7%和5.8%；汽车整车出口为97.73万辆，比上年下降7.5%。从中国汽车流通协会了解，2013年全国二手车交易量首次突破500万辆，达到520.33万辆，相比上年同期增长8.6%。从中国物资再生协会了解到，2013年全国汽车报废量接近200万辆。至2013年底，全国机动车数量突破2.5亿辆，机动车驾驶人近2.8亿人。其中，汽车达1.37亿辆。

从上述数据我们可以判断出，2013年整个汽车物流市场总量随着业务规模的扩大而扩大，单车物流费用的下压与增量市场中和，总体增速与汽车工业增速相当。

（二）汽车物流行业运行环境未有改善，新老政策问题叠加困扰行业发展

尽管行业协会奔走呼吁，国家政府部门也高度重视，但由于涉及多个部门协调，自上而下的政策形成机制使得行业顽疾依然故我，有些工作虽有进展，但解决问题的时间仍在期待中。

1. 运输车辆罚款收费等问题依旧如故。受市场增量刺激，新增违规车辆增加，特别违规的俗称“二怪”的违规车在部分小型运输公司中更为普遍。

2. 车辆运输车新标准问题虽有进展，但仍未有果。轿运车新标准一直以来都是行业关注的焦点问题，被认为是解决行业公路运输问题的第一步。去年在工信部牵头下，在国家汽车标委会努力下，在交通、公安等部门和中物联等行业机构支持参与下，标准已有初稿，但受政策决心不足，市场需求彷徨两个方面的影响，各方协调推进速度缓慢，截止目前尚未形成统一意见。

3. 营改增使得行业成本上升，进一步压缩利润空间，超限超载局面继续恶化。从长期来看，营改增是一项利国、利民、利行业的好事，但改革需要一个渐进的过程，短期内对物流行业的影响确实较大，中物联在积极向国家反映的同时，也积极为企业出谋划策，推动行业交流经验，但由于2013年营改增改革到交通运输业没有向相关服务业继续转移，行业利润空间大幅压薄在所难免，物流业为国家税收体系做出重大贡献的同时，为延缓自身压力使得超限超载局面进一步恶化。

4. 进城难、停靠难等问题依旧是影响行业最后一公里配送的关键。城市车辆管理部门不合实际，一厢情愿的政策，使得城市配送问题顽症依然故我，对我国汽车零部件售后服务市场发展产生严重制约，与超限超载同样的客车运货罚款放行政策，非但解决不了问题，反而成为交通管理整体腐败的温床。

（三）行业标准建设取得新进展，但贯标工作落后行业需求，标准化问题成为资源整合的明显瓶颈

1. 在中物联汽车物流分会及行业龙头企业共同参与下，适应行业发展需要的十项新标准陆续出台和着手制订

全国道路运输标准化技术委员会审查通过了《乘用车公路运输栓紧带式固定技术要求》；全国物流标委会审查通过了《汽车物流术语》、《汽车整车物流质损风险监控要求》、《汽车物流服务评价指标》和《汽车零部件物流 塑料周转箱尺寸系列及技术要求》四项汽车物流国家标准；《汽车物流统计指标体系》标准方案基本确定；《汽车物流信息系统基础要求》、《商用车背车装载技术要求》、《汽车零部件物流器具分类及编码》行业标准即将最后向社会征求意见；《汽车整车出口物流标识规范》国家标准已经由全国物流标委会向国标委申请立项。

2. 标准贯彻情况不理想，与行业需求差距较大

（1）汽车物流行业发展对标准化具有强烈需求。首先，汽车物流作为制造业物流的典型领域以及巨大的市场，大型第三方物流企业的发展速度、规模和质量明显领先其他行业，这些企业在各自供应链管理中的优化以及企业横向资源整合都需要共同的标准作为基础；二是我国的汽车工业发展快速，除市场拉动外更得益于欧美、日韩等发达国家汽车巨头的加盟，他们将各自的生产标准带入中国，因而造成了各自的物流体系标准差异明显，对物流行业的资源共享形成巨大障碍，这也是我国汽车物流成本明显高于其他国家的原因之一。

（2）国家标准体系建设的管理方式、系统性差，影响了标准的贯彻实施。国家对标准建设十分重视，专门设立国家标准化工作局和标准化委员会负责全国标准工作的制修订工作，不同行业还设有专业标准化委员会，但由于上下左右分工不清晰、协调不够，标准之间的交叉、矛盾多有发生，标准化工作方针随历史变迁时有变革，使得国家强制标准、推荐标准的执行标准尺度不清，该强制的标准不强制，该推荐的又是强制，企业难以执行或无法执行，全国标准需要进行系统清理才能更好实现国家经济转型发展。

（3）行业组织在推动标准贯彻工作找到了新的方式。多年来，中物联汽车物流分会积极参与国家和行业标准制修订工作，成立十年来快速填补了多项行业迫切需求的标准空白。但标准的贯彻工作未能满足行业需要，2013 年分会创新工作思路，发起成立“全国汽车零部件物流标准化推进会”，将所有行业企业吸收到这个平台上，在国家和行业标准贯标的同时，从具体企业需求角度探索推动标准联盟工作，逐渐推动解决标准一致性难题。

（四）行业在长宽深三维拓展，依旧是我国物流行业特别是制造业物流的引领者

1. 产业链继续向上下游拓展

国内的主流第三方物流企业业务在实现汽车零部件入厂、整车物流、售后服务备件物流业务的同时，2013 年度向汽车零部件企业供应链管理和物流领域上延，以及向后市场进一步拓展，产业链条继续延长。

2. 业务范围继续横向拓宽

一是汽车物流企业在与相应生产企业加强供应链管理一体化的同时，与同行业企业间的合作继续深化；二是业务模式向汽车同类产品复制，多个大型汽车物流公司都将业务拓展到与汽车产品相似的工业品物流。

3. 行业从标准化需求和更加重视综合运输体系建设向深度推进

一是受物流资源整合需要，零部件物流标准一致性问题成为行业发展的障碍，2013 年围绕此项需求行业多次交流探讨解决途径；二是整车物流领域，企业更加重视公路以外铁路和水运资源的共享，以及综合运输体系建设，行业召开了国内首个专业物流多式联运方面的研讨活动。中铁特货运输公司借国家铁路改革之势，加大汽车专业物流市场的推广力度，在行业号召力和影响力方面获得口碑，为未来铁路汽车物流大布局奠定了基础。长安民生、长航、安盛等企业加大投入，与沿江、沿海的大小码头布局了密集而完整的水运汽车物流网。

（五）领军企业从不同角度引领行业转型升级

1. 技术引领转型

作为公路运输起家的汽车物流粗放式的管理模式已经不能适应行业需求，国内主流汽车物流企业引入技术管理精英加盟，将生产技术管理嫁接到现代物流，用生产的精益改善物流的粗放，产生了良好效果，典型企业有安吉物流、一汽物流、长安民生、福田物流、中信国际等。

2. 模式创新驱动转型

网络和渠道是物流行业立足市场的两大法宝，建立全国一体化网络布局，形成畅通的物流保障渠道，是汽车物流领军企业制胜关键，国有的安吉物流公司和民营的长久物流公司是其中的典范。安吉在综合运输体系创新式驱动，将公路运输里程降低到 700 公里，为未来治超后市场优化奠定了基础；长久与国内各大物流企业广泛合作，同时发展水路运输，推动铁路合作，探索零部件物流资源共享，在国际汽车物流业务实现突破，并且寻求跨界合作，借助资本市场力量，以网络、渠道和活力为未来开创道路。

3. 群策群力谋划转型

企业的未来需要团队实现，团队的力量是今天的保障，智慧的企业家不仅在日常工作中着力打造企业的管理和文化，而且通过凝聚团队的智慧谋划未来。风神物流是行业的典型，公司专门组织所有中层骨干在花都召开 “九塘之春”论坛，畅所欲言，凝聚智慧，提出企业今后十年的发展规划。

4. 专业深耕精益型

“一招鲜，吃遍天”。行业企业根据市场需求，结合自身特点，向物流的关键节点深耕成为行业企业发展的一条新思路，如元初物流公司既是其中的典型，其开发的信息化专业报关软件不仅实现了报关业务的一条龙服务，而且时间短、速度快、效率高，得到包括汽车和电商等高端物流客户的高度认可。

（六）行业创新活跃

结合行业发展新趋势和新技术，汽车物流行业创新活跃。典型的创新成果有：

1. 汽车整车物流创新项目

拖车安全认证管理信息系统；借助保险降低商品车物流运输风险损失；TLEP 培训体系（丰田物流培训课程在广汽丰田物流中的实施）；汽车物流临时仓储快速可移动式篷房解决方案；基于微信公众平台的运单确认系统。

2. 汽车零部件入厂物流创新项目

整车装配零件配送方式设计及工艺优化；全流程协同化容器管理系统；供应链物流管理及采购结算优化；企业物流可视化服务；受入口叉车装载变更为升降平台装卸货的物流改善；基于主机厂生产线布局的厂内 RDC 创新规划设计；动力总成机运线项目的创新应用；物流新技术在集装箱场站管理中的整合应用；集保高折叠比围板箱等

3. 售后服务备件物流创新项目

备件订单交期 / 配送状态可视化及 BO 答复系统；华晨宝马中国售后配件配送中心定制项目。

（七）协会在推动行业发展中继续发挥着枢纽和平台作用

中物联汽车物流分会一年来，除在政策、标准等行业工作中发挥积极作用外，同时还为行业交流搭建了综合和专业平台，分别组织召开了“中日汽车零部件物流座谈交流会”、“第十届中国国际汽车物流会议”、“第六届中国汽车出口物流国际研讨会”，“汽车零部件物流巡访活动—广州站”、“第四届汽车售后服务备件物流研讨会”、“2013 铁路和滚装汽车物流发展研讨会”、“第四届全国商用车物流发展研讨会”、“首届全国汽车零部件企业物流研讨会”、“2013 全国汽车物流行业年会”、“汽车零部件物流 KPI 对标活动”、“首届机电制造业物流和供应链发展论坛”等行业活动；分别组织了与德国 BLG 的相关设施和服务交流，以及与美国联合太平洋铁路公司、加拿大国家铁路公司交流两次出访活动，并与美国汽车工业行动集团（AIAG）签署合作备忘录。

分会不仅拥有 167 家会员单位，还在汽车生产企业物流管理的广建服务网络，包括乘用车整车销售物流、商用车整车销售物流、零部件入厂、售后服务备件、汽车国际贸易以及大型汽车零部件生产企业在内已超过 200 多家，所有的交流活动都能顺畅地将汽车生产和物流两个领域融合到一个平台上，推动了汽车物流业与制造业合作共赢、联动发展。

二、2014 年汽车物流行业发展趋势

（一）市场规模将继续扩大，增长速度将略高于汽车工业发展速度

从专家分析来看，我国汽车工业 2014 年的增长速度将会高于 GDP 增长速度，达到 10%，因而汽车物流入厂和整车两大业务规模将随之增加，随着物流业务向上游零部件企业延伸，售后市场业务增长快速，二手车及横向机电制造等物流业务由探索到实践，整个汽车物流行业市场规模一定会高于汽车工业发展速度。

（二）国家政策环境难有实质性变化，与市场的矛盾将会成为经济领域的凸显点，或将得到高层重点关注

目前国家反腐的重点是“打老虎”、“打苍蝇”，向最明显的腐败领域下重拳，好比是切掉身体内的“肿瘤”、清掉皮肤

上的"疥疮"的话，深入到整个交通运输、车辆管理中的违法行为，更像是物流大动脉中的"血液病"，不仅需要国家高度重视，而且需要采取系列措施方可净化，在目前国家治理视角还未明确落到此领域情况下，2014年物流领域的政策环境恐难有改观。由于国家营改增还将继续深化，继续向物流行业的下游服务业延伸，物流企业的税收压力或会减缓。

（三）汽车物流行业发展质量和竞争力将进一步提高

行业经过十年的快速发展，企业经营实践经验积累，国际间的交流合作推动，企业在全面了解国际发展趋势的同时，更多结合现实情况，由管理型向技术引领型转变，并且将更加重视文化建设；行业资源整合深化，综合运输体系建设成为重点；行业标准化工作在市场强大需求推动下，在行业组织协调下，汽车物流行业在贯彻标准化方面将会明显进步，并带动整个物流行业标准化工作；行业人才培养工作将会系统化；企业业务链条将继续在上下游延展，横向业务整合速度加快，新的业务领域也有所拓宽。

（四）市场格局稳中有变，骨干企业在行业集中度提高的同时，整合和分化定位更为清晰

一是在汽车成长性市场发展中，产业格局不会出现大的整合，相应的物流市场布局不会有大的变化，但新的产业布局区由于各方物流力量进入，对原有物流体系会带来新的挑战和机遇。作为东风总部所在地的武汉地区，由于通用和大众等品牌主机企业入驻，物流格局变化或许最为明显；二是不同企业物流业务差距拉大。品牌好的企业，物流质量高；品牌差的企业，物流质量低，因而不仅各自物流保障能力差距拉大，而且费用成本差距也将拉大，与企业管理密切相关的物流业务水平更为彰显各汽车品牌的竞争能力；三是无主机企业背景的物流企业，将通过两个方向实现自身价值，一个方向是通过不同集团间的网络和渠道建设，实现行业资源共享，另一方向是在物流环节中发挥区域优势，做精做专；四是外资企业在中国市场的物流发展战略，将会由进入市场向承接中国企业走出去转变。

（五）跨界整合、电商等新型商业模式以及现代物流技术推动企业创新活跃

如火如荼的电商大战，从一个侧面反映出我国电子商务改变流通方式在全球的引领，对汽车物流行业发展具有借鉴意义。劳动力成本的上升，为现代物流技术发展带来巨大空间，技术替代人力，逐渐推动物流行业向技术密集型转变是未来趋势。汽车产业作为民生产业，相应的物流业务具有集中度高、规模大、效益好的特点，如能更好应用现代物流技术，同时借鉴电商模式，加强与关联产业的跨界合作，不仅推动企业的快速进步，而且对整个物流行业发展都将做出积极贡献。

（六）行业组织成立十周年，在对过去大盘点的同时，将提出未来行业的中长期发展规划

2004年在行业精英企业推动下，在中国物流与采购联合会领导关心下，作为我国汽车物流行业组织的汽车物流分会应运而生，2014年迎来十周年纪念日，短短的十年，在这个平台上，智慧勤奋的汽车物流人成功实现了接近发达国家汽车物流行业发展水平的目标，在分享十年取得成果的同时，我们将与十一月年会之际举

办隆重而简朴的庆典，对那些为行业发展做出贡献的行业领袖、领军企业和企业家、专家以及每一位抛洒汗水的劳动者，送上行业的感谢和敬意。同时，回顾过去，展望未来，认真总结成功的经验，发现行业的不足，找准方向和空间，为行业中长期发展描绘一幅新的蓝图。

（来源：中国物流与采购联合会汽车物流分会 马增荣）

【第五届全国汽车售后服务备件物流研讨会召开】

2014 年 6 月 25 日， “第五届全国汽车售后服务备件物流研讨会”成功召开。在日趋完整的整车物流及入场物流面前，售后备件物流既是一个传统也是一个新兴的产业，它作为汽车物流产业链中后市场中第一个环节逐渐受到企业的重视，特别是当前 1.3 亿辆预计 2020 年将达到 2 亿辆的巨大市场吸引了行业有识企业的高度关注，来自全国的 72 家汽车制造企业、汽车物流企业、物流技术企业、物流地产商及装备制造企业的近 160 名代表参加了活动。

会议围绕主题“高保有量下的物流保障”邀请了中国汽车流通协会罗磊副秘书长、上海安吉汽车零部件物流有限公司咸阳分公司王远彬总经理、力至优叉车（上海）有限公司徐正秋产品总监、永恒力叉车（上海）有限公司胡海涯战略区域发展经理、安博（中国）房地产咨询有限公司王海龙副总裁、普洛斯投资管理（中国）有限公司骆镇大客户总监、汉森世纪供应链管理咨询（北京）有限公司黄刚总经理、德勤管理咨询（上海）有限公司冯莉副总监、Infor 童民栋实施顾问总监以及中国重汽集团销售公司段恒永副总经理等国内汽车售后服务备件物流领域的骨干企业代表及专家分别就“汽车售后市场热点话题及发展趋势”、“上海安吉售后 SVW 项目介绍”、“后物流时代之物料搬运解决方案”、“智慧物流仓储解决方案之汽车整车及配件”、“中国高端物流地产发展趋势以及对汽车售后物流配送的影响”、“普洛斯仓储设施的建设对汽车售后备件物流业务的保障”、“互联网时代的汽车供应链变革新趋势”、“备件业务转型：企业价值新驱动”、“Infor 备件供应链整体解决方案”以及“现代运输装备在物流领域的应用”等话题发表演讲。

【第十届中国国际汽车物流会议在沪召开】

2013 年 4 月 16 日，由中物联汽车物流分会和英国《Automotive Logistics》杂志共同组织的第十届中国国际汽车物流会议在上海成功举办。中国物流与采购联合会蔡进副会长出席会议并发表演讲，分析了我国当前的经济发展形势，认为当前我国经济发展具有“稳”和“降”两大特点。“稳”体现在国家经济总体需求、投资和出口增长的保障下，总体处于平稳运行的区间，企业生产经营的回升具有普遍性；“降” 主要从制造业 PMI 指数分析，3 月份的购进价格指数大幅回落 4.9 个百分点，价格是明显回落。在整个中国经济比较平稳和健康运行的情况下，主要存在物流成本偏高和产能释放过快两个突出问题。转变经济发展方式，更加突出经济增长的质量和效益是解决这两个问题最根本的途径。

会议以主分会场结合、演讲互动并方

式进行，涉及的话题包括中国的汽车物流行业现状、供应商的供应链、设备与法规、中国供应链在全球供应链中所扮演的角色、满足客户预期、规划智慧型物流、生产物流的优先权、汽车出口物流、售后服务备件物流等热点领域。

在会上发表演讲的中外嘉宾还有：中国国家发改委经济运行调节局交通运输处副处长刘希龙博士、上海海关监管通关处贸易管制科科长李莉、商务部产业司副处长王音音、中国汽车流通协会常务副会长兼秘书长沈进军、安吉汽车物流公司总经理助理严俊、中铁特货运输公司副总经理左光宇、一汽物流公司总经理助理柏秋莉、劳尔中国区总经理张蔚、北京交通大学交通运输学院特聘教授张晓东、上海海通国际汽车物流公司经理助理黄日波、陶氏化学亚太区物流采购总监张晖、Magneti Marelli 中国与远东区采购总监周婉婷、麦格纳中国此案够总监杨马心芦、Continental 亚太区汽车物流总监 Joerg Biesemann 博士、乔达中国及香港区销售总监 Bill Guo、哈曼国际全球品类采购总监刘飞、FedEx 全球销售总经理 Stephen Tanner、福特汽车亚太区物料规划与物流经理 Kobylecki 和供应与物流总监 Mike Little Jr、观致汽车客户订单管理与物流总监 Mike Dickinson、李尔中国物流与材料总监朱瑞、DHL 客户解决方案与创新汽车市场副总裁 Ilhami Arslanoglu 和供应链中国区汽车行业总监 Arthu ji、美国联合太平洋铁路汽车行业副总裁与总经理 Linda Brandl、DB Schenker 汽车物流副总裁 Michael Harich 和 SCC 生产物流 Hagen Ziemke、Ceva 物流汽车行业亚太区副总裁 Robert Ziemke、HIS 大中华区轻型车销售预测高级分析师王增、RTL 集团业务拓展与销售总监 Marat Yarullin、华伦威尔森中国销售总监刘德新、吉利国际副总经理金广裕、斯堪尼亚销售中国公司零部件部门经理 Abraham Yue、捷豹路虎全球零部件供应链项目总监 Eduardo Munoz 等。每年一度举办的中国国际汽车物流会议是国内国际化程度最高的汽车物流交流活动，来自海内外的参会代表超过 400 人，是全球最具影响力的的汽车物流国际会议之一，会议的很多观点在国际汽车物流发展中具有领航标作用。

【第六届汽车出口物流国际研讨会在西安召开】

中物联汽车物流分会组织的第六届汽车出口物流国际研讨会作为会议的专题论坛于 2014 年 4 月 17 日在西安成功召开。

会议邀请了部分演讲嘉宾以及东风日产张扬备件物流主管、长安汽车客户服务公司李志副总经理、玛莎拉蒂零件主管祝包懿、北京汽车销售李景军部长、东风有限 SCM 改善推进部谢志海科长、风神快运谌先员总经理、一汽物流仓储公司杜钢总经理、中都物流闵杰副总经理等与会议代表就仓储设施配置，信息化建设、三包法规、网点分布、返件物流等进行互动交流，气氛热烈。

马增荣秘书长在总结发言中指出，售后备件面对的是一个发散的市场，业务难度大，渠道复杂，单独的某家物流企业很难完成，需要零部件企业、主机厂和第三方物流公司广泛合作，特别要注重跨区域合作，依靠互联网、物联网与电商等现代物流技术和流通方式实现售后备件物流的快速顺畅供应，共同打造一体化物流网络平台。

6月26日，在科捷物流公司的支持下，会议代表参观了比亚迪汽车在西安的售后备件物流库。力至优叉车、永恒力叉车、安博中国、普洛斯、中国重汽、德勤咨询、Infor 为此次活动赞助支持。

【第五届全国商用车物流发展研讨会在银川召开】

2014 年 8 月 14 日，由中国物流与采购联合会汽车物流分会主办，福田智科物流公司、长久物流公司协办的“第五届全国商用车物流发展研讨会”在银川成功召开。在新的车辆运输车标准即将确定的前夕，铁路和水运不断向商用车物流积极推动下，本次活动得到了商用车物流行业的高度关注，来自全国的三十家商用车制造企业和物流企业代表参加了会议。

会议主要研究探讨了商用车市场变化对物流带来的影响，探讨了影响商用车物流发展的行业问题，全国商用车物流资源一体化建设问题，以及行业标准的制订问题，有力的推动了行业健康发展。北京福田智科物流有限公司党委副书记李红其，吉林省长久实业集团副总裁兼党委书记、分会副会长李延春为会议致辞；会议邀请了国家信息中心信息资源开发部制造业信息处处长李伟利、北京长久物流股份有限公司商用车事业部总经理甘会强、北京福田智科物流有限公司党委副书记李红旗、中铁特货运输物流有限公司总经理高峰和中铁特货运输有限公司工程师铁军、法国劳尔工业公司中国区总经理张蔚等国内商用车物流领域的专家、骨干企业代表分别就“商用车市场分析与预测”、“商用车物流发展现状及相关建议”、“商用车铁路物流方式探讨”、“国际商用车车辆运输车相关情况介绍”等话题发表演讲。分会秘书长马增荣主持了会议。

全体与会代表就商用车物流行业发展形势、运输方式、资源整合、行业问题、企业合作、相关标准以及下阶段重点工作等问题进行互动交流，气氛热烈。

马增荣秘书长在总结发言中指出，与会商用车企业对物流企业提出的服务质量方面的要求，对离地运输的肯定，对多式联运尤其是铁水运输的重视，以及对物流信息化、行业标准化，企业资源共享，行业网络平台建设等方面问题的关心，是分会下一步的工作重点。分会将在新的一年中结合行业诉求，努力推动商用车物流工作上一个新台阶。

会议同期还安排会议代表参观了佳通轮胎银川工厂生产现场，并参观了吉运集团的汽车物流产业园。

一、各专家对于汽车物流的发展进言建策

一，从汽车售后服务备件物流来看，目前在汽车物流领域里面，售后服务备件在整个市场中是既是传统环节又新兴环节。马增荣认为汽车售后服务备件的物流发展特点为：

第一，汽车售后备件物流具有巨大的发展潜力。按照汽车物流量的比例和物流价值的比例来说，一般有一个 6、3、1 的概念，如果把汽车物流价值按照 100% 来说，各环节的占比如下：整车物流占到 10%，我们国家现在是整车物流已经趋于成熟，也就是说这 10% 的市场是成熟的；汽车物流 60% 收入在汽车零部件入厂环节中产生，这部分物流活动也在成熟当中；

还有一块潜在最大的市场是占到30%的汽车售后服务备件环节，是汽车物流未来发展重点。

举个简单的例子：现在每辆整车物流成本1200块钱左右，售后备件是整车物流的3倍，是3600块钱，但是这个3600块是在一辆车的生命周期，汽车从它的销售出之后到它报废大概10年期间，每年360块钱。按照现在全国汽车保有量是1.3亿辆，假设到2020年我们汽车保有量达到2亿辆，就按1亿辆计算，每年汽车售后服务备件产生的物流价值是360个亿，如果分到全国的30个省市来说，每个省是多少？至少有10个亿的价值在里面，这是汽车售后服务备件的价值空间这么大。

第二，汽车售后服务备件物流覆盖全国，运作难度大。汽车备件物流渠道比较复杂，其业务难度比一般零部件入厂和整车要更复杂，因为零部件入厂物流和整车物流，基本上围绕着主机厂一个点来做的，例如零部件入厂物流，60%都在主机厂周边，30%是从外边取货或者送货，但是售后服务备件物流是一个面向全国发散的，跟汽车销售相配套，是面向全国的，甚至以后国产汽车会逐渐走向全球化，售后备件物流是全球化的。以德国为例，德国60%的车都是出口，只有40%是自己消化的，所以德国整个售后备件的供应是整个汽车产业链中间最大的一块。

第三，汽车售后服务备件物流发展机遇多。我们国家汽车产业发展迅速，应该说新兴的国家，是汽车市场最大的国家，在这一块备件市场容量以及难度，不是说主机厂选择一家物流公司就能做到的，现在很多汽车物流龙头企业，尤其是汽车主机厂的第三方物流企业都是延伸汽车备件物流的业务，但独家包揽天下是不可能的，需要区域合作，行业合作。目前移动互联时代电商发展迅速，这对汽车售后备件物流来说，是发展新机遇，也是新挑战，如何利用网络平台，如何依靠互联网、物联网来实现整个售后备件物流的供应，将会是汽车备件物流发展的新方向。

近年来，中国汽车产业高速发展，汽车物流也成为现代物流的一个重要组成部分，如何利用巨大的汽车市场发展汽车物流行业并进一步促进整个物流体系的发展，成为摆在企业面前的首要问题。

二、运输与库存是另外一个问题

“汽车物流是指汽车供应链上原材料、零部件、整车以及售后配件在各个环节之间的实体流动过程。而总体来看，成本过高是目前中国汽车物流行业最突出的问题。”河南供应链管理协会常务副会长兼秘书长卢秋义说。

“物流负责储和运的核心部分。”卢秋义说，“但也就是这两个核心部分成为决定汽车物流业发展的关键因素。”

“以前为了保证零件能够满足生产，都是将贮备库建到厂中，这样库存量就比较大。2008年我们在库的物资金额就达到了13亿元。”郑州风神物流有限公司中牟工厂物流部部长孟祥重告诉记者。

经了解，这是很多汽车物流企业所面临的共同问题。加之近年来，随着用工成本、劳动成本的不断增加，原材料的持续涨价，主机厂的日子也并不好过。

“我们每年也都不赚钱，钱去哪了？把资金流理顺后发现，钱大部分是被供应商赚走了。”一位主机厂的负责人对记者说。

库存与运输成本的浪费成了众多汽车物流企业，同时也是所有物流业所面临的首要问题。

“且随着主机厂的增加，我们的配合力度也在不断加大，所以现在我们从事的是与主机厂业务有关联的供应链服务，与社会的整合资源接触的还少。”郑州风神物流有限公司副总经理钱玉军说。

钱玉军告诉记者，他希望能在降低运输和库存成本的同时，走出服务主机厂的这种固定的模式，以服务更多的客户。

三、调达物流省成本

在刚刚结束的博鳌亚洲论坛2014年年会分论坛上，百事亚洲、中东、非洲区首席执行官在提到供应链时称，一个产品四分之三的价值都是通过供应链来实现的，他说，在缩短供应链这方面有很大的提升空间，这样可使得供应链的效率更高。

卢秋义认为高效就是把浪费降低到最低的程度，这也是所有物流企业一直追求的最终目标。为实现这一目标，各大汽车物流企业通过创新与实践，不断优化汽车供应链的资源配置，而调达物流就是企业降低成本、提高效率的重要方式之一。调达物流，其实也别称之为取货制物流。对此，卢秋义解释说，主机厂向供应商发送定单，供应商按交货期和数量提前备好货，由第三方物流公司上门取货，并按交货期运输至主机厂。这种方式可以降低运输成本和降低主机厂的库存量，可以有效地降低物流成本和降低库存资金积压。

郑州风神物流有限公司作为河南首家采用“调达物流服务模式”的汽车物流公司，目前，主要为郑州日产、东风日产等主机厂提供调达物流服务。

“这样可以减少中间环节的浪费。之前半个月才能运完的物资，现在只需要两到三天就能完成。2008我们的在库物资金额达到13亿元，现在基本在6.5亿元。充分降低了物资的在库积压。”郑州风神中牟工厂物流部部长孟祥重告诉记者。

据了解，提高物流效率最关键的就是系统支撑，即大家在一个系统下操作。物流与信息流之间更是不可分离，一旦信息流跟不上，物流肯定跟不上。

卢秋义说，目前除了汽车行业，其他一些生产制造业也在采用这种全供应链的物流模式。这种模式充分调动社会资源，实现了利益最大化，也促进了企业的可持续发展。

6.3 危险品物流

危化品物流市场化发展现状以及未来发展趋势

中远化工物流有限公司 张俊

研究危化品物流市场的发展，我想离不开对我们行业定位的研究，首先看行业的发展我们必须要研究我们的服务对象的发展趋势，所以第一部分我是对化工行业的概况做了汇总。

每年都会公布世界500强企业名单，可以看出来13年在全球500强企业中前10强其中石化企业占了60%，我们可以继续向前推，过去前几年都会存在这样的比例，这个比例告诉我们我们的服务对象石化行业在全球的经济中扮演非常重要的角色。所以说这个行业的重要性毋庸置疑的。

第二我们也看到根据数据显示从10年开始，我国的化工品行业的产值已经超越了美国，居于全球第一位。中国的化工行业目前主要还是存在基础化工。所以和美国相比，他们基本上进入到机器化高端的化工产业，所以在基础数据的背后我们可以看到整个化工物流的运输量中国目前远远超过美国，这是第二个方面我们看到的信息。

第三个方面我们中国国内石化行业的特点，当然这些特点是综合性的特点，并不代表是个性的。第一个是有很多集团平均开工率是比较低的，第二个是附加值偏低，同质化产品比较多，市场竞争比较激烈，同时产业结构非常不合理。行业布局也是比较分散的。

包括在上海也可以看到有很多的石化企业在搬迁过程中，遇到很多的阻力。包括整个行业的高能耗，过污染的特点国家我们在中国目前石化物流行业特点里面，整个的化工行业有高端的，但是整体平均水平是中低端的水平，他们本身在市场上竞争就比较激烈，在这个过程中，对未来化石物流供应链的要求就会很高。这是我们看到化工行业的一些特点。

第二个我们国家出台了一系列的法规，化工园区的布局是说整个中国石化行业的布局是分散的，我们要解决这些问题首先要集中，如果不能集中，污染的问题，集约化生产的问题，整体供应链的问题就没有办法得到解决。这是第一个我们看到的化工行业自身处于发展，也看到了其中的问题。

第二个是化工园区的优势，其中有一点是我们说到的一体化，有两个方面：第一个是园区供应链的一体化，可以减少企业之间物流运输供应链的问题。同时对于物流企业，在整个物流供应链配套的建设过程中，仓储服务和其他服务就可以做多集运的效果。

第三个国内的化工行业也在做从量变到质变的延伸，这个延伸是从基础化向高端的经济化延伸，从卖产品向卖服务延伸。我们现在很多的物流化工企业，比如说巴斯，他们原来很多的产品品种非常少，都是大众化的产品，现在他的订单量逐渐向小的订单转变，他们从产品也开始向卖服务进行转变，这其实对我们未来的物流企业的发展也会起到很大的影响。

第四个外资化工物流企业，现在在国内有很多物流企业，特别是高端的物流化工企业都是以外资为主，主要是基于整个的高附加值的产品，高的安全标准体系，在这个过程中，外资化工物流企业对现在的物流企业影响还是比较大。外资化工物流企业总体规模还是继续扩大，整个的产业链是向上下游整个的延伸，包括上游原材料的控制，包括最终的产品，整个产业链也在做延伸。

第三个他们的一些管理职能的变革，包括亚太区的管理中心也在逐步向中国进行转变迁移。

第四个在国内的工厂，之前有一些高端化工物流基本上处于禁止状态，现在也可能很多外资化工企业在国内的产业已经超越了市场的需求。这可能跟我们近两年发生的一体化趋势有关系。

以上几点是我个人对整个化工行业的

展望。化工行业的展望对未来我们化工企业的发展起着重要的作用。第二个我们看一下我国化工物流的发展现状。第一个是化工物流的社会化程度依然很高，在我接触的化工企业中，包括世界五百强的化工企业在中国依然保留了自己的车队，这也也有很多的企业存在。可能之前由于种种原因在国内没有找到供应商。

第二个方面从欧美国家比较流行的趋势来看，国内很多化工企业依然配套着工厂的服务，我们到欧洲参观的时候看到欧洲企业工厂内的物流基本上不再做自己工厂内的运输，基本上采用外包。特别是去年新的《劳动法》的颁布，包括劳动力现象发生之后，我们发现很多化工企业逐渐转包工厂，这一块儿既是社会化程度出现很大的落后，包括技术水平，管理水平。

第二个是我们依然看到目前国内的危化品运输企业数量还是比较多的，有 5 千到 1 万家左右，但是在国内真正有规模的危化品物流企业相对来说还是比较少的。其实它会带来几个主要的问题，第一个是专业化装备很难保证，因为任何一个物流企业是有规模效应的，在规模比较小的时候，很难有足够的资金投入专业化的装备领域，第二个是专业人才相对难留住，专业人才和专业化的装备如果有问题，那你的安全相对补高。

第二没有规模效应，你自身运营的效率就会比较低。上午我们提到国内运输的空载运是 40%，如果有规模效应那这个空载率就会大大下降。

第三个是物流资源分散，区域差异大。属于化工企业生产布局不能集中，如果这个问题不解决，可能是从政府的层面首先解决服务对象冀中的问题。如果不能解决工厂质量的问题，那工厂效率依然很难提高。从我们服务对象来说，他觉得你的报价比较高，这对整个危化品的物流市场都会形成良性的循环。

第四个方面是市场不规范，价格竞争激烈，价值竞争激烈导致我们物流企业之间毛利润持续下降，同时我们也感受到很多生产型企业并没有感受到市场竞争激烈提出下他的物流成本，这是我们整个供应链出现了问题。这个问题也是需要系统化的解决才能达到我们的物流企业和服务对象和生产企业双赢的局面。

这是我个人感觉在化工物流方面目前的市场和现状有一些不如意的地方，但是我们也看到整个上游在做剧烈的变革，我想未来的市场应该会有很好的发展机会。

第三个从个人经验来，想谈一下未来得发展趋势。第一个发展趋势是化工物流安全。物流安全成为重点从物流企业来说怎么管理，这是我后面想讲的重点。从关注物流安全分两个方面：第一个是专业的物流人才团队，从我个人的从业经验来说我们也看到很多案例，有很多是无知的，并不是说各位物流企业的管理层次不了解这样的情况，而是我们从业人员受到的教育水平不够，包括一些风险的识别不够，导致整个的运输体系发生问题，这在现在的物流安全事故中占了很高的比例，这个方面要解决。

第二个借助现代的物联网技术，从这两个方面来说我想谈一下物流安全只是关注到预防，我个人认为物流安全最主要的是预防和处置，预防是作为重点。下面我从中远化工自身的角度进行一些介绍。作为物流企业我们中远化工物流不是从预防开始，我们是从营销人员开始，首先评估客户的物流需求是不是企业自身的管控和服务所能达到的，也就是说我们中远化工要有自己的评估，在整个化工物流里面还是有很多的细分，并不是说每个产品，每个品类都有能力操作，而且别不是每一种产品的整个物流管控都有品质，所以在这个过程中我们要对化工产品的风险进行识别，以及对环境的影响，对人员的影响技术识别。包括需要遵守哪些法律法规，这是重中之重，如果这个没有把握好那后面发生风险就是概率的问题。

针对每一项风险点我们要制定安全解决方案，来讨论我们的安全解决方案是否能够对这些风险进行控制。这样的情况下我们就可以做到心中有数。风险控制的过程也可以结合现在的物联网技术，现在随着物联网技术的发展，中远化工业完成了车辆的控制系统，它可以在原来车载 GPS 基础上结合胎压监测，包括道路视频的时时传输，包括提高驾驶员的防范，这些目前中远化工已经达成这样的平台，在整个运输过程中可以做到中国物联网技术的预防。发现道路风险和驾驶员的疲劳驾驶状态，做到提醒、规避。

最后是预防我们必须要谈到合作伙伴的选择，目前从国内综合性的化工物流企业来说，还没有任何一家的网络能够覆盖全国，虽然说一个企业自身自己的安全预防做得很到位，但是合作伙伴出了问题一样会影响企业的声誉，所以对合作伙伴的选择一定要是志同道合的。合作伙伴的选择包括他的理念，培训，评审和车辆驾驶员的信息备案，目前我们中远是遵照 STS 选择合作伙伴，这样确保我们的合作伙伴和我们的理念保持一致。

前面我介绍的这些都是安全预防领域，这是整个安全重中之重。但是我们必须要有预防处置方案，虽然说预防做得再好，也有可能有万一，在万一的情况下处置是非常重要的。整个的处置作为物流企业来说，不一定会面面俱到，但是一定要针对所服务的对象，所承运的产品做到特定的处置方案。包括 24 小时报警电话，以及每个季度和每年的应急演习，训练我们安全处置团队，确保第一时间可以做到万一发生事故我们可以第一时间启动措施。

如果仅仅是管理团队，你的安全理念和安全知识和经验完全不够，安全源和企业的安全文化是有关系的，一个员工你给他协调良好的恩爱文化，他们会不自觉地在日常的工作中关注安全防范风险，从他个人小的范围做到风险的识别和预防，这样整个企业才能做到安全。

化工物流服务一体化的趋势比较明显，从我们的服务对象来说在国内一体化的服务，对物流服务企业中间，我们的服务标准就是区域合作，大于竞争，在目前物流发展过程中我们更多的应该是合作。

在物流化工方面我简单说一下我们中远化工是怎么做的。从这一张图上我们可以看到，任何一家大型企业也只是关注重要的城市，在很多区域是需要的合作伙伴充分进行合作，满足我们很多客户的一体化物流服务的需求。这是第一个方面我们做的应对一体化资源投资的建设。未来整个仓储机制的建设也是解决我们目前遇到的危化品配送的问题，如果没有区域的配送中心很难做到标准化和规范化。

第二个就是全国运输体系建立。更多是针对零担配送，因为整车配送相对比较简单，在赔偿货的角度上我个人认为在整个物流行业，包括物流企业之间应该有更多的合作，这样我们能够大大降低运营成本，提升企业自身的市场竞争力。运输体系的建立，包括参观欧洲之后我个人也觉得未来对中国的发展也一定需要合作伙伴推动整个物流体系的建立，从目前的角度来，也很难有一到两家这样的企业，包括央企在内。

第三个方面是要看到化工物流专业化精细化明显提升。化工从物流的角度来说，一种是标准化，一种是个性化，前面整个网络体系的建立，我们可以把它建立在标准化的角度，精细化化工物流，包括一些专业的物流服务，包括欧洲有很多生产性企业只关注自己的核心产品研发，这些在欧美发达国家采取外包的合作方式，在国内这种模式我个人觉得还处于启动和发展阶段，很多企业目前在朝着这个方向发展，做供应链管理的核心环节，把一些非重要的环节外包，中远在这方面也做了一些尝试，也做了战略性的投资。

化工物流发展一定离不开现在的信息技术的发展和网络全球化的趋势。信息化的发展对物流企业研究提升自身的效率，包括研究我们合作伙伴发展趋势都是非常重要的，目前中远已经从各个网点的分散性操作形成了有信息管理。通过信息我们不但能够给客户提供集成化的数据，我们也可以通过数据分析我们整个库存变化和运输订单的变化，对我们整个物流供应链的整合提供数据的支持和分析，提升自身的管理效率，也会做到很重要的作用，最终提升效率，降低成本。

目前中远化工借着整个化工物流潮流的发展，也在逐步推行亚太区域的网络。之前简单谈了个人的想法和未来化工物流发展的趋势，主要有以下几点：第一是安全，第二个是信息化服务建设。借这个会议我个人想提一点建议：从目前整个的危化品物流的标准体系来说，我个人觉得目前还没有统一。危化品物流的监管层面牵涉到政府的很多部门，有公安、路政、消防、海关，这些部门每个部门都有对应的法律法规，但是在衔接的过程中经常发生冲突。

第二每个地方对法律法规的解释和支持不一样的，这是从政府层面我们看到标准化不规则对物流企业造成的困扰。

目前我们看到物流企业自身的服务，包括物流企业在选择物流供应商时候的标准没有统一，目前本土企业基本上参照国家的标准选择物流供应商，包括国外的大型企业可能是参照欧洲的标准选择供应商，在这个过程中整个服务标准也不一致，这就造成未来物流一体化发展过程中造成困扰，呼吁行业协会未来能够在这个方面起到更积极的作用，推动整个化工服务体系的统一。

（来源：张俊　中远化工物流有限公司）

危化品仓储物流安全风险管理探讨

广东宏川集团太仓阳鸿石化有限公司

经过几年的工作，危化品运输过程中确实存在各种各样的风险，这种风险存在货物的转移，危化品的转移也是动态的危险源，发生了事故涉及面广，一旦在供应链某个环节出现问题，整个供应链都会出现问题，这就要求我们仓储、货运每个环节都要考虑安全的风险，有效的措施共同保证货物的安全，也保证各个合作关系的利益不受到损失。

我分几个方面介绍。首先是回顾一下我们碰到的案例。第二个是风险分析，第三是管理的措施和方法。首先我们事故案例里面分几个方面给大家汇报。这个事例是今天的，在卸货的过程中货物品质事故，卸甲醇的过程中本来我们进行储量，在卸货之前最这个船进行了取样，取样的过程中是150PM是完全合格，可以卸货的，因为在经验中我们经常定时进行取样，进行在卸货过程中取样的水高达4900PM，等于这条船全部卸货完之后，整条船的取样在5000PM左右，就说明掺水了。

时间不长又是这条船到我们一个库存卸货，当时船板量计量的时候本来就少了12吨货，卸货之后又少了12吨，这样累计起来就少了24吨，我们就对他的罐进行取样分析，取样分析水分是严重超标，当时已经分析到就在卸货过程中肯定有掺水，因为在四月份的时候已经在我们太仓阳鸿码头掺水了，因为当时没有充分的依据，5月26号又在我们南充码头掺水，所以我们就不同意它离泊，要求配合调查，这条船不听劝阻自行卸货跑了，我们马上给海事和水上公安报案，通过公安部门调查处理，船方承认掺水，同时也把另外一条收货的小船抓住了。所以这个事例是货物品质的风险。

另外一条船到我们码头碰撞的问题，现在船碰撞对我们码头有很多风险，有一些船要请两套拖轮可能他就有一条拖轮，这是一些船舶到我们码头的情况。还有就计量纠纷，也是在卸货以后，有些船在计量上不准，因为我们是按照罐计的，但是船方有的不认证，所以就引起了纠纷，也影响了我们码头正常的生产和安全运输作业。这些计量纠纷还有其他的。

这些船以往我们也是解决了，有的时候卸货，卸货我们是按照罐计量，有的是装货，我们的计量水平还是蛮高的，是用流量计算的，同时也有监控仪，应该是非常精确的。我们的船在码头上作业平均每天都是10条左右，有时候我们也做让步，有的船就尝到一些甜头，特别是货值比较高的，有一些码头时间管理要求也比较紧，特别是总部对我们码头的时间管理，损耗管理非常严格，特别是有一些外人到我们码头靠泊，就造成时间的更改，也造成货主的投诉，所以在靠泊方面存在很多问题。

第二部分就是汇报一下货物安全风险，在我们物流供应链方面，打交道多的一个是货船，或者是贸易商。第二部分就是船方，今天我们主要是讲船方，我们现在船方的因素占到70%，车辆的因素占30%. 包括船方信息技术的风险，主要是船方的信息风险不像车辆，车辆的信息量方面我们是称重，基本上纠纷很少，船方都是按照船舱的仓储进行计量。

对于这些风险，随着我们的货储、贸易商也是通过承运方运输到我们仓储企业，由我们仓储企业通过承运方或者船，或者车再到终端客户，这个风险也是不断随着几个环节的转移，开始逐步往下转移。

作为货主和承运方主要是存在货物的安全，比如说车辆运输，大家前面提到车辆的事故，造成货物的损失，船也是有这样的危害。在货物的数量安全方面，主要是损耗。在货物品质安全方面就是水分，包括货物的品质受到影响。所以风险是随着这些因素的缓解发生了一些变化。

货物品质的安全只要承运方确保在运输过程中品质不出问题才能降低货物在运输过程中的风险。就像刚刚讲的不诚信的承运方把货物偷换，这就是品质的安全。数量安全方面，诚信也是企业的生命之源，货主的货物能如数达到货主的作业港口，保证到达作业港口货物的损耗在在合理范围内。一旦查到超载或者遇到恶劣天气，船舶的故障，还有不可预见的情况会造成沉船或者泄露的风险发生。

作为仓储企业来说，货主是根据货物的多少决定租用多大的罐装，也有几家货主共同拼罐这样对我们仓储企业也一些风险，一个是品质的风险，比如说甲醇的品质还是比较多，特别是有的拼罐储存，就会带来货物品质变差的风险。客户对甲醇的品质要求很高，所以对我们仓储企业带来储存的压力。

在数量风险方面，一个是卸货，另外一个是在作业过程中，特别是装卸作业过程中都应该有货物挥发的损耗，以及仓储的损耗，所以货主存放在仓储企业的货物要等到下一个客户来提货，作为仓储企业不能很好控制损耗，仓储企业要承担损耗过多而带来的经济赔偿。

对仓储企业的设施设备有严格的要求，比如在储存过程中操作不当造成物料的泄露，定期要进行检测，仓储企业根据各种物料的性质编辑应急预案，做好措施，来降低仓储的风险。还有就是风险的转移，比如说靠泊的风险，有的可能靠泊以后有碰撞的风险，还有部分船舶存在安全，消费设施不足，或者检查保养不到位存在的安全隐患。我们在前年避免船舶到我们码头之后，他的船浆坏了，我们没有让他在我们这里修理，后来他到别的地方修理发生了爆炸事故。包括在卸货的过程中火花外冒的现象如果疏忽了就会起火，波及到货物的安全。

下面汇报一下针对前面我们碰到的问题，这几年的一些做法，特别是从宏川集团收购之后对安全管理方面非常重视。一个是仓储企业安全管理体系。2012 年通过商标一体的认证，IS09000 的体系认证，在 2013 年 9 月 23 日到 26 日我们顺利通过 CDI 的认证，CDI 的认证就是非常细致的，而且是重视现场的硬件，包括软件在内的综合性调查问卷，我们仓储企业调查问卷的题目是 1780，涉及的内容非常多，我们经过 1 年多的准备，在原来的基础上，特别是通过了安全生产标准化的二级达标认证之后。

我们在这个基础上得到CDIT的认证，这也是我们进入国际化工高端物流的通行证。 另外库区的审核不能到同行的库区审核，可能就是通过船务公司的审核员到库区进行审核，这个审核还是非常严格的。目前我们太仓阳鸿三个库区正在进行 CDIT 的认证准备工作，2014 年准备认证。2012 年 2 月份通过安全生产标准化三级的认证，2013 年 4 月份通过了石化码头企业安全标准生产化达标企业的验收。2011 年 10 月份成为大宗商品交易所第一个甲醇卸货的标杆基地。

这是我们历年来取得的一系列荣誉。特别是 2012 年我们取得了苏州安全生产管理的师范企业，这也是太仓市唯一一家获得的。2013 年获得江苏省安全生产企业，也是苏州市四家之一。加上仓储企业的安全管理，这些体系一定要做到位。

第二部分跟各位朋友介绍一下，我们在船的方面和海事部门联合推出验货船船舶的选船机制，取得的很好的效果，以往船来了之后很多船情况比较朝，经过这两年的选船，船情况差的我们向海事部门提出，我们一起对船进行整改。从13点进出港，两家企业去年危化品的进出口是8308吨，2014年我们两家可以突破一千万吨，也是为了保证太仓港的仓储和运输安全，提升太仓港的综合竞争力。截至目前，太仓港A类船6条，B类船462条，C类船56条船。目前A类和B类船占80%，所以大大提升了来港船舶的总体质量，改善了安全作业的形式。

比如说A类船舶，要求船舶的证书要符合法律法规要求，体系运行良好，船员的操作技能和安全意识要高，所以船舶实现优先，实施呈现的管理，比如持安全管理证书两年以上，最近两年没有发生污染环境的责任事故，两点中船舶在安检中没有发生违法行为，也没有发生不诚信的问题，能够严格服从码头公司安全管理制度的，码头动态管理分值90分以上，就可以被评比为A类船舶，到目前为止我们就评了6条。

B类船舶就是在一年以内管理体系运营比较好，一年以内没有发生安全或者污染责任事故，一年以内船舶安全没有滞留的，一点里面没有发现不诚信行为的，到了太仓港作业三个层次，或者半年以上，比较配合码头公司安全管理的就评为B类船舶。

C类船舶就是在一年以内发现严重不符合规定情况的，或者安全体系不健全的，一年以内发生一般及以上安全，或者污染责任事故的负主要责任的，或者发生事故故意逃逸的，一年以内在安检中滞留两次或者发生重大缺陷的，或者发生严重的海事违法行为，被海事部门查处的，不服从码头公司安全管理规定的，被评为C类。

船舶的安全检查间隔期由三个月延长到六个月。A类船舶在安检的过程中，可以享受节假日预约的服务，B类的船舶按照规定的要求进行。C类的船舶进行拒绝作业的制度。这个评估是经过整改以后到我们进行释放，还可以给你一个机会。

接下来讲一下船舶的黑名单的管理制度。比如说发生海事检查的时候不符合要求的，作业过程中发生安全事故或者重大隐患的，船舶操作不当，损害码头实施的，包括在码头不走的，不服从码头指挥，严重影响正常生产作业的，还有就是这些船舶来了以后不服从码头的运营安全管理，这样的船舶我们都给拉到黑名单。这个黑名单又调度室提出来填写来港船舶的审批，由商务部等三个部门签署意见以后报给公司的副总审批之后就列入船舶的黑名单，那船务公司就谢绝这条船作业。

列入黑名单的船舶如果经过整改，态度诚恳，措施到位的，如果还需要到港进行作业的可以向码头进行申请，海事部门同意可以进行试靠，如果检查考核，评估可以就可以人他来港进行作业。

下面是关于危化品运输车辆的登记备案制度。比如说车辆的年审有效期，道路的运营资质，驾驶员的驾驶证资质，危化品运输车辆的单位等等，不具备运输资质或者不合格的车辆在运输环节中的安全风险，保证货主的货物能够安全到达目的地，我们现在目前都在进行一些安全检查。比如说轮胎是不是有很大的磨损，消防器材配备够不够，阀门等等都要做一些安全检查，检查合格才可以装货。

这是2014年6月26号在太仓上游方向满载玻璃的货车追尾的事故，这是在社会上发生丁醇的泄露，我们公司也接到太仓应急中心的请求，携带了应急的设备赶到事发地点进行抢险，履行社会的责任。

太仓阳鸿作为广东宏川集团在化工化工板块的企业，不但实现了经营业绩的飞速发展，通过扩建我们的规模已经达到60.6万亿方，已经成为长江流域最大的危化品仓储物企业之一。之所以能够取得这么好的成绩，是建立在我为货主、承运放提供安全可靠的增值服务，做到了诚实守信，依法经营。同时也离不开货主、承运方、客户给予的支持。仓储企业在物流环节与各个合作关系进行有效的沟通和协作，保证货物的品质，数量的安全，使危化品的仓储供应链得到了不断的延伸和太仓的发展。

（来源：陆建平　广东宏川集团太仓阳鸿石化有限公司）

车联网系统助推危化品物流安全管理转型升级

不管是任何一家企业，我们服务的目标都是车，在车上安装电子化的设备，通过一整套软件把车辆管理好，这在给国内已经发展了一段时间。大家已经做了很多跟常规监控有关的项目，现在这个行业变得更加复杂，因为中国国内主要的车辆厂商都在努力介入到这方面。比如说车辆本身的发动机，变速箱，包括车厢内关键电器设备的使用，早期汽车厂一般不做车辆的监控数据，他们对车辆的了解都是处于初级阶段。现在的物联网要在车里面进行全面的感知，要充分了解这辆车的燃油情况，驾驶员的情况。

第二方面我们在进行危化品运输的时候更多是希望在某种程度控制车辆，比如我们希望这辆车不能超速，要用教育的方式告诉司机夜间行驶多少，但是不能够控制这辆车，司机具体怎么开车你的了解也比较有限。现在我们希望关键领域里面能够操控这辆车，比如我规定只能行驶60km/h，当行驶到60km/h之后就不能再加速了。

现在在危化品行业，中国的政府都有明确的要求，出台一系列的法律法规，一方面是政府有标准，另外一方面是我们早期的GPS设备都是买完车之后再安装，现在法规规定在三个月以内，100%是前装的。另外一个方面是如果要把这个行业的管理做得更加细腻，我们都在讲大数据，如果真的把汽车的大数据做得很深很专业，还是需要专业化的管理方法，我简单介绍一下航盛在这方面所做的工作。

市场上有很多旧车，旧的设备用旧的标准，旧的软件，政府的标准出台之后，标配的GPS和你原来的工作方式和业务模式都不一样，所以你会面临关键的选择，到底与谁的终端为主体选择下一代的设备这是目前现阶段比较复杂的情况。我们航盛作车联网具体做这几部分。我们首先做车联网的车载设备，包含很多很复杂的功能，早期的GPS基本就集中在定位方面，所以能看到位置是它最核心的功能，现在我们已经把更多复杂的功能全部做在一个设备里面，你在这一个设备里面可以看到GPS，比如播放、收音机、导航都做在一个设备里面。也就是说以前可能需要在车上买五个设备才能实现的一组功能达到管理的目的，现在只需要一个设备，外面匹配一个摄象头就可以满足所有的需求。

在设备方面我们是第一大供应商，每年生产500个设备。每个做物联网的都要开发GPS开发，这部分反应了企业最基本的需求，所以我们也开发了这个功能，因为很多人对这个功能非常熟悉，我们会有车辆的监控，比如有的企业有国内的管理人员，也有国外的管理人员，可能看地图需要英文的，基于这些优势我们可以在车上拿到非常多的信息，可以远程对设备进行监听，可以远程，甚至通过3D的方式直接看视频。还有回放轨迹，更多是在行车过程中的每一步都可以看出来，就如同你在现场可以看到驾驶员的情况一样的。比如跑一次发生多少次疲劳驾驶，在这个过程中都可以有完整的报表。

现在可以把轨迹数据反应在谷歌地图这种专业的终端上，有很多人需要知道车到高架或者环岛时候空间的需求，这是我们做GPS常规的功能。我们也开发了智能限速，我们可以基于位置或者司机对这个车的最高速度进行限制。如果一个不好的司机，如果排名比较低，这辆车的上限就变成80km/h，这不是人工完成的，只需要判断是谁，就像我们的门禁系统一样，如果有授权才能进入这个门。

上午讲了轮胎，常规的情况下很多单位都会有目测或者尺量，其实可以在轮胎上装一个传感器你可以看到每一个轮子的压力，不光是测试轮胎的气压大不大，还有就是刹车的距离与期望值有多少。还有一种是气压如果过低，对发动机不是好事情，我们做了完整的探压监测，你可以看到每辆车，每个轮子的历史压力。我们也开发了大量的相关的统计，分析报告这样的功能，就是GPS最常规的功能，至少这个行业里面用的主流的功能我们全部都做好了。

我们还做了传统的车载系统往往只能感知少量的数据，我们现在在车上能够拿到非常专业的数据，这种信息一部分来自车载设备，也就是说当你的车爬坡的时候我就知道这辆车在爬坡，下车的时候我就知道在下车，我能够非常精确地掌握车速。

我们在车速处理上是非常专业的，当然我们是前装的，我们能够在车身上获取更加复杂的数据，比如说车上各种电器的使用，灯光，司机有没有踩油门，使用了什么档位，包括发动机的转速，都能够远程检测出来，通过数据我们就可以看到司机驾驶的情况，如果在常规的GPS里面，10秒钟或者20秒传一次数据，所以你没有办法分析他有没有做这个动作，我们处理数据的力度是高的，比如我们是在毫秒处理的，所以能够非常精确地分析师傅做的动作是否合理。

另外我们在车辆发动机方面也做了大量的公司。重要了是我们把数据通过大数据的分析方法告诉你什么时间什么司机耗费了多少油，他的驾驶行为，使用的空调，比如开空调和不开空调对油耗的数据，通过大量的数据计算精细分析一个车辆的情况，司机对车辆操控的特征，并且把数据通过分门别类的分析，尽管在数据处理上看上去很复杂，其实展现给单位的其实是相对简单的。你可以看到哪一组车辆高，哪一个司机高，如果他跑高速公路，意思推断他行为的特征，以及他可以提供的空间，再通过管理的方法对司机进行培训，要判断他的行为特征对安全和油耗的影响。

我们知道这个行业有一些司机通过偷油的方式获得绩效，25电脑会自动测算出偷油的值。有的单位要求在油箱外部装隐蔽的摄象头，以前很多人倾向装摄象头，如果你有100辆车你不可能找人专门监看100辆车的情况。

另外一个是大数据，很多企业都在讲大数据，首先在企业方面要能够采集到大数据，如果只有一个车辆的位置，即使你只有 10 万台车你也没有大数据，车辆的位置、灯光，变速箱、驾驶习惯的分析等等要有强大的分析能力，第一个是数据统计方面的能力，第二个是了解这个司机的特点。 比如司机开车为什么猛烈的加速或者猛烈地减速，你可以推断出这个司机是尽量尝试闯红灯，没有闯过去就会紧急减速，这种设计能有较强的风险特征，如果你在统计里面看到一个司机有大量这样的行为，尽管目前没有事情，但是你可以评估他的风险，就像体检一样，我们可以根据很多参数反应出来一个人的特征和发展方向，司机也是一样，我们希望通过这种方法帮助企业在事故发生之前就找到一个有风险的司机通过管理的方法或者其他的方法两降低你的风险。

真正做大数据是专业的，所以我们只做 IDM，这并不是三五个工程师就可以做出大数据。我们在车辆的分析方面做了驾驶行为分析，基于在车辆上精确采集的数据，知道车辆加速是多少，转向多少，比如我们要求限制一辆车过弯的速度，我们现在可以知道一个车的司机在过一个弯道的时候速度是多少，通过这种方法，我们做好分析之后会给企业明显的报表，更简单的是给到一张司机的打分，就像考试一样。如果他的成绩不好你就可以淘汰，这样可以确保驾驶人员的风险系数降低。在国外商业保险应用模式就是基于车况，基于驾驶人员的风险来定制化个性化的保险，目前在国内这种模式还不行。至少我们做的数据是中国保险行业关键的公司确认我们的指标没有问题，当你把数据披露给保险公司，告诉他我的风险系数非常低，通过这样的方法你可以要求向保险公司降低保费，这是帮助你降低运营成本。

最后一个错位就是我们如何控制这台车，我们一直在努力升级 GPS，使得监控更加细腻，但是如果管理 100 台车，不可能雇佣 100 个人后面每个人看一辆车，这些分析往往在事后有异议，在事前没有什么意义，我们做的真正关键是和中国的汽车厂商做结合，这不是讲概念，我们现在在国内的一些行业精确地控制载重，比如渣土车有规定，如果盖不合上发动机就不能发动。第二个是渣土车白天不能上路，现在通过我们的技术系统限制，我们的系统会计算时间，看这个盖，装上传感器，如果盖没有合上，或者不在规定的时间司机在车上是不能启动车的。

通过我们的系统限制，首先这辆车是不能举升的，不在规定的位置是不举升的。如果车偏离了线路它会报警，你就会打电话告诉司机为什么偏离线路，我们能做的就是在很短的时间内发现司机偏离线路，如果司机想做特别违规的动作，我甚至可以远程关闭发动机，这是我可以做的动作，这种对于我们和整车厂的密切集合，所以不用担心它的安全性。

最后是我们做的关于危化品的管理策略，我们讲的这些对车辆的深度控制，不是单一的策略，而是复杂的策略，我们基于车辆上复杂的设置，比如规定晚上 8 点到 5 点才能发动，如果在这个时间之外是不可能发动的。第二个是必须是认定的司机才能发动机，我们都有安装指纹，如果是陌生人即使要钥匙也不可能起动车。第三个我们可以进行限速，以确保车辆绝对不可能超过这个速度。

第四个可以限定位置。

我们会把我们的感知能力和管理能力，我知道一个驾驶员好，还是不好，好的驾驶员和不好的驾驶员有不同的的习惯，最终达到我们在管理和监控上非常精确的，可控制的系统。这是我们在危化品运输里面做的关键技术。

我们现在也在跟中国相关的机构讨论是不是在适当的时间把这种技术变成强力的技术，像渣土车很多地方都是有标准的，这种技术将来也可能会变成国家的一种规范。很多人会提一个问题就是做最精密的控制设备，如果我把电源一把，就实现不了所有的监控设备，我的设备和发动机是标配的，意味着我的设备破坏了这个车就不能工作了，所以没有人会破坏设备的。

在车辆产业链上我们强调两个，我们看到物流行业里面上下游的企业非常多，有的企业做设备，有的企业做车联网平台，还有企业做顶端的车辆调度管理，我们航盛只做车联网的技术平台，在顶端我们和第三方企业合作，我们意识到很多人尝试做每一层，但是对于一个企业来讲如果你的能力有限你做得越多意味着你做得不够专业。

（来源：郭正光　上海航盛实业有限公司 ）

铁路危化品物流管理及规范要求

关于铁路这方面危化品物流管理和规范要求，我觉得不单纯是铁路运输，我主要交流三个内容：一个是关于危化品物流面临的形势，特别是我们国家产业转型升级中我们各种产业结构是什么情况。

第二个是关于铁路改革和我们危化品的关系。

最后是说铁一路这一轮的体制和机制改革给我们物流行业带来什么影响。

刚才有很多专家都谈到整个石油化工行业和危化品各种发展和技术问题，但是放眼整个世界和国家，在未来 5 到 8 年时间有很多东西值得我们进一步关注，包括经济复苏整个动力足不足，这种情况主要是产业结构随着经济危机的发展产生新一轮的量。

第二个是新兴产业的发展预示着新的突破，我们的新能源，新材料，包括生物科技，整个国家经济发展也还是比较低迷的，所以铁路上半年的运量没有什么增强，李克强指数里面也显示，最重要的是煤炭运量的减少，第二个是煤炭因为环境污染，所以把输煤变输电，再一个是变输煤为输气，能源产品结构的调整，以及石化产品的衍生品现在很多，而他们进一步更重视的是围绕 3D 打印可能在未来 5 年左右的新突破。

我们石化产品原来的储运是围绕相对集中区域的生长空间，如果真的 3D 技术随手可得，这一类危险品的原料如何保证供应，新工业革命中国能够做到什么程度，很重要的一块儿是危险品里面形成上下游产业链，3D 打印的时候原材料生产和销售之间是什么样的变化关系。再一个是国家制定的战略新兴产业，石化产业转型升级迫于眉睫，全球的生产方式的变革，围绕着我们整个供应链体系，各种技术的影响，部分劳动密集型的，我们物流企业不管是危化品，还是其他都面临就是网络化经营，都所不同的是因为经济安全发展有很多是防范经营风险。平安除了社会的问题，也有以为危险品为代表的安全生产问题。

我们国家的产业结构调整进一步的发

展，我做了分析，这是从上世纪60年代开始人均GDP和工业产值占GDP的比重统计。我们能够看到如果到2030年，人均GDP中国在下一条线还会稳中有升往前徘徊，但是制造业领域，我们国家一直提大力发展服务业，所以我们实体经济很重要的一部分单纯靠实体经济很难，工业比例在工业比例里面占多少，这是非常值得探讨的。

从这个图可以看出往下走的是工业增加的比例，中国改革开放以来大概占45%到48%，这个占比就是中国工业界下一步是不是往高端制造业走了，会回落到35%左右这是值得判断的。从世界的经济纬度来判断，数据统计中国的工业制造业在全世界的份额是三分天下有其一，2008年直下下降，之后回升。现在我们跟美国在金融危机这一两年中国变成世界第二大经济体，在全球制造业的份额跟美国差别多平起平坐了，实际上也给我们带来更多的要求，从国内的趋势来看有四个：第一个是创新驱动，对于危险品类的生产，包括运输物流，乃至整个供应链要实现什么有的创新驱动。

第二个是城镇化逐步推荐，居民消费结构不断在升级，我们的城镇化率已经超过50%. 这样一来我们的石化产品由原来的生产性资料，可能有一部分向生活性资料转型，所以我们这一段正是变化期，以石油为主的生存性消费向以主的消费。所以石化整个行业业面临产业过剩的问题。工业增长的速度放缓，就我们这个规模以上的石化企业的波动增长，跟中国原来的情况一样，再不转型完全不行。

在我们国家石化类的占比是60%多，从整个产业结构来看，应该说跟汽车、钢铁还不太一样，就是集中化的程度相对来讲需要进一步提高，有一些大企业很集中，小的分散也比较明显，整个汽车业和钢铁业这一两年有进步。再一个就是技术创新能力不断提高，企业现在竞争不是靠规模，而是靠核心竞争力，这种核心竞争力逐渐向技术转型。

在大背景下铁路千呼万唤的改革从去年开始推出，差的就是管道，五种运输方式，所以我们主要是依托客运，所以在这种情况下铁道部成立了铁路运输司。国家还是要支持，但是我们了解到铁路现在也遇到同类的问题。就铁路总公司而言，他承担着供应性的任务，也有经营性的任务。

这几年中国高铁发展很快，老百姓便利出行，铁路虽然可靠，但是铁路封闭有很多问题，去年货运改革，整个《货运组织改革》主要提：一个是明确物流化，一个是着力走向市场。具体目标：第一个是方便客户；第二个是实现运输组织由内部的生产型向市场导向型转变，就是为客户服务。第三构建铁路货运运营商体系。

最后一个是推动铁路货运向线上转型发展。如果就做干线运输国家没有补贴。具体的改革的任务是推进三个方面：一个是简化受理方式。第二个推进食货运输，压缩计划周期。第三个是加强现代物流转变。在这种情况下整个危险品的管理也面临着变化，这种变化在我们查的资料中整个市场的占比接近半边天。

整个的运量就危化品来看是2亿多吨，在铁路的占比中是6%到7%，铁路的危险品不愿发展太快，因为怕出事。大概就是三个特点：第一个是领导高度重视，因为亏了钱没有问题，但是会涉及到乌纱帽的问题。第二个是安全问题，我们都遇到过，北京2006年禁止在市区燃放鞭炮，万一出事领导人就下台，所以安全是之上的。第三个是有一套管理体系。所以这里面有很多围绕铁路运输的规章制度。

在这中有一系列的相关办法，特别是一系列的许可资质。这次改革最大的变化应该说是对于危险品运输资质的问题不一定都要通过总公司审批，要跟地方的铁路局审批，不是国家定的那七个地方铁路局，是铁路晶莹的企业，当然运输的规则里面琳琅满目。各种运输方式都有，不光是铁路的事情，所以在危化品物流中一定是综合运输体系。依然有很多新装备也会出新事故，危险品在我们银险中就是模式创新，安全保障。其中技术在里面发挥重要的作用，我们国家的危险品运输中铁路占一半，公路占一半。

整个危化品的管理中主要是以综合运输公共服务平台为主。去年通过的是10万公里，到了2015年按照十二五规划达到12万公里，所以今年追加投资7千多亿，铁路快速把客运建起来。只从京沪、京广打开的大通道释放30亿吨货，相当于每年多开100万。其中一个变化就是推进的准时化还可以，原来是没有谱的。所以2014年7月1日最近各个路局正在落实，我们也增开从货运件到货运件的，就是考核卸货和装货。所以准时化的问题大家可以关注报道。这里面分了几个等级，2014年7月1日有6个战略合作的，包括顺风，圆通等。当然还有一些普通的，更多的是循环直达。

对危化品的具体组织：一个是探索新型竞争关系，有望跟路局在小区域成立新型运方式。第二个是铁路运输平台打通以后，对于运输和综合物流效益统一驾驭。第三个是铁路运输中心管理推荐，于是结点资源的综合利用目前正在表态意见：一个是主张多建铁路，还有就是专线的很多物流增值服务，所以现在还没有形成广泛的共识和结论，大家可以关注。

第四个是信息标准化，铁路的优势在就在这里，否则不同的省份不一样了。一旦跟网络对接就发现没有什么标准，所以怎么跟信息系统方面标准化。除了刚刚说的东西，还有技术性的东西，还他到安全性的问题，我认为一个是关于危险货物的包装问题，虽然有很多液体，也有新的载体，还有就是很多固体的包装，现在低温货物可能会用集装箱。

再一个就是综合集装箱的发展，于是一个危险品的物流基地至关重要，尽管时间经常出事，综合物流综合服务，应该说可以跟国外学，这是美国联盟在不同领域主要的公共交通方式，各家企业怎么合理入驻。再一个是物流的综合运输能力能够为企业所用。现在是一般货物，但是危险品的运输除了管道固体的运输也是值得关注的。

总的来说体路的改革对危化品的影响，我们可以通过微妙变化及早储备，像顺风2007年就找到铁道局，就想着将来一旦高铁放了，但是铁路没有考虑这个事情，2014年7月1日公布顺风、中通就先批了。据说还不错，平时用飞机，飞机总是晚点，铁路基本上不会停运。所以说值得期待，但是路途比较坎坷。

（来源：张晓东 北京交通大学交通运输学院 ）

【第三届中国危化品物流供应链峰会在上海召开】

2014年7月3日至4日，第三届中国危化品物流供应链峰会在上海隆重召开。本届会议由中国物流与采购联合会主办，物联网技术与应用专业委员会和中国物流信息中心承办，会议以“物联网时代下危化品物流的优化与管控”为主题，对如何依靠科技创新在物联网时代下提升危化品物流专业化程度、保障安全、降本提效、打造危化品平台经济等议题进行深入的探讨。中国物流与采购联合会副会长蔡进代表主办单位，中国石化化工销售有限公司副总经理张国明、中外运化工国际物流有限公司总经理王笃鹏、石化盈科信息技术有限责任公司副总裁蒋白桦等代表协办单位出席会议并讲话，会议还得到了佳通轮胎（中国）投资有限公司、锐特信息技术有限公司、上海山汉国际物流有限公司、上海航盛实业有限公司、北京中交兴路车联网科技有限公司的大力支持。本次会议是近年来这一领域内涵盖参会企业数量最多、 范围最广、代表性最强的一次极具影响力的行业盛会。包括中石化、扬子巴斯夫、赛科、壳牌等262家企业和500余位代表出席了本次会议。

危化品物流的安全与管理、问题与创新的论坛对话

出席者：

曲焕涛 上海赛科石油化工有限责任公司 物流HSSE经理

袁国锋 上海运泽化工物流有限公司 董事长

卫剑飚 上海港城危险品物流有限公司 总经理

佐藤薰 山汉物流集团（香港）有限公司 总经理

何 源 嘉里会成物流（上海）有限公司 副总裁。

「主持人」：首先请佐藤薰介绍一下目前物联网在你们公司的情况和遇到的问题。

「佐藤薰」：首先应用物联网把一件事情办成是很重要的，特别是对中国国内运输，我们应用到物联网这方面还不是很在行。在我们公司现在是用到内部的TMS的管理系统，用TMS管理系统管理车队和承运商，我们现在要做的就是把我们的系统和承运商相连接，这样更有利于我们的管理。

我们为什么说跟承运商的系统相连接，这样的话因为有两个费用的确认，一个是跟客户的费用确认，一个是跟承运商的费用确认，如果承运商把费用信息都可以确认好，这样可以加快我们的现金流。

「卫剑飚」：谈不上介绍了，今天参加这样一次峰会，对这个概念只能说是一知半解，从我自身的工作经验来讲，我觉得现在讲危化品安全最重要的是规则或者标准化，而且应该是高标准的，如果按照标准化来说没有高标准的运营程序，在座的大部分企业是这个行业的领导，要想在这个企业发展，首先要保证生存。

从标准的角度来讲，目前从甲方到乙方有标准，有行业标准，但是这些标准不

够，从我个人的经验来讲，不但只是高危的风险，从我们自身来讲应该对高危的东西运行中的操作规程，以及企业建立高标准的操作规程。比如说开车，派一个有经验，操作习惯比较好的司机等等这些方面，我觉得这些都是在企业标准化里面要解决的问题，这是很实在的。

今天在危化品行业发展生存，如果一味靠干劲，我觉得这不是最关键的，还是要有标准化的意识，如果大家有合作发展，标准在执行过程中就是要监督，今天也讲了很多，怎么把一些信息化技术引入到对标准执行的监控上，我觉得信息化技术包括信息技术的引入这个环节是非常关键的，如果我们在座的企业，大家在会后交流一下，引入物联网技术时代先进的技术，也欢迎这方面有特别技术的单位可以跟我们交流。

「袁国锋」：我感觉我们从事危化品物流，我就在想做到安全为什么这难，因为涉及环境，包括环境本身就是一个资本，一方面就是缺少安全监管，政府又是比较独特的，有时候是过度监管。作为我们民营企业生存空间是非常狭小的，尤其是物流行业，我觉得这个行业在目前这种情势下只要监管方式不改变，我觉得总是要有他抗的风险。物联网的特征就是大平台，小价格，它能够对这台车的安全，货物的安全，甚至对社会和他本人能够负起责任，我相信将来一定会有一个物流平台，车联网平台，通过平台的技术，物联网透明化，接下来进行综合风险的转移，所以我觉得民营的还是做小更好，大了之后经得起煎熬的，不仅仅是产生盈利，甚至是未来 20 年以后这个市场需要等待煎熬。

刚才讲了标准化，我们一直坚持做标准化，非标准化的我们不做，所以我们如果非集装箱我们不做的，相对来说我们还不至于那么煎熬，以前也尝试过做零担，但是发现是冒着生命危险干着做卖白菜的事情。我不相信哪家民营企业能够做好，我们经常也在招标，如果中标了 6 个月后才到账，所以我觉得在物联网时代，物联网是一种手段，为了达到透明，监管有助于企业的管理。

早上分享了车联网的技术，我觉得这是很好的选择，让你不能犯规，我觉得只有这种思维就像监督一样，要有敬畏之心，如果犯了罚让你倾家荡产，如果这样的话小的企业不会怕，我觉得未来就是一台车的老板，加入大的平台，因为业务小他不担心这个平台出事，我相信接下来会冒出很多这样的平台，不但是以互联网的应用，还有第三方物流的整合，货源的整合，小前端就是个体的加入，只有这样我觉得还是一定有机会的。

「主持人」：下面有请何总分享一下关于信息系统建立的方面他有什么看法。

「何源」：今天的话题很广泛，我在这个行业工作了 10 年左右，我说三个关键此：第一个是难，第二是标准，第三是执行。这个行业压力比较大，有时候我们自己会想物流行业好人不干，坏人干不了，难完了之后又要求标准化，标准化这个话题说起来太广泛，在我这么多年搞物流化工运作，真正的公路运输也不难，以我们自己为例，跟这壳牌，其实他们有很规范的标准化体系，4 句话就可以讲清楚的：司机是安全的，车辆是安全的，行程是标准的那就是安全可控的。

到底物联网能够支持到什么，我觉得物联网尤其在道路运输前瞻性方面能够帮助我们。所以说物联网技术手段是可以帮助我们达到执行中的一些差异性，这些差异性可以做成良好的，为您将来避免发生这种错误而进行指导性的办法。

「主持人」：实际上从何总的角度当然是和物流企业是战略的捆绑。这里面涉及有标准的整合问题，不同的公司有不同的GPS系统，未来关于这些技术怎么整合，的确是挑战，想问一下佐藤薰先生你们是怎么把这些信息能够分析出来可以变成很好的管理工具？

「佐藤薰」：因为很多公司都会用到口头沟通，这样的话会发生很多错误，所以我们公司在跟发货商沟通都是用到一些电子合同，这样可以避免错误。作为日本人我想跟大家分享一下，这些世界500强公司是怎样获得成功的。这么多公司之所以能生存下来的原因就是以人为导向，即使我们在管理中用到高科技的东西，我们还是要做到以人为导向。

我的管理风格永远不会改变，就是要以尊重人为准则，如果我们不尊重人员，他们不会为公司做出很好的贡献，如果他们给我们公司提前给出一些建议，可能他们会犯错，但是我们应该还是尊重他们。我们应该为他们设定一些梦想，这样的话他们才会为公司做出努力。

现在在上海已经住了8年了，每天也读中国的报纸，领悟到一点就是一定要尊重人，要重申一点，就是人事的作用，让人事部门的人员跟员工做更好的沟通这样才可以使员工有更好的发展。

「主持人」：可能佐藤薰对人的重视放在比较靠前的位置。在你们公司里面判断司机的好和坏是基于什么样的管理？是有什么样的系统帮助你们？

「卫剑飚」：我完全同意佐藤薰先生讲的要尊重人。中国对规则的尊重，倒过来讲这个规则就像一个企业怎么做规矩，我把两位嘉宾的意思合并起来，我们公司现在考虑做的就是更多以奖励为主，处罚为辅，这个观点其实也不一定都对。如果出了事故你就简单地把他开除了肯定不对的，如果这个司机反思的话他就变成有经验的司机。

所以我跟内部讲建立监控体系的同时，建立记录驾驶员习惯，不是用一件事情建立它的对和错，而是建立考核体系记录他的驾驶习惯。用一次评判不够，比如说观察他一年把他各类的操作情况拿出来看，我们现在的观念就是有些人规则意识比较强，不用说他也会按照规则做的，这样的人在中国也是有一定的比例，很大一部分是要靠约束，约束之后他可以做到，但是还有一部分人怎么约束他都改变不了。像这类的驾驶员用考勤系统记录半年之后这一部分的驾驶员就要考核他。如果违规了，这部分钱就不要了。如果规则违反次数多了就再重新做，这样的操作从目前的反馈来说驾驶员还都是比较认可的。

「主持人」：现在有一些技术可以分析驾驶员在驾驶过程中的所有驾驶习惯，实际上这是一些概念，就是通过一些数据判断驾驶员的操作习惯。在以前的时候是由安全管理人员判断，现在是由管理工具代替安全管理人员判断。我想问一下袁国锋总经理觉得这种趋势有没有可能实现？

「袁国锋」：我觉得目前可能实现不了，因为我一直在想我们的企业经营中国只有像马云一样的比较潇洒以外，其他的方面制度变化太快，尤其是危化品行业的监管，一般来讲就是有什么新的会议政策，所以说我还是觉得像刚刚讲的，我们还是要跟驾驶员共赢，尊重他，尊重他不是讲在嘴上，而是把钱放在他的口袋里。

正好这段时间我们在企业就在强调，有些人需要监管，有些人坚持不住，我们在对接三观的时候，你是在哪个层次，很多驾驶员应该在第一二层次，他就是为了生存，最多是为了安全生存，你了解他的需求，你就多给他点钱，我们还有标准化的很多管理平台，我们可以有很多点规范他，尽可能把利润释放一下，只有这样才能达到共赢，有一些规矩他能够遵守，如果只是给他洗脑，他离开了这个环境外部的环境还是会影响他，所以这些驾驶员更多是追求生存。

所以我们在管理驾驶员的时候把公司的盈利目标降下来，用互联网的思维来讲就是让那些屌丝，让他舒服多赚钱，他也更好得服务于我们的用户，他的影响会极大的或者提高我们的形象。所以我们在贯彻物联网思维的时候，执行的第一线还是这些驾驶员，如果他不遵守把钱拿走，或者跟人家吵架都会对企业的形象有影响。

现在有一个问题，就是风险转移，如果外包的企业，能够把保险理念用好，完全把他们个体的风险能够转移到一部分，同时就是跟它的利益捆绑地更准，我相信未来在中国目前还不能完全跨入到西方法制环境下，国家的这种模式肯定是有问题。

「何源」：我个人认为对于未来的司机管理我觉得有很大帮助。因为我们能够逐渐认识到人员的重要，因为我们的信息应用系统先进化还是有待时间的验证，但是它永远替代不了管理思想，还有一个是严加监管，由于技术手段的提高是可以给我们一些有用的信息，能够让我们针对一些问题解决问题。

「主持人」：大家抱怨比较多的是政府监管过多，这里面各种各样的法规也比较多。这里面的确需要一段时间适应，接下来想问一下佐藤薰先生，从您的从业经验来看，遇到多种监管的情况，你是怎么应对的？是跟政府沟通？还是？

「佐藤薰」：在日本这也是很常见的，日本政府在实施某项政策之前他们会跟企业进行沟通。

「主持人」：关于目前标准冲突的问题有什么好的解决办法？有些物种要求我们司机每三个小时休息一下，但是有些地区司机是没有办法休息的，要不是违反公司法，要不是违反国家法，这怎么平衡？从你们公司的角度来看如果碰到这样的情况应该怎么处理？

「何源」：这个事情的确碰到过，我觉得只要提前报备这是可以的。我觉得并没有出现国家的政策和要求出现差异的时候怎么平衡的问题。

「提问」：各位嘉宾好！我是来自广西的物流企业负责人。我想问一下在目前这种物流状况下，真的是赚白菜的钱，要上这些高科技的设备需要大量的资金，这个矛盾怎么平衡呢？

第二个问题就是刚才各位嘉宾也谈到民营企业发展前景问题，当然我们知道做大企业，中国实际上有比较多的企业是属于中小型企业，他们也需要物流，你们可以做高端的，我们这些做低端的从前景来讲有什么样的发展前景？

以个体车主为单位，对这样的场面，加入到一个平台，从最近发生的事故来看，比如山西的隧道事故，其中有一台车就是个体车，是完全没有监管的，不但车主破产，挂车的公司也是破产的，因为保险最高也就是200万，出这个事故上亿了，你们觉得这种危险品，如何避免风险？是往大的平台并购走？还是细化到越细越好呢？

「何源」：我们也不是高大上的公司，我工作了8年多，曾经也是民营企业，后来被收购了，我自己经历了这个过程，在缺客户、资金、安全规范的情况下要不要做规范化管理，要进行危化品安全永远是第一，是为员工负责，为社会负责，我们在企业里面安全问题做好别的问题都不是问题。需要不需要建立一个体系是一定要建立体系的，但是不是要建立车联网体系，这个可以一步一步来。能做到哪些可以做，在未来6个月能做哪些，而且这6个月里面成本可能只需要两个人加班就可以了，而且这两个人学出来以后，他可以去别的公司工作，这两个人是有未来的。

在某些地区安全规范化的管理学习不需要，非常需要，这套系统有了之后，你可以告诉客户这么做也许不能保证100%的安全，但是我有套规范，当然你可以怀疑我是不是这么做的，但是我有规范，有规范总比没有规范好。我一直认为西方的体系比中国人的体系建立得好，这条路走多快可以一步一步来。如果这个司机出了事情可能对他的家庭是很大的打击。

「袁国锋」：刚才提到平台，我觉得前面在考虑能不能做，我们要评估一下，我们中国人看到什么赚钱就做。可能很多人是很盲目的进入，没有评估自己能不能扛风险，能不能坚持，有没有长期的打算。既然做了这个标准，规范需要有强度，需要有扎实的基础，包括人员，设备都要有高门槛。有时候放弃也是一种选择，所以我提到平台，10几年前马云讲淘宝你不一定听得懂，平台一定是未然的，只是这个平台足够大的时候，它可以扛住风险，如果未来这个平台整个中国就是一两个，不会有大的发展，大家可以选择退出来，选择自己擅长做的事情。

「主持人」：我的体会第一从货主的角度来看，现在这几个大的物流企业，从未来国家形势来看这个地方会越来越规范，一个小的公司这几辆车不够规范，以前可以，但是未来会月来重视，被淘汰的可能性越来越大。第二个是国家追究货物企业的责任越来越大，所以说大家也不要太担心这个事情，国家还是往好的地方走。

最近触动比较深的两件事情，一个是中石油中石化的只要是发生了问题责任人就地免职。第二个是明年的《环保法》那也是直接就地免职的。有一些危化品的操作标准你们不要编，编了以后还是要按照规程做很麻烦的，我相信国际上化学工业学会的标准，和石油的标准也不是公司制定的，也是行业协会做，你觉得能做一就做一，不要上来一下做完了，这是水到渠成的事情。

中国的标准化为什么不要重视，各个地方政府搞各个地方的，大家的专业水平不一样，写标准的水平也不一样，大家还是直接向国际标准看齐。

物联网技术如何助力危化品物流发展的论坛对话

出席者：
锐特信息技术有限公司副总经理朱剑川
陶氏化学 供应链副总监冯海涛
宁波智慧物流科技有限公司 CEO 秦磊
交通运输部科学研究院 副研究员刘凌
万创危险品物流 董事总裁黄嘉华

「秦磊」：各位嘉宾好！我很快介绍一下我自己，我原来一直在 IBM，是负责大中华区智慧商务软件的业务。做着做着突然发现要做人生中比较重要的决定，就是把我的家从北京搬到上海，现在一个人在宁波做宁波智慧物流科技的总经理。我觉得在这段时间里面还是有一些心得体会。

我先从大的角度说一下，我是一个物流的外行，更多是从供应链角度谈。刚刚看到戛纳对供应链企业做的报告，第一大趋势谈到这些优秀的企业必须要把用户放在中心的位置。对这些企业来说他的用户需要简单且优雅的服务，这样的服务需要供应链的流程来保证，这样的供应链流程不只是用墙内的供应链流程，更是上下游合作者之间的供应链流程。

第二个是谈到互联网能够很好支撑起数字和实体之间的管理，这对供应和物流是特别需要的，因为它可以提供在那个时刻客观的数据反应，没有任何的欺骗性，这时候需要把互联网信息和实际的业务能够进行深度的融合。我们中国要是看到电动车本来就是简单的开锁，如果放在危险品运输中，如果装载毒品，把这些毒品合上的时候代表着一个移动"炸弹"，如果卸货完毕，再把毒品递出的时候代表的是弹壳在道路上，对于弹壳和炸弹的监管措施当然是不一样的。在冷链这边每个侧门和后门的开和关在高达摄氏 38 度的环境中，冷藏车摄氏零下 25 度，这时候多少分钟是开关的时间，那是不同的。

第三个是今天的这些领导企业，包括在座的诸位，怎样能够建立起自己的可信的，安全的供应链伙伴社区，这个社区如果是领导企业，他希望能够变成这个链条上的链子，同时希望更加主动的确定相应的优化方案，来配置整合他所能调动的。这样的思考其实今天看来，在整个供应链这边，我把它分成三个环节，整个货物运输我把它叫做配运环，这边是靠我的下游给我买东西，我的上游向他买东西会有采购环，这三个闭环构成中间由订单驱动的每天都在发生的事情。

所以我们的客户会关心他们的货款，货款就等于订单，定单背后有需求，有需求就有计划，今天所有的企业都希望建立起自己的供应链社区，会构成供应链的生态圈。带着这些思考，我们分为三个层次：第一个是智慧的监控，不仅是做可视，可控，更多是怎么把人车货电能够完美地和业务流程协同。因为只有做到协同才能做到融合。第三个是怎么做优化，在供应链和物流里面货从港口出来，怎么放到舱口。另外就是配送的时候该从哪个仓取多少货配送。第三个是车怎么走，到底需要多少辆车，用什么样的配送方式，到底走什么样的路顺。

我们举一个客户的例子，他是利安德的一个销售，对他来说首先是看是不是能够监控，原来是有相应的 GPS，但是只能做到部分的可视，没有办法做到可控，也没有办法做到真正全程的人车货监控，在这上面就会带来很多的风险，其中一个风险是因为也许司机在整个过程中有不良的行为带来安全隐患，而这些安全隐患是非常有风险的，这时候我们把整个业务流程和物流网设备紧密的结合在一起。

第二个就是效益，原来他的陆运专员每天接几百通电话，现在基本上没有了，在陆运的时候，现在上这个系统感觉到工作是一件很幸福的事情。

另外就是客户，原来下了 3 千或者 5 千吨货，其实订单处理到什么状态，什么时候配送都不知道，都需要打电话，而现在订单什么样的，大概厉多远都可以的，精确到每个司机，每个仓库，这么一个效率的获得，我们的客户不需要软件，即用即服务，用得好和不好完全可以投票。我们危险化学品每一个参与方都会关注安全，但是在闭环中怎样通过协同的工作实现端到端闭环全流程的操作，使得真正从订单、提单，整个藏运过程中提到相应的效率，在这个过程中增加整个供应链效益。

「主持人」：每次见秦总，他在物流业的见解都提升了，原来是是 IBM 技术行业的专家，现在变成物流行业的专家了。一个是优雅，一个是幸福。使流程和管理变得更优雅，这个地方所谓的优雅就是精细化管理，通过这种流程的优化，通过信息化的手段，让我们的层物流操作人员感受到自己的工作幸福，我认为这和物流整个环节的优化是很有关系的，我们希望通过智慧物流这个形式，信息化的手段真正实现危化品物流优雅的目的。

下面有请锐特信息技术有限公司的副总裁朱剑川说一下他们的工作经验。

「朱剑川」：很高兴跟大家分享经验。我们公司是专门从事供应链信息化的企业，我们公司现在在危化品、冷链、电商、汽车等领域都有很多成功的解决方案。我一直从事信息化工作，今天从信息和角度跟大家分享一下在危化品信息化方面成功的经验。

危化品安全一直是我们关注的问题，为什么企业会铤而走险用这样的方式运输，很重要就是物流成本高，如果走快递就是几十块钱，如果是走专业的物流成本会非常高，目前主要是缺乏渠道或者专业的运输，也就是我们危化品的零担运输，其实它有很多难点，它的成本体现在很多地方。第一个是转运中心，需要有很多的体制，包括不同危险品的分类知识都要有，还有就是现在国家规定还要对危化品的成分认证机制。

第二从转运中心成本方面非常高。另外一个是在整个的配载过程中，配载车本更是影响零担运输的问题，因为我们危化品的要求很高，所以我们配载的时候很容易导致装载不足，因为只发这条线，可以就会导致我们装载不足的问题。首先中外运化工原来非常重视信息化，在跟我们合作中一直很强调信息化过程的安全，车本等等的重要性。

我也介绍一下我们跟中外运化工合作的成功经验，我们很早就开始合作，在中外运化工整合阶段就开始合作了，我们第一步首先建立一个平台，将他们的订单集中在一起，对订单流形成有利的管理，并且实施监控。另外就是化工运以这种安全的方式，让我们觉得很特别，因为安全是在化工运中很重要的环节。一方面我们从人开始，我们在调度过程中非常注意，当然我们有一些管理方式是通过 GPS 监控，在调度体制更为重要，如果大量的工作安排给他，他也做不了，所以我们调度过程中需要做人为的控制，另外就是我们能够在配载过程中避免小商品的接触。在这方面需要跟操作人员有很好的沟通。

还有一个是我们在运输过程中对路线的勘察，我们设定好路线的整个轨迹，但是在运输过程中司机有可能不按照这个轨迹走，所以这时候我们就跟 GPS 结合，在运输过程中是否存在轨迹偏离，我们把计划和实际结合，这是第一阶段我们采取的措施，所以化工在这块儿非常专业。第二个就是很关键的支持零担的运输，零担运输也是我们这段时间建设的重点，零担运输从原来运输的过程得到优化，我们进一步优化是在整个转运中心的管理，包括怎么提升工作效率，接单过程怎么避免接到分散的货物，这样控制我们转运的运输成本。另外我们用条码转运中心的转运效果，跟整个跟踪的平台集成起来，最后达成全程跟踪。

我们这个案例有非常多的亮点，我们用了大量的互联网技术监控整个车辆的行驶过程，监控车辆在风控的轨迹，进一步合作就是能够检测化学品泄露的问题，我们现在也有很多这方面的合作。谢谢大家！

「主持人」：快递成本比物流成本低，我听了很诧异，就说明我们物流行业做得确实出现问题。对于非常小的小件运输的成本应该是快递目前确实有这样的优势。咱们国家电子商务的发展拉动了快递的发展是息息相关的，50% 以上的快递都是依托电子商务。走快递一个是成本，另外一个原因比如如果是毒通过快递运的话人抓住了也不知道是谁运的。所以在这个过程中我们可以看到锐特和中外运做的零担运输，我觉得危险品的零担运输挑战还是非常大的。一直在尝试把冷链的零担做整合，但一直整合不起来。危险品也会面临类似的挑战，不同性质的危险品如何整合，不同要求的危险品放在一起性质会不会偏移，这是一个挑战，在操作层面和信息化层面我们应该有所思考。

刚刚谈到危险品的零担运输，从万创物流公司来说如何看待危险品零担，以及在这个过程中需要注意什么问题。

「黄嘉华」：大家好！我觉得物联网技术对我们行业有两个作用。 第一个是物联网技术的应用，我们看一下 6 年前发生了什么事情，以茅台酒为例，委托第三运输或者其他方式运出来的都是假酒，所以我觉得在物联网技术应用这块儿，不管是物流企业，还是第三方，未来三五年整个技术的发展对我们业态效率的提升，安全的提升是有帮助的。

第二个是物联网技术的颠覆，从 2003 年开始互联网技术发展拯救了大批物联网企业，13 年移动互联网发展成就了很多移动物联网企业，到 2023 年是不是就是物联网时代，我认为这来自几个方面的状况。第一个是这个新电技术的产业扩张。第二个是来源于4G技术的大力推广，第三个来源于物联网很重要的是跟互联网一样类似于IT的协议方式，只有这三个大力发展物联网企业。

如果单纯谈危化品，我更愿意把大安全时代放回去，谈整个行业的发展，这个行业应该是C2B，整个物联网行业的发展一定是标准化，年轻化的，今天我们要做的东西就是如何使用物联网技术提供服务，我们明天要做的事情就是如何颠覆这个行业，变成真正的物联网企业。

「主持人」：从互联网新移动互联网转型，还需要多少年，2023年我们会到物联网时代，桌上的一瓶水，椅子、桌子，都有可能被联网。现在我们的智能家居，移动电视以后都可以分析我们每天喜欢看哪些节目，有针对性分析我们观众的喜好行为，有针对性的进行记录，这就是物联网时代的到来。所以非常感谢黄总给我们带来物联网和互联网新的思路。

希望从陶氏化工领域有请冯总谈一下。

「冯海涛」：我们是做化学的，是做供应链物流研发的。今天非常高兴能有机会和大家在一起交流讨论。希望如果是这样的话，物联网的应用在物流和供应链管理方面也是我们公司的战略，作为我们选择战略伙伴必要的方面，这对我们公司未来得发展也是意义深远的。刚刚张总谈到幸福度，我希望我们这个行业的人以后非常幸福，优雅的。

「主持人」：谢谢冯总！谈了未来要注重利用信息化平台提供服务。

最后有请刘凌研究员谈一谈。

「刘凌」：我谈一谈个人的想法，很高兴参加这一次关于危险货物运输，我是来自科研单位。可能我谈的这个观点和角度更宏观一点，客观来讲，刚才听了前面几位老总的介绍收益非常大，从研究的角度我们确实偏战略，和政策方向更多，对企业实际运作的情况不接地气，但是由于工作的关系，对于危险品货物运输，包括现代物流的发展也有接触和了解。

危险货物运输是现代物流的重要组成部分，根据交通运输的统计口径，我们危险货物的运业务是1万，从事危险货物运输的是50万司机，专项人员7万，实际上从事这个行业的远远不只这个数，对整个行业发展的安全和效率的提升是非常重要的组成部分。我上次参加的会议很多的物流企业都做了发言，有一个企业的老总发言特别激烈，他希望国家的相关部门能够给我们危险货物运输企业更多的关注，他说我的员工拉着这样的危险品在路上一不小心就会灰飞烟灭，希望国家给我们更多的重视和关注。确实是这样的，交通运输部等于相关的部门要给予危险货物更多的关注。

今天的峰会是在物联网大的背景下谈危险品货物运输优化的问题。从我们国家来看，供应链的发展总体来讲有四个要素：第一个阶段是单一工程技术驱动的供应链发展。第二个是全球化视野下的协同技术的驱动发展。第三个阶段是电子商务驱动危险货物的发展。第四个是移动互联网和大数据，加社交网络驱动下的供应链发展。实际上从危险货物的运输角度来讲比普通的物流发展更进一步，无论是规范性还是技术标准，危险货物运输物流发展还是不错的，但还不够，还有很多可以发展和挖掘的空间。

未来得发展我们说危险货物运输，我个人觉得可能会呈现三个趋势：一个是由软向硬转，一个是由硬向软转变，一个是由碎片向协同化发展。通过互联网技术变得有反馈，人性化进行管理。由软变硬的软就是指出我们的从业人员。除了人之外，其他的环节通过信息化可以改变，但人的因素是最薄弱的环节，我们看到很多危险品最终都是因为从业人员的问题所造成的。所以对于人员的管理我们一定要由原来的不太规范的柔性化向刚性化，标准化发展。第三个是由碎片化向协同化发展的趋势。

通过这些转变的方式，实际上我们认为交通运输部将来也有很多的工作可以做。第一项工作就是《危规》，包括从业人员的监管考核制度。第二个是对危险品运输物流园区有资金的支持，逐步把危险货物为主体的也纳入到补助的范围。很多依靠港口建立的码头，交通运输部大力在推进。

希望我们交通运输部相关的主管部门能够真正担负起在保证危险品货物运输安全的前提下推进危险品货物运输更好更高效的发展，真正让危险品货物运输不再危险。谢谢大家！

「主持人」：走快递为什么比危险品货物运输更便宜？

「刘凌」：我个人的感受是，在运输过程中实际上现在还是存在很多不规范操作的现象，您说的走快递为不能比危险品货物运输成本低，我觉得不单单是从成本角度讲，包括对从业的资格，运输的线路，相应的审批等等，对于快递运输如果没有产生安全事故，就没有什么费用，我相信在发现危险事件之前，一定有很多违规的操作，只是没有发现，当然这是监管层面应该做的。因为危险品运输的特殊性，从政府的角度来讲是不计成本的，它的安全性大于它的效率。

「主持人」：听了用壮士的心情做危险品运输，我觉得在这里真心希望我们能够通过大会呼吁政府帮助危险品未来的的行业创造环境，创造良好的政策，把我们壮士安心的，放心的，幸福的做危险品的运输。

「提问」：你好，刚才交通部研究员说了，我想问咱们国家危化品运输方面程度已经降低到50%，未来会是怎样的走向？我主要是关心未来铁路运输会对公路的货运产生多大影响？尤其是我们这几年客运高铁增加很多，所以对公路货运有很大的冲击。

「刘凌」：第一个您提的问题铁路对危险货物的运输，第二个是甩挂运输的问题。对于甩挂运输是由国家发改委统一推进的，目前开了三批试点，从节能减排的渠道对于开展甩挂运输的企业进行资金补助。补助的内容一个是用于甩挂车辆的构成，第二个是甩挂站的建设提供资金。并不是说钱投进去全部可以用，必须是购置一定车辆资金才可以拿到。在三批试点之后，现在甩挂运输逐步要向网络化转换进行推广，包括挂车的租赁也有相应的建设。

第二个问题是铁路运输。实际上它的运能在逐步释放，但实际情况是对于铁道部的《货运改革》，《货运改革》的力度有有待加强。据我们了解，铁路大的主干线，钢铁、煤炭的运输仍然非常紧张，对于铁路专用线的使用仍然很高。所以我们讲危险品货物运输的铁路运量和公路运量之间不是矛盾的，有 500 万吨的危险品运量仍然可以在公路上运输，因为最终大多数的危险品货物都是通过公路的方式运输。当然最终适合货物运输的是公路，还是铁路，一个是让市场说了算，第二个是按各种运输方式的经济技术特点和优势说了算。

另外一个是你说的他们相互之间可以产生什么样的竞争关系，肯定是必然的。现在的电子商务企业，我们以往的理解是比如我在京东下单，现在它是 24 小时送到，现在根本不是这样的概念，我们了解到现在很多企业在全国就建 5 大区域配送中心，完全可以通过信息化和物联网技术可以送到全国各个区域，一个是把全国的区域中心做到极致。

第二把生产企业的仓库作为他自己的配送中心，我想通过相应的手段，包括铁路的货运改革之后，可能会对公路的运输产生一定格局的影响，但是公路运输的影响一定是在快速的反应，点到点的运输，将来形成的格局在八百公里的范围内，现在也在推甩挂运输的双挂，如果挂双挂就是超限了，现在准备在局部区域试点推进双挂的运输，将来一个牵引车实现双挂的方式推进，这对超载超限的治理相对起到很好的作用。我个人认为铁路和公路完全可以和谐共处。

第七篇 商贸和其他物流

7.1 商贸物流

【多措并举 加快推进商贸物流业发展】

2013年以来，商务部围绕贯彻落实部分城市物流工作座谈会精神和国务院领导指示，聚焦降低物流成本，统筹部署商贸物流工作，全国商务系统思想统一、方向明确，上下联动、措施得力，商贸物流工作取得成效。

一、扎实推进，重点抓好商贸物流标准化工作

商务部、国家标准委专门成立商贸物流标准化工作领导小组，多次召开会议、组织调研，研究开展物流标准化工作的思路和措施，提出从商贸物流起步、从托盘标准化切入、规范引导和试点推进相结合的思路，明确出台指导性文件，开展托盘标准化试点，加快物流标准制修订等措施。2014年6月，国家标准委、商务部联合出台了《关于加快推进商贸物流标准化工作的意见》，指导地方围绕完善商贸物流标准体系、加快重点领域标准制修订、加强商贸物流标准实施和推广、开展标准化试点示范工作、完善保障措施等。

各地商务主管部门高度重视，迅速行动。辽宁、广东等地分别了成立物流标准工作委员会、物联网标准化技术委员会，系统梳理我国704项物流标准；江西省推动物流服务合同准则、物流园区服务规范及评估指标等9项新国家标准的实施，开展示范企业、示范园区创建活动；贵州省商务厅会同质监局打造“贵州省物流标准基地”，指导开展物流企业认证评估与物流师培训；上海市积极推进动产质押融资和逆向物流地方标准；山东荷泽成立物流标准化工作领导小组，设立标准奖励制度。

二、总结试点，以创新成果指导地方开展工作

近期，商务部围绕商贸物流积极开展工作，探索总结城市共同配送试点等先进经验做法，取得一定成效。先后印发《全国城市配送发展指引》、《第三方物流综合信息服务平台建设案例指引》、《关于加强城市共同配送试点管理的通知》、《城市配送统计指标体系及绩效评估办法》等业务文件和配套标准，指导地方开展工作；建立了商贸物流运行统计与分析制度、重点联系企业制度。下半年，还将发布《商务部关于促进商贸物流发展的意见》，指导地方重点围绕提高社会化水平，支持第三方物流企业发展；提高专业化水平，推动重点领域商贸物流发展；提高标准化水平，加快标准应用推广；提高信息化水平，构建多层次物流信息平台；提高组织化水平，鼓励企业做大做强；提高国际化水平，推进对外开放和国际合作等六个方面开展工作。

政策导向作用逐步显现，以点带面发挥辐射效应。太原、南京、长春、唐山等22个共同配送试点城市，系统设计城市配送服务体系，布局三级配送网络，搭建共同配送信息服务平台，创新货运班车、网订店取（送）、公共自助提货柜等配送组织模式，先行先试取得了可贵经验。近日，江苏省商务厅会同省发展改革委、经信委、交通运输厅联合印发了《关于推进城市共同配送工作的意见》，在全省启动并部署城市共同配送工作。据了解，山东、江西等多地也将在省的层面启动该项工作，总结推广试点经验，推动商贸物流发展。

三、加强协调，落实物流业发展相关政策

今年以来，配合相关部门，研究制定了《全国物流业发展中长期规划（2014-2020）》，明确物流业发展支持方向和优惠政策。搞好工作协调，交通运输部、公安部、商务部联合印发了《关于加强城市配送运输与车辆通行管理工作的通知》，推动改善城市配送环境。加强相互协作，会同国家邮政局开展电子商务与快递业协同发展试点。同时，还积极向有关部门反映行业发展需求，提出在物流用地、水电、税收等方面的政策建议。

地方政府将商贸物流放在促进流通业发展、加强城市管理的高度，多措并举，想方设法破解难题。如：内蒙古积极推动城市配送车辆与普通货运车辆的分类管理，相关城市正在研究配送车辆“统一标识、规范车型、分类管理”的办法；石家庄市制定快递行业电动三轮车管理意见和办法，积极开展“三车治理”，实施车辆统一、颜色统一、标识统一、编号统一；淄博市制定为配送专用车辆发放交通卡、开辟绿色通道的措施；贵阳、太原、长春等地组建城市配送车队，统一标准、标识等，积极解决配送车辆“三难”问题。

（来源：商务部网站2014年8月4日）

【沪上物流集聚效应初显 进口直销质量为先】

进口直销等模式并不能免关税。自贸区直销中心购物之所以能够以低于市场价格销售，是因为自贸区的出现大力压缩了商品的流通成本。比如进口巧克力的关税税率是8%，增值税率17%，计算下来进口综合税率约26%。但国内出售的进口巧克力价格往往比原产地贵100%以上，经销商拿走了大部分的利润。

8月18日，商务部流通发展司会同有关司局组织召开流通改革试点工作专家论证会，结合党的十八届三中全会《决定》提出的“推进国内贸易流通体制改革，建设法治化营商环境”改革要求，从改革试点的主线、目标、任务、措施等方面，对《上海市国内贸易流通体制改革和发展综合试点方案》进行了研究论证。

进口直销质量为先

上海自贸区的免税政策和自由港将有利于吸引高端制造业，而贸易区将有利于吸引更多的加工、制造、贸易和仓储物流企业聚集，叠加中国的产业升级。因此，自由贸易区对于物流的集聚效应将更加显著。

在“跨境电商”、“保税展示交易”等新型商业业态在自贸区落地生根之后，上海自贸区又催生出了“进口商品直销”模式，这些将成为自贸区首批可复制可推广的经验。在上海自贸区挂牌快到一年之际，位于自贸区内的外高桥进口商品直销中心成为了普通市民购买进口商品的重要窗口。

据了解，在直销中心，最为受到消费者青睐的是进口海鲜和水果等生鲜食品，因为这些商品相对于上海市内一般的超市便宜 20% 左右。虽然这样的价格与电商相比并无绝对优势，但直销中心商品的新鲜和优质却是吸引消费者的重要原因。相对于国内许多“来历不明”的进口商品，来自直销中心的进口生鲜食品，能让市民“吃得放心”。

据业内人士介绍，因为进口直销等模式并不能免关税，因此，自贸区直销中心购物之所以能够以低于市场价格销售，是因为自贸区的出现大力压缩了商品的流通成本。比如进口巧克力的关税税率是 8%，增值税率 17%，计算下来进口综合税率约 26%。但国内出售的进口巧克力价格往往比原产地贵 100% 以上，经销商取得大部分的利润。

另外，由于上海自贸区的跨境电商模式多采用“保税进口、行邮出区”的方式，因此，只需要上缴 10% 的税费，而相对于一般货物形式的进口，这个税率是非常低的。除此之外，灵活使用保税优势也是商家降低资金成本的一种方式。

金融开放“贷”活流通企业

“从上世纪 80 年代的深圳蛇口工业区，到 90 年代上海浦东的开放，再到 2001 年我国加入 WTO。十几年来，中国制造的商品遍布世界各地，中国也逐渐成长为世界制造业大国。不过，近年来随着劳动力、土地等成本的攀升，我国制造业的竞争优势正在降低。”一位业内专家分析认为，“因此，进一步对外开放相对滞后的服务贸易，建立上海自贸区是顺应全球经贸发展的新趋势。”

上海自由贸易试验区成立时，决定以上海外高桥保税区为核心，辅之以机场保税区和洋山港临港新城，成为中国经济新的试验田，实行政府职能转变、金融制度、贸易服务、外商投资和税收政策等多项改革措施，并将大力推动上海市转口、离岸业务的发展。

上海自贸区设立之前，上海市出台了 42 条金融措施，明确提出了要结合自贸区的建设要求，提出具有上海特色的方案和操作方法，并争取先行先试，使国家金融改革、开放、创新的有关部署在上海最先落地。上海自贸区将首当其冲地对垄断型的金融业做出改变，可以预期的有利率市场化、人民币可兑换、汇率市场化、金融业对外开放、离岸业务等。

有关专家表示，这样的做法说明当时自贸区并没有制定直接拉动流通业的措施。即便这样，流通企业也可以利用上海自贸区的优势得到一些间接地好处，其中最重要的一项就是可以有效解决中小企业融资难的问题。

众所周知，中小企业由于没有有效的可抵押固定资产以及发展前景不易判断等特点，因此通过向银行贷款融资是很难的，但是上海自贸区的建设，却可以带来更多的外资银行进入。这会使有贷款业务的中国商业银行除了固定资产模式外，将会有更多的评估模型，并朝着多元化发展模式转变。

自贸区带动中国经济转型升级

2014 年 7 月 14 日，上海市召开了关于加快完善现代市场体系专题会议。市商务委根据前期调研情况，初步确定改革的总体思路是：按照构筑“统一开放、竞争有序”的市场体系目标和要求，聚焦商品、要素、服务三大市场体系，针对市场主体、市场准入、市场机制、市场秩序、市场竞争等五个关键环节，突出市场在资源配置中的决定性作用，更好发挥政府作用，加快构建企业自主经营、公平竞争，消费者自由选择、自主消费，商品和要素自由流动、平等交换的现代市场体系。结合商务部在全国开展“国内贸易流通体制改革和发展综合试点”，完成制订《上海国内贸易流通体制改革和发展综合试点方案》，积极争取列入国家试点。

上海市副市长周波认为，在加快完善现代市场体系工作的总体思路、研究框架的同时，上海各部门要积极配合，梳理问题、分析原因，聚焦政府职能转变，提出相应的改革思路和工作举措。

国务院发展研究中心市场经济研究所所长任兴洲在上海调研时认为，上海大宗商品现货市场总体发展情况良好，市场创新力量蓬勃，实现了货物流、资金流、信息流、物流的汇聚，市场管理规范、交易信息透明、产品监管有效、诚信建设独特，专业化的市场在取得价格话语权方面进行了有益探索，具有生命力。

总的来看，推进贸易发展方式转变是自贸区成立的六大任务之一，虽然《中国（上海）自由贸易试验区总体方案》和《中国（上海）自由贸易试验区管理办法》中涉及的细则及具体的管理办法众多，但核心思想是通过国际贸易的便利化、行政管理的高效化、金融市场的适度自由化来推动国际贸易乃至整个中国经济转型升级。对于商贸流通领域，未来上述政策的具体实施有望降低区内贸易企业的运营成本及资金成本，同时离岸贸易及转口贸易巨大的发展机遇也为行业内企业的转型与发展开辟了新的空间。

（来源：上海国际商报 2014 年 09 月 15 日）

【上海将有望成为国内贸易流通体制改革试点首家城市】

日前，商务部流通业发展司向欣司长主持召开流通改革试点工作专家论证会，《上海国内贸易流通体制改革和发展综合试点方案（送审稿）》（以下简称《试点方案》）获得会议原则通过。

党的十八届三中全会《决定》提出“推进国内贸易流通体制改革、建设法治化营商环境”的改革任务。根据杨雄市长指示，2014 年 2 月，本市启动了加快完善上海现代市场体系的有关工作。同时，根据《商务部关于开展国内贸易流通体制改革和发展综合试点工作的通知》要求，市商务委经过充分调研，先期拟订了《试点方案》。

《试点方案》提出，按照全面深化改革总体部署和加快完善现代市场体系的总体要求，从国内贸易发展的全局和战略高度出发，依托上海城市综合优势，发挥自贸试验区改革溢出效应，聚焦市场规则、管理体系、流通发展三大领域，努力探索形成符合国际规范和现代市场经济要求的制度环境和政府管理模式，建设国际化、市场化、法治化的营商环境，为上海成为引领流通业转型升级和现代市场体系发展的龙头创造良好发展条件，为全国推动国内贸易发展方式转变探索新路径和新经验。

《试点方案》明确，开展试点要坚持发挥市场决定性作用与转变政府职能相结合，坚持深化改革与扩大开放相结合，坚持整体推进与重点突破相结合。经过两至三年的改革发展，基本理顺国内贸易流通领域中政府与市场、企业、社会之间的关系，建立“市场机制、政府管理、社会共治”三位一体的国内贸易流通领域治理新模式，对接上海国际经济、金融、贸易和航运中心和现代化国际大都市的功能定位，推动市场规则公平透明，市场环境竞争有序，市场体系创新发展，国内外市场开放融合，从而充分发挥现代流通的基础性、先导性作用，拓展提升上海的现代市场功能，进一步激发市场活力，加快形成统一开放、竞争有序的现代市场体系。并在此基础上，提出了十五项改革任务和六大重点工程。

专家一致认为，上海《试点方案》内容完整全面，充分体现了党的十八届三中全会《决定》精神，体现了商务部流通改革试点工作的主线，也体现了上海特色。

向欣司长充分肯定了上海在流通改革试点工作中所付出的努力，希望上海在进一步完善《试点方案》后，尽快报商务部，待商务部批复同意后，作为全国首家城市，率先启动国内贸易流通体制改革和发展综合试点。

（来源：上海商务微信号 2014 年 8 月 20 日）

【申城连锁便利店与电商逐渐对接】

回家之前，消费者萧先生走进了社区门口的全家便利店，不是为了买饮料或者面包，而是取走电商亚马逊送来的包裹——这项服务在全家已经推行了 1 年。在萧先生心中，便利店已不仅仅是一个购买商品的地方，更像是一条与日常生活交互相连的“纽带”。

无论是全家、可的还是好德，申城街头巷尾的便利店正在发生潜移默化的变化。与电商巨头的互相对接以及后台系统的升级换代，给便利店带来了对新一轮发展的思考和实践空间：物流自提只是第一步，在打破自有空间的局限后，如何以居民小区为依托，从单纯卖商品到卖更多社区服务，是便利店自我升级的重要一步。

打开社区服务“一扇门”

目前，上海大部分连锁便利店都已开通了物流包裹代收服务。包裹代收与便利店结缘不过短短一年。2013 年 4 月，亚马逊中国率先与沪上近百家全家便利店合作，推出物流自提服务；6 月，天猫与农工商集团旗下好德、可的、伍缘等三家便利店合作网购代收业务；7 月，1 号店也宣布与全家展开代收包裹的合作。据行业内部人士透露，如今便利店自提业务已颇具规模，光农工商超市集团旗下的便利店，每天的包裹收单量就在万单左右。

电商想要借助社区门口的便利店覆盖物流“最后 100 米”，无意间也为便利店打开了社区服务的“一扇门”，消费者普遍为这项服务“点赞”。商务部电子商务和信息化司副司长聂林海认为，从线上到线下的 O2O 融合是大势所趋，其中最被看好的就是小区门口的便利店，“便利店是一个方便、利民的商业形态，通常称为‘五分钟商业’，24 小时营业，是天然的物流终端，可以充分保证物流的时效性和便利性”。

“更重要的是，物流大发展带来的很多安全隐患，可通过便利店解决。”聂林海告诉记者，网上下单定点送货，免不了会产生家庭地址、用户姓名及联系方式的泄露，而且白天在家收货的多为老人，如果有心怀不轨的快递员上门送货，有可能出现敲诈甚至是抢劫的情况。但“最后100米”的物流交给便利店，情况就不同了，营业员大多与小区居民关系融洽，作为社区服务的窗口再适合不过了。

（来源：东广新闻台 2014年7月29日）

【社区商业物流新模式引导市民形成新的消费习惯】

购物不用跑商圈，出家门15分钟全搞定。通过嫁接互联网，上海市社区商业涌现出一批新模式，引导市民形成新的消费习惯。市商委负责人2014年6月25日表示，希望这些新模式能在短期内把社区商业在全市社会消费品零售总额中的占比从三分之一提高到五成以上。请听报道：

细心的市民最近也许会发现，自家社区附近冒出来不少奇怪的小店。在浦东海阳路上，记者就发现快递巨头顺丰开的这样一家小店，招牌上写着“嘿客，e网打尽”。尽管门店面积很小，但提供的商品却惊人的多，所有的商品都是通过图片在墙上呈现，门店还可以收发快递、代缴水电费等。顺丰商业门店管理负责人曾建文告诉记者：

【消费者要购物的时候，都是从我们平台上去下订单，或者到我们店里面也可以下订单。我统一的在商家一个仓库里面直接发就行了，那依托的就是我们顺丰快速的物流。】

通过快速物流整合供应商，消灭了传统连锁便利店的库存，缩小店面，降低了库存成本和店铺租金。市商委商贸行业管理处副处长包闻杰把这种模式称为“社区商业网点一站式服务模式”。此外，社区商业新模式还包括“生鲜食品个性化定制配送”、“实体门店线上线下融合服务”、“电商企业网订店取模式”和“大数据、移动互联网助力社区服务模式”等。包闻杰说，这些社区商业新模式迎合了移动互联网时代市民越来越碎片化的生活模式，拉动消费潜力巨大。

【因为大家没有时间，整段时间去消费，但是又有消费需求，这些消费就可能会分散。】

市商委副主任吴星宝为记者描绘了社区商业新模式的应用场景：白领利用工作间隙，用手机在社区商业一站式网点订购生鲜食品和日用品，晚上回家顺道取货或者直接快递到家，使碎片化时间得到最大程度利用。

【总的来讲，我们想通过过两到三年的推进，使得我们新的业态在整个社区商业当中，能够不断地按照需求来进行推进扩大。最终的目标是实体和线上线下能够相结合，通过相互的补充完善，来满足不同消费者的需求。】

市商委将支持社区搭建公共服务平台，打通店内服务到上门服务的通道，并借助二维码、微博、微信等社交媒体，拓展社区商业的服务渠道和内容。

（来源：东广新闻台 2014年6月26日）

【上海好德可的便利店抢占网订店取半壁江山】

作为国内最大的便利店连锁企业，好德可的便利公司拥有2000多家门店，且全部是直营店，门店覆盖苏浙沪地区的18个大中城市。为了应对电商分流和成本高企的巨大压力，好德可的便利公司拓展“020”商业模式。2013年6月，好德可的便利公司与淘宝天猫联手开展网订店取业务，并成为2014年商务部全国重点推荐的物流示范项目。目前，该公司网订店取的业务量占天猫淘宝上海市场份额60%以上，移动条码仅一个月便做到行业交易量最大。

作为一家社区服务网点，好德可的便利公司利用农工商超市集团强大的的电商物流功能，将顾客通过便利通网、96896客服中心、手机客户端、微信支付宝公众帐户等多渠道购买的货物，按照地理定位配送到就近便利店，顾客可以选择到店取货和送货上门。通过以上的方式，可销售的商品从三四千种增加到了三万余种，使每家便利店都成为一家虚拟大卖场。

（来源： 商务部驻上海特派员办事处 2014年9月1日 ）

【上海电商发展重点将聚焦物流服务】

在2013年12月12日下午上海市人大代表视察电子商务发展情况时，上海市农业信息有限公司总经理詹锦川提出政府在物流资源的整合方面缺少配套支持。而未来上海市政府的工作重点之一即重点解决城市末端配送物流设施不足、城市配送运力整合等瓶颈。

在视察结束后的人大代表座谈会上，上海市商务委副主任顾嘉禾表示，2013年1至11月，上海市实现电子商务交易额9181亿元，同比增长29.7%。其中，B2B交易额为7443亿元，同比增长22.7%；网络购物（包括商品和服务）交易额1738亿元，同比增长71.7%；预计年底上海市交易总额将超过1万亿元。

和北京、杭州、深圳比起来，上海电子商务的竞争优势也主要体现在B2B交易上。顾嘉禾表示，上海B2B交易占到全市电子商务交易额的85%左右，成为上海电子商务发展最明显的特点。其中，制造业B2B成为上海市电子商务应用的最大行业，比如钢铁电商交易占全国60%以上。对比而言，上海的C2C仅占1%左右。

顾嘉禾表示，1号店、齐家网、易讯等新兴电商企业发展迅速，今年同比增长均超过60%。如百联集团、光明集团在内的传统商贸企业也在积极发展网上销售业务。据上海商务委统计，今年1~11月网络购物交易中商品类交易达966亿元，同比增长76.9%。

上海电子商务的另一优势在于第三方支付全国领先。目前，上海市获得央行颁发的非金融机构支付业务许可证的企业有53家，占全国的四分之一，为全国最多。2013年10月，上海又有8家第三方支付企业获首批跨境支付牌照（全国17家）。

在“渠道为王”已让位于“数据为王”的时代，上海市的移动电子商务市场规模也在不断扩大。大众点评移动终端浏览量占网站总浏览量（网站及移动终端）比重超过70%，移动终端用户数超7500万，而1号店移动终端用户数也已超700万。

（来源：第一财经网站 2013年12月13日）

【电商“挤爆”上海物流 抢仓储推动租金的上涨】

仲量联行的报告显示，可租赁物流仓储项目的稀缺，推动了今年一季度上海非保税仓库租金环比上涨 1.9% 至每平方米每天 1.24 元。因供不应求而向周边城市涌出的大量需求，还拉升昆山地区的市场租金水平至每平方米每天 0.91 元，环比增长 2.9%。一季度昆山地区物流物业的空置率已降至历史新低，约为 1.1%。

多家国际物业租售代理机构均因此指出，网络零售市场的快速发展还将持续推动市场对于物流供应商以及物流物业的需求。

近几年来，电子商务都是工业地产领域被广泛讨论的话题。据统计，全国网络零售总额在 2012 年末达到人民币 1.32 万亿元，较 2009 年的人民币 2628 亿元，年复合增长率达到了 71.3%。淘宝、阿里巴巴、京东商城为代表的一线电子商务品牌，在过去几年里几乎以爆炸式的发展，猛烈冲击着本处于房地产开发边缘的物流地产市场。

虽然像天猫这样有实力一举在松江宝湾国际物流中心二期抢下近 3 万平方米物流面积的电商并不多，但仍有大量中小型电商在几乎满租的上海西区寻求大量仓储面积。

仲量联行和高力国际提供的信息均显示，截至今年第一季度，多个知名物流物业供应商均表示旗下位于上海区域的优质物业基本处于满租状态。以至于市场对物流仓储的需求已扩至上海周边城市。由于可租空间的稀缺或者出于节约成本的考虑，多数企业开始考虑昆山、嘉兴、太仓等上海周边城市。

受上述趋势影响，上海周边城市物流物业市场（苏州、杭州、南京、无锡、太仓、嘉兴、宁波和昆山）的优质物业首层平均租金在本季度出现小幅上涨，环比增长 1.4%，达到每天每平方米 0.91 元，其增长主要是由于昆山市场和太仓市场的平均租金上涨所致。

仲量联行中国工业部总监司徒艺向《第一财经日报》记者介绍，“受国内消费放缓的影响，零售商及相关企业对于扩张更加谨慎，对非保税仓储物业的问询量减少，市场需求也随之放缓。另一方面，来自电商的需求却并未减弱。”今年第一季度，昆山物流地产的净吸纳量明显上升。例如某第三方物流企业将其部分上海的业务整合并搬迁至嘉民集团旗下的另一物业。

值得关注的是，有迹象显示，对物流仓储物业喷薄而出的需求以及其中带来的“赤裸裸的商机”，也已撩拨起主流电商的投资冲动。

近日，DTZ 戴德梁行工业部中国区主管级董事苏智渊在接收媒体采访时透露，许多的主流电商开始逐步往工业地产转移，意味着这些电商已不再满足于将物流外包给第三方，而是更希望在工业地产中分一杯羹。电商做工业地产具备很多独特优势，其中最主要的是能从政府获得一些政策资源

（来源：河北青年报 2013 年 4 月 24 日）

【电商之火吹进上海自贸区 物流地产升温】

上海自贸区仅挂牌七天，海关总署就迫不及待地推出了跨境通业务，境外的海淘网站只要缴纳关税，就可以向境内居民销售商品，价格要比上海核心商业圈专柜价格便宜三成。这股新趋势会冲击部分零售商业地产的业务，同时促使物流仓储市

场掀起了一片新热潮。

中投顾问产业与政策研究中心主任扈志亮指出，我国电子商务的迅速崛起已经对实体零售业造成不小的冲击，从淘宝、唯品会的网购销售额不断创下新纪录来看，国内消费者消费方式的改变为电子商务的发展提供了强大的动力，也催生电商布局物流地产壮大自己的规模。在其中国大陆可租赁的仓库面积中，电商租赁面积的占比已从2011年中期的14%上升至2012年末的20%。

由于电商高收益率，越来越多的零售商转移到平台网站上开设店铺，同时需要更多的仓储空间来满足线上日益增长的订单需求。物流地产作为新势力，正在各地迅速崛起。

作为物流开发商，不再局限于一线城市物流仓储位置，而是着眼于新兴消费群中心的主要内地城市，并考虑在该区域建设规模化、集约化的仓储设施，比如，全球物流仓储开发商将在江夏郑店区域建设武汉国家生态物流园，并提供150多万平方米的高效仓储设施，该项目将成为华中地区最大、物流效率最高、环保功能最好的综合性物流园区。

扈志亮还指出，物流地产虽然有乐观的前景，但电商自建仓储也不能忽视背后的风险。建设和管理电商配送专属的仓储设施是一项十分繁杂的工作，电商可以选择与专业物流开发商合作，一方面电商可以安心做好线上战略布局，减小固定资本投入，增加现金流创造更大收益；另一方面物流地产商与电商合作不但能为开发商引来优质租户，也会因此更容易获得政府批准使用土地；双方都能够降低风险，实现共赢。

（来源：中国投资咨询网2013年10月15日）

【电商专列驶向“快递春天” 改写快递物流格局】

日前，随着装满快件包裹的专列呼啸启程，连接北京、上海、广州、深圳四地的3对6列“电商专列”公开亮相，“铁老大”正式加入长期被公路、民航垄断的快递物流竞争。“运输方式带来的革新，长远而言有利于降低快递成本，惠及市民网购。”深圳市快递行业协会秘书长郭小梅表示，短期看，预计2014年的“双11”，电商因运力不足带来的“爆仓”压力将有所缓解。

深沪铁路快递17小时到达

在此次电商快递货运列车开通前数月，作为试水的沪深电商专列就已经悄然运行多时。至此，铁路总公司为快递业量身定制的首批3对6列电商专列全部投入运营。

记者了解到，沪深电商专列是在上海闵行火车站至深圳笋岗火车站之间开行，京广电商专列在河北固安站与广州石龙站之间开行，京沪电商专列则在北京黄村站至上海闵行站之间开行。这些电商专列，被业界誉为驶向“快递春天”。

电商专列每日双向对开，具有大容量、高速度、一站直达的特点，最高时速为140公里至160公里，全程运行时间在18小时至21小时。“以深圳至上海为例，全程用时17小时20分钟，几乎可以说是‘陆地航班’。”

顺丰深圳公司相关负责人告诉记者，目前深沪之间快递业务量巨大，其中深圳发往上海等江浙地区的主要是电子产品，而江浙发来深圳的以小商品为主。“这些快件过去以公路运输为主，现在电商专列将大大提高快件时效，以公路运输的价格而享接近航空运输的时效，对于市民网购带来利好。”记者同时了解到，目前包车电商专列的快递企业均未对原有价格体系进行调整。

“电商专列还在公路、民航之外，有力补充了快件运输的交通渠道。深圳快递市场增长迅猛，任何交通方式的革新，带来的肯定是业务量的增长。”市快递行业协会秘书长郭小梅认为，“每年‘双11’都有快递爆仓的担心，今年仅从运力上看，人们的担忧要小许多。”

比民航运输便宜一半多

电商专列集约化高效运输的优势远非公路、航空可比。

有业内人士算账：电商专列设15至19节车厢，每节车厢核定载重在23吨左右。而公路快递的主力运输车型为9.6米长的货车，载重量约7吨，同样的波音737全货机载重量约12吨。因此，电商专列满载一次，运输量相当于62辆9.6米长的货车，或者36架波音737全货机的运力。

以目前电商快件平均每件2kg核算，每趟电商专列可运载约22万件快件，平摊下来价格优势非常明显。

快递物流咨询网首席顾问徐勇测算，以北京至广州为例，汽车运输成本为0.5元/kg至0.7元/kg，飞机运输在1.2元/kg，铁路运输成本为0.3元/kg至0.5元/kg。因此铁路运输成本比汽车运输低30%至40%，比飞机运输低一半多。

申通快递相关负责人则向记者透露，综合来看电商专列物流成本比公路低20%以上，而且安全、准点的优势非常明显。此前，电商快件高度依赖公路运输，但日渐拥堵的高速路网让运输时效很难有保障，尤其遭遇不正常天气的时候，同时公路运输快件还经常因为交通事故遭受损失。

不过，铁路没有点到点的优势，两头还需要陆运物流衔接，快递企业需要把快件从分拣中心转运至铁路车站，增加了二次搬运作业的成本，因此综合来看是800km至2000km的运输距离最具优势。

开启快递物流竞争新局

“深圳快递业近年发展迅猛，年业务量已占广东省1/3左右，铁路总公司选择北上广深4个节点城市开通电商专列，也是看中深圳快递市场的成长性。”深圳市邮政管理局相关负责人表示，铁路专线的开通，将使深圳与华北、华东片区的快件运输更为畅通。

放眼全国，中国快递业体量惊人。2013年，全国规模以上快递服务企业的业务量完成约2000万吨，同比增长61.6%；收入完成1441.7亿元，同比增长36.6%(右图)。预计2014年将完成130亿件，超过美国，成为全球快递业第一大国。

然而，较长时期以来，作为重要交通方式的“铁老大”并未参与这一行业盛宴。目前，我国快递经铁路运输比重仅为3%，而全球快递行业“老大”的美国，这一比例达到30%。

”无论是价格、时效和稳定性，电商专列的开通可以说带来了快递物流的变革，也会带动公路、民航等传统快递物流新的市场竞争。”有物流业人士评价，专列只开通了3对6列，且只选择了购买力相对旺盛的北上广深区域。

记者获悉，目前铁路总公司已明确表示，远期将面向市场需求，与电商、快递企业深入研究，根据需求设计扩大电商快递班列开行规模。

深圳最高日送快件超600万件

深圳特区报讯（记者 沈勇）“十二五”期间，深圳市快递业保持健康快速的发展势头，快递业务收入年均增长速度超35%，在全国地级市中排名第一，仅次于上海位居全国第二。

2013年，深圳市快递业务量为6.55亿件，占全省快递业务量约31%，最高日业务量超过600万件，航空快件量占深圳机场货邮吞吐总量的50%以上；快递业务收入126.55亿元，同比增长约40%，占全省快递收入约38%，占全国快递收入约9%；快递业年产值占深圳市GDP的比重约1%。

今年上半年，我市快递业继续保持快速发展态势，快递业务累计业务量4.15亿件，同比增长63.71%；累计业务收入76.40亿元，同比增长41.17%，占全省收入38.34%，占全国收入8.51%。

目前，深圳市取得快递业务经营许可证的企业有530多家，从业人员超6万人。深圳已成为全国快递企业最集中、从业人员最多、业务收入规模最大的城市之一。

（来源：深圳特区报2014年08月05日）

7.2 邮政和快递物流

【上海市政府鼓励邮政管理部门推进快递电商协同发展】

上海市政府组织召开2014年度市电子商务发展专题会议，副市长周波主持会议并讲话。会议明确将积极支持市邮政管理局深入开展跨境电子商务试点，推进农产品电子商务发展，优化电子商务物流体系，提升电商物流配送服务水平。市发改委、经信委、商务委、工商局、财政局、邮政管理局、海关等部门参加会议。

周波强调，与会各部门要进一步转变政府职能，鼓励创新、加强引导、促进应用、营造环境，充分发挥市场主体作用。

上海市邮政管理局表示，将与相关部门通力协作，统筹推进，运用市场机制，保持开放心态，积极创新思维，促进快递服务与电子商务协同健康发展。

（来源：人民网 2014年4月3日 ）

【上海市邮政管理局大力推进快递企业实施快件收寄加盖验视章管理制度】

2013年10月18日，为了严格执行收寄验视制度，保障寄递渠道的安全畅通，日前，上海局印发了《关于推进实施快件收寄加盖验视章管理的指导意见》，要求各快递企业从10月起通过验视盖章制度切实落实对禁限寄物品的检查责任。

《意见》要求快递企业要充分认识落实收寄验视制度的重要意义，严格执行收寄验视制度和《禁寄物品指导目录及处理办法（试行）规定》，以实施加盖收寄验视章为手段，进一步保证收寄验视制度得到有效落实。同时，《意见》规定了“验视章”的统一模板，要求各企业在快递详情单上加盖验视章的位置要全网统一，确保验视章规范清晰并在快件寄递全程可查，验视章的发放、使用、收回和保管要落实到人，做到有据可查。加盖验视章制度已从10月1日起在上海市范围内各快递企业中全面应用。

上海局将继续跟进快递企业加盖验视章管理制度的落实情况，对于企业在实施过程中存在的问题，加强指导，及时解决。同时，进一步加大执法检查力度，对于执行收寄验视制度不规范，不严格落实加盖收寄验视章管理制度的企业，将依据《邮政法》和《邮政行业安全监督管理办法》等有关规定进行处理。

【邮政管理部门迅速部署核查快件信息泄露事件】

2013年10月22日，有媒体报道称网络上有不法分子大量倒卖圆通速递快件信息用于淘宝网“刷钻”等违规用途。事件发生后，邮政管理部门高度重视，立即做出部署安排，上海市邮政管理部门相关人员赶赴圆通速递，进行现场核查，要求圆通速递进行全面排查，重点整改，彻查信息泄露源头。

【邮政管理部门出重拳保障“双十一”旺季快递服务】

2013年10月25日上海市邮政管理局召开快递业务旺季服务与安全保障工作动员大会，上海局党组和邮政管理系统全体公务员，以及沪上16家快递企业总部或区域总部负责人出席了会议。

会上，副局长夏颐宣读了《做好本市“双十一”等快递业务旺季服务和安全保障工作的通知》。申通快递和韵达快递作为企业代表，针对“双十一”等快递业务旺季服务于安全保障准备工作做了交流发言。申通、圆通、中通、韵达、汇通、国通、EMS、顺丰等8家沪上知名的规模以上快递企业与上海市邮政管理局签订了《上海市快递企业业务旺季服务与安全保障工作责任书》，明确落实了工作责任和具体任务。局长曾军山在大会最后作了重要动员。

【上海市邮政业贯彻落实“五条主线”目标任务】

2013年10月25日，上海市邮政管理局召开了“上海市邮政业贯彻落实‘五条主线’目标任务动员大会”，对行业2013年到2020年的100项重点工作进行了部署动员。上海局党组、邮政管理系统全体公务员及相关工作人员、上海市快递协会相关负责人，市邮政公司、邮政EMS、申通、圆通、韵达、中通、百世、汇通、国通、顺丰、FEDEX、TNT、UPS、DHL、OCS、雅玛多等16家快递企业负责人参加会议。

“五条主线”是指近几年出台的支持本市邮政业发展的法律法规和政策文件。具体有：上海市人大常委会颁布的《上海市实施〈中华人民共和国邮政法〉办法》、上海市政府办公厅下发的《关于促进本市快递业健康发展的若干意见》、国家邮政局转发的《马凯副总理对国家邮政局工作报告的重要批示》、国家邮政局与上海市人民政府签订的《关于加快推进上海快递总部经济建设与发展合作协议》和前不久国务院作出的设立中国（上海）自由贸易试验区的决定。

为贯彻落实 “五条主线”，实现2020年建成现代邮政业的目标，市局党组在系统内大提炼、大讨论、大集中的基础上，经多次研究并请示上级同意，形成了《2013-2020年上海市邮政业贯彻落实“五条主线”目标任务（试行）》，涵盖政策法规、普遍服务、市场与执法、人事、快递协会、邮政企业、快递企业等七部分事务，共计100个项目，拟分年度推进落实。

会上，宣布成立了上海邮政业贯彻落实“五条主线”目标任务推进办公室，由局党组书记、局长曾军山任主任，副局长、纪检组长刘宪民任第一副主任，副局长夏颐任常务副主任，并在推进办公室下设四个推进小组，分别负责综合、人事、督导、考核，政策、法律、规划、标准，邮政普遍服务、邮政企业、派出机构、服务研发，市场监管、快递企业、总部、局管协会等。上海市邮政业贯彻落实“五条主线”目标任务推进办主任曾军山与各推进小组负责人签署了“责任书”，明确了各项工作责任。

【《长三角快递业务发展报告》开题会召开】

2013年11月7日，《长三角快递业务发展报告》开题会在上海市建工锦江大酒店召开。国家邮政局统计处、上海市建交委法规处、上海市邮政管理局政策法规处、江苏省邮政管理局政策法规处以及浙江省邮政管理局办公室相关负责人参加了会议。

“长三角快递业务发展报告”是国家邮政局委托上海市政府发展研究中心进行的项目，旨在对长三角地区的快递发展情况进行深入研究，并对今后该地区快递业的发展方向进行预测。

【上海市副市长蒋卓庆调研上海市邮政管理局】

2013年11月21日，上海市副市长蒋卓庆莅临上海市邮政管理局调研指导工作，上海市建交委、经信委、财政局、规土局、口岸办、华东民航管理局等部门负责同志陪同调研。

在调研会上，上海市邮政管理局党组书记、局长曾军山汇报了上海市邮政业的产业概况、行政管理和《部市合作协议》贯彻落实情况。听取汇报后，蒋卓庆副市长对上海市邮政管理工作取得的成绩和提出的发展思路给予了高度肯定。蒋卓庆副市长指出，今年签署的《部市合作协议》，明确了今后一个时期加快上海邮政业发展的重点，要全力加快推进进程。蒋卓庆副市长强调，当前邮政快递行业发展势头迅猛，邮政管理工作一方面要着眼于行业规范及总部培育，另一方面要意识到发展给社会管理带来的巨大变化，加强对事关发展全局、事关社会管理等重大问题的系统深入研究。要加强邮政业与电子商务等关联产业的融合，加强邮政管理的管控力和信息平台建设，加强网络管理和最后一公里机制建设，加强对服务安全质量的评估考核。

【国务院办公厅调研组前往上海调研快递业转型升级发展情况】

2013年12月16日至17日，国务院办公厅、国务院法制办和国家邮政局组成的调研组前往上海就快递业转型升级和快递企业如何服务上海自由贸易试验区建设等情况开展调研。

16日，调研组与中国快递协会、上海市邮政管理局、上海市建设与交通委员会、上海市商务委等部门进行了座谈，重点听取了上海市邮政管理局在邮政监管方面的工作汇报，并就跨境电子商务的发展现状和存在的问题进行了深入交流。随后，调研组召集上海邮政速递物流有限公司、申通、FEDEX 等 10 余家企业进行交流，详细了解了企业发展现状及在转型升级过程中遇到的困难与问题，并就快递业如何服务上海自贸区建设，听取了企业的意见与建议。

晚上，调研组在中国快递协会常务副会长兼秘书长李惠德和上海市邮政管理局曾军山局长的陪同下前往上海邮政速递物流有限公司和上海圆通速递的分拨中心，实地考察了快件分拣流程，现场了解企业在机械化、自动化、信息化等方面的应用情况，并同企业负责人就企业未来发展进行了深入探讨。

17 日，调研组前往位于上海自由贸易试验区的 UPS 上海转运中心和 DHL 北亚枢纽中心参观，深入了解企业在自贸区的发展情况以及存在的问题和困难。

【首批上海快递专用车成功交付】

2013 年 12 月 31 日下午，由上海市邮政管理局和上汽集团共同举办的“上海快递专用车首批交车仪式”成功举行。市政府副秘书长黄融、市建交委副主任袁嘉蓉、市邮政管理局曾军山局长、夏颐副局长以及市交港局、市公安局交警总队的有关领导出席了本次交车仪式。仪式上，黄融副秘书长启动了仪式球灯，圆通、申通、天天、优速和汇强五家快递企业代表领取了车辆钥匙。上海快递专用车首批车辆的交付，标志着上海市向打造快递“总部经济”的目标又迈出了实质性的一大步。上海快递专用车首批订单已经下线交付，并于 2014 年 1 月 6 日起即可上路行驶营运。

【上海邮政六元“快寄”挑战快递】

当天收件、隔日送达，每单最低价格只需 6 元，8 月下旬开始，上海邮政推出了一项名叫“快寄”的同城快递服务，对本市快递市场形成不小冲击。

昨天，记者拨打申通、韵达、中通等快递公司后获悉，目前上海市同城快递隔天件的快递费在 6 元到 8 元之间，比如申通是 8 元，韵达和中通都是 6 元，而昔日邮政 EMS 的价格在 10 元左右。此番上海邮政“快寄”业务突然价格跳水，且幅度如此之大，让民营快递人士和业内感到惊讶。

业内人士认为，近两年来由于人力成本、物流成本不断上升，不少民营快递已经把价格降到了盈亏点边缘，“邮老大”或许就是看准了民营快递的死穴，此时选择大幅降价，大有挑起新一轮“价格战”的势头。

“这次开通的‘快寄’，不是 EMS，是上海邮政自己搞的，封套也不一样。”11185 客服人员介绍说。上海邮政公司已经在全市 500 多家邮政网点开通“快寄”揽件服务，业务模式借鉴了不少新潮的“互联网思维”。

首先，“快寄”业务配上微信公众号—“上海邮政快寄”。同时，“快寄”业务在资费设计上也与最近很走红的“荣昌干洗”（干洗店用标准口袋收件、计费，不论重量、不论衣物材料、价格均一、塞满为止）异曲同工，资费不再是传统的标明“首重”价格的“称重计费”，而是以封套、盒子的尺寸大小论价钱。据悉，上海邮政方面提供了两种规格的封套和三种大小的盒子，分 6 元、7 元和 12 元、15 元、20 元几档，用户可到邮政网点当场购买封套或盒子，而快递费用就是封套或者盒子的费用。客服人员再三向记者表示："盒子里需要快递的物品无论多重，只要装得下就包运。"

记者获悉，遍布上海街头巷尾的东方书报亭也已开放"快寄"加盟服务，首批100多家书报亭已开始提供揽件，未来全市将有超过700家东方书报亭销售预付费封套和揽件服务。

（来源：解放日报2014年8月26日）

【上海邮政智能快递柜投入使用 快递人员少吃"闭门羹"】

据《劳动报》报道，酷暑下，当快递员们带着一身汗水和疲惫回到石门二路揽投部的时候，迎接他们的是刚从冰柜里取出的盐汽水等，他们还能在凉风习习的休息室里小睡片刻。部门负责人告诉记者，这些都是公司行政和工会投入资金专门设置的。是的，盛夏里一线职工最辛苦，关心职工就要舍得投入！

记者同时还听说，作为上海邮政的"一号工程"，今年起将在住宅小区和商务楼宇逐步推广安装投放智能快递柜，快递员在把包裹放进密码箱的同时，系统自动生成的密码通过短信通知业主领取包裹，业主只要凭密码和身份证号就可以领取包裹，不再受投递工作时间的约束，实现24小时自助服务。

智能快递柜的投入使用，在方便业主的同时，将有效减少快递人员以往常吃"闭门羹"、一个包裹送几次的现象，也将快递人员从重复劳动中解放出来。尽管这一做法需要大量投入，但它体现了企业关爱职工的理念，值得赞赏！

（来源：东方网2014年7月29日）

【申通快递携手荷兰邮政开拓欧洲市场】

2014年7月16日，国内民营快递公司申通快递与荷兰邮政在上海宣布双方将借助彼此在本土快件运输和运输网络资源的优势，携手开拓欧洲市场。申通快递副总裁谭飙表示，申通快递与荷兰邮政的合作将大大方便国内对欧洲的海淘业务。同时也会提高申通跨境寄递快件的服务质量，并且有效规避发往欧洲快件的运输风险。

根据方案申通快递与荷兰邮政旗下Spring将依托国际港口城市建立快件中转枢纽，实现中国与欧洲境内快件的运输。"合作之后，申通快递与荷兰邮政将实现互相清关的合作，这样将最大地规避快件跨境寄递过程中的政策风险和潜在风险。"谭飙说。据介绍，目前双方已达成共识，将组建合作团队，针对双方在本土和国际快件运输的丰富经验和网络资源，制定进一步的实施方案。谭飙透露，在未来一个月内，双方将开展"中国与欧洲全境快件运输"试运营，进一步实现中国与欧洲全境快件运输。

申通快递作为中国民营快递的领航者，在国内拥有丰富的快件运输经验，以及庞大而稳定的服务网络。近年来申通快递更是将发展战略瞄准海外市场，2014年年初申通快递美国公司正式上线运营，截至目前申通快递在美国旧金山、洛杉矶、波特兰等地开设了50家服务站点。目前每天的从美国发往中国内地的快递已达3000多票。在2014年5月举行的第三届"京交会"上，申通快递与俄罗斯最大的民营快递企业驿马快递公司建立了战略合作。

据了解，荷兰邮政是一家提供邮件、快运和物流服务的全球性公司，旗下Spring公司是荷兰邮政的独家销售代理商（荷兰境外）、英国皇家邮政的首选销售代理商（英国境外），拥有独立且唯一的与公共邮政运营商（PPO）、欧洲邮件网络（EMN）以及国内备用网络的接口。

谭飙表示，未来申通还将与更多的国外邮政企业合作，利用本土和国际市场的资源优势，开拓国际市场。

（来源：中国经济网 2014年7月22日）

【上海年投入超250亿元 物流地产现抢地热潮】

“建设用地规模只减不增，以土地利用方式倒逼城市发展转型；同时，工业不能空心化，要保留适度工业用地布局。”上海近期释放了工业地产倒逼城市开发的信号：实行新增工业用地出让弹性年期制，一般工业项目用地出让年期为20年，对用地有特殊要求的市重点产业项目出让年期可为20～50年。

这被业内解读为物流地产的利好。2014年5月12日，上海市经信委、市规土局召开了产业用地新政解读会，根据上海城市可持续发展的战略目标，未来上海存量工业用地将作为土地盘活的突破口。

据世邦魏理仕研究统计，上海“630”大限前可能出现一手工业用地集中成交。“一手土地供应减少和工业用地用途转变合力促进二手工业土地和物业市场发展。”世邦魏理仕工业及物流服务部中国区负责人、高级董事罗瑾分析指出。

随着电子商务爆炸式增长刺激了国内物流基础设施整体升级，平安等投资机构也开始积极寻求国内物流地产投资机会。企业和机构都在筹划或落实着产业地产私募基金，一时间，产业地产资金流涌动，但国内基金公司份额较小，尚难以抗衡，主要通过入股大型私募股权公司的形式进入。

电商兴起是主因

“物流地产的兴起，电商自建具有非常大的推助作用。”克而瑞研究总监薛建雄指出，目前，阿里、京东、大物流（顺丰、德邦、圆通等）都在抢物流、仓储市场。其他公司优势不明显。总体而言，物流地产还是以普洛斯、嘉民等外资巨头为主流开发商。

“马云和地方政府谈项目，都是1000亩以上谈的。”罗瑾透露，以上海为例，用地指标一年只有1万亩，每个区分摊下来最多1000亩，撇开住宅和其他配套，可能工业用地指标只有300至400亩。

2013年，阿里、银泰集团联合复星集团、顺丰集团等物流公司以及相关金融机构，共同组建的“菜鸟网络科技有限公司”正式成立。菜鸟的模式是自建自营+第三方配送+物流配送安装体系。

世邦魏理仕的数据显示，菜鸟的自有物业分布在上海、天津、郑州、杭州、成都、重庆、广州等9个城市。除了天津拿地1500亩，投30亿做物流中心，阿里巴巴还在成都拿下1000亩做仓储设施，在浙江金华拿地1500亩建物流园，在广州耗69亿，又在上海、深圳前海拿地。

据一位长期跟踪电商物流业的业内人士称，菜鸟“在300多个城市布点”，往往一个项目就占地千亩。“但阿里拿的很多地块尚处于与地方政府协商阶段，并没有实质性进展。"

一位接近菜鸟的人士透露，菜鸟的股东有很多个，比如复星旗下的星泓基金在做的"蜂巢城市"，就是以菜鸟的名义去和政府谈土地。

相比阿里巴巴，京东和苏宁的步伐明显更快。与阿里巴巴不同的是，京东已经将物流地产打包进资产包，据该公司5月19日向美国证券交易所更新递交的F-1招股书显示，京东已在全国34个城市拥有82间仓库，总建筑面积超过130万平方米。京东宣称还将进一步在三线和一线城市扩大版图。

截至2013年12月31日，京东已在中国130万平方米的区域建82个仓储中心，进34个城市建物流中心。

电商能够圈到这么多地，与地方政府导向有关，地方政府认为电商做物流地产是地方产业结构转型，项目落地后又能带来税收。

产业地产PE适时涌入

一位大宗交易人士透露，资金现在都在关注物流地产，投资回报率高于写字楼，而且现在价格便宜，资产价格的升值空间也大。

以上海为例，世邦魏理仕数据显示，自2011年以来，国内主要城市优质仓库整幢收购交易金额约为44亿元，其中上海独占九成。全国仓库的平均投资回报率高达6.7%，高于写字楼。

中国银行业监督管理委员会研究局副局长杨再平曾对媒体表示，保险公司、信托公司、基金公司近来都跃跃欲试，希望通过工业地产投资基金、信托等金融产品为工业地产企业打开一条畅通的融资渠道。

世邦魏理仕研究部根据公开信息整理的数据显示，2013年5月至2014年5月，各路资金已经在物流地产上投入了超过250亿人民币：包括2013年菜鸟网络投资50亿人民币，2013年7月，嘉民集团增资5亿美元；2013年8月，凯雷投资、The Townsend Group联合投资上海宇培达2亿美元；2013年12月，阿里巴巴投资28.22亿元港币（其中18.57亿港币投向海尔电器旗下日日顺物流）于海尔集团；2014年2月，国内某保险公司、中银集团投资有限公司联合HOPU基金投了23.5亿美元给普洛斯中国。普洛斯集团首席执行官梅志明表示，公司预计将在两年左右的时间里使用上述投资资金继续在中国扩张。

以普洛斯模式为范本的万通控股和上海宇培所筹备的产业地产基金，将很有可能成为国内产业地产核心型基金和增值型基金崭新而有力的突破案例。

日前，万通控股已经封闭了去年发行的20亿元规模的第一只工业地产基金，在这只成功募集并顺利并购6个完整物业项目的基金之后，万通在2014年又准备再筹集工业地产基金二期，规模依然是20亿元。目前，万通持有以及待建的工业地产可出租建筑面积已经超过120万平方米，在国内仅落后于普洛斯。

无独有偶，平安不动产近日从领盛投资管理手中收购了一位于四川成都的物流仓储物业。平安不动产工业物流团队自2013年5月成立以来，已锁定了总租赁面积约80万平方米，总投资额约30亿的项目。

如此密集的产业地产私募基金涌现，与市场资金的供给量大有关联，尤其是从传统地产领域挤压而出、具有强烈避险需求的大量资金，以及看好国内产业地产前景的海外资本，成为产业地产基金的踊跃参与者。

当然，资金潮涌动之下潜在风险也显而易见：在很多产业园区仍然热衷于打着“政策擦边球”以及整个领域都缺乏统一标准的情况下，产业地产基金的安全稳健仍是未知之数。

（来源：21 世纪经济报道 2014 年 05 月 27 日）

【上海市首次将快递行业纳入“智慧城市”建设计划】

《上海市推进智慧城市建设 2014—2016 年行动计划》先后通过市委、市政府常务会议审议，于 9 月 10 日正式对外发布，并首次将快递行业纳入其中。

《行动计划》将快递行业作为“智慧商务”的重要组成部分，提出深化电子商务产业园区和示范基地建设，推动电子商务与物流、快递行业的协调发展。构建快递行业服务安全评估预警监管综合信息平台，创新行业服务方式和监管模式。鼓励规模快递企业创新应用，提升市快递行业信息化水平和快件末端投递智能化水平。

此前，上海市邮政管理局将快递行业纳入“智慧城市”建设列为 2014 年重点工作内容。从 3 月开始，经过与市经信委等相关部门的多次协商，确定了市快递行业信息化发展的目标和任务。上海局表示，《行动计划》的发布，有利于指导、推动市快递行业监管、企业生产和市民服务等方面的信息化建设应用，提升行业信息化整体水平，引导规模企业加大移动互联、云计算和大数据等新一代信息技术的创新应用，形成信息化应用市场。

根据《行动计划》，上海未来三年将着力实施智慧化引领的“活力上海五大应用行动”，营造普惠化的智慧生活，发展高端化的智慧经济，完善精细化的智慧城管，建设一体化的智慧政务，打造智慧城市“新地标”。

（来源：市邮政局网站 2014 年 9 月 15 日）

【人人快递在上海被叫停 涉嫌违法经营存安全隐患】

北京商报讯（记者 李铎 王运）以“创新”自居的人人快递又在上海被叫停。日前，上海邮政管理局发布消息称，人人快递因在上海从事相关业务，未取得任何资格证，涉及违法经营，已被有关部门叫停。

“下班回家路上，顺便捎个快递，还能挣一笔外快。”去年，一种类似“快递版”打车软件的“人人快递”迅速蹿红，在全国各大城市流行开来，人人争做快递员。

统计数据显示，在一年的时间里遍布 77 个城市，注册用户达到 500 万人，其中申请注册成为自由快递员的有 150 多万人。有自由快递员在情人节当天有 300 元入账。

但因未取得快递企业资质、涉及快递安全等问题，人人快递一直为部分人群所担忧。对此，上海市邮政管理局局长曾军山明确表示，“人人快递”已涉及到违法经营，“人人快递”在上海从事相关业务，未取得任何资格证。人人快递这一经营方式还存在严重的安全隐患，根据行业规范，一个快递从发出到对方收到， 要经过验收、转运、安全检查等多个环节的把关，但人人快递将这些环节全部忽略，为违法分子提供通道，比如为毒品运送等提供便捷。目前，有关部门已叫停“人 人快递”。除了快件安全遭质疑，自由快递员的利益也无法保障。

在业内人士看来，人人快递只是一个平台，他与自由快递员之间并不是雇佣关系，也就是说假如货物运输出现问题，人人快递可能承担的责任很轻，甚至免于担责，快递员将面临损失，若快递员发生人身安全事故，很可能将由快递员自身承担。

在人人快递有关负责人看来，人人快递只是被大家误读为快递公司，其实只是一个同城生活类的众包平台，希望同城人之间能相互帮助。

在此之前，湖北、河南等地均因此叫停人人快递，人人快递一度陷入巨大的市场危机。但有业内人士表示，人人快递作为新兴的事物难免会存在一些问题，社会还应给予更多的包容。

有业内人士指出，作为一种新的模式，人人快递还有许多可取之处，当天达、无纸化、免分拣这些都不是传统快递可以轻易办到的。这种新的快递模式考验着客户对传统快递脆弱的黏合度，可能成为以后行业的主要发展趋势。

（来源：北京商报 2014年6月18日）

【虹口首推24小时自助取快递 凭密码及身份证号自取】

未来收发快递，会越来越像超市存寄包，输入一串数字箱子自动打开就能完成收件。为了解决日益突出的电商包裹投递矛盾，2014年7月，虹口区率先和上海邮政合作，在区内多个住宅小区和商务楼宇推出了“邮政智能包裹柜”的便民服务项目。收件人凭手机短信密码和身份证号，即可自助收取包裹。先打电话还是先放包裹？如何防范被撬被盗？如果开箱发现包裹损坏怎么办？对于这种家门口出现的新型自助式快递，不少居民也有自己的顾虑。

［简析智能包裹柜］

长什么样？

酷似超市存包柜，有电脑屏幕、条形码扫描口、身份证识别仪、键盘，格子大小不一。

智能在哪？

扫描包裹条形码并放进密码箱，就会自动生成密码并短信通知收件者；今后还有望支付水电煤账单。

有何优势？

收件者可随时自助取件，包裹上个人信息不会泄露。

［实地观察］30多个格子大小不一，未来可支付水电煤

记者在虹口的绿洲紫荆花园和建邦16区，看到了两台“邮政智能包裹柜”。看上去和超市的存包柜很像，但是块头大了不少：中间多了台电脑屏幕，下方有条形码扫描口、身份证识别仪和数字键盘。整个柜子被分割成了30多个大小不一的格子，以放置不同尺寸的信件包裹。

快递员通过扫描包裹的条形码将其放进箱中，放进密码箱的同时，系统自动生成密码通过短信通知业主领取包裹，业主只要输入密码和身份证号领取包裹，不再受投递工作时间的约束，实现24小时自助服务。这不仅避免了由代领所引起的各种问题，包裹上的用户信息也可以得到有效保护，避免了隐私的泄露。

实际上，邮政智能包裹柜的功能并不仅仅局限于收发快递。上海市邮政公司虹口邮政局相关负责人称，随着功能的不断

拓展，今后该自助机还有望提供水电煤账单交付、政府信息发布等延伸项目，真正成为数字化、智能化的综合为民服务平台。

［物业反馈］大力赞成：能减轻物业负担，就怕不够用

对于邮政智能包裹柜，小区物业方面自然大力赞成。

采访中两个小区的物业经理都表示，他们现在都会帮业主免费代收快递，但是工作非常繁琐，牵扯很多精力。“快递如果送到我们这里来，我们都会当快递员的面给业主打电话，告诉业主，有快递到了物业这里，希望他们能在物业下午 5 点半下班前来拿。”上置物业紫荆花园物业经理王宝金告诉记者，智能包裹柜如果能投入使用的话，肯定能减轻他们的工作负担，不过他也表示了一些担忧：“我们小区现在有 1062 户居民，但是我现在数一下，这个包裹柜一共才 36 个格子，恐怕会不够用，最好能增加一些配备。

而建邦 16 区的物业则告诉记者，目前该设备还只支持上海邮政和五大快递（四通一达），其他诸如德邦物流、天天快递等还不支持。为此，上海市邮政公司虹口邮政局相关负责人表示，目前还在和多家民营快递公司谈合作，以后会逐步覆盖。

目前在区房管部门的大力支持下，上海邮政已经在虹口区 5 个住宅小区、10 个商住楼宇安装了“智能包裹柜”，包裹柜不仅将投放邮政国内小型邮件，还将逐步向社会快递公司开放使用。不过，该设备目前仍在调试阶段，估计要两周以后才能正式上岗。

不能当面拒收，居民还是有顾虑

小区门口出现这个新设备，引来很多市民的围观。“邮政智能包裹柜”能否推广，最终还是要得到居民的认可。对于这种新型的自助式快递，不少居民也有自己的顾虑。

顾虑一：先打电话还是先放包裹?

“我还是希望能当面交给我比较好。”一位居民告诉记者，尽管小区物业可以代收包裹，但是有些不负责任的快递员，到了小区也不问他是否在家，直接把快递塞到物业处就走了，“以后有了包裹柜，我也希望快递能先和我联系，如果在家还是当面交给我比较放心。”

邮政部门回应：快递员对于智能包裹柜的操作流程，到底是先和业主打电话确认是否在家，还是一律将包裹放入柜子内，这些目前还在研究中，使用中如果发现具体问题会逐渐改进。

顾虑二：包裹损坏怎么办?

采访中，记者发现，很多居民希望当面签收的另一个重要原因就是能够当场验货，通过包裹柜虽然方便，可是如果打开后却发现已经损坏怎么办？邮政部门回应：如果发现损坏还是会按照正常的邮政管理规定处理，根据包装是否完好，是否进行过保价等综合进行责任认定和具体操作。

顾虑三：短信会不会发错?

有市民表示，万一自己的短信码被发到了别人手机上怎么办？岂不是别人就可以把自己的包裹拿走了？邮政部门回应：短信验证码都是点对点发送至客户手机的，只要客户提供的手机号码没有填错，一般验证码不会发错。

顾虑四：需要额外收费吗?

紫荆花园物业：邮政并没有向物业收费，物业方面也只会向邮政方面要电费。

建邦16区物业：会和小区业主委员会进行协商“管理费”和“土地使用费”的问题，业委会可能会提出要征收一些费用。

不过两个小区的物业经理都表示，居民通过包裹柜收包裹是不用额外付费的。

顾虑五：如何防范被撬被盗？

从厂方提供的资料来看，这种包裹柜采用优质钢板制成，配以表面防锈磷化处理，具有防撞击、防撬和防水功能。此外记者注意到，邮政智能包裹柜一般多放置在小区大门或者物业办公室门口等较显眼的位置，而且机器上方还装了两个探头，既可以防盗，也能监督快递员在投递时是否有乱投放、“野蛮投递”等现象。

（来源：东方网 2014年7月29日）

【上海能达速递停业 快递业“快鱼吃慢鱼”？】

又一家全国性的中型快递公司全线停业。记者点击进入“能达速递”官网时，发现它仅剩快件查询页面，其客服热线“4006201111”在播放了几遍“欢迎致电能达速递……”的电话录音之后，一直处于无人接听的状态。记者上网再搜索其上海加盟网点，试图联系上他们，回复也只有“您拨打的电话是空号”。据业内知情者透露，能达速递现已基本全线停业，原广东公司也已更名。

据公开资料，港中能达物流有限公司（简称“能达速递”）1999年10月在广州成立；2009年5月港中能达开始全国网络，逐步发展成为集国内航空货运、铁路、公路运输、电子商务配送、速递等及物流相关业务为一体的全国性速递企业。2013年下半年以来，能达速递形势急转直下。一是业务发展停滞不前。相关人士透露，每天业务量徘徊在20万至30万件。二是内部管理层乃至股东更换频繁。三是后续发展无充分资金支持。近一年来，业务仍无较大起色，以致今日局面。

与快递业刚刚兴起时，“几个人，一门电话，一叠封套”就能创业的草莽时代不同，如今国内快递行业经过多年发展，正进入“快鱼吃慢鱼”、“大鱼吃小鱼”的白热化竞争阶段。这厢，一些知名的快递企业不仅能够投巨资建区域性分拨中心以及统一的信息平台，从而降低全网运营成本、提高快件周转效率，而且在O2O便利店、智能化快递收取箱、微信揽件等创新领域大胆尝试；那厢，一些中型快递公司却仍然盲目扩大加盟点数量，以收取不菲加盟费的传统模式经营，或者采取低价竞争。

就在最近，快递行业“国家队”上海邮政一步到位，将同城快递隔日件的价格降到最低6元，令民营快递同行大跌眼镜。显然，如果仅有价格战这一武器，中型快递企业似乎很难斗得过“巨无霸”。

由于经营模式的不适应，近年来，一些中型快递公司纷纷出现经营不善甚至倒闭的情况，较近的就有星晨急便、DDS等（DDS几年前曾以“2元快递”轰动一时）。业内人士预测，“大鱼”“小鱼”、“快鱼”“慢鱼”之间的整合兼并，会在2014年至2016年之间发生并完成。

（来源：解放日报 2014年9月1日）

7.3 会展物流

【上海海关为中国国家会展中心首展“量体裁衣”】

世界最大建筑单体和会展综合体、总面积达50万平方米的中国国家会展中心（上海）于2014年10月19日启动试运营，首秀迎来“中国国际汽车商品交易会”。

上海海关官员2014年110月15日称，海关采取了多项个性化服务举措，为国家会展中心首展“量体裁衣”，确保其闪亮登场。

上海海关对“中国国际汽车商品交易会”展览品进口动态及相关需求进行了解，指定专人专窗服务，确保展览品进口“二十四小时全天候”通关。同时，采取“一门式通关”，在国家会展中心场外特设海关查验场地，实施门到门查验，减少货品在口岸停留时间，保证展品直通展馆。

海关并根据展览会主办方需要，在展会前期及举办过程中，都将派员全天现场值班、巡展，及时应对展览品监管过程中的突发情况。

上海世博会成功举办，带动了整个上海国际展览业的发展，国际性展览会不断增加，相关活动日趋频繁，这次国家会展中心的建成，有望进一步带动整个上海会展经济的发展。

海关方面称，将充分借鉴世博会海关监管服务成功经验做法，加强与上海市有关部门、各展览会主办方、展览馆和物流报关公司等有关方面的紧密联系与配合，在优化通关监管模式和提高监管服务水平上下功夫，全力支持和促进上海会展经济发展。

（来源：中国新闻网 2014年10月15日）

【虹桥会展将成为“永不落幕的世博会”】

对虹桥的研究和评价很多，而全球最大的会展中心—国家会展中心往往是被忽视和低估的一个因素。

近日从上海车展组委会传来消息，2015上海车展将从浦东上海新国际博览中心搬到虹桥中国博览会会展综合体。这是上海车展多年来首次离开浦东。

事实上，从光大会展中心到浦东新国际博览中心，上海的会展业在不断寻求新的空间。就在浦东日趋拥挤，大型展会场地吃紧之时，虹桥成为新的选择。

未来的虹桥商务区将展开 “永不落幕的世博会”，会展业将同时拉动商务、仓储、物流等多个行业的发展，成为长三角的核心，拉动要素的流动，实现“长三角一体化”。

会展中心或汇聚全球资源

虹桥国家会展中心建成后，其展览规模和体量相当于三个浦东上海新国际博览中心，预计今年下半年可以开馆办展。

世邦魏理仕环球研究部董事谢晨认为，比起上海其他区域，虹桥做会展更有优势。一场大型展会需要将全国甚至全球的资源汇集在一地，必将对仓储、物流有着极高的要求，而虹桥交通枢纽能够有力地承担这一任务。上海“四个中心”目标中的“贸易中心”，将以大虹桥作为主要载体之一。货物流、信息流、人才流、资金流……长三角的各种资源将在虹桥汇集。

在日本，由于新干线的建成开通，围绕着东京形成了一个“大东京”一体化区域。随着动车、高铁的开通和成熟，“大虹桥”的外沿可以扩展至整个长三角，实现“一体化”发展。

《每日经济新闻》记者采访了解到，正如很多日本职员已经习惯于乘新干线通勤，长三角也开始有类似的家庭。妻子是上海一家外资企业的办公室白领，丈夫工作在无锡，于是他们选择把家安在苏州，两人乘高铁上下班，休息时可以享受苏州的小桥流水，不必承受上海的高房价和拥挤。

大虹桥的发展让人员流动成本更低，让那些目标市场在长三角和内地的企业既可以享受上海人才高地的优势，又可以近距离与生产物流环节、与市场密切接触。

在交通上，人才的流动已经不成问题，虹桥同时在积极争取各项政策，解决人才户籍、福利等各方面需求，真正实现长三角“同城化”。

仓储物流需求旺盛

上海易居房地产研究院发展研究所所长李战军认为，虹桥的会展业需要一定的培育期，整个虹桥的发展首先依托的是交通运输产业。

交通枢纽的发展成熟为虹桥带来了仓储、物流的巨大需求，为长三角的国内、国际贸易疏通了渠道。虹桥周边的嘉定、青浦和松江都是上海传统的工业重镇，除了本地的需求外，不断涌入的外来需求让虹桥区域的仓储处在接近饱和的状态。

谢晨告诉《每日经济新闻》记者，虹桥区域的仓储空置率目前仅为1.8%，今年一季度松江、嘉定新区新推出的仓库几乎处在100%出租状态，而浦东的仓储空置率高达10%以上。可见虹桥的仓储、物流资源目前非常抢手，未来有很大的发展空间。这样的行情同样惠及上海周边的昆山、嘉兴、太仓等地。这些城市价格稍低，运输便捷的仓储资源成为虹桥很好的补充。

近年来，国内电子商务发展迅速，第三方物流需求增长。世邦魏理仕环球研究部中国区主管陈仲伟透露，全国整体优质仓储物业的平均租金已连续18个季度上涨，虹桥的物流地产展现出投资价值。

除此之外，商贸的繁荣必将带来商办物业的巨大需求，虹桥天地等优质商办项目也陆续建成入市。

福卡智库首席研究员王德培认为，大虹桥的作为枢纽，将成为上海与长三角、全国乃至全世界各相关产业嫁接的平台。

（来源：每日经济新闻 2014年5月23日）

7.4 冷链物流

【生鲜电商催热冷链物流 上海郑明获投1.2亿】

冷链物流眼下已成为私募股权投资公司的兴奋点。

8月20日，中法基金与凯辉私募股权投资基金宣布，已共同完成对上海郑明现代物流有限公司（以下简称郑明物流）1.2亿元的投资，希望通过这一投资推动中国冷链物流行业的发展，提高食品安全和质量保障。

“正处于上市辅导期”

记者了解到，郑明物流成立于1994年，是一家民营第三方冷链物流企业。在由中国冷链物流联盟等主办的2012年中国冷链物流50强评选中排名第三。

2014年1月，上海郑明现代物流有限公司董事长兼总经理黄郑明曾表示，“公司已在全国设立了40多家分公司、诸多大型物流中心和冷库基地，网络覆盖全国90%的重要城市，自有现代化冷链运输车辆600余辆，24万平方米的仓储中心，每日冷链货物吞吐量1000余吨，其他各类货物吞吐量近万吨。”郑明物流的客户包括麦当劳、肯德基、光明、蒙牛等。

上海郑明现代物流有限公司的一位内部人士昨日告诉记者，公司目前正处于上市辅导期，但准备进行IPO的地点和时间还不方便透露。

而中法基金成立于2012年9月，是中法两国间首支主权级基金，由中国国家开发银行旗下国开金融有限责任公司和法国信托储蓄银行共同发起，面向两国成长型的中小企业，并交由第三方凯辉基金负责管理。中法基金一期募资规模为1.5亿欧元，国家开发银行和法国信托储蓄银行各出资50%。

值得关注的是，郑明物流是中法基金第二笔投资，也是对中国企业的首笔投资。

法国信托储蓄银行旗下的法国主权基金副总裁丹尼尔·巴尔米斯认为，冷链物流行业在中国刚刚起步，目前尚无特别突出的企业，郑明很有机会在这样一个蓝海市场中脱颖而出，快速成长为市场的领导者。凯辉及中法基金称将充分利用其在法国的资源，协助郑明学习欧洲领先的冷链技术与理念。

生鲜电商的短板

显见的是，从顺丰优选、淘宝农业频道到1号店生鲜频道等，这两年生鲜电商已成为电子商务行业的热点，但下游冷链物流的短板，让保质期最短的生鲜产品成为电商领域最后一块难啃的骨头。

据了解，目前，我国冷链物流发展还处初级阶段，相对规模化、专业化的物流企业依然是少数。数据显示，我国因冷链运输不发达造成每年约有1200万吨水果、1.3亿吨蔬菜的损坏，损失额在1000亿元以上。据商务部有关资料显示，由于冷链设施匮乏，目前我国食品冷藏运输率只有10%左右，发达国家可达到80%；我国果蔬在采摘、运输和储存等物流环节损耗率达25%，而发达国家的果蔬损耗率在5%左右。

但也正是如此，具体负责上述投资的凯辉基金总裁蔡明泼表示，随着消费升级以及对食品安全和食品质量的关注，中国冷链物流正逐渐显示出强劲的市场空间和巨大的产业升级机会。凯辉长期关注并看好中国第三方物流行业，特别是冷链物流行业的发展。

看好冷链物流的不止中法基金。据不完全统计，2012年5月，Baird Private Equity已投资了河南冰熊冷藏汽车有限公司；7月22日，中粮旗下食品电商我买网公开了赛富亚洲投资基金数千万美元的投资，欲布局全程冷链系统等领域；而顺丰8月19日也确认成立20年来首轮外部融资，苏州元禾控股有限公司、招商局集团、中信资本控股有限公司已获得不超过25%的股份。

（来源：《东方早报》 2013年08月22日 ）

【上海弘阳蔬菜冷链物流中心已具雏形】

上海市地方现代农业发展资金项目——青浦区蔬菜冷链加工仓储物流中心项目总投资8000多万元，主要建设内容为蔬菜冷藏库、低温加工车间。目前蔬菜冷链物流中心已具雏形，部分已进入试运转。

2012年，上海弘阳申请了上海市地方现代农业发展资金项目——青浦区蔬菜冷链加工仓储物流中心项目。该项目占地面积32096.5㎡（47.5亩），总投资8000多万元，主要建设内容为蔬菜冷藏库、低温加工车间。其中市、区财政投入2000万元，主要用于设备方面的扶持。在市农委、青浦区委、区政府及白鹤镇各级领导的重视下，目前蔬菜冷链物流中心已具雏形，部分已进入试运转，2014年8月全部投入运营。

蔬菜冷链加工仓储物流中心正常运营后可储存各类新鲜蔬菜10000吨，日中转量800～1000吨，可为两百万市民提供优质蔬菜。可以确保重要的蔬菜品种5～7天消费量的动态库存，对因天气原因造成蔬菜价格大幅波动起到平抑稳定蔬菜价格、维护市民利益的作用，可避免“菜贵伤民”。在蔬菜旺季，冷链仓储物流中心依据储藏能力收购农民蔬菜，可解决郊区百家农民合作社、大户蔬菜销路，以保障农民利益，稳定农民收入，避免“菜贱伤农”。同时，“蔬菜冷链仓储物流中心”采取订单农业模式，直接与农民合作社、家庭农场进行对接，从种植技术、田间管理、采收方面推行标准化生产管理。不仅可以提高农民的组织化程度和生产技术水平，更能有力的保证上市蔬菜质量安全放心。

（来源：中国水果蔬菜网2014年6月10日）

【“菜管家”今年将走出上海，携手海博打造冷链物流平台】

“菜管家”副总经理宋轶勤2014年5月表示，“菜管家”今年内将把农产品电商业务延伸到华东地区，并且将与海博股份一同打造一个第三方农产品冷链物流平台。

“菜管家”2009年成立至今，月销售收入已超过百万，建立了符合GMP食品安全管理体系的物流仓储基地，开通了COD货到付款和在线支付结算体系，2013年10月，海博股份以2980万元的价格收购了“菜管家”51%的股份，二者开始了强强合作。

宋轶勤表示，“菜管家”目前的业务范围仅集中在上海地区，但今年内将走出上海，将业务范围扩展至华东地区，并尝试将上海模式复制到北京等其他大城市。

宋轶勤指出，海博股份拥有强大的冷链物流能力，其冷库20万立方米，冷库容量10万吨，还拥有BH牌照的城市配送厢式货车400多辆。“菜管家”将充分利用海波的物流资源，扩大冷链物流平台规模，依靠多仓联动行程立体化的城市冷链配送模式，不仅仅为集团、供应商服务，公司的最终目标是要发展成为第三方的农产品冷链物流平台。

（来源：大智慧新闻通讯社）

【第 22 届中国冷链物流万里行会议在上海举办】

2014 年 4 月 24 日至 25 日，以“跨界竞争与发展格局”为主题的第 22 届中国冷链物流万里行会议，在上海盛高假日酒店成功举行。来自全国冷链物流产业链 553 名企业代表与特邀嘉宾出席了会议，共商行业发展策略。

每年举办四场不同主题的中国冷链物流万里行系列活动，自 2008 年首届举办至今，已走过了 22 届历程，这期间主办方中冷联盟始终站在行业引领者的高度，从不同方向和领域研究与探寻冷链物流发展现状和前景，通过搭建策略平台切实为企业在项目规划、技术设备选购、运营管理模式等方面提供对接与服务，在树立自身行业品牌和影响力的同时取得了有目共睹的成绩。

今年的会议，主办方再次大胆革新，在会议的组织形式、演讲内容、日程安排、嘉宾邀请、服务措施等方面做了精心的安排，正如中冷联盟刘京秘书长在会议期间多次强调的：“中冷联盟作为行业自发自律组织，坚持去官方化走市场化道路，秉承以行业发展建设为核心、以企业关注需求为中心的服务理念，力求将联盟的服务和策略实现迅速且有效的‘落地’。”

闭门会议——强调每一位联盟理事会成员的参与性

4 月 24 日下午，2014 第一季度中冷联盟理事级别办公会先行召开。138 名中冷联盟理事会成员和特邀嘉宾出席了会议，38 位理事实到 37 位。此次会议特别命名为“闭门会”，旨在强调每一位与会者的高度参与性和互动性。会议由中冷联盟副主席宋文昕主持，中冷联盟刘京秘书长做了秘书处工作报告，并提请理事会审议相关提案和工作计划。中冷联盟主席单位邵海涛先生代表联盟主席范端炜向大家的到来表示欢迎，并感谢大家对联盟的支持。北京立德泰勒、江苏雨润、江苏润恒、上海广德物流、上海领鲜等理事成员单位代表做了业务介绍和合作信息发布。会上，还举行了中冷联盟“冷链蜘蛛计划”定点联系企业授牌仪式。

会议自始至终呈现出极高的互动性，与会代表围绕刘京秘书长提请审议的几项联盟近期重点工作：中冷联盟微站“微冷链”云服务平台，中冷联盟冷库标识《冷库视觉识别系统 1.0》，冷链产业基金等各抒己见，畅所欲言。中冷联盟常务理事中外运上海冷链物流公司总经理邵海涛表示，联盟理事级别闭门会的环境和氛围有利于问题的讨论，也有利于创新。他说这次最大的感受就是进一步看到了行业最值得研究的焦点在哪里，企业最关注哪些问题，对这些理解和把握是一个长期的事情，并不是一蹴而就。呼吁中冷联盟理事会，携手为行业的发展献计献策，同行共赢。随后，中冷联盟俱乐部成员上海广德冷链物流公司林凤钦总经理、盐城极地冷链公司朱晓阳总经理分别组织了俱乐部高端沙龙，进一步加强了行业凝聚力，增进了联盟成员的互动交流。

大会议程多角度全方位剖析行业热点

今年的会议汇聚了行业最具权威、前沿、优秀的杰出专家到会参与各环节的活动，通过 10 个主题演讲、两场专题互动、三场分论坛及展位展示等形式向与会代表呈现了一场精彩的“冷链物流行业饕餮盛宴”。

主题演讲。罗兰贝格、GEA、福瑞通、

兴业证券、中粮我买网等分别从专业的角度就市场格局、智能技术、资本市场，电子商务等做了主题报告，报告内容摒弃了以往企业宣传的商业化套路，以企业的成功案例、技术特点为切入点，映射出行业整体的现状、挑战、瓶颈以及未来的走向。与会者均表示参加这样的会议不虚此行，受益匪浅。

专题互动。分别围绕“跨界竞争与产业格局”和“冷链物流与生鲜电商”展开的两场主题互动，在一问一答之间形成台上嘉宾和与会代表的思想碰撞。

分论坛。就当前企业发展中最为关心的“冷库投资建设与智能化管理”、“冷链物流与食品贸易”、“冷链物流信息化与互联网时代”展开更为专业化的探讨与研究。

会议的出发点就是学习专业知识、结识更多朋友、了解市场信息、掌握行业动态。正如刘京秘书长在会议即将结束的讲话中所言：“中冷联盟作为战略联合与业务结盟的策略平台和冷链上下游人脉商圈的纽带与桥梁，离不开各方面一直以来的鼎力相助。根据大会议定和代表建议，中冷联盟平台策略、业务结盟会结合冷链蜘蛛计划、冷链产业基金设想，尽快推进‘落地’方案，并通过‘落地’共谋行业发展大计。”

（来源：中国冷链物流网 2014 年 4 月 30 日）

【水产冷链物流服务将有规范】

2013 年 12 月，来自政府部门、相关协会、研究机构、大专院校和企业的专家审查了《水产品冷链物流服务规范》国家标准。该标准由上海海洋大学、中国水产流通与加工协会、上海水产总公司等单位共同起草。《水产品冷链物流服务规范》规定了水产品冷链物流服务的基本要求，如接收地作业、运输、仓储、装卸与搬运、货物交接、包装与标志、风险控制、投诉处理和服务质量的主要评价指标等，适用于水产品流通中的冷链物流服务与管理，水产品生产过程中涉及的冷链物流服务亦可参照执行。

（来源：中国渔业报－中国农业新闻网）

7.5 农产品和食品物流

【《食品冷链物流追溯管理要求》国家标准试点活动启动】

2014 年 5 月 29 日，中国物流与采购联合会冷链物流专业委员会组织开展的《食品冷链物流追溯管理要求》国家标准试点活动正式启动。试点活动本着物流企业自愿参加的原则，参加试点的企业包括了食品、农产品（000061，股吧）生产加工企业，第三方冷链物流企业，冷库企业，终端连锁餐饮、连锁零售企业等，中物联冷链委也依据标准的主要内容，从企业从业人员、管理制度、设施设备、实施过程中的温度控制、信息记录和记录的可追溯等几个方面提出了多项重要技术指标，通过企业试点，一是旨在推广《食品冷链物流追溯管理要求》国家标准的实施应用，进一步了解标准的科学性和适用性，二是充分发挥标准的引导作用，带动企业自觉使用标准，企业间相互对标，进一步提升企业的服务质量，树立行业服务标杆，促进冷链物流行业的健康发展。

本次参加试点的企业共29家，分别为泊头东方果品有限公司、天津滨海新区一洲鼎鲜冷链物流有限公司、北京中冷物流有限公司、浙江统冠物流发展有限公司、夏晖物流有限公司、招商美冷（香港）控股有限公司、东莞市华雪食品有限公司、三全食品股份有限公司、锦达（珠海）鲜活冷藏运输有限公司、大连獐子岛中央冷藏物流有限公司、荣庆物流供应链有限公司、内蒙古伊利实业集团股份有限公司、中外运上海冷链物流有限公司、北京快行线食品物流有限公司、武汉良中行供应链管理有限公司、福建浩嘉冷链物流有限公司、厦门万翔物流管理有限公司、漯河双汇物流投资有限公司、上海源洪仓储物流有限公司、河南鲜易供应链股份有限公司、上海郑明现代物流有限公司、索迪斯（上海）管理服务有限公司、河南华夏易通物流有限公司、江苏泰森食品有限公司、獐子岛锦通（大连）冷链物流有限公司、上海广德物流有限公司、北京傅瑞物流有限公司。

活动将开展一年，所有参加试点的企业可申请成为标准示范单位，由中物联冷链委依据考核指标及一年的数据统计进行综合评议，向社会和行业推出标准的示范企业，在行业内树立服务标杆。

（来源：中国物流与采购联合会网站 2014年6月4日）

【上海农产品电商“菜管家”加入光明集团】

11月3日消息：昨天，沪上小有名气的农产品电子商务品牌“菜管家”宣布正式加入光明食品集团，并将与该集团旗下上海海博物流（集团）有限公司开展战略合作，共同打通农产品和食品流通的“最后一公里”，以更好地保障食品安全和快速配送。国家商务部电子商务和信息化司有关负责人在现场透露，近年来，我国农产品电子商务快速发展，目前全国涉农电子商务平台已超3万家，其中农产品电子商务平台为3000家。

据介绍，菜管家和海博物流将通过战略合作，实现优势互补。目前，作为国内农产品生鲜电商的开拓者之一，“菜管家”经过4年发展，已在上海受到了不少年轻消费群的认可，并成为国家首批农产品冷链信息化应用试点企业。而海博物流作为专业化的物流服务提供商，已形成冷藏物流、城配物流和国际物流三大核心竞争业态。菜管家与海博物流的“联姻”，将有利于同时解决前者的“最后一公里”难题，以及后者的信息化难题。

（来源：解放日报 2013年11月3日）

【冷链物流标准缺乏威胁食品安全】

上海“福喜”使用过期变质肉类原料一事在继续发酵，对“冷链物流安全”的担忧在业内引发争议。

冷链物流包括“运输配送”和“仓储”两个环节。前者对车辆的卫生和温度有要求；后者指食品被运到物流中心或配送中心后，储存条件是否符合要求，包括卫生条件、适宜温度和信息化的追溯手段。

“很多速冻和生鲜食品，都是通过常温车或者棉被车运输，或在一些不合格的冷库储存，这种现象非常严重。很多做速冻食品的生产企业，根本不敢提，或者从来不提，自己的冷链物流到底是什么样。”中国物流与采购联合会冷链物流专业委员会（下称“冷链标准委”）副会长兼秘书长崔忠付在“中国（镜泊湖）国际农产品冷链物流峰会新闻发布会”上表示，“没有政府部门的监管，有标准难执行。”

据财新记者了解，目前我国冷链相关标准已经超过了200项，但都是推荐型标准，非强制性。而面对“散、小、弱、乱、差”的整个冷链物流行业，上述标准难以落实。同时，政府管理部门监管基本处于空白。

据冷链标准委统计，我国蔬菜冷链的流通率仅为10%，而损耗率高达30%。太古冷藏仓储有限公司总监陈力修分析，在产地、仓储及配送各环节，如果企业采取标准化操作，可以有效降低销售成本，也可以降低损耗。

这种现状也让一些严格执行标准品牌企业面临两难。顺风优选总裁崔晓琦坦言，冷链宅配是生鲜电商的“痛点”，顺丰从最初包装、运输、最后一公里配送都严格执行标准，但销量规模不够因此无法覆盖采购和冷链运输成本。

崔忠付分析，目前政府监管过度重视食品生产环节，缺乏对冷链环节的监管和追溯，消费者对易腐食品安全意识不强。只有全行业把对品质和安全的追求放在首位，冷链物流需求上来，运输成本才会下降。

（来源：财新网 2014年07月31日）

【上海成立食用农产品配送企业战略合作联盟】

上海食用农产品配送企业战略合作联盟今天在上海成立，这是一个由38家食用农产品配送企业发起成立的专业性联盟。

上海食用农产品本地生产供应量占比较低，约70%以上货源由市外提供，其中市外食品约75%首先进入批发市场集散，形成了“外省市—批发市场—零售市场”的食用农产品供应体系。

成立食用农产品配送企业战略合作联盟，旨在通过信息分享、资源共享、携手合作，维护上海市食用农产品配送行业规范有序、公平竞争的发展环境，促进上海市食用农产品配送行业健康发展，加快培育参与和引领行业经济合作竞争新优势，进一步推进食用农产品配送行业升级，形成以订单经济为引导，以现代信息技术为支撑，以先进的仓储、物流、配送为载体，连接生产基地、批发市场和零售终端的现代化流通方式。

（来源：中国经济网 2014年9月10日）

【打造国际一流农产品交易市场】

要避免走传统粗放经营的老路子，善于借鉴国内外先进经验，围绕仓储、交易、物流配送的全过程进行科学系统的顶层设计，并积极运用互联网技术手段，切实提高交易和流通效率，推动商业模式改造升级

“要牢牢把握上海主中心农产品批发市场定位，摆脱传统农贸市场模式束缚，站高看远，统筹谋划，努力打造国际一流农产品交易市场。”市委副书记、市长杨雄昨天在上海西郊国际农产品交易中心调研时说，农产品交易中心一头牵着菜园子，

一头通着菜篮子，既是城市必需的功能性基础设施，也是至关重要的民生保障项目。要认真贯彻落实国务院和市委、市政府有关部署要求，进一步明确功能定位，加强顶层系统设计，把关键问题环节想深想透，以更加现代化的技术手段，更符合时代潮流的经营管理理念，建设运营好上海的主中心农批市场，为广大市民供应更新鲜、更安全的农产品，为全国农产品流通骨干网络建设作出应有贡献。

上海西郊国际农产品交易中心已于2013年6月启动一、二期运营，目前主要交易蔬菜、肉类、水果和进口农产品。杨雄一行首先来到水果仓储区，了解香蕉等进口水果的包装、催熟等操作环节。在肉类产品交易区，一排排经过检验检疫的白条猪肉正在装车发货。杨雄仔细查看猪肉的食品安全追溯码，询问追溯流程。随后，市领导来到检验检疫区，听取工作人员关于进口水果抽检情况的介绍。杨雄走进查验室和镜检室，通过专业设备查看"揪出"的水果病虫害情况。他对现场检验检疫人员说："拜托大家把好这道关。"

"面对新的形势要求，建设运营好特大型城市主中心农批市场，不能再沿用老思路、照搬老办法了。"杨雄与西郊国际农产品交易中心经营管理班子座谈交流时说，贯彻落实《上海市食用农产品批发和零售市场发展规划（2013年—2020年）》，西郊国际农产品交易中心要明确定位，顺势而上，以开拓创新的精神，精心谋划功能设计和经营管理模式。要避免走传统粗放经营的老路子，善于借鉴国内外先进经验，围绕仓储、交易、物流配送的全过程进行科学系统的顶层设计，并积极运用互联网技术手段，切实提高交易和流通效率，推动商业模式改造升级。在实现本市农产品一级批发全覆盖的基础上，交易中心还要主动对接服务长三角城市，努力成为长三角乃至全国食用农产品流通体系的重要枢纽环节。

"只有深思熟虑，把发展蓝图想清楚，才能更好地推动下一步工作。"杨雄指出，西郊国际农产品交易中心后续建设要加强统筹，谋定而动。一方面要贯彻集约节约用地理念，从实际功能需求出发进一步完善规划，提高土地开发利用效率；另一方面要真正掌握现代农产品批发交易市场的发展规律，坚持市场化运作，科学构建分销网络，把市场潜力挖出来，进一步增强发展的质量效益。

（来源：解放日报 2014年08月13日）

【"大、平、云、移" 时代 华辰优安建设进口食品冷链物流创新平台】

近年来各种冷冻肉类、冰鲜海鲜、新鲜蔬果等食材型进口食品增幅巨大，国外大量优质品牌及产品也正尚待引进，但由于距离的阻隔和传统供应链的影响，导致进口食品进入中国环节繁复，流通成本高，市场售价虚高。

华辰隆德丰集团通过建立进口食品批发采购一站式服务平台，在"大、平、云、移"时代，通过线上线下的无缝对接，精简环节，降低成本。该平台覆盖通关、商检、仓储、物流加工、分装，以及线上线下一体化交易服务等，为进口食品生产商、贸易商、代理商、消费者及相关机构提供服务。通过优化和减少食品流通环节，提升食品安全并压缩食品流通中间环节的成本。提供安全、价廉、高效的进口食品全产业链服务。

进口食品冷链物流看似在物流分支下的“小众”群体，但华辰优安平台将用专注之心和专业之力，聚集进口食品冷链物流服务资源，形成进口食品冷链物流服务集群来打造“出众”第三方服务，华辰优安平台建设围绕冷链物流将形成四大亮点，值得关注：

亮点一：建设进口食品冷链物流专业服务平台

平台将建立管理信息系统，通过利用物联网、云计算等现代信息技术，利用装卸搬运、分拣包装、加工配送等专用物流装备和智能标签、跟踪追溯、路径优化等先进技术。建设智能冷链物流信息服务平台，形成集进口食品冷链物流信息发布、在线交易、数据交换、跟踪追溯、智能分析等功能为一体的进口食品物流信息服务中心。

华辰优安平台的建立将鼓励和推动进口食品企业分离外包物流业务，促进进口食品物流需求社会化。通过合理的冷链物流资源的聚集和配置，为国外食品企业搭建公共物流服务平台，一方面可为平台企业节省自建冷链物流链的费用，另一方面将通过提供专业的仓储、分拣、配送等第三方全程冷链物流服务来满足平台客户需求。

亮点二：进口食品“O2O”商业模式形成冷链物流配送闭环

华辰优安除拥有线上的优安鲜品一站式进口食品交易服务平台外，还在浦东机场保税区拥有线下实体项目——优安天地，优安天地东区为进口食品交易服务平台，拥有流通加工中心、保税物流中心、通关报检中心。

流通加工中心，可以提供进口食品贴标、分拣、简单加工和包装服务，缩短了进口食品在流通环节的时间。

保税物流中心，设置保税冷库（拥有最低温零下60度的超低温保税冷库）、商检备案库以及查验点、通过提供专业的保税仓储、配送等全程冷链物流服务，将大大提高平台的运作效率、降低成本。

通过线上建立建设进口食品冷链物流专业服务平台，提供物流信息发布、在线交易、在线监控等线上服务，还将通过在线下进口食品产业园区设立保税物流中心、流通加工中心、通关报检中心，将进口食品的冷链物流配送体系形成线上线下进口食品物流闭环，平台用户可享受一站式的冷链物流配送服务。

亮点三：发挥上海自贸区衍生功能建立海关、商检一站式服务

华辰优安平台实体项目位于自贸区核心辐射圈，距离浦东机场综合保税区仅有2公里的距离，能便捷畅享上海自贸区的创新机制，例如上海海关允许企业在试验区物理围网以外场所进行保税展示交易，华辰优安天地建设有展示交易中心，未来可利用自贸区创新机制，发挥上海自贸区的衍生功能，在实现企业可按照经营需要进行物流配送，已销售货物在规定时限内进行集中申报并完税，帮助企业降低物流成本和终端售价，加快物流运作速度。

华辰优安不仅能通过利用自贸区检验检疫通关无纸化、检验检疫分线监管机制、进境货物预检验、第三方检验结果采信等创新机制的实施，并与平台建设发展进行有机融合，将在华辰优安进口食品商贸产业园区内邀请海关商检入驻，提供进口食品一站式清关、检验、检疫服务，大大提升通关效率，总体降低成本。

亮点四：推动进口食品全程安全的思维转变

商务部研究院重要商品研究预测中心主任赵玉敏公布的一组数据显示，近5年中国进口食品规模年均增长21.2%，比同期进口增速多3.2个百分点；食品贸易逆差持续扩大，5年来食品净进口扩大了2.3倍。进口食品中，近5年牛肉、猪肉、羊肉进口量年均增速都在40%以上，尤其是牛肉的年增速高达115%。对于众多进口食品而言，需要在全程的运输、交接和储存都保持在冷链环境下，才能保证食品的安全、新鲜度以及营养度，这是关系食品安全非常重要的环节。

2014年11月华辰优安商贸产业园被中国副食流通协会授予国建进口食品安全流通示范基地。

华辰优安平台不仅将建立起食品安全认证体系和质量溯源体系来保障食品安全，平台建设将推动推动大家从重视进口食品生产安全到关注进口食品全程安全的思维转变，因为如果只通过食品溯源体系和认证体系只能保证保证食品的生产安全，还需要对冷链物流各环节规范化、系统化、进行连贯性运作，才不会会对进口食品安全产生影响。通过平台创新整合，促进第三方物流服务提供商能让卖家、卖家进口食品在冷链物流环节位置可见，温度可见的放心进口食品冷链物流服务，最终促进进口食品商贸的大力发展。

（来源：华辰优安投资有限公司）

7.6 医药物流

【上海医药物流服务标准化建设取得新进展】

上海医药物流中心有限公司通过两年的医药物流服务标准化建设，按计划全面完成了试点项目的各项建设任务，取得明显成效。日前，该公司顺利通过了由上海市质量技术监督局和上海市食品药品监督管理局组织的医药物流服务标准化试点项目的考核验收。

近年来，上药物流领导高度重视试点工作，成立了标准化领导小组和常设机构标准化办公室。将医药物流服务标准体系建设与质量管理体系、新版GSP三位一体，建立了较为科学、完整的医药物流服务标准体系，内容覆盖医药物流服务通用基础标准、服务保障标准、服务提供标准等方面，较好地实现了医药物流服务中各环节的服务质量控制，尤其在冷链物流和运输管理的标准化工作上，国内领先、成效突出，保障了药品流通质量安全。

上药物流通过医药物流服务标准化建设，取得了良好的经济效益和社会效应，品牌效应逐步显现。试点以来，公司先后获得了“4A级物流企业”、“2010、2012年度全国先进物流企业”、“上海名牌”等35项国家级和市级荣誉，在医药物流行业标准化建设中发挥了较好的示范引领作用，受到了广大客户和行业主管部门的好评。

上药控股副总经理任刚表示，药品行业是特殊的行业，需要严格的标准进行管理，上药物流将进一步强化基层操作人员对标准的理解和执行，在市级标准化项目的基础上再创新高，向国家级医药物流服务标准化推进，把医药物流标准化服务推行到公司全国物流网络。

（来源：现代物流报 2014 年 1 月 30 日）

【国家出台新文件，医药物流配送或将改变】

日前，国家食品药品监督管理总局发布了《互联网食品药品经营监督管理办法》中，绝大多数人的关注点都放到到了网售处方药这一大变革，其实在意见稿中，可以由第三方物流配送平台进行药品或医疗器械的配送也是医药行业的一大重点。

药品是特殊商品，储存、运输都有专门要求，目前普通快递公司的管理水平和条件还达不到药品配送质量要求，快递药品在途风险难以管控，出现药品质量问题难以界定责任。

《互联网食品药品经营监督管理办法》中规定，互联网食品药品经营者可以委托物流配送企业储存和运输，物流配送企业应当具备食品药品质量管理规范所要求的储存和运输条件，保证食品药品安全。据了解，目前，经药监部门批准，在网上合法销售药品的药品零售企业有 184 家，但实际开业的不足这数字的一半。原因之一在于网上销售最终要由人送货上门，国家食品药品监督管理总局要求送货人应当是药店自己的配送队伍。药店员工送货上门，还可以进行面对面的药学服务。

业内人士表示：现在符合药品物流配送标准的企业并不多，大多数快递公司不具备配送条件。像九州通这样具备物流配送资质的企业将增加，并且会迅速扩张，承揽各个地方的网上药店的物流配送业务。此次《征求意见稿》中对药品物流提出了更高的条件，这也为第三方物流配送平台的发展提供了很好的契机，相关企业可以抓住时机，大力发展安全有效的医药物流平台。

（来源：价值中国网 2014 年 10 月 17 日）

【2014 年上海医药电商论坛纪要：多种模式共同切入医药电商蓝海市场】

嘉宾演讲部分（药房网商城创始人、九州通医药电商 CEO、掌上药店联合创始人、国药电子商务 CEO, 按发言先后顺序）

药房网商城是一个专业的第三方垂直交易平台，我们网站从 2012 年 6 月 1 日开始正式运营，13 年交易额约 1300 万元，今年截止目前已经约 3000 万。我们做这个市场的目的是基于全国有 42 万多家药店，其中单体药店有 27 万多家，单体药店没有太大的电商能力，我们给其提供一个交易平台，使其可以通过较低成本来获得网上的销售增长。目前有近 300 家企业入驻，分布在全国 25 个省份将近 100 个城市，包括连锁药店、加盟药店和单体药店，其中单体药店占约 70%。我们的最初目的即打造为中小药店服务的平台。

九州通在民营医药领域的地位位居前列，2013 年销售额 350 多个亿，在药品 B2B、B2C 这一领域内是做的最好最有特色的。B2B 交易可以通过九州通的在线电子交易系统来帮助药店、医疗机构网上下单，去年该部分的交易金额是 12 亿。在 B2C 业务板块，单从好药师这一渠道统计的销售额为 2.4 亿，但九州通体系内还有其他事业部及一些地方公司（如上海九州通）也有涉及电商业务，加起来去年总的B2C药品销售额保守估计在5亿左右。整个体量（包括B2B和B2C）大概在20亿，在全国首屈一指。

九州通的业务特色在于服务众多药店终端，由于药店的分散分布特点，这就需要有强大高效的物流和仓储体系来支持保证订单配送的时效性。截至2014年8月，九州通在全国有55个仓库，400配送站，仓储面积总计超过100万平方米，这些数据雄冠全行业是医药流通领域的排头兵。由于B2C业务较于B2B业务属于刚起步，目前九州通的大物流仓储能力应用到医药B2C电商的利用率仅为3.6%，还有很大的空间尚未被开发，我们还可以为同行业提供仓储物流外包服务。

九州通另一个优势是药品品规比较齐全，其中处方药的品规占比约为55%，因此如果处方药网上销售的政策放开的话，好药师可以在第一时间通过现有流程像销售OTC类药品一样来销售巨量的处方药。

好药师的定位是健康运营商，卖药只是我们获客的一种手段，我们拥有业内最多的合作渠道如京东、天猫、当当、亚马逊、1号店、微信等。在2014年6月份我们也建立了自己的呼叫中心，拥有120坐席为用户提供在线的售前售后服务。当用户购买了我们的药品后，后续药事服务将是吸引用户留在我们平台上的手段，初期我们将提供一些跟医药相互补的服务如服药提醒，云药箱等。

未来我们还有三个差异化的服务模式：首先是F2C模式，通过技术的创新手段针对上游的厂家提供红包卡券等新型的社交化营销手段，帮助其进行品牌的推广运作、同时拉动销售量的增长、获取最终用户信息以及管理用户，最终我们会从上游厂家来获取代运营的收益；第二个是O2O模式，将药店视为服务于老百姓的最后100米节点，构建药急送的服务，让用户和药店在微信平台上可以互动。第二个阶段我们会将提供微药店服务，帮助药店搭建一套在线售卖系统，而该系统上的电子货架可以无限扩展，通过九州通庞大的物流体系对药店的电子货架进行品类扩展及补货，并利用线上订单系统为药店带来新的订单。未来的药店会向纵深的服务方向发展，像国外的mini-clinic模式，未来药店完全可以铺设远程诊断设备，通过医生的远程诊断、好药师的线上销售能力及九州通的大物流能力构成一个微诊所模式，但目前受到电子处方、远程医疗、医保等方面的制约。总的来说，药店未来的发展趋势会向一个多元化的服务方向发展，而不仅仅是作为一个药品流通的节点；第三个模式是大健康服务平台模式，将优秀的医医疗服务、健康管理服务商接入我们平台，使得平台除了提供药品服务外，还能够提供我们的合作伙伴的服务，如39健康、春雨医生等等。未来我们的思路就是搭建一个开放的平台和生态系统，有用户、药店终端（O2O服务）、上游厂商（营销服务）及提供医疗服务的参与者，大家在平台上各取所需，获得回报。

掌上药店定位于医药新媒体，成为一个流量入口，未来希望成为药店行业的大众点评。目前掌上药店自然下载量3500万次，用户量足以应付自己的发展需要。未来会尝试O2O，计划主要做两方面：1、配送，目前我们很多区域依靠合作药店做到40多分钟到货；2、考虑建设O2O交易系统，例如电子券、在线支付。

我们的团队基本上是互联网切入过来，早期走过一些弯路，2013 年 11 月份决定和药店做一些信息化合作，3 个季度的时间合作了 3 万家连锁直营店，百强连锁药店里面目前已经接触了 1/3。目前我们给药店提供的服务主要有两大类：1、店铺装修，商品上架，以及药店排名；2、每个城市会设路两家连锁专区，今年年底预计会上 60 家连锁专区。医药新媒体方面我们希望成为流量入口，预计在今年 4 季度试点电子券；药店有建立 O2O、CRM 系统方面的需求，我们也会提供服务。

我们看两个关键点：1、流量，互联网就是流量为王；2、移动端，在互联网上获得流量越来越难，移动端显得很重要。今年年底掌上药店会铺设系统做 O2O 测试，明年会集中在 20 个城市左右推广 8000 家优选的实体药店来进行模式尝试，以目前的流量看，预计至少能为 8000 家门店带来 200 多万新增顾客。

掌上药店 TOP10 品类分布：男性用药、女性用药、呼吸、皮肤、维生素矿物质、保健品、肠胃、心脑血管、内分泌、精神类、肿瘤类。国药集团电子商务：医药电商市场蛋糕很大，目前还有很多环节需要逐渐解决，例如：处方药销售、医保支付、新版 GSP 出台对流通环节的考量以及最后一公里如何解决等。

互联网药品交易服务资格证书区别：A 照可以做平台；B 照可以做流通，做 B2B 相关业务；C 照各省稍有区别，比如广东要求有 7 家连锁药房才能申请，上海据说 11 家连锁药房，目前备案注册 C 照商家 222 家，A 照 10 余家，B 照约 50 家。盈利模式方面：B2C 天猫医药馆做得比较大；B2B 上药、九州通和湖南商康等做得比较大。移动互联网这一块除了 O2O 外，我们还提出了 F2C，即从药厂直达客户手中，中间环节可以取缔或合作。

国药电商隶属于国药国际板块，整个国药集团致力于站在健康产业链的顶端，走大健康理念，为消费者建立健康档案，我们的切入点主要是两个：1、国药集团下属有体检机构，国药通过体检，给用户提供服务，进而形成用户健康数据，针对性进行服务；2、国药国际国际化采购能力提供进口保健品。国药之前也收购了河南的 7～8 家医院，将医和药联系在一起。互联网方面也希望将医和药联系在一起，我们通过自有的医师资源，形成健康顾问和专家团来为客户服务。

（来源：腾讯财经 2014 年 9 月 23 日 ）

【医药物流实现“全程可控” 药品安全性命攸关】

药品安全，性命攸关，因此，医药物流的安全，也显得尤为重要。

随着物流业的发展，智能化的潮流席卷而来。而在医药物流行业，从药库到病床的“全程可控”已然成为现实。

在青岛九州通现代医药物流中心的分拣中心，自动分拣、自动输送分拣系统、货位精细管理及无线手持终端系统等先进设备已投入使用。

这个自动分拣系统，总长度长达 1000 多米，可连续运行 100 个小时以上，每小时可分拣出 7000 件包装药品，将立体仓库、五层楼层库房连接在一起，实现药品的自动传输、搬运、补货、出库、自动分拣等功能。

在物流成本偏高、盈利空间缩小、药品流通安全隐忧重重的当下，这样的智能化物流中心的不断涌现恰逢其时。智能化物流系统的使用，不仅可以大大减少人工搬运量，同时，也提高了出库速度和准确率。

事实上，九州通只是当下医药物流业智能化的一个缩影。作为国内医药行业的龙头企业，国药集团的医药物流智能化步伐走得更快。

据了解，目前，国药集团的“赛飞”智慧供应链服务平台覆盖全国 6 个物流枢纽、40 个省级物流中心、60 个地市级配送中心、225 个县级配送站，与国内医药供应商、分销商、终端（医院、药店）等医药流通平台实现联网，从而减少 20% 的医药流通库存，提高 20% 的订单效率，主要盈利模式也将由“进销差价”逐步转向物流等增值服务。

在各地，智能化也成为医药物流业发展的重要方向之一。

据北京市商务委相关负责人介绍，骨干医药物流企业依托其立体化、自动化的大型仓储设施和智能化信息管理系统，配送服务已覆盖全市各类各等级医院、连锁药店数千家，并向医院提供物流延伸服务，实现了从药库到病床的全程可控管理。

上海市也正致力于提升涉及公共安全和生活安全的危险化学品、食品冷链、医药等物流配送水平，构建供销配运一体、全过程安全可控的配送体系。

上海市商务委相关负责人表示，目前，上海正推进上海医药冷链监管信息平台与全市 29 家医院实现应用数据对接，每年为全市配送一类疫苗 300 万支，支持超过 65% 的区县接种点，有效保障了药品配送安全。

尽管如此，医药物流的智能化尚未得以普遍应用。河北省医药行业协会此前公布的数据就显示，目前，河北省有近 200 多家医药批发企业，其中，应用现代信息技术的企业不足四成。

而在西部一些省份，这一情况表现得更为明显。一些偏远的地区，连基本的药品供应都因道路遥远不畅，物流配送难、经营成本高等问题而难以保障，农民买药难的问题依然突出。

与此同时，随着新版 GSP 的正式实施，对医药物流冷链等提出了更高的标准和要求，医药物流的智能化是大势所趋。

（来源：国际商报 2013 年 12 月 26 日）

7.7 废品回收物流

【电子商务便捷再生资源回收】

规避可再生资源利用二次污染、安全等问题，走出作坊式模式，建立再生资源回收、分拣、转运、加工利用、集中处理为一体的产业化格局，需要政策引导和行业规划。而促进行业形成良性循环，同样需调动市场各方积极性。

近日，商务部新闻发言人姚坚就加快再生资源回收体系建设时表示，着力提高行业组织化程度。具体而言，其一要推动行业组织建设，完善公共服务和社区服务；其二要鼓励龙头企业以现代组织方式，按照市场经济规律整合中小企业和个体经营户，借助现代信息技术，提高再生资源回收行业规模化和组织化水平。

疏通交易、回收渠道，建立回收企业、网点、交易市场等组成的回收网络。2011年，国务院办公厅下发《关于建立完整的先进的废旧商品回收体系的意见》（国办发［2011］49号）后，2012年，推动开展了回收行业税收政策调研、生活垃圾分类与回收体系建设联动、绿色回收进社区、进机关、进园区、进高校、进商场的“五进”工程等重点工作，取得良好成效，形成了推动再生资源回收体系建设工作的合力。

近年来，商务部发挥政府对市场的引导作用，建立工作机制、强化行业基础工作，开展了再生资源回收体系建设试点，目前已有3批共90个城市列入试点，运用中央财政服务业发展专项资金，支持试点城市新建和改扩建51550个网点、341个分拣中心、63个集散市场，同时支持了123个再生资源回收加工利用基地建设。北京、上海等试点城市推动自助废弃物交售、回收热线等新型回收模式。

同时，可再生资源流通过程中，二手交易是重要一环。利用电子商务、移动支付等现代化信息手段，将增加资源利用的透明度，且操作简单，有利于调动民众和企业积极性，展示了强大的市场潜力。

以全年10月成立的西南首个再生资源电子交易平台——重庆再生资源交易中心为例，其上线2个月就完成交易额190多亿元，成为废钢、炉料钢等商品交易的重要中间环节。该中心预计2014年内，这一数据有望突破千亿元。未来还将推出手机APP，为企业和民众搭建更加便利的交易渠道。

该交易中心总经理单志鸿在接受媒体采访时表示，交易中心主要充当一个中介角色，将买卖双方的信息在中心的电子平台进行发布，为两者之间搭起一个安全公平的电子交易平台。这个流程就和在电商平台购物一样。整个支付过程可以通过线上完成，这就避免了传统线下交易的弊端。

记者在交易中心的平台网站上看到，目前已上市交易炉料钢品种，交易模式包括现货挂牌、E现货以及现货竞拍等，集现货贸易、行情资讯、仓储物流、交割结算、融资担保等于一体，参与者既可在平台上交易现货，也可以进行投资、融资。

提高行业组织化程度的同时，姚坚最后还提出，鼓励企业技术创新。推动开发适合国情、具有自主知识产权的再生资源分拣、加工、处理利用等专业化技术和设备；加大企业信息化建设力度，研究建立行业管理信息系统。

（来源：中国网 2014年5月13日）

【上海杨浦区生活垃圾分类减量工作取得阶段性成效】

2013年以来，在区委区政府领导下，杨浦区积极推进管理创新，不断夯实工作基础，紧紧围绕900吨/天的减量指标，采取多项工作措施，推动生活垃圾分类减量工作：

一是细化任务分工，推进分类工作。在区生活垃圾分类减量联席会议办公室统一组织领导下，细化分类减量工作各项任务分工：区绿化市容局总体牵头，居住区强调属地管理，由各街道镇负责推进；机关单位、学校、公园和集市菜场分类工作强化行业指导，分别由区机管局、教育局、绿化市容局、商务委协调落实。截止目前，各部门共同努力，已完成新增72个居住区、10家机关单位、64家教育单位、

3座公园、19家集市菜场的分类工作，其中机关单位与教育单位实现区域全覆盖。

二是坚持三级巡查，巩固分类质量。深化常态化的三级巡查体系，从区级抽查、街道自查、社区巡查三个层面出发，加强对社区分类工作的源头管控，及时发现与整改存在问题，不断提升居住区生活垃圾分拣率、巩固垃圾分类质量。

三是加大设施建设，做好基础保障。对不符合生活垃圾分类要求的环卫基础设施列入区政府实事项目并组织进行整修改造，截止目前，已新建改造小型垃圾压缩站3座，改造垃圾箱房29座。此外，还为分类居住区和公园等场所配备厨余垃圾投放容器约2400个，配置家庭投放容器约40000个。

四是优化作业保障，完善物流体系。根据分类物流作业新要求，杨浦区对区环卫作业公司进行机构改革，对原有各作业区间进行了科学调整，进一步优化了分类作业保障能力。同时，重点完善菜场垃圾和餐厨垃圾分类运输体系，调配车辆和人力强化运输保障能力，并以此为核心深入打造健全的“大分流、小分类”物流体系，确保区域内各类垃圾能规范地做到分类收运、分类处置，为完成减量任务奠定基础。

五是开展绿色帐户，加强社会动员。紧紧依托“绿色帐户”平台，切实做好“绿色大讲堂”培训与“专项回收日”主题活动，在全区范围内开展常态化的社会宣传动员，进一步深化市民的环保意识和参与垃圾分类的自觉意识。今年以来杨浦区已开展各类宣传培训60次，举办“专项回收日”活动50次。

（来源：中国上海网2013年08月19日）

【托盘循环共用：托起中国绿色物流的未来】

对于物流行业来说，绿色物流是一个值得关注的话题。尤其随着我国城镇化进程的加快，构建一个高效环保的绿色物流体系，已经成为物流业实现可持续发展迫切需要解决的关键问题。

那么，如何让物流“绿”起来？许多人将目光聚焦在了托盘循环共用上。对此，招商路凯（中国）有限公司大中华区总经理戴正楠在接受本报记者专访时，为我们算了一笔托盘循环共用背后的经济账与环保账。

他表示，采用托盘循环共用模式发展绿色物流，不但具有极高的经济价值，而且可操作性强；更重要的是，其所产生的经济效益和社会效益相互之间又并不存在冲突——企业可以在不增加成本，甚至降低成本的情况下，就能够实现绿色可持续发展，可以说是最经济、最实用的绿色发展方式。

托盘共用背后的经济账

什么是绿色物流？根据国家标准规定，绿色物流是指在物流过程中抑制物流对环境造成危害的同时，实现对物流环境的净化，使物流资源得到最充分利用。它是在可持续发展理念和保护环境的基础上，注重经济发展、消费生活与物流之间的双向作用关系，抑制物流危害环境的同时，构建经济消费健康发展的物流系统。可见，绿色物流需要从全局和长远利益出发，并且重视物流对环境的影响。而采用托盘循环共用模式，恰好能够兼顾经济效益与环境保护。

戴正楠告诉记者：“托盘循环共用最大的好处，是让企业在成本不增加，甚至降低的情况下，就能够实现最大的节约和环保。并且对于物流企业来说，仅仅是改变了一种托盘的使用方式。”

目前许多物流企业试图通过采用绿色节能建筑、绿色汽车等实现可持续发展，但这些会有很多前期的投入，企业为此需要在短期内付出大量的资金。尤其是目前市场上所谓绿色节能车辆还处于发展阶段，技术并不十分成熟，使用效果还很难评估，投入产出回报也不好预计。与此同时，这些油耗低绿色环保型的车辆价格本身较高，如果大量购买会给企业增加沉重的成本负担。

相比而言，托盘循环共用是从商业模式上的一种革新，不存在材料、技术上的争议性，只是换了一种运作模式，企业在使用之后节约效果立竿见影。据介绍，在托盘循环共用模式中，租赁一块托盘的成本，虽然与购买相差无几，但若加上后期的维护、维修、管理等成本，租赁托盘的成本更低。“根据我们的测算，企业租赁托盘的年均成本是低于购买托盘的年均成本的。”戴正楠说。

以往使用自购托盘时，一些企业可能会购买价格相对便宜的托盘，甚至品质很差的一次性托盘，前者用坏了简单维修后继续使用，但是致使托盘使用寿命变短，而后者一次性使用完就扔掉了，造成了浪费。而在循环共用方式中，托盘租赁服务商所提供的托盘本身是品质非常好的（因为托盘在循环共用中需经多次流转，优良的品质是确保正常流转的基本前提），加上专业化的托盘管理和维修保养，可以让托盘的使用寿命大幅度延长。这种综合成本的节约是很客观的。正因如此，托盘循环共用在实践中更加可行，更容易被企业接受，也更具有现实意义。

循环经济带来更大价值

托盘循环共用本质上是循环经济，除了经济效益，它更大的价值还是在于绿色和环保效益。它不仅能够给企业带来直接的成本节约，从更大范围看，是对社会资源的节约，降低碳排放。

托盘循环共用带来了托盘使用方式的变革，模式从一次性使用或者是不合理、低利用率的使用，变成更高效的使用，本身已经在一定程度上实现了资源节约。而在静态使用中，通过减少不必要的浪费，比如淡旺季的调剂，没有必要按照峰值采购，而是按照实际使用量进行租用，不同企业在同一区域内就实现了共享，使得不同企业、行业之间也可以共用托盘，实现了托盘在更大范围的循环共用。

而另一种是在长距离带板运输中，企业由原来的使用一次性托盘到多次使用，即使通过回收方式多次使用，也会有燃油与能耗的挑战。戴正楠告诉记者，还有一些企业在带板运输中，面临空板回运的难题，比如一些像冰激凌等冷链长途带板运输过程中，企业会将空的托盘运输回来，由此不但会产生很高的运输成本，还会消耗很多的燃油。

戴正楠给我们算了一笔账。一辆车从上海运送空托盘到成都，以一块木托盘的平均运输成本约30元计算，在这30元中，大约有30%～40%是燃油费，这样换算一下，大概一块托盘就要消耗近1升燃油。从环保的角度，这是很大的能源浪费。而如果采用循环共享模式，1块托盘就可以节约1升燃油，即便是最保守的估计，每2块托盘节约1升燃油，这样累计下来，也是很可观的数字。

“按照目前托盘市场的增长趋势，相信在未来的5～10年，我国托盘总量将会增长到4～6亿块，即便其中只有10%使用循环共用模式，也会有4～6千万块被重复使用。再假设其中只有30%是长距离带板运输，那么至少有1000万块托盘，按照上述每块托盘节油1升计算，总的节油量将达到一个惊人的数字——1000万升。在能源短缺的今天，如此大幅度的节约对环保来说是非常大的贡献。

除了节能，减排也是托盘循环共用对环境的重要贡献。在托盘循环共用模式中，招商路凯所提供的主要是木质托盘，这些木托盘的原料来自海外的再生林，确保了所使用的托盘在源头就是环保的；与此同时，据荷兰包装和托盘行业协会针对一次性使用和多次性使用木托盘在制造和使用过程中对环境的影响的研究显示，虽然多次性托盘的最初成本比一次性托盘来得高、使用的木料超过一倍，但在托盘的生产和使用过程中，多次性使用木托盘所产生的能源消耗、固体废物、废气排放数量，仅为一次性木托盘的一半（数据来源：美国弗吉尼亚理工大）。以今年开始使用招商路凯托盘循环共用的某知名冰淇淋企业为例，企业减少了50%的空板托盘回运，也减少了14%的二氧化碳排放量。

“在托盘循环共用中，采用专业化的租赁模式，采购方式也发生了变化。通常在中国的商业环境下，企业自购托盘一般是非专业型采购，按需少量多次采购，采购对象以中小企业居多，而且供应商也不稳定，导致材料来源不可控。而采用租赁的模式，租赁商所购买的托盘，在材料的使用上非常讲究，一般大都采用进口木材。这里并不是说国外的木材比中国更便宜，而是这些国家对木材的保护非常规范，木材都来自再生林，采用轮植轮伐等可持续发展模式，这确保了用户所租用的托盘从材料源头开始就是环保的。”戴正楠说。

全心全意做好绿色事业

戴正楠告诉记者，企业本身从事的就是绿色、环保事业，在拓展业务的同时，一直积极大力宣传环保理念，更从自身做起，全心全意做好绿色事业。

为将环保进行到底，招商路凯进行了大量的投入，最新的消息是，招商路凯将对营运中心进行大规模升级，而此举的初衷就是为了环保。据悉，刚进入中国时，招商路凯的营运中心所起到的作用相对简单，主要是储存和收发托盘功能，对于设备、环境的要求较低。而随着近几年业务量的激增，托盘退回的频率加快，相应的维修频率也在增加，维修量也更大，导致在维修过程中产生较多的粉尘等，这些都会给环境造成影响。

为了应对这些问题，以前主要通过严格控制漆的质量，采用水性漆以达到食品级要求。但这样并不能完全避免气味的扩散导致人员健康风险。现在，招商路凯通过设备升级，喷漆全部采用自动喷漆线，并且在密封性更好的厂房内进行；并且，公司还专门聘请专业环保机构为其设计排放过滤设备，将在新的营运中心使用，以达到最终排放到空气的气体是清洁无害的目的。

“升级营运中心肯定会增加不少投入，但我认为这样做是值得的。因为我们本身从事的是绿色环保产业，如果自己在这个过程中都不能确保绿色环保，还怎么去给客户倡导环保理念？这有悖于我们的信仰。”

事实上，在招商路凯，绿色、环保理念已经深入到每个人的心里，渗透进企业文化之中。戴正楠说，随着托盘使用量的增长，每年会产生越来越多的废材，大量的废材如果直接丢弃既浪费又不环保。如何变废为宝？为此，公司现在正打算做维修废材的回收利用。

“可以做成样品、小礼物或者纪念品发给客户，或者用作公益活动。事实上在这个过程中，对企业来说，并不能带来任何实际的收益，甚至可能因为运费等赔钱，但是重要的是可以宣传环保理念，让更多的人加入到绿色事业中来。”他说，此外，公司还提议员工家里装修房子可以就地取材，到公司仓库里拿一些相对比较完整的废料回去利用。“在办公室装修中我们就经常使用这样的材料。”

然而，绿色物流的发展，需要全社会共同努力，尤其是政府和相关行业组织的大力支持。对此，戴正楠希望行业协会能够从最基本的标准化做起，在各个行业内推广使用 1 米 2×1 米的国标托盘，更多宣传和推广使用带板运输这种绿色物流发展模式。

除了标准化，税收也是企业面临的难题。“政府将我们这个行业视同一般的设备租赁征税，我们需要缴纳 17% 的增值税。但实际上，我们与普通设备租赁很不同，前者主要是设备采购成本，都是固定资产；而我们的成本则主要来自于人力成本，因为需要建设一个庞大的服务体系来支撑业务的发展。”戴正楠说，希望政府能够在这方面多考虑一些。

他还希望政府能够出台一些鼓励用户企业采用标准化托盘的政策。因为企业在采用标准化托盘时，最大的顾虑在于需要投入资金对部分设备进行改造，如堆垛设备、叉车等，短期成本的上升让一些企业有些难以接受，如果在这方面，政府能够有激励政策，如一些环保、物流等领域专项资金向这方面倾斜，对企业进行补助，将能够激励更多企业采用标准化托盘，从而加快托盘循环共用的推广。

“路凯今后还会继续加大宣传，让更多人认识到，托盘循环共用，或者说带板运输是真正的绿色经济，能够加速中国绿色物流的发展。”戴正楠最后说。

（来源：〈现代物流报〉2014 年 2 月 27 日）

第八篇 物流装备－标准－技术和信息化

8.1 物流设施与装备

【《道路运输车辆动态监督管理办法》将正式实施】

2014年7月1日起，《道路运输车辆动态监督管理办法》将正式实施。

该《办法》主要是对针对道路运输车辆，即旅游客车、包车客车、三类以上班线客车、危险货物运输车辆、半挂牵引车和重型载货汽车（12吨及以上），7月1日起，这些车必须安装、使用符合标准的卫星定位装置。

如果未按照要求安装卫星定位系统，或者已安装卫星定位装置但未能在联网联控系统（重型载货汽车和半挂牵引车未能在道路货运车辆公共平台）正常显示的车辆，不予发放或审验《道路运输证》。

在《办法》实施前已进入运输市场的重型载货汽车和半挂牵引车，必须在2015年12月31日前全部安装、使用卫星定位装置，并接入道路货运车辆公共平台。

【商务部将推广全国托盘循环系统】

商务部流通业发展司副巡视员王选庆日前表示，我国在包装运输车辆、装卸工具、托盘甚至包括物品编码等方面的标准体系不够统一，无法通用，推高了物流成本。

商务部流通业发展司副巡视员王选庆日前表示，我国在包装运输车辆、装卸工具、托盘甚至包括物品编码等方面的标准体系不够统一，无法通用，推高了物流成本。以托盘为例，商务部正研究推广全国性托盘循环共用系统，仅这一项每年至少可降低物流费用５０００亿元左右。

王选庆在中国连锁经营协会和商务部贸易研究院联合举办的“标准化托盘循环应用推广会议”上说，托盘是单元化运输包装系统的基本组件，跟集装箱并称为物流单元化的两大创新。集装箱的标准化远远走在托盘前面，它的推出和广泛采用，大大提高海运、空运和铁路运输效率，方便了几种运输方式之间的转运。集装箱标准化可以说是物流历史上的一次革命。同样，加快推进标准化托盘的共用和循环推广，对于提高我国物流标准化水平，降低物流成本，提高物流效率，也具有重要意义。

王选庆指出，我国大约有８．６亿个托盘，超过一半以上都在工业企业、商贸企业或物流企业内部使用。商务部和有关部门将以托盘标准化为突破口，推动全国商贸物流领域标准化建设。

首先要加快推进物流运输体系建设。

商务部和国家标准委正在起草关于推进商贸物流标准化工作的指导意见，研究建立完善商贸物流的标准体系，明确制修订重点领域、重点方向、重点内容。

其次，商务部、财政部和国家标准委等相关部门正在研究和开展标准化托盘试点的工作方案。选择部分试点城市，对标准化托盘更新以及相关设备像叉车改造，还有托盘管理信息系统的升级改造，给予财政支持。

第三，开展商贸物流标准化示范。商务部和国家标准委将会同有关部门开展商贸物流标准化试点示范工作，加强基础设施建设、装备技术、服务流程、内部管理等标准化实施工作。

【中国物流装备将进入智能机器人时代】

智能机器人的成功面市，将大规模进入物流领域的应用，由此，中国物流装备领域即将进入智能机器人搬运货物的新时代。

一大型高科企业已经成功研发出了智能机器人，并正式投入规模生产。据悉，智能机器人的成功面市，将大规模进入物流领域的应用，由此，中国物流装备领域即将进入智能机器人搬运货物的新时代。

在生产现场，科研人员给记者演示智能机器人搬运货物，推车、搬运，智能机器人十分得心应手。科研人员告诉记者，这类搬运货物的智能机器人，每个可以搬运 1.5 吨左右的货物，在车间和仓库里，将成为搬运能手，对生产企业来说能够节约大量的人力。

相关负责人表示，第一批智能机器人是为一家大型家电企业量身定做的，现正在调试阶段，不久将给企业交货。目前一台智能机器人售价大约在 7 万元左右，运用机器人在车间工作，可以解放出大量搬运劳动力，快速高效，对企业生产来说，将节约劳动力成本，提升企业的产能优势。

智能机器人运用到物流产业，其效率不言而喻。尤其货物搬运、周转，机器人都可以完全胜任，尤其在恶劣的天气条件下，有机器人来替代，可以说是非常安全的事情。首先不怠工，因为天气不耽误时间，还能提高货物周转效率。

“智能机器人将全面运用到物流产业。”一位姓刘的主要负责人告诉记者，“这是一项系统工程，我们今后将重点突破物流装备行业的升级换代，要实现中国物流装备自动化、智能化，让机器人大量进入物流装备行业。以此为基础，我们将打造核心机器人产业物流装备园区，实现产业集聚化和规模化，提升中国物流产业的运作水平。现在很多大型企业都逐渐在引进机器人，让机器人参与劳动生产，是未来的方向。

因此，物流装备升级换代，将翻开新的篇章。” 智能机器人大规模进入物流装备服务，进入生产劳动，进入医疗护理，已经不远了。成都高新四威产业园的这家大型高科企业看准了未来市场的方向，主打智能机器人研发、生产，将开创一个全新的服务新时代。 四川省机械工业协会会长吴大敏、副会长蒋思齐一行随同考察观看，对智能机器人的出色表演赞不绝口。

吴大敏会长告诉中经网记者，“这确实是一大创举，机器人一旦大量运用到生产制造企业的物流环节，进入现代物流产业，将彻底改变劳动生产方式，将解放出大量的劳动力，让更多的人参与物流环节前端和后序服务，真正能够做到准时、高效，完全体现出现代物流业的服务水平。”

（来源：中国物讯网）

【北京计划在物流搬运等领域广发应用机器人及成套装备】

北京市政府2014年5月6日正式公布了一份雄心勃勃、新颖诱人的行动计划：要到2017年，在医疗器械与健康服务等领域广泛应用3D打印产品，在养老健康、物流搬运等领域广泛应用机器人及成套装备。

今天出台的北京技术创新行动计划(2014-2017年）确定了两类共12个重大专项。第一类围绕大气污染治理、交通管理等民众关心的热点；第二类围绕产业发展的高端化、服务化、集聚化、融合化、低碳化，着力以技术创新引领产业转型升级、高端发展，构建“高、精、尖”的产业格局。

行动计划中关于“数字化制造技术创新及产业培育”重大专项要求，2015年，在养老健康、文化教育等领域产生一批具有代表性的服务机器人及成套装备产品，并在典型领域应用验证，以数字化增材制造（3D打印）和机器人为核心的数字化制造产业实现产值超过120亿元。

2017年，北京将推动3D打印产品在航空航天、船舶、医疗器械与健康服务、大众消费和创意设计等领域得到广泛应用；机器人及成套装备在汽车制造、物流搬运、养老健康、文化教育等领域得到广泛应用；数字化制造产业要在北京集群式发展，实现产值超过230亿元，形成“北京创造”品牌。

为推动机器人及自动化成套装备发展和培育市场，行动计划提出4项重点工作：一是开展以整机为牵引的关键技术攻关、功能部件及成套装备研发。二是推动整机成果转化和产业化，培育系统集成商。三是培育壮大机器人市场。四是引导在海淀、大兴等区域形成机器人产业集聚。

对于北京部分服务领域面临的人力缺口，机器人或将发挥济困解危之力。公开资料显示，2013年底，北京户籍老人已达277万，占户籍总人口21%，但养老服务护理人员存在3万多缺口。同样的服务人才紧缺现象也存在于物流等行业。

（来源：中国新闻网）

【新能源车商业化加速 物流应用分时租赁成突破点】

科技部网站公布，新能源汽车商业化推广模式座谈会日前在北京召开，科技部部长万钢出席。据悉，来自普天、菜鸟、申通快递、上海万象物流、一嗨租车、浙江康迪车业、北京天行健等物流和汽车租赁企业代表参加会议。

业内人士指出，从会议内容来看，国家正加快新能源汽车的商业化推广，除了在环保车、出租车等方面推广外，下一步有望在快递、物流等领域实现新能源汽车的示范运营。

万钢在讲话中指出，新能源汽车规模化发展要发挥市场配置资源的决定性作用，探索新型商业模式是实现新能源汽车规模化发展的重要途径，城市分时租赁和物流领域是重要的突破点，公务用车改革需求也是重要的应用领域。要瞄准潜在用户，摸清服务对象需求，针对不同需求开发出适应不同领域和用户的车型。社会资源要积极投入加快充电基础设施建设，要加快信息化技术在新能源车辆和运营管理上的应用。

物流业应用推广新能源车也被写进了2014年10月国家出台的新一轮补贴新政。国家对纳入新一轮补贴政策的示范城市或区域提出要求：2013至2015年，特大型城市或重点区域新能源汽车累计推广量不低于10000辆，新增或更新的公交、公务、物流、环卫车辆中新能源汽车比例不低于30%。

事实上，2014年2月，北京也开始探索新能源汽车在城市物流领域开展示范运营工作。据悉，这也是国内纯电动汽车首次在城市物流领域的规模化使用。首批投入示范运营的纯电动物流车共70辆。北京市商务委方面介绍，纯电动物流车示范运营项目主要选择城市末端物流配送业态，建立纯电动物流车队和地面配套充电设施。“截至目前，纯电动物流车的示范运营比较顺利，有助于推进首都电动汽车的产业化发展。”北京商务委方面有关人士这样介绍。

2014年7月24日，上海通用五菱公司与普天新能源签订了新能源物流车项目合作协议，共同开发新能源物流车。

与此同时，新能源汽车的分时租赁模式也渐受市场关注。受政策利好推动，昨日，浙江金华在美国上市的电动车企康迪车业（KNDI）股价大涨近26%，报收10.34美元。据康迪车业有关人士介绍，最近工人正在忙着组装1000辆电动汽车，准备投入杭州做“分时租赁”用。分时租赁就是市民可以像租赁公共自行车一样租赁电动汽车，按照小时计费，并能够异地还车。

（来源：上海证券报）

【快递物流用车的热与冷】

我国细分物流领域的快速发展和国家对某些行业用车监督力度的加强（如渣运行业等），使得用车专业化、细分化趋势越来越明显。并且厂家开发的产品越来越有市场针对性，除了专用卡车之外，厂家往往会针对某一细分领域用车需求开发相对应的主力车型，以此为宣传卖点，力争打开细分市场用车需求，提升车辆销量。

譬如说，东风柳汽针对危化品运输行业开发的霸龙康明斯M7C危化品运输用车，以车辆为纽带，召开危化品运输论坛，宣讲危化品运输安全知识，通过这种方式把作为用车方的危化品运输企业和作为车企的东风柳汽紧密联系在一起，堪称卡车营销中的一个典范。而近年来，快递物流用车随着快递市场爆发式增长而火热，但火热中也有一些问题需冷静面对。

一，前景值得看好

2014年8月2日，中国物流与采购联合会会长何黎明在天津举行的第十三届全国高校物流专业教学研讨会暨2014年亚太物流联盟年会上介绍说：“今年上半年，全国快递服务企业业务量累计完成59亿件，同比增长53.7%，预计未来一段时间仍将保持50%以上的增长速度，与内需相关的社会物流需求保持高速增长。”

快递物流的发展速度有目共睹，快递物流运输用车需求的增量自然不容小觑。卡车生产厂家当然不会对这么大的一块蛋糕视若无睹。

在今年北京国际车展上，江淮商用车不遗余力地宣传物流用车，尤其是快递物流用车。江淮商用车展区位于展馆南门正对面的露天展区，从江淮商用车展区正面观察，展区大屏幕上标示“江淮汽车城市物流专家”，走进江淮商用车展区后，会发现用于顺丰快递物流和中国邮政的帅铃中卡和轻卡、用于宅急送城市配送的星锐6系依次排开，如此展区布局，厂家的意图一目了然。

上汽大通傲运通则打出了“许三多”的口号：灵便空间，许你装得多；高效节能，许你省得多；大空间、低油耗，更有人性增配，许你赚得多。“大空间、低油耗”，这些宣传标语可谓是直击城市配送快递企业的心窝子。

如风达总经理李红义在接受《现代物流报》记者采访时表示：“快递物流用车的增量很大，并且在未来一段时间内有相当大的市场空间。”

据李红义介绍说，目前国内快递物流用车市场上仍以国产卡车为主，之所以选择国产卡车不外乎是出于对控制快递物流成本的考虑。他表示，作为用车方，快递物流企业在选车时自然更看重车辆整体的性价比，即车辆的载重量、油耗、可靠性等与车辆价格之间的比较，但快递物流用车市场对车辆的技术性能和可靠性要求并不算太高，很多方面几乎可以和普通物流运输用车划等号。因此，在目前快递物流运输用车市场上，基本上是国产卡车一统天下的局面。

但也正因为此，快递物流用车市场上的竞争潜力并未释放出来，车企更多地是处在浑水摸鱼的阶段，并没有哪款标杆性产品和哪家标杆型企业占据明显市场竞争优势。

二，准备仍有不足

因国产卡车几乎一统快递物流运输用车市场，记者自然把采访车企的重点放在了国产卡车厂家上面，而百度一下也不难发现，不少企业已经着重布局该市场，与各类快递公司达成采购协议。但与此同时，稍微令人惊讶的是，《现代物流报》记者在采访过程中也接连遇冷，发现很多企业对这块市场的热情并无想像中那么高。

某老牌卡车生产厂家市场部工作人员在接受记者采访时表示：“快递物流用车基本上都是中卡、轻卡和微卡，而我们的产品以重卡见长，因此我们并没有特别关注快递物流用车这个细分市场，也并未开发相应车型。”

这段话语中存在着明显的逻辑漏洞：快递物流不需要重卡吗？事实上，快递物流干线公路运输离不开重卡，中长途跨省公路运输也会如此。说白了，这其实是一个快递物流运输用车再细分的问题，中长途公路运输用重卡，中短途运输用中卡，城际配送和城市配送用轻卡和微卡，如此而已。

遇冷之后，《现代物流报》记者又采访了某新锐卡车生产厂家，据该厂家工作人员称，目前厂家尚未关注快递物流运输用车市场，因为快递物流运输用车基本上都是用的6×2驱动形式的卡车，而这种驱动形式的卡车在目前阶段对厂家来说，并没有太大吸引力。

同时，在采访中，记者也曾邀请一些公司高层就快递物流运输用车市场做一分析，以及了解一下其日后如何开拓快递物流运输用车市场。但无奈的是，其似乎也不愿意就此多谈，而思考其背后的原因，或许不是因为企业不重视快递用车市场，而是这些公司在产品布局上还待完善、跟进，企业或许不想过早过多透露相关信息，以便更好应对市场之变。

三，缘何冷热不均

一方面，快递物流市场快速崛起，一部分卡车厂家已经意识到这里边巨大的市场潜力和商机；另一方面，还有部分卡车厂家在快递物流运输用车市场上处于蒙昧状态或者是冷淡状态。一个看似潜力巨大的细分车市，为何会出现冷热不均的情况？在采访中接连遇冷之后，记者开始反思其原因。

原因或许不外乎两条：其一，如李红义所说，国产卡车一统快递物流运输用车市场，快递物流运输本身对车辆没有特别的技术要求和高性能要求，造成很多卡车厂家认为快递物流运输用车和普通物流运输用车可以划等号，因此完全没必要再浪费时间和精力专门去开拓快递物流运输市场了；其二，目前，国内很多卡车厂家的市场嗅觉不够灵敏，往往是后知后觉，到商机出现的末期或晚期才意识到这里边是有大把大把的钱可以赚的，但是到了末期阶段，市场竞争已经处于白热化状态，市场蓝海消失，即便再投入巨大的人力、物力、财力进行营销宣传，也往往收效甚微。

国产车部分卡车生产厂家“不重视”快递物流运输用车市场，究竟是哪条原因所致，或者是两条原因兼而有之，记者不得而知。而即便同为快递物流企业，在用车需求方面也存在差异化现象。有人觉得普通国产卡车可完全满足其公司对货运时效性和可靠性的要求，但也有部分快递物流企业内部人士持相左意见，他们认为，快递物流用车也有其特殊性，对高端重卡甚至进口卡车的需求一样很大。

快递物流企业内部为什么对用车需求持两种几乎是相反的意见？虽然同为快递物流企业，但运送物品的性质、价值也有很大不同，比如说有的快递物流企业运送的物品价值高、对时效性要求高，而有的企业运送的物品价值低、对时效性要求不高，运送不同的物品就很可能导致企业对用车提出截然不同的需求。所以，快递物流运输用车市场还有挖掘和开发的潜力，一些快递企业也呼吁厂家针对快递行业提供专属产品和服务方案，保障运输配送的快速和安全，切莫因车辆质量问题而耽误日常运营。而这既是卡车企业的机遇所在，也是其前所未有的一项挑战。

（来源：现代物流报）

【亚马逊宣布无人机快递有望落地只差货车配合】

AMP ElectricVehicles 正在与辛辛那提大学的研究人员合作开发一种能充当货车驾驶员助手的无人机。例如，驾驶员不必开着庞大的货车每隔 5 分钟进入一条小道为用户运送只有几斤重的包裹，而是可以一直沿着主路行驶，将挨家挨户运送包裹的任务交给无人机来完成。在快递行业，每一米的行驶路程和每一分钟的行驶时间对应的都是真金白银。AMP 相信，货车与无人机这对“黄金搭档”可以节约足够的时间和资金，从而引发快递行业的关注。

“亚马逊宣布这一计划时引发了广泛热议。”AMP 联合创始人兼 CEO 史蒂夫·伯恩斯（SteveBurns）说。他的公司之前专门生产一种名为 Workhorse 的电动货车，但他们却准备与高校的航空工程师合作开发一种名为HorseFly的原型无人机。这款产品最大的功能在于，它可以自动飞到 Workhorse 货车的顶端完成无线充电。

这种简单易行的充电模式使得 AMP 的无人机可以始终跟随这种货车，而这正是这套系统的优势所在。“我们认为直接从仓库起飞没有必要。”他说。

可以通过UPS的货车日常的工作模式来理解这套系统的优点。这些货车每天每趟行程通常会运送120至150个包裹。这样便可最大限度地节约燃油和劳动力成本。想要赚钱，UPS就必须在一条路线的货车上配备足够的包裹，使得配送的目的地足够接近，从而提升效率。而按照亚马逊的设想，则会直接让无人机从仓库起飞，将货品配送到消费者家中。对于单一的消费者来说，这种直接配送服务或许具备最高的效率。但如果以UPS的货车为参照，亚马逊的无人机每天就需要在仓库和消费者住处之间往返120至150趟——毫无效率可言。

但按照伯恩斯的设想，倘若给仓库配上轮子，情况就会大为改观。他表示，内燃机货车的燃油成本超过每英里50美分，这几乎是目前的技术所能达到的最低极限，而无人机飞行同样距离的成本只有2美分。伯恩斯认为，如此之大的差距足以让已经无法继续降低货车成本的快递公司为之动心。

但无人机的安全性仍然是一大担忧，尤其是当它载着重物飞行时。为此，辛辛那提大学的研究人员用8旋翼设计代替传统的4旋翼设计，以便在一两个马达出现故障时仍然能够正常飞行。

但飞行过程中仍然需要解决更加复杂的技术问题。全自动无人机必须随时根据环境的变化自我调整飞行状态，而在增加了货物后，这种调整变得更加困难——它必须具备主动适应包裹的能力。

为了让无人机真正发挥作用，HorseFly的设计者希望尽可能地简化流程：只需要扫描一下条码，捆绑好包裹，便可让无人机自动飞行。伯恩斯希望短期内能够实现无人机的自动巡航，但降落时可能仍需“飞行员”的远程协助。不过，由于美国联邦航空管理局并没有针对这一模式制定任何规定，所以HorseFly短期内或许还无法正式投入商用。

但从现有的理念来看，这种将卡车与无人机配合使用的模式似乎更合常理。“我们希望让它更加贴近实际。”伯恩斯说。

（来源：工控中国）

8.2 物流标准

【《交通运输物流信息互联共享标准（2014）》】

2014年7月17日举行的交通运输部例行新闻发布会上获悉，《交通运输物流信息互联共享标准（2014）》（简称新《标准》）正式对外发布，其中数据元、道路运输电子单证、物流站场（园区）电子单证三项行业标准同步发布。

交通运输部新闻发言人、政策研究室副主任徐成光介绍，新《标准》由基础标准、平台互联与交换标准、应用与服务规范、标准升级维护管理规范和标准符合性测试规范组成。该标准源于2012年9月交通运输部建立的全国交通运输物流公共信息平台。目前，约有1万余家企业使用该平台物流管理软件，依托平台实现近30万家企业互联，业务单据交换量累计超过8亿条，日交换量最高可达200万条。随着用户数量的增加，原标准已不能充分满足用户需求，交通运输物流公共信息平台标准工作组对原标准加以修订和完善，推出了新《标准》。

目前，基于交通运输物流公共信息平台的标准已经开展广泛应用。企业可免费获取标准代码，进行简单的接口改造即可实现对接。新《标准》的应用，将有助于解决物流链上下游企业间信息“孤岛”问题。

徐成光介绍，下一步，交通运输部将联合物流龙头企业进行电商平台、快递、运输仓储、物流园区等领域信息互联共享标准的制修订工作，提高交通运输物流信息标准化水平。

该标准是一个面向全社会的公共物流信息标准体系，以提高社会物流效率为宗旨，以实现物流信息高效交换和共享为核心，以统一的标准为基础，以连通各类物流信息平台、企业生产作业系统，消除信息孤岛为目的。该标准由基础标准、平台互联与交换标准、应用与服务规范和标准升级维护管理规范以及标准符合性测试规范组成，共计660余项数据元，近100项代码集、40多个单证及15个服务调用接口，约60万字。

目前，交通运输部已经正式发布数据元（含代码）、道路运输电子单证、物流场站（园区）电子单证等3个行业标准。同时，标准工作组也完成了仓储、海运等相关业务的主要单证，物流交换代码、数据交换通用技术规范两个平台互联与共享标准的制定。根据实际业务需求编制的车货跟踪、物流资源等5个服务和应用规范已在交通运输物流公共信息平台互联中得到了实际应用。

与一般的标准不同，这一标准来自于交通运输物流公共信息平台的实际应用。目前使用平台物流管理软件的企业已有1万余家，包括阿里巴巴、顺丰快递、新华书店等大型企业，依托平台实现互联企业有近30万家，企业通过平台实现业务单据交换量累计超过8亿条，日交换量最高可达200万条。标准的持续、有效更新有助于保障标准在平台应用中发挥有效作用，促进对标准成果和试点应用经验的宣传与推广，实现技术研发、实际应用与标准研制的有机互动。

与一般的物流标准不同，这一标准植根于交通运输行业。目前交通运输物流公共信息平台运输业务涉及的企业类型涵盖了普通道路运输、危险品运输、集装箱运输、小件快运、仓储、货代、园区、海关、电子口岸、生产制造商贸企业等。其中，运输相关企业占据绝大多数。作为运输行业的管理部门，交通运输部门统一推动标准的实施与应用，更有利于标准的落地。

以小件快运为例，浙江省于2005年起建设客运班车小件快运共享网络。截至2009年年底，省内11个地级市及部分县级市均已开通了小件快运业务。但问题也随之而来，业务效率低下、票据管理难、站场协作难、业务数据查询难、账目不清、货物无法实时跟踪等。为了解决这些问题，浙江省道路运输管理局在全省汽车客运网络中安装小件快运通用软件。软件对业务受理、装车签发、到达登记、货物提取等业务节点进行了标准化分析和定义。这一软件接入平台后，效益更是随之被放大。对于参与方而言，信息的实时传递与透明得到了保证，省去了一系列繁琐的人工手续，提高了效率、减少了差错率、大大节省了成本。据测算，项目实施后浙江省的小件快运整体效率提升了 40%，节约了 50% 的人力成本。

下一步，交通运输部还将邀请行业内龙头企业，进行电商平台、快递、运输仓储、物流园区等领域信息互联共享标准的制修订工作，使标准与行业企业实际需求结合更紧密，提高交通运输物流信息标准化水平。同时，交通运输部还将通过制定交通行业物流公共服务信息元数据标准，推进政府公共服务信息开放。

选择一个标准，企业最关心的是什么？在业内人士看来，最主要的有两点：一是与自身的业务是否匹配，二是用起来是否方便。

珍诚医药在线是一家借助于 B2B 电子商务平台，为客户提供医疗健康产品的分销配送和渠道增值服务的公司。通过与平台对接，应用互联共享标准，珍诚医药在线实现了标准与自身业务的完美匹配。

成立于 2002 年的珍诚医药在线，主要客户群体是医药第二、三终端客户。“这部分客户的特点是规模小、分布广、订货频次高、订单金额小，甚至有客户一次只订购几盒药品。”在珍诚医药在线股份有限公司副总经理姜雪芳看来，针对这些客户的服务面临巨大挑战。

为了压缩成本，珍诚医药在线选择的物流合作方也是较为小型的物流公司，这些物流企业是否按要求进行相应的物流配送服务，是必须监控的。珍诚医药在线通过对接交通运输物流公共信息平台，实现了对物流企业的相关监控，并为客户提供在途货物状态的查询。与此同时，由于按照国家标准进行信息编制，可以实现订单信息的扫码录入，“信息精确度以及作业效率的提高是必然结果。”姜雪芳说。

据了解，珍诚医药在线目前终端客户 1.5 万家，单纯从货物状态查询这一项服务内容来看，如果采用人工坐席的方式，成本将大大提升。因而，在一定程度上，物流信息的标准化和信息平台的使用是针对微小客户医药服务得以实现的关键。

较之一些晦涩难懂的标准，该标准采用的技术比较简单，对于企业来说，易学易用。另外，应用该标准的成本较低，企业可免费获取标准代码，只需进行简单的接口改造即可实现对接。

如今，标准的力量已经渐渐显现，基于交通运输物流公共信息平台的标准已经开始广泛应用，可以期待的是，随着新标准的进一步推广与应用，我国交通运输行业物流信息系统的互通共享将再上一个新台阶。

（来源：中国公路网）

【八项物流国家标准】

2013 年 12 月 31 日，国家标准委批准的八项物流国家标准正式发布，标准将于 2014 年 7 月 1 日开始实施。八项国家标准的主要情况介绍如下：

1.《物流企业分类与评估指标》(GB/T 19680-2013)

《物流企业分类与评估指标》（GB/T 19680-2013）是 2005 年 3 月 23 日正式发布，并于同年 5 月 1 日正式实施的国家标准。标准规定了物流企业的分类原则、物流企业类型与评估指标，适用于物流企业的界定、分类与评估，也适用于物流企业的规范与管理。标准自颁布实施以来，通过中国物流与采购联合会的A级物流企业综合评估工作得到了全面贯彻实施。伴随着A级物流企业评估工作的持续有序推进，对物流产业和物流企业健康发展的指导作用日益显著，正在成为社会各界了解和评判一个物流企业的重要依据。随着经济和社会的发展，原标准中的评估指标体系也出现了一些新问题，存在着落后于实际发展，界定的范围过于局限等情况。为了便于更加科学有效地开展物流企业分类评估工作，使之为我国物流产业和国民经济的发展服务，中国物流与采购联合会于2008年向国家标准化管理委员会提出标准的修订申请，并于2009年经国家标准化管理委员会批准，列入2009年第一批国家标准制修订计划。

本标准修订的基本原则主要是依据现阶段物流企业发展的现状和未来发展趋势，结合当前物流行业的发展环境，以及社会、经济发展对物流企业提出的新要求，以物流企业的客观实际为基础，在继续保持现行国家标准的大框架和大类别的基础上，在细节及具体操作流程上以微调为总原则，导向为辅地进行调整和补充解释说明。为了使新旧标准能够有效衔接，物流企业评估工作能够持续合理地推进，中国物流与采购联合会目前正在依据新标准制定相关的实施细则。

2.《仓储绩效指标体系》（GB/T 30331-2013）

《仓储绩效指标体系》（GB/T 30331-2013）是由全国物流标准化技术委员会提出并归口，经国家标准化管理委员会批准，列入2010年国家标准制订计划的国家标准项目。标准规定了仓储活动绩效管理中仓储绩效指标体系设立的基本原则、仓储绩效指标体系、可测量的关键绩效指标（KPI）以及绩效评价方式，适用于仓储经营活动的绩效评价。服务与绩效是企业管理的两大重要方面，服务质量关系到企业的形象与声誉、客户对企业的认可，作业绩效与经济效益是企业自身发展的根本，二者相互关联、相互影响，此标准将与《仓储服务质量要求》（GB/T 21071-2007）国家标准形成配套标准，为仓储企业提升服务质量、提高效益提供技术支撑。

3.《仓单要素与格式规范》（GB/T 30332-2013）

《仓单要素与格式规范》（GB/T 30332-2013）是由全国物流标准化技术委员会提出并归口经国家标准化管理委员会批准列入2010年国家标准制修订计划的项目。标准规定了仓单类型、要素、印制与填写要求，适用于仓储活动中使用的普通仓单，质押融资业务、期货交易中的可流转仓单等。

仓单是仓储保管人对存货人所交付的仓储物品进行验收之后出具的权利凭证。我国1995年修订的《中华人民共和国担保法》首次出现“仓单”概念，实际仓储服务业务中至今沿用“入库单”与“出库单”。随着我国国民经济与物流产业的快速发展，产生期货交易与动产质押融资后，“仓单”才在这两个领域普遍使用，但至今没有专门的仓单标准。由于法律概念与实际单据脱节、且没有仓单标准，直接影响到仓储服务与质押监管业务的规范发展。标准的制订对于促进我国现代仓储业及其与商品交易、金融和资本交易等市场的健康发展，保障相关各方的合法权益，维护社会经济秩序，具有重要意义。

4.《物流服务合同准则》（GB/T 30333-2013）

《物流服务合同准则》（GB/T 30333-2013）是由全国物流标准化技术委员会提出并归口，经国家标准化管理委员会批准列入2010 年国家标准制修订计划的项目。规定了物流服务合同的基本要求、条文编排和主要内容，规定了物流服务合同的基本构成要素、物流服务内容的条款设计、物品验收 内容、费用与结算表述、违约条款设计、不可抗力处理及保险的约定等物流服务合同的各主要方面和关键事项，适用于企业编写包括运输、储存、装卸、搬运、包 装、流通加工、配送、信息处理及方案设计和规划等主要的物流服务的合同文件。

第三方物流从产业特征上决定了物流服务的开展过程涉及更多的利益相关方，不仅是物品的供方、需方、物流服务提供方，还常常牵涉到具体运作过程中更多环节上的相关方，物流服务合同作为体现物流服务各当事方的权利义务关系的协议，约束了物流服务契约关系设立、变更、终止的全部内容，是处理物流服务民 事关系中一切事宜的依据，一个科学合理的物流服务合同才能更好的保护合同各当事人的合法利益，并在意外情况下提供明确的解决方案以避免纠纷。而目前在物流服务过程中出现纠纷，并在纠纷发生后无法根据合同准确划分责任及相关赔偿，对纠纷解决不力，其中一个很重要的原因归结为物流服务合同标的描述不准确、内容 约定不完整、履行条款不完善、责权表述不清晰、意思表达不明确等。标准的发布对于规范物流服务合同行为，减少物流服务过程中的法律纠纷和由此产生的损失，保护物流服务合同相关方合法权利，从而进一步规范我国物流市场，创造良好的市场竞争环境，引导物流行业的健康有序发展具有重要意义。

5.《物流园区服务规范及评估指标》（GB/T 30334-2013）

《物流园区服务规范及评估指标》（GB/T 30334-2013）是由全国物流标准化技术委员会提出并归口，经国家标准化管理委员会批准列入2009 年国家标准制修订计划中的项目。标准主要规定了物流园区的基本要求、服务保障要求和服务提供要求，给出了物流园区的评估指标，此标准与《物流园区分类与基本要求》（GB/T 21334-2008）、《物流园区统计指标体系》（GB/T 30337-2013）两项国家标准形成物流园区的系列标准，适用于对物流园区的服务与管理。

当前，我国物流园区的发展正处于初级阶段，物流园区的规划、建设和运作尚未形成理想的成熟模式，一些物流园区正在开始发挥集中基础设施、集聚物流资源、集约物流业务的作用，提高了物流运作的组织化和社会化程度，但是，在用物流园区的物流服务水平不高、运行效率低下、运营成本高等问题也较为突出。 物流园区的规范运营需要政府部门的引导、行业组织的自律和物流园区自身的科学管理，标准制定的目的在于为政府部门、行业组织和园区自身提供一种科学导向、规范运营和提升服务的可测量工具，通过本标准的实施来推进我国物流园区的规划、建设和运作的规范化进程，促进物流园区发挥“集中基础设施、集聚物流资源、集约物流业务”的社会功能。

6.《药品物流服务规范》（GB/T

30335-2013）

《药品物流服务规范》（GB/T 30335-2013）是由全国物流标准化技术委员会提出并归口，经国家标准化管理委员会批准列入2009 年国家标准制修订计划的国家标准项目。标准规定了药品物流服务的基本要求，仓储、运输、配送、装卸搬运、货物交接、信息服务等作业要求，以及风险控制、投 诉处理、物流服务质量的主要评价指标，适用于药品流通过程中的药品物流服务。药品生产过程中涉及的药品物流服务亦可参照执行。

随着社会经济的快速发展和人民健康意识的日益提升，药品流通行业获得了长足发展，市场规模持续扩大，发展水平逐年提升，社会作用不断增强。但是，由于长期实行以药补医体制，以及准入门槛较低、行业规划管理欠缺、市场竞争不充分等因素，导致药品流通行业流通组织化、现代化水平较低，现代医药物流 发展相对滞后，管理水平、流通效率和物流成本与发达国家相比存在很大差距等问题。2012 卫生部审议通过了《药品经营质量管理规范》，并于 2013 年 6 月 1 日起正式施行，《规范》是药品经营管理和质量控制的基本准则，《规范》要求企业应在药品采购、储存、销售、运输等环节采取有效的质量控制措施，确保药品质量，《药品物流服务规范》国家标准充分参考了新修订《规范》，是对《规范》要求的补充和细化。

7.《物流景气指数统计指标体系》（GB/T 30336-2013）

《物流景气指数统计指标体系》（GB/T 30336-2013）是由全国物流标准化技术委员会提出，经国家标准化管理委员会批准列入 2010 年国家标准制修订计划的项目。标准规定了物流景气指数统计指标体系的概念、基本原则及体系框架，给出了物流景气指数统计指标的内涵及指数计算方法，适用于 全国、区域、行业的物流运行统计监测和预警。标准为我国物流景气指数调查和编制提供技术支撑和工作规范，为科学地反映物流业整体运行状况、发展趋势、周期 性特征，实现对物流行业发展及对经济运行状况的定量判断、动态监测和预测预警，从而为推动我国物流统计工作更好地适应我国现代物流业发展和与国际接轨提供 技术保障。

8.《物流园区统计指标体系》（GB/T 30337-2013）

《物流园区统计指标体系》（GB/T 30337-2013）是由全国物流标准化技术委员会提出并归口，经国家标准化管理委员会批准列入 2010 年国家标准制修订计划的项目。标准规定了物流园区统计指标体系设计基本原则与体系框架，以及物流园区运营基础类指标和运营状况类指标的构成，适用于各类物 流园区经济活动的统计和管理。通过对物流园区统计指标体系进行规定，为我国物流园区的统计提供技术支撑，使统计数据能全面、客观地反映我国物流园区的运行 特点和经营效益，使各地区、各部门的物流园区统计工作进一步规范，从而更好地支持物流园区的管理和促进我国现代物流业的发展。

8.3 物流技术

【物联网技术在冷链物流中的应用】

近年来，冷链物流需求快速增长。2013年，冷链市场需求达到9200万吨，冷链物流总体增速已达约20%。我国冷链物流业固定资产投资超过1000亿元，同比增长24.2%，冷链基础设施建设不断推进，冷库规模继续保持较快增长势头。冷链运输设施小幅增长。目前，公路运输占我国冷藏运输量90%。2013年冷藏车市场保有量新增13000台左右，同比增长14%左右。

冷链物流是一门综合性、交叉性的应用科学，是以冷冻工艺学为基础，以制冷技术为手段的低温物流过程。农产品冷链是指从农产品的获取到被消耗的整个过程中，物品始终处于维护其品质所必需的可控温度环境下的特殊供应链。物联网技术是包括射频识别(RFID)、红外感应技术、全球定位系统(GPS)、激光扫描技术、通信技术、互联网技术(Internet)、地理信息系统(GIS) 等相关的技术。物联网的引入，可推进整个冷链物流系统自动化和信息化进程，提高物流效率，降低物流成本。作为农产品冷链物流运作，包括产品原料供应、生产加工、仓储配送、销售等环节，物联网技术在每一环节应用上各有特色。

一、物联网可改进农产品冷链物流生产加工

传统农产品生产加工过程透明度不高，出现质量问题不能准确找出根源，更不能确定相应当事人。物联网的引入能够解决这个问题。当农产品采购时，就可对其进行电子标记编码建立数据库。通过电子标签能够对农产品在整个生产加工过程进行连续的监控，包括当前的温度、湿度以及相应的操作人员。通过查询全部录入数据库的数据，很容易清楚知道是哪些因素造成的问题，能立刻进行改善，确定出事故的责任归属。

二、物联网可改进农产品冷链物流仓储配送及应用

物联网应用能提高农产品仓储管理水平及配送效率。在冷链仓储中心，RFID技术可实现商品的自动化登记，无需人工检查或扫描条码，更快速准确，并减少了农产品的损耗。物联网技术的应用，可实现配送的可视化，实现农产品运输车辆及时准确调度，从而提高运输效率，尽量避免无效运输。可利用温度标签来提供温度监控，实现车载农产品的动态感知、动态监控及运途农产品的质量与安全。同时，物联网应用，可实现对各冷库库存情况以及在途运输量情况的动态掌握，以便科学化运输决策，从根本上提高运输的合理性，实现农产品冷链物流的有效流通。总之，物联网的应用将推进整个仓库实现可视化，最大程度提高保管质量、实现仓储安全，并能实现仓储条件的自动调节，提高仓储作业管理效率。

三、物联网可推进农产品冷链物流销售及应用

农产品在实际销售中存在农产品易

变质，销售点分散、销售次数多等问题。在销售店引入物联网中的RFID技术，可在一定程度上解决这些难题。首先，RFID技术可实时读取冷冻区域的温度信息，将这些信息反馈给超市管理部门，保证冷冻区域的温度处于一定控制范围，从而保证生鲜食品的新鲜度。再者，当消费者购物完毕后，将购物车推过装有RFID阅读器的出口时，阅读器可一次性辨认出购物车中的农产品种类、数量、金额等信息，电脑显示屏会显示该顾客消费总金额，然后顾客付款离开，超市的销售系统立即自动更新，将所销售的农产品信息以及销售额全部记录，以纳入统计。

四、物联网可促进农产品冷链物流信息管理

信息共享是冷链物流管理的目标，一旦信息在整个冷链中同步，冷链上的参与者都能跟随顾客需求变动，进而形成同步运作。物联网技术可提供农产品冷链中流动的物品跟踪，同时向所有参与者实时数据传送，可减少信息失真现象。快速的信息传输速度，使冷链上的企业能更及时、准确预测需求变化，推动大幅度降低库存水平。通过物联网，带射频标签的商品被顾客选购的信息，能实时传到中央数据库。当零售点的商品数量低于安全存货量时，系统能自动向供应商发出补货请求，库存补给完全可以智能化地触发；当产品即将达到或超过有效期时，系统能自动向零售商发出促销或撤下货架的要求。

从应用趋势看，物联网在农产品冷链物流运作上，要求构建农产品冷链的追溯查询信息系统。通过依托现代前沿网络技术——物联网资源，以建立农产品冷链物流追溯信息系统，构建农产品冷链物流信息备案制度，实施农产品冷链物流任何环节的信息备案，以备查询。这不仅促进农产品生产环节的控制，而且强化了冷链物流环节的质量和安全的全程监控，通过追溯任何环节和过程出现的问题，利于找出真正原因。最终实现政府相关主管部门、冷链物流行业及其物流执行组织企业，对农产品物流活动的检测、监督和控制。

基于政府促进物联网应用于农产品冷链物流建设的重要作用，为此给出几点建议：一是加快扶持和培育城乡一体化农产品物流中心，特别是加大智能冷链物流体系的建设；二是加强冷链物流技术研究与新技术推广，加强现代冷藏车、冷库建设；三是加快发展第三方冷链物流企业，建立运用物联网新技术的冷冻冷藏产品加工配送中心，推进集约化共同配送；四是进一步引进国外先进的冷链物流技术与装备、运作模式与管理经验；五是加快冷链物流中利用物联网技术导入，促进产品安全和质量的提升。通过冷链物流行业积极探索物联网技术在冷链物流系统的广泛应用，从而进一步提高物流效率，降低物流成本。

（来源：现代物流报）

【酒类防伪追溯与智能物流管理系统应用】

本系统基于 RFID 技术，针对酒类企业在防伪、物流和追溯等方面的需求，高效的解决酒类可透视化物流管理，解决各种中高档酒防伪、串货、质量安全追溯管理一直是困扰品牌酒类企业发展的核心问题。系统采用 RFID 电子标签对酒和其各类包装物进行唯一标记和识别，以帮助酒类企业在生产和流通及整个供应链实现全程可追溯的物流和质量安全控制管理；对单件和包装件在生产阶段加载标识物（电子标签）进行追溯管理，最终在消费端实现对单件产品的生产信息、物流信息、质量信息、销售信息快捷、实时查询。

一、系统概述

本系统基于 RFID 技术，针对酒类企业在防伪、物流和追溯等方面的需求，高效的解决酒类可透视化物流管理，解决各种中高档酒防伪、串货、质量安全追溯管理一直是困扰品牌酒类企业发展的核心问题。系统采用 RFID 电子标签对酒和其各类包装物进行唯一标记和识别，以帮助酒类企业在生产和流通及整个供应链实现全程可追溯的物流和质量安全控制管理；对单件和包装件在生产阶段加载标识物（电子标签）进行追溯管理，最终在消费端实现对单件产品的生产信息、物流信息、质量信息、销售信息快捷、实时查询。

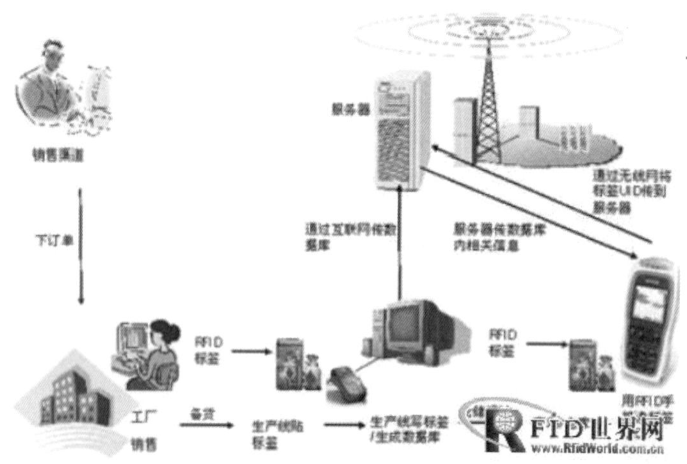

二、功能简介

本系统的主要功能包括酒类企业的酒类物流管理、酒类质量安全管理和质量安全追溯管理等三方面。

1. 酒类企业的物流管理： 包括仓储管理，配送管理，运输管理，销售管理等四个部分，运用计算机管理运输指令、仓库作业指令、配送指令，查询运价、库存报告帐单统计，跟踪货物状态等；管理任务分发和业务操作，下达指令给运输和仓储联盟企业，全程跟踪货物状态，统计每票货业务费用，管理物流公司与客户、联盟企业往来帐目，提供电子报关、网上商检/检验/、网上保险等服务接口；联盟企业可以查询指令及与物流公司的往来帐目等。

2. 酒类企业质量安全控制管理： 酒类企业酒的影响质量安全相关信息进行记录，同时对于影响其质量安全的因素进行控制，例如：原材料管理，勾兑管理，罐装管理，包装管理，仓库管理，运输管理，预警管理等等。

3. 质量安全追溯管理： 对于中高档产品进行标识和防伪，立体防伪信息进行记录，利用网络查询、手机短信、手机自动查询（ 手机安装免费软件，运行软件，手机自动识别 G - MU 二维码并连接网络进行追溯查询 ）、 RFID 阅读器读取等多种方式进行追溯查询。

三、业务流程（见左图）

四、优势及特点

◇系统功能强大、性能稳定、质量可靠，满足企业物流、产品标识、质量安全的控制管理和质量安全追溯需要；满足消费者的质量安全追溯需要。

◇软件系统功能强大，满足用户需求，界面友好，易学易用。

◇系统为国内首创，物流管理和质量安全追溯管理功能结合，有效的降低企业购买成本，使用成本，性价比优秀。

◇物流管理支持无线数据传输和查询；二维码和RFID电子标签结合，灵活的权限设置。

◇采用具有全球唯一编号的RFID电子标签对酒进行标识，并与一次性毁坏技术结合，具有不可复制性，同时与电码、激光标识技术结合进行了立体防伪和追溯管理；为酒类企业杜绝了外部造假的技术手段。

◇具有多种质量安全查询方式，查询非常便捷，成本低廉。

◇提供类生产到消费者的完整解决方案，形成系统和完整的质量安全追溯管理系统。

◇应用RIFD电子标签进行身份标识和设计，标签可读写，内容丰富，信息储存量大。

◇ RIFD电子标签阅读穿透性能强，识别速度快和识别距离远，抗干扰能力强，适应恶劣环境；RFID手持读写器重量轻，体积小，携带和使用方便。

◇触控打码一体机实现RFID电子标签和二维码之间信息转换和传递，功能强大，使用方便。实现单件的双重标签防伪(RFID及二维码）。

五、典型案例

上海第一酒市投资发展有限公司（略）

（来源：RFID世界　2013年10月09日）

8.4 物流信息化

【全国开建交通运输物流公共信息化平台】

面向全社会的公共物流信息服务平台，“1+32+nX”的总体布局，公益性、开放性、共享性的基本特征，多方合作、分工明确的工作机制。11月15日，交通运输部在浙江杭州召开全国交通运输物流公共信息平台建设推进会，进一步明确了平台的功能定位、总体目标、布局结构及建设运营保障方案，掀开了平台建设的新篇章。交通运输部党组副书记、副部长翁孟勇，浙江省政府党组副书记、省政府顾问王建满出席会议。会议明确，下一步推进交通运输物流公共信息平台建设，要围绕服务市场需求、服务企业创新、服务行业发展、服务对外开放，让平台服务更实、企业受益更大。

一，平台顶层设计逐步成熟

据悉，交通运输物流公共信息平台《建设纲要》、《国家级管理服务系统建设方案》、《区域交换节点建设指南》三个指导性文件在会上正式向社会发布，明确了平台发展的总体思路、发展框架和下一步工作重点，标志着平台的顶层设计逐步走向成熟。

根据《建设纲要》，平台定位于构建面向全社会的公共物流信息服务平台，为实现不同信息系统信息交换和共享提供基础网络和标准，是“平台的平台”；平台的总体架构是“1+32+nX”，“1”代表国家级管理服务系统，由交通运输部组织建设，主要建设交换管理系统和铁路、公路、水路、民航、邮政等国家级交换节点，“32”泛指省级区域交换节点，由地方交通运输主管部门主导建设，“nX”是指平台拓展和衔接的信息服务体系，如道路运政、水路运政等行业内信息管理系统，公安、商务等行业外信息系统等，这些系统依托平台开展各类互联应用；平台主要具备基础交换和公共信息服务两大功能，其中基础交换网络是平台建设的基础，加快实现基础交换网络的全国布局是平台建设的关键所在。

二，平台建设取得阶段性成果

近年来，平台建设贴近市场需求，抓住有利时机，联合多方力量，已初步形成“跨区域、跨部门、跨行业、跨国界”的工作局面。

数据显示，目前依托平台实现互联互通的企业有近15万家，企业通过平台实现业务单据交换量累计超过5.5亿条，日交换量最高可达200万条，平台的公益性、开放性和服务性逐步显现。黑龙江、福建、浙江等省交通运输主管部门积极开放政务信息资源，改善了以往在信息化建设中“重建设、轻运营，重管理、轻服务”的现象，大大提高了政府公共服务和行业监管能力，助推管理型政府向服务型政府的转变。

服务好企业、助推政府职能转变是平台建设的出发点和落脚点。推进平台建设就是要让不同企业间、企业和政府间、政府部门间信息交换和共享更加高效，进一步服务好市场、服务好企业，让平台建设惠及更多的市场主体和社会公众。同时，通过平台建设，切实提高政府行业监管、运行监测、统计分析、管理决策水平。

三，把握四个方向加快推进

加快平台建设是构建现代物流服务体系的重要途径，是转变交通运输发展方式、推进行业转型升级的重要抓手，是交通运输行业落实党的十八届三中全会精神、转变政府职能、打造服务型政府的重要举措。下一步，推进平台建设要把握四个方向：

第一，加快推进基础交换网络建设，努力将平台“做大”。“大”不是盲目地追求规模扩张，而是把平台的基础交换网络做大、辐射范围做广、参与方做多，拓展服务纵深。各省要结合地方发展实际情况，加快启动区域交换节点建设，并实现与平台的互联互通；要从“大交通”视角出发，积极推进铁路、公路、水路、民航、邮政行业交换节点建设；要注重引导大型龙头骨干企业与平台实现互联，从而带动供应链上下游企业进入平台，不断扩大平台的服务纵深。

第二，结合重大物流工程强化互联应用，努力将平台“做实”。“实”就是要在基础交换网络建设的基础上，加强互联应用，满足市场需求，让平台服务更实，让企业受益更实。下一步，交通运输部将在物流园区、危险品运输、多式联运、港口物流、甩挂运输、物流企业联盟等领域，依托平台积极促进互联应用；继续组织推进我国与东北亚相关各国以及与欧盟等区域的国际合作，不断扩大平台合作范围；加强行业内各部门以及与工商、海关、公安、商务等部门的沟通与协调，将相关信息开放和共享，努力实现与平台的互联互通，为市场提供高效公共信息服务。

第三，注重基础保障和配套政策跟进，努力将平台“做强”。“强”就是要不断提升平台自身的运行能力，特别注重平台建设的基础保障和配套政策的跟进。一方面，要努力做好平台相关标准的制定和推广工作，开发和完善相关应用软件，不断完善平台的管理机制；另一方面，要增强对平台发展的预见性，对于未来大规模信息交换带来的安全和效率问题要有预判和提前准备，加强数据安全保障体系建设。

第四，鼓励创新发展，努力将平台“做久”。“久”就是平台要有健康、可持续发展的能力。不断创新发展模式，研究开发符合平台特性的服务产品，吸引企业源源不断地主动与平台互联对接。另外，平台自身要有“造血功能”，在保障平台安全运行和服务质量提升的基础上，引入商业合作机制。

（来源：中关村在线）

【物流信息化的“变”与“不变”】

信息化是现代物流业发展的灵魂所在，更是企业掌握核心竞争力的有力支撑，现代物流就是以信息化为主要特征而发展起来的。信息化对于现代物流业的重要性不言而喻，特别是“十二五”期间，随着产业转型升级和生产方式的改变，物流信息化的作用和地位更加凸显。

值得关注的是，自去年以来，整个物流市场进入转型阵痛期，市场规模增长放缓，企业盈利困难。然而，就是在这样的“困难时期”，物流企业对包括物流信息化在内的科技方面的投入却不降反增，许多物流装备和信息化服务商的订单量增长强劲，物流信息化市场迎来了新一轮发展高潮。

由于技术创新的加快和市场需求趋向多元化，物流信息化的深度和广度也已今非昔比。对于物流信息化未来的发展方向，业界存在不少困惑，对此中国物流学会常务副会长戴定一表示，物流信息化的建设始终有“变”与“不变”两个主旋律，这是我们释疑解惑的指南。

在戴定一看来，所谓“变”是企业根据市场和自身发展需求而进行的信息化建设，这是由市场价值的变化发展的阶段性决定的；“不变”则是指物流信息化建设需要把握的基本客观规律。那么，信息化发展的客观规律究竟是什么？企业又该如何根据需要来开展信息化建设？

一，“变”的需求

从全国范围来看，目前物流信息化大致可以分为三个发展阶段，在不同发展阶段会有不同的发展重点，体现了主流的价值形态。对于大多数物流企业来说，目前信息化建设主要处在解决流程透明化的初级阶段，比如一些快递企业。如何让流程中的信息更加准确和及时，这是最基本的要求。对于快递企业来说，当前的发展重点，一方面是进行资源整合，迅速扩张网络；另一方面是对流程进行梳理，以便加强管控，提高效率，更好地控制风险。而这两方面都要求快递企业加强在基础信息化和流程透明化方面的部署。

第二阶段是在流程透明化的基础之上，一些物流企业对信息化进行优化与扩展，能够做到采集更多的信息，包括温度、湿度、位置、安全、影像等，同时实时进行跟踪。这些实时的信息有利于物流企业进行流程的控制和优化，并由此产生出一些新的增值服务，这些增值服务包括信息服务、金融服务、商流服务等。“因为流程已经管控得很好，企业就可以在上面叠加任何服务。比如金融服务，银行对企业的要求首先就是流程必须是透明的，这样银行才能对风险进行管控。”戴定一分析说，目前一些电商企业已经进入到流程优化阶段。他们非常重视流程的优化与改造，并能够在此基础上提供金融等增值服务，从而从信息化建设中获得更大的利益，其利润结构中，物流作业的贡献率不断降低。

物流信息化发展的第三个阶段是基于数据的应用开发，即大数据。当企业通过信息化建设积累了一定的数据之后，数据价值凸现，采集数据、处理数据的能力成为竞争力，不仅仅是通过对这些数据的分析，可以实现管理的智能化，并从中发现新的商机，有些可能与原来的业务无关，即所谓的“跨界”“颠覆”现象。在这个阶段，数据成为新的资源，新的竞争力。目前已经有少数企业开始尝试这种“数据公司”的模式，这是物流信息化的金字塔尖。

二，“不变”的规律

“尽管不同的物流企业处于不同的发展阶段，但可以看出，无论是哪个发展阶段，物流信息化的建设最终都会落在一个基础——对人（责任）、车（或集装箱、包装箱等物流管理单元）、货（货主利益）的管理上，或称为资源管控的颗粒度和精细化程度，这就是物流信息化发展的基础规律。”戴定一指出，“信息化建设是一个长期的过程，不可能一蹴而就。对人、车、货的监管，始终是物流信息化的基础。物流信息化任何一个环节或者全局的优化与深化发展，都是建立在对人、车、货监管不断提升的基础之上的。”

他进一步分析说，因为物流信息本身就是人、车、货这些信息互相捆绑、分拆形成的。而这些信息经过反复组合、分拆、转换，就形成了物流的流程。比如对于货物信息而言，识别到最小包装、大包还是集装箱？识别的信息是每分钟识别一次、每秒钟一次，还是仅仅在交接环节进行采集？对这些基础信息的管控，决定了企业管理的精细化程度，进而决定了客户体验，并且它们还会随着需求的提升和技术的进步，不断完善和提升，从而使企业管理的精细化程度和客户体验也不断提升。“事实上，恰恰是对基础信息的管控能力决定了企业的核心竞争力，只有把这些基础信息管好，才能在此基础上，再去进行优化流程、发展增值服务，乃至通过大数据实现智能决策。”因此，戴定一强调，企业在建设信息化的过程中，既要根据不同阶段的发展需求来确定重点，同时又要重视和把握信息化的基本规律，只有两者兼顾，才能更好地推动物流信息化的良性发展。

（来源：中国物流信息网）

【移动互联网提高物流行业信息化管理水平】

中国的经济发展已经进入到一个关键阶段，改变原有粗放式的发展模式，促进制造企业向高端方向发展，“中国制造”无疑正在面临着前所未有的压力与挑战。作为服务于制造业的物流业同样也面临着改变原有粗放的服务模式，提升服务品质的重任。那么，物流业如何提升服务品质，如何转型升级呢？

经过三十多年的发展，我国物流业在总体上适应了国民经济持续高速发展的要求，但行业发展与信息技术的融合差距较远，导致物流业整体信息化水平较低。推进物流转型升级，提升服务品质必须从根本上提高物流业信息化管理水平。

随着传统PC端门户类应用逐渐向移动互联网领域转移，开发app客户端以融合移动互联网产业发展已经成为各行业提高信息化管理水平的重要决策。因此，长期从事于物流行业的孟庆珍专家认为：物流行业同样可以借力移动互联网提高行业整体信息化水平，科学管理企业，促成企业生产成本的降低和经济效益的提高。

孟庆珍指出，信息化管理水平的提高需要依托成熟的信息技术，而移动互联网发展到今天已经成为时下最具潜力、也是最具影响力的网络技术。加快物流行业与移动互联网的融合，将在降低物流行业生产成本、提升物流业整合资源能力、整体服务水平以及信息化管理水平方面发挥重要作用。

事实上，随着物流行业线下市场的竞争日益激烈，一些快递企业已经成功开发出了物流app并成功投入使用，如顺丰快递，就为物流app铺设了超过1万家的自营网点和外部合作店，其外部合作方还包括连锁店、个体店、学校、物业资源等，用户可以通过LBS查询、定位到附近的合作点取货，完成线上到线下的信息对接，大大提高了整体运作效率。

信息化管理水平的提高，不仅有助于提升物流行业整体经济效益，而且有助于提升我国物流业在未来国际竞争中的竞争力，因此，物流企业应当充分认识移动互联网对于提升企业信息化管理水平中发挥的重要作用，加快企业线下实体产业与移动互联网的融合，推进企业信息化管理水平的提高。物流app客户端为客户提供个性化物流服务

在追求服务至上的今天，企业能否为消费者提供个性化服务已经成为行业制胜的关键。对于物流行业而言，随着行业竞争的日益激烈，在人们对于方便快捷的物流服务需求日益扩大的形势下，个性化服务在行业竞争中成为有力的武器。物流行业与移动互联网的融合，意味着消费者们可以享受到个性化的物流服务。

近年来，随着信息化的蓬勃发展，以及移动互联网的迅猛崛起，物流行业依托传统PC端互联网而建的经营平台开始面向移动互联网领域转移，一大批专业的物流app因此被开发出来并投入运作，在推动了物流行业信息化水平发展的同时，更为消费者带来了个性化的服务。

众所周知，在物流app出现之前，物流行业中的快递企业按照传统的配送方式，快递员需要经历4个流程才能将快递物品送达用户手中。即一一取件、运送、派件、用户签收，快递员智能在第三个环节和用户取得联系，而用户一旦无法如约接货，货品就只能被存放在快递服务站，等待用户自取或者次日再次派送，因而拖慢整体派送时间。这种配送方式不仅效率低、成本高，而且给快递员和客户都带来了极大的不便。

不过，随着物流app的成功开发和应用，这一传统配送模式得到改变。快递企业通过与外部合作，用户可以通过LBS查询、定位到附近的合作店取件，完成线上

到线下的信息对接，而且物流 app 具备一键转寄、服务点代收功能，不仅大大提高了配送效率，而且让用户取件时间和地点变得更加自由，满足了消费者对于个性化服务的需求。

对于快递企业而言，推出包括物流 app 模式等创新服务满足了消费者的需求，但事实上大大提高了企业在竞争中的有利地位。目前，我国物流行业正处于转型升级的重要时期，创新能力的竞争也考验着美宜佳物流企业，抛开以往价格、硬件等方面的竞争，终端市场的竞争归根结底是消费者的竞争，谁赢得了消费者谁就能占据未来市场先机。

物流 app 的开发和投入运作，是物流行业信息化管理水平提高的重要表现，也是行业发展的必然趋势，物流对于物流行业自身而言，还是对于广大消费者来说，物流行业这一创新服务的推出，将大大提高服务品质。

（来源：中国商业电讯网）

【上海电子口岸应用项目推广情况】

应用项目的开发与推广是上海电子口岸建设的重要组成部分。目前，上海电子口岸平台上运行的主要应用项目已达 46 个，涉及上海电子口岸建设 16 个成员单位和 11 家商业银行，覆盖了上海乃至长江流域大部分省市、特别是长三角地区的用户，基本形成了贯穿交易、监管、物流和支付四大作业环节的口岸通关物流服务功能体系。

1、加工贸易和保税类电子化项目。针对加工贸易、保税货值占上海口岸进出口额近 45％的实际情况，上海在积极移植推广中国电子口岸开发的大型加工贸易企业联网监管系统的同时，根据本地实际情况，自行开发了专门针对占加工贸易企业数量 90％的中小企业的电子化管理系统和覆盖上海所有出口加工区、保税区、保税物流园区企业的特殊区域联网监管系统，形成了较为完备的加工贸易、保税电子化管理体系。通过该类项目的实施，不仅使管理部门强化了监管，也大大提高了通关速度和企业接单的灵活性，降低了企业成本。以加工区内企业为例，帐册备案时间从几天缩短到数小时，报关时间从数小时缩短到几十分钟。外高桥保税区和各出口加工区间的货物调拨从 1 ～ 2 天，缩短至 4 小时左右，审批环节时间仅几分钟就可完成。

2、海运进出口业务电子化项目。上海港已经跃升至全球第三大港。通过海运业务电子化系统的开发应用，10 年前交通部设定的23张港航报文均实现电子化，并以不同形式在全面推广运营。针对海运进口存在提货单盖章时间过长和提前申报率低等问题，在质检总局的大力支持下，上海在全国首先开发了提货单电子化系统。通过平台实现舱单提前传输以及海关和检验检疫部分工作前置，节约了货物到港后船代企业人工填制舱单所需的 3 天时间。同时开发了船舶动态申报系统，实现船代企业一次申报，多方共享，为海事、海关、检验检疫、边检等多个部门船舶信息共享奠定了基础。

3、税费电子化支付项目。目前系统联网银行达 11 家，用户超过 2000 家。系统提供包括海关进出口环节所有税收和行政事业性收费在内的，较为全面的口岸业务支付功能和 7x24 小时全天候服务，实现每笔交易用时仅30秒钟和税费当天预扣、次日入库，为广大企业提供了一条快捷、高效、安全的支付通道。2004年，上海口岸实现税费电子化支付金额超过393亿元，占税费总金额的近38%，2005年预计超过575亿元，达到税费总金额的50%。

（来源：市经信委）

【国内首个物流云产业基地落户申城】

2013年5月29日上午，以“云领未来、物流天下”为主题的“中国物流云产业基地”启动仪式在上海淳大万丽酒店隆重举行。意味着国内首个垂直行业的产业云计算基地正式落户上海浦东，对打造全球领先的大宗商品云计算基础环境，创新物流新模式，助力产业升级均将起到积极推动作用。

据悉，此次活动由中国物流与采购联合会与上海市浦东新区经济与信息化委员会联合指导，上海浦东物流云计算有限公司、威睿信息技术（中国）有限公司(VMWare)、西本新干线电子商务有限公司及新加坡标准商品交易所共同承办。中国物流与采购联合会会长何黎明、工信部信息化推进司副司长董宝青、上海市浦东新区经济与信息化委员会主任傅红岩、副主任张爱平，上海浦东物流云计算有限公司董事长虞钢和威睿信息技术（中国）有限公司大中华区总裁David Sung等领导出席活动。

近年来，我国大宗商品流通经济运行呈快速发展态势，其幅度明显高于同期GDP增幅。社会各方面对大宗商品流通发展越发关注和重视，我国许多地方政府和企业正在积极谋划升级发展。针对我国建设大宗商品流通服务体系所面临的问题，必须利用现代信息技术对各个环节进行功能整合，探索不同物流功能整合的有效形式。因此，开发和建设现代化的公共物流信息平台，是物流信息化的首要任务，而基于云计算的云物流将是一个很好的解决方法和途径。

针对这一话题，何黎明在作《云计算如何助力钢铁物流创新模式》演讲中提醒，应重点关注以下几方面：

一是以云计算构建透明环境，转变传统商业模式。依托云计算创建透明数据环境，实现资源、价格等信息的及时有效共享。彻底转变传统贸易商的价差盈利模式，转型成为客户提供交易服务、物流服务、增值服务，以服务获取利润，实现钢铁贸易企业向生产性服务企业的根本性转变。

二是以云计算汇聚数据流，支撑由传统流通向现代物流转变。钢铁流通企业要降低流通费用，提高流通能力，增加流通利润必须发展现代物流。云计算整合并打通贸易商、仓库、运输、工地、银行的全产业链，形成生产性服务业积聚、加速服务业细分，支撑传统流通向现代物流转变。

三是云计算优化大物流过程，促进产业链协同。依托移动互联等领先技术，信息技术在大物流过程中的每一个环节得以应用，每一个环节数据在云端汇聚，经过数据加工，成为每一个流通环节的指导性数据，优化产业链，提高生产效率。

四是以电商平台结合线上、线下平台，创新营销模式、定价模式、采购模式。线上现货直供，发展网络直销平台，集中采购、快速销售，借力电商平台提供物流配送、担保支付、金融服务等，与传统线下平台相互依托、优势互补，实现线上平台与线下平台的无缝对接。

我们众所周知，云计算是未来3~5年全球范围内最值得期待的技术革命，将对未来世界产业经济格局产生深远影响。对此，董宝青认为，在发达国家经济依然没有走出低迷态势和国内由两位数的增长降为一位数增长的今天，以互联网经济为代表的信息经济却保持了40%的增长率，显示出了强劲的增长动力和活力，而这些变化也将对各行各业产生深远的影响。

“以钢铁行业为例，尽管钢铁行业已经出现严重过剩的局面，但我们依然看到基于钢铁行业的电子商务平台取得了不错的成绩，为结构转型的提供了支持。”在董宝青看来，钢铁行业应该借助电子商务平台的力量，实现由制造型经济向服务型经济，由传统的产品经济向信息经济、服务经济的转型。

对此有着相同观点的张爱平介绍，继个人计算机变革、互联网变革之后，云计算被看作第三次IT浪潮，是中国战略性新兴产业的重要组成部分。全球云计算产业虽然处于发展初期，但未来发展空间十分广阔。2011年全球云计算服务规模约为900亿美元，未来几年年均增长率预计将超过20%，到2015年将达到1768亿美元。

这两年，上海浦东新区承接了面向互联网的大型云平台建设、基于云计算的电子支付和电子商务综合服务平台等国家、市级云计算应用示范项目建设，已初步形成贯穿硬件与设备制造、基础设施运营、基础设施即服务、平台即服务、软件即服务和数据即服务等领域较为完整的云计算产业和应用发展的格局。目前，云计算等新兴产业的发展，有效推进了新区经济转型发展，新区软件和信息服务业快速成长为区域经济支柱产业，2012年，浦东新区软件和信息服务业实现经营收入1754.22亿元，占上海市51.1%，同比增长11.55%。

会上，上海浦东物流云计算有限公司副总经理郑平介绍，中国物流云产业基地项目是由中国物流与采购联合会和上海市浦东新区经济与信息化委员会联合签约，上海浦东物流云计算有限公司牵头创立的中国惟一的物流产业云计算基地，更是一个覆盖大宗商品全产业链的服务基地。未来基地主要立足“制造在区域，物流在全球，交易、研发、数据在上海”的网络平台经济模式。依托先进云计算技术，以交易为线索，专注垂直行业，以积聚生产性服务业推动服务专业细分，力促服务、平台、标准三者融合，在大宗商品领域构建和谐的生态体系与生产性服务业基地。

启动仪式现场，上海浦东物流云计算有限公司还与威睿信息技术（中国）有限公司(VMWare)签订战略合作协议。未来双方将共同研发、共同建设、共同运营中国物流云产业基地项目，建设领先产业云计算基础环境，打造一个千亿级钢铁交易结算中心，若干个千亿级大宗商品交易结算中心，创新产业IT这一全新业态，形成网上总部经济集聚区雏形。同时，基地还将牵头研发制定中国首部钢铁物流标准，发布中国钢铁PMI指数、中国钢铁行业预警报告。通过IT高科技手段和行业标准建设的结合服务，最终实现“架构产业IT新经济”的理想。

活动同期，作为中国物流云产业基地落地应用案例，上海城建市政工程（集团）有限公司和西本新干线电子商务有限公司，中国铁路物资总公司、湖南华菱钢铁（1.97,-0.01,-0.51%）集团有限公司和上海浦东物流云计算有限公司在启动仪式现场签约合作。上海宝钢物流有限公司、沙钢玖隆钢铁物流有限公司、江阴长达钢铁有限公司、山东石横特钢集团有限公司、吉林通钢国际贸易有限公司等企业领导代表共同见证了这一时刻。

相关资料显示，上海浦东物流云计算有限公司是上海浦东新区政府批文成立的大宗商品流通服务领域的研发、投资、咨询公司，是“中国物流云产业基地”的牵头创立与承建运营企业。公司研发专注技术标准和商业标准，标准化大宗商品领域的基础服务体系；以 IT 手段输出通用应用、定制化应用，用户按需即取其所需应用。投资主要以投资交易及交易关联为主，并合作流通，发展终端。咨询专注垂直行业，提供贸易、金融、物流、技术的一体化咨询解决方案。公司前身为上海西本钢铁贸易发展有限公司，成立于 1999 年，注册资本 5 亿元。主营业务收入过 100 亿元，连续多年位列中国民营企业 500 强。

威睿信息技术（中国）有限公司（VMware）正式成立于 2009 年，是全球领先的虚拟化和云基础架构解决方案提供商，所提供的经客户验证的虚拟化解决方案可以大幅降低 IT 复杂性。近年来，VMware 正在加快组织机构向云计算的过渡，使其既能保护现有的 IT 投资，又能在不影响控制能力的同时，实现更高效、灵活的服务交付。依靠 VMware 其合作伙伴及其行业领先的虚拟基础架构平台 VMware vSphere，组织机构可以通过 IT 增强其业务活力，并节省资金、人力和地球资源。VMware 拥有 250000 多家客户和 25000 多家合作伙伴。

（来源：现代物流报　2013 年 5 月 31 日）

第九篇 物流衍生专业服务

9.1 供应链与第三方、第四方物流

第三方物流道路运输组织优化技术及其应用

第三方物流企业在长期开展道路运输的实践过程中，结合市场与客户的不断发展的客观需求，采取有效的管理技术对道路运输组织进行优化，不仅实现了道路运输组织的合理化、科学化，而且也不断巩固和提升自身的经济效益和市场竞争力。

运输距离、运输环节、运输工具、运输时间、运输费用被物流理论界称作为合理运输的“五要素”。实际上，随着现代物流理念及实践的不断深入发展，第三方物流在进行道路运输组织优化的过程中，不仅考虑以上合理运输“五要素”，而且更多的考虑到客户需求、货源特点、服务网络、资源整合等更多方面。第三方物流提供的道路运输服务也不仅仅包括中长途的干线运输，短距离甚至超短距离的道路运输（配送）也日益成为其提升自身核心竞争力的重要组成部分。

因此，在建设资源节约型环境友好型社会的背景下，对第三方物流道路运输组织优化技术进行系统的思考与总结，具有十分重要的意义。

一、进行道路运输组织优化的背景

1. 我国近年来采取的刺激内需政策以及实施产业大转移战略，加上国内电子商务市场的突飞猛进发展，大量生产设备、原材料、产品以及电子商务物品迅速集聚，并在全国各地之间快速流通，大大促进了国内公路货运量总量的迅速增长。

2. 我国高速公路网络的快速发展，以及高性能、大吨位卡车大量投入市场，促进了公路运输 1000 公里以上长途干线运输的迅速崛起，打破了以往公路道路运输不适合长距离运输的理论藩篱。

3. 由于商品终端消费逐步向客户定制化与个性化方向发展，终端市场的竞争逐步转变为供应链的竞争，生产制造企业和商贸流通企业必须快速响应终端市场的个性化需求，从而必须提升精益化、柔性化、敏捷化制造能力，不断加强快速化、透明化、高效化的供应链保障能力，因此，传统粗放式的运输组织方式必须与时俱进进行优化调整，满足生产制造企业和商贸流通企业客户对于其制造能力、供应链保障与管控能力打造的迫切要求。

4. 我国道路运输组织优化所需要的技术环境与政策环境持续改善。特别国家物流标准化技术、基于 GPS、GIS 的物流跟踪技术以及基于节能减排国家战略的甩挂运输试点扶持政策与相关配套政策，为

道路运输组织优化提供了统一的技术保障和政策保障。

5. 近年来，运输企业燃油成本、人力资源成本、路桥费以及罚款等各项经营成本持续上升，道路运输第三方物流企业面临巨大的经营成本压力，加上道路运输企业之间激烈的市场竞争，企业必须通过运输组织优化提升运营效率与效益，提升企业的市场竞争力。因此，实行道路运输组织优化，是国家产业发展战略以及节能减排战略的需要，是物资流通市场的需要，是企业提升制造实力与供应链竞争力的需要，更是第三方物流企业赢得生存发展空间的需要。

二、道路运输组织优化考虑的主要因素

通过以上相关背景的分析，我们可以进一步总结第三方物流实行道路运输组织优化必须考虑的各种因素。传统的合理化运输理论更侧重于从商品的生产者或拥有者来思考运输的距离、环节、工具、时间与费用五个要素，但从第三方物流企业的角度，其考虑更多的是，如何通过销售网络及其市场销售揽取更多的货源？如何在揽取足够多的货源的基础上进行相关道路运输组织优化，以获取最大的经济效益？因此，第三方物流企业道路运输组织优化要考虑的因素主要包括以下几个方面。

1. 客户需求。掌握和满足客户需求是取得货源的前提和基础，也是第三方物流企业进行道路运输组织优化的重要前提条件，客户需求一般包括运输目的地、运输时效、运输价格、运输批次、特别运输要求、收货人的要求等。第三方物流企业必须在客户需求范围内进行运输组织优化。

2. 运输对象。第三方物流企业必须掌握运输对象的物理及化学特性、包装规格、单位重量与体积、总体数量规模等，这些基本常识和基础资料是第三方物流企业进行运输组织优化的前提和基础。

3. 服务网点。第三方物流企业一般都有自身的运输服务网络体系，这既是市场销售的基础，更是运输组织优化的重要物流节点。依托这些服务网点，第三方物流可以进行包含线路优化在内的道路运输组织优化设计。

4. 资源整合。第三方物流生存与发展的一个重要优势在于资源整合。包含合作伙伴之间货源与网点的整合，轻重货物之间的优化配置整合、自有运力与社会化运力资源的整合，不同运输方式的整合以及不同运输环节（含仓储）的整合。这种互补式的资源整合是第三方物流企业道路运输组织优化的重中之重。

5. 保障体系。道路运输组织优化的过程与结果，都必须通过一个功能完备的运输管理信息系统和一个GPS运输过程监控系统予以记录和支撑，这是第三方物流进行道路运输组织优化的技术保障；同时，科学合理的车辆调度安排、运输路线规划和运输过程监控，构成道路运输组织优化的执行层，是第三方物流调度管理保障的重要组成部分。

三、常见道路运输组织优化技术概述

第三方物流在长期的道路运输服务过程中，对如何优化处理前述客户需求、运输对象、服务网点、资源整合、保障体系这五个因素，已经积累了丰富的经验，并逐步形成了一些常见的道路运输组织优化技术，简要概述如下。

1. 多式联运技术。由于国际标准集

装箱的全球通用性，为全球范围内的多式联运创造了条件，装载货物的集装箱在港口码头起重与吊装设备的支持下，可以实现公路运输与水路运输、铁路运输之间自由流转和多式联运。这项技术广泛应用于国际物流领域以及国内长途干线运输领域。

2. 滚装与驮背运输技术。滚装运输技术的应用对象必须自有动力与轮动能力，该运输对象通过控制可以自己滚动到特殊的改装车辆上面，在加以特殊固定措施后，由特殊的专用车辆采取驮背运输的方式运输到目的地。该技术目前主要用于汽车制造业的商品车销售物流领域，在国内高速公路上，我们可以经常看到应用滚装运输技术的专用车辆。

3. 公路甩挂运输技术。公路甩挂运输技术在国外已得到广泛应用，在国内尚处于基于节能减排以及提升企业运营效率与效益的试点应用阶段。通过增大牵引拖车与挂车的比例，实现一牵多挂，减少牵引车在各物流作业点的等待时间，提升牵引车往返重载率和营运效率，从而达到总体节能减排和增加第三方物流企业营运效益的目的。该技术已经在沿海港口物流以及部分长途零担干线运输企业得到了推广和应用。

4. 集并运输与共同配送技术。该技术要求在始发地与目的地都设置物流HUB，先将货物通过区域性服务网络集并到干线物流HUB内，待达到一个车次的运量规模后，采取货物轻重搭配、大小搭配等优化策略，进行集并装车，然后通过干线运输到目的地物流HUB后卸载入库，并将最终收货人比较集中的货物进行分拣在一起，统一装车组织共同配送。目前国内绝大多数零担货运物流企业与电子商务快递物流企业都采取这种运输组织优化技术。

5. 循环取货技术。采用此项技术有几个前提条件：货物具有一定类似性，货物地理分布相对比较集中，货量基本保持稳定，总体货量达到一定经济规模，目的地大致相同。在此前提下，第三方物流企业进行线路规划设计与优化，派车前往几个地点按照指定的时间窗口上门取货，最终一并将货物运往目的地。这种技术在汽车制造业零部件入厂物流领域应用比较普遍。

6. 准时制配送技术。即JIT/JIS (Just In Time/JustIn Sequence) 配送技术，如果客户根据自身生产或销售的需要，对第三方物流提出了精准的运输或配送时间（Time）要求或顺序（Sequence）要求，甚至精确到分钟，那么第三方物流必须采用JIT/JIS配送技术。这种起源于丰田汽车的运输组织技术，要求第三方物流在指定的时间将指定品名、数量、甚至指定顺序的合格货物采取指定的方式送到指定的地点。该技术广泛用于IT制造业与汽车制造业。以上运输组织优化技术，大体可以分为两类：一类是基于硬件基础的优化技术，如统一标准的集装箱，采用便于滚装的专用车辆，以及优化牵引车与挂车的配置等；另一类是基于管理创新的优化技术，包括集并配送管理，货物分析与线路优化管理，以及精准的运输时间管理。

（来源：物流知识网 2013年5月3日）

第三方物流企业中的客户关系管理研究

自20世纪80年代起，欧美等发达国家开始相继出现第三方物流，第三方物流有逐步取代自营物流的趋势，它被誉为企业发展的“加速器”和21世纪的“黄金产业”随着经济的发展，国内物流以及第三方物流都取得了一定程度地发展，但是仍然存在着诸多问题。其中，客户关系管理是影响第三方物流企业运营效率的一个显著问题。随着第三方物流在国内近几年的发展，第三方物流企业要在竞争激烈的市场中得到快速、健康发展。就必须健全、完善企业与客户之间的关系，通过交流了解并影响客户行为，提高客户招揽率、客户保持率、客户满意度、客户忠诚度及客户收益率。

1. 影响第三方物流企业与客户之间关系的因素

日益激烈的竞争使得物流行业的边际利润率逐渐降低，迫使物流企业向纵深拓展业务，运用自身物流经验和技术优势参与客户的物流规划，这样第三方物流企业与客户之间的依存度进一步提高。同时，客户选择第三方物流企业主要是从成本、资源、经验等多种因素综合考虑，形成了内部获利和成本降低的战略定位。因此，第三方物流企业为了保证企业的可持续发展。必须与其客户建立良好的关系，进行有效的客户关系管理，影响第三方物流企业与客户之间关系的因素主要有以下三个方面。

(1) 分工明确程度。第三方物流企业与客户在合作的基础上要明确各自的责任和权利。一般地说，客户在物流程序和系统设计方而起主导作用，而第三方物流企业在执行这些活动方面具有主导作用，双方都不能超越各自的领域去干涉对方的活动，而要按照合作协议履行自己的责任和义务。

(2) 沟通程度。第三方物流企业与客户在相互信任、彼此忠诚、信守承诺的基础上，建立开放式交流机制，包括作业层、管理层之间的交流以及绩效评价方面的交流。这样一方面使第三方物流企业明确客户的实际需求和期望；另一方面使客户了解第三方物流企业的实际服务水平和能力，从而有效解决合作中出现的问题，使两者真正成为利益共享、风险共担的战略合作伙伴。

(3) 信息透明度。影响第三方物流企业与客户之间信息透明度的原因在于：一是在社会化专业分工基础上产生的第三方物流企业可能同时会向很多客户提供物流服务；二是客户也可能委托几个物流企业为其服务。这种复杂的网络关系势必造成许多不规范的暗箱操作，尤其是对采购物流的整合，直接涉及到客户的生产、销售计划等重要信息，这样就很难提高信息的透明度，实现信息共享。

2. 第三方物流企业的客户关系管理对策

第三方物流企业通过客户关系管理(Customer Relationship Management，CRM)。不断改进对客户的服务水平、提高客户的满意度与忠诚度，从而提高企业的核心竞争力。

(1) 第三方物流企业管理理念的变革

CRM 的核心思想是将企业的客户视为最重要的资产，它吸收了“关系营销”、“一对一营销”、“数据库营销”等营销思想的精华，通过满足客户的特殊需求，特别是满足最有价值客户的特殊需求建立和保持长期稳定的客户关系。其宗旨是通过与客户的个性化交流掌握其个性化需求，并在此基础上为其提供个性化的产品和服务，不断增加客户的支付价值，提高客户的满意度和忠诚度，最终实现第三方物流企业与客户的双赢。因此，在企业上下必须形成一种“一切以客户为中心”的企业文化氛围。对员工进行思想教育和定期培训，构筑共同愿景，使全体成员共同遵守企业的行为规范和价值体系，树立为客户提供优质服务的意识，提高服务水平。

(2) 第三方物流企业管理机制的创新

首先，第三方物流企业在制定战略规划时，通过客户分析，归类出“重点客户”，把与重要客户的长期合作纳入企业的战略规划中；结合第三方物流企业的经营目标。加强与客户的信息交流，及时了解客户的需求，为客户制定符合其自身特点的个性化的物流方案．实现与客户持久牢固的战略伙伴关系。其次，组织的集权程度、管理层次的多少和整合程度对客户关系管理有重大影响。管理人员要授予基层员工更大的权利，调动他们的积极性和创造性，为客户提供快捷、准确和个性化的服务，这样也满足了员工实现自我价值的愿望，使员工更加满足和忠诚，从而推动客户关系管理能力的发展。整合程度越高，部门合作程度越高，工作就越容易协调，越能有效地减少部门间相互推诿、各自为政的状况，提高组织的运行效率，从而有效地进行客户关系管理。

(3) 第三方物流企业客户关系管理内容

首先，进行客户资源分析，建立客户档案。分析客户的基本类型、需求特征和购买行为，并在此基础上分析客户差异对企业利润的影响。

其次，实现客户需求反馈。客户需求反馈对于衡量企业承诺目标实现的程度、及时发现为客户服务的过程中所出现问题等有重要作用。投诉时客户反馈的主要途径、正确处理客户的投诉对于维护客户利益、赢得客户信任有重要意义。

最后，降低客户成本。第三方物流企业在提高客户服务水平的同时降低成本。客户在选择自营物流还是第三方物流的一个重要因素就是物流成本。所以第三方物流企业应从战略角度出发，不断降低客户成本，实现合作共赢。

3. 结语

我国第三方物流企业正处在发展的关键时期，企业与其客户建立基于信任和合作的长期战略伙伴关系将是企业今后发展的一个重要保证。我国第三方物流企业实施客户关系管理需要通过吸引、开拓、维持和增进与客户的服务关系。提高客户服务水平；需要对客户进行有效地分类管理，不断开发潜在客户，使其逐步成为企业的现实客户，并与现实的客户建立长期合作伙伴关系。

（来源：物流知识网　2014 年 7 月 30 日）

【第三方物流与电商物流齐头并进】

伴随着电商企业竞争的白热化，支撑电商发展的重要环节——物流快递，相对发展滞后的问题日益凸显。为了能抢先占领市场，很多电商企业开始尝试自己创建物流体；快递企业也加码电商服务，希望能从产业链上分得更多的蛋糕。

第三方物流向外延伸

电商的快速发展，直接带动快递行业的增长。据国家邮政局统计，上半年，全国规模以上快递服务企业业务量累计完成38.4亿件，同比增长60.6%；业务收入累计完成629.8亿元，同比增长34.5%。

“四通一达”（申通、运通、圆通、中通、韵达）加上顺丰，这些主力快递公司的市场份额加在一起超过了75%。近日有消息称，圆通快递已在全国范围内开通代收货款业务，全网6000余个营业网点将提供相关服务。

物流企业正加紧对三四线城市进行布局。据了解，目前“四通一达”及顺丰快递已覆盖到县，由县到镇的末端物流配送模式尚处于摸索期。

华泰证券最新报告指出，未来随着电商物流在三四线城市的区域化整合，末端物流配送模式将逐渐清晰，广大三四线城市及乡村消费者的网购体验将会有所提升。伴随着这一趋势，三四线城市的网购规模将迎来高速增长期。

电商加码布局物流

在电商6月的疯狂大促销中，订单爆仓致使快递再一次变“慢递”，迫使电商企业再一次重新审视快递业。

为了快速抢占市场，电商也开始加码布局物流。从易迅的“一日三送，晚间送货”，到京东“一日四送”的“极速达”，再到1号店推出的“一日六送”的“准时达”，更加上阿里巴巴“中国智能物流骨干网”大动作，电商巨头们在物流上频频布局。前两日，华南电商领军企业唯品会又推出6元的底单价，要与物流供应商共进退。

近期，电商又开始加快布局生鲜市场的物流运输。苏宁易购对外宣布，将进入生鲜电商领域，首先选择大闸蟹这个独特品种作为敲门砖，从7月底开始上线。在7月的大闸蟹配送中，苏宁与养殖商户直接合作，采用特供模式。

除了苏宁易购，天猫也正式对外宣布试水生鲜冷链物流。此外，沃尔玛旗下电商网站1号店在上海宣布，继2014年4月初进军生鲜品类上线“1号果园”后，自营蔬菜也已正式上线。

近日，中粮集团宣布，早在2008年就投资创办的食品类B2C电子商务网站——中粮我买网，已获PE/VC投资，金额达数亿元人民币。

“是选择电商企业自己做物流，还是选择交给第三方物流公司做？究竟哪种方式更有效率？主要看物流的规模和专业化程度，如果电商自己做物流，可以做到效率很高，并且还能为其他的企业提供服务，这也是一种发展方向。”北京工商大学教授何明珂告诉中国证券报记者。

（来源：中国证券报2013年8月9日）

物流汇——真正的第四方物流公共服务与管理平台

随着经济全球化的速度加快，市场竞争的日益激烈，越来越多的企业最终认识到：要更好地满足客户需要，提高企业的运作效率，只有与其他企业紧密合作，即把非核心业务外包给专业的物流公司，实现“利益共享，风险共担”。而物流管理的日益复杂和信息技术的爆炸性发展，使供应链管理越来越需要一个“超级经理”以监控制造企业或分销企业的供应链运作，并在客户、企业及供应商之间充当“联系人”的角色。当前在国内悄然兴起的第四方物流(Fourth Party Logistics，4PL）运作方式将对供应链服务的创新有所帮助。

在物流行业深耕多年的上海新跃物流企业管理有限公司作为沪上最知名的第四方物流企业，是第一家以“中小型物流企业公共服务与管理平台”为基础运营平台、以传统服务与现代服务相结合为发展模型，通过对第三方陆运物流企业进行“专业化管理、个性化服务”的综合型电子商务企业。新跃物流所运营的中小型物流企业公共服务与管理平台，其品牌名称为“物流汇”。物流汇中小型陆运物流企业公共服务和管理平台是以互联网技术、现代通讯技术和软件技术为技术支撑，以先进的管理理念和创新思路为纽带，通过电子商务平台为载体，帮助中国中小型陆运物流企业真正实现正规化、科学化、专业化经营。

由于第四方物流主要为货主服务，以整合整个供应链的职能为重点。因此，寻找每个领域的行业最佳供货商或是最佳的服务提供商，把这些不同的物流服务整合以形成最优方案是第四方物流的职能目标。物流汇就是以整合供应链为己任，依靠出色的IT技术服务、管理咨询顾问、和其它增值服务等向物流企业提供完整的物流解决方案，与第三方物流仅能提供低成本的专业服务相比，物流汇作为第四方物流则能控制和管理整个物流过程，并对整个过程提出策划方案，再通过电子商务把这个过程集成起来，以实现快速、高质量、低成本的物流服务。

根据物流汇的调研统计，第三方陆运物流企业的平均寿命只有2年，即使是较大规模的公司，平均寿命也只有5年。要解决这些问题，政府的优惠政策固然重要，但还需要标本兼治。所以只有通过信息化的物流管理系统，现代化的物流管理手段，提供客户人性化的现代物流增值服务，才能树立物流企业品牌形象，提升物流企业能级，从而加强物流企业的市场竞争力。物流汇正是本着这样的服务宗旨与经营理念服务于中国中小型陆运物流企业，为振兴物流业发展添砖加瓦。事实证明，物流汇所服务的那些看似不重要、不起眼、不规范的中小型物流企业，为中国的GDP做出了超过20%的贡献。在物流行业受金融危机影响，全行业近30%企业亏损的情况下，而物流汇所服务的企业营业额整体较2008年提升了15%，亏损面仅为7%。

由于我国经济发展过程中的一些独特机遇，我国将成为全球制造基地。同时上海也在积极推进“两个中心”的建设，这些都迫切需要建立与之配套的强大的物流配送体系。作为能对客户的制造、市场及分销数据进行全面、在线连接的一个战略伙伴，物流汇这个第四方物流公共服务与管理平台必将成为我国物流产业发展和提升的助力器，并得到广泛应用。

小贴士：

物流汇是上海新跃物流企业管理有限公司运营基于物联网的“中小型物流企业公共服务与管理平台”，其品牌名称为“物流汇”。 除了有较好的商业模式，在技术上平台依托“IMS迅捷构架技术”更是颠覆了传统信息化系统的研发方式，不需要写一行代码就可以在几天时间内从无到有的为任何企业配置出一套包括ERP、CRM、SCM在内的信息化管理系统。凭此技术物流汇已经获得了六项实用新型专利和二项著作权，得到了业内专家的一致好评。

物流汇网成立以来，始终致力于打造第四方物流，为所有需要物流和提供物流的客户服务。

上海新跃物流企业管理有限公司是一家以“中小型物流企业公共服务与管理”电子商务平台为载体，为中小型陆运物流企业提供垂直行业公共服务，以提高第三方陆运物流企业绩效的综合型电子商务企业。是一家以传统服务与现代服务相结合为发展模型的第四方物流企业，以提高第三方陆运物流企业绩效和综合实力为宗旨。自成立以来，一直将为中小型物流企业服务，作为企业生存与发展的宗旨和第一要素。其独创的由民营企业建设、运营和管理公共服务平台的模式，不但为企业的自主发展、自主经营打下了良好的基础，更重要的是积累了牢固的基础客户，并寻找到了与物流企业共同发展的路径与方法。新跃物流公司主要通过现代通信技术、网络技术和软件技术，为物流企业按PAAS模式，提供物流管理解决方案，物流企业电调系统，呼叫中心和客户服务系统，车辆定位系统，综合营销方案和货物即时保险等服务项目。同时，还为物流企业提供企业品牌提升与宣传，企业员工培训，企业管理咨询，企业文化再造等服务。

由新跃企业管理有限公司建设、运营和管理的物流汇品牌，是物流行业内著名的服务品牌。它不但为通过软件技术、通讯技术和互联网技术的结合为第三方物流企业提供平台和产品服务，还通过倡议“将每年的5月6日定为物流（活动）日”、为物流人定制行业工装、组织物流汇合唱团等多种方式，提高物流企业和物流人的使命感、责任感和自豪感。

上海新跃物流企业管理有限公司将通过不断聚集和管理物流企业，使现代物流业成为社会与经济发展强大的动力。同时，通过专业的第四方物流管理体系（中小型物流企业公共服务与管理平台），为传统的物流企业注入现代服务业的理念、方法、管理与技术，并在新跃物流全国连锁网络和软件系统的支撑下，帮助物流企业开发客户资源、提高运营效能、获得更好收益，提升企业能级。

（来源：新跃企业网站）

【构建大数据大物流大联盟合作新模式】

由上海宝山区物流商会倡议牵头，旗下29家会员企业共同出资2000万元，合资成立“宝环供应链管理（上海）股份有限公司”。

新年伊始，由上海宝山区物流商会倡议牵头，旗下29家会员企业共同出资2000万元，合资成立“宝环供应链管理（上海）股份有限公司”。以期通过多方资源有效配置，以体制机制创新为突破口，以“大整合”推动行业提升能级，建立以第三方物流、冷链物流、商贸物流和信息平台为主的新型物流经济平台，为行业新发展探索新路。

据悉，新成立的宝环股份作为一个股份制的母公司单位，依托现代化的公司管理模式，统一整合下辖29个股东原来存续公司的经营业务和生产资源，同时还将通过资产重组和企业兼并，把有意愿加入股份公司的企业纳入股份公司，成立集团公司，扩大资产规模，整合公司业务量及运力，在适度减少车辆总数基础上，提升有效运能。以股份公司为平台，加速推广绿色能源车辆的使用，加速LNG加气站建设。在股份公司下辖子公司内加快新能源车辆的使用，淘汰落后产能，降低污染排放。建立电子商务载体，做到业务信息和车辆资源信息的共享，加强区域外业务合作，构建大数据、大物流、大联盟的合作模式。进一步加强改进现有车辆及易耗品采购供应模式，整合渠道供应，丰富完善构建团购平台，建立维修服务保障支援，提升行业后勤整体保障能力。宝环股份预计在未来的3～5年陆续整合近百家传统物流企业，股份公司年营业额预计将达到20亿元左右、税收约4000万元。业内人士表示，通过进一步的资产重组，企业兼并和业务整合，将有利于改变以往物流行业长期存在的小、散、乱，难以管理的局面；利用电子商务平台的大数据整合，在降本增效同时，将加快物流企业由传统简单操作向现代物流业的转变。

据了解，宝山区物流商会自成立以来，目前已经汇集会员企业150家。商会以“学习、交流、共享、互助、发展”为宗旨，努力成为助力物流行业健康发展的服务平台，成为真诚服务会员单位、为其排忧解难的温馨娘家。至今，商会已经形成的柴油团购、保险业务、轮胎团购、拖车团购、维修团购、短期融资、电子商务等九大服务平台运行风生水起。其中柴油团购由当初的每月30吨，到现在已每月超过1000多吨。“物流商会小微企业城市商业合作社”与民生银行合作开发无抵押担保贷款，累计为业内中小企业发放无抵押担保贷款752.5万元。

（来源：中华工商时报　2014年01月29日）

【新型物流电商平台在上海上线运营】

近日，基于互联与移动互联技术的“运东西”物流电商平台在上海正式上线运营，该平台运营模式被视为国内物流电商领域的“去哪儿＋嘀嘀打车”，有望重构中国公路货运的物流生态。“运东西”平台最早于2013年8月试运营，主要为广大中小微专线商提供在线揽货、物流金融、系统使用以及其他增值服务，目前已与苏宁云商、海尔电器、1号店、联创电器、大联大商贸等知名品牌用户展开业务合作，在全国各地设立的八个分子公司已成功运作4万7千多票。平台今后将加快全国布点步伐，计划在一年内实现布局40个大中城市的目标。

（来源：商务部网站 2014年7月18日）

【上海宇培投资3亿美元电商物流落户常州航空产业园】

2014年9月4日，上海宇培（集团）有限公司与常州高新区管委会签订合作协议，将在常州航空产业园内投资3亿美元建设电商产业园。市委常委、常务副市长韩九云见证项目签约。

据了解，上海（宇培）集团有限公司是专注于电子商务、仓储设施和现代物流一体化运营的产业园区专业开发商，目前已在全国开发60个仓储物流园区及电子商务运营中心，主要商业合作伙伴包括德国博世西门子、台湾顶新国际、美国可口可乐、德国全球宝马等世界500强企业，以及阿里巴巴、京东商城、苏宁云商、聚美优品、小米科技、中外运、拓领环球、顺丰速递等众多国内外知名企业。

上海宇培（常州）常州电商产业园项目，由上海宇培（集团）有限公司与美国凯雷投资集团投资开发，将引进日本伊藤忠物流公司等企业，并成立自己的电商平台公司和物流平台公司，具有仓储、物流、结算中心和分拨配送中心等功能，主营美的、格力等电器产品。

（来源：中国江苏网2014年9月5日）

【丹捷企业打造第四方物流平台】

2013年11月28日上午，丹捷企业成立八周年暨昆明、贵阳、沈阳线路和第四方物流平台开通剪彩仪式在松江新效路9号上海丹捷国际物流有限公司隆重举行。上海交管局有关部门、上海交通运输协会、上海市物流协会有关领导出席会议。上海市物流协会专职副会长兼秘书长韩志雄代表协会在会上致辞。

第四方物流是一个供应链的集成商，是供需双方及第三方物流的整合，依靠优秀的第三方物流供应商、管理咨询商以及其他增值服务商，为客户提供独特的和广泛的供应链解决方案的综合型服务平台。上海市物流协会中小企业服务分会宣布打造第四方物流服务平台，并在丹捷企业设置服务窗口。

经过8年来的发展，上海丹捷国际物流有限公司已在合肥、六安、贵阳、昆明、沈阳、长春、哈尔滨等城市设立分支机构。在全国各重要线路物流企业建立线路合作关系，配送网络可覆盖全国80%以上的主要城市和地区。目前，上海丹捷国际物流有限公司正式更名为“丹捷企业”。

（来源：上海市物流协会网）

9.2 物流金融和税收

【中国物流金融平台上线在即】

“中国物流金融平台即将上线运营。”消息甫出，即引起业界的广泛关注，社会反响强烈。业内人士普遍认为，中国物流金融平台的设立，对于整合社会公共资源、规范企业健康发展、构造行业公信力具有重大意义。

亟待建立全国性平台

近年来，随着科技的发展、互联网的普及以及供应链管理理念的广泛应用，具有高度创新性和丰厚利润率的物流金融服务逐渐成为行业内的宠儿，并被市场迅速推广开来，取得突飞猛进的发展。然而，这一服务在迅速崛起的同时，也暴露出了一系列的问题，如信息化程度不高、信息不对称、缺乏标准化管控流程、信用难以保障等，在给物流、金融企业带来利润的同时，也带来了诸多风险。基于此，很多银行和物流企业纷纷选择暂停或退出该业务，这也给物流金融业的未来发展带来了巨大压力。所以，亟须一个有效的方法来解决行业内存在的上述突出问题。

与此同时，物流行业 90% 以上的企业都属于中小企业，中小物流企业融资问题已成为社会公认的难题。

鉴于上述因素的考量，业界开始把目光转向打造公共物流金融平台。因为在这样的平台上，可以实现更多的资源共享，避免信息不对称，规避动产质押融资业务中的风险，解决中小企业融资难题，更重要的是，可以为行业企业带来巨大的利润。也正是源于此，一些地方政府或企业或者出于推动行业发展的需要，或者出于政绩的考量，或者为了实现利益最大化，多立足地方或企业本身，盲目打造物流金融平台。各个物流金融平台又是单打独斗、各自为政，缺少公信力和权威性，一时间呈现出良莠不齐的局面。

中国物流与采购联合会质押监管企业评估工作办公室主任杨国栋对此深有感触。他对《现代物流报》记者表示，目前国内物流金融平台做得有点多、有点滥。很多地方政府或者企业一直在以地方区域或者自有业务为前提打造属于自己的平台，花费了大量的人力物力，但实际上的影响力、普及力非常有限，作用甚微甚至适得其反，与自己原来的想法和初衷基本是完全背离的。

而据记者了解，在物流金融业务中，借款人的业务一般遍及全国，单一区域的信息平台是无法满足银行需求的，往往造成借款人在某一地区出现风险后，仍然可以到另一个地区开展新的业务。或者由于信息平台是由某几家物流企业或银行举办，只覆盖了与其有相关业务联系的企业信息，无法覆盖更广泛领域的用户数据，很难发挥公共性平台所应发挥的作用。“所以，目前亟待建立一个覆盖全国的、联合多行业协会的、具有独立第三方架构的公共性物流金融平台，才能解决上述问题。”杨国栋对记者说。

推动行业规范化发展

正是出于行业企业的客观需要，由中国物流与采购联合会、银行业协会、中国仓储协会等行业联合主办的中国物流金融平台应运而生。该平台的设立，对于解决行业内的突出问题、规范物流金融行业秩序、促进行业健康持续发展都将发挥重要作用。

首先，中国物流金融平台具有很强的市场公信力。

据了解，中国物流金融平台是在中国银行业协会、中国物流与采购联合会、中国仓储协会三大协会的联合主办下诞生的，各协会都积极参与平台的建设推广活动，从协调、指导、咨询、建议等多个方面给予了支持。与此同时，该平台还得到了国家发改委、商务部、工信部以及北京市商务委等政府部门的大力支持。如国家发改委、商务部、工信部等领导多次深入一线对平台进行现场研究和指导，北京市商务委还给予了资金方面的重要支持。

在杨国栋看来，政府部门的大力支持以及行业协会的积极推动，使平台具有了较强的权威性，相当于为中国物流金融平台的建设提供了强有力的政策保障，为参与中国物流金融平台业务的银行、物流企业等做了“背书”，让他们可以在平台上放心地开展相关业务。其次，中国物流金融平台的建设有不凡的战略高度。

一方面，该平台在设立之初的定位，就是一个全国性的公共物流金融平台，通过多个行业协会联合主办、委托企业运营的创新模式，整合了跨行业的资源。参考国际运作经验，由行业协会来主办及发布的信息共享及增值服务平台，在世界各国都有非常成功的市场案例。同时，由于各地的业务及用户需求有本地化特性，中国物流金融平台将联合各地的现有资源方进行信息共享和统一服务。

另一方面，中国物流金融平台一开始就站在标准制定与实施的高度，来实现金融业和物流业的风控流程对接。记者在采访中了解到，该平台项目组全程参与了物流金融业务中的一个国家标准（“担保存货第三方管理规范”)和两个行业标准(“动产质押监管服务规范”、“动产监管企业评估指标”）的制定及实施，并严格将其作为平台自身相关落地服务的标准，统一的标准有助于广大银行以及物流企业参与到平台中来，改变目前国内物流金融平台良莠不齐的局面，规范物流金融行业秩序。

在此，业界专家也呼吁广大企业要善于挖掘利用公共性资源的潜在价值，积极参与到中国物流金融平台的建设和运营中来，尽可能通过这一全国性的公共平台实现业务的互联互通，这样才能将信息、资金、业务能够最快、最通畅地利用起来，实现资源最大化、利益最大化，进而促进相关行业的健康发展。

（来源：现代物流报 2013 年 6 月 13 日）

【汇付天下为 EMS 定制服务，打造物流代收货款新模式】

作为国营体制背景物流公司的“老字号”，EMS 在国内拥有全国覆盖面最广的物流网络和最全面系统的速递业务，在中国物流行业中有着举足轻重的地位，也是社会知名度和美誉度享誉全球的中国邮政物流品牌。而上海 EMS 依托于成熟的邮政体系和全国无盲点覆盖的网点优势，在区域物流行业中，也占有不小市场份额。

近日，上海市邮政速递物流有限公司（以下简称上海 EMS) 的相关领导来到汇付天下，送来一幅锦旗，以感谢 2013 年汇付天下为上海 EMS 提供的优质服务。锦旗上书“服务精湛工作负责”八个大字，蕴涵了对汇付天下服务的褒扬。

作为国营体制背景物流公司的“老字号”，EMS 在国内拥有全国覆盖面最广的物流网络和最全面系统的速递业务，在中国物流行业中有着举足轻重的地位，也是社会知名度和美誉度享誉全球的中国邮政物流品牌。而上海 EMS 依托于成熟的邮政体系和全国无盲点覆盖的网点优势，在区域物流行业中，也占有不小市场份额。

然而，随着近年来外资物流公司进入国内和民营物流公司的快速发展，上海 EMS 也面临着转变经营思路、调整结构的改革要求。特别在同城物流方面，上海 EMS 亟需把原来的服务体系升级换代，增加诸如代收货款等增值服务，以适应企业客户的需求。

代收货款业务，是物流行业中比较复杂的一种业务模式，涉及到物流公司、寄件方、收件方三方的物权的控制与转移、信息的采集与反馈、资金的支付与结算等问题。上海 EMS 了解研究了国内几家业务靠前的支付公司后，尝试性地找到了汇付天下，很快达成合作意向。其相关负责领导表示："汇付天下为了解支付系统的具体需求，服务人员跟随我们的工作人员一同调研，把整个物流行业的操作模式和业务流程都摸透了。"

在大量的前期调研结果的基础上，汇付天下为上海EMS搭建了专属的同城代收货款业务平台。这套系统为上海EMS的收货款业务开展提供了有利的技术保障和业务支持。

物流行业代收货款平台不仅体现了汇付天下在支付服务方面的长项，而且展现汇付天下深入行业，基于行业特性和业务需求，定制综合支付产品方案的高水平。该代收货款业务管理平台将汇付天下在行业解决方案中最出色的产品与代收货款业务具体操作管理相结合，为上海EMS实现了业务操作、业务管理、现金收款、POS收款、资金归集、资金划拨及资金分账、商户结算等需求。

汇付天下相关负责人表示："因为该平台有效解决了物流行业资金安全及流转效率等问题，实现了代收货款业务中物流、信息流、资金流的实时匹配，收到了收件人、商户、EMS的一致欢迎和好评。"

同时，代收货款平台通过对个人客户、企业客户、代收货款商户信息的数据管理和分析，"帮客户留住了客户"：为上海EMS在物流投递流程的优化提供解决办法；在查询的效率和精度也做了系统性的优化，对客户深层次需求进行了挖掘，从而改善了客户体验，增加了客户粘性。

为满足行业客户个性化要求，定制全套收单、查询、账务服务系统，对于汇付天下并不是第一次。汇付天下在航旅行业就曾经做过类似的尝试，并取得了不错的成绩。与上海EMS的合作，正是汇付天下把在行业支付中积累的丰富经验和为行业客户个性化定制的有效结合，是行业支付模式又一个成功的典范。

业内人士认为，快递物流行业的代收货款业务市场规模庞大，且随着电子商务的发展，正进入持续高成长期。汇付天下的代收货款模式将成为越来越多物流企业扩大自身竞争优势的基础配备，在竞争白热化的市场环境中，创新的业务模式对行业的发展也将有极大的推动作用。

（来源：中国日报　2014年02月17日）

营改增对物流运输企业的影响

以公路交通为主的物流运输企业是营改增中税负增加最明显的一类行业。下文将总结陈述物流运输企业税负增高的影响、成因，以及企业的应对措施和期望等。

一、税负增高对物流运输业的影响

不少物流运输类企业因营改增税负明显增加。这里的物流运输业指主要与陆路交通运输相关联的企业。税负增加的程度，多在5%到20%之间，通常在10%多一点。浙江一位业主表示，当前物流企业利润高的能拿到20个点，一般的也就10来个点，增值税11个点影响较大。

物流运输企业目前通常采取三个税率，仓储部分为6%、运输部分为11%，小规模纳税人按3%简易征收。按3%简易征收的企业均表示税负没有增加。营改增中两端的企业税负一般会降低，一是能够规范化运营的享受小规模纳税人待遇的企业；另一个是制度完善、管理经验丰富的大企业集团。

营改增导致物流运输业在部分地区重新洗牌，一些小企业经营不规范，拿不到正规发票，抵扣困难，形成部分小企业濒临倒闭，大企业兼并扩张的趋势。还有另一种现象，一些不愁拿发票的规模较大的企业老板，为了享受小规模纳税人的税收优惠，会将自己的企业拆分成数家规模稍小的企业。有的运输业主因为营改增后利润不能保障，于是退出物流运输行业转投其他税负低的行业。针对洗牌，有规模的企业认为，阵痛之后可形成少数大企业的资源共享，能提高资源配载效率，利于行业发展的规范性，减少业务层层转包带来的低效和单个企业利润率低的弊端。

营改增导致区域间税收负担产生变化，会有区域间税负流转的问题，多表现在试点省市与非试点省市因税负变化导致的企业转移，这在浙江、江西两省间表现得尤为明显。甚至同省的苏南、苏北都存在这种转移。

二、物流运输业负担增加的原因

导致物流运输企业感觉税负压力大的原因主要在如下几方面：

第一，经济不景气，本身生意就不好做，作为客户的制造业节省运输成本，导致物流运输业利润微薄，营改增后税负稍重便对部分企业构成压力。上海一家企业坦言，如果在前两年经济好的时候，这点税收负担压力不大，但在经济低缓期税改带来的压力会相对更明显些。由于制造业竭力压价，低于物流业的最低利润率物流企业又不接，导致物流运输企业接单量下降，有的接单量比一年前下降了约四分之一。

第二，企业经营管理不规范。一些投机性的缺乏保障性的小企业，车子租赁、司机雇用，车主、司机身份税务部门难以认定，不易管理协调，不但拿票难，车主还要预留一部分利润，一层层传递上去就会导致运输企业和物流企业抵扣难。一些企业适应了过去的粗放式经营，缺乏规范管理走正规发票的经验，产生了对税费环境的不适应。

第三，抵扣范围有限，成本支出较高的项目大多无法抵扣，如路桥费、房屋租金、异地加油费用等。物流运输业经营业务税率不一，准确划分难度较大，也导致抵扣难。

第四，抵扣范围内的项目抵扣难度较大。即便在试点地区内，仅在少数指定的企业进行维修和加油，才能拿到增值税发票，而许多随机需要的加油和维修是在规定企业外发生的。要在可拿增值税发票的油企加油，必须垫付一定额度现金，这比较影响小型企业的正常运作。运输车辆、设备等税改前多已购置到位的企业，无法纳入进项抵扣。

第五，增值税税率偏高，地方对政策进行自主调整等。一个大企业做过测算，按前期试点抵扣范围统计，11%的税率抵扣完实际税负约在7%～8%，如果能将税率降两三个点，如按9%征收，抵扣完就跟之前5%的营业税税负相当了。个别地区推行营改增时擅自调整，如某地规定抵扣额度不能超过40%，通过玻璃墙的设置，企业即便抵扣顺畅，抵扣完的实际税负也只能比营业税时高。

第六，扶持政策等优惠落实难。一是

应许的企业税负增加超过一定额度能获得相关补偿的承诺兑现难，企业也厌烦期间需要查账核定。再者，抵扣流程的操作效率不高，有待改善。

三、企业的应对策略和愿望

企业的应对策略

面对营改增带来的税收环境变化等挑战，为了生存，企业不得不采取一些应对措施，常用手段有如下几种：找“有门路”的大企业代开发票；拆分、转移企业或转行；通过涨价转移税负成本；其他方面严格控制成本。试点前，各地相关协会也会预先组织企业到应付税改“有经验”的地方（如上海）学习一些规避手段。

一些信息不畅通的小企业，客户要求开发票，自身不能开，又不能及时找到代开发票的企业，就可能死掉。有的从企业规模入手，将大企业拆分成小的，可以享受小规模纳税人待遇；使用现金交易，税都不用交；注册地转移，转到税负低的地区。部分企业在购置车辆等高投入设备中会通过一些复杂操作避税。

成本提升的压力下通过涨价来转移税负往往成为一种最直接的手段，物流企业成本增加到一定额度后通常会选择涨价将负担转移给下游客户，导致商品物流成本上升，传导给终端消费者。如果企业无法转嫁负担，那只能控制成本，比如限制员工工资和汽车设备数量等。

企业的愿景

有的业主希望能重新回归营业税，怕8月1日全国推开后要增值税发票的客户越来越多，导致消项增压。小业主表示，如果拿不到增值税发票，其他能拿到发票的企业会在第一时间把自己掐死，而提供增值税发票税负又会增大。小企业不能自开增值税发票，只能找人代开，期望能找到更好的解决办法。享受小规模纳税人待遇的企业希望能一直执行3%的简易征收。

物流运输企业希望能够尽快解决加油、维修等难拿发票的问题，也希望将办公用品、通行费纳入抵扣。通行费能占到企业成本的20%到30%，纳入营改增将会为物流运输企业根本性的减负，从可操作性上讲也比较便捷。企业认为，增值税能在各行业普遍推开的话，税负会降下来。纯运输类企业最想解决燃油抵扣难的问题，希望加油站能方便地拿到增值税发票。

业主普遍认为，物流企业繁荣与否，主要看制造业。有业主认为，当前资金多转移至畸形的房地产业，制造业投入减少，是导致制造业不景气的原因之一，希望政府能将虚高的房地产压下来，这样制造业等其他产业的空间会大些。

物流运输行业的一大块成本用在维护客户关系和公关运作上，这方面负担远大于税改的影响。相关企业表示，只要有关部门不在一些事情上拖、卡，那税改的影响并不值得顾虑。希望税务部门提高抵扣操作的效率是比较普遍的呼声。针对个别地区执行的抵扣不准超过一定额度的规定，企业表示，能将抵扣额度提高到税款总额的50%就好了。

对全国铺开后的影响预测，企业多数认为在抵扣范围不变的前提下对自己影响不大，因为能形成跨省经营的企业只是很少数。不过有规模的企业则认为，全国试点利于缓解之前由于地域税收政策与税率差异产生的难题。部分业主认为，营改增全国铺开可能所有的客户都会要增值税发票，消项压力增大，税负未必降低。

（来源：中金在线 2013年8月2日）

“营改增”对交通运输业和物流业影响浅析

具体业务税率变化

交通运输业的税率发生了明显的变化，从以前按 3% 的税率缴纳营业税变成了按 11% 的税率缴纳增值税。物流辅助服务业的税率变化相对较小，由以前按 5% 的税率缴纳营业税变成了按 6% 的税率缴纳增值税。（表 1）根据财税 [2011]111 号文件的规定，交通运输业是指使用运输工具将货物或者旅客送达目的地，使其空间位置得到移动的业务活动，包括陆路运输服务、水路运输服务、航空运输服务和管道运输服务，但暂不包括铁路运输服务。

表 9.2-1 “营改增”政策前后税率变化

“1+6”试点行业	“营改增”后的增值税率	“营改增”前的营业税率
交通运输业（水 / 陆 / 空 / 管）	11%	3%
研发和技术服务	6%	5%
信息技术服务		
文化创意服务		
物流辅助服务		
鉴证咨询服务		
有形动产租赁服务	17%	

注：年营业额在 500 万以下的企业税率统一为 3%，但交通运输业使用表中税率

值得注意的是，交通运输业和物流辅助服务业都是按差额缴纳营业税的。实践中，在计算缴纳营业税时，允许交通运输业和物流辅助服务业从收入中扣除部分费用。允许扣除的费用种类在沪地税一 [1995]60 号，沪地税一 [1999]86 号和沪地税货 [2010]28 号以及国家税务总局发布的国税发 [2003]121 号文件中进行了规定。但需要注意的是，不同的省份可能会有不同的扣除标准。

试点政策基本延续了这些法规的精神，只是基于增值税立法原理稍微做了一些修改。原则上，如果这些费用应交增值税，那么就可以作为进项税直接予以抵扣。但是，如果这些费用应交营业税，则通过对销售额抵减进行抵扣，但前提是这些费用属于原营业税政策下可扣除的项目。随着目前增值税改革逐步在全国范围铺开，这些问题出现的几率就会大大降低。

几家欢喜几家愁

正在进行试点的“营改增”，是目前规模最大的结构性减税措施。“营改增”试点以来，并非想象中的波澜不惊。

从各方调查来看，“营改增”确实让不少小规模纳税人资质的企业受惠。然而与此相反的是，虽然“营改增”从理论层面上来讲将大大为企业减负，但因为各种现实原因，许多企业恰恰出现了在改革过

程中与其改革目的相悖的涉企税负增加现象，而交通运输业则是税负增加最为显著的“重灾区”。把交通运输业细分来看，航空运输是大幅度减税的，水路运输是基本平衡的，只有陆地运输在试点初期税负增加较为明显。

交通运输业和物流服务业具有系统性、大宗性等特点，涉及范围广且需要众多部门通力合作，也正是因为这样的特点，许多企业在“营改增”改革过程中面临着不同于其他行业的困难与问题。

1. 操作过程中增值税出票难。以运营运输工具的交通运输企业为例，虽然“营改增”之后很多成本可以抵扣增值税进项税，但由于实际操作过程中的许多限制：例如采购方取得增值税专用发票需要向一般纳税人提供许多证件复印件，并办理相关手续等，导致增值税专用发票在运输过程中取得困难，无形中增加企业成本。

2. 抵扣范围小。以物流企业为例，其费用包括燃油费、过路过桥费、人员工资、车辆折旧等几大项。其中，路桥收费站不可能给物流企业开具增值税发票，也就是说过路过桥费无法作为进项抵扣；燃油费用方面，长途行驶的货车经常会遇到没有增值税发票、只有普通发票的加油站，这部分燃油费用也无法冲抵增值税。另外，人员工资也不能作为进项抵扣，由此可见物流企业的损失比较大则是必然结果。

3. 交通运输物流业细分行业复杂，覆盖范围广，实践中计税过程非常复杂。以陆路运输企业为例，更加深层次的问题在于行业的细分。大型企业一般为增值税一般纳税人，这些企业在签订服务合同后会将一部分业务分包给当地的小型服务提供商。由于这些小型服务提供商往往不能开具增值税专用发票，会导致重复纳税的问题，缩小了企业的利润空间。

当然，也有企业税负减轻。主要有两种情况：

1. 小规模纳税人企业“营改增”后实际税率下降。交通运输业实施增值税后，对于应税服务年销售额不超过 500 万元的试点纳税人采取按销售额和征收率计征增值税的简易征收办法，征收率为 3%，和原来的营业税相比，税率相当。由于增值税是价外税，企业所缴纳的增值税为含税收入 /（1+0.03）×3%，而营业税是价内税，按现行税制缴纳的营业税为营业额 ×3%，在相同条件下计税依据减少，营改增后税负有所下降。

2. 一般纳税人企业税率虽有所调整，但由于“营改增”使本企业可抵扣进项税增加以及企业生产经营规模扩大使可抵扣进项税增加，实际税负也明显减轻。调查中，有 97.8% 的税负下降企业是由于“营改增”后上游企业可开出增值税发票，或本企业购进设备扩大规模所带来的进项税抵扣增加而使实际税负减轻。

对于注册在上海综合保税区内的航运企业来说，“营改增”没有影响。据上海某国有航运企业的相关负责人介绍：“注册在上海综合保税区的企业从事国际航运、货物运输、仓储、装卸搬运、国际航运保险业务取得的收入，免征营业税。因此对我们来说，不存在营业税的问题，也就不存在‘营改增’的问题。”

新政策新筹划

随着税制改革的不断扩围，企业首先面对的便是实际操作层面的问题。例如：不同类型的服务适用不同的增值税税率，进项税金抵扣涉及以增值税发票抵扣，销售额减除项目抵扣，部分进项税额无法抵扣的问题；某些劳务是否可以享受零税率、免税还是在应税范围之内；是否需要履行代扣代缴义务以及复杂的会计核算和发票开具流程。

在企业经营战略方面，“营改增”打通了产业链条，扩展了企业的业务范围。经营状况较好的企业可以借“营改增”试点东风，增加投入，开拓业务，加大技术改造和创新力度。如某工业机械租赁有限公司今年新购大量叉车，扩大业务规模，而且由于进项税抵扣额巨大，实际缴纳增值税同比下降 98.6%。上海某交通运输控股股份有限公司今年大量购置新车，服务能力升级。“营改增”为这些企业提供了加大投入、扩展业务的绝好机会，使企业税负减轻，有资金和能力去增加技术改造投入，以扩大规模、提升服务能级。

（作者：上海海事大学图书馆　陈祥燕　2013 年 7 月 3 日）

物流业拒成高速延期收费冤大头

核心提示：有业内专家算了一笔账，节假日免费通行政策对高速公路收费企业业绩影响非常小，营收影响大约在 2% ～ 3%，净利润影响约在 1% ～ 2%，因此通过延长收费年限给予补偿实有不妥。

《收费公路管理条例》（以下简称《条例》）修正案征求意见虽然已于近期结束，但关于调整收费期限的质疑一直未断。北京商报记者昨日从中国物流与采购联合会获悉，作为国务院批准设立的中国惟一一家物流与采购行业综合性社团组织，这家官方性质的行业机构对拟延期收费弥补免通政策缺口的规定明确表示反对，并指出节假日高速路免费不应通过延长收费年限方式予以补偿，更不应由未享受政策的物流企业来承担。

2013 年 5 月，交通运输部组织起草了《条例》征求意见稿，围绕收费公路管理问题，对 2004 年版《条例》提出了 23 条修改意见。对于第十四条第二款提出的，国家实施免费政策给经营管理者合法收益造成影响的，可通过延长收费年限等方式予以补偿引发业界质疑，也受到了物流业一致反对。国家发改委综合运输经济研究所研究员董焰认为，高速公路节假日免费通行政策去年 10 月才开始实施，急着把损失收回来未免功利性太强。

中国物流与采购联合会研究室副主任周志成也告诉北京商报记者：“该条款明显不合理。国家出台政策给经营管理者合法收益带来的损失，即使应予补偿，也不应由使用者承担。特别是物流企业的货运车辆并没有享受到节假日免费通行政策的优惠，却也要承担延长收费年限的负担。这种由政府‘请客’，用户‘埋单’，而且是让没有‘用餐’的货运车辆来承担相应损失的做法，存在明显的不公平。”

“公路收费占物流企业运输成本较大比重，仅干线运输公路过路过桥收费就占到物流企业运输成本的 1/3。”周志成说，如果延长收费年限，无疑将进一步增加物流企业负担。

有业内专家算了一笔账，节假日免费通行政策对高速公路收费企业业绩影响非常小，营收影响大约在2%-3%，净利润影响约在1%-2%，因此通过延长收费年限给予补偿实有不妥。

面对业界和公众的质疑，交通部门始终未对此做出回应。中国物流与采购联合会建议，将上述条款修改为“国家实施免费政策给经营管理者合法收益造成影响的，由公共财政予以补偿，具体补偿办法由国务院交通运输主管部门会同国务院有关部门制定”。或者取消免费政策，删除此部分内容。“目前其所在的联合会已经向交通运输部提交修改意见，最终是否会进行调整还需要相关部门对汇总的意见建议进行讨论调整。”周志成说。

此外，针对征求意见稿继续鼓励收费公路“统贷统还”投融资模式，周志成表示，“统贷统还”模式为解决省市公路建设资金缺口提供了思路，但应加以限制和约束。否则，极易导致所有政府还贷收费公路都采取最长收费年限和最高收费标准，并以各种理由超期收费。这种以“好路”补贴“差路”，以“老路”补贴“新路”的办法不符合“谁使用、谁收费”的基本原则，侵占了使用者的合法权益，存在明显的收费不公平问题，也不利于民间资本进入公路领域。建议删除这一鼓励条款，并增加“鼓励民间资本进入收费公路领域，多渠道筹措资金”条款。

（来源：北京商报　2013年6月18日）

进项税抵扣额度对仓储企业税负影响最大

根据《财政部、国家税务总局关于在上海市开展交通运输业和部分现代服务业营业税改征增值税试点的通知》（财税〔2011〕111号），物流辅助服务属于部分现代服务业的范畴。《应税服务范围注释》进一步明确了物流辅助服务的范围，其中包括仓储服务和装卸搬运服务。根据规定，仓储服务指利用仓库、货场或者其他场所代客存放、保管货物的业务活动。由于仓储行业的业务范围主要涉及仓储服务和装卸搬运服务，而这两项业务属于现代服务业中的物流辅助服务，均纳入了“营改增”试点范围。

根据《财政部、国家税务总局关于在上海市开展交通运输业和部分现代服务业营业税改征增值税试点的通知》（财税〔2011〕111号），物流辅助服务属于部分现代服务业的范畴。《应税服务范围注释》进一步明确了物流辅助服务的范围，其中包括仓储服务和装卸搬运服务。根据规定，仓储服务指利用仓库、货场或者其他场所代客存放、保管货物的业务活动。由于仓储行业的业务范围主要涉及仓储服务和装卸搬运服务，而这两项业务属于现代服务业中的物流辅助服务，均纳入了“营改增”试点范围。

“营改增”试点对仓储行业影响最为直接的就是税率的变化。“营改增”试点前，仓储行业的主要业务分为仓储服务和装卸搬运服务。其中仓储服务的税率为5%，装卸服务的税率为3%，综合税负约为4%～4.5%。“营改增”试点后，现代服务业中物流辅助服务的税率为6%。因此，单从税率上看，“营改增”试点后仓储行业的整体税负将会有所上升。但是，和营业税不能抵扣进项税额相比，由于增值税可以抵扣与之相关的商品、劳务以及资产采购环节的进项税金，因此，“营改增”试点后，仓储行业的整体税负最终是上升还是会下降，其关键因素在于进项税额的抵扣额度，而不在税率的变化。

2013年7月，选取了所在公司下属7家仓储企业作为样本，对其“营改增”试点前后的税负进行了测算，并对其进项税额的抵扣情况进行了分析和统计。统计结果显示，7家样本公司在“营改增”试点前应纳营业税为2278.15万元，“营改增”试点后应纳增值税为1963.90万元，税负降幅为13.79%。在这7家企业中，税负上升的有2家，税负分别较“营改增”试点前上升了17.42%和19.35%，税负下降的有5家，其中有3家降幅较大，均超过了20%。

通过对各样本公司数据进行分析发现，“营改增”试点前后，每家公司的税负变动有很大差别的原因，主要在于进项税额的抵扣上。比如，以样本公司G公司为例，该公司2013年上半年按照营业税计算应纳税额为169.78万元，按照增值税计算应纳税额为69.48万元，降幅达到了59.08%。税负降幅之所以如此之大，是由于G公司上半年开始了新一期的储罐设施建设，采购了大量储罐相关设备材料，抵扣的进项税占其全部进项税额的58%。从7家样本公司看，税负率下降较大的2家公司均有新一期的储罐在建工程，涉及大量的设备、材料采购，因此也抵扣了大量的进项税金，从而使得当期税负较“营改增”试点之前有大幅下降。而其他公司的税负变动，则一方面取决于企业当期经营情况，如是否有备品备件和固定资产的采购等；另一方面则取决于财务人员的专业程度，如是否能够取得全部应当取得的增值税专用发票，是否能够在事前进行有效的税收安排等。

那么，在实务中，仓储企业应该注意哪些问题呢？

第一，应该注意保持合同流、发票流和资金流的一致性。根据《国家税务总局关于加强增值税征收管理若干问题的通知》（国税〔1995〕192号）第一条第三款的规定，纳税人购进货物或应税劳务，支付运输费用，所支付款项的单位，必须与开具抵扣凭证的销货单位、提供劳务的单位一致，才能够申报抵扣进项税额，否则不予抵扣。

第二，向境外拓展业务，力争享受免税优惠。根据《财政部、国家税务总局关于应税服务适用增值税零税率和免税政策的通知》（财税〔2011〕131号）第四条第六款的规定，可以考虑向境外企业提供物流辅助服务（仓储服务除外），进而享受免征增值税的税收优惠。

第三，尽量选择一般纳税人作为供应商。因为根据“营改增”试点政策，部分现代服务业被纳入改革的范围，具体包括研发和技术服务，包括研发服务、技术转让服务、技术咨询服务、合同能源管理服务、工程勘察勘探服务。而工程总承包合同中的设计等服务类合同，均属于本次“营改增”试点的范围，且一般情况下金额较大。因此，针对此类服务合同，应选择能够提供增值税专用发票的服务提供商。

第四，对税负增加的企业，各地都实施了过渡性财政扶持政策，以帮助试点企业在新旧税制转换过程中实现平稳过渡。

因此，对于税负增加的仓储企业，应该更加关注当地的财政扶持政策，按月测算税负增减变动情况，按照地方财政税务机关的要求报送材料，积极争取财政补贴。

【铁路运输纳入“营改增”物流行业减负】

随着铁路运输和邮政服务业“营改增”试点扩围的正式启动，上海铁路局无锡站也纳入了此次“营改增”范围，2013年1月8日，上海铁路局无锡站“营改增”后第一张铁路运输增值税专用发票被开出。

为了平衡税负，之前铁路局开具的专用货票中只有运费和铁路建设基金可以按7%进项抵扣，而其他的杂费却不能抵扣，还得重复纳税。而现在，铁路运输纳入营改增范畴，不只是运输票，其他杂费税票也可一并进行抵扣。以8日开出的这张发票为例，这是无锡某医药公司发往十堰的药品，需要开具一张铁路货物运输增值税专用发票，运费加基金为38.20元（不含税价），使用税率11%，计算税额为4.20元。而运输服务费7.55元（不含税价）属于物流辅助，则开具另一张江苏增值税发票，使用税率为6%，计算税额为0.45元。铁路货运共可抵扣进项税额为4.65元。过去只能抵扣7%的运费和基金（含税=38.20+4.20），为2.97元，也就是该货运公司这次即可多抵扣1.68元进项。此次铁路运输行业纳入“营改增”，下游物流企业收到铁路局开具的增值税专用发票，可以按照11%的税率进行进项税额抵扣，这有助于整个物流行业减轻税负，降低物流成本，促进行业发展。据测算，无锡地区2012年10月～2013年10月企业共接受铁路运输业抵扣101.60万元，以此基数测算，营改增扩围后当年抵扣将净增69.04万元。

（来源：新华网）

【家电物流代收货款或迎新模式】

随着小家电等电子商务的流行，物流代收货款也正迎来新的销售模式。2014年2月，第三方支付企业汇付天下为上海EMS搭建了专属的同城代收货款业务平台。这套系统为上海EMS的收货款业务开展提供了有利的技术保障和业务支持，也给小家电等经销商带来新的机遇。创新的业务模式对行业的发展也将有极大的推动作用。该平台有效解决了物流行业资金安全及流转效率等问题，实现了代收货款业务中物流、信息流、资金流的实时匹配，受到了收件人、商户、EMS的一致欢迎和好评。业内人士认为，快递物流行业的代收货款业务市场规模庞大，且随着电子商务的发展，正进入持续高成长期。

9.3 物流业社会团体服务

体制机制创新增强协会活力，市场化专业化方式提升服务

上海市物流协会中小企业服务分会会长 孙文

受协会的委托，我代表中小企业服务分会向大家汇报分会的运作情况，分享协会工作的艰难和快乐，感悟与企盼。

在到分会工作前，我是上海丹捷国际物流公司的创始人，从事物流行业近10年，多年来的摸爬滚打，使我深感中小物流企业生存发展之艰难，孤独无助之悲凉，依靠组织之迫切。于是在2012年底，与一批有志于成立中小物流企业行业自助组织的同仁，向上海市社团管理局提出了想法和要求，后在上海市社团局的引导下，与上海市物流协会商讨合作，并于2013年2月17日在上海市物流协会下成立了中小企业服务分会。

上海的物流企业众多，为物流企业服务的行业协会也很多，作为一个新成立的，面向中小物流企业的组织，从成立的第一天起，我们分会的领导班子和秘书处的工作班子就确定一条基本思路，即：要以体制机制的创新，增强协会的活力，用市场化、专业化的方式，提升为会员服务的新型模式。

体制机制的创新归结起来一句话，就是用办企业的方式来办协会。第一：充分授权。分会的年度工作目标任务，人财物构想和预算等重大事项，一经确定并经上海市物流协会审批，就由分会分长组织实施，期间，上级协会监督而不干预，完善而不替代，提醒而不叫停。由于充分授权，分会会长、秘书长工作上得到充分发挥，自由度大，想干的事都能顺利推进，构想计划都能变为现实，对目标的实施，任务完成起到了很好的保证。

第二：快速决策。我们觉得，社团服务领域与商场一样，危险与机遇并存于方寸之间。因此，在决策中好事要立即办，难事要紧盯办，既要讲准，更要求快。分会成立获批，我们就租赁了商务办公用房435平方米，装修到分会挂牌只用了两个月，并同步完成了1200平方米的物流企业家俱乐部的建设。分会挂牌一个月，就搭建了中小企业信息平台。并与现代物流报签约开设“上海市中小物流企业专版”并发行第一期专版，后经与协会有关领导审议，上报市有关部门确定将其更名为“上海物流”专刊，同时现代物流报在分会成立了“上海物流编辑部”，同月，举办高级物流师培训班，有25人参加了考试；与上海自贸试验区（洋山保税港区）签约合作关系，在分会挂牌“中小企业服务窗口”；与上海电视台合作拍摄“车轮上的梦想”系列专题片等重要工作都是在短时间内决策并组织实施的，取得了很好的效果。

第三：较强的执行力：对布置的工作任务坚决贯彻执行，不折不扣，保质保量

按时完成；对涉及部门以上的事，必须跨前一步，积极协调完成，不推诿扯皮；遇到困难和问题，必须积极应对，努力创造条件，争取支持加以克服，不却步不前，不临阵脱逃。

第四：优胜劣汰的激励机制：分会组织机构搭建后，制订了部门工作职责，下达目标任务责任书，对完成情况进行考核跟踪。公布考核结果，进行讲评、约谈。年度按奖惩规定进行表彰、奖励和戒勉，不适应岗位的进行调离。薪酬与绩效考核挂勾，收入与付出联动，不搞平均主义。极大地调动了工作团队的积极性。

第五：奖勤罚懒的约束机制：由于分会起步晚、根基浅，所以我们始终有一种紧迫感，不敢懈怠，否则就和企业一样自我萎缩，关门走人。为此，我们从思想教育和制度约束两个方面着手，建立自我约束机制，制订规章制度，用制度管人，严格考勤和工作纪律，实行每周，六天工作制，对违规违纪进行处罚，保持了良好的工作氛围。

用市场化、专业化的方式提升为会员单位服务的新型模式方面，我们有以下七点。

第一：通过市场配置人员，优化队伍结构。分会现有工作团队 17 人，其中大专以上学历 13 人，平均年龄 31 岁。全是向社会公开招聘，择优录用。实现双向选择，自由流动，为分会团队提供了活水。

第二：通过市场配置资源，增强服务能力。2013 年，分会与 51 运道等多家社会服务机构达成战略合作联盟，通过分会的信息服务平台为会员单位提供服务，受到了中小物流企业的欢迎和好评。

第三：通过市场集聚力量，提高对中小物流企业关注度和分会的影响力。2013 年 10 月，在上海市举行的 2013 亚洲国际运输技术与物流装备展览会上，分会借助这一平台，在第三方物流展区，首次展出中小物流企业的服务案例。在浙江余姚举行的海峡两岸国际物流节和四川（2013）年物流世博展上，组织上海的中小物流企业参展。分会还参加了上海服务业考察团赴湖北考察物流园区，寻求发展合作。同时，我们还加强与兄弟行业协会的合作，与上海市交通运输行业协会专线运输联盟合作，提供信息资源共享、管理理念等咨询服务。

第四：通过市场提升专业化服务水平。一是解决企业融资难的金融服务：主要解决中小微物流企业融资难的问题。从两个方面解决问题，一方面，主抓中小微物流企业管理规范问题，促其达到规范化，符合银行借贷条件。另一方面，积极接洽各大银行，共同商讨制定符合中小微物流企业的借贷产品。2014 年我们根据物流市场的特性，推出了“供应链金融”服务，帮助中小微物流企业解决发展过程中出现的资金短缺，融资无门的问题。二是为企业保驾护航的保险服务：主要针对中小微物流企业普遍存在的投保意识过差现象。从两方面出发，一方面，努力宣传投保的重要性，增强物流企业投保意识。另一方面，积极与各保险企业合作，制定适合中小微物流企业发展需要的保险产品。三是推进品牌建设的企业注册服务：分会特开设企业咨询、注册服务，来帮助中小微物流企业了解品牌建设的重要性。四是提升企业形象的宣传服务：分会与正规媒体合作，提供规范的宣传服务。在《现代物流报》上刊出每月一期四个版面的《上海物流》

专版，已经试刊了两期，收到了较好的效果，与上海电视台合作，以《车轮上的梦想》为题拍摄系列专题片。真实反应物流行业现状、物流人的艰辛与可爱。并且自主建设了微信宣传平台“物通传媒”，预示着上海物流行业“微”时代的到来。五：开展法律服务：已经与上海康程律师事务所达成战略合作关系，并开通568法律服务热线，全方位提供中小微物流企业法律服务。同时，分会正在筹建成立“物流纠纷调解中心”，帮助中小微物流企业调解纠纷问题，承担起物流行业“老娘舅”的角色。六：在上海自贸区设窗口，开展咨询服务。分会与洋山保税港区签订了合作协议，在洋山设立“中小企业服务窗口”，以便更好地为进驻洋山保税港区的，中小物流企业提供咨询等服务。七：搞好培训，开展人力资源服务。分会与上海物流协会联合开办了中、高级物流师职业资格培训。目前，已经成功举办了两期，还将与上海有物流专业的高中等院校挂钩，通过我们牵线搭桥为物流企业输送急需的专业人才，帮助企业解决人才短缺的困难。

上海市物流协会中小企业服务分会成立一年多来，在上海市政府主管部门，上级协会和各方的关心支持下，社会影响力得到很大提升，会员数量发展到1700多家。如今，虽已小有成就，但我们不会抱着现有的成绩沾沾自喜。同时，在未来的工作中，我们必将坚持贯彻上级领导精神，积极开创新的发展思路。未来发展道路肯定会很辛苦，但看到中小物流企业不断得到方方面面的关心和重视，诉求得到积极响应，我很开心。滴水虽甚微，但坚持必将成大器，我深信，我们协会的服务工作一定会越做越好，中小物流企业的明天也一定会越来越好。

注：原文是讲话稿

【上海市物流协会中小企业服务分会成立】

上海市作为全国的金融中心、制造中心和航运中心，其物流业发展水平直接影响着当地的经济发展。而在规模庞大的物流大军中，有90%属于中小型物流企业，他们成为上海市物流行业发展的重要支撑。但这些中小物流企业在发展中却面临人才短缺、资金匮乏、信息不畅等诸多问题得不到有效解决的困境。为了促进上海物流业的转型升级，特别是规范和支持中小物流企业的发展，上海市物流协会于2013年2月17日成立中小企业服务分会，并在位于上海市闵行区中春路6111号的分会新地址举行了盛大的启动仪式。

上海市商务委员会市场体系建设处刘敏处长、郭笑捷副调研员、市经信委生产性服务业处何勇副处长、市发改委经贸流通处吴保峰博士、市社团局、闵行区、长宁区有关领导出席仪式。应邀到会的还有上海市交通运输行业协会、道路运输行业协会相关负责人及中小物流企业代表共120余人。

中小企业服务分会会长孙文在会上报告了分会的成立和服务平台的功能，并就中小物流企业在经营发展中的困难、问题、希望及要求作了发言。协会专职副会长兼秘书长韩志雄代表协会向分会服务平台的启动表示祝贺，希望分会不辜负政府的期望，踏踏实实的为中小物流企业做事，成为企业之家。刘敏处长代表政府部门在会上向分会和服务平台提出了希望：抓住当前转型创新中的发展机遇，坚持公开、公平、公正开展工作，发挥好服务平台的作用。

据权威数据显示，上海的大、中、小有证的物流企业就有几万家，而其中有90% 的物流企业都属于中小型物流企业。而整个物流行业最后一公里配送的运作及流通，主要还是靠这些中小型物流企业完成，可以说他们是整个物流行业的中流砥柱。然而，在实际经营中，这些中小物流企业所面临的人才、资金、信息等诸多问题一直得不到有效解决，制约着中小物流企业发展。现在中小物流企业多数还不规范，他们处于物流行业的最底层。行业里也有诸多的服务公司，但其所做的也都相对片面，没有一个完整、一站式的综合性服务平台。随着上海市经济的快速发展，必须要有健康、规范、和谐、环保的物流业同步发展作为保障，这样的物流业才能跟得上经济快速发展的步伐。

上海市物流业作为中国物流业的前沿阵地，上海市物流协会作为上海物流业的引导者，责无旁贷地挑起了建设、规范、打造新型物流业的重担。为此，在各级领导及协会同仁推崇下，成立了上海市物流协会中小企业服务分会。

据介绍，围绕物流行业特性，中小企业服务分会主要为中小物流企业提供以下服务：金融、保险、人力资源、法律法规、信息化工具、企业注册、第三物流平台服务等。同时经过半年的努力，分会在发展会员单位方面的进展顺利，截止到目前，会员单位人数已达上千家。这些会员单位大都是复合综合型的物流企业，其中包含冷链、大宗货物、仓储、三方、专线、危险品等众多领域企业。同时分会严格秉承目标：在遵守宪法、法律法规和国家政策前提下，以国家和政府对物流发展规划为导向，以中小物流企业为服务对象，打造一个新型的综合物流服务平台，从而建设健康、和谐、环保、规范的中小物流企业的队伍，推动现代物流业的发展，为上海经济建设作出应有贡献。

（来源：现代物流报 2013 年 11 月 8 日第 A08 版）

【上海物流协会：诚信建设光荣榜】

2014 年 1 月 27 日，自上海市“企业诚信创建”活动开展以来，通过企业自愿申报、上海市物流协会评议、第三方征信、上海市诚信创建活动组委会审核、在线公示、市民监督等程序，上海市物流协会已有39家会员企业诚信建设光荣榜上有名，名单如下：

五星级诚信创建企业

上海市浦东汽车运输有限公司

上海百联配送实业有限公司

东方国际物流（集团）有限公司

上海化学工业区物流有限公司

四星级诚信创建企业

上海成协物流配送有限公司

上海市纺织运输公司

三星级诚信创建企业

上海申燃贸易有限公司

上海新新运国际货物运输代理有限公司

上海新发展国际物流有限公司

上海新大洲物流有限公司

上海华运通仓储配送有限公司

上海全胜物流有限公司

上海复闽仓储有限公司

上海联达物流有限公司

二星级诚信创建企业

上海贝业新兄弟物流有限公司

上海东方久信集团有限公司

一星级诚信创建企业

上海顺然金属材料有限公司

上海申丝企业发展有限公司

上海双得力国际物流有限公司

上海邦达隆飞物流有限公司

上海华联超市物流有限公司

上海宅急送物流有限公司

上海西上海物流有限公司

上海大中物流有限公司

上海精裕捷星物流有限公司

上海龙邦速递有限公司

上海综合保税区联合发展有限公司

中外运化工国际物流有限公司

上海美源国际物流有限公司

上海慧全国际物流有限公司

上海奔祥物流有限公司

诚信创建企业

上海万顺物流有限公司

上海万家物流有限公司

上海宝钢物流有限公司

上海亨利达国际物流有限公司

上海东裕物资有限公司

上海丹捷国际物流有限公司

上海久江国际物流有限公司

上海九州通物流有限公司

（来源：上海市物流协会网站 2014 年 1 月 27 日）

【上海浦东现代物流行业协会举办企业家沙龙活动】

2013 年 7 月 30 日，上海浦东现代物流行业协会在外高桥森兰国际俱乐部举行企业家沙龙活动，协会名誉会长胡炜、上海同盛投资（集团）有限公司万大宁、上海综保委副主任李兆杰、海事大学校长黄有方以及外高桥保税区、洋山保税港区、浦东机场综合保税区、上海陆家嘴金融贸易区等开发公司的领导和申迪集团公司的领导参加了沙龙活动。

本次活动是继 6 月 26 日协会举办洋山论坛，探讨“综合保税区开放创新与自由贸易园区”后的一次专题研讨会，其主题是“自贸区下企业的多元化金融创新”。协会副会长单位上海现代产业开发有限公司副总经理鲍一新，介绍了浦东机场综保区开展融资租赁业务的创新实践。协会常务理事单位上海康信融资租赁有限公司总经理刘新民，介绍了创新型融资及企业附增值收益方案的研究成果，其针对企业“营改增”政策的融资方案以及“固定资产回购租赁”等创新租赁业务引起与会者的极大兴趣。综保委副主任李兆杰介绍了关于上海自贸试验区有关改革创新的亮点，一是投资领域的开放包括现代服务业六个子领域的开放；二是金融开放包括资本项下人民币的自由兑换，利率、汇率市场化；三是政府职能转变的制度创新；四是监管便利化等举措。

胡炜回顾了外高桥保税区开发开放、创新突破的发展历程，指出这次自贸试验区的改革与以往外高桥保税区的被动型改革有质的区别，这是一次主动性的改革，目的是上海要承担国家战略，形成可复制的经验推广全国。要求协会紧紧把握好大势，把企业的需求及时反映给政府，真正起到桥梁纽带作用，协会的生命力所在，就是要搭建好政府与企业之间的平台。

（来源：上海浦东现代物流行业协会网站）

【上海物流企业家协会主办自贸区制度创新与物流金融发展论坛】

由上海物流企业家协会、2014 商会大会组委会、东方早报社共同主办的以“自贸区制度创新与物流金融发展”为主题的论坛 2014 年 11 月初在上海跨国采购会展中心举行。全国政协常委、上海市政协副主席周汉民、民建中央副主席周汉民，上海自由贸易试验区管委会副主任朱民、中国物流及采购联合会副会长丁俊发，协会会长范鸿喜、东方早报社副总编胡宏伟、江苏省昆山市委书记管爱国、昆山市副市长沈晓明、昆山市商务局局长张峰，连云港市政府驻沪联络处主任张永，以及协会副会长、常委理事、会员单位代表，有关专家等 300 余人参加论坛。

本次论坛旨在回顾总结一年来上海自贸区勇于探索、大胆改革、自主创新、加快实践的成长历程和发展成果，评估总结上海自贸区已实施可行、可复制、可推广的制度创新举措，研究探讨上海自贸区今后如何大胆开拓、攻克难关，加快建设具有国际水准的投资贸易便利、货币兑换自由、监管高效便捷、法制环境规范的自由贸易试验区步伐，并有力推进大数据时代的金融物流运行步伐，为长三角地区经济社会发展作出积极贡献。

论坛分主旨演讲、专题发言、嘉宾对话三个环节。

在主旨演讲环节，上海自由贸易试验区管委会副主任朱民、上海市政协副主席周汉民、中国物流及采购联合会副会长丁俊发、江苏省昆山市委书记管爱国，分别就《上海自贸区揭牌一年的初步成果及未来展望》、《上海自贸区制度创新及对中国未来经济社会发展的深刻影响》、《物流与供应链转变过程 自贸区给传统物流和供应链带来的商机》、《自贸区创新与长三角发展机遇》开展主题演讲。

上海快钱支付信息有限公司董事长关国光、上海西游列国跨境电商平台创始人兼董事长杨义华、上海虹迪物流有限公司副总裁康洵、上海天哪物流有限公司董事长赵艳丽分别作专题发言。

在嘉宾对话中，上海西游列国跨境电商平台创始人兼董事长杨义华、上海欧坚网络发展有限公司董事长葛基中、中通快递股份有限公司副总裁金任群、锐特信息技术有限公司总裁陈丽园、上海虹迪物流有限公司董事长张鹏飞，以“解读、观察、融合、创新”为旨归，围绕本论坛预设主题展开互动交流，并接受现场观众提问。嘉宾们的解答，令提问者感到满意。本次论坛主题突出，气氛热烈，无论是周汉民副主席作的精彩演讲、关国光 CEO 作的专题发言，还是嘉宾对话，大家各抒己见，充分体现了“解读、观察、融合、创新”八个字，受到了与会者的欢迎，使大家得益匪浅。论坛主持人 -- 协会首席策划师杨德林妙趣横生的点评，更使论坛达到了预期效果。

会后，上海自由贸易试验区管委会副主任朱民对此次论坛的评价是：“令人难忘，演讲内容都很精彩”。同时他希望协会能在自贸试验区建设中发挥更多作用，尤其在行业自律、企业自律方面。昆山市委书记管爱国对论坛也给予高度评价，希望藉此良机与协会延伸合作关系，并在适当时候联手举办“从自贸区到昆山”主题论坛。

（来源：上海物流企业家协会网站）

【2013 年度上海市国际货运代理行业信用等级评估参评企业的评估结果】

信用等级评估工作是推进行业诚信建设的一项重要活动。2013年8月28日，2013年度上海市国际货运代理行业信用等级评估参评企业的评估结果在《中国航务周刊》2013年第35期上刊登，以下单位荣获A级以上（含A级）信用等级（排名不分先后）：

东方国际物流（集团）有限公司	AAA
上海中外运钱塘有限公司	AAA
上海亚东国际货运有限公司	AAA
上海经贸国际货运实业有限公司	AAA
锦海捷亚国际货运有限公司	AAA
上海宝钢国际货运代理有限公司	AAA
上海东浩外服国际物流有限公司	AAA
上海锦昶物流有限公司	AAA
中外运化工国际物流有限公司	AAA
上海高信国际物流有限公司	AAA
上海得斯威国际货运有限公司	AAA
上海大微供应链科技有限公司	AAA
上海大众交通国际物流有限公司	AAA
上海华发国际货运有限公司	AAA
中外运空运发展股份有限公司华东分公司	AAA
大航国际货运有限公司	AAA
上海新贸海国际集装箱储运有限公司	AAA
上海唯凯国际货物运输代理有限公司	AAA
上海万航国际物流有限公司	AAA
上海华星国际集装箱货运有限公司	AAA
上海华加国际货运代理有限公司	AAA
上海经贸山九储运有限公司	AAA
瀚钰通国际货运代理（上海）有限公司	AAA
上海住仓国际货运有限公司	AAA
上海长发国际货运有限公司	AA
重庆会通华联物流有限公司上海分公司	A

（来源：上海市国际货运代理行业协会网站）

【上海市国际货运代理行业协会第六届第二次会员大会暨理事会会议纪要】

上海市国际货运代理行业协会第六届第二次会员大会暨理事会于2014年3月25日下午借座上海外国语大学报告厅举行。王林会长、孟正伟、陈峥副会长、李林海秘书长等协会领导出席会议。会议由李林海秘书长主持。

会议听取和审议了王林会长所作的《协会2013年工作报告》。2013年是协会换届改选后的第一个工作年，协会秘书处紧紧围绕会员大会决议，认真贯彻新一届理事会对协会工作提出的新要求，以改革促服务，以维权促凝聚，以创新促优化，努力履职，积极开创协会工作新局面。开展的主要工作有：一、开展行业业务培训，提高行业员工业务素质；二、加强对外合作交流，促进行业健康发展；三、积极反映行业意见，努力维护行业利益；四、服务政府发挥桥梁纽带作用；五、开展行业自律，服务行业企业。

国际货运代理行业作为现代服务业的重要组成部分，已经实现了市场充分竞争。行业结构从国有经济为主转为以混合经济为主也将成为必然趋势，请会员单位关注其对行业发展的影响。同时，上海自贸区建设为货代物流行业提供了良好的发展机遇，尤其是对在整个供应链管理中涉及多个物流环节运作的企业将面临新的商机，譬如商贸物流、金融物流等运营模式，希望会员单位密切关注，把握商机，做好做强。

会议听取和审议了李林海秘书长所作的《协会2013年度财务收支情况报告》和《协会2014年工作计划报告》。协会计划在2014年努力完成以下六方面工作：1、夯实基础；2、反映诉求；3、扩大交流；4、加强培训；5、推进自律；6、加强服务。2014年，协会将始终坚持服务会员的工作主线，突显创新务实的工作风格，保持节俭高效的工作理念，为更好地贯彻会员大会决议和落实理事会各项决议而努力工作。会上，李林海秘书长还就“营改增”政策的现状以及近期浦东新区人民法院和上海海事法院向我协会发出的司法建议书作了情况通报。

会议听取和审议了林惠政副秘书长所作的《协会推进行业自律与诚信建设三年工作计划》。协会计划通过3年的努力与探索，逐步建立本协会的法人治理结构，形成工作职责清晰、互相监督制衡的内部法人治理框架；完善内部管理制度，形成完备的规章制度体系和制度安排；推行企业服务承诺，健全行业自律和行规行约；全面开展行业企业信用等级评估，建立信用奖惩机制。

（来源：上海国际货运代理行业协会网站）

【上海市交通运输行业协会2013年大事记】

1月16日，协会轨道交通专业委员会召开年度工作会议，通报去年工作情况和今年工作计划。会长范志伟，常务副会长干观德，轨道交通专业委员会专家委员会主任谭企坤、朱沪生，轨道交通专业委员会专家委员会顾问刘建航、石礼安、王振兴，以及专家委员会在沪部分专家出席会议。会议由协会副秘书长兼轨道交通专业委员会主任沈秀芳主持。

1月，由协会会同市经济团体联合会共同编撰的《节能减排JJ小组活动系列丛书（交通运输篇）》出版。全书约36万字，收录了铁路、公路、水路、航空、城市交通行业JJ小组活动的54个典型案例，为进一步推动交通节能减排提供了有益示范。

2月26日，协会港航运输专业委员会召开工作座谈会，通报近期工作。此前，该专业委员会作为试点单位，根据市交通港口局与我会签订的《廉政公约》，与市交港局的试点单位市航务管理处签订了《廉洁自律协议书》，共同遵守约定事项。

3月6日，协会港航运输专业委员会与市航务管理处共同召开相关区县航务所（署）负责人联席会议，部署廉政建设工作和相关业务工作。

3月8日，协会召开六届二次理事会。范志伟会长主持会议。名誉会长、市建交委副主任、市交港局局长孙建平应邀到会并讲话。名誉会长刘涟清，顾问陈策、徐柏章应邀出席会议。副会长郭竹学、陈辰康、俞光耀、唐兵、盛伏、王玉龙、谢林昌、曹寿琪和各理事单位代表、各分支机构负责人共150多人出席会议。常务副会长兼秘市长干观德报告了协会2012年工作和2013年安排。会议审议通过了调整和增补副会长、常务理事、理事和分支机构负责人名单。三个分支机构的代表交流发言。

3月20日，协会在市经济团体联合会四届四次会员代表大会上被评为2011—2012年度先进行业协会。

3月28日，协会集装箱道路运输分会召开2013年第一季度会长、副会长会议，研究近期工作。

4月17日，协会在上海云峰集团公

司召开部分重点企业负责人学习交流会，常务副会长干观德出席会议并讲话。

4 月 23—26 日，协会港航运输专业委员会与浦东新区建交委交通处联合举办两期“新区内河港口经营企业管理人员培训班”，156 家企业的相关管理人员参加了培训。

5 月 8 日，协会召开集装箱运输、堆场落实合同示范文本宣贯会，常务副会长干观德、上海国际航运仲裁院院长霍正美、市交港局有关部门负责人到会并讲话。

5 月 9 日，协会技术标准和智能交通工作委员会会同上海汽车工程学会、上海市交通港航科技委员会联合举办上海公交机务信息化研讨会，推介有关课题研究成果。市交港局副总经济师、协会技术标准和智能交通工作委员会主任陈巳康主持会议并讲话。

5 月 9—13 日，受昆明市交通运输局和昆明轨道交通有限公司委托，协会组成以谭启坤、阎景迪为正副组长，来自全国 7 个城市 25 位专家的专家组，对昆明地铁 1、2 号线首期工程南段试运营基本条件进行评审，并形成专家评审意见和我会评审报告。交通运输部道路运输司处长刘美银，云南省、昆明市政府有关部门负责人，我会干观德、朱沪生、沈秀芳等参加了评审活动。

5 月 13 日，协会与上海交通运输和物流研究中心成功中标市交通港口局 2013 年上海市轨道交通新线试运营基本条件认定项目。将在今年下半年组织专家对上海轨道交通 11 号线北段二期、11 号线花桥段、12 号线东段 3 条新建轨道交通线路的试运营基本条件进行评审。

5 月 19—22 日，受成都市交通运输委员会委托，协会组成以谭启坤、阎景迪为正副组长，来自全国 6 个城市 26 位专家的专家组，于对成都地铁 2 号线西延线及 1 号线海洋公园站试运营基本条件进行了评审，并形成专家评审意见和我会评审报告。交通运输部道路运输司，四川省、成都市政府有关部门，成都地铁公司负责人郭谨一、蒋毅、江河、喻宁跃，我会干观德、陈策、沈秀芳等参加了评审活动。

5 月 24 日，在市节能减排（JJ）小组活动指导委员会召开的 JJ 小组活动推进工作会议上，协会被评为 2010—2012 年度“上海市节能减排（JJ）小组活动优秀组织协会”。我会代表在会上作了交流发言。

6 月 3 日，经市建设交通党委批复，同意协会正式组建党委。中共上海市交通运输行业协会委员会由 6 人组成，会长范志伟任书记；常务副会长兼秘书长干观德任副书记。

6 月 27 日，市建设交通党委宣布协会党委成立，协会党委举行第一次党委会。市建设交通党委秘书长张旗、副巡视员袁筱英、市建设交通直属党委书记赵颖和我会会长、党委书记范志伟，常务副会长、党委副书记干观德及协会党委其他委员出席会议。

6 月 24 日—7 月 16 日，协会交通安全工作委员会受主管机关委托，分批举办船载危险货物申报员和装箱检查员知识更新及新进人员培训班，近 600 名相关业务人员参加了培训。

7 月 2 日，协会在中远集装箱运输公司召开 2013 年上海交通运输行业节能减排（JJ）小组活动推进工作会议，交流一年来的推进工作情况。常务副会长干观德出席会议并讲话。

7月6—7日，干观德常务副会长率协会有关部门负责人出席在哈尔滨召开的中国交通运输协会职业教育考试服务中心第十五次全国“CPLM”项目管理工作会议。

8月6日，协会召开六届二次常务理事扩大会议，会议由范志伟会长主持，干观德常务副会长报告了协会上半年工作情况和下半年工作安排。上海铁路局负责人作了铁路货运组织改革情况的介绍。

8月21—24日，协会组成以谭企坤、俞加康为正副组长、来自北京、天津、武汉、广州、深圳、苏州、宁波和上海24位专家的专家组，依照国家和地方相关标准，对上海轨道交通11号线北段二期工程试运营基本条件进行了评审，并形成专家评审意见和协会评审报告。交通运输部道路运输司有关负责人刘美银、郭谨一，市交通港口局巡视员周淮，申通集团副总裁邵伟中，我会常务副会长干观德、轨道交通专业委员会副主任宋孝鋆等出席了评审活动。

8月28日，由协会协办的刘建航院士学术报告会暨上海科技发展基金会刘建航院士奖励专项基金揭牌仪式在科学会堂举行。会上宣布，上海科技发展基金会同意成立上海科技发展基金会刘建航院士奖励专项基金。85岁高龄的刘院士作了《上海地铁运营隧道纵向变形治理》的学术报告。市科技协会主席、上海科技发展基金会理事长陈凯先院士和协会顾问、市建设交通委离退休党委书记陈策为刘院士奖励专项基金揭牌。

9月22日，上海市第七届无车日活动在普陀区环球港南广场举行，协会在主会场和8个区的分会场进行了问卷调查，了解市民最新动向。

9月26日，协会与中国电信上海公司联合举办优秀QC成果发布交流会，4项优秀课题成果和1项优秀质量信得过班组成果在会上进行了交流。

10月6—8日，受上海市交通港口局委托，协会组成以谭企坤、俞加康为正副组长，来自南京、广州、杭州、苏州、上海14位专家的专家组，对上海市轨道交通11号线北段工程（安亭站—花桥站）的试运营基本条件进行了评审，并形成专家评审意见和协会评审报告。由于这条线是上海首条跨市域的地铁线路，沪苏两地有关领导高度关注，江苏省运输管理局副局长周体光、昆山市副市长江皓等代表江苏方面；协会和市交通港口局、上海申通地铁集团领导陈策、石礼安、宋孝鋆、戴祺、邵伟中等出席了评审活动。

11月5日，协会召开上海交通运输行业诚信创建活动推进会，6年来，业内已有66家单位迈入星级企业行列。

11月14—17日，受江苏省交通运输厅和苏州市交通运输局委托，协会会同江苏省交通运输协会，组成以谭启坤为组长，来自北京、广州、成都、南京、无锡和上海共33位专家的专家组，对苏州轨道交通2号线工程进行了试运营基本条件评审。这是我会首次与兄弟协会合作开展轨道交通试运营评审，也是《城市轨道交通试运营基本条件》国家标准正式颁布后组织的首条线路评审。交通运输部道路运输司郭谨一，江苏省和苏州市有关方面负责人李先友、周体光、顾东海、邵建林，我会干观德、沈秀芳，江苏省交协张晓铃、李培年，苏州轨道交通集团公司周明保等出席了评审活动。

11月15—18日，干观德常务副会长率团出席在浙江余姚举行的2013年海峡物流节暨第五届两岸物流与供应链博览会，代表协会与台湾有关企业签订了战略合作协议。随后又赴温州参加海峡两岸港航合作交流会。

11月18—22日，上海轨道交通16号线工程试运营基本条件专家评审会在上海举行。此次评审由上海工程技术大学主办，我会作为协办单位，在评审的投标准备、前期策划、专家邀请、会务组织等方面给予指导帮助。协会轨道交通专业委员会主任沈秀芳、副主任宋孝鋆等参加评审活动；协会轨道交通专业委员会专家委员会主任谭企坤、副主任俞加康出任专家组正副组长。

11月22—25日，受天津市交通港口局委托，协会组成以谭企坤为组长，来自天津、深圳、上海18位专家的专家组，对天津南站配套交通工程试运营基本条件进行了评审，并形成专家组评审意见和我会评审报告。天津市交港局局长武岱、副局长杨洪峰，天津市建交委总工程师翟家常，天津城投集团总经理段宝森，天津地铁集团董事长、总经理张兴彦，党委书记苗玉刚，常务副总经理焦莹，党委副书记杨静，副总经理胡浩、金勇，总工程师朱敢平，协会常务副会长干观德，副秘书长兼轨道交通专业委员会主任沈秀芳，副主任宋孝鋆等出席了评审活动。

11月26—27日，协会与士研传媒公司合作举办的第七届轨道交通与城市国际峰会在上海举行，来自上海、武汉、成都、沈阳、太原、深圳、大连、厦门、青岛、东莞、无锡、常州和香港、澳门，以及巴黎、雅典、首尔等境内外城市轨道交通业内代表共170多人出席会议。市交港局局长孙建平到会致辞；协会常务副会长干观德主持26日上午的会议。

12月5—9日，受武汉市交委委托，协会组成以谭启坤、胡章喜为正副组长，来自天津、广州、成都、长沙、武汉、宁波和上海23位专家的专家组，对武汉轨道交通4号线一期及堤角至汉口北地方铁路工程试运营基本条件进行了评审，并提出专家组评审意见和我会评审报告。交通运输部道路运输司陈宝丰，湖北省交通运输厅副厅长唐元，武汉市交通运输委副主任陈佑湘，武汉地铁集团董事长刘玉华、总经理周少东，协会常务副会长干观德、副秘书长兼轨道交通专业委员会主任沈秀芳等参加了评审活动。

12月10—13日，受市交通港口局委托，协会组成以谭启坤、俞加康为正副组长，来自北京、天津、广州、深圳、武汉、宁波和上海共24专家的专家组，对上海轨道交通12号线工程（曲阜路站—金海路站）的试运营基本条件进行了评审，并提出专家组评审意见和我会评审报告。市交通港口局巡视员周淮，协会常务副会长干观德、顾问陈策、副秘书长兼轨道交通专业委员会主任沈秀芳，上海申通地铁集团副总裁邵伟中等出席了评审活动。

12月16日，在协会主导下，上海集装箱道路运输企业联盟成立，200多家运输企业的代表出席了成立仪式。交通运输部水运局副巡视员杨利华为联盟揭牌。

12月17—18日，中国交通运输协会中心城市运输专业委员会七届二次会议在浙江省温州市召开，来自上海、长沙、南京、武汉、宁波和温州等城市的近50位代表参加了会议。温州市交通运输局局长董庆华应邀到会并致辞。中国交通运输协会副秘书长张群杰代表中交协讲话。会议由中城委七届委员会主任、协会常务副会长干观德主持。

12 月 20 日，协会召开 2013 年度上海市交通系统质量工作暨 JJ 小组活动成果总结交流表彰会。

12 月 31 日，2013 年，协会完成各类咨询服务项目共 25 项，其中本部完成 12 项；有关分支机构完成 13 项。

12 月 31 日，2013 年，协会共举办各类短期业务培训班 33 期，共有两千多人参加了培训。

（来源：上海市交通运输行业协会网站）

第十篇 物流业发展研究和创新实践

10.1 经营管理研究

世界十大顶尖物流公司的管理

1. UPS

业务概况：UPS是全球最大的速递机构，全球最大的包裹递送公司，同时也是世界上一家主要的专业运输和物流服务提供商。每个工作日，该公司为180万家客户送邮包，收件人数目高达600万。该公司的主要业务是在美国国内并遍及其他200多个国家和地区。该公司已经建立规模庞大、可信度高的全球运输基础设施，开发出全面、富有竞争力并且有担保的服务组合，并不断利用先进技术支持这些服务。该公司提供物流服务，其中包括一体化的供应链管理。

业务分布：UPS的业务收入按照地区和运输方式来划分呈现出不同的分布特点。从地区来看，美国国内业务占总收入的89%，欧洲及亚洲业务占11%。从运输方式来看，国内陆上运输占54%，国内空运占19%，国内延迟运输占10%，对外运输占9%，非包裹业务占4%。2001年1月10日，UPS以发行价值4.33亿美元新股方式收购Fritz集团公司旗下的加利福尼亚物流公司，并将该公司并入UPS不断拓展的物流业务之中，使其成为更大规模的运输集团。2000年11月28日，UPS公司将其每周的环球飞行从3次增加到5次，以应付日渐增多的跨国运输业务。UPS在这一路线上运输的货物总量每日增长20万磅。

2. FedEX

业务概况：FedEX公司的前身为FDX公司，是一家环球运输、物流、电子商务和供应链管理服务供应商。该公司通过各子公司的独立网络，向客户提供一体化的业务解决方案。其子公司包括FedEX Express（经营速递业务）、FedEX Ground（经营包装与地面送货服务）、FedEX Custom Critical（经营高速运输投递服务）、FedEX Global（经营综合性的物流、技术和运输服务）以及Viking Freight（美国西部的小型运输公司）。

业务分布：从地区来看，美国业务占总收入的76%，国际业务占24%。从运输方式来看，空运业务占总收入的83%，公路占11%，其他占6%。

2001年1月11日，根据一项能够产生63亿美元收益的合约，FedEX将在各机场间为美国邮政服务系统运送特急件和快递信件。在未来的18个月内，FedEX将支付1.26亿至1.32亿美元给予邮局，作为在10000家邮局内设立收件箱的费用并保留在其余38000家邮局设立收件箱的权利。上述举措将使该公司获得约9亿美元的新增收入。2000年12月29日，FedEX宣布计划按照每股28.13美元的价格收购American Freightways公司1638万股，以实现其最初提出的收购该公司50.1%股权的承诺。

3. 德国邮政世界网（Deutsche Post World Net）

业务概况：德国邮政是德国的国家邮政局，是欧洲地区领先的物流公司，并着眼于成为世界第一。近期更换了品牌（改名为Dertsche Post World Net，简称DPWN）。一方面为挂牌买卖做准备，另一方面也是意识到了其业务的全球化特点以及电子商务日益重要的影响。DPWN划分为四个自主运营的部门，即邮政、物流、速递和金融服务。

邮政部门由邮政、市场直销和出版物发放业务组成，建有最高水准的作业网络，由遍及德国的83家标准化分检中心组成，并越来越重视高成长的市场直销业务。速递部门通过Euro Express Germany和Euro Express Europe的全球邮政和国际邮政业务部门提供覆盖欧洲的快递业务；通过与DHL（德国邮政世界网拥有其25%的股权）的合作提供全球业务。

通过几次收购Danzas品牌下的公司，于1999年成立了物流部门。该部门提供一站式的服务，并提供整个物流链各个环节的服务。服务内容包括全球航空、海运、欧洲陆运服务和客户定制的物流解决方案。

4. Maersk/A.P. Moeller

Maersk Sealand是世界上最大的航运公司，拥有250艘船舶，其中包括集装箱船舶、散货船舶、供给和特殊用途船舶、油轮等，该集团还拥有大量的装卸码头，并提供物流服务。Moeller的附属公司同时还在挪威、委内瑞拉和其他国家进行石油和天然气的钻探。另外，该集团还从事船舶和联运集装箱的制造，药品生产，并经营一家国内航空公司Maersk Air和提供信息服务。另外，该公司还拥有丹麦第二大连锁超级市场。

5. Nippon Express（日通）

日本通运的业务主要分为汽车运输、空运、仓库及其他，分别占44%、16%、5%及25%。从地域上看，其经营收入有93%来自于日本。其客户主要分布在电子、化学、汽车、零售和科技行业。

6. Ryder

业务概况：Ryder系统公司在全球范围内提供一系列的技术领先的物流、供应链和运输管理服务。该公司提供的产品范围包括全面服务租赁、商业租赁、机动车的维修以及一体化服务。此外还提供全面性的供应链方案、前沿的物流管理服务和电子商务解决方案，从输入原材料供应到产品的配送，致力于支援客户的整条供应链。

业务分布：从地区来看，美国业务占总收入的82%，国际业务占18%。从业务板块来看，运输服务占57%，物流占32%，其他占11%。

2000年11月20日，Ryder系统公司与丰田（美洲）公司及其日本母公司丰田集团共同组建了一家名为TTR物流公司的合资企业。新的实体由Ryder公司和丰田公司持有相同的股份，将主要集中留意与丰田以及其他在北美地区的日本汽车公司相关的运输与物流业务机会。2000 年 11 月 14 日，Ryder 公司和 From2 Global Solutions 公司（全球各大公司国际物流技术和贸易智能的主要供应商之一）宣布达成策略性联盟关系。Ryder 系统公司将利用 From2 公司的解决方案，通过互联网向其顾客提供具体的国际贸易服务。

7. TNT Post Group

业务概况：TPG 在全球超过 200 个国家和地区提供邮递、速递及物流服务，并拥有 Postkantoren（经营荷兰各邮局的机构）50% 的股权。TPG 利用 TNT 品牌提供速递发送及物流服务（TNT 的物流业务主要集中在汽车、高科技以及泛欧洲领域），其物流领域现有 137 间仓库，共占地 155 万平方米。

业务划分及分布：按业务类型来看，TPG 的三大业务邮递、速递和物流（净收入）分别占 42%、41% 及 17%，而从地域表现来看（净收入），欧洲占 85%，澳洲、北美、亚洲及其他地区分别占 6%、4%、2%、3%。如果从运营利润来看，邮递、速递和物流分别占 76%、15% 和 9%。

2001 年 1 月，TNT Loop 从 Yamaha Motor Europe 手上取得一份 efulfilment 合约。TNT 将为日本汽车商提供网上商店，以提供“Back-End”服务，包括处理、仓储及发送。2000 年 12 月，Ctil Logistix 与北美的 TNT Logitics 进行合并，成为北美第七大物流公司。2000 年 11 月，TPG 选择了 Vivaldi 软件作为全球客户关系管理系统，以图监控及改善销售活动并管理客户服务运营。2000 年 10 月，TPG 与上海汽车实业共同建立第三方物流合资公司。这个价值 3000 万美元的合资企业为 TPG 打开了中国汽车物流市场的大门。

8. Expeditors

业务概况：该公司注册地为美国，是一家提供全球物流服务的公司，向客户提供了一个无缝的国际性网络，以支持商品的运输及策略性安置。公司的服务内容包括空运、海运（拼货服务）及货代业务。在美国的每个办事处以及许多海外办事处都提供报关服务，另外还提供包括配送管理、拼货、货物保险、订单管理以及客户为中心的物流信息服务。

业务分布：从业务类型来看，主要集中在空运、海运和货代方面，按照收入划分分别占 63%、25% 和 12%。而从地区分布来看，主要集中在远东，占 56%，在美国、欧洲和中东、南美、澳大利亚的收入分别占 25%、15%、2%、1%。

9. Panalpina

业务概况：Panalpina 是世界上最大的货运和物流集团之一，在 65 个国家地区拥有 312 个分支机构。Panalpina 的核心业务是综合运输业务，所提供的服务是一体化、适合客户的解决方案。通过一体化货运服务，将自身定位于标准化运输解决方案和传统托运公司之间。除了处理传统货运以外，该集团还专长于提供物流服务予跨国公司，尤其是汽车、电子、电信、石油及能源、化学制品等领域的公司。

Air Sea Broker 是 Panalpina 集团的全球性货运“批发商”，同时它也协调 Panalpina 集团的海运系统与世界各地的定期联系，同时还为联合运输提供新型服务。Air Sea Broker 下分三个业务部门：海运处、西非处、租船和重型起重处。

Swissglobalcargo 是 Panalpina 和 Sairlogistics 于 1999 年 7 月 建

立的一家合资公司，这是世界上第一家提供完全一体化、门到门、有时限担保、无重量限制的航空货运公司。业务划分及分布：从总利润来看，Panalpina的四大业务即空运、海运、物流及其他分别占44.9%、31.3%、20.3%及3.5%。而在地域上又分布为欧洲/非洲占52.7%，美洲占33.9%，亚太占13.4%。

2000年12月，开创了一个以客户为中心的“电子商务”平台，该平台旨在连接其货运和物流作业所有运营阶段。这种“电子网络”提供了一个“综合系统”，该系统既连接了Panalpina公司内部设备，又连接了为客户提供的外部电子平台。

10. Exel

业务概况：2000年7月26日，Ocean Group与NFC公司合并后更名为“Exel”。Exel分为五大业务部门：（消费品/零售/医疗）欧洲部、（消费品/零售/医疗）美洲部、开发和自动化部、技术和全球管理部以及亚太部。该公司全球网点达到1300个，50000多名员工。目前该公司三家主要运营子公司为Exel（旧的NFC）、Msas全球物流公司和Cory Environmental 。Msas是世界上规模最大的货代之一，在全球范围内提供多式联运、地区配送、库存控制、增值物流、信息技术和供应链解决方案等各项服务。Cory Environmental是英国规模最大的废品处理公司之一。Exel在地面运输供应链服务方面占有很强的市场地位，所提供的服务包括仓储和配送、运输管理服务、以客户为中心的服务、JIT服务和全球售后市场物流服务。

业务分布：从业务种类来看，Exel主要集中在配送、运输管理和环境服务三个方面，按照净收入划分分别占58%、39%和3%，如果按照运营利润划分分别占62%、28%、10%。从地理分布来看，业务主要集中在英国与爱尔兰，同时遍及美洲、欧洲大陆和非洲以及亚太地区，按照净收入划分分别占39%、30%、21%和10%，如果按照运营利润划分则分别占54%、27%、10%和9%。

2001年1月，Exel被选中来管理摩托罗拉公司在美国、欧洲和亚洲地区半导体产品的配送。该项合约价值约为1.34亿英镑。同时与Mercedes Benz Espana签署了10年期合约，提供供应链服务。Exel汽车部赢得了一项为期7年的合约，向法国Sandouvilielear公司提供供应链管理服务。2000年12月，Exel收购了Total物流公司（一家总部设在澳大利亚和新西兰的地区性供应链管理公司，专门向30多家大型制药和医疗公司提供供应链管理服务）。同年10月，Exel和UPS共同为福特公司创建供应网络，并对福特公司在欧洲的供应链需求进行大规模改造。

同时，通过Postbank提供的金融服务于1999年1月成为一家全资的附属公司。在2000年1月收购了DSL银行（是一个精于私人和商业建筑贷款的银行），向私人和商业客户提供多渠道银行业务。;业务构成及分布：从净收入来看，DPWN的四大业务邮政、快递、物流和金融分别占49%、21%、18%和12%。特别是对于物流业务在地域上的分布来说（从净收入看），德国、法国、意大利和欧洲其他国家分别占23%、17%、8%和23%，斯堪的纳维亚、美洲、远东澳洲分别占12%、11%和6%。

2001 年 1 月，德国政府为邮政部门制定新的立法，新法律将允许国家出售其在德国邮政持有的多数股权。2000 年 11 月，德国经济部长称政府将不会按照原计划在 2002 年年底结束 Deutsche Post 的完全垄断。同时德国邮政有意将其在 DHL International 的持股比例从 50% 提高到 75%。

（来源：物流知识网，2014 年 5 月 19 日）

上海物流服务外包发展的模式、对策及建议

美国 IDC 公司进行的一项供应链和物流管理服务研究表明：全球物流业务外包将平均每年增长 17%。近年来，由于跨国企业正在将更多的业务转向中国，并通过外包来降低供应链成本；国内企业面临着降低成本和增强核心竞争力的压力而增加了物流外包的需求；政府采取的积极财政政策和激励措施对物流市场需求的刺激；营销方式的不断发展和营销渠道的网络化趋势；传统仓储企业和新兴物流企业的激烈竞争等，推动了我国物流业务外包市场的迅速发展。

在当前和未来的世界经济发展过程中，服务外包行业是增长最快的行业之一，也是最具有发展潜力的行业之一。随着上海物流业进入综合物流时代，推广上海物流服务外包对于今后发展上海物流业的重要性是不言而喻的，对于推动上海经济的作用也是显而易见的。但随着上海商务成本的提高，企业物流成本居高不下，这就要求我们去寻找一条新的途径来减少企业物流的成本。本文通过对上海物流业服务外包发展模式的研究，认为采用物流服务外包可以降低企业的生产成本，同时能够更加快速而有效解决上海物流产业发展的相关问题。

本文从上海物流服务外包的现状及存在的问题入手，探索上海物流服务外包的发展模式，这对于解决上海物流外包过程出现的问题具有很大的帮助，同时，对促进上海物流行业的发展也有着十分重要的现实意义。

一、上海物流服务外包发展的现状

据统计资料分析，我国物流服务外包比例不断上升，2007 年销售物流外包以 5%～10%的速度增长，运输与仓储外包以 10%～15%的速度增长，运输业务委托第三方的占企业运输业务的 67%。而上海是全国物流外包发展较快的城市之一，物流外包的增长速度位于全国前列，这些为上海物流外包创造了良好条件。上海物流服务外包发展的现状可以概括为以下几个方面。

1. 物流服务外包总体规模偏小，但发展潜力巨大

从总体上讲，物流外包在上海处于起步阶段，物流服务外包总体规模较小，物流服务外包有效需求不足的局面难以在短时期改变。物流外包在上海已经有了 10 多年的发展历程，在全球经济一体化的背景下，上海正在成为物流服务外包发展最迅速的城市之一。据预测，到 2010 年上海物流业增加值年均增速保持在 10% 以上；物流业增加值占全市生产总值的比重

超过13%左右。上海的物流服务外包发展前景比较广阔，发展潜力巨大。

2. 需求的不平衡性较强

上海不同企业间的物流需求层次差异性较大，先进的与传统的物流模式并存。一方面进入上海的国外先进制造业和分销业产生高端的物流需求，物流服务外包需求主要集中在外资领域。这些企业物流理念先进、供应链管理要求严格且自主性较强，对物流服务外包需求迫切、要求高。另一方面，上海国内物流社会化、专业化程度依然较低。内资企业与外资企业物流形式、形态存在明显的差异。以制造业为例，根据有关机构调查，到2007年我国内资企业平均使用仓储面积大约是14.1万平方米，平均自有仓储面积8.2万平方米，租用的仓储面积是5.9万平方米，分别是外资企业的4.9倍、3.4倍和12.3倍，也就是说我们的物流外包明显不足。内资企业的货运车辆平均拥有量为66台，装载设备38台，分别是同期外资企业的3.7倍和1.5倍，明显反映出国内企业与外资企业在物流社会化、专业化运作方面存在较大的差距。这种先进与落后的物流形态并存现象造成上海物流需求的多元化和社会物流结构的不均衡性。

3. 物流服务外包主要集中在外贸行业

上海是我国对外贸易最发达的地区之一，物流需求呈现出外向型程度较高的特征。2007年上海外贸进出口商品总额达2 829亿美元，比2006年增长24.35%。上海地区高发展的进出口贸易，使作为国际贸易和跨国经营基础的国际物流得到快速发展，并成为物流需求的主要组成部分。同时受我国货物贸易出口长期、持续和稳定增长的带动，近年来，上海运输进出口总额以年均30%左右的增速发展。由于外贸物流牵涉到车（集卡）、船和飞机，所以。外贸企业的物流都是以外包形式进行的。但其他行业物流外包更多的还处在起步阶段，在竞争模式上主要体现在成本与价格竞争，而对物流服务外包所带来的效应关注不够，低水平的过度竞争成为上海物流服务外包发展的瓶颈问题。

二、上海物流服务外包存在的问题

尽管与物流外包公司进行合作有着诸多明显的优势，但上海许多企业并没有更多地将物流业务外包出去。上海真正意义上的现代物流企业很少，国内大型海运企业的运作也仅仅停留在运输和配送服务，基本上处于物流发展的初级阶段，上海物流业的发展还存在许多问题。

1. 企业内部的抵制

物流外包业务的不断扩展，必将导致制造企业对现有资源和资金进行重组，原有的职能型结构将转变成流程型网络结构，业务结构将发生巨大的变化，这个过程其实就是利益的再分配过程。如果处理不当，可能会导致企业内部员工的抵制，从而影响正常的生产经营活动。所以很多企业宁可求稳也不愿意贸然出击，去尝试一个自己没有把握的物流服务。

2. 市场不够规范

上海服务外包市场还存在许多不规范的现象，如存在外创报务质量的监控不到位、服务外包合同不规范、履行合同不严格、缺乏行业的标准以及存在市场不正当竞争等。同时也没有形成有利手上海物流业发展的政策法规环境。由于物流的各项作业分属于交通、工商、税收、信息等不同部门管理，而物流企业的发展在我国刚刚起步，过去由有关部门制定的众多的法规很难适应现代物流发展的需求。上海虽然在海关通关方面实行了“提前报关、实货通行”的模式，但是在公路、铁路、航空货物运输，包装、仓储业方面的管理办法以及涉及物流企业的工商、税务、海关、检验、企业登记规则及单证的有关法规和规定方面，已难以适应新形势下现代物流发展的需要。现代物流业作为一个新兴的、亟待发展的、知识密集的行业，政府如何在政策上予以扶持，确立统一的政府主管部门，理顺管理体制，创新管理方法，目前还缺乏明确的规定。

3. 物流企业的信息化程度较低

目前，上海许多物流企业采用传统运作方式，现代的物流信息管理系统、电子数据交换技术和货物跟踪系统等未能得到普遍应用，信息传输的速度和准确性比较差。有些企业通讯手段基本还停留在使用电话、传真方式上，影响了物流管理水平和服务质量的提高。虽然上海目前在建设“三港、三网”、发展电子商务方面取得了很大进步，但是物流业的信息化建设和经营效率一直没有较大改进，网上交易、通关、代理、保险、银行支付、信息反馈等都没有广泛应用，商流、物流、信息流不能实现及时化传达，因而极大地影响了企业运作效率和行业竞争力的提高。

4. 物流人才匮乏

现代物流业的发展需要一大批熟悉物流服务管理、市场营销、计算机网络技术和物流信息开发维护等多方面的专业人才。物流企业的竞争实质上也将是人才的竞争。目前，上海物流人才培养不力，原有从业人员已无法适应现代物流发展的要求，人才供需矛盾突出。因此，要使上海物流实现跨越式发展，尽快培育具有创新能力的物流人才已是当务之急。

三、上海物流服务外包发展模式

物流服务外包在西方发达国家已经形成了一套完整的、规范的做法，其经验和特点在全球范围内引起了广泛的重视，其中，美国、日本和欧洲现代物流发展各具特点，对上海物流服务外包的发展具有十分重要的借鉴意义。通过研究国外物流服务外包的发展模式，笔者认为上海物流服务外包可以采取不同的模式，主要可以采取以下三种模式。

1. 一般物流服务外包模式

一般物流服务外包模式是指在同一地区的物流产业中的企业以单个企业为单位，将物流业务委托给物流企业进行运作，以签订合同的方式在一定期间内为这些企业提供满足要求的物流服务。该模式特点是：（1）外包性，委托企业不直接经营物流业务；（2）专业性，物流运作由专业性的第三方物流公司承担；（3）信息共享性，委托企业需和第三方物流企业紧密合作、信息共享，才能获得物流服务所带来的增值效益。

一般物流服务外包也有一个程度问题，可以把业务从原材料采购到销售配送等各个环节的物流业务都外包出去，也可以只是外包其中的一部分，这主要视各个企业的具体情况而定。由供应链理论可以知道，企业可将不是自己核心业务的业务外包给从事该业务的专业第三方物流企业去做，这样从原材料供应到生产，再到产品的销售等各个环节的各种职能，都是由在某一领域具有专长或具有核心竞争力的专业物流公司互相协调和配合来完成，这样就形成中小企业的强大竞争力。

2. 联合物流服务外包模式

在上海的一些工业园区中，单个中小企业在自营物流时缺乏统一性，物流运作存在规模不经济，中小企业物流进行简单外包难以实现优惠的对等性。因为单个中小企业在品牌和实力上，处于弱势地位，使得物流外包的过程往往对第三方物流企业缺乏谈判主动权，难以享受大企业在物流外包中所有的价格、服务等方面的优惠。但联合的物流外包模式在很大程度上解决了上述问题，为这些中小企业的物流发展提供了很好的解决方案。将这些中小企业联合起来，共同出资组建一个物流配送企业，形成规模效应，对各地市场进行共同配送。这样也可以降低中小企业的物流成本，大家都能从中获益。

该模式主要将物流规模较小的单个企业进行横向一体化合作，将自身的物流部门剥离出来，组建一个第三方物流企业，专门为这些公司提供物流服务，从而获得规模化优势。当然，这种第三方物流企业除了为这些中小企业服务以外，还可以对外承接物流业务。该模式的特点是：（1）物流管理介于自营和外包之间的准外包性；（2）物流运作规模性；（3）物流经营专业性。

3. 整体物流服务外包模式

是指中小企业的所有物流业务，均由他们共同所建立的物流中心或物流园区来集中提供物流服务的一种运作模式。在共同建立的物流中心或物流园区聚集了不同功能的第三方物流企业和不同类型的物流设施，物流园区以功能化、规模化、综合化为集群中小企业提供一体化物流管理平台，因为共同组建物流园区所在的地域的腹地经济较为发达，有足够物流需求，所以，物流中心或物流园区是为这些企业服务，而产业集群则为物流园区存在和发展提供前提条件。

四、上海物流服务外包发展对策及建议

上海发展物流服务外包，一方面具有比较成本优势和劳动力资源丰富的优势，一方面由于我国的国情决定发展物流服务外包业务具有自身的独特之处。因此，上海发展物流服务外包必须依据自身的实际情况，选择合适的发展模式。

1. 转变观念，正确认识物流服务外包

上海许多企业将有限的资源集中用于发展主业，制造企业将物流业务外包给第三方物流企业，可以使企业实现资源的优化配置，减少用于物流业务方面的车辆、仓库和人力的投入，将有限的人力、财力集中于核心业务。给企业节省费用，增加盈利。从事物流外包业务运作的第三方物流企业利用规模经营的专业优势和成本优势，通过提高各环节能力的利用率，实现费用节省，使企业能从分离费用中获益。使企业加速商品周转，减少库存，降低经营风险。第三方物流服务提供者借助精心策划的物流计划和适时的运送手段，最大限度地加速库存商品周转，减少库存，为企业降低经营风险，提升企业形象。第三方物流提供者利用完备的设施和训练有素的员工对整个供应链实现完全的控制，帮助客户改进服务，树立自己的品牌形象。同时制造企业也可以借助于第三方物流企业的品牌形象，提升自己的企业形象。降低管理难度，提升管理效率。物流业务外包既能使制造企业享受专业管理带来的效率和效益，又可将内部管理活动变为外部合同关系，把内部承担的管理职责变为外部承担的法律责任，有利于简化管理工作。

2. 加强物流服务外包信息化进程

上海信息港已建成高速、宽带、大容量的信息网络平台和EDI等骨干网络，拥有通达全球的高速通信网络，使现代物流服务外包的发展具备了信息支撑和保障。物流信息化也是上海物流服务外包发展的核心。因此，上海物流服务外包企业应努力提高物流信息运用能力，加强企业内部物流管理信息化，推动企业生产经营和服务管理的信息化，大幅度提高产品和服务质量水平，加强现代物流信息系统设施建设，积极推广和运用全球定位系统GPS、安全认证中心等建设，使物流企业与客户之间建立安全、有效的联系。所以，加快上海物流标准化特别是物流信息标准化建设步伐，是促进上海发展物流服务外包的关键。

3. 加快物流服务外包人才的培养

上海要发展物流服务外包，一定要重视物流人才培养，实施人才战略。随着物流业从传统的模式向现代化模式的转型，必然会带来人才的匮乏，并会阻碍物流发展。而企业的竞争归根到底是人才的竞争，我们与物流发达国家的差距，不仅仅是装备、技术、资金上的差距，更重要的是观念和知识上的差距。只有物流从业人员素质不断提高，不断应用先进技术，才能构建适合上海的物流服务外包行业。解决目前专业物流人才缺乏，较好的办法是加强物流企业与科研院所的合作，加快物流专业技术人才和管理人才的培养，造就一支熟悉物流运作、并有开拓精神的人才队伍。物流企业在重视少数专业人才和管理人才培养的同时，还要重视所有员工的物流知识和业务培训，提高企业的整体素质。而目，要理论结合实际，加强物流研究，完善物流人才培训体系，同时物流教育界根据社会对物流人才的具体需要，有针对性地培养不同层次以及不同特色的物流人才，这样才能使上海的物流服务外包快速有效地发展。

4. 加强上海物流服务外包的品牌和物流园区的建设

物流服务外包的发包商，首先选择国家或地区，然后才选择企业，地区品牌和地区形象对承接物流服务外包至关重要。加大对上海物流服务外包的宣传力度，组织开展更多有关物流服务外包的活动，搭建对外交流平台，畅通国际渠道，树立上海物流服务外包的品牌形象。

上海地区的物流企业应该认识到发展物流服务外包的优势和劣势，充分发挥物流业服务外包创新优势，加快物流园区的建设和发展。在具体操作层面上，可以引进国外先进的运作模式，在大型工业区附近建设综合物流园区，吸引零配件、半成品和成品供应商及物流企业共同入驻，构建供应物流、生产物流、与销售物流紧密衔接、快速响应的一体化运作系统。

发展物流服务外包是一项系统工程，仅靠物流企业自身的努力是远远不够的，还需要政府和行业协会的推动和调控作用，为物流服务外包企业发展创造良好的外部环境。一是尽快建立健全相应的政策法规体系，特别是优惠政策的制定和实施，使物流服务外包的发展有据可依；二是尽快建立规范的行业标准，实施行业自律，规范市场行为，使物流业务运作有规可循；三是发挥组织、协调、规划职能，统一规划，合理布局，建立多功能、高层次、集散功能强、辐射范围广的现代物流中心，克服条块分割的弊端，避免重复建设和资源浪费现象，促进上海物流服务外包行业健康、有序发展。

五、结语

总之，上海物流服务外包发展需要根据自身的特色和优势，采取不同的发展模式，注重对行业发展趋势制定相应的政策措施加速其发展进程。在信息时代的今天，上海物流服务外包一定要加强信息技术的现代化建设，在数据库、销售网络、物流中心管理电子化、电子商务和物品条码技术应用等方面有所突破，不断降低成本，实现物流服务外包跨越式发展，从而形成自身的国际化竞争优势。

（来源：物流知识网）

物流仓库规划和设计问题研究

1. 物流仓库规划与设计的布局

1.1 物流仓库布局与设计

在确定需要的物流仓库空间类型之前，有必要地分析建立的物流仓库需要多少空间，决定所需物流仓库空间的第一步是对公司业务发展的需求作出预测。这意味着是根据客户在一定的存储时间决定各类货物的数量来决定，通常将安全储备也考虑在内。在计算各部分所占的面积时，通常考虑相对时期增长率。在公司对基本储存空间应有了大致的估计。还必须为过道以及诸如电梯、会议室之类设施留出所需的空间。通常仓库总空间的三分之一通常无储存功能。很多仓库通过计算机模拟对这些空间进行的决策。计算机能考虑很多变量有助对将来的需求作出预测，特别海关监管仓库，除符合公司业务发展需要外，还应满足海关监管要求。物流仓库总体面积为五千平方米，其中主要包括包括接货点，存储空间，办公空间，生活空间。

1.1.1 物流仓库与运输工具的接口设计

物流仓库一项额外的空间需求是为物流系统中的运输工具提供一个接口，即收货与运货接口。虽然这一接口可以是单一区域，但通常把它设在两个不同的位置以保证效率。考虑到这些空间的需求，公司必须决定将接货点设在仓库外部还是将货物直接由运输工具上卸载到仓库内部。这关系到装卸货物以及存放设备与托盘所需的空间。

在货物整理及运输前安置货物的场所同样是很重要的。此外，对这一场所还必须有进行核对、点数和检查工作的空间。收发货物的体积和频率决定了对接货与发货空间的需求。

1.1.2 物流仓库按订单进行分拣的空间设计

配送仓库中的另一项空间需求是按要求进行分拣和组装。这些仓储功能所需的空间大小取决于货物的自然属性以及处理时所采用的设备。这一场所的布局对客户服务质量起着关键性作用。

1.1.3 物流仓库的存储空间设计

在一个仓库中，必须尽量最高效能地利用整个存储空间。公司可根据前面进行的分析决定存储空间的大小，这一空间将是物流仓库中占地最大的场所。与按订单进行分拣的空间一样，此外，应仔细考虑存储场所的布局。同时还必须考虑三类额外的空间。其一，许多配送仓库必须有空间进行回收工作，即将未损坏的部件从损坏了的包装箱中分离出来；其二，管理和工作人员日常所需的办公空间；其三，休息室、口岸单位生活空间如餐厅，公共场所及更衣室也需要空间。这三类空间的大小取决于一系列的变量，例如，货物的平均损坏量和重新包装未受损货物的难易程度决定了回收工作所需空间的大小，而员工数量的多少决定了所需餐厅和更衣室的空间大小。

1.2 物流仓库布局与设计原则

一个典型的物流库对不同空间的需求，则还应对布局问题进行更深入的探讨。首先应考虑的是一般的布局设计准则。并采取以下原则：尽可能采用单层设备，因为这样做不仅造价低，资产的平均利用率也高。货物在出入仓库时应直接流动，以避免逆向操作造成低效运作；采用高效的物料搬运设备及操作流程，在操作流程中采用物料搬运设备能提高仓库运作效率；在仓库里采用有效的存储设计。也就是说将货物置于最大限度进行仓储操作和避免低效率运作的境地。即在对所储存货物提供足够的便利与保护的同时，应充分、彻底地利用空间；因受物料搬运设备大小、类型、转弯半径的限制，尽量减少通道所占的空间。免费论文。当然，也必须考虑到货物本身和它们所造成的一些限制条件；尽量利用仓库的高度，有效地利用仓库的容积。这要求同物料搬运紧密结合起来。虽然能够在狭小通道中调动，并将货物堆码到超过常规高度的装运工具可能很昂贵，但这样的设备潜在地节省了较大的综合系统的费用，因为利用高度的成本只相当于建造等容量存储空间费用的五分之一。毕竟，等容积的高层仓库（12 ～ 15 米高）与 7 米高的仓库相比，前者占地面积不及后者的一半，减少了土地成本。

至于分拣和备货场所，必须注意到在一个配送仓库里，这一场所以短距离频繁运输为特征。因为要将各类货物置于分拣工人可触及范围之内，更有效地利用这里的空间是困难的。虽然采用物料搬运设备可以在一定程度上克服这一问题，但不可能从根本上解决这个问题，因为频繁的运动需要更多的开放空间。

1.3 分拣区和备货场所的布局

物流仓库的分拣和备货场所有二种基本的方法。第一种方法是最常见的，即采用将适当的货架和备货设备置于存储场所中，这基本上是将分拣、备货和存储场所结合在，如图：第二种方法是采用变动的场所，它为存储和分拣、备货提供了各自的场所。为了更方便地进行操作，分拣库房通常比存储库房要小。免费论文。将分拣与存储分开减少了分拣的时间和距离，但同时也降低了仓库运转的灵活性。

2. 物流仓库实现零库存的规划与设计

2.1 零库存的概念

库存是物流运动的一个不可缺少的环节。没有库存，就不会有商品流通。库存有调节生产和消费的功能。但是，和从事其他物流活动一样，设置库存环节和开展库存活动，也必须占用和耗费一定数量的社会劳动（包括人力、物力、财力），因此，库存也会冲减流通的资金比较多，并且冲减利润的副作用，所以，使库存趋于合理化，一直是从事物流的人们努力追求的目标。而零库存则是实现库存合理化的一种重要现象形态。

零库存是一种特殊的库存概念，其含义是“以仓库储存形式的某种或某些物品的储存数量为‘零’，即不保持库存。”不以库存形式存在就可以免去仓库存货的一系列问题，如仓库建设、管理费用，存货维护、保管、装卸、搬运等费用，存货占用流动资金及库存物品的老化、损失、变质等问题。零库存是在物流运动合理化的背景下提出并着手解决的一个理论和实际问题，实现零库存的目的是为了减少社会劳动占用量（主要是资金占用量）和提高物流运动的经济效益（即投入产出比）。如果我们把零库存仅仅看成是仓库中存储物的数量变化（数量减少）或数量变化趋势而忽视其他物质要素的变化，那么，上述目的很难实现。因为在库存结构、库存布局不尽合理的状态下（例如，在行行、层层设库、库存相当分散的状态下），即使某些经营实体的库存数量趋于零或等于零（既不存在库存物资），但是，从全社会来看，由于仓储重复存在，用于设置仓库和维护仓库的资金占用量并没有减少。换言之，节约社会劳动的目的并没有全面实现。所以，从物流运动合理化的角度来研究问题，零库存概念应当包含以下两层意义：

2.1.1 库存对象物的数量趋于零或等于零（即近乎于无库存物资）；

2.1.2 库存设施、设备的数量及库存劳动耗费同时趋于零或等于零（即不存在库存活动）。某些经营实体（如生产企业）不单独设立仓库和不库存货物，但并不等于取消其他形式的储存。实际上，生产企业和商业企业为了应付各种意外情况（如运输时间延误、到货不及时、生产和消费发生变化等），常常要储备一定数量的原材料、半成品和成品，只不过这种储备是采取库存或自行库存的形式罢了。从理论上讲，经营实体储存一定数量的产品，并由此形成“保险贪图”也是一种合理的行动，它与实现零库存的愿望并不矛盾。

零库存是针对微观经济领域内经营实体（企业）的库存状况而言的一种库存变化趋势，它属于微观经济范畴。从全社会来看，不可能、也不应该实现“零库存”。为了应付可能发生的各种自然灾害和其他各种意外事件，为了调控生产和需求，通常国家都要以各种形式（包括库存）储备一些重要物资（如粮食、战略物资、抢险救灾物资等）。因此，在微观领域内，一些经营可以进行“零库存”式的生产和进行无库存式的销售，但整个国家或社会不能没有库存。

2.2 实现零库存的方式

作为来说，建立仓库之目的是营业需要，营业仓库通过为客户存储、保管货物而赚取一定的利润，以维持其生存和发展，它是一种专业化、社会化程度比较高的仓库。委托这样的仓库（或物流组织）存储货物，实现零库存，有以下几点好处：

2.2.1 受托方（营业仓库）可以充分发挥其专业化水平高的优势开展规模经营活动，从而能够做到以较低费用的库存管理提供较高水平的后勤服务。

2.2.2 委托方可以减少大量的后勤工作，能够集中能力从事生产经营活动。专业流通组织大都拥有配套的物流设施和先进的物流设备，也拥有大量的资金和物资资源，依靠它们去准时而均衡地向需求者供货，实际上就是利用企业的物力（库存物资）、财力去支持社会上的生产流动和经营活动。也就是说以集中库存的形式来保障生产经营活动的正常运转。从需求者的角度来看，依靠专业性流通组织准时而均衡供货，等于是把某些后勤服务工作交给了企业。自然，在这样的供应体制下，作为需求者的生产企业和商业企业，不可能，也没有必要再保留过多的库存物资，相反，会自动地缩减以致取消自己的库存，从而实现零库存。

2.2.3 配送和配送制之所以能够使社会上的库存结构发生变化，致使某些经营实体的库存近似于零，另一个重要原因是，这种先进的、带有现代化色彩的物流运动或物流体系可以集中库存的优势为众多的客户提供周到的、全方位的后勤服务、能够有效地适应生产节奏变化和市场形势变化。当然，在这种情况下，作为行为主体的企业，自然无须再设仓库储存货物和过多地库存货物。

3. 结束语

当今经济全球化和信息化、网络化的趋势迅猛发展，物流已成为来自发达国家和发展中国家的货物全球化生产与销售过程的一项重要的增值服务。它不仅改变了生产贸易和运输方式，而且对发货人和运输服务提供者都产生了巨大的影响，是企业在降低物质消耗、提供劳动生产率以外的重要利润源泉。产业竞争焦点正在逐步转向对流通领域的争夺，物流产业的发展日益成为企业强劲的增长点。现代物流管理是企业对客户、运输、仓储等活动进行综合管理，目标是按照客户要求和服务标准适时地将货送到用户指定的地点。集仓储、运输等流程为一体，把货物从生产地送到用户手中。企业在其业务运作过程中具有环节众多、信息量大的特点，其信息的动态特性和实时特性较为突出。因此企业的信息系统是物流企业生存的必要条件。降低物流成本企业生存与发展的关键。通过缩短货物在流通过程中的时间，提高其流通速度，可以大大降低其物流成本。

【参考文献】

[1] 王微 . 中国物流产业适应现代信息技术发展的对策 [J] 财贸经济 , 2003,(01) .

[2] 张新 , 田澎 . 第四方物流及对物流规划功能的外包 [J] 工业工程与管理 , 2002,(02) .

[3] 陈杰 , 屠梅曾 , 孙大宁 . 生态型供应链的设计及其管理 [J] 工业工程与管理 , 2002,(03) .

[4] 杨华俊 . 加强企业物流资源整合再造企业物流流程 [J] 福建行政学院福建经济管理干部学院学报 , 2003,(S1) .

[5] 黄权初 . 物流服务供应方——第三方、第四方与第五方 [J] 集装箱化 , 2000,(01) .

[6] 成思危 . 复杂科学与管理 [J] 中国科学院院刊 ,1999,(03) .

（来源：物流知识网）

我国应急物流体系亟待完善

——访国务院发展研究中心产业经济研究部研究员魏际刚

2013年5月12日是我国防灾减灾日，防灾减灾的话题都集中在刚刚过去的雅安地震上。与5年前的汶川地震相比，媒体对中国地震救援效率的提升给予了肯定。

救灾不仅呼唤热情参与，也呼唤专业、有序。近日，中国经济时报就突发公共事件发生后，政府迅速启动应急物流机制等问题采访了国务院发展研究中心产业经济研究部研究员魏际刚。作为长期关注物流业发展的专家，魏际刚也兼任中国物流学会副会长。

应急物流体系建设严重滞后

中国经济时报：此次雅安地震，各种救灾物资随即涌入雅安。据报道，由于缺乏专业的组织协调，大量运送车辆拥堵在路上，使得较多物资未能及时送到灾区群众手中。作为长期关注物流业发展的专家，您对目前我国应急物流的发展有什么看法？

魏际刚：在各类公共事件突发时，第一时间把合适数量、质量的应急物资以合理的方式送达目的地，是一项紧迫和关键的任务，这对保障人民生命财产安全，快速恢复正常社会生活秩序，尽可能减少各类损失、最大限度降低经济社会乃至政治方面的不利影响有重大现实意义。在应对各类重大突发性公共事件实践中，我国已经具备了一定应急物资保障能力，但多数情形下，第一时间的应急物资保障总体还难以实现。究其原因，主要是因为应急物流体系建设严重滞后。

所谓应急物流，是指以追求时间效益最大化，灾害损失及不利影响最小化为目标，通过现代信息和管理技术整合采购、运输、储存、储备、装卸、搬运、包装、流通加工、分拨、配送、信息处理等各种功能活动，对各类突发性公共事件所需的应急物资实施从起始地向目的地高效率地计划、组织、实施和控制过程，具有突发性、不确定性、非常规性、事后选择性、不均衡性、紧迫性等特点。应急物流体系，就是围绕着应急物流目标，由相关人员、技术装备、应急物资、信息管理、软硬件基础设施、相关主体以及法律、法规、政策等因素共同构成的特殊物流系统。

应急物流体系的完善和发达程度，直接决定和影响到应急物资的保障能力。国内应急物流体系建设严重滞后，突出表现为：

第一，组织机制不健全。应急物流的组织协调人员大多临时从各单位抽调，各类应急物资的采购、运输、储存、调拨、配送、回收等职能分散在不同部门、地区和企业，尚未形成中央有关部门之间、中央与地方之间以及中央、地方和有关企业之间联动的组织机制。应急物流组织更多表现为临时性，彼此间缺乏有效协调、沟通和整合，缺乏系统性和预见性，组织效率不高。由于缺乏协调和统一的指挥调度，在应急物资的流向、流量、流程方面，不同程度地存在杂乱无序的现象，很难做到供需匹配。

特别是现行以行政命令为主要手段的应急物资供应组织机制，代价高昂。突发公共事件一旦发生，各级政府往往会组建应急领导小组，“及时处理”成为压倒一切的中心工作，以行政命令强制推动应急物资供应保障。这种模式以行政力为基础，统一组织指挥，对确保应急物资迅速到位发挥着重大作用。但由于缺乏系统化、规范化、制度化、法制化的应急物资保障机制，总体秩序混乱，系统效率不高，社会代价过大，遗留问题不少。

第二，应急物流企业发展严重不足。专业化的应急物流企业是应急物流体系中的重要市场实施主体，而国内专门从事应急物流的企业（如应急物流基地、应急物流中心、应急配送中心、第三方应急物流企业等）还相当缺乏。

第三，应急物资储备系统不合理。一是救灾储备中心布局不合理。从物流合理化角度看，救灾储备中心应尽可能靠近受灾地区，以对灾情快速响应。当重大灾害发生时，影响快速响应职能发挥。二是救灾物资储备分散于各部门，物资保障成本较高。目前救灾物资分散管理、分散储备，衣被、帐篷等生活类救灾物资的储备由民政部门负责，药品、医疗器械、车辆、粮食等其他救灾物资分别由医药卫生、交通和粮食部门负责。这种模式的直接后果是救灾过程中需求信息传递速度慢，物资供应组织协调难，运输车辆需求增大，救灾保障成本很高。三是救灾物资供需失衡。我国救灾物资捐赠基本属于应急捐赠，即在灾难发生时，通过政府号召组织全社会捐赠。由于救灾信息不够通畅、捐赠主体繁多等原因，社会捐助物资很容易出现种类、时间上的供需失衡。灾害救援初期易出现救援真空，应急物资缺乏，而在救灾后期物资达到饱和后，救援物资仍源源不断，造成供应过多、浪费严重等问题。

第四，基础设施建设相对滞后。部分骨干运输通道能力不足，铁路网络结构不合理，民航支线机场数量缺乏，公路基础网络技术状况差距显著，通达度与衔接度明显不足，内河航道等级偏低等。东、中、西三大地带交通设施依次弱化，部分区域运网稀疏。应急物流信息网络不够完善，信息传递不及时，缺乏信息发布和共享平台，难以准确掌握紧急情况详细资料及所需应急物资的生产、分布和需求状况等。

第五，法律法规及政策建设薄弱。国内尚未形成完善的应急物流法律法规和政策，立法空白甚多。从应急物资采购、储备到应急物资运输、调拨、配送以及应急物资的组织设立等各方面，均缺少相应的法律法规基础。存在的一些法规和规章，许多以“试行”、“暂行”、“意见”、“通知”等方式存在，立法层次低，权威性不够。一些指导性政策过于原则而缺少可操作性。

广泛发挥应急物流的社会性资源

中国经济时报：在这次地震救灾中，众多民营物流企业也加入了应急物流体系，免费寄送救灾物品。在应急物流机制中，如何发挥包括民营物流企业的各方面力量？

魏际刚：应急物流体系建设涉及方方面面，单纯依靠专业应急物流企业或其他单一专业部门和专业人员是难以完全胜任的。

应急物流需要调动社会资源的广泛参与。毫无疑问，民营物流企业是应急物流体系的重要组成部分。在紧急情况下，甚至还要动用军队、军用运输装备、军用运输专用线路及相关设施。只有广泛发挥应急物流的社会性资源，才可能最大程度保证应急物流的效率和效果，实现“第一时间”应急物资保障的目标。

需要提醒的是，我国应急物流资源分散在不同部门和地方，存在一定程度的部门和地方分割，组织化程度较低，应急物流资源配置的总体效率不高，亟须整合。政府有关部门应当运用系统理念，有意识地对应急物流资源或物流功能进行规划、配置、重新组合和取舍，对分散的物流资源进行综合利用、相关功能进行协调与集成、物流管理与运作实施重组与优化、提升组织能力与服务水平，实现对应急物资的运输、仓储、包装、装卸搬运、流通加工、配送和物流信息等功能环节的有效集成或协调，合理布局应急物流中心，提升组织能力与服务水平，提高应急物流效率。

（来源：《中国经济时报》2013 年 5 月 17 日）

电子商务对物流管理的影响及各作业环节分析

电子商务对物流管理产生了深远的影响，其中涉及物流业各方面、物流各作业环节和各功能环节等。

一、电子商务与物流的关系

电子商务是一场商业领域的根本性革命，核心内容是商品交易，而商品交易会涉及到四个方面：商品所有权的转移、货币的支付、有关信息的获取与应用、商品本身的转交，即商流、资金流、信息流、物流。在电子商务环境下，这四个部分都与传统情况有所不同。商流、资金流与信息流这三种流的处理都可以通过计算机和网络通信设备实现。物流，作为四流中最为特殊的一种，是指物质实体的流动过程，具体指运输、储存、配送、装卸、保管、物流信息管理等各种活动。对于大多数商品和服务来说，物流仍要经由物理方式传输，因此物流对电子商务的实现很重要。电子商务对物流的影响也极为巨大，物流未来的发展与电子商务的影响是密不可分的。

二、电子商务对物流的影响综述

由于电子商务与物流间密切的关系，电子商务这场革命必然对物流产生极大的影响。这个影响是全方位的，从物流业的地位到物流组织模式、再到物流各作业、功能环节，都将在电子商务的影响下发生巨大的变化。

（一）物流业的地位大大提高。物流企业会越来越强化，是因为在电子商务环境里必须承担更重要的任务：既要把虚拟商店的货物送到用户手中，而且还要从生产企业及时进货入库。物流公司既是生产企业的仓库，又是用户的实物供应者。物流业成为社会生产链条的领导者和协调者，为社会提供全方位的物流服务。电子商务把物流业提升到了前所未有的高度，为其提供了空前发展的机遇。

（二）第三方物流成为物流业的主要组织形式。第三方物流是指由物流劳务的供方、需方之外的第三方去完成物流服务的物流运作方式。它将在电子商务环境下得到极大的发展，因为：(1) 跨区域物流。电子商务的跨时域性与跨区域性，要求其物流活动也具有跨区域或国际化特征；(2) 电子商务时代的物流重组需要第三方物流的发展。

（三）供应链管理的变化。在电子商务环境下，供应链实现了一体化，供应商与零售商、消费者三方通过 Internet 连在了一起，通过 POS、EOS 等供应商可以及时且准确地掌握产品销售信息和顾客信息。此时，存货管理采用反应方法，按所获信息组织产品生产和对零售商供货，存货的流动变成“拉动式”，实现销售方面的“零库存”。

三、电子商务对物流各作业环节的影响

（一）采购

传统的采购极其复杂。采购员要完成寻找合适的供应商、检验产品、下订单、接取发货通知单和货物发票等一系列复杂繁琐的工作。而在电子商务环境下，企业的采购过程会变得简单、顺畅。

因特网可降低采购成本。通过因特网采购，可以接触到更大范围的供应厂商，因而也就产生了更为激烈的竞争，又从另一方面降低了采购成本。

（二）配送

1. 配送业地位强化。配送在其发展初期，发展并不快。而在电子商务时代，B2C 的物流支持都要靠配送来提供，B2B 的物流业务会逐渐外包给第三方物流，其供货方式也是配送制。没有配送，电子商务物流就无法实现。

2. 配送中心成为商流、信息流和物流的汇集中心。信息化、社会化和现代化的物流配送中心把三者有机地结合在一起。商流和物流都是在信息流的指令下运作的。

四、电子商务对物流各功能环节的影响

（一）物流网络的变化

下面将从两个方面来探讨电子商务对物流网络的影响，一方面是与信息直接相关的物流网络，另一方面是实际的物流网络。

1. 物流网络信息化。物流的网络信息化是物流信息化的必然，是电子商务下物流活动的主要特征之一。这里指的网络信息化主要指以下两种情况：一是物流配送系统的计算机通信网络，包括物流配送中心与供应商或制造商的联系，以及与下游顾客之间的联系；二是组织的网络，即 Intranet。这一过程需要有高效的物流网络支持，当然物流网络的基础是信息、电脑网络。

2. 实体物流网络的变化。物流网络可划分成线路和结点两部分，其相互交织联结，就成了物流网络。

首先，仓库数目将减少，库存集中化。配送中心的库存将取代社会上千家万户的零散库存。

其次，将来物流结点的主要形式是配送中心。在未来的电子商务环境下，物流管理以时间为基础，货物流转更快，制造业将实现“零库存”，仓库为第三方物流企业所经营。

第三，综合物流中心将与大型配送中心合而为一。物流中心被认为是各种不同运输方式的货站、货场、仓库、转运站等演变和进化而成的一种物流结点，主要功能是衔接不同运输方式。综合物流中心一般设于大城市，数目极少，而且主要衔接

铁路与公路运输。配送中心是集集货、分货、集散和流通加工等功能为一体的物流结点。物流结点的设置与运输是有密切关系的。目前在实践中，城市综合物流中心的筹建已经开始，它是上述变化的一个具体体现。城市综合物流中心将铁路货运站、铁路编组站和公路货运站、配送、仓储、信息设施集约在一起，实现各城市综合物流中心之间的直达货物列车运行，又可以利用公路运输实行货物的集散，还可以实现配送中心的公用化、社会化，并使库存集中化。

(二)运输的变化

电子商务环境下，传统运输的原理并没有改变，但运输组织形式受其影响，有可能发生较大的变化。

1. 运输分为一次运输与二次运输。物流网络由物流结点和运输线路共同组成，结点决定着线路。传统经济模式下，各个仓库位置分散，物流的集中程度比较低，这使得运输也很分散，像铁路这种运量较大、较集中的运输方式，为集中运量，不得不采取编组而非直达方式。

在电子商务环境下，库存集中起来，而库存集中必然导致运输集中。随着城市综合物流中心的建成，公路货站、铁路货站、铁路编组站被集约在一起，物流中心的物流量达到足够大，可以实现大规模的城市之间的铁路直达运输，运输也就被划分成一次运输与二次运输。一次运输是指综合物流中心之间的运输，二次运输是指物流中心辐射范围内的运输。

2. 多式联运大发展。在电子商务环境下，多式联运将得到大的发展，这是由以下原因所导致的：第一，电子商务技术。运输企业之间通过联盟，可扩大多式联运经营；第二，多式联运方式为托运人提供了一票到底、门到门的服务方式，因为电子商务的本质特征之一就是简化交易过程，提高交易效率。在未来电子商务环境下，多式联运与其说是一种运输方式，不如说是一种组织方式或服务方式。

(三)信息的变化

物流信息在将来变得十分重要，将成为物流管理的依据。

1. 信息诸模块功能的变化。电子商务环境下现代物流技术的应用，使得传统物流管理信息系统某些模块的功能发生了变化。例如，采购：在电子商务环境下，采购的范围扩大到全世界；运输：运用GIS、GPS和RF等技术，运输更加合理，路线更短，载货更多，而且运输由不可见变为可见；仓库。条码技术的使用可以快速、准确而可靠地采集信息，这极大地提高了成品流通的效率，而且提高了库存管理的及时性和准确性；发货：原先一个公司的各仓库管理系统互不联系，从而造成大量交叉运输、脱销及积压。而在电子商务环境下，各个仓库管理系统实现了信息共享，发货由公司中央仓库统筹规划，可以消除上述缺点；交易过程无纸化。总之，电子商务和物流作为现代流通的两大手段，相互之间有着密切的联系。当前电子商务的兴起，对传统物流组织产生极大的影响。

2. 信息流由闭环变为开环。原来的信息管理以物流企业的运输、保管、装卸、包装等功能环节为对象，以自身企业的物资流管理为中心，与外界信息交换很少，是一种闭环管理模式。

现在和未来的物流企业注重供应链管理，以顾客服务为中心。它通过加强企业间合作，把产品生产、采购、库存、运输配送、产品销售等环节集成起来，将生产企业、配送中心、分销商网络等经营过程的各方面纳入一个紧密的供应链中。此时，信息就不是只在物流企业内闭环流动，信息的快速流动、交换和共享成为信息管理的新特征。

（来源：物流知识网）

物流绩效的指标体系及评价方法

近几年，纵观国内外专家学者对物流理论的研究成果，绩效评价方面的研究正逐步成为企业管理的一项重要议程。物流作为提高经济竞争力的重要因素，要想使其健康的发展，必须对物流企业的计划、顾客服务、运输、存货等物流活动进行绩效评价与分析。对物流绩效进行评价与分析，才能够正确判断企业的实际经营水平，提高企业的经营能力，进而增加企业的整体效益。目前．我国物流业的发展尚处于起步阶段，物流市场仍不成熟，物流所涉及的范围较为狭窄，其理论基础还不完善。尽管众多企业管理者已经认识到现代企业的发展在很大程度上已受制于物流的发展水平，但由于种种原因，高效的物流管理在我国企业中仍未得到实现。

目前对物流绩效的衡量往往针对某项物流活动或由经营管理者的主观经验来判断，而物流管理涉及从原材料的采购到产成品的出售整个实物流动过程，包括仓储、运输、配送、装卸、包装、流通加工、信息处理等一系列活动。这些活动的多样性、复杂性以及经营管理主体的多方性，决定了物流绩效指标的多样性，如何选择合理的指标对于正确衡量物流绩效具有重要的意义。

一、物流企业绩效评价指标体系

目前已经有很多关于物流企业绩效评价指标体系的文献，如王娟、黄培清（2000）[1] 建立了物流绩效的财务评价指标体系；王勇 [2] 从成本、效率、风险和客户管理四个方面建立了物流绩效评价指标体系。从风险这一角度考虑物流绩效评价指标，是王勇等人的首创。程国平等人认为物流的本质特点在于服务，因此应以物流供应商为评价主体，从服务质量角度出发建立评价指标体系。刘秉镰、王鹏姬 [4] 依托平衡计分卡的分析构架，建立了“3 1”物流企业绩效分析的模型，从财务绩效评价、客户业绩评价、内部经营业绩评价和学习创新绩效评价四个方面进行。这方面研究已经比较成熟，本文不再进行分析评价．各评价指标基本选自刘秉镰等人构建的指标体系。

二、物流绩效的评价方法

1. 物流评价的主成分分析法模型

主成分分析（Principal Components Analysis，PCA），也称为主分量分析，是利用降维的思想，把多指标转化为少数几个综合指标的多元统计分析方法。主成份分析研究的目的是如何将多指标进行最佳综合简化，最终转化为较少的综合指标。也就是说，要在力保数据丢失最少的原则下，对高维变量空间进行降维处理。主成分分析法的特点是在评价指标的相关性比较高时，能消除指标间信息的重叠，而且根据指标所提供的原始信息生成非人为的权重系数。

2. 物流评价的模糊分析法模型

模糊分析（Fuzzy Analysis），是一种运用模糊数学（Fuzzy Mathematics）原理分析和评价具有“模糊性”（Fuzziness）的事务的系统分析方法。它是一种以模糊推理为主的定性与定量相结合、精确与非精确相统一的分析评价方法。此方法在处理各种难以用精确数学方法描述的复杂系统方面能表现出独特的优越性，模糊分析模型可分为单层次多层次等种类。

3. 两种方法的比较

上述介绍了主成分分析和模糊评价在物流绩效评价中的应用，下面对这两种方法进行综合分析。主成分分析根据综合因子的贡献率确定权重的方法是它区别于模糊评价法的主要特点．使得评价结果客观合理；用较少的指标来代替原来较多的指标．既解决了信息重复的问题，又可以简化指标体系．

这些特点使得本方法在以上研究中脱颖而出．成为效果最好的方法。它唯一的缺点是结果跟样本量的规模有关系，计算过程较以上方法更繁琐。模糊评价法可以很好地解决判断的模糊性和不确定性问题．将一些边界不清．不易定量的因素定量化。但是不能解决评价指标间相关造成的信息重复问题，并且权重的确定带有主观性．在一些评价对象的属性比较模糊，不易量化的问题中可以最大限度地发挥它的优势。

综上分析显示，相比较而言．主成分分析法可靠性比较高、误差小。比较适合于评价指标众多的复杂样本的综合评价。两种方法考虑问题的出发点和侧重点不尽相同，鉴于所选择的方法不同，有可能导致评价结果的不同，因而在对物流企业进行绩效评价时，应具体问题具体分析，根据企业本身的特性．在遵循客观性、可操作性和有效性原则的基础上选择。

三、物流绩效评价的改进建议

物流绩效评价研究的目的是为了通过绩效评价找到物流运作的薄弱环节，通过持续改进从而更好地实现物流目标。通过前面的分析，我们提出如下的物流绩效改进措施：

（1）优秀的物流绩效基于测量评估—计划—改进循环的有效性。所以，要建立有效的物流绩效管理体系，要确保有效的监督和交流系统。

（2）整合物流功能，包括内部整合与外部整合，实现物流绩效改进。实证研究发现，物流整合与物流绩效改进有显著相关。内部物流整合成功的重要因素包括高层管理者支持、公司范围内的承诺／态度变革、组合内的交流与培训、切实的计划、好的信息获取、支持顾客服务的系统设计、易于使用与系统柔性、成本收益比率等；与外部的整合就是要实施供应链管理，建立实时、互动、共享的集成信息平台。

（3）加强顾客关系管理、知识管理。通过关系管理和知识管理，获取与共享信息和知识以及顾客的感知，寻找企业与顾客感知差距，从而缩小与顾客感知的差距改进物流绩效。

（4）建立与供应商、三方物流提供商的战略伙伴关系，帮助他们改进物流绩效。

（来源：物流知识网）

我国物流业发展的十大趋势和九大矛盾

按：我国物流业发展已经进入一个新的阶段。2013 年，中国物流与采购联合会副会长、中国物流协会副会长贺登才曾多次对我国物流业发展现阶段呈现出的十大趋势、九大矛盾进行了分析与阐述，并针对相关问题提出了八大对策，即扩大物流市场需求，扶持专业物流企业，调整产业结构布局，促进各类资源整合，鼓励经营模式创新，提高物流信息水平，推广先进适用技术，营造体制政策环境。此外，贺登才还建议，物流企业要从四个层面提高发展水平：一体化运作，提供“一站式”服务；网络化经营，扩大规模与实力；信息化整合，实现资源利用最大化；专业化提升，形成核心竞争力。“专业化，将为物流企业拓展更大的成长空间。”他的这些分析、阐述和思考，作为业内的深度思考，具有较大的参考价值。

我国物流业发展的十大趋势

一、总量增速趋稳与结构调整加快的趋势

我国适度调整了经济社会发展的预期目标，GDP 增速：“十一五”年均增长 11.2%；“十二五”预期目标年均增长 7%；2012 年实际增长 7.8%。今后一个时期，我国经济有可能进入“中速增长”阶段。

按可比价格计算的社会物流总额同比增长速度：2010 年 15%，2011 年 12.3%，2012 年 9.8%；按可比价格计算的物流业增加值同比增长速度：2010 年 16%，2011 年 15.7%，2012 年 9.1%。因为物流业属于服务业，是为经济发展服务的，受我国经济发展速度影响明显。因此，物流业总体发展将从规模快速扩张转向质量和效益的提升。

二、产业物流社会化与专业化的趋势

产业物流是物流企业服务对象和收入来源，中国产业物流正在发生深刻变化，影响着中国物流的发展方向。比如制造业物流呈现出整合、分离、一体化趋势，就是企业把自己的职能部门进行整合，逐步地分离出来一些物流公司，如海尔物流、淮矿物流，这些物流公司专门进行供应链一体化运作；商贸业物流出现了提升、改造、个性化的趋势。传统的批发市场都在增加物流功能，新建的商铺已经由两层变成了三层，加了一层仓储设施；农业物流出现了双向、对接、集约化的趋势。

三、物流企业细分化与个性化的趋势

按照经营模式，物流企业可分为以下三类：

（一）通用服务型。靠规模优势和通用设备，为不同类型的客户提供标准化的通用型服务，一般来说通用服务型物流是供大于求的。

（二）专业配套型。靠有特色、难替代的个性化服务，嵌入某一类产业或某一企业的供应链。比如有的物流企业做核废料、核燃料物流，世界上未必有几家这种物流企业。宁夏有一家企业专门做沥青的物流，在淡季的时候，他们帮助客户采购原材料，锁定价格，存入到仓库，旺季将产品输送到工地。专业物流的需求越来越旺盛，而且专业物流还在进一步地细分化。

（三）基础平台型。靠物流园区或配送中心等设施平台，或信息平台为物流企业提供运营条件。

四、物流市场竞争加剧与风险加大的趋势

国外物流企业全面进入中国市场，尤其是快递行业，国际快递方面，据统计，有85%以上是国外企业。我国出现了货物贸易顺差，服务贸易逆差的现象；国内物流业门槛低、经营主体庞杂。从交通运输部得到的数据是，目前，我国在用的载重汽车是1116万辆，而经营主体有722万家，一个经营主体平均经营的车辆还不到1.6辆；各类物流要素全面紧缺、价格上涨：与2000年对比，燃油价格已经上涨了三倍多，劳动力成本这两年都在15%~20%之间上涨，而高额的财务成本更是成为企业的沉重负担，有的企业每年所要支付的利息甚至超过了其利润总额。所以，目前物流企业普遍在低价格、高成本、微利润状态下运行，经营风险加大。

五、经营模式跨界延伸的趋势

物流企业介入代理采购及分销业务当中去；生产企业分离物流公司、分离物流业务；物流公司开始进入到车间、生产线；传统仓库在向物流中心和体验中心转变；批发市场向物流中心、产业链枢纽转型；货运场站、机场、码头向物流中心转换；电子商务企业“往下走”，进入物流、快递领域；物流、快递企业“往上走”，增加电子商务功能。

六、金融和物流深度融合的趋势

表现在：代收货款、代理结算、仓单质押融资监管等金融服务与物流业务相配套；贸易、物流和金融一体化的供应链服务需求增加较快；国内外资金看好我国物流业发展前景；各类金融机构向物流业寻求机会；实力雄厚的物流企业借助资金优势，提高供应链掌控能力。

七、物流园区联网配套的趋势

物流园区的总量在稳步增长，结构在发生一些变化。2012年，中国物流与采购联合会进行了第三次全国物流园区调查，发现全国共有754家物流园区。其中，已经投入运营的有348家，占46%，在建的241家，占32%，正在规划的165家，占22%。结果显示，物流园区运营的比例在提高，规划的物流园区比例在减少，东部物流园区增加速度在放慢，中部和西部物流园区的增加速度在加快；物流园区与商贸市场和工业园区融合配套，产业支撑作用更加明显；“公路港”“无水港”模式得到较快发展；政府重视和推动物流园区发展；国家发改委正在制定《全国物流园区发展规划》；物流园区规划建设进入各地规划。

八、重点领域物流加快发展的趋势

电子商务物流将成为增长最快的领域；农产品物流是最受关注的领域；大宗矿产品、重要工业品物流是比重最高的领域；供应链物流是发展潜力最大的领域；社区物流服务将成为最活跃的领域；国际物流及保税物流是整合提升的领域；冷链物流、应急物流、绿色物流提到议事日程。

九、区域物流集聚与转移的趋势

表现在：产业转移带动“物流带”转移；城镇化加速改变“物流圈”格局；区域经济一体化促进“物流集聚区”形成。

十、物流政策环境逐步改善的趋势

2009年3月，国务院发布《物流业调整和振兴规划》；2011年3月，《“十二五”规划纲要》强调大力发展现代物流业。

2011年8月2日，国务院办公厅发出《关于促进物流业健康发展政策措施的意见（国办发〔2011〕38号）（俗称“国九条”）；2012年8月3日，国务院发出国发〔2012〕39号文；《国务院关于深化流通体制改革加快流通产业发展的意见》（俗称“流通20条”）也给物流业发展以支持。

我们切切实实感受到了政府对物流业发展的重视，已经由前几年我们去找政府，变成了几乎和物流业相关的部门都来上门找我们。

我国物流业发展的九大矛盾

一、社会化需求不足与专业化供给不够的矛盾

制造业“大而全”“小而全”模式，物流业务外包速度慢、层次低，大量的物流需求分散在企业；流通企业也在强化自己的物流能力，社会化程度低。

物流业“小、散、差、弱”，专业服务能力不强，不能够满足供应链“一体化”的物流需求。

如何提高专业物流服务的能力和水平，推进物流需求社会化，值得思考。

二、物流产业“做大”与物流费用“做小”的矛盾

做大社会化的专业物流产业，才能从整体上提高物流运行的效率和效益。总体来看，我国物流产业的规模还不够大。

国际上通常用物流费用与GDP的比率来衡量一个国家物流发展的水平，目前我国的这一指标还高于发达国家一倍左右。

如何通过产业化、社会化方式，做大物流产业，降低全社会物流成本，这是一个很大的矛盾。

三、社会物流费用比率居高不下与企业利润每况愈下的矛盾

我国物流总费用与GDP的比率，多年来徘徊在18%左右，很难下降，物流企业的利润率逐年下降，上升困难，主要原因在于现代物流服务体系不完善，成本高、效率低、损失浪费大。比如汽车的空载，铁路的运能不足，我们用汽车烧着柴油来拉煤炭。在这次中国物流与采购联合会物流业长期规划中，我们定下这样一个主题：建立和完善现代物流服务体系，为全面建设小康社会提供物流保障。

如何完善物流体系，既使物流总费用逐步降下来，又让物流企业形成正常利润机制，值得研究。

四、经营主体庞杂与维护市场秩序的矛盾

比如，我国现有载重运输车辆1116万辆，道路运输经营主体722万家，每一主体平均拥有车辆仅为1.55辆。

市场竞争失范，恶意压价、货物丢失、卷款走人等事件时有发生。

如何整合经营主体，提高市场集中度；同时改善底层业户经营环境，是一个无法回避的矛盾。

五、各地抢先发展与全局综合平衡的矛盾

各地政府重视物流业发展，都想把自己作为区域性、全国性甚至国际性物流中心，但缺乏全局的综合平衡和区域内的协调配合，有可能造成盲目上马、重复建设。

如何既发挥各地积极性，又能够做到合理布局，综合平衡是一个问题。

六、各类基础设施自成体系与整体效率的矛盾

就单个来看，各类物流基础设施发展很快，已有相当规模。但线路与线路、线路与节点，各地方、各部门自成体系，衔接配套性差。

物流用地方面的突出问题。一方面原有物流设施面临拆迁改造，新建设施“用地难、地价贵”；另一方面，出现了盲目投资、重复建设的倾向，也有的借物流园区名义圈占土地，改变用途。

如何发挥存量资源综合效益，节约集约利用土地，亟待探索。

七、引进外商外资与防范产业损害的矛盾

国外物流理念、管理、技术、资金和人才的引进，推动了中国物流业发展，然而国外企业优先发展、优惠发展、过度发展，在某些方面已形成垄断态势。

如何解决我国货物贸易顺差与服务贸易逆差的矛盾值得重视。

八、推行绿色物流与节约成本的矛盾

推行绿色物流，需要投入，投入将增加企业成本，国家应该出台政策予以补贴。

如何形成适当的补偿机制，调动企业绿色物流的积极性，值得思考。

九、现代物流发展模式与现行体制政策的矛盾

一体化运作、网络化经营，是物流企业运作的基本模式，现代物流的运作模式，打破了原有边界，对管理体制和政策提出了新的要求。

现行的体制政策，不适应现代物流发展的需要。主要是没有明确的主管部门，在经济管理部门没有单独户头，现行政策对一体化运作和网络化经营形成障碍。

绿色物流的实施策略

1. 树立绿色物流观念

观念是一种带根本性和普遍意义的世界观，是一定生产力水平、生活水平和思想素质的反映，是人们活动的指南。由于长期的低生产力，人们更多地考虑温饱等低层次问题，往往为眼前利益忽视长远利益，为个体利益忽视社会利益，企业因这种非理性需求展开掠夺式经营，忽视长远利益和生态利益及社会利益，进而导致来自大自然的警告。人们开始意识到：一切经济活动都离不开大自然，取之于大自然，复归于大自然。于是乎，循环经济或绿色经济应运而生，引起人们经济行为的变化，甚至社会经济结构的转变，一系列新的市场制度和经济法规，迫使企业降低环境成本而采用绿色技术，进行绿色生产、绿色营销及绿色物流等经济活动。许多专家认为，21世纪是绿色世纪。据世界经济合作与发展组织统计，2000年世界绿色消费总量已达到3000亿美元，以后还会大幅度增长。循环经济或绿色经济要求物流企业，在经营决策的时时刻刻，综合考虑人们的近期需求和长远利益、企业利益和社会利益、有形利益和无形利益。并以此观念，策划绿色物流活动。因此，企业经营者必须尽快提高认识和转变观念、决不能存在“环保不经济，绿色要花费”的思想，把绿色物流作为世界全方位绿色革命的重要组成部分，确认和面向绿色物流的未来。

2. 推行绿色物流经营

物流企业要从保护环境的角度制定其

绿色经营管理策略，以推动绿色物流进一步发展。

（1）选择绿色运输。通过有效利用车辆，降低车辆运行，提高配送效率。例如，合理规划网点及配送中心、优化配送路线、提高共同配送、提高往返载货率；改变运输方式，由公路运输转向铁路运输或海上运输；使用绿色工具，降低废气排放量，等等。

（2）开展绿色流通加工。由分散加工转向专业集中加工，以规模作业方式提高资源利用率，减少环境污染；集中处理流通加工中产生的边角废料，减少废弃物污染，等等。

（3）提倡绿色包装。包装不仅是商品卫士，而且也是商品进入市场的通行证。绿色包装要醒目环保，还应符合4R要求，即少耗材（Reduction）、可再用（Reuse）、可回收（Reclaim）和可再循环（ Recycle）。

（4）搜集和管理绿色信息。物流不仅是商品空间的转移，也包括相关信息的搜集、整理、储存和利用。绿色物流要求搜集、整理、储存的都是各种绿色信息，并及时运用于物流中，促进物流的进一步绿色化。

3. 制定绿色物流法规

绿色物流是当今经济可持续发展的一个重要组成部分，它对社会经济的不断发展和人类生活质量的不断提高具有重要意义。正因为如此，绿色物流的实施不仅是企业的事情，而且还必须从政府约束的角度，对现有的物流体制强化管理。一些发达国家的政府非常重视制定政策法规，在宏观上对绿色物流进行管理和控制。尤其是要控制物流活动的污染发生源，物流活动的污染发生源主要表现在：运输工具的废气排放污染空气，流通加工的废水排放污染水质，一次性包装的丢弃污染环境，等等。因此，他们制定了诸如污染发生源、限制交通量、控制交通流等的相关政策和法规。国外的环保法规种类很多，有些规定相当具体、严厉，国际标准化组织制定的最新国际环境标志也已经颁布执行。尽管我国自20世纪90年代以来一直致力于环境污染方面的政策和法规的制定和颁布，但针对物流行业的还不是很多。制定和颁布这些环保政策或法规，既可以成为企业的压力，又可以为企业提供发展的机会，物流企业经营者进行分析研究，以便明确方向，克服障碍，推动绿色物流的顺利发展。

4. 开发绿色物流技术

绿色物流的关键所在，不仅依赖绿色物流观念的树立、绿色物流经营的推行，更离不开绿色物流技术的应用和开发。没有先进物流技术的发展，就没有现代物流的立身之地；同样，没有先进绿色物流技术的发展，就没有绿色物流的立身之地。而我们的物流技术与绿色要求有较大的差距，如物流机械化方面、物流自动化方面、物流的信息化及网络化，与西方发达国家的物流技术相比，大概有10年至20年的差距。要大力开发绿色物流技术，否则绿色物流就无从谈起。

5. 加强对绿色物流人才的培养

绿色物流作为新生事物，对营运筹划人员和各专业人员的素质要求较高，因此，要实现绿色物流的目标，培养和造就一批熟悉绿色理论和实务的物流人才是当务之急。各相关大专院校和科研机构应有针对性地开展绿色物流人才的培养和训练计划，努力为绿色物流业输送更多合格人才；还可以通过调动企业、大学以及科研机构相互合作的积极性，促进产学研的结合，使大学与科研机构的研究成果能转化为指导实践的基础，提升企业物流从业人员的理论业务水平。

（来源：物流知识网，2014 年 8 月 1 日）

浦东新区物流业统计范畴研究及发展状况调查（摘要）

物流即指货物的流动，专门为货物流动提供服务的行业就是物流业。传统物流业主要包括货物的运输、装卸、储存等经济活动。随着现代经济科技的发展，传统物流业也不断演化，除通过引入现代科技和管理手段，如利用信息化技术对物流进行科学化管理，以实现加快货物流转速度、减少仓库库存、最终达到降低货物流通成本的目的外，一些新的物流业态也开始出现，如专门为物流服务的咨询业、计算机应用软件业等。由于物流存在于国民经济的各个环节，且仍在不断发展变化之中，到目前为止世界上尚未对物流业统计范畴有统一的界定。为此，我们在借鉴了国内外众多研究成果的基础上，对新区物流业的统计范畴进行了研究。

一、国外主要国家对于物流业内涵界定的研究

美国在这一领域的研究居世界领先地位，1963 年便成立了实物配送协会，1985 年更名为物流管理协会，2005 年为应对日益激烈的全球竞争，美国在物流管理协会的基础上成立了供应链管理协会（简称 CSCMP），强调通过对整个生产过程中的企业供应链进行“物流管理”，达到改善生产流程，减少生产成本的目的。这也就是目前所称的“供应链管理”。其管理的目标是对供应链所涉及组织的集成以及对物流、信息流、资金流的协同调配，以满足用户需求，最终达到提高整个供应链的竞争力。“供应链管理”的范围涉及制定生产计划、原料采购、生产制造、产品交付等各个生产环节。

日本通产省对物流的界定是：把物流视作为循环型经济社会的功能体系之一，在此前提下追求高水平地、综合地完成包装、输送、保管、装卸搬运、流通加工以及相关情报等各项工作，以谋求将供应、生产、销售、回收等各个领域实现一体化、一元化的经营活动。物流业的范围涉及与物流相关的储存保管、流通加工、代理、交通系统等众多行业领域，强调突出“物流系统”的观念，也就是从社会的角度构筑物流环境。

二、国内对于物流业内涵界定的研究

《物流术语》国家标准 GB/T18354-2001 对“物流”的定义明确为：“物品从供应地向接受地的实体流动过程。根据实际需要，将运输、储存、装卸、搬运、包装、流通加工、配送、信息处理等基本功能实施有机结合。”由于我国物流业发展尚处起步阶段，各项理论研究的基础仍相对薄弱，导致对物流领域的内涵界定尚存在不同争议。中国物流采购联合会是经国务院批准设立的中国第一家物流与采购行业社团组织。2006 年 4 月，中国物流

采购联合会与国家发改委联合发布实施《社会物流统计核算和报表制度》，作为国内较为权威的一套物流统计制度，其对物流业的认识是：物流是为物品及其信息流动提供相关服务的过程，物流业是物流活动的承担者，包括运输、装卸搬运、仓储、流通加工、包装、配送、信息等物流活动和物流服务内容。涵盖交通业、运输业、仓储业、邮政业、商品流通业、商务服务业等多个国民经济行业部门。但在实际执行过程中，这套制度的基层调查表是以重点调查方式进行的，且作为年报制度只运行了一次，其统计范围、统计采集方式及数据代表性还有待进一步研究验证。

天津市研究认为：物流是物品从供应地向接受地的实体流动过程。根据需要将运输、储运、搬运、包装、流通加工、配送、信息处理等基本功能实施有机结合，国民经济各个领域的物流经济实体从横向构成了物流产业。

上海市研究认为：物流产业是指利用信息和网络技术，运用现代化组织和管理方式，对运输、仓储、装卸、分类、包装、流通加工、配送等物流环节进行一体化经营，组织产品从生产地到消费地之间，为整个供应链提供服务的新兴服务产业。物流既存在于流通领域，也存在于生产领域。从事物流的企业既包括传统的运输和储运等流通企业，更包括新型的专业化物流企业，大致可分为六种类型：一是传统运输、仓储、货代等经改造的物流企业；二是部分企业集团为满足企业自身生产业务需要而组建的专门物流企业；三是由企业自产产品的分销、配送需要而发展起来的物流企业；四是为各类连锁超市、便利店等提供配送服务的物流企业；五是近年来新组建的专门提供物流服务的第三方物流企业；六是外资货运公司等物流企业。根据国家行业标准分类，其范畴包括：铁路货物运输、公路货物运输、水上货物运输、航空货物运输、港口装卸及其他货物运输业、仓储业、批发贸易业、连锁快餐配送业物流、广告业、物流计算机应用服务业等 10 类核心行业，同时还包括与物流相关的建筑业、仓储租赁业、物流电信业、交通运输设备修理业、与物流相关的金融保险业、与物流相关的会展及其他（包括物流教育培训、与物流相关的国家机关、与物流相关的社会团体）若干类相关行业。

国内学术界对物流业范围的界定也存在不同观点。狭义论者认为单纯的运输、仓储和货代等企业不是物流企业，因为物流的运作是管理服务。只有那些能够为客户提供一体化物流服务的 3PL（第三方物流）企业才能算物流企业。广义论者认为传统的运输、仓储和货代等企业都应算作物流企业。标准论者认为《物流术语》国家标准对物流企业的定义是：从事物流活动的经济组织。不可确定论者认为物流不能算作一个独立的产业，运输、仓储、货代、船舶等早就作为独立的产业或行业而存在。如果物流是一个独立的产业，它的边界在哪里？它的投入和产出是什么？还有的认为物流业属于更大的商贸流通业的范畴，等等。

三、国内外研究的区别及经验借鉴

1. 国内外的研究角度存在区别。美国等西方发达国家一方面由于管理体制不同，另一方面这些国家经济高度发达，企业乃至整个社会的生产效率相对较高，因此他们对物流业的研究主要从加强企业内部管理的角度出发，通过对物流的科学管理，达到提高企业竞争力和扩大企业经济效益的目的。研究主体一般以行业协会或大型企业等为主。基于我国在该领域研究起步相对较晚，起点相对较低的现实状况，在物流业发展过程中，各级政府很大程度上都起到了主导和推动的作用。因此，国内物流业的研究角度相对西方发达国家而言比较宏观，一般从政府管理或宏观经济的角度出发，研究的主体以各级政府或大专院校为主。

2．国内外的研究基础存在差距。国外从20世纪初至今近一个世纪的时间内，对物流业的研究伴随经济的发展已大致经历了三个阶段。第一阶段从20世纪初到20世纪50年代，是物流概念孕育和提出阶段。第二阶段从20世纪50年代到80年代，该阶段物流业研究开始从美国走向世界，并在全球范围内形成了物流管理学的理论体系。第三阶段从20世纪80年代至今，物流业的研究领域得到极大扩展，已经涉及到包括企业资源供应、生产、分销及废弃物再生等生产制造的全领域，物流外包、第三方物流等的产生进一步导致物流专业化、技术化和集成化。在国外整个物流业发展过程中产生了一些重要的理论，诸如“黑大陆”说、“物流冰山”说、“第三利润源”说、供应链理论、服务中心说等都对物流业研究的发展起到了极大的推动作用。我国物流业研究尽管起步较晚，但随着改革开放后经济的迅速发展，近年来在理论研究和产业发展等领域都取得了较快进步，一些新兴物流业务也在国内得到迅速开展。然而总体而言，国内物流业研究的基础仍相对薄弱，对物流业内涵界定的研究滞后于经济社会的发展需要。

3．国内外的统计方法存在不同。国外对物流业研究的主要目的是为了衡量企业的物流成本支出，用以指导企业改进管理降低成本。目前，主要跨国公司都把物流成本占生产经营成本的比重作为统计的核心指标，把开展物流统计视作加强企业或行业内部管理的一种手段。国内物流业统计的主要目的是为了衡量产业发展水平，主要围绕规模、速度、比重等指标进行统计，一般都以政府统计部门统计为主导。

4．国内外研究成果的借鉴。虽然国内外对物流业的最终研究结果存在部分差异，但通过比较可看出国内外对物流业内涵的认识都有一些共同的理念，即为适应经济发展的需要，利用一切现代化手段实现货物从生产到最终抵达消费者手中的流通过程就是物流。而专门从事物流服务的产业即物流业。

我们在比较了国内外众多研究成果后发现，无论对物流业采取何种界定，虽然所有的经济活动都与物流业密切相关，但国内外的研究都不是简单的把一切相关经济活动都视作为物流业或由物流业带动的产业，而是根据物流业作为一个相对独立的产业所具备的一些共同的本质特征，并结合各地区经济发展的不同特点进行研究和分析。

四、新区物流业内涵的界定

在本报告中，从相对合理和可操作的角度出发，我们对物流业的界定采取了以下原则：①必须具备该产业的本质特征，即专门从事直接为货物的流动提供服务的企业，如专门从事货物的运输、储存、分拨等业务的企业，而把那些只有部分经济活动或仅是间接对货物的流动起服务作用的企业排除在外。如有些地区把涉及为物流企业服务的金融、软件业等作为物流业的一个行业。我们认为这些企业不是专门从事提供货物流动服务的行业，只是某些业务偶然涉及为物流企业服务而已，他们的核心业务是金融和软件业，除非这些企业专门从事有关物流的金融或软件服务。再如对从事物流工具生产制造的行业，如汽车、轮船、飞机制造等，由于此时物的流动尚未开始，且物流业的本质是服务业，因此也不计算在物流业的范畴之内。②产业界定分类必须以《国民经济行业分类》为基本依据，以保证统计的可操作性。对于个别行业中仅有部分企业的经济活动属于物流业的，则应以企业为最小统计单位进行确定后方可计入物流业。如软件业、房地产业和其他专业咨询业等行业中专门从事物流服务的企业。③产业范畴界定应体现新区的产业导向和地区产业特征，既然物流业没有统一的界定，具统计数据无法进行横向的比较，主要是为特定区域的物流产业发展服务，那么该产业的界定在符合物流业核心特征的基础上，应着重体现区域产业发展方向。如近年来迅速发展的第三方物流、第四方物流等业态应在界定中得到体现。

五、新区物流业的统计范畴

根据上述原则，结合上海市统计局关于物流业统计的研究成果，按照国民经济行业分类（GB/T4754-2002），本报告对物流业的统计范畴确定如下：

1. 交通运输、仓储和邮政业。国民经济行业分类中的该行业大类中，除了涉及将“人”作为运输对象的行业外，全部归入物流业范围。包括：铁路运输业（51）、道路运输业（52）、水上运输业（54）、航空运输业（55）、管道运输业（56）、装卸搬运和其他运输服务业（57）、仓储业（58）、邮政业（59）。

2. 商品流通业。将国民经济行业分类中的“批发和零售业”中的批发业*(63)全部归入物流业；零售业（65）中只统计邮购及电子销售业（6592）。

3. 其他物流服务业。我们将国民经济行业分类中的其他各类服务业中专门从事物流服务的企业统归为该类，并在小类中统称为物流 XX 业。根据当前新区的实际情况，目前仅涉及物流房地产、物流专业咨询和物流软件业。其中，物流房地产业仅统计与物流直接相关的房地产开发和管理，如物流仓库的建设、租赁和运营等；物流软件业仅对专门从事物流软件进行开发服务的企业进行统计；物流专业咨询业仅对涉及第四方物流，或提供物流咨询的企业进行统计。今后根据浦东物流业的发展，如果其他行业中出现新的专门从事物流服务的企业，我们也将统计进来，并根据其行业分类冠以物流 XX 业的名称，如出现专门的物流金融企业，即以物流金融业的名义将其纳入物流业统计范畴。这是一个具有开放性的行业分类。

需要说明的是，目前物流业的研究中经常提到的第三方物流、第四方物流、分拨、配送、代理等行业主要是指企业的经营生产方式，与国民经济行业分类是不同的两个概念。如从事第三方物流的企业按国民经济行业分类应根据其主要业务分别归于交通运输、仓储和邮政业中；从事分拨、配送的企业归于批发业；从事第四方物流的企业归于其他专业咨询业，（详见表 10.1-1 所示）。

表 10.1-1 浦东新区物流行业构成

代码				类别名称	说明
门类	大类	中类	小类		
				交通运输、仓储和邮政业	
	51	512	5120	铁路货物运输	
		513	5132	货运火车站	
			5139	其他铁路运输辅助活动	
	52	522	5220	道路货物运输	指所有道路的货物运输活动
		544		道路运输辅助活动	指与道路运输相关的运输辅助活动
		523	5232	公路管理与养护	
			5239	其他道路运输辅助活动	
	54	542		水上货物运输	
			5521	远洋货物运输	
			5522	沿海货物运输	
			5523	内河货物运输	指江、河、湖泊、水库的水上货物运输活动
		543	5432	水上运输辅助活动	货物港口
			5439	其他水上运输辅助活动	
	55	551	5512	航空货物运输	
		552	5520	通用航空服务	
		553		航空运输辅助活动	
	56	560	5600	管道运输业	
	57			装卸搬运和其他运输服务业	包括货运代理服务
	58			仓储业	包括部分第三方物流服务
	59			邮政业	包括邮政速递服务
				商品流通业	
	63			批发业（限额以上）	包括批发及对商品进行分类、包装、配送等经济活动行为的分拨服务等
	65	659	6592	邮购及电子销售	包括邮购、电话、电视销售、互联网销售
				其他物流服务业	
	72			物流房地产业 *	与物流直接相关的房地产开发和管理，如物流仓库的建设、租赁和运营等
	62			物流软件业	物流软件的开发服务
	74	743	7439	物流咨询业	包括第四方物流服务

注：“*”是指该行业统计需以企业为单位，经确认专门从事物流业务的方可计入物流业。

六、本研究成果的应用

由于没有统一的物流业统计范畴，各地对物流业的界定是不同的，因此依据本研究所获得的物流业数据不能进行简单的横向比较，对其中的某些行业可以在确定对方口径的前提下进行比较分析。在此之前，新区也曾在一定场合使用过有关物流业的数据，这是根据原上海市计委的统计口径，将交通运输业和批发零售业的数据简单相加，以满足临时了解物流业发展大概状况的需要，与本次研究的物流业口径是不同的，因此也不能作纵向比较。为掌握新区物流业的发展状况和发展趋势，新区统计局决定从本报告发布之日起，今后将统一使用本报告所确定的统计口径。如国家和上海市颁布统一的物流业统计口径，本研究确定的统计口径自然终止；如根据物流业发展的需要确需调整统计口径的，我局将及时作出说明，并同口径调整已有数据，以进行纵向的比较分析。（略）

编者注：此研究报告是2009年所作的，本年鉴作了部分删节。

（来源：上海市统计局网站）

上海物流业运行监测与统计核算的指标体系研究（摘要）

复旦大学上海物流研究院 上海市发展改革委

2. 国内外研究与实践

2.1 国外研究与实践

1. 世界银行物流绩效指数（LPI）

世界银行在2007年首次开发了物流绩效指数(LPI)。LPI设计了7个关键维度，分别为：国际运输成本、国内运输成本、发货及时性、货物可追溯性、IT基础设施、海关和其它边界程序、物流能力。

LPI包括国际物流绩效指数（International LPI）和国内物流绩效指数（Domestic LPI）两方面，各有不同的统计调查对象及内容。国际物流绩效指数的调查对象为跨国公司，这些跨国公司可以直接观察到各个国家的物流绩效表现，统计包括海关、基础设施、国际运输、物流能力、货运追踪和及时性这六个方面的维度。国内物流绩效指数的调查对象为各国当地的公司，统计包括物流服务收费水平、基础建设质量、物流服务的能力与品质、核心物流流程的效率、重大延误的来源以及物流环境的变化这六个方面的维度。

世界银行每年会同国际运输代理协会等机构对全球150个国家和地区的物流业进行分析评估，并根据货物清关速度、运费、基础设施质量、货物准时达到率、国内物流业竞争情况等指标进行全球物流业竞争力排名。近期题为《连通市场，参与竞争：全球经济下的贸易物流》的研究报告表明：从国际贸易角度，物流和供应链的可预见性和可靠性将变得比成本还重要，提高连通公司、供货商和消费者的能力（及贸易物流能力）对各国物流业发展非常重要。

2. 美国物流业统计核算

在物流统计方面，美国在40多年前就开始了物流成本的测算，并形成了以物流成本为核心概念的统计制度，主要的物流统计工作由1992年成立的运输统计局（BTS）负责。另外，美国率先将第三方物流作为独立的产业进行了相关统计。2005年，美国联邦运输部推出了“运输服务指数（TSI）”新指标，以计量经济发展形势，即以陆运、水运、空运货物和乘客运输量来计量经济发展态势。

美国的物流统计核算方法已较为成

熟，以物流费用为例，由三部分组成，而且每个部分各自有其测算的办法。历年来，美国权威物流成本核算机构在计算物流费用时采用下述公式：物流总费用 = 运输费用 + 存货持有费用 + 物流管理费用。

第一部分是运输费用。运输费用包括公路运输、其他运输方式与货主费用。公路运输包括城市内运送费用与区域间卡车运输费用。其它运输方式包括：铁路运输费用、国际国内空运费用、货代费用、油气管道运输费用。货主方面的费用包括运输部门运作及装卸费用。

第二部分是存货持有费用。它是指花费在保存货物上的费用，除了仓储、残损、人力费用及保险和税收费用外，还包括库存持有资金的利息。其中利息是当年美国商业利率乘以全国商业库存总金额得到的。

第三部分是物流管理费用。它是按照美国的历史情况由专家确定一个固定比例，乘以库存费用和运输费用的总和得出的。分别包括订单处理及 IT 成本、市场预测、计划制定及相关财务人员发生的管理费用。美国的物流管理费用在物流总费用中比例在 4% 左右。

3. 日本物流业统计核算

日本对物流成本核算方法体系的研究较早。与美国和欧洲各国不同，日本政府委托专业的社团法人 ---- 日本物流系统协会，来负责物流统计信息的收集并制定物流政策和法令。

日本的物流统计核算也较为成熟，但与美国具有差异。以物流费用计算为例，其主要从行业物流、国际物流以及物流费用（成本）三个层面进行统计，其中，宏观物流成本统计指标包括运输、保管和管理三个方面。

运输费分为营业运输费和企业内部运输费，前者又包括卡车货运费、铁路货运费、内海航运货运费、国内航空货运费及货运站收入等项开支，各项累计之和为运输费总额。

保管费是将经济企划厅编制的《国民经济计算年报》中的国民资产、负债余额中原材料库存余额、产品库存余额及流通库存余额的合计数，乘上日本资材管理学会调查所得的库存费用比例而得，用公式表示为：

保管费 =（原材料库存余额＋产品库存余额＋流通库存余额）× 原价率 × 库存费用比例。

其中：库存费用比例＝利率除外的库存费用比例＋利率。

物流管理费无法用总体估计的方法求得，所以依据《国民经济计划年报》中的《国内各项经济活动生产要素所得分类统计》，将制造业和批发、零售业的产出总额，乘上日本物流协会（JILS）根据行业分类调查出来的各行业。

2.2 国内研究与实践

1. 国家发改委与物流采购联合会《社会物流统计核算与报表制度》

2002 年以来，国家发展改革委、国家统计局、中国物流与采购联合会，根据我国现代物流业迅速发展的需要，在研究借鉴国外经验的基础上，开展了我国物流统计指标体系与方法制度的调查研究，并一直致力于物流统计工作的组织和推动。2004 年社会物流统计核算与报表制度试行，2006 年社会物流统计核算与报表制度正式建立，该制度为国家统计核算与调查制度，填补了国民经济统计的一项空白。

从2010版的《社会物流统计核算与报表制度》可以看出，该制度确定了社会物流总额、社会物流总费用、物流业增加值、物流业固定资产投资、物流设施等指标，基本形成了一套相互关联、相对严谨科学的物流统计指标体系，可以比较及时、客观、全面地反映我国物流运行的整体情况、发展水平以及对国民经济贡献的程度，基本可以满足政府部门进行决策、规划的需要。可以为国内各地区之间和国与国之间物流情况对比提供依据。

该制度由国家发改委和中国物流与采购联合会组织实施，汇总全国年度统计资料须经国家统计局审核评估，有关信息的对外发布由国家发改委、国家统计局和中国物流与采购联合会三家联合发布，各调查单位主要通过中国物流信息中心网http://www.clic.org.cn“统计直报”模块中“全国社会物流统计直报系统”报送相关数据。

2. 国家标准《社会物流统计指标体系》

《社会物流统计指标体系》（GB/T 24361-2009）2009年9月由中华人民共和国质量监督检验检疫总局与中国国家标准化管理委员会联合发布，该标准是在《社会物流统计核算与报表制度》（国家发展改革委发改运行[2006]625号文件）基础上研制，该标准明确了社会物流统计指标体系，由社会物流宏观统计指标体系与企业统计指标体系两部分构成，并且确定了社会物流统计指标的基本概念及计算方法。该国家标准对于进一步规范物流统计工作，提高统计工作的质量和水平，更好地适应我国现代物流业发展的需要，起到了积极的推动作用。

3. 兄弟省市物流统计核算与报表制度

国内越来越多的省市正逐步完善物流统计核算工作，包括深圳市、天津市、福建省、江苏省等。以江苏省为例，其物流统计核算与报表制度较早于2006年发布，由江苏省经济和信息化委员会、江苏省统计局和江苏省现代物流协会组织实施，协会承担具体工作，各调查单位主要通过采用“江苏省物流统计网上直报系统”（网址：http://www.js56.org）填报。

江苏省物流统计报表制度总体沿袭国家发改委社会物流统计核算与报表制度，但是结合江苏省实际情况进行了适当的修订与创新，物流调查表设计方面增加了反应江苏现代物流内容，如物流企业类型、物流信息系统及技术应用情况等。

2.3 上海物流统计核算

一方面由于现代物流业的复杂性，另一方面更为主要的是上海物流统计核算指标体系和相关制度的缺失，造成数据的不完整和非连续性。

在长期的实践中，上海市发改委一直在努力进行物流统计核算与运行监测体系的建立，特别是如何在遵循国际惯例和国家标准的基础上建立体现上海特点的完整的物流统计核算体系，一直以来是个难点问题。

“十二五”期间，上海将加快“四个中心”的建设，随着各项政策的创新与落实，特别是中国（上海）自由贸易试验区国家战略的实施，为政府探索顶层制定设计促进产业健康发展提供了难得的历史机遇。可以预见，物流业必将是上海未来经济发展的重要引擎和支撑，而系统、科学、创新的物流统计核算体系则是政府对物流业实现运行监测和政策制定的主要工具，此时进行设计并实施无疑是抓住了这样的历史机遇，是上海“创新驱动，转型发展”的具体化和深入化。

3 上海物流统计核算与运行监测指标体系设计

3.1 设计原则

明确与合理性原则

明确性是指所选指标具有确切的内涵和外延，来源清晰或加工计算方法适当；合理性原则是指指标体系设计时严格遵循与现有物流领域国家标准及协会标准保持一致，是现有国家或行业指标体系结合上海物流发展现状与未来的进一步细化或适当创新。

前瞻与可操作原则

前瞻性是指指标在充分借鉴国内外物流统计实践的基础上，结合上海物流未来发展特点来进行设计，确保相关指标在“十二五”期间以至未来仍可全面准确描述上海物流产业发展特征；可操作性是指指标涉及统计核算所需数据可以通过较为经济的方式有效获得，实际运作切实可行且便于操作。

精炼与指导性原则

精炼性是指指标选取具有代表性，数量从少，能切实反应上海物流产业发展运行态势、上海物流发展特点及其与经济发展关系即可；指导性原则是指基于指标体系获得的物流统计核算与运行监测报告对政府和企业相关决策具有指导意义。

3.2 上海物流发展结构

《上海市现代物流业发展“十二五”规划》按照有利于体现工作的延续和衔接、有利于丰富城市物流功能、有利于提升物流业发展能级的原则，确立了发展口岸物流、制造业物流、城市配送物流以及电子商务物流四个重点领域。

物流公共基础设施建设方面，“十二五”时期，围绕“四个中心”功能建设和产业结构调整需要，根据上海物流发展目标和重点发展领域，规划部署了五大重点物流园区、四个重点制造业专业物流基地和一个城市特色物流配送带，其中，随着中国（上海）自由贸易试验区国家战略的落地实施，深水港物流园区、外高桥物流园区以及浦东空间物流园区的战略地位将进一步凸显。

从发展的主要任务看，为进一步培育上海物流市场主体，以民生需要和经济发展为导向，依托上海先进制造业和现代服务业，鼓励一批为石化、汽车、医药、电子、食品行业提供专业服务的物流企业发展壮大，将形成商贸物流、医药物流、冷链物流、农产品物流、危化品物流等一批专业物流。

3.3 上海物流统计核算与运行监测指标体系

上海物流“十二五”发展目标是以高端物流服务为核心，加快物流业向“高效率、高增值、低消耗”转变，到2015年，使物流业成为上海推进“四个率先”、建设“四个中心”和自由贸易区的重要产业载体，使上海成为全国现代物流业发展的引领示范高地，形成与国际经济、金融、贸易、航运中心核心功能相匹配，初步形成具有全球资源配置功能的国际物流枢纽城市和全球供应链管理中心之一。

基于上述目标，在充分借鉴国内外物流统计核算研究成果与实践的基础上，项目组提出了 “1+3”复合型指标体系，总体框架如下图3-1所示，其中：

“1”是指上海物流业综合指标，主要包括物流业规模指标、物流业结构指标和物流业能力指标；

“3”是指物流业重点领域指标、物流基础设施指标与专业物流发展指标，每个领域同样以规模、结构和能力构建相应指标。重点物流领域指标包括口岸物流指标、制造业物流指标、城市配送物流指标和电子商务物流指标；物流基础设施指标主要包括物流园区发展指标与交通仓储设施指标；专业物流发展指标主要包括商贸物流、医药物流、冷链物流、农产品物流、危化品物流等指标。

各个指标的含义、意义以及设计来源详见附件1《上海物流业指标体系》（略）。

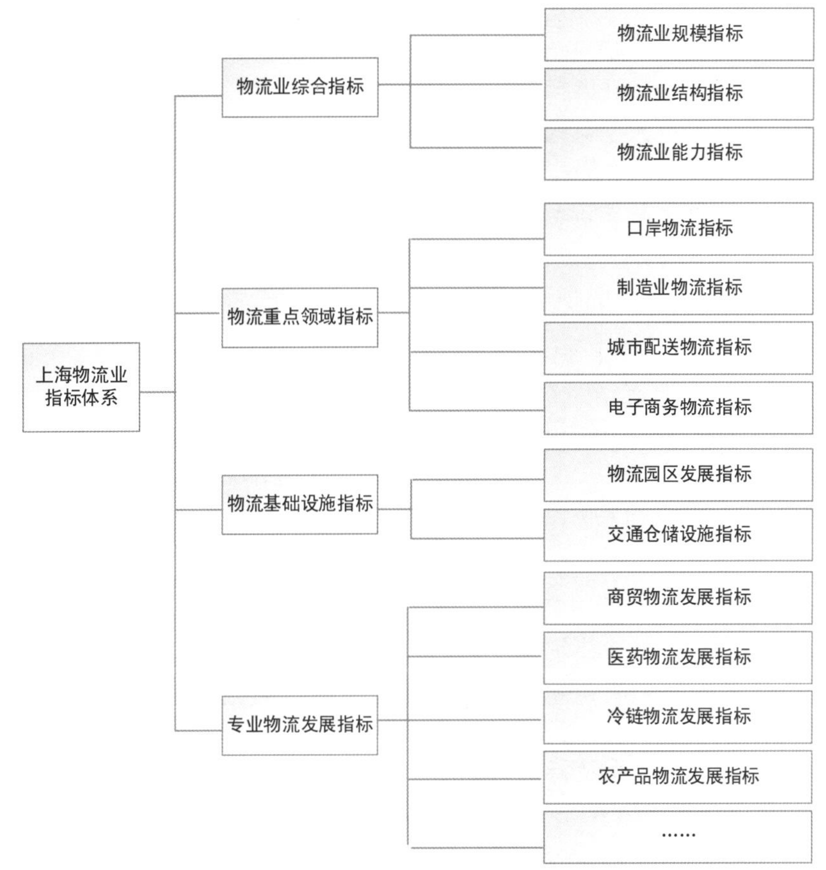

图 10.1-1 上海物流业指标体系结构

集装箱码头间合作性竞争策略及发展思考

随着国际集装箱运输的迅猛发展，在同一港口内，往往形成多个集装箱码头共同发展的状况，他们以共同业务、共同利益而联系，以各自的利益而竞争，从而结合成为一个集装箱码头群。这种现象在目前国内外港口中普遍存在，而且集装箱码头群的发展趋势也已成为主流，而且规模也越来越大。因此，研究集装箱码头间的关系，合理、有效的解决集装箱码头间的竞争问题，是目前港口面临的一项重要的课题，具有重要的现实意义。

1. 国内外主要港口集装箱码头群现状

香港葵涌港—由九个集装箱码头组成分别由亚洲货柜、环球货柜、现代货柜以及国际货柜四家码头公司经营，2003 年集装箱吞吐量突破 2000 万 TEU。

新加坡港—由四个大型集装箱码头组成，同属于新加坡港务集团旗下的 PS 公司经营，2003 年的集装箱吞吐量达到 1800 万 TEU。

上海港—集装箱码头数量多，分布也比较广，包括在建的集装箱码头，总的数量已经超过 10 个，组成规模庞大的集装箱码头群，其码头的产权人有上市公司，有与码头公司合营，也有与船公司合营，2003 年集装箱吞吐量达到 1100TEU 以上，位于世界第三。

深圳港—集装箱码头群由盐田、蛇口、赤湾三部分组成，基本上以合营为主，2003 年的集装箱吞吐量突破 1000 万 TEU，跃至世界第四。

2. 集装箱码头群的成因及特点

由以上世界上最主要集装箱港口的现状我们可以看到，集装箱码头群的存在和发展已经成为一种趋势，分析成因主要有四点，一是推动城市乃至地区经济的发展。集装箱运输正向综合物流服务过渡，港口也正随之向综合物流中心转化。根据“马太效应”，集装箱码头的规模越大，就能吸引越多的船舶挂靠，产生较高的吞吐量，则城市可以此为依托，并在此基础上建立起外向型加工中心。集装箱班轮挂靠港周围的城镇也可逐渐向经济中心发展，成为城市经济的重要增长点。二是提高城市的声誉和知名度，声誉是城市竞争力的重要组成部分，也是城市吸引外资的重要因素。三是为了适应集装箱运输的快速发展，集装箱船舶的大型化和适箱货的大幅增加促进集装箱码头的建设和发展。四是形成规模经济、获取超额利润。集装箱港口由于竞争加剧不得不扩大规模，以吸引更多的船舶停靠，从而获得规模经济效益。

分析目前国内外集装箱码头群的现状，具有以下四个特点：

2.1 集装箱码头大型化，大型和超大型集装箱船舶在主要干线上被广泛地采用，这些船舶的吃水深度至少在 12 ～ 15 米之间，长度在 300 米以上。船舶大型化对码头水深、码头长度和基础设施有很高的要求，因此，大型集装箱码头也应运而生，并逐步成为港口生产的主要力量。集装箱码头的大型化促使码头的机械设备也日趋大型化，堆场面积不断扩大。同时，港口内已有的中小型集装箱码头的作用、功能也逐步发生了转变。

2.2 港口间竞争激烈化，集装箱码头群形成的一个重要因素就是争夺集装箱枢纽港地位，应用规模效应来吸引集装箱班轮的挂靠，争取更多的箱量，或者促进国际中转港的形成。因此，集装箱码头群的规模就成为港口间竞争的重要砝码。

2.3 经营模式多样化集装箱码头的投资巨大，投资的沉淀期较长，当地政府、港口管理部门为了减少投资风险，采取多种经营模式，有的是本地企业独资、有的是多家企业合资、有的是与跨国投资经营人合资、有的是与班轮公司合资。从而在集装箱码头群内可能形成多种经营模式共存，彼此拥有相同的腹地，争夺同一个市场，港口内就可能出现激烈的竞争局面。

2.4 管理现代化在当今社会进入综合物流的时代，集装箱码头管理的标准化、实时化、网络化已成为一种必然的趋势。集装箱码头实时管理系统的广泛应用以及电子数据交换系统（EDI）、国际互联网等的普及应用，不仅大大提高了生产、服务效率，而且也为港口内集装箱码头的新型的合作竞争模式提供了技术上的保证。

3. 合作性竞争理论

竞争和合作是一个永恒的主题。竞争与合作通常被看成两个不相容的行为，但进入上世纪 90 年代以后敏捷制造、战略联盟、虚拟企业、供应链管理和电子商务等新的企业组织和管理形式如雨后春笋般涌现了出来。有效地管理企业运作是今天竞争市场环境下极具挑战性的领域，尤其是在以信息技术为支撑的现代商业社会，人们逐渐摒弃单纯竞争的企业运作观念，通过企业间有意识的相互合作，实现从“竞争第一”的传统观念转向“合作性”的思维方式的转变，从注重物质等“硬”性资源的竞争转向注重人才、技术、网络、组织等“软”性资源的竞争，从“你死我活”的旧局面转向为“双赢”的新局面。竞争之中有合作，合作之中蕴涵着竞争。国外学者把这种基于“双赢”(win-win) 基础上的经营模式称为“合作性竞争”(co-opetition)，它已经成为新经济时代竞争的新形态，同时也给企业管理者提出了新的挑战。

合作性竞争理论主要包括以下内容：

1）成本理论——企业在市场营运过程中，对其经营伙伴或同类企业究竟是采取合作方式还是竞争方式，应考虑的重要因素之一便是其在各种形式下所支付的成本差异，如果采取合理的合作方式，就会使竞争双方都降低成本，提高营运效率。

2）互补性理论——企业可借助合作伙伴力量在不进行大量投入的情况下，盘活存量资产，发挥最大功能促使企业间资金技术设备成本等要素合理运作，避免重复建设，实现资源的有效整合，产生强大的资源优势和协作合力。

3）组织效率理论——企业间的合作与竞争总是在一定的组织层面上运作与完成的，或者说总是需要通过一个组织作为媒介来协调企业间的合作竞争关系。

4）生态经济体系理论——即使是同一产业、同一行业中的竞争对手，在合作基础上的竞争也较一味自立山头、创立独家名牌、消灭竞争对手、占据垄断地位、套住现有顾客等传统竞争效果更为理想，存续更为持久，发展更为容易。

合作性竞争与传统的竞争与合作相比较具有明显的优势，一方面，它是建立在信息技术的基础上，合作具有实时、透明等特点，有利于资源（信息、技术、环境等）利用的最大化，有利于形成合力，形成规模；另一方面，在合作方建立起良性的竞争秩序，有利于打破垄断，提高服务质量；此外，合作性竞争对企业的可持续发展将产生具有深远的影响。

合作性竞争采取了战略联盟和虚拟企业的形式，体现了信息时代合作与竞争的统一。

企业战略联盟不是企业之间的收购或兼并，相互无权控制对方，在联盟后各自仍保持产权独立，它仅在知识或技术领域通过网络进行合作，把分布在不同企业的优势资源集中起来，形成一条价值链，总体竞争力提高，利益共享。

虚拟企业通过把动态灵活的虚拟组织结构或动态联盟、先进的柔性生产技术和高素质的人员进行全方位集成，从而使企业从容应付快速变化、不可预测的市场环境。一般说来，合作方的企业控制核心部分，把附加值低、劳动密集型的部分外包给专业公司，把产业链中的某些部分虚拟化。

4. 集装箱码头间的合作性竞争策略

集装箱码头群的存在和快速发展展示了巨大的优势，一方面规模效应得到充分的体现，吸引船公司，增加港口的辐射能力，有利于提高整个港口的竞争力；另一方面，在港口内形成竞争，打破垄断，并且相互促进，有利于提高整体的服务质量，有利于提高整体的管理水平，有利于港口的健康、持续发展。

但是，由于一个经济区域在一定的时期内，集装箱的生成量是有限的，每个集装箱码头为了自身的利益，都想争取更大的份额，进而引起无序竞争。主要表现为：

4.1 盲目发展，相互攀比，形成码头形式相似，功能雷同，缺乏互补性；

4.2 由于码头之间的距离比较近，有着相同的箱源、腹地及客户，因此采用竞相压价的方法，以降低费率来吸引箱源，有的甚至以减免规费或以回扣的形式争夺箱源；

4.3 设立码头壁垒，如有长期合作的船公司要到其他码头开辟新的航线，则采取不妥当方式施加影响或进行阻拦；

4.4 集装箱专业人才的争夺也日趋激烈，可能形成人员上的恶性竞争，也增加了企业的成本。

因此，合作性竞争是集装箱码头之间关系发展的一个必然策略。通过有效形式的合作，逐步消除无序竞争，加强码头间的协同发展，才能发挥出整体竞争力，使各码头资源得到有效的利用，同时，通过一定的竞争，改善服务质量，大力发展港口物流增值服务，从而进一步增强了港口的实力。集装箱码头间的合作性竞争策略主要表现在以下几个方面：

4.5 建立适合港口发展的合作性竞争组织模式。港口的集装箱码头之间应采取什么组织模式，需要根据实际的情况来实施。一般说来，集装箱码头群的经营人比较单一时，采用虚拟企业模式更有利，通过现代信息技术，在港口内部合理分工，发挥各个码头的特色和专长，并把部分各码头共同需求的转包给专业公司，实现港口资源的优化配置和整合；集装箱码头具有较多的经营人及不同的管理模式时，应考虑建立码头间的战略联盟，在信息或技术领域相互合作，把分布在不同码头的优势资源集中起来，提高总体对外的竞争实力，实现利益共享。

4.6 建立价格联盟。集装箱码头在一定的组织模式基础上，必须成立装卸费率协调委员会，共同商定装卸费率协调办法。组成松散组织，行业立约，舆论制约，形成价格管理上自我约束和相互监督机制。

4.7 实现码头间资源的共享和广泛的交流。资源的共享包括信息的共享，口岸环境的共享等等，甚至还可以是专业技术人员、装卸工人的共享；交流包括工程技术上的交流，集装箱管理上的业务交流，装卸工艺上的交流等等，通过一定形式的共享和交流，促进整个集装箱码头群共同的提高和进步，可以少走弯路，少做重复劳动，节约了码头的运营成本，实现整个码头群的共赢。

4.8 强化宏观控制，形成一个结构合理的集装箱港口系统。各集装箱码头应根据自己码头的实际情况，找准自身的定位，合理分工，错位发展，形成功能上互补，运作上高效的集装箱码头群，把更多的精力放在规模优势的提升，腹地的拓展以及吸引更多的货源上。

4.9 集装箱码头间有序的竞争。合作并不代表竞争的不存在，而是要消除码头间的无序竞争，形成良性的有序竞争；同时，通过合作，把码头公司相互之间的影响缩小，各码头公司也有更多的精力放在内部的管理，服务的改善以及增值业务的开拓上，码头之间的竞争也就是比管理、比服务、比开拓，实现竞争中的共赢。

竞争一——服务，码头公司比的是服务质量上的完善，通过给客户的提供个性化服务，适应不同顾客的要求，考虑到顾客方方面面的要求，增加客户的满意度，才能提高码头的吸引能力，同时通过服务上的竞争，也使集装箱港口群的服务质量总体提升，增强港口的知名度和竞争力；

竞争二——效率，通过强化内部管理，提升船舶作业效率，缩短船舶装卸作业总时间，从而缩短船舶在港时间，保证集装箱班轮的及时离泊，从而提高了泊位的利用率，同时也节约了船公司营运成本；

竞争三——物流增值服务，集装箱码头作为物流链中的一个重要的枢纽和结点，应进一步拓展码头的物流增值服务功能，开展“一体化”的物流服务：开展如腹地运输、拆装箱、报关、报验、包装、质量控制、库存管理和订货处理等增值服务；提供金融、保险等方面的服务；提供货物在港口、海运及其他运输过程中的最佳物流解决方案。

5. 宁波港集装箱码头间的合作性竞争发展思考

宁波港作为我国著名的深水良港，以其得天独厚的自然条件成为集装箱码头的发展的重中之重，并逐步形成一个初具规模的集装箱码头群。目前已投产和在建的集装箱码头概况如下表：

表 10.1-2 宁波港区集装箱码头概况

码头	地理位置	产权人	泊位长度（m）	码头前沿水深（m）	码头近况
镇海港埠公司	镇海港区	宁波港务集团	360	9	内贸箱
北仑国际集装箱码头有限公司	北仑港区	宁波港务集团、和记港口宁波有限公司	900	13.5	年吞吐量135TEU（2003）
北仑第二集装箱有限公司	北仑港区	宁波港务集团	1238	15	2003年吞吐量135TEU
北仑第三集装箱有限公司	宁波港穿山港区	宁波港务集团、地中海航运等	3054	17	2004年6月试生产
大榭招商国际码头有限公司	宁波港大榭港区	招商国际、宁波港务集团、中信国际	1400	17	2005年上半年投产
舟山甬舟集装箱码头有限公司	舟山金塘岛	宁波港务集团、舟山市金塘港口开发有限公司、香港宁兴（集团）有限公司	2400	18	建设中

宁波港集装箱码头的特点为：一是具有相当优越的码头条件，部分码头前沿水深达 17 ～ 18m，能够满足目前世界上第六代国际集装箱船舶以及未来超大型船的作业需求；二是宁波港务集团作为码头最主要的投资方，具有较绝对的控制权；三是经营模式较多，除一家全资外，其余都是合营为主，且合作方式都不相同，导致经营、管理上都存在较大的差距。目前，宁波港集装箱装卸主要以北仑国际和北二集司为主，航线、吞吐量都处于一个相对平衡状态，随着北三集司、大榭招商国际的逐步投产，宁波港内航线、箱源的争夺将逐步激烈，如何加强港内码头的协作，形成有序的竞争，避免内耗，是关系到港口健康、持续发展的重中之重，码头间的合作性竞争势在必行。

5.1 应建立、健全码头间合作性竞争的组织模式由于宁波港务集团在码头公司中的特殊地位，应以宁波港务集团总体协调，建立码头公司间的战略联盟，联盟内部必须根据码头生产能力、地理环境以及其他外部条件等实际情况进行合理分工，错位发展，每个公司都有自身的侧重点，如有专对内贸的专业公司，以大型远洋干线为主的公司，以国际中转为主的公司等等，实现港口资源的优化配置。在这基础上，对航线、航班合理分布，保证各码头公司泊位空与忙的合理分配，保证船舶到港的直靠率。

5.2 战略联盟内部应确定集装箱码头公司的合理平均利润率，再结合各码头的投资规模、地理环境和软硬件设施的情况以形成差别不大的收费标准，为了避免低成本压价竞争，应制定联盟内最低收费标准，考虑到结成联盟后可能形成的地区性垄断，也要制定最高收费标准，以防止由于一时的暴利而影响港口的持续发展。

5.3 建立完善统一的港口集装箱信息平台，把港口集装箱码头公司联合起来，建立一个统一的信息平台，实现资源共享，信息共享。这个平台不但可以为用户提供便捷、通畅、全方位的服务，而且可以提升整个港口的形象，提高港口整体竞争力。

5.4 加强码头公司间的协作与交流，加强不同管理理念、不同企业文化的融合，促进管理上的共同提高；加强集装箱业务上的协作，如实现国际中转箱在码头间的有序流转等等；加强技术上的协作与交流，尤其是集装箱管理系统、电子信息等方面的协作。同时也要建立协作交流的促进机制，努力实现共赢。

5.5 在良好合作的基础上，也可以考虑市场的共同开拓。应以宁波港集团牵头，联盟企业共同参与，发挥规模优势，开拓新的市场，拓宽新的腹地，共同作大市场，吸引更多的货源，吸引更多的航线。

5.6 集装箱码头间也需要形成有序的竞争，竞争的重点要放到码头作业效率的竞争上，服务改善上，以及增值业务的开拓上，形成良性竞争。

总之，在市场经济条件下，同一港口的集装箱码头之间竞争无法避免，合作也是一种趋势。只有在竞争中合作，在合作中竞争，竞争与合作并存，但以合作为主流，进行合作性竞争，才能共同走港口集装箱码头发展的双赢之路。

参考文献：

[1] 中国港口协会集装箱分会年刊. 2003

[2] 方奕，乐美龙. 港口物流现状及

发展思考. 中国航海 [J]，2003，（2）：38 - 41.

[3] 张亦驰. 现代物流发展趋势与竞争战略. 中国物资流通 [J]，2002，（4）：20 - 22.

[4] 肖度，张芸. 信息时代企业合作性竞争现象的经济学研究与进展. 东南大学学报 [J]，1999，（11）：49 - 54.

[5] 真虹. 中国集装箱港口竞争现状与趋势. 集装箱化 [J]，2004，（4）20 - 21.

（来源：物流知识网　2014 年 5 月 26 日）

物流信息化服务业前景及其教育

上海园方科技信息技术有限公司 刘松

一、行业背景

根据《2014-2018 年中国物流行业市场前瞻与投资战略规划分析报告》数据显示，2011 年，全国社会物流总额 158.4 万亿元，按可比价格计算，同比增长 12.3%。2012 年上半年全国社会物流总额达到 83.6 万亿元，按可比价格计算，同比增 10%。 到 2015 年，中国社会消费品零售总额和生产资料销售总额分别将达到 30 万亿元、76 万亿元，这将导致商贸物流需求的大幅攀升。这无疑对加快促进中国商贸物流业的升级发展。

虽然物流业在快速发展，但是物流信息化服务业却处于起步阶段，导致物流成本依然很高。通过国际通用的衡量物流成本的指标（物流成本占 GDP 的比例）对比发现，美国的物流成本占 GDP 的比重为 8% 左右，据前瞻产业研究院发布的《中国物流信息化市场前瞻与投资战略规划分析报告》数据显示，2005-2012 年，我国社会物流总费用占 GDP 的比例维持在 18% 左右。此外，我国企业的物流费用平均占商品价格的 40%，而美国只 10%-20%。

在移动互联的时代之下，信息化是现代物流的核心特征。能和电子商务及供应链管理融合起来的企业才能生存下来。随着电子商务的高速发展，国包裹数量从 2012 年的 57 亿个发展到 2013 年的 92 亿个。专家预测，今年很可能超过 120 亿个。物流业必须与信息化嫁接出新的模式才能适应新的环境变化。

二、国际物流信息服务业的组成

目前物流信息化行业有几方面供应商组成：

1. 供应链软件提供商：供应链软件提供商大致可分为三类，一是提供 WMS、TMS 等物流功能管理的软件商，如 EXE、Provia；二是提供供应链管理计划与执行系统（SCP、SCE）的软件商，如 i2、Manugistics；三是在提供 ERP 的基础上向上下游扩展到企业资源管理（ERM）的软件商，如 SAP、Oracle、PeopleSoft。这些软件商将行业标准、优化的流程和商业智能融入在软件系统，客户既可以选择成套的行业解决方案，又可以根据实际需要先上一部分模块。

2. 信息平台供应商：主要是提高专门的信息基础设施。物流服务商要和客户之间实现供应链一体化，又没有办法自己来做这么大的信息平台，因此通过信息中间商来进行这样的服务。如Capstan公司，通过建立一个公共信息平台，把采购商、供应商、物流服务商、承运人、海关、金融服务等机构都放到上面。通过这个平台，大家来交换数据，完成国际物流服务。数据交换的方式很多，可以用传统的EDI方式，也可以用在网上作FTP文件传输，或者是采用现在比较流行的XML联接。这种服务商就是专门提供这样的信息平台，通过会员制来提供服务。由于全球供应链最难的或者说信息最容易脱节的地方，就是跨越国境，因而这一服务有一定的市场需求，当然这种服务平台对宽带技术以及网上平台技术的要求也比较高。

3. 运输管理系统：随着电子商务的兴起，网上交易不断涌现，其中物流特别是运输网上交易日益活跃。运输网上交易形式多样，包括合并第三方提供商，如Transplace.com由J.B.Hunt Transport等六个伙伴合并而成，拥有38000台牵引车，91000台拖挂车，和大约48000名职业司机，为潜在的客户带来巨大的能力；也包括行业中立交易商如Logistics.com，提供运输能力与需求的自动匹配与优化，管理现场交易等各种运输交易形式，以便为参与者提供交易的灵活性，创造专门的和定向的交易市场，为客户提供一个客户化运输管理系统（TMS）软件包的所有益处，而不需要购买、安装并尽量利用现有员工。

4. 自动化物流仓储。目前亚马逊在"网购星期一"公布了有关其第八代履约中心的信息，这些履约中心配备了Kiva机器人从事业务活动。目前，亚马逊在全美10家新的履约中心配备了1.5万台Kiva机器人。此外，亚马逊还展示了Robo-Stow，这是世界上现有的最大机械臂之一，能搬动数量庞大的库存产品。

亚马逊称，新的履约中心还配备了最新视觉系统，可在最少30分钟内接收一整拖车的库存，而相比之下以前需要几个小时。新的系统还包含了新的图表引导计算机系统，目的是帮助人类员工履行客户订单。

三、目前我国物流信息服务业的现状

全国政协经济委员会的专家们在《关于我国现代物流情况的调研报告》中认为，"目前信息技术在物流领域的应用程度普遍较低，在北京市，商业企业应用计算机系统的比例不到一半，服务业和运输业的比例更低，分别只有24.3%和18.3%。"。

由此可见虽然物流信息化服务业前景很可观，但是信息化服务业并没有与之匹配的发展起来。其中原因很多，缺乏拥有自主知识产权的信息系统是我国物流信息化的大瓶颈。目前国内的研发能力无法和国际同行竞争，物流信息系统的设计标准较为混乱。

物流软件的开发因需求的个性化，因此造成开发成本极高。对软件开发商来讲，不能批量生产，成本就高居不下。从传统的物流产业链来看，其涉及到的角色非常繁多。以出口物流为例，物流软件函盖的范围包括：货主、货代、仓库、车队、船公司、航空公司、报关行、海关、商检等信息，甚至是到岸港口的信息，想要把这些产业链中的种种信息，通过物流软件设计的网络程序来表达，是一件非常艰巨而复杂的事情。

整个物流行业的信息整合困难。我国目前缺乏统一的物流信息基础标准，不同信息系统的对接成为制约物流信息化服务业发展的瓶颈。以上海为例，上海物流信息化孤岛现象比较严重。按照封闭模式建立的信息系统难以与其他系统互联互通，形成了难以发挥信息化整体效能的信息孤岛。譬如，主要政府监管部门，如海关、检疫检疫、海事、国税、外汇等，根据国家“金字”工程部署，其在各自的管理领域内发展比较完善，但还没能有效解决彼此之间的信息共享和业务协作，更难以进行“信息挖掘，决策支持”这些高层面的信息处理。

最后，相关有行业经验的信息化的国内软硬件供应商较少，归根到底是缺乏相关人才培养。目前由于业务量的剧增，对于物流信息化的要求也是越来越高，而相对职业教育来讲就提到日程上了。

物流行业将会是我国未来最有发展的领域之一，是处在一个快速发展的阶段，需要大量的人力、资源的投入。据有关方面调查物流专业人才已列为我国 12 类紧缺人才之一。

四、物流信息服务业的职业培训现状

近年来，我国物流职业教育呈现出快速发展态势，全国各大城市纷纷开设了各种层次的培训班，如：清华大学与人事部国家培训网联合推出物流培训课程，北京交通大学物流科学研究所开办物流网络远程教育、物流教师进修培训、物流高级管理人员的专门培训等。

中国物流与采购联合会和中国劳动社会保障部在 2000 年就制定了物流师的新型职业岗位培训和认证标准，在全国推行物流师和助理物流师的培训和认证工作。并且还推行物流师、采购师证书教育与从业人员上岗资证制度等。但是针对物流信息化技术方面的人才职业培训和中高级的人才培训基本上是缺乏和缓慢的。

当前，我国在物流信息化服务业人才的教育和培养上比较缓慢，市场上符合要求的物流信息化人才较少，而且层次较低，物流专业人才缺乏，我国高等院校中硕士、博士生层次物流工程专业教育刚刚起步。办学时间均不长，而且物流工程的大型实践比较少。对比美国大学把物流设立在工程学院，工程学院要求 GRE 的分数，美国物流 / 供应链方向的 master 项目对申请人的工作经历的要求非常高，因此美国大部分大学都把物流作为 MBA 项目设立。而在中国，如上海，物流工程硕士的排名靠前的也只有上海交通大学，和上海财经大学。

由于物流信息化教育和培训的滞后，能够切实为企业提供有效方案的中高级物流人才较少，从而制约了物流信息化服务业的发展。由于缺乏相关的行业信息化技术人才，物流的发展出现瓶颈。所以设定统一的物流信息化各系统行业标准，加大针对物流方面的信息化技术人才的培养是目前物流信息化教育的当物之急。

五、未来的物流信息化服务的教育方向

1、广泛应用仓库管理系统（WMS）和运输管理系统（TMS）

2、普遍采用条形码技术(Bar-Coding)和射频识别技术（RFID），提高信息采集效率和准确性；采用基于互联网的电子数据交换技术（Web EDI）进行企业内外的信息传输，实现订单录入、处理、跟踪、结算等业务处理的无纸化。

3、通过与供应商和客户的信息共享，实现供应链的透明化，运用 JIT、CPFR、VMI、SMI 等供应链管理技术，实现供应链伙伴之间的协同商务，以便“用信息替代库存”，降低供应链的物流总成本，提高供应链的竞争力。

4、除了上面介绍的信息化教育以外，移动互联网的在物流服务里的应用及数据挖掘与整合等最新的技术目前也运用到物流行业里。对比国外的先进技术，我们也要在未来的职业教育中布局。

10.2 科技研究

上海农产品冷链物流发展的模式与途径研究（简要版）

上海市发展和改革委员会

一、课题概述

二、我国农产品冷链物流的基本情况

（一）总体概况

1. 冷链物流发展迅速，但整体水平不高

2. 基础设施逐步完善，但总量不足、结构不合理

3. 冷链物流技术得到应用，但总体水平仍然较低

4. 冷链物流企业数量多，但网络化、规模化的第三方冷链物流企业较少

（二）存在问题

1. 传统农产品生产、流通模式仍占主导地位

2. 冷链投入产出收益不平衡制约冷链物流发展

3. 法律法规、规划和标准体系尚不健全

4. 冷链断档引起的食品安全隐患

（三）国家鼓励冷链发展的相关政策文件

三、上海农产品冷链物流发展现状分析

（一）上海冷链模式及特点

1. 农产品冷链物流模式和特点

农产品品种繁多，性状不同，加工和流通过程中对温度带与冷链的要求也有所差异，产地收购、运销批发、终端零售等流通渠道纵横分布，周转时间长，主要呈现以下特点：低温食品多样化，冷链温度多层化，流通渠道多元化。不同种类和形态的农产品在生产、加工、储藏和销售中对冷链温度层有细分化要求（如下图）。不同消费层次和产品特性决定了农产品短期内难以实现严格意义上的全程冷链，通过渐进方式建立冷链物流体系更符合现实情况的需求。流通渠道多元化对冷链物流主体提出了更高的协调要求。

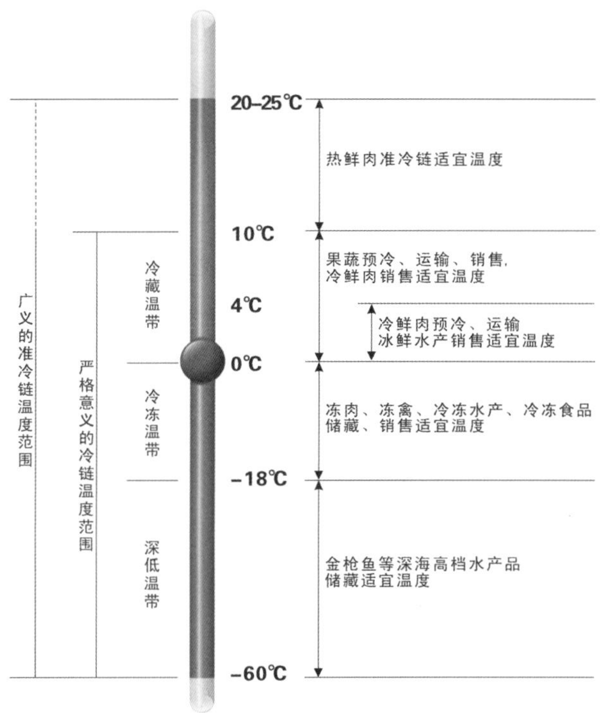

图 10.2-1 各类农产品冷链适宜温度带示意图

2．上海农产品冷链物流模式和特点

由于上海消费的农产品 75% 以上主要由其他省市提供，人口数量继续递增、土地面积减少对保障农产品的消费及供应，尤其是生产淡季和重要节日供应、调节和平衡特定时段市场供求矛盾提出了更高要求。

表 10.2-1 上海农产品冷链物流服务模式

冷链物流服务模式	主体	代表性企业
依托主产地冷库和批发市场冷库的加工周转冷链模式	以农产品批发市场经销商与原产地为主导	上农批
自有终端超市型的“通过型”冷链模式	以大型连锁超市为主导	联华生鲜
农产品生产加工企业自营冷链物流	以农产品生产加工企业为主导	五丰上食、清美
第三方冷链物流配送模式	以接受农产品配送业务订单的第三方承运商为主导	领鲜物流
战略储备型冷库	冷库作为第三方进行对外租赁、库内有偿装卸服务和交易计提	吴淞罗吉

（二）冷链物流市场规模与结构

据第六次全国人口普查数据，上海人口已突破2300万，每年猪肉消费约78万吨，蔬菜消费约618万吨，水果消费约265万吨。水产品消费约82万吨。

根据我们的调研数据和估算，上海果蔬、肉类、水产品冷链流通率分别达到12%左右、45%左右、40%左右，冷藏运输率分别达到15%左右、50%左右、45%左右（如下表）。

表10.2-2 上海猪肉、果蔬、水产品消费及冷链流通情况

消费品种	年消费量（万吨）	冷链流通率	冷藏运输率	冷链流通量（万吨）
猪肉	78	45%	50%	35.1
果蔬	883	12%	15%	106
水产品	82	40%	45%	32.8

数据来源：上海市食品协会、上海市肉类行业协会、上海水产行业协会。其中猪肉冷链流通率根据市商务委《本市畜禽屠宰场“十二五”设置规划》中的上海猪肉消费结构比例，冷鲜肉和冻肉分别为28%、17%，基本实现冷链流通；热鲜肉中使用冷藏运输的近5%。

（三）冷链设施数量与结构

1. 冷库类型、数量和结构

目前，本市从事自营与第三方的冷链物流的企业近250家，冷藏库企业150多家。截至2011年底上海冷藏库总容量达到约360万立方米（参考储存量约为82万吨），按照2300万人口计算，人均冷库拥有量157升（折合35.6公斤）。根据我们的市场调查数据估算，截至目前，提供社会化服务的公共冷库总容量约90万吨左右，如果把生产加工企业自用冷库计算在内，冷库总容量大约在100—110万吨左右。

冷藏库根据温度区间分为冻结物冷藏库、冷却物冷藏库、气调库、深低温冷藏库（如下表）。

表10.2-3 上海冷藏库分类及库容情况

冷藏库类型	温度区间	库容（万立方米）	参考存储量（万吨）
冻结物冷藏库	-30℃～0℃	306	73.3
冷却物冷藏库	0℃～15℃	56.3	9
深低温冷藏库	-50℃～-60℃	-	0.3

2. 冷库功能向社会化、一体化服务转变

目前，上海冷库管理仍按所属行业系统划分为主，但服务功能逐步市场化，从仅为本行业系统服务为主逐步向公用冷库社会化服务转化。

3. 冷藏运输车辆初具规模

上海机械冷藏汽车保有量近6000辆，登记在册的道路货物厢式营运冷藏保温车为3153辆（截至2011年底），车辆平均用率在80%-90%。全市菜篮子工程车共有1378辆。

4. 批发市场、配送中心、零售环节冷藏设施发展迅速

以江桥、上农批等为代表的一批大型

农产品批发市场，加快气调库、冷藏保鲜库、冷藏交易大厅、席位小冷库建设和改造。联华生鲜加工配送中心的冷冻、冷藏储藏和深加工服务功能齐全，已建立起规模化储存、加工、周转、配送的流通体系，标准化菜场的终端冷藏销售发展较快，肉类、豆制品、半成品、分割件等95%实现冷柜销售。

（四）冷链物流技术与管理水平

1. 品牌生产企业生产加工管理较为到位。目前上海大多数生鲜农产品品牌企业引进了国际先进的HACCP（危害分析和临界控制点）认证、GMP（良好操作规范）等管理技术。

2. 商业连锁企业生鲜配送能力提高。以联华超市、麦德龙、农工商等为代表的一批商业连锁企业，自建生鲜农产品配送中心，通过集约化的管理模式为门店进行统一配送。

3. 第三方冷链物流企业较少涉足农产品物流。

（五）冷链物流行业发展环境

（六）制约瓶颈

1. 传统消费习惯影响

2. 居民冷链意识和价格影响因素

3. 冷链设备不足，城市配送通行受限致运输效率偏低

4. 社会化、集约化冷链物流配送发展滞后

5. 行业法规、标准、监管不足

（七）趋势预测

一是农产品消费结构升级，消费习惯的转变将推动冷链物流的发展；二是农产品生产向集中化、规模化转变；三是农产品商业流通方式多元化；四是大型第三方冷链物流企业推动共同配送体系形成。

四、国内外农产品冷链物流的特点和做法

五、上海农产品冷链物流发展的模式比选与实现途径

（一）肉类冷链

1. 肉类消费结构、特点

本市猪肉消费78万吨，折合1000万头；鲜冻牛肉8.3万吨；禽肉26.5万吨。鉴于猪肉消费占肉类消费的69%，肉类冷链以猪肉为重点研究对象。

目前上海猪肉消费特点为“三多三少”，即白条肉多、分割肉少；热鲜肉1多、冷鲜肉少；代宰多，自营少，外省市占75.5%，本市占24.5%。

2. 肉类冷链现状

肉类的理想冷链状态是指肉类产品从屠宰加工、储藏、运输、分销和零售，直到消费者手中，其各个环节始终处于适宜的低温环境下，以保证肉品质量安全，减少损耗，防止污染的特殊供应链系统，是一项集设备、管理、人员、流程于一体的系统化工程。

表10.2-4 上海猪肉冷链物流现状

<table>
<tr><th></th><th>加工</th><th>运输</th><th>批发</th><th>零售</th></tr>
<tr><td>热鲜肉（本地屠宰）</td><td rowspan="2">屠宰后自然冷却，直接上市</td><td>常温挂车、保温车</td><td rowspan="2">35%实现温控交易（10-25℃）</td><td rowspan="3">95%以上冷柜销售</td></tr>
<tr><td>热鲜肉（外地屠宰）</td><td>保温车、冷藏车</td></tr>
<tr><td>冷鲜肉</td><td>屠宰后经过预冷后上市</td><td>保温车、冷藏车</td><td>基本实现冷藏批发、配送</td></tr>
</table>

（1）热鲜肉冷链物流现状——断续冷链

目前，上海热鲜肉部分环节实现冷链，批发、零售环节冷链设施开始起步，生产、运输环节为冷链薄弱点。

（2）冷鲜肉冷链物流现状——基本实现冷链，但运营还不够规范

目前，上海冷鲜肉冷链的温控情况是生产环节优于运输环节，运输环节优于零售环节，零售环节优于批发环节。

3. 制约瓶颈

一是消费习惯制约冷鲜肉发展。二是粗放的屠宰经营模式（代宰）不利于冷链的推广。三是肉类冷链物流车辆运力不足。四是第三方冷链物流企业从事肉类冷链服务的专业性、积极性不够。

4. 肉类冷链模式选择

（1）近期目标－混合冷链模式

（2）中远期目标－全冷链模式

5. 实现途径

（1）针对冷鲜肉——加强冷链薄弱环节管理

（2）针对热鲜肉——加大屠宰场、批发市场冷链设施改造和运输车辆投入，重点建设和改造屠宰场、批发环节冷链设施，推广热鲜肉预冷、温控交易，提高冷藏运输比重。

（3）优化肉品结构——降低热鲜肉比重，提高冷鲜肉比重，积极发展冷鲜肉和分割小包装肉制品。

（4）加大冷鲜肉消费宣传

（二）果蔬冷链

1. 水果消费结构、需求分析

2010 年上海水果年批发成交量近 265 万吨，其中进口水果增长较快，年成交量增长率在 30%-40%。

2. 蔬菜消费结构、需求分析

2.1 蔬菜消费总量增长，本地供应量下降

2010 年，蔬菜供给总量约 618 万吨，本地生产 398 万吨，目前上海蔬菜供应主要来源于两个渠道，即本市郊区生产的蔬菜（简称郊菜）与外省市供应本市的蔬菜（简称客菜）。

2.2 蔬菜供应量价均稳，绿叶菜价格受季节和流通半径影响较大

上海已形成全国蔬菜聚集的大市场，蔬菜品种超过 150 种，客菜全年供应基本稳定在 250 万吨，以适用于长途运输和耐储的卷心菜、黄瓜、番茄、土豆等品种为主，主要来自江苏、浙江、山东、安徽等地，70％由与上海有合作协议的沪外蔬菜基地供应。

郊菜主要以上海市民偏爱的绿叶菜为主，绿叶菜鲜嫩易腐，最大供应半径在百公里之内，不适合长途运输，夏季更须当天采收、当天销售。绿叶菜多为上海本地供应销售，追求流通周转快，一般很少采用冷链，且整体价格受温度影响较大。

3. 上海果蔬流通模式有以下三种形式：

一是以批发商为核心的传统模式，也是目前最主要的果蔬流通渠道，占到上海果蔬消费总量的 70%；二是以超市为主导的“农超对接”现代果蔬流通模式；三是以品牌或集团果蔬供应商、营销公司为核心的品牌自营模式（包括电子商务）。

随着果蔬规格化程度的提高，以及从消费者选择意愿和渠道经营主体服务能力来看，传统果蔬流通模式占比将逐步降低，超市、品牌直供比例将大幅提升。

4. 果蔬冷链物流的要求与特点

果蔬采后成熟衰老的主要三个环

境影响因子是温度、湿度和气体成分，但最重要的环境影响因子是温度。因此，为了防止果蔬在流通过程中，品温上升伴随着果蔬品质的降低，果蔬采摘后应该尽可能迅速预冷。果蔬预冷非常重要，是果蔬冷链保鲜和延长贮藏期及货架寿命必不可少的重要关键关节。

4.2 果蔬冷链物流的特点

(1) 不同品种冷链物流发展极不均衡

(2) 批发环节冷链设施差异较大

表 10.2-5 一级批发市场果蔬交易量占比及冷库情况

市场	占上海总流通量比例	品种	自有冷库数量
江桥	70%	客菜	万吨高温库+200 余个经营小冷库（30 吨），总计 1.6 万吨
江杨	70-80%	郊菜	
上农批	15-20%	水果	800 吨水果冷库 +60 个经营小冷库（30 吨），总计 0.26 万吨

(3) 供应量的非均衡性

5. 存在问题

(1) 产地预冷加工处理水平低

（2）冷链物流过程、成本与普通果蔬追求周转快、成本低需求之间的矛盾

6. 模式比选

表 10.2-6 国产水果和进口水果冷链物流模式比较

	国产水果	进口水果
产地预冷	较少使用	全部实现
采摘成熟度	5 6 成熟，运输过程中捂熟	9 成熟，可直接上市销售
运输	常温货车为主，加冰块土保温	冷藏集装箱
批发	常温储存	冷藏储存
零售	常温销售	冷藏销售
结果	商品化程度低，产品品质差，价格低，损腐率高	商品化程度高，产品品质好，价格高，损腐率低

7. 实现途径

目前上海现存的果蔬物流模式各有利弊，发展果蔬冷链主要通过对各种物流模式的优化选择，不宜采取替代或独占的方式，建议根据货物价值及附加值提升空间，决定不同果蔬品种选择冷链物流的必要性，抓住重点流通环节冷链设施投入和改造，以满足生产、流通、消费体系协调发展的需要。

（三）水产品冷链

1. 水产品结构、需求分析

2011 年上海水产品的交易量约为 130 万吨，本地年消费总量 82 万吨，海水水产品和淡水水产品各占 50% 左右。其中进口水产品的消费量 10 万吨，占 1/8，进口水产品中，大众产品和冷冻品近 80%，需要全程冷链和超低温冷链的高端产品数量增加明显，每年达到 1-2 万吨。部分高端深海水产品如金枪鱼等产品超低温冷链物流逐步规范，通过锦江国际集团的超低

温冷库和冷链配送进入终端市场。

2. 水产品冷链物流要求

根据生产方式，水产品分为养殖水产品和捕捞水产品，根据产品特性，分为鲜活、冰鲜、冷冻品。养殖水产品多以鲜活消费为主，一般不需要冷链；捕捞水产品分为冰鲜消费和冷冻消费，运销过程中部分环节涉及冷链物流。

大型水产捕捞集团和批发环节是水产品冷链物流流通主体。捕捞水产品在水上进行预冷、冰冻处理后，冷藏运输至贩运商、批发商处，最终到达加工企业、超市等流通终端或餐饮、消费者手中。

目前，大众冰鲜水产品在批发环节大多采取简易冰水混合物+泡沫塑料箱的“土冷链”形式流通；在零售终端，运用碎冰垫底进行销售，极易断链或达不到温控水平。

3. 上海水产品流通模式现状

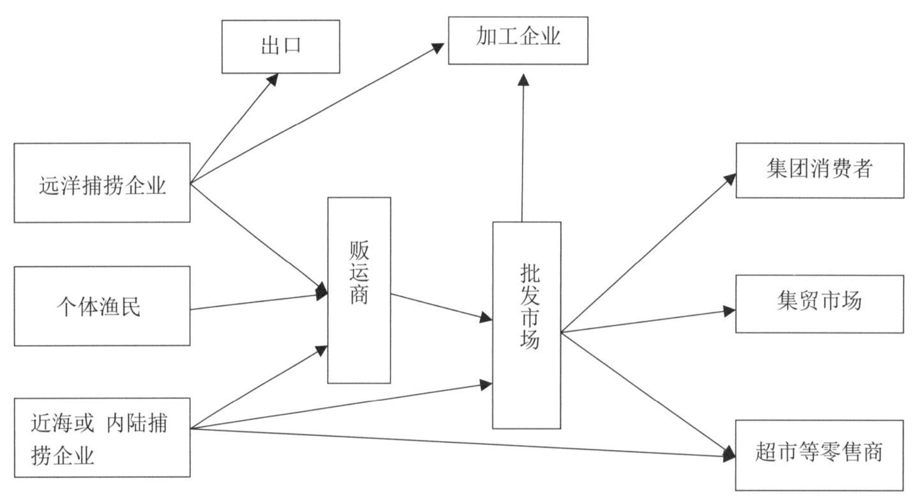

图 10.2-2：水产品主要流通模式

4. 水产品冷链物流发展的重点

冷库资源是水产品冷链物流发展衍生业务的重要支撑。水产品冷链研究重点主要集中在捕捞水产品。远洋渔业自捕捞水产品上岸后，需凭借其保鲜设备、专用运输工具进入流通环节，因此在储存和加工与贸易中都必须依托冷库。整合深海水产品从捕捞、低温运输、加工到销售的完整产业链，是实现水产品冷链从“渔场到市场”的较好途径。

六、上海农产品冷链物流发展的基本思路

（一）发展目标

（二）发展原则

1. 突出重点，分批落实
2. 市场主导，政策推动
3. 技术引领，管理创新
4. 优化结构，扶优促强
5. 因地制宜，分类指导

（三）发展重点

1. 冷链设施建设工程

2. 低温分拣配送中心建设工程

3. 冷链物流企业培育工程

4. 果蔬冷链物流工程

5. 冷链物流信息化及追溯系统工程

七、上海农产品冷链物流发展的政策措施建议

（一）完善法规和监督，加强部门统筹协调和行业监管力度

（二）制定适应上海特点的冷链物流产业发展规划

（三）加大重点品种冷链物流体系政策保障和资金投入

（四）重点领域抓紧完善配套措施和实施细则

（五）加快推动冷链物流信息化建设

（六）着重支持行业龙头企业和重点项目发展

（七）技术和制度相结合，推动冷链物流发展

（八）加强公众冷链消费意识

（九）加强人员培训，提高企业管理能力

跨区域的 B2C 冷链物流要克服的难点

黑猫宅急便可以说是国内唯一一家全程冷链的 B2C 第三方物流配送公司，这个日本人创办的物流企业尽管日均近万单，但它的冷链体系基本只覆盖上海，只能“区域称王”。而拥有自营冷链物流团队的传统大企业哪怕将物流系统独立出来，基本也只做 B2B 的生意。

正因没有成熟完善的第三方 B2C 全程冷链物流体系，大家认为生鲜电商走本地高端化 O2O 路线才是出路。除却顺丰优选借力自己的物流体系打造的冷链，它本身依旧只是垂直化的 B2C 电商。而大多数需要借助第三方物流来进行配送的生鲜电商，在无法做到收支平衡时，对高昂的跨区域冷链配送成本也只能叹气。

组合配送

2013 年 5 月、6 月份的荔枝大战中，顺丰优选在 24 小时之内将南方的荔枝送到了北方消费者的餐桌上，它所倚靠的，就是自建物流。顺丰优选可谓是生鲜垂直电商中最容易实现跨区域全程冷链体系的商家。

同样是自建的物流体系，京东的末端自营生鲜配送站也在尝试原产地直达餐桌的模式，类似的自建冷链物流只有大型 B2C 商家才能做到。而实际国内大多数生鲜电商资金并没有雄厚到可以自己去建跨省跨市的物流团队。

所以生鲜类目的大多数商家订单都被困在本地，无法接受跨区域的订单配送。而因为订单量不足，极少会有第三方冷链配送商家愿意做跨区域 B2C 这个事。

打造 B2C 的跨区域全程冷链物流体系看上去是一件复杂的事情，目前只有组合配送可以实现。

组合配送就比如菜鸟的“二段式”冷链物流配送模式，即干线 + 城市冷链配送公司和宅配进行组合。它的模式和黑猫宅急便有些接近，但似乎比黑猫要灵活一些。

这个模式不仅适用于生鲜电商，也适

合更大类目的农业电商。

B2C 二段式配送的难点

市场仍在培育

为什么生鲜电商喜欢走高客单价的路线？最主要的原因除了配送成本居高不下之外，还因为订单量不足。由于消费者的购买习惯还没有形成，从习惯网购水果，到网购肉类、鱼类这是一个循序渐进的过程。这个市场尚在培育之中。

消费者没有网购生鲜的习惯，直接导致生鲜订单量不足。而有一部分商家缺乏冷链运输的意识，认为用普通货物快递，只要第二天能到，那么也可以。但是实际生鲜产品在运输途中，如果没有较好的防护，随着外界温度变化，商家自己很难发现商品的物理变化。

订单量不足

买卖双方的意识缺乏使得需要第三方冷链物流进行配送的订单变少。而冷链干线的整车运输与零担运输，成本相差太大。

一个城市的冷链体系是否能成型和它本身的电子商务发展有关，而生鲜市场尚在培育阶段，所以订单量多的城市比较容易形成常规冷链配送体系。小的生鲜商家一般一天也就四五十单左右。

举个最简单的例子来说，订单不足，无法凑成一整车，那么就没办法立刻进行配送。国内目前没有一家冷链公司可以做到像德邦那样能够提供冷链零担业务，即使是冷链的专线公司都没有。就算是 B2B 的冷链配送，以上海发北京为例，商超餐饮的客户每周只有两次需求，所以多半周三或者周五才进行配送。而电商讲究的是速达，今天下单，明天送达，蔬菜之类的更要求当日送达。但是天天进行冷链跨区域配送明显是不太可行的。

天猫预售在 2013 年 7 月份曾经做过一次美国车厘子的预售。预售时间为一周，一周预售完毕后统一进行配送，除去两天的生产期，全部订单在一周之内配送完成。但可能出现的情况就是，从上海到北京这条线，需要中途加上几个城市才凑够一整车的货。

物流公司开放程度低

因为订单量少，零担业务的物流配送显然成本太高，而如果单纯由一家冷链干线物流公司来进行配送的话，每周两到三次也不符合电商的配送需求。

但是传统的冷链物流公司之间开放合作程度低，想要它们一起进行组合合作还需要时间。更重要的一点是，传统的冷链物流公司其系统本身不像宅配公司那样是为电商服务的，所以在反应速度上会比较慢，在库存和订单对接速度上还需要改善。

分仓与包装非标化的难度

先前提到的二段式配送，更适用于单点发全国的形式。除了顺丰优选、本来生活这些大商家会在各地建仓之外，大多数生鲜电商都是在当地有一个几百平方米的仓库，当然，也有一部分中型规模的商家会有多个仓库。同个商家从不同仓库、不同城市进行配送时，可能就需要一个周转的仓库，也就是低温分拣中心。

目前国内都是从事 B2B 业务的传统冷藏库，还没有一家针对电商仓储设计的低温分拣中心。而生鲜产品所需求的仓库，首先必须以品类划分，其次以温度划分。第三方分拣还得划分各个不同商家的订单。这个温控区域的管理，存放、分拣的操作就显得格外复杂。

对于从事 B2B 的冷链公司来说，一个货柜车卸下来的几百单，甚至几千单商品需要被分拣到不同品类和温控的库区，同时发送到不同的城市，实在是一件特别头疼的事。

一般的生鲜电商借助第三方进行配送时，采用的是泡沫箱加冰袋的包装，但弊端是泡沫箱不易回收，包装的非标准化也并不太适合追求高效率的物流配送。而很多品类比如类似草莓，更需要有避震的防护措施。统一各个规格并且能够回收的包装可以节省商家的成本，提高配送的效率。但是生鲜品类之多，也让这种行业内的包装标准化难以执行。

不得不提的成本问题

虽然说第三方全程冷链物流是帮助中小生鲜电商进行订单的配送，但是使用这个冷链的商家也会有一定的条件限制。这个条件指的是商家的产品生产能力和客单价。产品生产能力和订单量挂钩，订单量足够了，就可以和物流成本打平或者超出。

同样的，客单价是不容忽视的一个因素。2013 年 7 月份的天猫车厘子预售中，一个订单的全额基本是在 150 元以上。实际情况也是，客单价在 150 元以上的商家会比较容易接受第三方冷链的配送成本。

所以在预售商品的挑选环节，单价高的进口食品会多一些。比如车厘子、奇异果、阿拉斯加的海鲜。

再来看冷链物流商的成本。以顺丰为例，它的同城普通货物配送标准为，首重 1 公斤 12 元，续重是 2 元 / 公斤。市内宅配的话，4 公斤或者 5 公斤需要 7 元钱。而生鲜订单的重量平均在 3 公斤左右，折合顺丰价格为 16 元。价格尽管能接受，但依旧高于普通的快递费用。

生鲜产品的配送，始终逃不开损耗率这个问题。目前来看，生鲜品类 5% 的损耗是比较公认的低损耗。其他的农业产品损耗基本小于 20%，最高的是鲜花，损耗在 40% ～ 50% 之间。蔬菜这种需要当日送达的货品则不在配送范围内。

生鲜电商初期还是要走高端

北京优菜网的关闭，源于蔬菜的客单价太低、利润太小，而叶菜的保存过于困难使得库存和配送成本走高。

由于跨区域的冷链物流体系尚未完全成熟，所以生鲜电商初期可以走中高端路线，并且做垂直电商，配合线下店面做本地 O2O。等到线上线下结合之后，规模扩大，客单价也维持在一个水平上时，可以借助第三方冷链物流继续进行跨区域的配送。

但是目前优质的能够完全保障生鲜产品品质的第三方跨区域全程冷链物流还没有。就算是黑猫宅急便，虽然在品质上可以保证全程不脱冷，但是配送订单依靠汽车，体系不够灵活。一旦订单量暴增，原本中规中矩的体系就会承受不了，效率就会很低。所以它在国内做了那么多年，订单包括冷链、干货普货在内，日均 2 万单左右。也有消息透露，黑猫宅急便因为盈亏问题，如今正在挂牌出售股份。

无论怎样，做第三方跨区域全程冷链物流，除了高成本是行业内需要共同面对的问题之外，社会化协作与生鲜市场的培育也还需要很长一段时间。而生鲜电商之间，还没有到兵戎相见的地步。

（来源：中国冷链产业网　2014 年 01 月 22 日）

阿里巴巴的冷链物流

阿里巴巴的生鲜冷链物流已经正式启动，配送范围将覆盖上海始发至北上广深杭及天津、武汉、重庆、成都、宁波等26个网购热门城市。而在阿里物流平台，这一试水中的冷链服务产品目前为生鲜蔬果提供配套服务。阿里巴巴物流事业部配送总监段志国表示，现阶段已有部分线路全程冷链配送，其他则是半冷链的“二段式配送”，依托B2B冷链城市间运输，配合“最后一公里”的落地完成冷链宅配，实现最大程度保鲜。

在巨头阿里巴巴关注冷链物流的同时，杭州老牌水果超市大华元也开始建设自己的冷链物流了。大华元水果超市老板吴静鸣投资4887万元建设的阿克苏冷库及物流配送项目最近动工了。这个项目总占地面积2.6万平方米，其中包含1万多平方米的保鲜库。

看似前景风光的冷链企业，其实有不少自己的“难言之隐”。杭州一家物流企业负责人说，因为看好冷链运输的发展前景，公司在2008年就投入了2000多万元打造了储藏量为2万吨的冷库，但目前冷库的利用率却连一半都没达到，“投资巨大，但生意却跟不上，这让很多冷链企业信心不高。”

“杭州物流企业多，但做冷链物流企业还是比较少的，可以预见的是，随着农产品深加工的发展，冷链物流一定会迎来发展的黄金期。”杭州市物流与采购行业协会秘书长楚士昌表示，对于冷链行业来说，杭州市场仍有很大的挖掘空间。

这几个月，杭州老牌水果超市大华元老板吴静鸣把所有的精力都花在了阿克苏。每次在杭州呆了不过四五天，吴静鸣就要急匆匆赶回阿克苏考察他的新工程——冷链物流基地的建设，这个项目的投资额近5000万元。

什么叫“冷链物流”？其实就是冷藏冷冻类食品在生产、贮藏运输、销售，到消费前的各个环节中始终处于规定的低温环境下，这是一整套服务系统，最直观的就是开在路上“背”着制冷机，随身配有GPS的制冷车。

“阿克苏水果在全国有名，但要保质保量地运到杭州销售却不容易。”吴静鸣表示，在阿克苏建设冷链物流基地正是为了实现阿克苏和杭州市场间的无缝对接，让杭州人能吃到新鲜的阿克苏水果。“目前，像我们这样，花这么多的精力和资金建设冷链基地的水果企业在杭州几乎没有，我们希望能走在行业的最前端。”吴静鸣认为，冷链是未来食物运输的发展方向。和吴静鸣一样看好这个行业的人并不少。

7月2日，阿里巴巴旗下天猫宣布试水冷链物流，为生鲜产品提供冷链宅配服务。“这次的试水主要是跟第三方物流企业合作，把冷链运输、高端快递、宅配、航空等物流资源统一整合在一个平台上，以方便生鲜、水果卖家进行冷链配送。”阿里巴巴物流事业部配送总监段志国表示，现在，买家越来越重视蔬果类产品的新鲜度以及品质，这让冷链物流迎来了发展契机。

然而，也有不少冷链企业对目前冷链的发展现状表示担忧。“冷链物流的投入成本几乎是普通物流的5倍，利润却远远没有它所拥有的‘身价’那么高。”杭州富日物流有限公司董事长高志明表示，目前杭州冷链企业大多面临利用率不高的问题，业务上很难实现快增长，要成功突围不仅需要企业本身的努力，还需要政府出台强有力的政策推动食品安全与国际接轨。

今年，冷链物流能否走出高投入低产出的怪圈？是否能迎来发展的曙光？本期18视点将带着这些疑问，和你一起观察冷链物流市场——

阿里巴巴盯上了冷链服务

老牌果企则投资近5000万建冷链基地

眼下，阿里巴巴的生鲜冷链物流已经正式启动，配送范围将覆盖上海始发至北上广深杭及天津、武汉、重庆、成都、宁波等26个网购热门城市。

而在阿里物流平台，这一试水中的冷链服务产品目前为生鲜蔬果提供配套服务。阿里巴巴物流事业部配送总监段志国表示，现阶段已有部分线路全程冷链配送，其他则是半冷链的“二段式配送”，依托B2B冷链城市间运输，配合‘最后一公里’的落地完成冷链宅配，实现最大程度保鲜。

在巨头阿里巴巴关注冷链物流的同时，杭州老牌水果超市大华元也开始建设自己冷链物流了。大华元水果超市老板吴静鸣投资4887万元建设的阿克苏冷库及物流配送项目最近动工了。这个项目总占地面积2.6万平方米，其中包含1万多平方米的保鲜库。“我刚从阿克苏回到杭州，后天又要去阿克苏了。”这几年，吴静鸣的大部分时间都在阿克苏“种地开荒”——建立了5500亩的水果种植基地，种植的品种包括苹果、葡萄、大枣等。而最近，阿克苏冷库建设项目动工后，他更忙了，一直在阿克苏和杭州之间奔波。“新疆的日照长、昼夜温差大，特别适合水果生长，所以这里的水果在全国来说质量是最好的。”吴静鸣说，“但要把阿克苏的水果‘新鲜’地运到杭州并不容易，从阿克苏到杭州，开车有4100多公里，货车最快的速度要5天5夜才能到。如果没有冷链，才跑一半，水果就要烂光了。这让我动了建设冷链物流的想法。”吴静鸣认为，建立完整的冷链物流等于为自家的水果买了份“保险”，可以让新疆的水果一路保鲜到达杭州市场。

“在杭州，我有自己的冷库，超市里则有冷柜。只要阿克苏的冷库建成了，我就能实现冷库—冷藏车—冷库—冷柜，这样一个从产地到零售终端的完整冷链。”吴静鸣说，“水果摘下后，用冷链进行全程运输、储存、销售，这样，水果一直恒温保存，就等于一直处于睡眠状态，可以更好地保证其品质。”吴静鸣透露，常温下，只能保存一周左右的水果，在冷库可以保存7～8个月，干果保存时间更长，可以达到一年左右。

去年，物美大卖场也在自家的配送中心建了300多平方米的冷库。“有一部分商品是从厂家到总代理商再到分级代理商，最后才到达我们卖场的，层层的流通环节无疑增加了超市的成本。”物美大卖场行政公关高级经理张先生表示，公司建了冷库、买了冷藏车后，就可以从厂家直接拿货，自己配送，这样一来，流通成本可以节约不少，而且可以放在冷库里慢慢卖，最终消费者也会买到更便宜的商品。

“现在很多大型的食品企业都非常重视冷链建设，有了冷链，食品安全才能得到保证。”张先生表示，茭白这种蔬菜夏季多，其他季节基本不生产，但有了冷库后，可以延长保质期，让消费者可以一年四季吃到茭白。

然而，虽然冷链物流的前景被看好，不少企业也纷纷建起了自己的冷库，但冷链物流能否在杭城兴起一股潮流却依然是个未知数。储藏量为 2 万吨的冷库利用率不到一半，不少冷链运输企业“吃不饱”，看似前景风光的冷链企业，其实有不少自己的“难言之隐”。

杭州富日物流有限公司董事长高志明说，因为看好冷链运输的发展前景，公司在 2008 年就投入了 2000 多万元打造了储藏量为 2 万吨的冷库，但目前冷库的利用率却连一半都没达到。“投资巨大，但生意却跟不上，这让很多冷链企业信心不高。”高志明表示。

“形成这种局面的原因在于很多食品企业的不规范操作。”高志明说，在国外，就算是矿泉水也是需要冷藏运输的，到了超市或便利店也会直接放进冷藏室，但在国内，很多企业都采用常温运输，而且就算饮料的标签上写着是 17℃冷藏，超市或者便利店也会将一些特定商品放在常温柜台内出售。“大多数饮料的保质期是 12 个月，但这个期限的前提应该是规定的储藏条件下，如果夏天也是常温储藏，那么还没有到保质期，这瓶饮料其实早就过期了。”高志明表示，许多食品企业不按规范温度来运输或保存食品，不仅可能让消费者食用不健康，更让杭州的许多冷链服务企业“有价无市”，生意惨淡。

同时高志明透露，2005 年，他在参加中美物流高级论坛的时候，就有一家外资超市提出中国部分食品不按规范运输，存在安全隐患。“一些食品是需要全程冷链运输，但有些食品生产商或超市为了节约成本，并没有实现全程冷链运输和保存，而这一‘恶习’也影响了一些超市。”

同时，有一家不愿透露姓名的冷链企业透露，目前公司的冷库一直处于亏损状态，每年要亏 100 多万元，只能靠其他物流业务来养活。有业内人士透露，欧美国家 90% 以上的食品靠冷链配送，而国内还不到 50%。

“冷链企业前几年的投入基本都大于产出，要度过煎熬期才能开始盈利。”统冠物流总经理蔡文广表示，目前公司多温库的利用率已经达到了 90% 左右，客户也相对稳定。同时蔡文广强调，相对于普通物流基地，冷涟物流基地更需要耐住寂寞，用心经营。“如果企业光做冷链物流配送，那只需要配备制冷车就可以了，反而容易挣钱，但如果要打造完整的冷链物流基地，就往往面临亏本的困境，很大的原因则是业务太少了。”蔡文广透露，上海有几家成规模的冷链物流企业也都在亏钱。

挂着“贵族”标签的冷链运输，毛利润却不敌身价那么高

“在杭州，能够为食品企业提供完整化冷链服务的物流企业不会超过 5 家，要实现全冷链运输，企业不仅需要技术能力，更要有雄厚的资金实力。”统冠物流总经理蔡文广说，在冷链物流企业的成本投入中，人工、设备的购买、运输等费用都是一笔不小的开支。

统冠目前已投入了 5000 多万元，建

设了整套的制冷及控制系统，并建设了1万多平方米全温层仓储空间，每个库区的温度不同，所有温度信息都反映在多温库监视盘上。红、绿、黄三色指示灯，分别代表故障、制冷、化霜三种状态。

穿着防寒服，记者跟随蔡文广走进一间温度显示零下18℃的冷库，门关上的瞬间，立即感觉一阵透心凉，整齐的货架上排列着各个客户的货物，仓库里还设置了“电子拣货系统”，不需要人工验货，只要输入相关信息就能立刻找到货物的准确位置。

同时蔡文广表示，除了要投入巨资建冷库，制冷车的价格也不菲。“一般制冷车价格为16万元/辆，但我们公司的这种要23万元～26万元/辆，差别就是车壁厚度相差了2厘米。”蔡文广说，“我们的制冷车车壁厚度为10厘米，普通的只有8厘米。”蔡文广道出了这2厘米的意义，在40℃以上高温地区，在太阳直射的情况下，10厘米的隔热效果是8厘米的1.5倍，杭州夏天室外超过40℃的天气不少，但同样车子的装载量变小了。

“冷链物流成本比普通要高出40%～60%，国内市场培育起来很辛苦，但令我们惊喜的是，现在很多食品企业已经开始主动找上门求合作。”蔡文广说，随着这几年食品安全问题频出，消费者对食品的要求越来越高，这个行业正在逐渐成熟起来。

对于冷链物流的“身价”，杭州富日物流有限公司董事长高志明给记者算了一笔明细账：普通仓库的造价约为400元/平方米，冷库则要配备保温系统，造价就至少要高达2000元/平方米，而且冷库需要花费高额的电费，1万平方米的冷库一个月的电费至少要20万元。同时，高志明表示，公司目前配有30多辆制冷车，每辆制冷车的容量为60立方米，都配有两部发动机。

“目前有实力做冷链物流基本是大型企业，中小型企业很难承担巨额投入。”高志明说，据他粗略估计，冷链运输的成本至少要比普通运输高80%，但冷链物流的利润只有20%左右，远远没有它所拥有的身价那么高。同时高志明表示，企业要达到20%利润的前提是冷库的面积要100%利用起来。

对于杭州大华元水果超市老板吴静鸣来说，冷库建设虽然要投入巨大的资金，但同样也会给自己带来良好的收益。“有了冷库，我们就可以进行反季销售，拥有市场主动权，比如，冰糖心苹果在11月～12月的均价为8元/公斤，但到了1月价格就上升到了9元/公斤，2 月为10元/公斤，3月就有11元/公斤，我们可以在低价时把苹果储存在冷库里，等到高价时再拿出来销售。”吴静鸣表示，反季销售不仅竞争少，而且能为自己带来价格优势，利润至少上升30%～50%。

冷链物流业何时出现爆发点？关键在于打造低成本冷链配送模式。

因为成本高，食品全程冷链配送一直专属于大型商超，小便利店很难消化高额的配送成本。要抓住这些商超、餐饮业的生意，冷链物流企业势必要走出一条低成本的冷链配送模式。统冠物流总经理蔡文广说，公司花了5年时间才成功走出一条低成本的冷链配送模式。

“我们自行设计了制冷车车厢，车内拥有2个温度层，这样的设计主要是针对货量小、品种多的企业，比如为家庭宅送蔬菜水果、速冻食品等。”蔡文广说，公司的物流基地相当于一处总配送中心，很像公交总公司覆盖大区域枢纽，货量集中，一些大客户可坐专车专线，而一些小品牌就像搭公交车，刚好温度要求一致，就顺路一起走。这样一来，小型企业也能承受冷链物流的成本。

蔡文广表示，通过采用与门店诚信验收模式，减少双方人员对点交接时间，以前我们需要用 5 辆车，才能完成近 100 家便利店的配送，现在我们只需 4 辆车，相当于减少了 20% 的配送成本。“随着人们生活水平及收入的提高，越来越多的消费者将更注重食品品质。”蔡文广认为，眼下冷链物流的发展已经出现曙光，得到越来越多企业的认可。

阿里巴巴物流事业部配送总监段志国表示，阿里巴巴之所以要建立冷涟物流的综合性平台，就是为了给所有需要冷链服务的生鲜天猫卖家提供一种更大覆盖范围和更经济实惠的配送模式。“我们会把发往同一条线路的冷链订单进行集合，小卖家以搭顺风车的方式一起运输，然后统一配送，那么个体卖家的成本就会大大降低。”段志国表示，为了避免制冷车把产品运输到目的地，空车返回的问题，公司还计划借助平台优势来衔接供需，尽可能地让制冷车在往返过程中都能载货。

段志国表示，现在常说的冷链物流一般包括冷链仓储、冷链运输、冷链宅配三个环节，目前冷链仓储局部过热，摊子铺得较大，但冷链运输和冷链宅配却受市场制约，依然跟不上，这导致了整个行业畸形发展，很多冷链企业处于亏损状态。

“随着农业结构调整、工业技术进步和居民消费水平的提高，生鲜农产品、冷冻冷藏食品等产量和流通量在逐年增加，全社会对食品质量和安全也提出了更高要求，加快发展食品冷链物流已成为保障消费安全、提高生活品质的重要保障。”河南雏鹰农牧集团股份有限公司是一家主营冷鲜肉的企业，公司相关负责人表示，国家先后出台《农产品冷链物流发展规划》、《食品工业“十二五”发展规划》等推进食品冷链物流体系建设，鼓励企业建设冷库及冷链配送中心，购置预冷保鲜、冷藏冷冻、低温分拣加工、冷藏运输等冷链设备，建设全程温控和可追溯系统，完善冷链物流监管和查验设施等。

同时该负责人预计，到 2015 年，全国果蔬、肉类、水产品冷链流通率将分别提高 15%、15%、13% 以上，冷库容量将增加 1000 万吨，冷藏车将增加 4 万辆。“加上生产、加工、储存、运输、中转、检测进出口等配套设施设备的升级改造，冷链物流的市场总规模将达到 3 千亿元～4 千亿元，发展前景广阔。”该公司相关负责人认为，现在已经是发展冷链物流的好时机。

“杭州物流企业多，但做冷链物流企业还是比较少的，可以预见的是，随着农产品深加工的发展，冷链物流一定会迎来发展的黄金期。”杭州市物流与采购行业协会秘书长楚士昌表示，对于冷链行业来说，杭州市场仍有很大挖掘空间，但值得注意的是，目前看来，冷链行业还需要时间来走向成熟，冷链资源也需要时间进行整合，但再过几年，它就会爆发，成为一个极大的商机。

（来源：每日商报　2013 年 12 月 11 日）

可视化物流和自动化物流分析

智能物流是以物联网广泛应用为基础，利用先进的信息采集、信息传递、信息处理和信息管理技术，通过信息集成、技术集成和物流业务管理系统的集成，实现物流全过程优化以及资源优化，完成包括运输、仓储、配送、包装、装卸等多项物流活动，并使各项物流活动优化、高效运行，为供方提供最大化利润，为需方提供最佳服务，同时消耗最少自然资源和社会资源，最大限度地保护好生态环境的整体智能社会物流管理体系。

一、电商推动智能物流，物联网等现代化技术将大量应用

智能物流是以物联网广泛应用为基础，利用先进的信息采集、信息传递、信息处理和信息管理技术，通过信息集成、技术集成和物流业务管理系统的集成，实现物流全过程优化以及资源优化，完成包括运输、仓储、配送、包装、装卸等多项物流活动，并使各项物流活动优化、高效运行，为供方提供最大化利润，为需方提供最佳服务，同时消耗最少自然资源和社会资源，最大限度地保护好生态环境的整体智能社会物流管理体系。

电商物流的迅速发展，催生广泛使用先进的运输、仓储、装卸、搬运、包装以及流通加工等手段。比如，运输车辆的大型化、高速化、专用化，部分电商采购了先进的避震性专用车辆，很多仓库的立体化立体货架，采用了 RFRD 等先进分拣技术，包装分拣采用自动分拣设备，单证打印采用了高速打印设备，配送人员个人终端也大量使用，企业信息处理和传输也出现智能化、高速化、可视化等趋势。

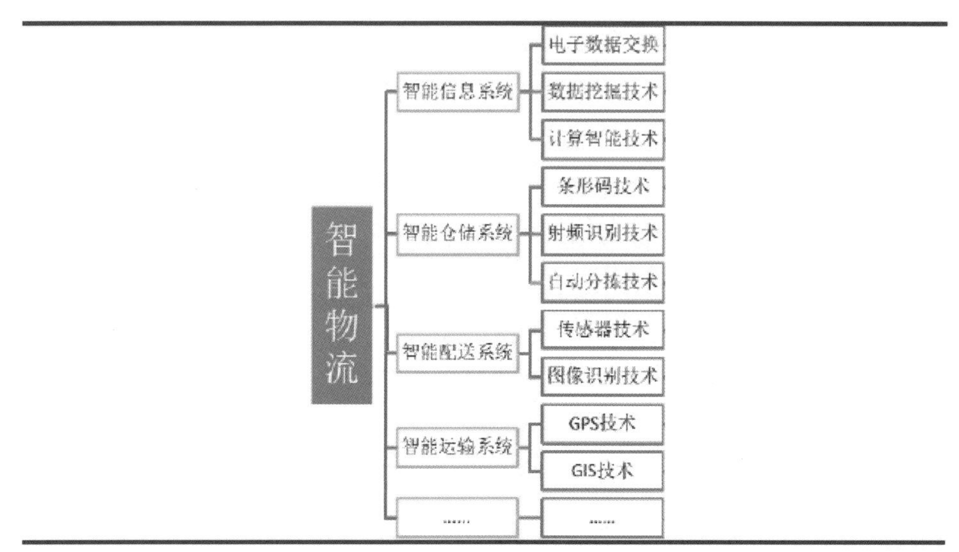

图 10.2-3 智能物流系统的组成及应用主要技术

物联网技术物流体系中的主要应用：

1．产品的智能可追溯网络系统，产品追溯体系发挥着货物追踪、识别、查询、信息采集与管理等方面的巨大作用；

2．物流过程的可视化智能管理网络系统，这是基于 GPS 卫星导航定位技术、RFID 技术、传感技术等多种技术，在物流过程中实时实现车辆定位、运输物品监控、在线调度与配送可视化与管理的系统。目前，初级的应用比较普遍。

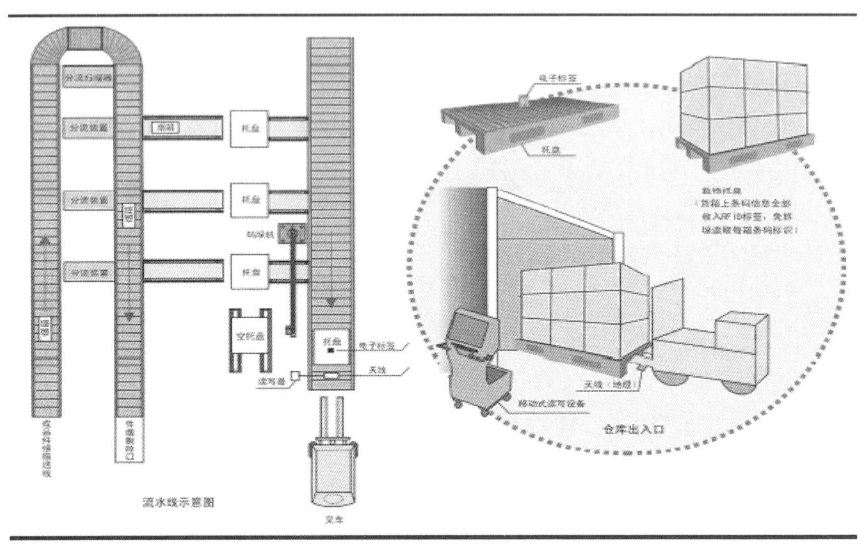

图 10.2-4 基于 RFID 的智能分拣和配送中心

3．智能化的物流配送中心，这是基于传感、RFID、声、光、机、电、移动计算等各项先进技术，建立的全自动化的物流配送中心。借助配送中心智能控制、自动化操作的网络，可实现商流、物流、信息流、资金流的全面协同。目前一些先进的自动化物流中心，基本实现了机器人队码垛，无人搬运车搬运物料，分拣线上开展自动分拣，计算机控制堆垛机自动完成出入库，整个物流作业与生产制造实现了自动化、智能化与网络化系统。

4．企业的智慧供应链，这是物联网与物流体系结合最完美的阶段，目前仍然还在实现进程当中。

今后随着物联网技术发展，传感技术、蓝牙技术、视频识别技术、M2M 技术等多种技术也将逐步集成应用于现代物流领域，用于现代物流作业中的各种感知与操作。如温度的感知用于冷链；侵入系统的感知用于物流安全防盗；视频的感知用于各种控制环节与物流作业引导等等。

二、基于 RFID 的自动化、可视化物流具有重大机会

高效的现代物流体系需要全程物流标准化、自动化和可视化。物流信息化是传统物流发展的高级阶段，以先进的信息技术为基础，注重服务、人员、技术、信息与管理的综合集成，是现代生产方式、现代经营管理方式、现代信息技术相结合在物流领域的体现。它强调物流的标准化和高效化，以相对较低的成本提供较高的客户服务水平。快速、实时、准确的信息采

集和处理是实现物流标准化和高效化的重要基础。因此电子标识、识别、跟踪和可视化物流管理系统，自动分拣、传输、仓储和机器人作业将大量运用，基于此物联网技术将迎来新的发展机遇。

1. 菜鸟网络平台将加速智能物流推广，RFID 迎来发展新机遇

基于 RFID 技术的供应链可视化具备多重优势：通过在供应链全过程中使用 RFID 技术，从商品的生产完成到零售商再到最终用户，商品在整个供应链上的分布情况以及商品本身的信息，都完全可以实时、准确地反映在企业的信息系统中，大大增加了企业供应链的可视性，使得企业的整个供应链和物流管理过程都将变成一个完全透明的体系。快速、实时、准确的信息使得企业乃至整个供应链能够在最短的时间内对复杂多变的市场作出快速的反应，提高供应链对市场变化的适应能力。

图 10.2-5 全自动分拣系统

图 10.2-6 亚马逊现代仓储物流中心

菜鸟网络高效和智能平台将催生大量物联网新技术的广泛应用和推广，将会大大推进物流行业向“智能物流”演进。现代物流领域应用最多的物联网技术是RFID和GPS技术，前者用来感知识别，后者用来追踪定位，是构建智慧物流体系的最重要基础。目前在RFID技术的应用领域中，仓储物流以及物流追踪等占到14%左右，据赛迪顾问预测2011年仓储物流领域的RFID应用规模达到13.3亿元。RFID技术的使用却大大提升了物流企业的效率和竞争力，同时降低了生产成本，实践表明，采用RFID技术平均能够提升销售额10%，提升拣货和发货速度加快10%左右。

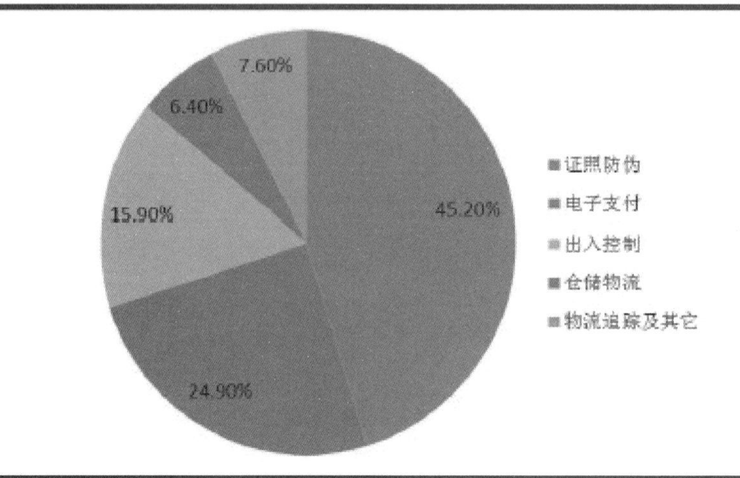

图10.2-7 RFID技术在各领域的应用占比

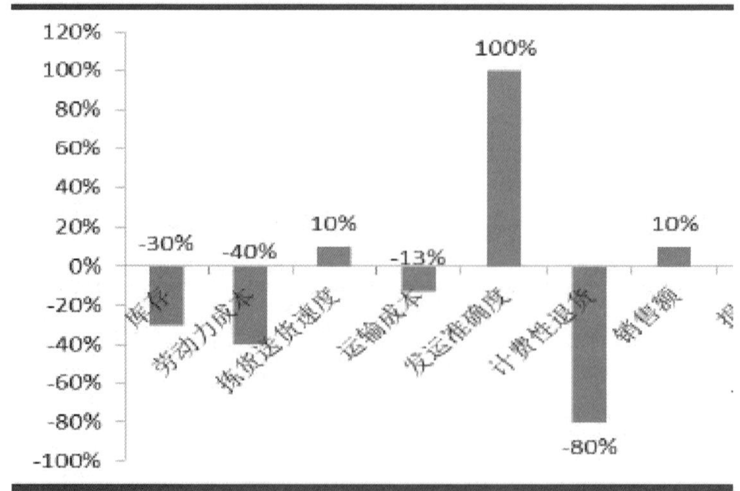

图10.2-8 RFID技术给仓储物流带来的效益变化

2、供应链管理将逐步成为 RFID 持续爆发的重要应用

在政府大力推动物联网产业发展的背景下，国家的一系列促进政策措施成为国内 RFID 产业发展的强大动力来源，在各 RFID 示范工程推动下智能电网、智能交通、金融服务、物流仓储、医疗健康、食品安全等 RFID 相关重点应用项目数量明显增加，范围迅速扩大；商品防伪、资产管理、工业管理等企业市场需求开始升温，RFID 产业市场规模迅速增长，技术应用全面加快，产业链快速发展壮大。随着我国政府在不同应用领域的积极推动，加上技术进步和生产工艺的提升，导致标签成本不断下降，RFID 应用领域将不断拓展，应用需求更加广泛、规模化应用层出不穷。未来智能仓储，智能配送和分拨中心都将成为 RFID 持续爆发的应用。

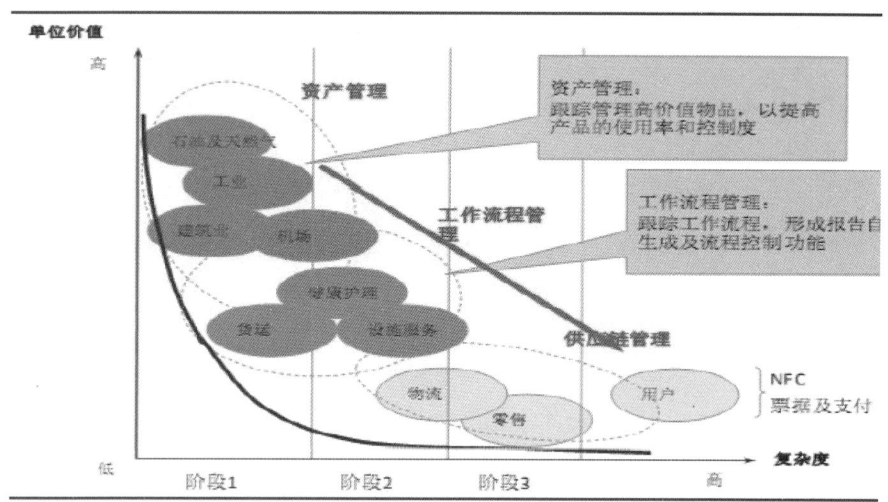

图 10.2-9 成本下降带来 RFID 应用广泛渗透至供应链管理领域

根据最新颁布的物联网“十二五”规划，预计在“十二五”期间，在芯片、传感器、近距离传输、海量数据处理等相关技术都将获得重大突破，而这些关键技术尤其是基于 RFID 技术的智能物流管理系统将进入新一轮的升级换代时期，将大大提升物流行业的效率和服务质量，从而为现代物流业的发展注入新的活力。

3、RFID 应用广阔需求空间将逐步释放

据工信部预计未来十年物联网将实现大规模普及，2010 年我国物联网市场规模在 1933 亿左右，增长 60%，RFID 市场规模 120 亿元左右，2011 年中国 RFID 产业的市场规模达到了 179 亿元，比 2010 年增长了 49%。2011 年中国 RFID 产业链各环节如射频芯片、标签封装产品与设备、软件 / 中间件、系统集成都呈现出高速增长的势头，2013 年中国 RFID 市场将继续保持快速增长，预计比 2012 年增长 35% 左右，我国 RFID 产业市场规模将达 320 亿元左右，此外工信部预计至 2015 年整个物联网市场容量可达 5000 亿左右。

而根据国外 LuxResearch 市场调研机构发布报告称，国内物联网产业重视程度日益增加，以及新兴 RFID 生态系统

的快速发展。IDTechEx 认为，2012 年全球 RFID 市场总额将达到 76.7 亿美元，并在未来十年稳定增长，到 2022 年，市场规模将提高 4 倍到 261.9 亿美元。而 LuxResearch 预计在 2017 年，中国的 RFID 芯片市场将增长至现有规模的两倍以上，RFID 卡和标签的市场规模将从 2012 年的 8.94 亿台增长到 21.1 台，年均复合增长率 (CAGR) 达到 19%。在收入方面，预计到 2017 年，市场将从 2012 年的 4.54 亿美元增长到 8.07 亿美元，年均复合增长率为 12%。

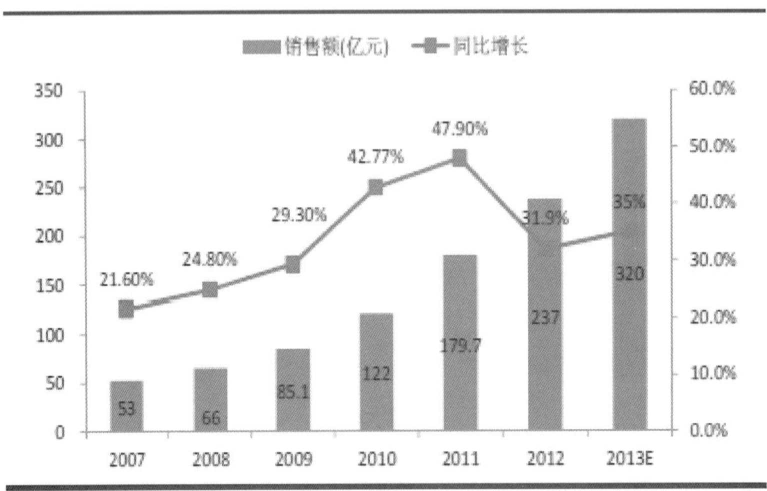

图 10.2-10 2011 年 RFID 市场规模达到 179 亿元

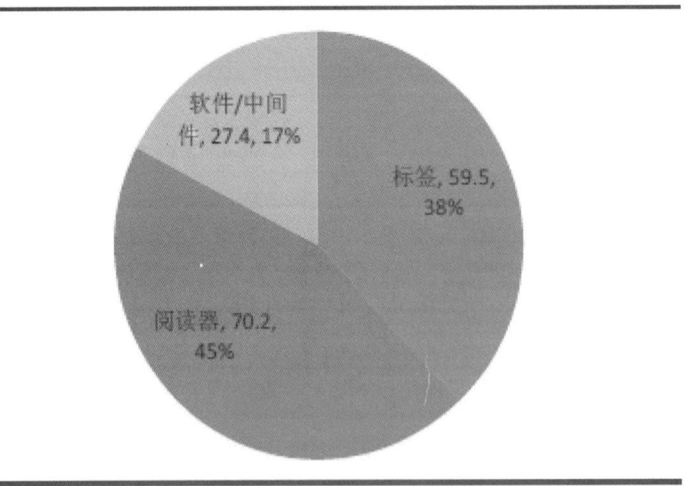

图 10.2-11 2011 年中国 RFID 市场产品结构

（来源：中商情报网，2013 年 9 月 27 日）

RFID技术在冷链物流中的应用案例

在机械温度监控方面，带记录型高温高精度的RFID温度标签，提供给地铁安装在列车的电源、发动机、车轮等重要部件上，通过温度分析器械是否越温准备进入非正常工作或将要出现故障。2.4GHz无线传输温度信息，完全改变过去人工检测列车器械的管理模式，站点实时收录异常温度信息，多次给地铁控制中心提供预警，阻止了列车停留在运行路中，为地铁挽回了重大的经济利益和维持了良好的形象。

在冷链运输方面，冷运专业车辆定位管理系统是一个集成GPS/温度检测技术、电子地图和无线传输技术的开放式定位监管平台。在对冷藏车厢内温度数据的采集传输、记录和出现超限温度报警的同时，还对冷藏车资源的有效跟踪定位管理。

香港地铁列车器械在线诊断成功应用

一、实施背景

连接香港与深圳的地铁，每天运载人次高达几十万，乃至上百万人次，每3分钟就有一趟列车开出，全线服务列车约30台。因列车每天服务时间长达 18个小时，每个站停留时间短到1分钟，过去地铁难以即时检查车辆的健康状况。动力系统、供电系统等经常在高温或是长期运作后，在列车运行时出现异常，多次造成列车停留在路上，铁路交通状况也因此延时数小时，多班列车滞留，在大陆游客旅游高峰期、港人返乡高峰期、上下班高峰期，带来的经济损失难以估计。

列车即使回到工厂，工程师们也无法每次对每辆列车上百个重要器械逐一测试检查。检查耗时长，而且需要有丰富经验的技术人员才能通过列车在厂的情况判断列车可能在运行时出现的问题。每个部件的价格昂贵，但是检测却是极其缺乏。

二、RFID温控也能当列车的医生

自系统启动到现今为止，地铁通过温控回传信息，成功提前排查出列车故障，阻止列车可能出现在路中瘫痪的情形。而总厂检测的技术人员改变了检测的流程，远程通过WIFI网络，接入到每个站点接收每趟列车的器械温度信息，实现远程诊断、回厂马上能维修。

三、温度标签优异的性能

1. 标签能记录存储温度点、时钟、标签电池状态等信息，存储空间高达1000条信息，当列车经过站点，不用20秒就能完全传输温度信息，控制中心可以一览每个器械的健康状况，真正实现每分钟都在实时报告。

2. 温度标签采集温度环境支持超高温（+220℃）。使用性能优越的PT100温度探头，标签温度校准报告已获得权威机构，包括国家计量局认证。

3. 温度标签能紧贴器械上，固定方式目前提供圆环状及柱状探头，大大减少接触不良而导致温差。

4. 现有探头线支持耐+220℃高温、抗压、抗拉等特点，探头线长度规格最长支持300cm，灵活安装到车底的各种恶劣环境。

5. 标签具备先进的省电模式，开放

设定功能，用户自主设定温度标签发送间隔、接收间隔、记录启动、记录间隔。

当列车晚上回总站后，进入到停止记录模式。

RFID 在冷链物流上的应用

一、实施背景

物流运输由卸装、包装、保管一直到输送都必须有实时可视化的温度控制，才能维持原来的价值，让用户吃得放心、用得舒心。冷链物流中完整记录物资所处环境的温度，对于其保鲜以及问题原因的调查有着积极的作用。BisWin 自主研制，结合 RFID 和现代传感技术的温度标签，能够在物资身份识别的同时又能对其所处环境温度进行测量和记录，实时地判断物品在储运过程中环境温度是否超出允许范围，实现品质全过程可追溯。

二、方案介绍

1. 温度标签：2.45GHZ 系列温度标签，具有抗低温、防水、冷凝等功能，适宜在冷车厢体中长时间发送信号和记录温度。其采集温度环境分为常温（-30 ℃ ~+120 ℃）及非常温（-80℃ ~+120℃，或 0~+200℃），在冷链和热链环境自主选择合适型号的产品，同时能有效了解越温报警、掌握温度变化动态规律。用户可自主设定温度标签发送间隔、接收间隔、记录启动、记录间隔。例如，在雪糕运输途中，因雪糕必须在运输途中保持-20℃恒温，若超过 10 分钟停留在 2℃以上，雪糕的口感即发生改变，雪糕也变形，为预防雪糕出现质量问题，用户可以把标签的发送间隔和接收间隔设置成 5 分钟一次，越温报警设置在 2℃，并启动记录启动功能，有限效监督雪糕运输途中的温度变化。

2. 增益可控读写器：在物流运输中，读写器的电源和外观设计完全配合车载环境，并可实行车载供电；读写器可放置于车头副驾驶员前端平台或者 DVD 空格的位置，无须改变车内装置或布局，不影响驾驶员与副驾驶员的操作；其天线为全向型和延长设计，可对车厢温度监控的物品目标进行全方位识别与追踪。用户可根据实际需要，调整读写器的识别距离，以使识别范围更加精确。配合现有车载的 GPS 一体机，BisWin 提供嵌入型读写器或是 USB 口、 RS232 口等外接读写器，共同享用 GPRS 数据传输通道。

3. 处理中控：处理中科控与读写器连接在一起放置在冷车驾驶室位置，通过处理中控可智能灵活地调整设置管理方式模式，最终实现管理目标温度；数据通过中控优化后再由 GPRS 上传，避免因为通过 GPRS 传输的数据流量过大而出现丢包的情况；当出现温度高于设定的温度区域的情况，处理中控会自动报警提示相关司机、收件方、发货方等人员采取措施；通过门磁感应，平台上能显示运输路途中有无开门以及开关门的次数、持续时间，由此可有效监控运输途中物品的温度变化及减少由于开门次数过多或过长出现过大的耗油量；可以设定运输车辆开动 / 静止时的工作模式，并选择需要上传的数据。

4. 操作平台：平台服务涵括四个强大的功能：操作平台搭建于 B/S 架构下，使用高速的云计算平台；用户可以实时了解运输车辆在路途中实时地理位置及实时监控的温度情况；BisWin 平台兼容数据导入功能，上传三方共享；对已经在使用的 WMS 平台，客户可以选择使用 Webserve 接口。

三、应用场景

A. 温箱存放

温箱是冷链和热链中最常见和单品数量最庞大的应用环境，BisWin提供的温箱智能标签的探头通过孔放进温箱内对箱内温度进行实时监控。

适合用于热链餐饮配送、海鲜食品、血包配送等。经过长期实验室验证老化测试和项目使用的丰富经验，我们的温度标签适用于100℃的高温消毒。系统的安装简便，只需将标签探头放入温箱，标签外壳紧贴于温箱外，外引RF天线入车厢，便能完成温度数据的采集。

B. 冷库存放

为整合冷链一体化智能管理，节省系统成本，BisWin提供冷库温度监控系统，温度传感器的GPRS+温度探头放入冷库内固定，通过固定在冷库外的GPRS、GSM模块进行温度数据的传输。针对不正常的升温或降温，通过后台监控报警后，工作人员迅速采取降温或升温措施。，从而降低或避免损失。

C. 冷车存放

温度标签直接放置在冷车车厢内对运输物品进行温度监控。把读写器放在驾驶室，把RF天线引入冷厢内，温度标签直接放入冷厢内，寻找合适的位置固定。通过读写器，将冷车内的温度变化实时传输给温控中心。控制中心负责与智能车载终端的信息交换，各种短信息的分类、记录和转发，与其他相关职能部门的网络互连，以及这些部门之间业务信息的流动；同时对整个网络状况进行监控管理。适合用于血液，疫苗生鲜食品、雪糕车、冻肉、配送等。

（来源：物流知识网　2004年5月9日）

ERP系统是怎样对企业仓储及物流的集成管理的

一、企业仓储的发展过程

回顾我公司（上海烟草机械有限责任公司）从诞生到现在，历经百年不断发展，逐渐从一个以生产制造轻工机械为主转型为以生产高速、高可靠性的烟草包装机械为主的企业，拥有了世界一流的数控加工设备和精密仪器、柔性加工中心、复合机床、三座标测量仪等精密设备。与此同时，作为企业所有生产资料的“水库”一一仓储也随着生产活动的发展，分为了三个不同的时期：

（一）平面库时期

这阶段主要是依靠人工、吊车、铲车、升降机以及其它辅助机械来实现生产所需材料的配送和管理。公司各部门如需领用，大多通过纸质文档进行交互，　由于当时机械制造所需材料不多，工艺相对简单，人工操控的半机械化即可满足生产上对于物料重复存取和搬运的要求，虽然效率不高，但优点在于其便捷的操控性和实时的直观性。

（二）平面库＋高架库时期

从上世纪中期开始，　由于自动化技术的提高和计算机的普及相继出现了自动识别和分拣，AVG引导小车、旋转货架等系统，这些都对仓储的发展起到了不可或缺的促进作用。我公司制造的烟机产品也与时俱进，不但完善了产品类型，而且还提高了机器的包装速度。因此，只靠平面库来管理物资已经不能满足生产需要，所以，公司与沈飞合作新建了高架库用来弥补平面库的不足。在计算机的辅助下，存储在高架库中的生产物资得到了更为有效的控制和管理， 并且能够被准确的记录进出库时间，显示剩余库存和库位。与计算机相结合的高架库其优点在于库存信息得到及时的汇总，管理人员可以根据需要掌握货源和生产需求，而计划员也可以方便地做出供货决策；但是其缺点也是显而易见的，计算机只在高架库、平面库间使用，与其它设备各自独立，因此也被形容为自动化的孤岛。

（三）平面库 + 高架库 + 立体库时期

进入 21 世纪，烟草制造行业得到更为迅猛的发展，我公司不但从国外引了各种高速高精度的仪器设备，还遵照“科学技术是第一生产力”建立了科研开发基地，以高起点技术引进为基础，集技术开发、铸造、热处理、金属切削、装配调试、服务以及人员培训为一体。公司目前已具备相当规模，产品以卷烟包装设备为主，同时提供大修理、零配件业务和一些高技术含量的机械产品制造，年产值达到 15 亿元，产品覆盖全国各卷烟生产企业，占国内市场 2/3。

由于业务大量增多，机型不断更新和增加，在制造中使用的生产物资数量也急剧膨胀， 旧有仓储系统再次拖累了企业制造进度。2010 年，公司与昆明船舶公司合作，彻底再造了一个新的高架库，新增了立体库，拓展了原有的平面库，达成了三位一体，各司其职。

另外，计算机也普及到了企业的各个部门，物资调配由计划部统一管理，制造计划由生产部安排，各部门利用计算机在企业网中协调工作，达成了“集成系统”的概念。集成化系统的优势在于整个系统有机协作，使总体效益和生产的应变能力大大超过原本各部门独立效益的总和，减少了原本顾此失彼的情况。

二、ERP 系统与企业仓储及物流的关系

（一）仓储在 ERP 中的地位

ERP 起源于制造业，因此生产模块处于系统的核心地位。一个企业的主要业务在于接受客户订单，采购原材料，存储中间产品，生产制造成品，销售产品，售后服务。从原材料到产品正是在样一条链上实现增值的。俗话说：计划赶不上变化，随着企业实际需求的不断变化以及 ERP 系统本身应用领域的不断扩大，ERP 系统所包含的模块也在不断增加。作为“第三利润源泉”的仓储管理其重要性不言而喻，它直接参与了生产活动的全过程，是生产经营的“循环消化系统”，它的健康与否直接影响了企业生产制造的各各方面。通过使用 ERP 系统来协调仓储运作不仅可以加快制造企业在供应链上实体物料的配送，还可以加速各部门之间的信息流以及财务上的资金流，使水库成为一条流动的河。由此可见，一个高效率的仓储管理不仅仅协调了企业中各部门关于物资的使用，而且还给计划员提供了一个具有价值的参考，实现了物质资源的高效流动，为企业带来了巨大的经济效益。

（二）ERP 系统能为企业物流管理排忧解难

据统计，我国物流成本一般占总成本

的30%～40%，有效的物流管理可以节省15%～30%物流成本，并大大减少库存和运输成本。在采用ERP系统之前，公司各部门只能安排本部门的物流活动，并且生产计划全由人工管理，缺乏整体上的规划和协调， 故而经常出现当前急需装配的物资还没有到位，而不急需的物资却早早的到了库存之中。库存物资的积压使每月盘库下来的库存成本居高不下，大大降低了企业资金的周转速度。采用ERP系统能为企业物流管理排忧解难，管理人员可以在ERP系统中协调各部门对物资的使用，例如：设定安全库存量以及批量订货天数等。在整体上实现了有效的物流管理，有助于企业突破资金利用率的瓶颈，提高生产效益。

三、ERP系统在我公司仓储及物流管理中的作用

随着烟草行业组织结构调整不断深入，我公司统一了采购部、销售部、大修理、制造部四大部门。统一前的这四个部门都有各自的信息化系统支持，但存在以下两种矛盾：

首先，各部门对库存物资的利用上不尽如人意。例如：几个部门在一个时间段内都需要同一物料，但是实际库存数量却不能满足他们的需要，从而影响了生产进度，更有甚者影响了客户满意度。

其次，各部门信息化系统运行也存在不兼容的情况， 四个部门间的数据无法有效的进行共享，对其它部门有价值的信息也无法及时的交流，降低了部门间的运行效率。

为解决企业生产制造中的矛盾，公司与Forth Shift（四班）公司合作，建立了ERP系统，使四大部门能在统一的平台中进行系统化和整体化的仓储和物流管理。ERP系统就类似人的中枢神经，将各种有价值的信息和先进的管理模式有效结合起来并用于企业生产制造中。同时，也使各部门达成了信息上的互通，实现对多点生产制造的实时控制，确保产品满足客户需要，有效降低库存成本，提高了库存资金周转率和企业本身形象。

自2003年ERP系统实施以来，我公司在降低仓储及物流成本方面取得显着成效：

采购计划方面：通过运行ERP系统中的MRP II，可以准确的预知在某个时间段所需要的配件，然后有的放矢的按计划下达采购订单。今年企业还将开展寄售业务，即在合作的供应商中挑选供货能力强、配件质量稳定可靠、售后服务较为完善的进行采购协同，从而达到减少企业库存量、降低供应链成本的目的。而合作供应商也可通过WEB方式，查询我公司下达的采购订单，结合其生产进度有计划地安排生产和交货。

优化库存方面：由于新高架库等的投入使用，计划部精简了原有库区的分布，使原来的七大库区变成了三大库区，物资的存取方式也由原来的“下进下出”改成“下进上出”，极大地提高了物资存取速度。并且，通过运行ERP系统中的库存查询，可准确查询零配件的出入库信息、当前存放的具体库区、楼层等信息，也可根据管理需要，实时调整库存结构，使之不断优化，提高仓库利用率。

产品大修方面：各种机型的备用零件归类存放，当需要使用时，只要下达一个销售订单即可马上提取所需物料。事后更可以按照厂家、所修机型或配件统计出某一时间段的备件消耗明细和金额，以此

作为以后制定各类备件库存计划的依据，做到心中有数，从而达到减少备用零件库存量，减少了库存资金。制造整机方面：ERP 系统对基础零件、原辅材料、机型结构等数据进行全面集成，各种模块的有效结合实现了生产的实时监控和管理。另外，计划员可以很容易的查询当前订单中某物料的库存量，根据库存量来合理的安排产品制造。

ERP 系统在国内起步较晚，虽然当前在各企业的采用率比较高，不少企业更将它视为一个现代化、数字化企业的标志，但是我们更应该用理智的目光来看待它，将 ERP 系统应用到各部门中，提高企业自身管理水平。随着企业信息化领域的不断扩大，ERP 系统所包含的模块也越发丰富，仓储和物流模块便是其中很重要的一部分。中国企业的仓储及物流目前还存在一些效率低下的状况，因此，我们一定要重视起它们的作用，利用信息化解决企业在产品运营中遇到的“一进一出”之间的矛盾，使仓储、物流系统更高效地运转起来为企业服务，使企业资源得到最有效的利用，这也是仓储及物流发展的原则和目标。

（来源：万方数据　2013 年 12 月 03 日）

大数据在物流企业中的应用

在这个信息爆炸的时代，物流企业每天都会涌现出海量的数据，特别是全程物流，包括运输、仓储、搬运、配送、包装和再加工等环节，每个环节中的信息流量都十分巨大，使物流企业很难对这些数据进行及时、准确的处理。随着大数据时代的到来，大数据技术能够通过构建数据中心，挖掘出隐藏在数据背后的信息价值，从而为企业提供有益的帮助，为企业带来利润。

物流企业应用大数据的优势

面对海量数据，物流企业在不断加大大数据方面投入的同时，不该仅仅把大数据看作是一种数据挖掘、数据分析的信息技术，而应该把大数据看做是一项战略资源，充分发挥大数据给物流企业带来的发展优势，在战略规划、商业模式和人力资本等方面作出全方位的部署。

(1) 信息对接，掌握企业运作信息

在信息化时代，网购呈现出一种不断增长的趋势，规模已经达到了空前巨大的地步，这给网购之后的物流带来了沉重的负担，对每一个节点的信息需求也越来越多。每一个环节产生的数据都是海量的，过去传统数据收集、分析处理方式已经不能满足物流企业对每一个节点的信息需求，这就需要通过大数据把信息对接起来，将每个节点的数据收集并且整合，通过数据中心分析、处理转化为有价值的信息，从而掌握物流企业的整体运作情况。

(2) 提供依据，帮助物流企业做出正确的决策

传统的根据市场调研和个人经验来进行决策已经不能适应这个数据化的时代，只有真实的、海量的数据才能真正反映市场的需求变化。通过对市场数据的收集、分析处理，物流企业可以了解到具体的业务运作情况，能够清楚地判断出哪些业务

带来的利润率高、增长速度较快等，把主要精力放在真正能够给企业带来高额利润的业务上，避免对高额利润的业务投入力量不足，造成无端的浪费。同时，通过对数据的实时掌控，物流企业还可以随时对业务进行调整，确保每个业务都可以带来赢利，从而实现高效的运营。

(3) 培养客户黏性，避免客户流失

网购人群的急剧膨胀，使得客户越来越重视物流服务的体验，希望物流企业能够提供最好的服务，甚至掌控物流业务运作过程中商品配送的所有信息。这就需要物流企业以数据中心为支撑，通过对数据挖掘和分析，合理地运用这些分析成果，进一步巩固和客户之间的关系，增加客户的信赖，培养客户的黏性，避免客户流失。

(4) 数据“加工”从而实现数据“增值”

在物流企业运营的每个环节中，只有一小部分结构化数据是可以直接分析利用的，绝大部分非结构化数据必须要转化为结构化数据才能储存分析。这就造成了并不是所有的数据都是准确的、有效的，很大一部分数据都是延迟、无效、甚至是错误的。物流企业的数据中心必须要对这些数据进行“加工”，从而筛选出有价值的信息，实现数据的“增值”。

大数据在物流企业中的具体应用

物流企业正一步一步地进入数据化发展的阶段，物流企业间的竞争逐渐演变成数据间的竞争。大数据能够让物流企业能够有的放矢，甚至可以做到为每一个客户量身定制符合他们自身需求的服务，从而颠覆整个物流业的运作模式。目前，大数据在物流企业中的应用主要包括以下几个方面。

(1) 市场预测

商品进入市场后，并不会一直保持最高的销量，是随着时间的推移，消费者行为和需求的变化而不断变化的。在过去，我们总是习惯于通过采用调查问卷和以往经验来寻找客户的来源。而当调查结果总结出来时，结果往往已经是过时的了，延迟、错误的调查结果只会让管理者对市场需求做出错误的估计。而大数据能够帮助企业完全勾勒出其客户的行为和需求信息，通过真实而有效的数据反映市场的需求变化，从而对产品进入市场后的各个阶段作出预测，进而合理的控制物流企业库存和安排运输方案。

(2) 物流中心的选址

物流中心选址问题要求物流企业在充分考虑到自身的经营特点、商品特点和交通状况等因素的基础上，使配送成本和固定成本等之和达到最小。针对这一问题，可以利用大数据中分类树方法来解决。

(3) 优化配送线路

配送线路的优化是一个典型的非线性规划问题，它一直影响着物流企业的配送效率和配送成本。物流企业运用大数据来分析商品的特性和规格、客户的不同需求（时间和金钱）等问题，从而用最快的速度对这些影响配送计划的因素做出反应(比如选择哪种运输方案、哪种运输线路等)，制定最合理的配送线路。而且企业还可以通过配送过程中实时产生的数据，快速地分析出配送路线的交通状况，对事故多发的路段做出提前预警。精确分析配送整个过程的信息，使物流的配送管理智能化，提高了物流企业的信息化水平和可预见性。

(4) 仓库储位优化

合理的安排商品储存位置对于仓库利用率和搬运分拣的效率有着极为重要的意

义。对于商品数量多、出货频率快的物流中心，储位优化就意味着工作效率和效益。哪些货物放在一起可以提高分拣率，哪些货物储存的时间较短，都可以通过大数据的关联模式法分析出商品数据间的相互关系来合理地安排仓库位置。

物流企业应用大数据时存在的问题及对策

物流企业信息系统中拥有数万亿字节的用户信息、商家信息以及业务运营信息，数据已经成为业务活动的副产品。尽管大数据的应用意味着大机遇，拥有着巨大的商业价值，但在应用的过程中也面临着数据质量、管理政策、资金投入等诸多方面的挑战。只有解决这些基础性的挑战问题，才能充分利用这个大机遇，让大数据为物流企业创造价值。

(1) 大数据的质量和实效性难以把握

大数据来源有很多，数据结构随着数据源的不同而不尽相同，物流企业要想从多个数据源及时地获取高质量的数据并进行有效地数据整合，是一个巨大的挑战。在数据收集的阶段，由于数据的变化较快，有效期很短，而且单一的数据结构难以满足物流企业对数据的需要，如果物流企业没有实时的收集所需的数据，那么收集到的数据很可能是无效的，过期的数据，在一定程度上影响着数据的质量。因此，物流企业应该重视大数据收集的质量问题，建立专门的数据库和专门的数据仓储设备来储存数据，保证数据的质量和有效性。同时，数据库管理员应该根据数据的结构设计数据存储和使用标准，以方便数据的快速读取和利用。

(2) 物流企业高层管理者对大数据技术缺乏高度的重视和支持

只有得到了物流企业高层管理者的重视，一系列跟大数据有关的应用及发展规划才能有望得到推动，大数据的价值才能在物流的运营过程中真正的挖掘出来。然而，大数据在中国还处于不成熟的阶段，再加上大数据本身的多样性和复杂性，使得大数据的质量就无法得到有效、全面的保证，许多的物流企业高层管理人员还没有意识到大数据挖掘技术、大数据分析技术给自身企业带来的商业价值到底有多大，对大数据的认识还没有真正提升到企业发展的战略高度。因此，物流企业高层管理者应当加强对大数据的认识，清楚大数据在信息时代的真正价值所在，建设完善的数据中心和完善的数据质量保证制度，带领企业迎接这场没有硝烟的大数据战争。

(3) 数据中心亟需专业的数据管理人员 (cdo)

专业数据管理人员的配备才是保证大数据质量的关键，由于大数据本身的多样性、复杂性增加了大数据在处理和管理上的难度，现在物流企业亟需专业的既懂得数据挖掘、数据分析技术，又熟悉物流企业运营的复合型技术人才即首席数据官(chiefdataofficer，cdo)。因此，在大数据环境下，物流企业想要充分利用这一机遇就必须加大对 cdo 这样的新型管理人才的招聘。

(4) 将非结构化的数据转化为结构化的数据是一项巨大的挑战

数据有着结构化数据和非结构化数据之分，结构化数据是指储存在数据库里，只能用二维表结构来表达的数据；而非结构化数据是指包括所有格式的文本、图片、办公文档、各类报表 html、xml、图像和音频/视频信息等等。在物流企业的运营过程中，非结构化数据的存储必须要先转化为结构化的数据才能够存储，因此，引进先进的数据转化技术是物流企业数据质量的保证。

(5) 数据开放与隐私的平衡，亦是一大难题

在信息时代，用户的各种行为需求都是可以被记录的，甚至各种习惯、爱好，电话号码，个人信息都会被记录在数据库里，这些数据的泄漏必然会给客户带来一些不必要的骚扰。因此，面对激烈的物流企业间的竞争，推动数据全面开放、应用和共享的同时，物流企业内部必须完善保护客户隐私的规章制度，同时国家也应逐步加强隐私立法。

总结与展望

总之，大数据已经渗透到物流企业的各个环节，引起物流企业普遍关注的同时已经给它们带来了高额效益。但是，面对大数据这一机遇，物流企业的高层管理者仍需给予高度的重视和支持，正视并解决企业应用大数据时存在的问题。

（来源：中国物流采购网）

物流企业信息化现状分析

我国物流企业呈二元结构：理念先进，信息化实力强大的跨国公司以及少数国内先进物流企业和国内功能单一、规模较小的物流企业同时并存。

我国物流企业呈二元结构：理念先进，信息化实力强大的跨国公司以及少数国内先进物流企业和国内功能单一、规模较小的物流企业同时并存。

由于我国经济发展以及经济体制建设的原因，我国现阶段的物流企业主要是由原国有物资企业发展而来的。目前主要有以下几种存在状态：

继续扮演原有物资企业的角色。此类企业主要连结工业品生产资料的生产与消费，从生产企业购进物资销售给消费者，在这个流通过程中从事各种流通活动，把销售服务作为主要对象。主要从事一手购进、一手销售的营销活动，主体功能单一，虽然也配合销售实施运输、储存、装卸、包装和信息等服务，但均系从属并服务于销售的辅助动能，且彼此分割。

以主要提供物资储存服务的物流企业。是从传统物资储运公司改制发展而来的，目前占主导地位。这部分企业以原有仓库为依托，以提供仓储服务为主要服务手段，并且仓储服务为企业的主要利润来源，兼以提供运输、配送、简单包装等服务，这些服务一般均为服务从属地位和辅助经营手段。这部分企业一般与第一种形态的企业相配合，在一定的区域内形成组织较为松散的专业市场，例如北京、上海的几大钢材市场。在这类企业目前规模均偏小，市场均由十几家乃至几十家仓储企业组成的。而像中国储运总公司这样的大型企业，能够凭借原有的物流业务基础和在市场、经营网络、设施、企业规模等方面的优势，不断拓展和延伸其他物流服务，向现代物流企业逐步转化，是少之又少。

以提供物资的运输载体为主要业务来源的物流企业。是传统运输企业经过改造

转型而来的，目前占领我国物流市场较大的份额，主要提供铁路、航空、公路、海运、内河运输等服务，发挥着第三方物流企业的功能。较为突出的企业有中远国际货运公司、中国对外贸易运输（集团）总公司、中铁快运等。这类企业是现代企业改革的产物，管理机制比较完善，发展比较快，已经具备了成为第三方物流企业的条件。

外资和合资物流企业。此类企业最初进入我国市场，主要是为原有客户一一跨国公司进入中国市场提供延伸服务，另一方面用它们的经营管理理念，经营方式以及系统、优质的服务也吸引子中国的优秀企业，目前正逐渐向中国物流市场渗透，并且市场份额逐步扩大。如日本的近铁物流、三井物产等。

民营物流企业。它们由于机制灵活、管理成本低等特点，发展迅速，是我国物流行业中最具朝气的物流企业，但目前企业规模均不大，像广州的宝供物流集团这样的大型民营物流企业太少了。

从信息化建设的角度来看，中国的物流企业还处在相对比较原始、低级的阶段。据统计，已经实施或是部分实施信息化的企业只占了21%，全面实施信息化的企业只有10%。在整个行业的供应链当中，企业与上下游之间的信息流没有打通，流通环节多而导致流通成本居高不下，这也是因为很多物流企业信息建设层次较低，造成信息不畅所致。比较突出的问题及其原因是：

1. 信息化的意识淡薄

现代物流不仅要求物流管理的各个环节实现自动化、智能化，而且要求物流运作的各种业务，即采购物流、生产物流、销售物流、回收物流的专业化和高效化，这就要求由独立的物流企业利用各种先进的物流设备和软件系统进行物流活动的组织。但是受现行经营体制的制约，我国多数企业的物流活动由企业内部组织完成。有关样本调查数字显示：在工业企业中，36% 和 46% 的原材料物流由企业自身和供应方企业承担，而由第三方物流企业承担的仅为 18%。产品销售物流中由企业自理与第三方物流企业共同承担比例分别是 24.1% 和 59.8%，而由第三方物流企业独立承担的仅为 16.1%。这种状况严重限制了物流活动向专业化、信息化方向发展，现有物流企业不能开发广大的市场，自然没有足够的资金改善自己的信息化设施和提高信息化管理水平。另外，人才是实施物流管理信息化的关键，目前物流企业普遍缺乏复合型的物流信息管理人才。

2. 技术物流设备落后

信息技术和物流设备落后已成为制约我国物流企业发展的瓶颈。目前，信息技术在物流企业方面的应用不仅比较少，而且应用层次较低，计算机应用多局限在办公自动化和日常事务处理方面。根据中国仓储协会调查，2004 年绝大多数物流企业尚不具备运用现代信息技术处理物流信息的能力。在拥有信息系统的物流企业中，其信息系统的业务功能和系统功能还不完善，缺乏必要的订单管理、货物跟踪、仓库管理系统和运输管理系统等物流服务系统，物流信息资源的整合能力尚未形成。而且在国外物流企业得到广泛实用的条码技术、RFID、GPS/GIS 和 EDI 技术在中国物流企业的应用也不理想。另外，多数国内物流设备也都比较陈旧，包括立体仓库、条码自动识别系统、自动导向车系统、货物自动跟踪系统在内的物流自动化设施，应用不多。与国外以机电一体化、智能化为特征的物流管理自动化相比，差距很大。

3. 信息资源管理混乱

企业物流信息资源开发是物流信息化建设的核心任务，开发物流信息资源既是物流信息化的出发点，又是物流信息化的归宿。目前，许多物流企业的物流信息化工作没有解决好运作层和运作管理层的信息采集问题，以至于系统缺乏足够信息源，因而大大影响整个企业信息资源的开发利用。另一方面，不少企业忽视信息资源规划工作，缺乏统筹规划和统一的信息标准，致使设计、生产和经营管理信息不能快捷流通，不能共享，形成许多“信息孤岛”，企业还没有享受到信息化投资应产生的效益，从而严重阻碍了物流管理信息化的进程。

4. 信息化建设投入不高

近年来，我国物流企业在信息化建设方面的投资更趋于理性，但与发达国家物流企业信息化建设的投资相比还相差甚远。对已建立信息系统的物流企业调查显示，投资规模低于50万元的物流企业占所有接受调查企业的53.25%，高于100万元的占34.3%。系统投资规模基本上与企业的规模大小成正比。而在未建立信息系统的企业中，98.2%的企业计划投资规模低于50万元。在系统软件开发方式上，37%的企业选择了购买软件，26.1%的企业采取委托开发的方式，16.8%选择联合开发或自主开发，只有3.4%的企业将软件开发长期外包。

5. 缺乏高素质的综合性人才

现代物流作业过程环节多而复杂，物流信息量大，还具有不确定性、难以捕捉的特点，因而对从业人员的技术要求很高，因此现代物流企业应属于人才密集型企业。而目前我国绝大部分第三方物流企业缺乏这种既熟悉现代物流信息化运作规律，又懂得生产管理的专业人才。

据有关样本调查数据显示，三年以下工作经验占75.69%，其中即将毕业的学生（毫无工作经验的）占33.89%，三年以上有物流工作经验只占15.3%。大专学历占32.85%，本科学历占33.14%，硕士及以上的占9.55%，综合性的复合型人才。

浅谈物流信息系统的安全等级保护

上海市黄浦区电子政务管理中心 顾树钧

摘要：在对物流信息系统安全风险进行研究的基础上，根据信息安全等级保护相关标准，提出一系列解决方法。

1 引言

随着电子商务的爆炸式发展，物流行业正不断的向信息化、智能化方向发展。物流企业越来越多的依靠网络实现与供应商、消费者、政府部门的联系、协调、服务、合作。物流信息系统作为物流企业日常运作、管理和决策的平台，其系统的安全性已经成为威胁企业整体安全的一个重要隐患。交通运输部于2012年5月发布《关于进一步开展交通运输行业信息安全等级保护工作的通知》，要求到2015年底前，基本建立交通运输行业信息安全等级保护常态化运行和监督检查机制，完善管理制度和技防手段，切实提高交通运输行业信息安全防护能力、隐患发现能力、应急处置能力，为交通运输行业信息化健康发展提供可靠保障。本文从信息安全等级保护的标准出发，提出了物流企业开展信息系统等级保护工作中一系列需要关注的问题，希望可以对物流企业信息系统的建设提供一些借鉴。

2. 物流信息系统面临的主要安全风险

2.1 物理环境的风险

物流企业特别是中小型企业对信息化的投入是有限的，客观上造成了物流信息系统的服务器、交换机等核心设备只能部署在不符合安全标准的环境中，一旦遭遇地震、火灾、暴雨进水、大面积停电等灾害情况时，系统立即危险环境中，轻则中断服务，业务停顿，重则数据丢失、系统奔溃。

2.2 网络环境的风险

物流企业具有业务覆盖面广，地理分布分散的特点。这就促使物流企业往往选择互联网作为承载其物流信息系统的网络平台，总部与分支机构的联系，各类业务的协同处理等物流企业的日常活动的开展都将依赖与互联网。由于互联网本身存在的安全漏洞极多，物流信息系统如果防护不当，将极易受到不法人员或组织的监听、盗取、干扰和篡改，从而进一步使整个信息系统处在不安全、不稳定的状态，影响物流企业经营业务的正常开展。

2.3 人员的风险

物流企业人员流动性较大，人员素质参差不齐。当信息系统将整个经营活动数字化后，往往一个打包文件就可以存储几万甚至几十万条经营数据，这给部分不怀好意的内部人员提供了作案的条件。已经发生过物流从业人员将业务数据出卖的情况。这类案件造成了用户和企业信息的大量泄露，也给涉案企业带来品牌和声誉的损害。

3. 信息安全等级保护

信息安全等级保护是我国信息安全保障的基本制度、基本策略、基本方法，开展信息安全等级保护工作是促进信息化发展，维护国家信息安全的根本保障。2007年公安部等国家四部委下发了《信息安全等级保护管理办法》，明确了我国对开展信息安全等级保护的目标和任务。

3.1 信息系统等级保护的意义

开展信息安全等级保护工作，有效体现“适度安全、保护重点”的目的，将有限的财力、物力、人力投入到重要信息系统安全保护中，按标准建设安全保护措施，建立安全保护制度，落实安全责任，加强监督检查，有效提高我国信息和信息系统安全建设的整体水平。

建立信息安全等级保护制度，开展信息安全等级保护工作，有利于在信息化建设过程中同步建设信息安全设施，保障信息安全与信息化建设相协调；有利于为信息系统安全建设和管理提供系统性、针对性、可行性的指导和服务；有利于优化信息安全资源的配置，重点保障基础信息网络和关系国家安全、经济命脉、社会稳定等方面的重要信息系统的安全；有利于明确国家、法人和其他组织、公民的信息安全责任，加强信息安全管理；

3.2 信息系统等级保护的规定和标准体系

《信息安全等级保护管理办法》

《计算机信息系统安全保护等级划分准则》

《信息系统安全等级保护实施指南》

《信息系统安全等级定级指南》

《信息系统安全等级保护基本要求》

《信息系统安全等级保护测评要求》

《信息系统安全等级保护测评过程指南》

4. 物流信息系统安全等级保护的实施

4.1 定级备案

等级保护工作中有“自主定级、自主备案”的原则。各物流企业应根据其自身的业务特点、业务范围、经营模式，对照相关标准，综合评价信息系统的安全定级。定级主要从系统被破坏后，受侵害客体和受侵害的程度角度进行考量，分为 5 个级别：第 1 级，信息系统受到破坏后，会对公民、法人和其他组织的合法权益造成损害，但不损害国家安全、社会秩序和公共利益。第 2 级，信息系统受到破坏后，会对公民、法人和其他组织的合法权益产生严重损害，或者对社会秩序和公共利益造成损害，但不损害国家安全。第 3 级，信息系统受到破坏后，会对社会秩序和公共利益造成严重损害，或者对国家安全造成损害。第 4 级，信息系统受到破坏后，会对社会秩序和公共利益造成特别严重损害，或者对国家安全造成严重损害。第 5 级，信息系统受到破坏后，会对国家安全造成特别严重损害。物流企业完成定级后应主动向当地等级保护管理单位（一般为公安局）进行备案。

4.2 物理安全

这里的物理主要是指物流信息系统的服务器、交换机、路由器等核心设备所处的物理环境，主要包括以下几个方面：（1）机房位置的选择，应远离水源、火源、电磁干扰源，楼层承重应符合要求，避免在建筑物的顶楼和地下室，应具有良好的接地性能。（2）温湿度控制，机房应配备独立的空调设备，保持机房温度和湿度的恒定，温度应保持不高于 25 摄氏度，湿度应控制在 45%--60%（3）机房出入控制和防盗防破坏，应配置可追溯的电子门禁系统，视频监控系统，对不同区域应设置物理隔离。（4）防火防漏水，机房应设置烟火报警和消防设施，有条件的可配置惰性气体灭火装置，机房应配置漏水报警设施。（5）有条件的机房应配置不间断电源（UPS），防雷击和电源浪涌设施。

4.3 网络安全

物流信息系统网络覆盖面广，接入系统多，应充分考虑网络威胁所带来的安全风险，做好网络的防护工作。遵循“控制边界，保障核心”的原则，可以从以下几个方面进行加强：（1）强化边界保护，在物流系统接入的各个网络边界上应部署防火墙、入侵防御等安全设备，实现物流信息系统与其他接入网络，特别是与互联网的逻辑隔离。（2）总部与分支机构的网络连接应采用相对安全的 VPN 接入方式，控制接入对象和其权限，实现对传输过程的加密，保证业务信息的安全。（3）对关键网络设备的业务处理能力应具备冗余空间和足够的网络带宽，保证业务高峰的需求。（4）对与物流信息系统相关联的全球定位系统（GPS），地理信息系统（GIS），财务系统等外接系统应做好网段区域划分和访问控制。（5）对网络设备应开启审计功能，记录网络操作事件，保证追溯定位能力。

4.4 主机安全

由于与物流信息系统相联的设备众多，这里的主机是指部署物流信息系统的服务器、磁盘阵列等设备。主要应做好以下几个方面的保护：（1）对设备和操作系统应强化身份鉴别措施，设置高强度的密码，有条件的可以设置生物鉴别措施（指纹、面部识别、虹膜扫描等）。（2）各主机应按安装反病毒和木马的安全程序，并及时升级代码特征库。（3）对主机上的操作系统应及时升级补丁程序，消除隐患。（4）应对主机的存贮空间进行合理分配和配额限制。

4.5 应用安全

应用是是物流信息系统进行业务处理的计算机程序，是整个系统的业务处理的逻辑表现形式，是与用户进行交互的基本界面，是物流信息系统的关键部分。物流信息系统的成功与否与其有直接关系。应用层面的安全工作应从整个物流信息设计的设计起就同步开展，主要应关注以下几个方面：（1）系统设计时应充分考虑表现层与数据层的分离，实现三层架构设计。（2）严格执行软件工程原则，开发过程中应杜绝人为的后门程序、注入漏洞和恶意代码的存在。（3）对跨区域的数据传输存贮应进行加密处理。（4）系统应实现对各类操作的日志记录功能，强化操作的不可否认性，以便于责任追溯。（5）与其他系统和应用的接口（GIS、GPS 等）应采用通用接口和数据交换标准。

4.6 数据安全

数据是物流信息系统传输、处理、存贮的各种信息，是整个物流信息系统的根本和源头，是整个物流信息系统的核心。数据安全就是保障物流信息系统中各类业务数据的安全，可以从以下几个方面来开展工作：（1）强化数据使用的管理，在设计时就要明确数据流的方向，统一数据调用接口和界面。（2）加强对数据库系统使用的管理，建立明确的分权制度，严控数据导入导出操作。（3）对核心的业务数据（用户资料、合同信息、财务信息等）应进行加密存贮，防止非法利用。（4）配置数据库审计设备，加强对数据库的操作记录。（5）对数据库应设置合理的备份机制，防止因意外事件导致的数据丢失，对注重高可用性的物流信息系统应配置镜像数据库。

5. 结语

信息系统等级保护是一个动态的过程，需要各个物流企业在实施的过程中循序渐进的推进。各个企业在规划设计物流信息系统是就应该将等级保护的要求进行通盘考虑，做到安全建设和系统建设“同设计、同实施、同步投入使用”。对系统在运行过程中发现的新安全漏洞、威胁也应该及时处理，从而保障物流信息系统安全、稳定运行。

物流仓储行业的现状和信息化建设

福建星网锐捷网络有限公司 王永兴

物流活动的最终目的是要使商品流通的时间缩短，达到快速送达目的地，保证商品质量完好无损，节省流通费用，提高工作效率，降低商品在流通中的成本，达到社会效益和企业效益合理统一。仓储业是物流的一个重要纽带，物流系统的迅速发展要求有完善的仓储作业水平为保障，而目前我国仓储业的发展还无法满足需要。

我国仓储业的现状：截止至2013年底，全国仓储企业2.44万家，比同期增加7%；从业人员71万人，同比增长8.4%；行业资产总额1.7万亿元，同比增长11.8%。全国营业性通用仓库面积8.6亿平方米，比上年增长23%，其中，立体仓库在2亿平方米左右，约占23.2%；全国冷库总容积为8345万平方米，同比增长9.68%。2013年，仓储业固定资产投资额为4200.7亿元，同比增长了34.6%。

虽然仓储业在迅猛发胀，但是目前情况也不容乐观。大部分仓库设备陈旧落后。据普洛斯集团及其他仓储设施营建商称，中国只有不到20%的仓库可以被归入现代化之列，即拥有全电脑化的跟踪系统和最新的零售技术。许多为阿里巴巴及其同行们服务的仓库位于卡车很难进出的地方。它们通常没有可以让包裹直接从传送带滚入货车拖斗中的装车高台，而是采用人工方式装卸货。

一、上海自贸区的仓储情况

上海自贸区整合四大保税区，全面覆盖了港口、海运、空运、仓储等领域的物流市场，在政策与需求强烈驱动下，上海自贸区将成为中国最大物流特区，其发展模式会直接推动长江经济带的物流业发展，尤其是在国际电商物流、国际航运中心、国际空港枢纽三个方面，将迎来重大历史机遇。

物流业作为自贸区建设的最受益领域，在扩大对外贸易等改革政策推动下，今年以来物流货物转运、航运服务周转等业务发展迅猛。最新海关数据显示，今年前8月，上海自贸区企业进出口货物总值达5004亿元，比去年同期增长9.2%，高于全国平均水平8.6个百分点，效果显著。另外，集装箱吞吐量和国际中转箱量，也保持稳定增长态势。

自贸区建设的推进，极大地促进了贸易便利化，也给物流仓储等基础设施企业带来市场空间。2014年8月20日，亚马逊（中国）投资有限公司宣布与上海自由贸易试验区（以下简称“自贸区”）、上海市信息投资股份有限公司（以下简称“上海信投”）达成合作，建设物流仓储平台，为中国企业出口商品配送全球提供物流仓储服务，打造辐射全球贸易的物流中心。

二、未来仓储的信息化建设

《2014-2018年中国仓储行业深度研究及前景预测报告》显示，对中国仓储业来说，机遇与挑战并存。由于仓储服务大部分领域全面对外开放，市场准入方面的障碍已经不再存在，大量外资进入中国仓储领域，独资企业林立。未来仓储业将进入一个高速发展期，且在设施建设、业务发展、经营管理三个方面继续突破，仓储业的固定资产投资与业务规模将会继续大幅增长，仓储企业的经济效益将随增值服务的发展逐年提高。这也要求我们在仓储的信息化建设中提出了更高的标准。

（1）仓储机械化、自动化

仓储作业大都负荷中，作业两大，作业环境恶劣，时间紧，存在着众多系统性不安全隐患，因而仓储机械化是仓储业发展的必然。仓储企业应通过机械化实现最低的人力作业，加大企业集成度，减少人身伤害和货物损害，提高作业效率的目标，随着货物运输包装向着大型化，托盘化的发展，仓储也必然要向机械化过渡。仓储自动化是指由计算机管理控制仓库的仓储。在自动化仓库中货物仓储管理、环境管理、作业控制等仓储工作，通过住处管理、扫描技术、条形码、射频通信、数据处理等技术，指挥仓库堆垛机、传送带、自动导引车、自动分拣等设备自动完成仓储作业；自动控制空调、监控设备、制冷设备进行环境管理；向运输设备下达运输指令安排运输等；并同时完成单证、报表的制作和传递。对于危险品、冷库暖库、粮食等特殊仓储，都有必要采取自动化控制的仓储。

如：亚马逊在“网购星期一”公布了有关其第八代履约中心的信息，这些履约中心配备了 Kiva 机器人从事业务活动。目前，亚马逊在全美 10 家新的履约中心配备了 1.5 万台 Kiva 机器人。此外，亚马逊还展示了 Robo-Stow，这是世界上现有的最大机械臂之一，能搬动数量庞大的库存产品。亚马逊称，新的履约中心还配备了最新视觉系统，可在最少 30 分钟内接收一整拖车的库存，而相比之下以前需要几个小时。新的系统还包含了新的图表引导计算机系统，目的是帮助人类员工履行客户订单。每当有人向亚马逊订货时，订单会传到员工的手持扫描仪上，这款设备可指引工作人员所需货物所在的位置。对货物进行扫描后，工作人员可将其放在手提包中，然后再对手提包扫描，最后放到传送带上准备出货。物流中心的传送带非常快，在肯塔基州 Campbellsive 物流中心的传送带，每秒钟可处理 426 份订单。

再如：京东斥巨资建设“亚洲一号”现代化仓库设施，为了备战“双 11”，现正式投入使用，该物流中心规划建筑面积 20 万平方米，号称全国最大的电商仓储物流中心。目前先期运行的是中件商品仓库，总建筑面积约为 10 万平方米，自动化分拣处理能力达 16000 件 / 小时，分拣准确率 99.99%。

（2）仓储信息网络化

高效的物流管理是建立在对物流进行控制和组织，要想实现高效的物流管理就需要仓库、厂商、物流管理者、物流需求者、运输工具之间建立有效的信息网络，实现仓储信息共享，通过信息网络控制物流，做到仓储信息网络化。 在国内多数企业，工作流各环节的连接是靠纸面单据完成的，这些纸面单据往往要靠人力来传输。在大型仓库，为了一个指令的下达就需要工作人员跑几个来回。虽然会上线业务系统，但是有线网络本身的局限性会限制系统性能的发挥。无线局域网是上述问题的最好解决方案。目前无线局域网技术已经日益成熟，逐步进入了企业应用。在无线仓储中，无线局域网是仓储业务的工作流通道，它使业务的运转更加流畅。借助于无线网络，管理信息系统才能真正发挥它的最大效用。无线网络也减少了不必要的纸面单据，这一变化为业务流程的重组留下了充分的想象空间。

以前的点货和发货，必须在门口一个个点，当大批货物到位时，收货平台就成了瓶颈，现在通过在仓储中心应用无线技术，配合车载、手持无线终端，工单信息能够实时下发到叉车、工人，货物信息实时计入后台数据库，不仅可以提高工作效率，更能够杜绝纰漏和舞弊。在物流行业中，由于无线用户使用的 PDA 手持设备不支持漫游或者漫游的稳定性不高，导致普通 AP 在仓储上存在缺陷，同频组网技术可以有效解决上述漫游问题。同频组网使用单一信道来部署网络，有多种实现方案，同频组网目前采用的是虚拟端口方案。Virtual Port 是指关联到 AP 的每个 STA 有一个单独的 BSSID，是同频组网技术的一种实现方案，实现时关联到同频组网的每个 STA 有一个单独的 BSSID，只有 STA 接入到 AP，AP 才会广播出这个 BSSID，随着 STA 从一个 AP 移动到另外一个 AP，这个 BSSID 也会从原先迁移到这个 AP。使用 virtual port 可以避免 Virtual Cell 时一个 STA 同时收到周围不同 AP 发出具有相同 BSSID 的不同的信号强度的多份 Beacon 报文，从而避免可能出现的 STA 因检测的 AP 的信号强度波动问题。这样对于 STA 来说，可以把整网中发出同一个 SSID 信号的所有 AP 看成一个“虚拟的大 AP”，这台“虚拟的大 AP”可以包含数百甚至数千台实际的 AP，这样就可以覆盖一块区域、一栋宿舍等等。STA 这这个覆盖范围内移动的话，也可以看成一直关联在同一台 AP 上，不存在漫游的行为，而实际上，STA 可能会工作在不同的实际 AP 上。而 STA 具体工作在哪一台 AP 上则由 AC 根据 STA 在这台 AP 上的 RSSI、这台 AP 的负载等因素决定，STA 在不同 AP 上切换由 AC 实现，STA 本身无法感知。因此通过同频组网技术，可以真正意义上实现零漫游，并且通过多层独立同频网络的部署，实现了高密度部署，并简化了部署和维护。

（3）仓储的信息化管理

对于存货品种繁多、存量巨大的物流与配送中心，要提高仓库利用率，保持高效率的存货流转，实施景区的存货控制，没有信息管理和处理是不可能实现的。仓储信息化管理包括：对账目处理、结算处理，提供实时的查询；进行货位管理、制作个中单证和报告表，进行存量控制，甚至与进行自动控制等。可以说，仓储要实现提高效率、降低损耗，从而降低成本就必须实现信息化。如：美国沃尔玛公司的仓储管理系统，能充分利用供应链上的信息，和供应商一起实现对库存的管理。供应商能直接进入沃尔玛的仓储系统了解产品的出入口和在库情况，完成销售预测，做出合适的生产安排。又比如日本的仓储管理系统，采用指标对仓储进行优化控制，完成仓储最优库存的设计，如：托盘和集装箱的使用率，临时停留场所的滞留时间，叉车的工作实效等关键指标进行控制和优化。以达到降低成本，提高效率的目的。

（4）重视对人才的培训

要重视现代化仓储工作人员的培训工作。实现仓储业现代化的关键在于科学技术，而发展科学技术的关键又在于人，没有知识，没有人才，现代化就是一句空话。要实现仓储人员的知识化、专业化，必须按现代化管理的要求，根据不同类型的仓库和工作岗位制订和实施人才培训计划，加强对仓储人员的培养、教育和提高，尽快培养出一批具有现代科学知识和管理技术、责任心强、素质高的专门从事仓储管理的干部队伍。这是实现我国仓储业乃至物流业的社会化、现代化的重要保证。

第十一篇 附录

11.1 上海物流业大事记（2013年9月-2014年10月）

＊ 2013年9月，上海邮政EMS正式推出大件物流业务。该业务覆盖全市15家分公司及各揽投部，在原有小件物流业务的基础上，满足客户批量型、重量较大的物品对邮政物流配送服务的需求。为确保大件物流业务的顺利开办，上海邮政EMS要求专人负责大件物流的日常运作以及与各分公司的协调工作，并组织各分公司市场部、揽投部以及相关信息人员和操作人员举办了大件物流业务网络电视培训班，帮助各分公司了解并掌握大件物流业务要点。首先开通此项业务的单位有闵行、市南、市中、金山、松江、市西6家分公司，共服务客户31家。

＊ 截至2013年9月，顺丰全货机数量已达31架，自有货机12架，拥有以波音757、737机型为主的全货机机队。顺丰航空自开航以来，机队规模始终保持平稳增长。顺丰速运新增“昆明-广州-南通-昆明，哈尔滨-上海-北京-哈尔滨”2条全货机专线，最快快件时效提升至24小时。公开资料显示，顺丰速运旗下除全货机外，还拥有5000多个营业网点、150多个一、二级中转场和一万多台营运车辆，业务也正在从标准化的快递服务转型为提供定制化的综合物流解决方案。依托现有的全货机资源，以夜航模式为主，百分百无缝空地对接，顺丰不断的提升快件时效。另外，顺丰速运确认已完成首轮融资，元禾控股、招商局及中信资本等机构已经以总体投资不超过25%的股份，成为顺丰的新股东。

＊ 2013年9月，为了强化安全检查工作，落实安全检查责任，提升发现安全隐患能力，保证货运旺季生产安全，南航上海货运以成立安全委员会为契机，建立并推行“三级”检查制度。上海货运依据各级安全检查的侧重点，科学制定有针对性的安全检查单，开创多级检查，层层闭环的创新检查模式，其中由现场保障班组长实时对各岗位安全生产情况进行巡查，对收运、配载、监装等关键岗位人员按照手册规范操作；分队长每周检查验收各班组安全检查情况，汇总发现问题，监督问题整改情况；科室主管每月整体把控科室安全管理工作的开展情况，确保各项安全措施落实到位。南航上海基地货运部通过“三级”安全检查制度的建立和推行，健全上海货运的安全管理体系，完善货运安全管理监督机制，深入推进货运生产安全关口前移，切实加强对现场的安全管控，避免安全检查存在死角、盲区，为货运生

产旺季奠定安全基础，确保南航上海货运高效生产，安全运行。

* 2013 年 10 月，上海铁路局进一步优化铁水联运生产组织方式，减少中间环节，做强铁水联运业务，为客户优化物流路径、降低物流成本提供新的选择。近年来，地处东部经济发达地区的上海局发挥沿海区域优势，与连云港、上海、宁波、南京等地的港口密切合作，加大基础设施投入，对部分线路实施电气化改造，不断创新运输产品设计，提升服务质量，推进路港直通运输，发展铁水联运。杭州钢铁集团公司从宁波港上岸的铁矿石经铁路实行全程物流服务，通过定点、均衡运输，企业每年可节约物流成本近两亿元。据上海局相关负责人介绍，该局做大做强铁水联运业务，将为货主优化物流径路、降低物流成本提供新的选择，进一步推动该局货运组织改革。

* 2013 年 10 月，上海邮政 EMS 与日本雅玛多国际物流有限公司签订合作协议，将共同拓展入网进境快件市场。雅玛多国际物流有限公司在日本有近百年历史。随着此次签约，双方将建立长期、稳定的合作关系，充分发挥各自优势，共同开拓入网进境快件市场，分享在电商物流等领域的先进信息技术和管理理念，为客户提供具有国际先进水平的服务体验，积极促进并推动企业 的发展和转型升级。

* 2013 年 10 月 16 日，仲量联行发布的“2013 年第三季度上海房地产市场回顾”显示，上海自贸区挂牌以来，相关的保税物流仓储市场已重获关注，开始升温。仲量联行的该份报告称，上海保税仓储市场已沉寂多年，但自贸区的设立为其带来新的市场机会，业主已提高租金预期。三季度，保税仓储租金环比上涨 1.8%，至每平方米每天人民币 1.08 元，这是近两年来最显著的增幅。在 9 月底上海自贸区挂牌前后，这里的工业资产愈发受到投资者的青睐。业内认为，特别是基于市场对物流仓储面积的强劲需求，位于自贸区内的资产价格有望上涨。

北京建设先行收购了原本由 CBREGlobalInvestor 持有的上海凡宜和外高桥配送中心，而东方海外货柜航运公司则在凡宜和外高桥保税物流中心租赁了 7000 平方米的仓储面积。

* 2013 年 10 月 27 日，由中国物流与采购联合会物流装备专业委员会主办的“首届全国高端物流企业仓储技术和管理闭门峰会”在上海召开。会议特别邀请了国家发改委经济运行调节局副局长王慧敏致辞并介绍了当前物流行业发展情况。中国物资储运协会姜超峰会长、安吉汽车物流有限公司仓储管理部执行总监沈飞、酒仙网陶春伟副总裁、招商路凯（中国）有限公司池洁经理、恩富东方软件（北京）有限公司蒋晓强顾问、裂帛集团于强总监、南京音飞储存设备股份有限公司金跃跃董事长等行业资深专家，分别就“仓储业的发展和技术应用”、“关于仓储技术智能化的探索与实践”、“酒类电商物流管理”、“物流包装标准化与资源共享”、“3PL 信息化建议”、“淘品牌物流的运作与管理”、“密集仓储的技术与应用”发表了专题演讲。会议由中物联装备委秘书长马增荣主持。

会议邀请了来自全国A级物流企业和物流装备市场骨干企业的代表共90余人出席。在最后的互动讨论环节，代表们结合自身企业特点，就仓储规划在物流企业中的重要性、仓储规划中的主要矛盾和问题、企业仓储技术和管理在企业中的价值、物流业务外包与自营的效率的比较分析、现代物流仓储规划流程的优化、信息化在贯穿仓储管理中的价值、现代物流技术应用在仓储领域的价值分析、电商时代的仓储技术和管理等问题进行了深入探讨和交流。

＊ 2013年10月30日，北京申通快递服务有限公司总经理麻洪根在接受北京商报记者采访时表示，申通将于明年在上海－北京两地开设对开专列。该专列设有17个车皮，每个车皮的载重量在40-60吨，每个车皮可载约4万件快件。作为快递干线主力运输车型9.6米长的货车载重量为5吨，一架737飞机的最大载重量为15吨。行包专列一次满载运输量，等于204辆9.6米长的货车和68架737飞机的运力。行包专列的加入将解放两地汽运资源。

2013年“铁老大”改革后，不少快递企业有心牵手，在业内人士看来，除了成本大幅降低外，铁路不像公路、航空易受天气因素影响时效固定。物流企业将直接受益于铁路快运货物班列。铁路快运货物班列的开放增加了低成本、跨区域的物流渠道选择，承租了铁路快运货物班列的物流企业将获得进一步发展的优势，这或将会对整个行业的竞争格局造成影响。

＊ 2013年11月，为推进自贸区重大问题的深入研究，满足政府、企业和社会对自贸区决策咨询的迫切需求，中国物流与采购联合会副会长单位——上海海事大学成立中国自贸区供应链研究院。该研究院将在与自贸区供应链相关的航运、物流、金融、法律等领域开展研究咨询、政产学研合作、境外合作、高端教育培训、情报发布等工作。作为学科基地及行业背景与自贸区相关开放和发展领域关联度极高的高校，上海海事大学筹建该研究院，将有利于上海自贸区可持续发展，为对接高标准的国际投资与贸易协议提供策略、路径和智力支持；将有利于推进上海自贸区与国际供应链中心和产业链的一体化发展；将有利于打造自贸区供应链高端人才集聚高地与交流平台，构建与自贸区融为一体的新型社会园区。

上海海事大学将充分利用其区位、学科、行业等优势，广泛联合供应链领域相关的科研院所、企业、政府机构及国际力量，采用高端化、国际化、开放型的协同创新组织运行模式，努力把该研究院建成智库国际化建设的样板、人才队伍协同化的平台、机制体制创新的实验区，以促进学校人才培养、科学研究和社会服务能力的同步提升。

＊ 2013年11月，交通银行旗下交银金融租赁有限责任公司通过中国（上海）自贸试验区项目公司成功操作1架波音737飞机，以融资租赁方式出租给扬子江快运航空有限公司运营。交银租赁是目前唯一一家获准在上海自贸区筹建子公司的金融租赁公司。在自贸区成立一个月之际，交银租赁成功操作自贸区第一单飞机融资租赁业务。交银租赁还计划，至年底前在上海自贸区实现飞机、船舶租赁业务

全覆盖。同时，交银租赁还已与中国国际航空公司签订意向，将通过上海自贸区为国航引进 2 架波音 777 飞机，成为上海自贸区首单飞机经营租赁项目。此外，交银租赁正在与国际知名航运公司洽谈租赁项目，有望于 11 月签约，实现上海自贸区首单船舶租赁项目。

* 2013 年 11 月 05 日，中国首个《城市物流质量评价指标》日前在深圳发布。在该评价指标调查的全国 40 个城市中，深圳、广州、上海的物流业综合排名位居前三位。该评价指标设计了产业政策、营商环境、基础设施、产业水平等 4 个一级指标以及 16 个二级指标和 49 个三级指标，总分为 100 分，其中 24 分为官方数据得分、76 分为调查问卷企业评价得分。

* 2013 年 11 月 6 日，东航物流公司旗下的上海东航快递有限公司正式从中国（上海）自由贸易试验区工商局领取到全新的竖版《企业营业执照》，这标志着东航集团首家物流入驻企业正式完成备案手续，可开始享受自贸区优惠政策，开展相应业务。2013 年，为摆脱货运困境、改善传统航空货运被代理、被定价的被动局面，东航快递创造性地提出了“快递 + 电商 + 贸易”的转型发展思路。该模式核心目标为将东航快递打造为航空主业的直客，延伸产业链条，提升盈利水平。其运作模式为：通过全球贸易采购，将大量具有比较优势的国外优质商品引入国内销售，为国际回程航班增加直客货源，充分利用闲置运力；借助“东航产地直达”电商平台，对部分以 B2B 贸易方式进口的商品进行 B2C 销售，提高贸易的利润率；同时，为自主快递部门提供基础货源；自主快递配送网络则在电商和贸易提供的基础货源支撑下，加快构建派送网络，在为电商提供优质服务的同时，完成未来进一步承揽直接运输需求的网络构建。这一互相促进、互为带动的全产业链运作模式，运行顺畅、情况良好、发展前景广阔，受到了政府主管部门和行业的高度关注，也为未来自贸区的跨境电子商务运作提前探索出了一条可供借鉴的新路子。

* 2013 年 11 月中旬，国网上海市电力公司无人值守仓库成功上线。国网上海电力（600021，股吧）以 ERP 系统升级改造为契机，以仓储网络规划为突破口，结合国内外电力行业供应链先进管理理念，探索将仓储信息系统、条形码、无线射频等物联网技术引入仓库管理中，建成了该系统内首座无人值守仓库，深入推进仓库一线的人力、物力集约化管理，切实提升物资管理水平。

该仓库无人值守试点区域使用面积 400 平方米，经过可行性调研，将 163 个物资中的 81 个物料作为试点物资，并制定了摆放及包装规范，基本涵盖了用于上海浦东新区 570 平方千米的电缆附件运维物资。通过运用电子门禁、电子拣选器、无线射频、ERP 自动过账等物联网技术，仓库内的电缆终端、电缆保护管、绝缘套管、接续金具等 81 种常用电力物资实现了非接触、远距离、穿透式、移动识别，大幅提高了仓储管理的信息自动化水平，为统计库存物资、下达补库指令、监控仓储作业提供了数据支撑。

* 2013 年 11 月 20 日，根据最新发

布的《全国物流园区发展规划》，北京、上海、广州等一线城市被列入一级物流园区布局城市，《规划》按照物流需求规模大小以及在全国战略和产业布局中的重要程度，将物流园区布局城市分为三级，一级城市29个，二级城市70个，三级城市具体由各省（区、市）根据本省物流业发展规划具体确定。国家有关部门将开展国家级物流园区示范工程，列入国家级示范的物流园区，可给予土地、资金等政策扶持。

全国物流园区发展规划出台，是为了整合资源、科学规划，增强物流园区服务能力，到2015年时初步建成一批布局合理、运营规范，具有一定经济社会效益的示范园区；到2020年时基本形成布局合理、规模适度、功能齐全、绿色高效的全国物流园区网络体系。

＊ 2013年11月20日，1号店在上海推出“准点达服务”，据介绍，使用该服务消费者的收货时间最短可精确到1小时的时间段内。此项服务将首先在上海的中环内区域进行试点推广，未来时机成熟，会考虑扩大服务范围。本次“1小时准点达”服务是对2013年5月推出的“准时达”服务的再次升级。藉由本项服务，消费者可以根据自己的工作和生活安排，自由“订制”自己的收货时间。

＊ 2013年11月27日，领先的陆路和海上冷藏运输温度控制公司开利运输冷冻，在上海松江隆重举行了其在华首家直营4S（销售、零配件、售后服务和信息反馈）店的揭幕仪式。开利运输空调冷冻（中国）以其全球标准的专业技术和完备售后服务体系打造功能完备的直营4S店，将为开利运输冷冻授权维修服务站树立新标杆，成为公司致力于提升整体服务品质和推动在华深耕发展的重要举措。开利运输是联合技术的子公司，作为联合技术公司建筑内部及工业系统的一员，在全球范围内提供适用于大中小型货车、半挂车以及集装箱冷藏运输所需要的完整的产品线。

＊ 2013年12月02日，苏宁在上海奉贤地区为占地25万平方米的物流基地项目举行了奠基仪式。该项目规划建设成为集采购结算、电子商务、物流配送、售后、客服、培训等功能于一体的地区管理总部及配送中心，总投资额11个亿元，2014年底将能正式投入使用。

这是苏宁继续扩大O2O战略的又一大动作，2013年2月，苏宁正式转型苏宁云商，定位“店商＋电商＋零售服务商”，而随之而来的便是物流基地的建设工作。截至目前，北京、南京等16个物流基地已经投入使用，预计到2015年，苏宁“物流云”项目将实现60个物流基地和12个自动化仓库的全国布局。

＊ 2013年12月，来自政府部门、相关协会、研究机构、大专院校和企业的专家审查了《水产品冷链物流服务规范》国家标准。该标准由上海海洋大学、中国水产流通与加工协会、上海水产总公司等单位共同起草。《水产品冷链物流服务规范》规定了水产品冷链物流服务的基本要求，如接收地作业、运输、仓储、装卸与搬运、货物交接、包装与标志、风险控制、投诉处理和服务质量的主要评价指标等，

适用于水产品流通中的冷链物流服务与管理，水产品生产过程中涉及的冷链物流服务亦可参照执行。

＊ 2013 年 12 月，上海正式启动“航空快件国际中转集拼业务试点”，DHL 北亚枢纽成为全国首家获海关总署批准开展该项试点的企业。空运服务业是上海自贸区的重点行业之一。记者日前从上海浦东国际机场海关部门获悉，上海本月已正式启动“航空快件国际中转集拼业务试点”，DHL 北亚枢纽成为全国首家获海关总署批准开展该项试点的企业。中转集拼试点后，进出口货物毋须再像以往辗转在日本、新加坡等地进行中转集拼，可大幅降低内地总体航空物流成本，未来浦东机场还可吸引更多航空公司及快件集成商。事实上，国际中转集拼能力正是支撑自贸区成为驱动地区乃至国家发展的新动力。韩国仁川机场和仁川经济自由区、阿联酋迪拜国际机场和机场自由贸易园等，都是由海港和空港组成高效物流网络，从而发展为成熟自贸区的著名例子。

＊ 2013 年 12 月，继 2013 年 7 月 30 日成功推出国内首个跨境物流电商平台后，中国外运又打造了集运价交易、在线订舱、动态查询、业内资讯等功能为一体的海运电子商务平台----海运订舱网 www.sinotransbooking.com，并于 10 月 31 日在上海召开了以“创• 变”为主题的海运电子商务平台推介会，正式开启了“物流电商”的新时代。

＊ 2013 年 12 月 6 日，由市发改委、统计局、复旦大学物流研究院和上海市物流协会共同主办的上海物流行业物流统计工作座谈会假座市发改委培训中心会议室召开，参加会议的有物流统计试点物流企业共 20 家。至 2014 年 1 月 24 日，上海市物流统计工作已正式启动试行，参加统计工作的企业克服困难，积极参加试行，统计报表已经上交，汇总，进行初步分析，在此基础上，市发改委有关领导与相关单位进行研究，修改统计方法，使该统计工作更切合上海市物流发展以及便于统计。

＊ 在航空货运市场持续低迷之时，国内各大航企均在苦寻出路。2013 年 12 月 11 日，东航物流公司租用美国南方航空包机从智利运送的首批水果抵达上海，这也标志着东航物流由传统货运承运人向现代物流服务集成商迈出重要一步。

＊ 2013 年 12 月 16 日至 17 日，国务院办公厅调研组在上海对快递业发展情况、企业在转型升级过程中所面临的问题及企业如何服务上海自由贸易实验区展开调研。国家邮政局市场监管司余艳处长、中国快递协会常务副会长兼秘书长李惠德参加了调研。调研组认真听取了中国快递协会、上海市邮政管理局、上海市建设与交通委员会、上海市商务委等单位在行业发展情况、快递市场监管、快递车辆进城、跨境电子商务等方面的工作汇报，听取了上海邮政速递物流有限公司在自贸区开展国际快递业务的情况。调研组还召集申通、圆通、UPS、FedEx 等十余家在沪主要快递企业，详细了解了企业发展情况及在转型升级过程中遇到的困难与问题，并就快递业如何服务上海自贸区，听取了企业的意见与建议。

调研组还到上海邮政速递、圆通速递、UPS、DHL 在上海的分拨中心，实地查看了快件分拣过程，现场了解了企业在机械化、自动化、信息化等方面的应用情况，并同企业负责人就企业未来发展进行了深入的交流。调研组充分肯定了上海快递业近年来所取得的发展成果，并表示对调研过程中所了解的情况及反映出的问题，将进行认真梳理并形成调研报告，推动上海快递业进一步的发展。上海市政府办公厅、上海市邮政管理局陪同调研。

* 2013 年 12 月 18 日，由上海 9 家集装箱道路运输企业联合发起成立的上海集装箱道路运输企业（甩挂）联盟正式成立。为改变行业生态，服务好上海国际贸易与航运中心建设，为环境改善做贡献，上海 9 家集装箱道路运输企业决定自愿联合发起成立上海集装箱道路运输企业（甩挂）联盟。9 家均为上海集装箱道路运输骨干企业，合计集装箱牵引车辆数达到 2000 台以上。联盟以引领行业稳定、绿色、有序发展为宗旨，以资源整合、信息共享、科技创新为切入点，以恢复集卡运输行业地位、提高行业从业人员素质、提升行业服务与管理水平为己任，服务好上海国际航运中心建设以及上海自贸区发展。上海集装箱道路运输企业（甩挂）联盟的成立是上海集装箱道路运输行业的发展创新。

* 2013 年 12 月 19 日，中铁快运北京至上海高铁快递业务开始。高铁快递业务是中铁快运新的主打品牌。从 2013 年 9 月份开始，中铁快运成立了高铁快递项目组，在北京、上海两市做了大量的市场调研。该公司把理性的市场分析与现有高铁运能资源结合起来，将高铁快递产品定位于以商务文件为主，兼做 5 公斤以下的快递货物运输，并根据客户需求，提供当日达、次晨达、次日达的产品服务；将高铁快递定位于高端产品，力求以最优质的服务、最完善的基础设备为客户提供最高端的铁路物流服务，并提出响亮的口号：高铁快递，只争朝夕！

* 山东省邮政管理局 12 月 20 日召开新闻发布会，通报了一起“偶发的违规寄递禁限物品造成的责任事故”，事故导致 1 死 9 伤。涉事的潍坊市捷顺通快递有限公司（以下简称捷顺通）是圆通速递加盟公司。20 日晚间，上海圆通速递有限公司总裁相峰发出致歉。该事故也让快递行业普遍存在的验视难题引发了关注。

* 2013 年 12 月 20 日，《上海物流年鉴 2013》正式出版发行，这是上海物流年鉴编辑部继 2011 年上海物流年鉴首发后编辑出版发行的第三本年鉴。《上海物流年鉴 2013》包含十一篇章内容约 7 万多字，上海市人民政府发展研究中心主任、年鉴编委会副主任周振华为本年鉴撰写了前言。

* 2013 年 12 月 24 日，上海医药物流中心有限公司通过 2 年的医药物流服务标准化建设，按计划全面完成了试点项目的各项建设任务，取得明显成效，前不久公司顺利通过了由市质量技术监督局和市食品药品监督管理局组织的医药物流服务标准化试点项目的考核验收。近年来，上药物流领导高度重视试点工作，成立了标

准化领导小组和常设机构标准化办公室。将医药物流服务标准体系建设与质量管理体系、新版GSP三位一体，建立了较为科学、完整的医药物流服务标准体系，内容覆盖医药物流服务通用基础标准、服务保障标准、服务提供标准等方面，较好地实现了医药物流服务中各环节的服务质量控制，尤其在冷链物流和运输管理的标准化工作上，国内领先、成效突出，保障了药品流通质量安全。

* 2013年12月24日，2013年国际港口及航运信息化论坛日前在上海举行。此次论坛的主题为“上海自贸区和国际航运中心建设——大数据应用促产业升级”。会上，中国科学院院士、中国工程院院士李德仁，上海海事大学校长黄有方分别就“智慧城市中的大数据”、“新形势下航运业的机遇与挑战”做主题报告。与会专家就如何通过推进大数据等战略性新兴信息技术在港航物流领域的应用、推动科技创新与经济社会发展的深度结合、加快传统航运物流企业的产业转型、提升上海国际航运中心软实力等问题进行了广泛讨论。

* 2014年1月，在2014年的一号文件中，冷链物流又再度被提及。自2004年的中央一号文件提出关注生鲜产品物流运输的问题后，累计11年的一号文件中共10次提及相关行业，2014年一号文件提出，加快发展主产区大宗农产品现代化仓储物流设施，完善鲜活农产品冷链物流体系。据中物联冷链委调查统计，2013年我国冷链物流固定资产投资超过1000亿元，同比增长24.2%；2013年我国冷链物流需求达到9300万吨，同比增长达到20%，其中，北京、上海、广州等重点地区的增幅达到30%。

* 随着铁路运输和邮政服务业“营改增”试点扩围的正式启动，上海铁路局无锡站也纳入了此次“营改增”范围，2014年1月8日，上海铁路局无锡站“营改增”后第一张铁路运输增值税专用发票被开出。为了平衡税负，之前铁路局开具的专用货票中只有运费和铁路建设基金可以按7%进项抵扣，而其他的杂费却不能抵扣，还得重复纳税。而现在，铁路运输纳入营改增范畴，不只是运输票，其他杂费税票也可一并进行抵扣。

* 2014年01月10日，为积极推动中国危险品物流行业发展，提高危险品物流安全水平，促进危险品物流效率提升，“2013年上海危险品物流安全高效发展论坛”于12月28日在上海成功举办。本次论坛由现代物流报主办，上海市道路危险货物运输行业协会、上海市浦东现代物流行业协会、东风柳州汽车有限公司协办，同时得到了诸多相关物流行业专家、领导和企业家的大力支持。

安全与高效代表了现代物流产业的发展方向，危险品则是其中非常重要的专业领域。据国家安全总局统计，全国危险化学品的从业单位已有30万户。但目前危险品物流行业仍然存在着诸多问题，如物流基础设施建设缓慢、物流装备相对落后、行业信息化程度偏低、危化品的运输模式创新率较低、从业人员专业能力欠缺等，行业发展形势依旧严峻。

长三角地区是危险品物流市场重地，

而上海自贸区的设立为危险品物流带来更多机遇的同时，也带来了更大的挑战。为更好地落实国家安全、高效发展物流业的要求，现代物流报选在上海举办本次论坛。论坛以“危险品物流安全高效”为主题，邀请了相关部门领导对危险品物流市场相关政策进行了深入解读，并就行业热点话题开展了讨论。

*　2014 年 01 月，浙北地区最大的内河集装箱码头——安吉港年吞吐量突破 10 万标箱，成功牵手中国最大港口上海港，升级为上海港安吉国际物流园。浙北地区最大的内河集装箱码头——安吉港年吞吐量突破 10 万标箱，成功牵手中国最大港口上海港，升级为上海港安吉国际物流园。安吉港成为上海国际航运中心西翼重要的组成部分。

安吉港由澳门恒和企业集团与安吉亚川物流共同合资兴建，占地面积 198676 平方米，总投资 4500 万美元，一期已投资 2 亿元人民币，沿河线设有 500 吨级集装箱船泊位 5 个，年吞吐量 20 万标箱。此次上海港安吉国际物流园成立后，整个园区将依托上海港，完善港口集疏运体系，发展成为长三角区域重要的内河物流集聚中心和枢纽中心，共同构筑面向长三角的绿色内河大港。

*　2014 年 02 月 13 日，受国家海关总署委托，上海海关和上海市政府相关部门组成的联合验收小组，对洋山保税港区扩区封关工程进行了实地检查和正式验收，市政府副秘书长、自贸试验区管委会党组书记、常务副主任戴海波出席验收会议。

通过评议，洋山保税港区扩区的基础设施、监管设施以及相关配套设施符合《海关特殊监管区域基础和监管设施验收标准》，洋山保税港区扩区工程顺利通过正式验收。验收完成后，戴海波同志做了重要讲话，热烈祝贺洋山保税港区通过正式验收，并对扩区后洋山保税港区的开发建设提出了新的要求和希望。此次验收的顺利通过标志着洋山保税港区二期 6.02 平方公里也纳入海关监管区域暨洋山保税港区规划面积 14.16 平方公里已全部封关运作。

*　2014 年 2 月，国家发改委日前下发了《关于调整铁路货物运价有关问题的通知》，决定自 2014 年 2 月 15 日起，调整铁路货物运价，对全路实行统一运价的营业线货物运价进行调整，货物平均运价水平每吨公里提高 1.5 分，铁路货物运价由政府定价改为政府指导价。中国铁路总公司（简称中铁总）的官方数据显示，2012 年国家铁路货运发送量 32 亿吨，国家铁路货物周转量 2.69 万亿吨公里。按照这个数据来概算，此次提价或将为中国铁路总公司增加收入 400 亿元（未除相关税费）。铁路改革的方向是市场化，而铁路运价市场化是其中的重要内容。中信证券研究报告指出，目前铁路体系银行借款和债券等有息负债超过 2 万亿元，年利息支出超过 1000 亿元，中铁总盈利压力将会继续加大，需要包括价格机制变革在内的多重改革来盘活铁路资产。铁路运价预期将分步理顺价格水平，并建立铁路货运价格随公路货运价格变化的动态调整机制，市场预期为 1：3 的价格关系。

＊ 2014年2月13日下午，“‘自贸试验区背景下的中国物流产业转型升级之道’暨《上海物流年鉴》创办三周年”高层论坛，在长宁区图书馆报告厅成功举办。

本次论坛由上海现代服务业联合会、上海市物流协会（学会）、浦东现代物流行业协会、上海物流企业家协会、上海市政府发展研究中心、上海市流通经济研究所、长宁区工商联、上海海事大学、上海中侨高等职业学院、同盛集团、万家物流有限公司和上海物流年鉴编辑部等单位联合举办，邀请出席会议的嘉宾，有来自江浙沪三地的物流业和相关行业的企业、社会团体、科研院所和市发展改革委、经信委、商务委、统计局等政府部门、以及长宁区政协、区工商联的代表和领导同志。论坛上，上海现代服务业联合会会长周禹鹏、上海市物流协会常务副会长韩志雄、上海海事大学校长黄有方和市政府发展研究中心主任周振华等领导同志先后致辞和作主旨讲话，他们高度评价《上海物流年鉴》创办三周年来的工作，并从多种角度就物流业发展议题作了精辟的论述。

在论坛研讨发言中，来自物流业各界的多位嘉宾围绕中国（上海）自由贸易试验区建立与地区物流业发展专题进行了深入探讨和对话，分别就国内外自由贸易区的运作特点、物流业借助自贸试验区平台的发展契机、物流业与制造业的联动发展、供应链拓展提升物流业的发展水平等议题展开了热烈的讨论，旨在推动地区物流业进一步紧密对接地区经济和产业的“创新驱动、转型发展”。论坛的各个议题受到与会嘉宾的热烈反响，原定两个半小时的会议因此延长了半个多小时。

＊ 2014年2月18日下午，中国（上海）自由贸易试验区管委会召开2014年第一次工作会议，市委常委、副市长、自贸试验区管委会主任艾宝俊出席会议并作重要讲话，自贸试验区管委会副主任简大年主持会议。会议通过的工作报告通报了自贸试验区2013年总体运行情况，部署了管委会2014年重点工作安排。

＊ 2014年02月20日，随着小家电等电子商务的流行，物流代收货款也正迎来新的销售模式。第三方支付企业汇付天下日前为上海EMS搭建了专属的同城代收货款业务平台。这套系统为上海EMS的收货款业务开展提供了有利的技术保障和业务支持，也给小家电等经销商带来新的机遇。创新的业务模式对行业的发展也将有极大的推动作用。

＊ 2014年3月3日上午召开的中国（上海）自由贸易试验区进出口工业品检验监管政策通报会上获悉，上海出入境检验检疫局在前期工作基础上，将继续推出四个方面、十项检验监管新政策。这些新政策包括：将率先试行第三方检验机构使用与监管新制度，逐步推行进口工业产品分类监管新制度，加速建设质量安全风险预警和快速反应新体系，研究制定特殊区域危险化学品管理新模式：

＊ 2014年4月，上海物流教育传出新动向。上海教育系统为了适应物流变化的形势，正在探索物流人才新的培养教育模式，有两种新的教育模式2014年正式

开始招生。这两种新的教育模式是：1. 中专连贯本科物流专业班，2014 年秋季将有新生入学，由二工大等两所大学联手中专合办。2. 中专连贯专科物流专业班，2014 年秋季将有新生入学，由上海交通学院等多所大专院校联手中专合办。新的教育培养模式，旨在为物流行业和需要物流人才的行业培养一批懂理论，有技能的高素质物流人才。

* 2014 年 4 月 22 日，上海海关举行新闻发布会，就自贸试验区海关监管服务制度创新有关情况向社会通报。会上，上海海关正式推出了 14 项“可复制、可推广”的自贸区监管服务制度，将于 5 月 1 日前后和 6 月 30 日前分批推广实施。在此次发布内容中，除了“先进区，后报关”、“区内自行运输”等公众比较熟悉的创新项目外，“保税展示交易”、“境内外维修”等业务的拓展也引起了社会各界的关注。

* 5 月 1 日起，上海出入境检验检疫局在中国（上海）自由贸易试验区范围内全面推行进口货物预检验制度，企业可在货物入境进区或在区仓储时申请预检验，对预检合格的货物实施核销放行，免于检验。该项制度实行后，货物进境通关时间普遍缩短 50% 以上。

进口货物预检验及核销，是指根据企业申请，检验检疫部门对区内货物实施集中检验，分批核销出区的工作模式。企业在货物入境进区或在区仓储时申请预检验，即可以由检验检疫机构一次完成检验检疫工作，货物一经检验合格，检验检疫机构将登记预检验合格信息，并签发核销凭证。凭此凭证，预检验合格货物可以免于检验，随时分批出区，直接核销放行。通过预检验及核销制度的实施，可以在自贸试验区“二线”严密防范质量安全风险的同时，有效地将刚性的进口现场检验和实验室检测时间前置到货物的在区仓储期间，实现了货物出区时“零等待”和预检验后，货物进境到进口通关的整个流程时间至少缩短 50%。进口工业品从 7 到 8 个工作日缩短至 3 到 4 个工作日，进口化妆品从 12 个工作日缩短到 5 个工作日。

* 2014年5月6日（长三角物流日），江苏省经信委、浙江省发改委、上海市商务委、江苏省现代物流协会、浙江省物流与采购协会、上海市物流协会、上海市物流学会在常州联合召开“2014 年长三角地区现代物流联动发展大会暨中国（江苏）长三角物流发展与合作论坛”。江浙沪二省一市 300 多名物流行业主管部门、协会、院校及企业代表齐聚一堂，围绕“创新驱动下的物流发展”主题，相互交流，建言献策。江苏诚通物流有限公司、江苏万事得供应链管理有限公司、东方久信集团有限公司、上海市物流协会中小企业服务分会、川山甲供应链管理股份有限公司、浙江宏伟供应链股份有限公司等 6 家知名企业作了大会发言，江苏省社科院院长刘志彪作了题为“全面深化改革的经济学逻辑与方法”的主题演讲，有 11 家单位进行了大会交流。

* 2014 年 5 月，上海邮政推出“跨境邮”服务。市民通过上海邮政电商平台——邮上海，即可最快在 5 天内收到价格实惠、质地保证的海外优质母婴产品。

“跨境邮”由上海邮政与临港集团、洋山通平台等联手合作，通过海外直接采购运输，自贸区物流企业提供仓储服务，邮政EMS全程物流支持，确保7个工作日便能收到产品，实现全程监控、源头可溯，最大程度保证食用产品的安全。

＊ 借助上海自贸试验区建设的契机，上海航运服务业正在谋求新一轮开放。2014年5月8日从浦东新区航运服务办公室获悉，由新加坡上市企业——扬子江船业所设立的上海润元船舶管理有限公司，日前已顺利领取到了市交通委核发的《国际海运辅助业经营资格登记证》，成为自贸试验区第一家外资国际船舶管理企业。

＊ 2014年5月14日，国务院总理李克强）主持召开国务院常务会议，部署加快生产性服务业重点和薄弱环节发展，促进产业结构调整升级。鼓励社会资本参与发展生产性服务业。尽快将“营改增”试点扩大到服务业全领域。鼓励金融机构采取多种方式，拓宽企业融资渠道。生产性服务业范围很广，包括交通运输、物流、商贸服务、科技服务、金融、工业设计等多种行业。其中，物流业、仓储业在生产性服务业中地位重要，会议释放显著提振信号。

物流业在生产性服务业中占比超过20%，占服务业之比将近16%，在国民经济中占比6.6%，地位非常重要。同时，仓储业可能会迎来大的发展机遇，因其是物流业的薄弱环节，基础设施、技术、管理相对比较落后，特别是仓储总体有效供给不足。物流业大部分已经放开，但铁路、港口等领域仍存在垄断，大趋势将是开放。就物流业区域发展不平衡的状况，中西部物流进入经济增长高速期，对物流有更大需求。东部地区主要是升级的问题，产业升级将带动物流进一步升级。

＊ 2014年5月27日，中国飞机租赁有限公司（简称“中飞租”）通过在自贸区内设立的SPV与中国东方航空股份有限公司（简称“东方航空”）的首架A320型客机在德国汉堡成功完成交付，并于5月29日在上海自贸区浦东机场综保区海关顺利入关。

＊ 5月28日下午，自贸试验区举行“融资租赁产权交易平台启动仪式”，自贸试验区管委会副主任简大年为自贸试验区融资租赁产权交易平台揭牌。海航资本、远东租赁、国金租赁等10家大型融资租赁公司分别与平台签署了合作意向协议。

自贸试验区成立以来，融资租赁产业进入了快速增长和跳跃式发展的新阶段。区内已累计引进406家境内外融资租赁母公司和SPV项目子公司，累计注册资本超过286亿元人民币，运作的租赁资产包括60架民航客机、3架直升机、35艘远洋船舶、2台飞机发动机、2台海洋钻探设备、2套光伏设备及若干大型设备等。其中，自贸试验区挂牌成立后引进的各类融资租赁公司225家，占累计总数的55%，新增注册资本189亿，占累计总数的66%。

＊ 2014年6月4日，洋山保税港区举办2014跨境电商总裁沙龙。阿里集团、天猫、京东、1号店、顺丰、申通、圆通、中外运等20余家电商、物流企业高管齐

聚洋山。洋山办、海关、检验检疫等部门围绕自贸试验区跨境电商配套政策作了详细解读、答疑。

＊ 国务院总理李克强2014年6月11日主持召开国务院常务会议，其中一项议程是，讨论通过《物流业发展中长期规划》。会议指出，物流业是融合运输、仓储、货代、信息等产业的复合型服务业，是市场经济发展的必要条件，具有基础性、战略性作用。会议通过了《物流业发展中长期规划》，确定了农产品物流、制造业物流与供应链管理、再生资源回收物流等12项重点工程，提出到2020年基本建立现代物流服务体系，提升物流业标准化、信息化、智能化、集约化水平，提高经济整体运行效率和效益。会议强调，当前建设现代物流体系要突出重点。一要着力降低物流成本。加快物流管理体制改革，打破条块分割和地区封锁，加强市场监管，清理整顿乱收费、乱罚款等各种“雁过拔毛”行为，形成物畅其流、经济便捷的跨区域大通道。二要推动物流企业规模化。推进简政放权，支持兼并重组，健全土地、投融资、税收等扶持政策，培育发展大型现代物流企业，形成大小物流企业共同发展的良好态势。三要改善物流基础设施，完善交通运输网络，改进物流配送车辆城市通行管理，加快解决突出的“卡脖子”问题，提升物流体系综合能力，服务和联通千百万企业，方便和丰富广大群众的多彩生活。

＊ 6月17日，市人大常委会举行第十三次会议，对《中国（上海）自由贸易试验区条例（草案）》进行二审。会议听取了市人大法制委副主任委员丁伟所作的关于《中国（上海）自由贸易试验区条例（草案）》审议结果的报告。据悉，条例草案作为自贸区建设的框架性法规，要体现中央“大胆闯、大胆试、自主改”的要求，要坚持法治环境规范的要求。在条例草案的修改中，市人大法制委建议预留制度创新空间，对一些改革创新还在持续深化的内容，如海关监管制度创新等，通过增加“概括加列举”等表述方法，增强立法的前瞻性；科学厘定条款内容，对涉及金融、税务、海关等国家事权的内容，建议从配合国家管理部门推进相关改革创新的角度进行完善，对涉及地方事权的管理体制、综合监管、法治环境建设等内容，从深化自主改革、加强事中事后监管的角度修改完善；抓住简政放权这个关键，积极为培育国际化、市场化、法治化的营商环境提供法制保障，建议以转变政府职能为重点，增加在自贸区加快推进政府管理体制创新、模式创新的总体性要求及相关规定，增加鼓励公民、法人和其他组织参与自贸试验区改革创新、市场监督的有关规定，对接国际投资贸易通行规则，对提高贸易便利化、支持新型贸易业态发展、增强行政透明度、提高公众参与度等方面做进一步充实和完善。经对照，目前提出的草案修改稿基本涵括了现阶段有关部门归纳的所有可复制、可推广的制度和管理模式。

＊ 2014年6月27日，上海市商务委邀请个别物流资深专家、从事质押仓库业务取得较大成绩的物流企业总经理，以及上海市物流协会专职副会长兼秘书长韩志雄、上海仓储行业协会副会长兼秘书长

陈祥龙等参加质押仓库建设会议，

＊ 2014 年 6 月 28 日，洋山保税港区举办道路运输行业政策讲解会。本次讲解会由同盛资产公司主办，综管委洋山办事处、上海市道路运输行业协会及全市六十多家道路运输企业出席。会上，洋山办事处对洋山保税区的发展历程、现状和前景做了总体介绍，并深入介绍了洋山保税区的投资环境、优惠政策和创新功能。上海市道路运输行业协会从道路运输行业的现状和企业的实际需求出发，介绍了相关情况。此外，洋山办事处、工商、税务等部门代表就企业普遍关心的税收政策、财政补贴、注册流程等问题进行了现场解答。会后，企业代表实地考察了洋山港。

＊ 2014 年 7 月 1 日，市政府新闻办举行中国（上海）自由贸易试验区 2014 版负面清单情况说明会，上海自贸试验区管委会、市商务委、市发改委、市政府法制办等部门负责人出席，介绍并解读了 2014 版负面清单。

＊ 上海新增工业用地产业用地类项目自 2014 年 7 月 1 日起施行 20 年弹性年期制度，不再执行之前的 50 年期标准。政策规定的是 7 月 1 日之后新增的工业用地使用年限缩短至 20 年，之前的土地并不会受到影响，上海周边仓储土地迎来升值机遇，上海政府出台这样的政策很大原因在于上海可用的工业用地越来越少，未来上海地区的仓储资源开发或将放缓，而可能的租金上涨也会促使企业向上海周边寻求其他仓储资源，这就将促使昆山、太仓等地区仓储土地的升值。未来中国的物流中心与商业中心会逐步分离开来，前者有大概率远离北上广。

＊ 7 月 4 日，中国（上海）自由贸易试验区管理委员会召开信息通报会，通报上半年自贸试验区运行情况。自贸试验区管委会新闻发言人朱民主持会议并通报了自贸试验区经济运行和制度创新方面的有关情况。自贸试验区总体经济运行良好，2014 年 1-6 月份完成经营总收入 7400 亿元，同比增长 11.2%，其中商品销售额 6350 亿元，增长 11.3%，航运物流服务收入 535 亿元，增长 19.0%。挂牌至 6 月底，自贸试验区累计新设企业 10445 家，新设外资企业 1245 家，投资来源中国香港 492 家、美国 113 家、中国台湾 110 家占前三位。挂牌至 6 月底，自贸试验区已办结 49 个境外投资项目备案，对外投资 12.69 亿美元。

＊ 2014 年 7 月 14 日，上海市虹桥商务区物流片区启动土地出让，首批推出两宗仓储用地，总面积将近 15 万平方米，起始总价超过 9 亿元。上海市规土局网站显示，闵行区虹桥商务区主功能区物流片区 1 号地块、2 号地块近期集中挂牌，其中，1 号地块出让面积约 9.30 万平方米，起始价约 5.83 亿元；2 号地块出让面积约 5.49 万平方米，起始价约 3.45 亿元；两幅地块的容积率均为 1.8。据大智慧通讯社测算，上述两宗地块的起始楼板价均为 0.35 万元 / 平方米。另外，根据出让文件的要求，上述地块的固定资产总投资分别不低于 11.38 亿元和 6.72 亿元，投资强度不低于 1.22 万元 / 平方米。

＊ 2014年7月14日，上海海事局驻自贸试验区办事处筹备组进驻揭牌在阳光明媚的滴水湖畔顺利举行。上海市人民政府副秘书长、自贸区管委会常务副主任戴海波，自贸区管委会副主任朱民，副秘书长谭京华、王樱应邀参加。上海海事局刘亮副局长主持活动，徐国毅局长出席。

＊ 2014年7月，由上海杜隆实业投资建造的SKU360华东一号基地将在上海松江正式启用，这一当前订单日处理能力亚洲第一位的自动化物流配送中心，即将揭开神秘面纱。近年来，随着电子商务迅速崛起，相关企业的业务量呈现几何级数的暴增，后端供应链瓶颈问题逐渐凸显。SKU360华东一号基地正是基于供应链优化的基本理念，将为电子商务企业，传统商超零售企业等提供高效的第三方仓储和物流服务。

通过引进世界最先进的自动化仓储设备，自主集成，并自行开发了100%自主产权的设备控制和物流软件服务平台。项目一期工程启用后，其每日的订单处理能力为20万单，每日单一商品处理量可达120万件，二期工程建成后，每日订单处理量将跃升至80万单，单一商品日处理量可达400万件。项目拥有10万立方米实时有效动态容量，50万种SKU（库存量单位）的管理能力，订单处理能力达到亚洲第一、世界前三。

＊ 2014年07月24日，继1月自有物流配送区缩水后，中国新蛋网自有快递公司新蛋奥硕快递再次收紧了自己的配送区域。当前新蛋下属的奥硕快递的配送区域仅剩上海，曾让新蛋中国引以为傲的“极速送”服务页面也已消失。这意味着，新蛋中国更多地将自己的订单呈交给了第三方物流公司。

＊ 2014年9月，上海市发改委邀请上海市商务委、上海市统计局等单位和部门有关领导和专家研讨上海市物流数据统计工作。由上海市发改委组织，复旦大学和上海市物流协会共同研究的上海市物流数据统计方案和制度，已由复旦大学撰写成文，该方案与制度酝酿和准备已有一年多的时间，上海十几家物流企业先后两次进行模拟统计，在广泛听取意见的基础上，到目前已基本完成。这次上海市发改委组织的研讨会，旨在进一步完善该方案与制度。参加本次会议的有关领导和专家畅所欲言，各抒己见，对文件的修改提出了不少好的建议和意见。

＊ 《上海市推进智慧城市建设2014—2016年行动计划》先后通过市委、市政府常务会议审议，于9月10日正式对外发布，并首次将快递行业纳入其中。

《行动计划》将快递行业作为“智慧商务”的重要组成部分，提出深化电子商务产业园区和示范基地建设，推动电子商务与物流、快递行业的协调发展。构建快递行业服务安全评估预警监管综合信息平台，创新行业服务方式和监管模式。鼓励规模快递企业创新应用，提升市快递行业信息化水平和快件末端投递智能化水平。此前，上海市邮政管理局将快递行业纳入“智慧城市”建设列为2014年重点工作内容。从3月开始，经过与市经信委等相关部门的多次协商，确定了市快递行业信息化发展的目标和任务。上海局表示，

《行动计划》的发布，有利于指导、推动市快递行业监管、企业生产和市民服务等方面的信息化建设应用，提升行业信息化整体水平，引导规模企业加大移动互联、云计算和大数据等新一代信息技术的创新应用，形成信息化应用市场。

＊ 2014 年 9 月 25 日，顺丰速运有限公司在上海发布“顺丰冷运”品牌，表示将为生鲜食品行业客户提供“一站式供应链解决方案”。据了解，顺丰冷运是在整合顺丰现有物流、电商、门店等资源的基础上，为生鲜食品行业客户提供冷运仓储、冷运干线、冷运宅配、生鲜食品销售、供应链金融等一站式解决方案。

2012 年 5 月顺丰的自有电商平台“顺丰优选”上线之初，顺丰便开始在冷链物流领域布局。2013 年 12 月，顺丰正式成立了食品供应链事业部，之后逐渐推出“仓干配销”一体化的行业解决方案。今年 9 月，集冷运存储和中转功能的顺丰上海和厦门冷库也已正式启动。预计到今年底，顺丰将建成启用包括北京、广州、深圳、武汉、成都等地的总计 10 座 B2C 冷库。

＊ 市政府新闻办 9 月 26 日上午举行市政府新闻发布会，市委常委、副市长、中国（上海）自由贸易试验区管委会主任艾宝俊出席新闻发布会并通报了自贸试验区运行一年以来的情况，以及取得阶段性成果。市发展改革委、市商务委、市金融办、市工商局、市政府法制办、自贸试验区管委会相关负责人也参加了新闻发布会。

＊ 在上海自贸试验区成立即将一周年之际，中共中央政治局常委、国务院总理李克强 2014 年 9 月 18 日前往中国上海自由贸易试验区考察。在中共中央政治局委员、上海市委书记韩正，市委副书记、市长杨雄的陪同下，李克强总理详细了解上海自贸区运行一年来可复制可推广的制度创新进展，直接听取中外企业的建议，并与在自贸区办事大厅的群众亲切交谈。

＊ 2014 年 10 月，国务院印发《物流业发展中长期规划（2014 － 2020 年）》（以下简称《规划》），部署加快现代物流业发展，建立和完善现代物流服务体系，提升物流业发展水平，为全面建成小康社会提供物流服务保障。

《规划》提出，到 2020 年，要基本建立布局合理、技术先进、便捷高效、绿色环保、安全有序的现代物流服务体系，物流的社会化、专业化水平进一步提升，物流企业竞争力显著增强，物流基础设施及运作方式衔接更加顺畅，物流整体运行效率显著提高，全社会物流总费用与国内生产总值的比率由 2013 年的 18% 下降到 16% 左右，物流业对国民经济的支撑和保障能力进一步增强。

＊ 2014 年 10 月 9 日，上海铁路局首开“长三角货物快运列车”，“敞开收货”办理长三角地区零散货物的快运业务，构建散货运输“绿色通道”，以满足长三角地区不断增长的货运需求，为长三角地区率先发展、一体化发展和城镇化建设提供强劲的运力支撑。

针对长三角地区货物运输需求，上海铁路局结合区域内零散货物批次多、单批运量小、流向集中，对物流的时效、价格和服务要求相对较高的实际，策划并推出

“长三角货物快运”2对4列环形列车和10对20列摘挂列车。“长三角货物快运”环形列车由专门的货物快运列车承担，列车等级为快速货物班列，采取“五固定”的方式，即固定车次、固定编组、固定时间、固定路线、固定停站，以南京西站为支点，每天开行南环、北环双向循环快运列车2对4列，服务范围覆盖长三角地区200个行政区县，运行时速最高120公里，运行时间南环约42小时，北环约36小时。

这次开行的“长三角货物快运列车”紧贴市场需求，其特点是定时定点、安全可靠、价格实惠、方便快捷、全天候运行，可提供“门到门”、“门到站”、“站到站”、“站到门”等多种运输方式供客户灵活选择。货物可实现隔日达，即客户当天托运的货物，含托运日第三天交付客户。铁路部门还可根据与客户商定时间要求，在满足基本时限的基础上按指定时间送达，同时可提供门到门接取送达、运费周期性结算、货物实时跟踪查询、送达信息反馈、运输票据快递、货物运到签单返回、运费到付和预约配送等延伸服务。在有条件的车站，铁路将在站台对货物实行“直装直卸”，使运货犹如旅客上下车一样便捷。

* 中国首个航运和金融产业基地2014年10月14日在上海浦东的陆家嘴正式启动。作为中英合作的产物，这个基地将通过打造一站式航运服务综合体，吸引航运和金融产业链上的高端机构入驻，辐射整个亚太航运市场。

上海航运和金融产业基地的发起方包括伦敦海事服务协会、上海浦东新区政府和招商局集团。伦敦和上海在国际航运中心建设上有各自的特色，合作将有助于优势互补，推动全球航运业的发展。当前航运重心东移的态势非常明显，如全球前十大集装箱港口中，有七个在中国。世界50%以上的铁矿石海运量，都与中国有关。但与此同时，中国的高端航运服务业仍有待发展。如全球70%的航运保险、25%的航运金融和90%以上的海事仲裁，都发生在伦敦。在这种背景下，建设上海航运和金融产业基地，就是希望吸引船舶管理、融资租赁和航运保险等市场主体的入驻，促进航运和金融的深度融合，助推上海国际航运中心建设。

除了上海航运和金融产业基地外，浦东还将加快培养一批高层次的航运人才。通过引进英国皇家船舶经纪人协会等全球航运职业标准设立机构，探索建立符合国际惯例的航运人才培育体系。

* 2014年10月16日，来自全国各地的先进物流企业代表、有关政府部门代表和行业协会代表欢聚北京中土大厦，上午，中交协常务副会长王德荣宣读了2014年全国先进物流企业名单。本次评选工作经过企业自报、行业协会推荐、各省市评选工作小组审查、专家评审，最终评出2014年全国先进物流企业297家。上海市评选工作在市商务委直接领导下，专门成立了评选工作小组，根据上海市物流现状，征得中交协同意，在全国先进物流企业评审条件的基础上，增加了几条评选的钢性条件，最终有56企业获得2014年全国先进物流企业称号。

* 由新华社上海分社、中国金融信息中心编著的《上海国际航运中心建设蓝皮书2014》，2014年10月17日在上海

市虹口区北外滩首发。蓝皮书从第三方的视角向公众呈现了上海国际航运中心建设的生动场景，并对“航运东移如何承接”等问题进行了深入思考。

* 2014 年 10 月 20 日，京东宣布，其位于上海的首个“亚洲一号”现代化物流中心（一期）在双 11 大促前夕投入使用，此举标志着京东物流战略中又一重点举措落地。

京东位于上梅的“亚洲一号”现代化物流中心是当今中国最大、最先进的电商物流中心之一，一期于 2014 年 6 月完成设备安装调试后开始试运营。该物流中心位于上海嘉定，共分两期，规划的建筑面积为 20 万平方米，其中投入运行的一期定位为中件商品仓库，总建筑面积约为 10 万平方米，分为 4 个区域——立体库区、多层阁楼拣货区、生产作业区和出货分拣区。

* 2014 年 10 月 27 日，为加强研究中国（上海）自由贸易试验区金融创新方面的经验以及在金融创新方面遇到的新问题和新挑战，并提出有效监管的对策建议，上海金融法制研究会、上海市金融纪工委、上海市立法研究所日前联合召开“中国（上海）自由贸易试验区金融创新与监管研究”论坛。

此次论坛研讨认为，自贸区的试验重点之一就是金融创新和金融市场开放，上海将在未来金融创新方面承担起更为重要的先行先试职责，特别是在人民币业务创新及资本项目下可兑换试点方面，上海凭借着国际金融中心、国际贸易中心、国际经济中心和国际航运中心的特有优势，必将成为人民币走向国际化的引领者。同时，在积极推进自贸区金融创新的过程中，金融行业的本质使得金融从业人员容易面临各种各样的诱惑，易诱发各种金融风险。因此，为更好地推进上海“四个中心”建设，积极推动自贸区试验工作，必须在研究自贸区金融创新的同时，认真研究和加强金融监管，助力自贸区驶入健康发展的快车道。

* 一年一度的亚太地区物流行业风向标——2014 亚洲国际物流技术与运输系统展览会（即亚洲物流展）于 10 月 27 ～ 30 日在上海新国际博览中心举办。本届展会以“智能 • 集成 • 高效”为主题，划分八大主题展区，覆盖上海新国际博览中心 W1 ～ W3 馆和室外场地，汇集了 490 家物流精英企业在近 40,000 平方米的展出面积上倾情演绎先进物流技术与产品。随着我国经济的转型升级，劳动力成本的不断上升，广大企业纷纷兴建物流自动化系统，而移动互联网经济的增长也带动了电子商务的迅速崛起。亚洲物流展以此为契机，及时把握智能生产与互联网两大趋势，聚焦电子商务、烟草物流、制造业物流、服装物流、大宗商品物流等热点行业，深入对接展商与买家需求，全面升级展会格局，引入智能集成产业技术亮相盛会，进一步推动中国物流装备与技术的同步发展，谱写行业全新篇章。展会由中国物流与采购联合会、中国机械工程学会、德国汉诺威展览公司和汉诺威米兰展览（上海）有限公司联合主办。同期举行了创新沙龙、专业研讨和商务配对等增值活动。

* 10 月 31 日，全国海运发展推进会在上海召开。交通运输部党组书记、部长杨传堂出席会议并强调，要切实增强建设

海运强国的历史责任感，不断深化海运业改革开放，更好地发挥企业的主体作用和政府的引导作用，大力推动海运业转型升级，为建设海运强国奠定坚实的基础。会上，副部长何建中作了工作报告，指出海运市场将缓慢复苏并逐步走向微利的新常态，并就贯彻落实《若干意见》部署了重点工作。会议同时发布了《贯彻落实〈国务院关于促进海运业健康发展的若干意见〉的实施方案》，从加快海运结构调整等9个方面提出了60项任务措施，着力促进海运发展提质增效。上海市副市长蒋卓庆出席会议并致辞。国家发展改革委、工业和信息化部、财政部、商务部、国资委等国务院有关部门，各有关省（市）交通运输、港航管理部门，以及主要港航企业、行业协会、科研院校等负责人参加会议。

11.2 长三角苏浙皖沪三省一市物流业协会简介

【江苏省现代物流协会 (Jiangsu Modern Logistics Association)】

江苏省现代物流协会成立于2006年7月，是江苏省全省性专业物流行业社团组织，主管单位为江苏省经济和信息化委员会。

协会的宗旨是：遵守中华人民共和国的宪法、法律、法规和政策，遵守社会道德风尚。全心全意为会员与行业服务，加强行业自律，密切社团、企业与政府间的联系， 维护会员及企业的合法权益，推进现代物流业的发展，更好地为我省现代化建设服务。

江苏省现代物流协会的主要职能和业务：

（一）宣传贯彻党和国家有关现代物流业发展方面的方针、政策和法规，研究发展中出现的问题，向政府有关部门反映行业与企业的正当愿望和合理要求，维护企业的合法权益；

（二）受政府或有关方面委托，组织和实施行业调查与行业统计，提出行业发展规划、行业产业政策、经济立法等方面的建议，并参与有关活动；

（三）开展市场调查，分析市场形势，开发信息资源，建立信息网络，为会员、企事业单位、政府部门提供信息咨询服务;

（四）总结本行业发展的先进经验，推进本行业的企业改革与产业发展，表彰先进，组织经验交流，提高企业现代化管理水平；

（五） 组织现代物流理论与实务研究，举办各种类型的学术研讨会、报告会，促进现代物流理论水平的提高；

（六）开展行业自律，制定行规行约，参与物流方面国家标准与行业标准的贯彻实施，参与行业地方标准的制订与修订，参与组织行业职业技能鉴定和质量认证，不断提高行业素质和职业道德水准；

（七） 采取多种形式为企业培训各种专业人员，提高物流业的队伍素质，推动物流职业教育更好地对接物流产业发展需要；

（八） 协助政府加强行业法制建设，促进公开、公平、公正的市场秩序的建立，参与协调行业之间的经济、法律关系，调解会员之间纠纷，为会员提供法律咨询服务；

（九）组织本行业开展与国内外有关经济组织和物流团体的交流活动，包括组织考察、人才培训、举办展览、学术交流、经贸洽谈等，促进会员发展对外合作与交流；

（十）参与组织区域性商品交易活动，促进电子商务、物流配送、连锁经营、代理制、物联网等新型营销方式的发展，提高物流业的管理和科技含量，以信息化带动物流发展；

（十一）组织发展行业的公益事业，参与和开展有益于提高本行业社会地位的各种社会活动，增强本行业的社会责任；

（十二）编辑出版发行会刊和有关书籍、资料；

（十三）承担政府有关部门委托的工作任务。

江苏省现代物流协会秘书处负责协会日常工作，秘书处下设办公室、培训咨询部、评估办、财务部、信息部等。

联系方式：

地址：南京市中山北路 283 号物资大厦 11 楼

电话 / 传真：025-83423242 / 025-83423242

邮箱地址：your56@126.com

网址：www.js56.org

【浙江省综合交通物流行业协会（Transportation Logistics Association Of Zhejiang）】

于 2009 年 9 月 23 日正式成立，协会注册地和常设机构在杭州，是由本省各种经济成分的物流企业及与物流相关单位自愿组成的物流行业组织，是非盈利社会团体，具有社团法人资格。协会业务主管部门为浙江省交通运输厅，并受社会团体管理机关浙江省民政厅的监督管理。

协会的宗旨是：以邓小平理论、“三个代表”重要思想和科学发展观为指导，坚持党的路线、方针、政策，严格遵守宪法、法律、法规和政策，以国民经济发展战略为导向，立足浙江，联合长三角，辐射全国，坚持“创新发展、合作共赢”，密切政企联系，规范行业行为，维护物流企业合法权益，推动现代物流业的发展，促进区域产业结构升级。

协会的最高权力机构为会员大会，由参加协会的全体会员单位组成。会员大会的执行机构为理事会，对会员大会负责。理事会在与安徽大会闭会期间负责领导协会开展日常工作。理事会闭会期间，常务理事会行驶理事会职责。

根据工作需要，浙江省综合交通物流协会下设 11 个分支机构，包括危险品物流分会，集装箱物流分会，小件快运物流分会，物流基地分会，储运物流分会，联运物流分会，冷链物流分会等 7 个分会，信息平台专业委员会，应急物流专业委员会，规划与咨询专业委员会等 3 个专业委员会，及物流浙商俱乐部。

设立杭州、宁波、温州、绍兴、嘉兴、湖州、金华、衢州、丽水、台州、舟山、丽水等 11 个地区代表处。

协会致力于架设政企桥梁，打造企业共赢平台。主要业务有：贯彻国家和省的有关法律、法规、政策，研究实施中出现的问题，向有关部分提出建议；开展行业调查，掌握行业基本情况，对行业发展重要问题进行研究，向政府有关部门提出行业政策、经济立法等方面的意见和建议；受政府有关部门委托，承担物流课题的研究、政策咨询、项目评估与评审等工作，经政府主管部门同意或授权，进行行业经营信息的收集、统计、分析，发布行业信息；受政府主管部门的委托，配合、协助开展行业管理活动，制定行规行约，进行行业自律，参与制定行业规划、相关标准等工作，组织实施并进行监督；参与行业谈判，维护行业利益；总结行业经营、管理与改革等方面的经验，组织行业理论研究，推广应用新技术，促进行业技术进步；保持、维护与政府部门、行业组织的友好往来，加强相互间的交流与合作；服务会员，向政府有关部门反映会员的正当愿望和合理要求，维护会员的合法权益。

此外，根据会员需求开展员工培训、职称认定、咨询、法律援助、信息交流、会展招商行业产品推荐等活动；组织、发展行业公益事业，参与、组织有益于提高本行业社会地位的各种社会活动。

联系方式：

地址：浙江省杭州市西湖区文三路90号东部软件园创新大厦B座6楼

邮政编码：310012

电话/传真：0571-88498919 / 0571-88498917

网址：www.56globe.com

【安徽省物流协会（Anhui Province Logistics Association）】

安徽省物流协会是由安徽省企业联合会、安徽国际徽商交流协会、安徽省商业协会、安徽省公路学会、安徽迅捷物流公司、安徽润安运输集团和安徽新长江投资集团等七家单位发起，于2007年12月30日正式成立，主管部门为安徽省经济和信息化委员会。

协会是在党的十七大关于促进经济由主要依靠第二产业带动向依靠第一、第二、第三产业协同带动转变，大力发展现代物流的历史背景下诞生，省政府和中央有关部门高度重视，中国交通运输协会会长、国家交通部原部长钱永昌、安徽省原省长王郁昭、安徽省人大原主任孟富林任名誉会长，省人大、省政府、省政协以及省有关部、委、厅、局的数十位领导担任了协会的高级顾问和顾问，安徽省政府原副秘书长、省人大财经委原副主任周古廉担任会长。设立了有二十余人组成的“物流专家委员会”，经省质监局批准设立了“安徽省物流标准化技术委员会”。

协会现有（截至2011年1月）成员近400余人，覆盖全省17个市，并设立了部分市级协会或办事处。协会内设办公室、会员培训部、会员联络部、行业发展部、项目咨询部、宣传策划部、法律事务部、文化艺术中心和物流行业自律信息管理中心等部门，创办了《安徽省物流协会》网站、《安徽物流》会刊和《安徽物流通讯》等媒体。

协会坚持以服务、协调、交流、发展为宗旨，以发展现代物流业为己任，以当好物流企业“娘家”为出发点，竭力搞好服务工作，发挥政企桥梁作用，搭建省内外业界合作和交流平台。

协会受命承担了省人大物流立法草案起草工作；已完成我省第一部物流地方标准《安徽省物流企业分级与评价要求》；投巨资自行研发了“安徽省物流行业自律信息管理系统”，成为国内首家建立的物流行业自律监管长效机制；积极参与“安徽省现代物流发展规划”和“安徽省现代商贸物流发展规划”等编制工作。

努力打造“百户调查”、“政企圆桌

会议”和“安徽物流大会”三大品牌活动，开展了全省物流企业市场经营环境和物流立法等系列调查；举行了多次“圆桌会议”，面对面开通政企对话直通车；成功举办了“首届安徽物流大会”，使之成为安徽省具有影响力的物流盛会。

广泛提供服务咨询，指导企业开展物流园区项目建设，帮助招商引资，设备技术展销，协助企业解决法律纠纷，与省有关厅局联合开展物流专业人才资质培训，与省电视台等媒体联合开展宣传活动，参与了“巨变——潮起江淮”和“皖江城市带承接产业转移示范区”等大型专题片摄制。

联系方式：

地址：合肥市包河区繁华大道与包河大道交叉口东北角融城大厦 1903 室

邮政编码：230051

电话 / 传真：0551-62876102

邮箱地址：ahwlxh@ahwlxh.com

网址：http://www.ahwlxh.com

【安徽省物流与采购联合会（Anhui Federation of Logistics & Purchasing 】

安徽省物流与采购联合会（简称“省物联”）的前身是安徽省物资流通协会，2005 年更为现名，成员包括各种经济成份的生产、生活资料流通企业及物流上下游配套企业以及物流专业研究机构组成，业务主管单位为安徽省商务厅。宗旨是联系政府，服务企业，行业自律，推动我省物流业加快崛起。

全省多家跨区域、跨行业、跨所有制成份的物流企业加入其中，现任会长为安徽省徽商集团董事长许家贵。2008 年，省物联重点围绕物流企业综合评估、物流行业社会统计、安徽物流企业 10 强评选、《安徽物流发展蓝皮书》编纂、安徽物流公共信息平台建设等开展工作，得到省发改委、省商务厅、省交通厅、省统计局等部门的大力支持和广大会员单位的积极协助。同时，省物联还积极参加各种社会活动，广泛开展各种形式的合作交流。

省物联将重点做好安徽物流公共信息平台上线运行、编纂物流专题、安徽省物流企业 A 级评估、物流统计数据分析等工作，并在推动企业合作与交流、探索服务途径与方式等方面不断前进，将进一步当好联系政府与企业之间的桥梁和纽带。

联系方式：

地址： 合肥市马鞍山路 1 号东环广场 B 座 403 室

电话 / 传真： 0551-2861920/ 0551-2866348

邮箱： huxiaoxiao8011@163.com

网址： http://www.ah56.com.cn

【上海市物流协会（Shanghai Logistic Association）】

上海市物流协会成立于 2007 年 4 月 25 日，是在 1993 年 3 月成立的原上海物资流通行业协会的基础上，经过拓展功能，资源整合，扩大行业覆盖面后重新组建的。成立大会上，时任市政协主席蒋以任、副市长胡延照、市经委主任王坚等领导莅临大会并为协会揭牌。

上海市物流协会是上海市推进现代物流发展领导小组成员；三届上海市全国先进物流企业推荐评选组织工作的牵头部门；二届上海市全国物流行业劳动模范、先进集体推荐评选组织工作的牵头部门；上海地区国家标准 A 级物流企业评估唯一机构；上海市物流服务名牌推荐评审专家组长单位；上海市诚信创建和星级诚信单位的行业推荐部门；长三角现代物流联系会议和合作联盟发起单位和组织单位；上海市物流业12个行业协会组织联盟的发起和牵头单位。

上海市物流协会由上海物流企事业单位自愿组建、跨部门、跨所有制的非营利性社团法人。协会会员包括本市港口、铁路、航空货运、公路干线和水运等大型物流企业；钢铁、汽车、化工、医药、冷链、快递等专业物流龙头企业；金融、保险、设备设施、科技服务、租赁等物流服务企业；职业教育、高等院校等物流研究教育机构；服务中小物流企业的公共服务平台。现有会员单位2456家，其中直属会员370家，分支机构会员305家，中小企业服务分会有会员1781家。

协会的宗旨是：遵循“服务企业、推动行业、发展产业”的指导思想，发挥桥梁纽带作用和联系广泛的优势，协助政府主管部门加强物流行业管理。推动行业自律，加强诚信建设；积极表达诉求，维护会员合法权益；协调内外关系，促进行业健康发展。业务范围：行业规划、中介咨询、教育培训、会展招商、人才招聘、法务服务、行业统计等。

联系方式：

地址：上海市江西中路406号（丙）311室　邮编：200002

电话/传真：　021-63231140

邮箱：CZ20032005@163.com

网址：http://www.sh56.cn

11.3 2014年1–9月洋山和外高桥港区集装箱量统计数据

表11.3-1 2014年1–9月洋山港区集装箱量统计数据

月份	集装箱吞吐量（万标准箱）						靠泊船舶（艘次）	其中干线集装箱船舶（艘次）
	总箱量	增长（%）	其中：水水中转箱量	增长（%）	其中：国际中转箱量	增长（%）		
1月	129.62	4.60	61.25	-	13.68	-	1031	393
2月	107.16	20.00	55.12	25.70	15.00	57.60	882	322
3月	125.61	8.30	64.66	8.00	14.75	6.50	1010	382
4月	125.86	3.20	69.05	7.60	16.49	18.10	1059	383
5月	131.09	4.10	67.20	-2.70	17.02	5.60	1090	366
6月	130.16	9.40	64.27	13.90	13.90	11.70	1102	404
7月	132.00	3.90	64.87	8.80	13.39	0.90	1050	377
8月	134.96	6.70	61.63	5.70	13.12	0.60	1051	378
9月	123.03	1.60	53.10	-5.20	11.45	-3.00	1034	360
1-9月累计	1139.49	-	561.15	-	128.80	-	9309	3365

数据来源：中国（上海）自由贸易试验区门户网站

表 11.3-2 2014 年 1-9 月外高桥港区集装箱量统计数据

集装箱吞吐量（万标准箱）		货物吞吐量（万吨）		靠泊船舶（艘次）	
总箱量	增长（%）	总量	增长（%）	数量	增长（%）
146.39	4.90	1359.28	3.50	3473	2.30
99.50	3.00	952.19	7.00	2500	-3.50
145.20	5.20	1373.05	3.40	3437	-5.50
150.80	14.00	1423.44	12.80	3468	-1.40
146.44	6.50	1356.16	4.30	3556	1.00
151.00	15.50	1375.75	11.20	3629	6.10
149.77	4.00	1377.24	3.40	3629	0.60
150.07	5.20	1360.42	3.90	3632	1.50
152.91	5.70	1306.70	1.10	3492	-1.50
1292.08	-	11884.23	-	30816	-

数据来源：中国（上海）自由贸易试验区门户网站

11.4 “自贸试验区与物流业发展新机遇”暨“《上海物流年鉴》创办三周年”高层论坛上的讲话稿

上海物流年鉴编辑部主任：白焕耀

2014 年 2 月 13 日

尊敬的各位领导，各位来宾和各位朋友：

今天，在与会全体来宾的热情支持和积极参与下，《“自贸试验区与物流业发展新机遇”暨“〈上海物流年鉴〉创办三周年”高层论坛》可以说已经取得圆满成功。在此，请允许我代表主办单位，向大会表示热烈祝贺、向与会的各位来宾和朋友们表示衷心感谢。

在今天的论坛上，与会的领导、专家和物流业界的朋友们围绕论坛主题都作了热情洋溢的发言，在中国上海自由贸易试验区启动运行的大背景下，对物流业如何抓住历史机遇、应对新的挑战、谋划新战略、促进行业的新一轮发展发表了许多真知灼见，展开了深入讨论。在场的朋友们处在这样的氛围中，都能感到思想启迪、激情澎湃，对物流行业的发展现状和前景充满了信心和期望。

这次论坛的主题是：“自贸试验区与物流业发展新机遇”。过去的一年，上海和周边地区的物流业与全国物流业一样，出现了趋稳向好、转型升级的新局面。随着国民经济运行稳中有进，稳中向好，物流业发展的需求基础持续巩固，物流业的产业地位进一步提升。全行业抓住机遇，稳中求变，呈现出一系列新的特点。

正如中国物流与采购联合会会长何黎明先生在最近有关报告中所指出的，过去一年我国物流业发展呈现八大新特点，一是总体运行趋稳向好，细分市场深度调整，二是多业联动继续深化，跨界竞合渐成趋势，三是平台整合初见成效，物流网络下沉发展，四是各类资本投向物流，兼并重组热潮涌动，五是区域物流结盟发展，国际物流面临机遇，六是信息化加大投入，技术装备加快升级，七是基础工作稳步推进，行业服务能力进一步增强，八是交通运输管理体制改革，物流政策环境改善。我觉得这八大特点也是对本市和周边地区物流业近期发展的一个很好的总结。

可以说，过去一年，物流业顺应转变发展方式的要求，坚持以质量和效益为中心，充分发挥市场主体活力，加快效率提升、创新驱动，释放改革红利，实现了平稳健康发展。但是也要看到，物流业运行还存在较大下行压力，社会物流成本依然较高，物流运作方式粗放，物流服务附加价值低，区域和城乡物流发展不平衡、人才短缺日益严重、技术应用水平薄弱、行业诚信缺失和资源环境负担较重等问题亟待解决，促进物流业发展的各项政策措施也有待进一步落实。

过去一年，上海物流业还迎来了国务院正式批准设立中国（上海）自由贸易试验区的大事，今天的论坛，就是与大家一起启动探讨这件大事对我们物流业发展的影响，这样的讨论今后还将继续。正如大家在会上所说的，国务院批准设立中国（上海）自由贸易试验区，为物流企业参与国际竞争提供了新的平台，将使得进出口贸易更加活跃，将带动物流量的有效集聚，对国际航运、国际货代、港口、机场等多个物流相关产业产生直接推动作用，有望促进国际供应链格局的调整转移。自由贸易试验区的工作机制和一系列改革举措，还会促进我们物流业发展不断列出自己的负面清单，对症下药，攻坚克难，以市场为导向，以改革开放为动力，瞄准国际先进水平，努力为适应国家和地区社会经济的发展实际寻找新的突破点，争取为自贸试验区形成可供全国复制和推广的经验积极作出我们行业的贡献。

今天的论坛，我们还迎来了一个重要的时间节点，那就是《上海物流年鉴》创办至今已经三周年了。借此机会，我谨向在座的各位朋友、和年鉴编委会的领导，就年鉴编辑部三年的主要工作作一个简要的汇报。

物流业是流通经济领域的一个重要行业分支，为物流业发展提供良好的信息支持，一直是我们期盼介入的一项重要工作。三年前，在市政府发展研究中心和流通经济研究所领导的关心以及各方面的支持下，经过前期积极的酝酿和准备，我们正式启动了《上海物流年鉴》的编写和出版发行工作。三年来，在各方面的艰苦努力和辛勤工作下，年鉴每年都如期编辑和出版发行，而且一年比一年获得成功，已得到业内外各界人士的欢迎和赞誉。

三年来，我们主要着手了两大方面的工作，一是确定年鉴的基本定位和对编写内容的不断完善，二是逐步建立年鉴的基本工作机制和实现良好的工作效率，可以说，在以上两方面都已经取得了初步成果。

在确定年鉴的基本定位和完善内容方面。年鉴的定位，归属于信息密集型的工具书，能够比较全面、系统、准确记载各年度内上海物流行业发展情况和主要成果。经过三年的逐步调整补充、整合和完善，目前《上海物流年鉴》初步形成了自己的特色和内容特点，设置了综述、物流业政策法规建设、物流基础领域和基础设施、区域和园区物流、口岸物流、制造业物流、商贸和其他物流、物流设施与装备-标准与技术-信息化、物流衍生服务、物流业发展专题研究、附录（含物流业大事记、物流业统计指标、物流业主要社会团体介绍和企业推荐、物流业名词解释等）等篇章。

在建立年鉴工作机制和争取良好工作实效方面。在年鉴编委会、编辑部、理事会等重要团队先后揭牌成立的同时，我们编制了编委会和编辑部工作职责、理事会章程、每年的年鉴编辑工作计划和编辑目录大纲（草案）等重要文件征求各方面意见，并逐步予以落实；筹备建立了年鉴筹组稿合作单位网络；年鉴简报的开始编印发行，年鉴网易邮箱和新浪博客开通运行，为编委会和编辑部成员、组稿单位等提供专项服务；年鉴的筹款、出版和印刷发行等业务也同时积极拓展。依靠已经初步建立的年鉴编撰工作机制，在目录大纲编排、工作计划制订落实、向有关单位的征组稿、执行编辑班子具体分工、稿件汇总编辑及审定、与出版和印刷单位的联系对接等诸多重要环节，都能有序顺利地开展工作，逐步进入正常运作轨道，使得前后三个年度的年鉴编辑和出版发行工作能够顺利和高效完成。

需要强调的是，年鉴的成功出版发行是与各方面的支持和帮助分不开的。作为一家独立第三方单位承担的公益性出版物，离不开相关政府部门、行业企业、社会团体和其他方面的积极支持，这些支持包括组稿供稿、资金、发行等多方面。在此我们谨表示衷心感谢。

年鉴过去三年的工作还只是一个开始，我们有信心有决心在各方面的关爱和支持下，积极克服还存在的问题和不足，不断提高编撰水平，继续积极努力，为行业的新一轮发展服务。

11.5 《Shanghai Logistics Yearbook 2014》 General Catalogue

《Shanghai Logistics Yearbook 2014》 General Catalogue

Section 1: General Report
Section 1.1: The Report of Government Department
Section 1.2: The Report & Speech of Association
Section 1.3: The Logistics Industrial Statistics of Shanghai 2013
Section 2: Building of Logistics Policy & Law
Section 2.1: Survey
Section 2.2: Policy Document of The State Council & Ministries and Commission under The State Council
Section 2.3: Policy Document of Local Government
Section 3: The Basic Field & Project for Basic Facilities of Logistics
Section 3.1: Freight Transport of road
Section 3.2: Water Freight Transportation
Section 3.3: Air Cargo
Section 3.4: Rail Freight Transportation
Section 3.5: Warehousing
Section 3.6: Management & Facilities
Section 4: Reginal Development & Industral Garden of Logistics
Section 4.1 Logistics of Jiangsu & Zhejiang Province
Section 4.2 Logistics Industrail Garden
Section 5: The Port Logistics （Logistics of China (Shanghai) Pilot Free Trade Zone (China–shFTZ)）
Section 5.1 Survey
Section 5.2 The Logistics of Waigaoqiao Free Trade Zone
Section 5.3 The Logistics Adminastration of China–shFTZ
Section 5.4 The Logistics Combination News of China–shFTZ
Section 6: The Logistics of Manufacturing Industry
Section 6.1 The Iron & Steel Logistics
Section 6.2 The Automobile’s Logistics
Section 6.3 The Logistics of Dangerous Cargo
Section 7: Commerce & Trade Logistics and Others

上海现代服务业联合会

上海现代服务业联合会（Shanghai Services Federation 缩写：SSF），成立于 2005 年 12 月 22 日，是由全市主要从事现代服务业的行业协会、学会及企事业单位等机构自愿组成，经上海市商务委员会和上海市社会团体管理局审核批准、注册登记的跨部门、跨行业的非营利社会团体法人。现有会员单位 356 家，覆盖了金融服务业、流通性服务业、生产性服务业、信息服务业、消费性服务业、专业服务业、文化创意产业、社区家政服务业等领域。

联合会是根据党的十六届五中全会精神，顺应大城市要形成以服务经济为主的产业结构的发展要求，在上海市委、市政府的大力支持下成立的。联合会成立之际，中共上海市委副书记、上海市市长韩正专门发来贺信，上海市第十二届人大常委会主任龚学平、市第十届政协主席蒋以任等领导也分别题词，对联合会的成立表示热烈祝贺。

联合会秉承“服务会员单位、服务政府、服务社会”的办会宗旨，以“发展、自律、维权”为服务内容，以“主动服务、有效服务、错位服务”的服务原则，坚持以推动和促进上海现代服务业的加速发展为目标，发挥上下沟通的渠道作用、活动合作的平台作用、对外交流的桥梁作用、展示形象的窗口作用。现设有上海现代服务业促进中心、上海经贸商事调解中心、上海现代服务业发展研究院、上海现代服务业发展基金会等分支结构。2014 年 7 月下旬，上海物流年鉴编辑部行政隶属关系也正式转移到上海现代服务业促进中心。上海现代服务业联合会的网址：http//www.ssfcn.com 。

2010 年 4 月，联合会进行了成立以来的首次换届，选举上海市第十三届人大常委会原副主任周禹鹏为会长。经市委同意，市十三届人大常委会主任刘云耕应邀担任本届联合会名誉会长；前任会长、上海市第十届政协副主席宋仪侨为联合会名誉会长。

左图是 2005 年 12 月联合会成立时，时任上海市副市长周禹鹏为联合会揭牌。

下图是上海现代服务业联合会位于浦东滨江大道的办公处。

联合会领导参观“2014上海创意产业博览会暨CIE智能硬件展”

联合会会长、副会长在会员单位调研

联合会会长、副会长在会员单位调研

会长周禹鹏、副会长赵效定和陈振鸿参加联合会与上海文化产权交易所合作备忘录签署仪式

会长周禹鹏、副会长赵效定、副秘书长陈虎琪在会员单位调研

联合会二届七次理事会会场

联合会年会颁奖

联合会领导合影

上海市副市长周波和联合会会长周禹鹏共同为上海市诚信创建公益基金揭牌

联合会会长周禹鹏和副会长周伟民赴会员单位调研

联合会副会长陈振鸿在自贸区金融创新论坛上发言

上海浦东现代物流行业协会

上海浦东现代物流行业协会（Shanghai Pudong Modern Logistics Association，缩写 SPMLA），成立于 2008 年 5 月 12 日，是由浦东新区从事物流业务的经营、管理、科研、教学的企事业单位自愿组成的行业性的非营利性社会团体法人。协会现有会员单位 200 余家，并设有洋山和空港两个分会。自成立以来，协会为第三方物流、货运代理、仓储运输等企业，以及其他从事物流业务的经营、管理、科研、教学的企事业单位提供各种综合服务，是浦东地区颇具影响力的专业社团法人机构。网址：http://www.spmla.org

《上海物流年鉴》编辑部

上海物流年鉴
Shanghai Logistics Yearbook
《上海物流年鉴》编辑部 编

上海物流年鉴编辑部是地区物流行业年鉴编撰的一个第三方工作平台，旨在为物流行业和相关单位提供业内外的综合信息服务，为促进行业发展发挥重要作用。上海物流年鉴编辑部于2011年上半年开始筹备成立和进行试运作，并在2011年9月试行编辑出版发行了第一本年度年鉴《上海物流年鉴2011》。2012年3月20日，上海物流年鉴编撰委员会和编辑部正式挂牌成立，上海现代服务业联合会会长周禹鹏和时任上海市人民政府发展研究中心主任周振华应邀分别兼任首任编委会正副主任（2014年12月起，周禹鹏和新任上海市人民政府发展研究中心主任肖林分别兼任编委会正副主任）。近四年来，在参与年鉴编辑工作的各方共同努力下，《上海物流年鉴》连续四年成功编辑出版发行，并得到了业内外人士的一致认可和好评。

作为记录和反映上海物流行业发展年度信息的一部大型行业工具书，《上海物流年鉴》承载了以信息服务于行业振兴发展事业的重要使命，年鉴编辑部在编委会的指导和有关各方的支持下，以高度的职业敏感和责任心开门办年鉴，取得了宝贵的成果，并有决心和信心继续努力，把《上海物流年鉴》办得越来越好。

新浪博客地址：http://blog.sina.com.cn/u/2748023544

2012年3月20日下午，年鉴编委会主任周禹鹏和副主任周振华为编委会和编辑部揭牌

位于浦东滨江大道的上海现代服务业联合会门口右侧的上海物流年鉴编委会铭牌

原设在上海市流通经济研究所门口的上海物流年鉴编辑部铭牌

年鉴编辑部自2014年7月迁往位于北海路8号福申大厦10楼的上海现代服务业联合会办公区内

上海中侨职业技术学院物流管理专业

上海中侨职业技术学院的物流管理专业设在管理系。管理系的物流管理是上海市重点建设专业，“中侨—万家物流公司订单班”和“中侨—浦江物业管理学院”也都设在管理系，订单式培养模式深受企业欢迎。作为上海市教委认可并给予支持的学科建设高地，专业服务于“大力发展现代物流业”和建设上海国际航运中心这两个国家战略，立足上海，辐射全国，放眼世界。主要培养适应现代物流和航运业发展的需要，符合物流，港航企业及企业物流岗位需要的，能从事运输仓储，航运管理，货代报检等工作的高技能应用型人才。历经十年发展，办学经验丰富，师资力量强大，广受业界赞誉。目前设立的主干课程有：现代物流概论，基础会计，采购与供应管理，货物学，港口与船舶，物流运输实务，仓储与配送实务，报关报检实务，国际航运管理，物流成本管理，外贸跟单业务，多式联运实务，船舶代理实务，海商法等。并与行业的重点若干企业合作建立专业实训基地，同时还设有若干职业技能证书培训和考证，如全国报检员证书，国际货运代理资格证书，仓储保管员证书，助理物流师证书等。物流管理专业学生的就业方向，主要在物流、货代、外贸公司及企业的物流部门、报关行、保税仓库、配送中心、集装箱堆场和港航等企业。

学院网址：http://www.shzq.edu.cn

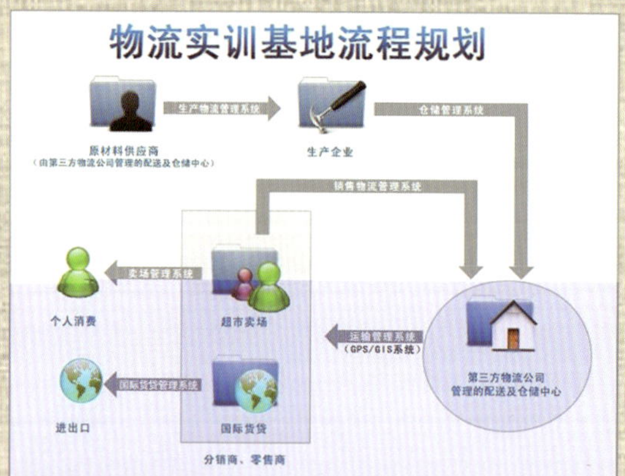

上海海事大学物流工程学院

上海海事大学的物流工程学院由机械工程系、工业工程系、电气自动化系、中荷机电工程学院（中荷机电工程系）、机械工程设计研究所、电力传动与控制研究所和港口集装箱技术发展研究所组成。现拥有电气工程博士后流动站，物流装备安全工程等3个博士点；机械设计与理论等9个硕士点。物流工程等三个工程硕士点；以及9个本科专业。可向海外招收留学生。港口机械电子工程是上海市重点学科，港航电力传动与控制等四个学科是上海市教委重点学科，物流工程等三个专业属上海市高校教育高地重点建设项目。学院坚持学科建设以港航企业的技术创新为出发点，人才培养以港航企业的发展需要为目标的方针。学院具有雄厚的师资力量及教学科研能力，教学科研相互促进，先后承担了国家科委、国家自然科学基金、上海自然科学基金及交通部、上海市等重大课题的研究，获得了可喜的成果，在相应的学科领域里享有良好的声誉。与上海国际港务集团、振华重工集团、上汽集团、ABB中国有限公司、施耐德电气公司、沪东中华造船集团公司等许多著名企业有长期的产学研合作关系。与美国、英国、法国、新加坡、荷兰、韩国、瑞典、丹麦、波兰等国的多所大学有国际合作和交流项目，与香港理工大学有长期稳定的教学协作和交流项目。物流工程学院将进一步加强与国内外高等院校及企业的合作，积极开展国际性的学术及教育交流活动，加强机电合一，以培养应用型、复合型技术人才为目标，不断提高教学、科研水平，积极实施卓越工程师培养计划，把学生培养成受用人单位欢迎的专业技术人才。网址：http://ls.shmtu.edu.cn

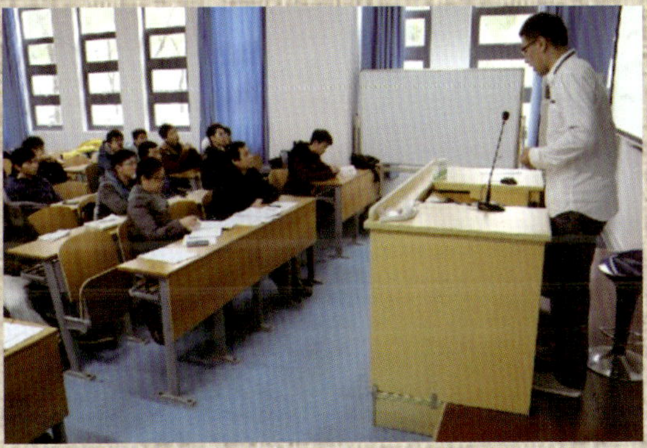

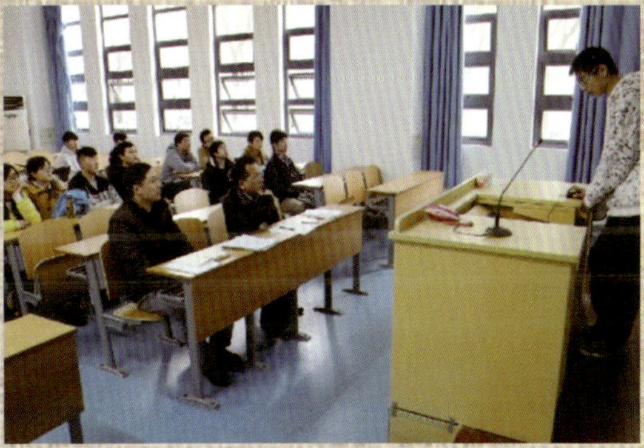

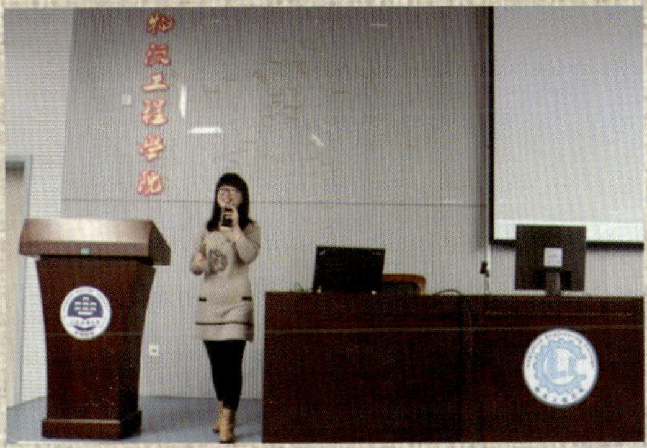

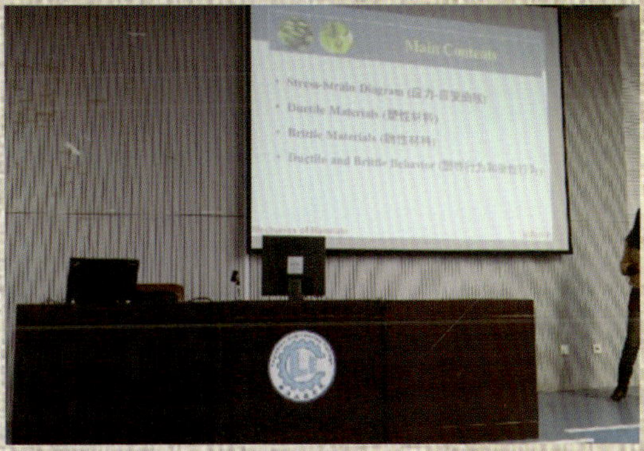

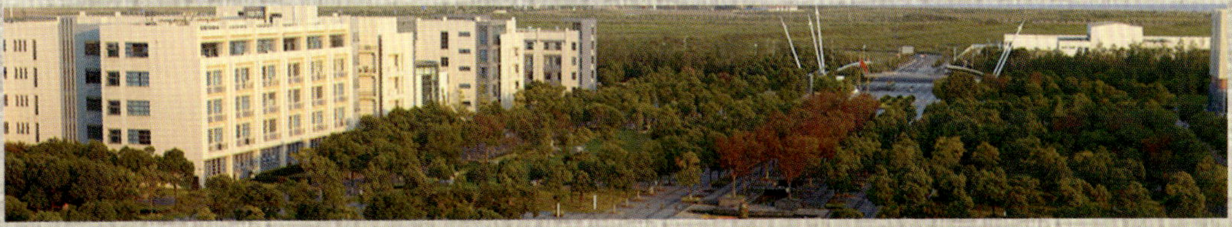

上海物流研究院

上海物流研究院成立于 2006 年，是上海市政府和复旦大学共建的一个开放性研究机构，主要从事物流和供应链管理的创新理论方法和关键应用技术的研究及推广。上海物流研究院是复旦大学服务上海的重要抓手，也是管理学科发展的重要支撑。它将依托复旦大学管理科学、信息技术、微电子技术、金融、贸易、统计学、经济学、法律和通讯技术等相关学科的综合优势，努力建设成一个进行物流和供应链管理前沿理论和创新技术研究的基地、推动上海现代物流业发展的“产学研”平台，为政府的发展规划和大型企业的管理决策提供高端的咨询和培训服务；努力建设成一个国内技术领先，世界上有影响的物流和供应链的高水平研究机构；努力建成上海市和国家级物流和供应链重点实验室和研究平台。并通过物流研究院创新性研究工作，带动和提升管理科学与工程等相关学科的建设。

上海物流研究院网址：http://www.logistics-ec.com

上海物流研究院

工作简报

上海物流研究院“双主任制”院务委员会成立

“51 运到” 物流综合服务平台 51运到

“51 运到”（www.51yundao.com）是上海骏盟网络科技有限公司 2014 年 8 月在中国物流市场推出的新型物流综合服务信息平台。“51 运到”整合海量数据构筑行业内最专业、最全面的物流信息平台，源源不断的向平台注册用户输送优质“运力”，打破物流行业信息不对称的壁垒，帮助客户真正实现订单增量。以开放式 O2O 的模式实现产业链的持续升级整合，向注册用户提供在途监测、仓储配置、网上支付、保险理赔、装备升级和人员交流等一站式物流综合服务。

“51 运到”竭诚满足客户的专属需求，开启金融定制时代。用技术改变金融，通过海量数据构筑用户征信体系，在中小微企业和金融机构之间架起桥梁，帮助企业有效解决资金短缺问题。让平台用户切实感受到公平、透明和优惠，是我们能够一路相伴的理由。

“51 运到”坚持简单开放的合作理念，与分布在互联网、金融、物流、法律等多个领域的最优秀公司群体合作，充分利用优势资源互补，让全方位的现代物流配套服务成为可能。让用户和需求决定一切。平台坚持带给用户更专业、更完整、更高效、更便捷、更安全的互联网服务体验，全心全意的致力于超越用户对物流网络服务的期待。

推出“51 运到”的上海骏盟网络科技有限公司于 2014 年 3 月成立于上海。拥有一支专业、高效、执行力强的跨领域复合型团队，其专业领域涵盖物流综合服务、互联网软硬件开发、网络营销、电子商务、仓储管理、金融及法律，能为“51 运到”服务平台的持续、高效运营提供稳定持久的技术支持保障。

华辰－优安进口食品交易中心

位于浦东机场出口处的华辰－优安进口食品交易中心是由上海华辰优安投资有限公司投资建设和经营（微博网址：http://weibo.com/huachenyouan?source=blog）。

上海华辰优安投资有限公司成立于2014年，是一家民营有限责任公司，注册资金1亿，经营范围涵盖实业投资、仓储物流、进出口、预包装食品批发等。其拥有华辰·优安进口食品交易中心，位于浦东机场出口处，毗邻自贸区，总投资30多亿元，总建筑面积32万平方米。该中心建有全球先进的6万吨级世界先进超低温冷库、1.3万平方米的干库、6万平方米交易大厅、5000平米会展中心和3000平方米流通加工中心，以及由61栋总部楼、3栋商务小高层组成的优安天地，是一个进口食品交易与商务办公密切结合的综合商业地标。此外，特设其中的环球食品街（由27栋单体建筑组成），云集各国美食，面向终端消费客户，提供一个集体验与采购于一体的特色交易区。

在华辰·优安进口食品交易中心建成后，该公司的线上平台优安鲜品与之形成无缝对接，建成线上线下一体的国内规模最大运作最专业的进口食品综合交易体系与平台。

上海鑫云贵稀金属再生有限公司

——积十八年废蓄电池综合回收利用经验，为环保事业作贡献

上海鑫云贵稀金属再生有限公司创建于 1996 年 10 月，总资产 2.2 亿多元，占地 66000 平方米，建筑面积 10000 多平方米，员工 60 人。持有《危险废物经营许可证》，年销售额 4 亿多元。公司的主要业务之一为收集上海市内产生的废蓄电池（主要是车用废蓄电池）等含铅废料，进行环保综合利用，经再生处理和精炼后制成合金铅、精铅等产品，销往国内外市场。目前，公司年收集废铅酸蓄电池约 9000 吨，年制成的合金铅、精铅等产品约四万吨，主要销售到上海、江苏、浙江、广东等地，其中 30% 出口到日本、东南亚、台湾。公司以“环境至上、资源再生、综合利用、持续发展”为宗旨，创造良好的经济效益，承担应尽的循环经济、低碳经济的社会责任。

上海鑫云及其投资企业 2013 年度经营业绩：年销售收入达 10 亿元，年利润额为 4500 万元，年缴税额为 4200 万元。公司将一如既往，在废蓄电池综合回收利用上更上一层楼，公司管理经营的上海蓄电池配送回收中心制订的三年规划是：2014 年在沪废蓄电池的收集率要力争达到 40%，建设金山配送回收基地要形成设计处理能力，配送回收覆盖范围主要对上海地区。2015 年收集率争取达到 60%，同时增建宝山配送回收基地。2016 年收集率将达到 80%，同时继续完善金山和宝山的配送回收网络。

公司网址：http://www.sbepa.org

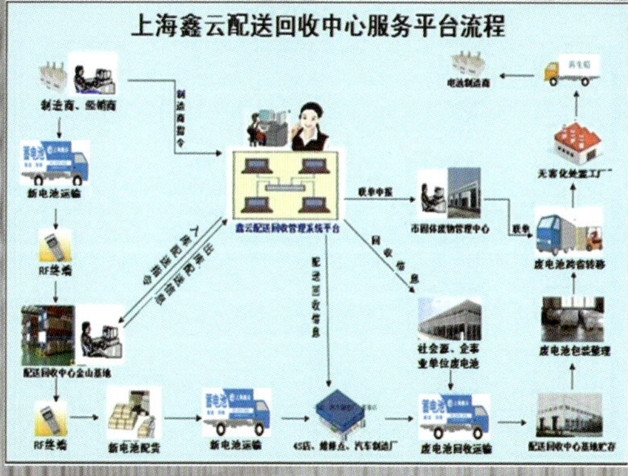

上海铅酸蓄电池环保产业联盟

Shanghai lead-acid Battery Environmental Protection Industry Alliance

SKU360

新英源物流

新英源物流于 1998 年 10 月 18 日在上海成立。注册资金人民币 500 万。是集运输、仓储、包装、配送、设计等一体的综合服务型第三方物流企业。新英源物流 17 年的行业经验，专注中国仓配一体化的物流模式，专营企业合同物流。

依托“订单管理平台”，新英源物流以无车承运人的第三方身份，整合航空，海运，公路，快递等近 100 个运输服务企业，为企业客户提供“多式联运”和“干线 + 落地配”的运输管理服务。依托“仓储管理平台”，新英源物流实现全国仓库统一管理和 RDC 分级管理。且对出库物品实现序列号跟踪。

新英源物流保持原有物流运作的同时，开拓电子商务物流配送新业务，在中国，已经建立北京，上海，广州，南京，常州，杭州，宁波，武汉，南昌，成都，重庆等 11 个仓库基地并以“易库”营运，将在 2015 年前在中国建立 50 个仓储物流分仓。

新英源物流力争成为中国最优秀的物流企业。在 10 余年创新拼搏、打造品牌的历程中，得到了政府、社会、行业的认可：2005 年通过了 ISO 9001：2000 质量体系认证；2005 年公司和 TNT 签订加盟协议，正式成为 TNT 的合作伙伴；2009 年被认定为中国物流与采购联合会会员单位；2011 年 1 月荣获上海市道路货运行业世博保障“先进集体”荣誉；2011 年 8 月获国家工信部：物流信息动态检测定点联系企业。

网址：http://www.world56.com/YYweb/